# *PARCERIAS PÚBLICO-PRIVADAS*

*Livros publicados nesta Coleção sob os auspícios da
Sociedade Brasileira de Direito Público – sbdp*

*Parcerias Público-Privadas* (**sbdp**/Direito GV/Malheiros Editores, São Paulo, 2ª ed., 2011) – Coord. CARLOS ARI SUNDFELD

*Direito das Concessões de Serviço Público – Inteligência da Lei 8.987/1995 (Parte Geral)* (**sbdp**/Malheiros Editores, São Paulo, 2010) – EGON BOCKMANN MOREIRA

*Concessão* (**sbdp**/Malheiros Editores, São Paulo, 2010) – VERA MONTEIRO

*Comentários à Lei de PPP – Fundamentos Econômico-Jurídicos* (**sbdp**/Malheiros Editores, São Paulo, 1ª ed., 2ª tir., 2010) – MAURÍCIO PORTUGAL RIBEIRO e LUCAS NAVARRO PRADO

*Estatuto da Cidade* (**sbdp**/Malheiros Editores, São Paulo, 3ª ed., 2010) – Coords. ADÍLSON ABREU DALLARI e SÉRGIO FERRAZ

*Jurisprudência Constitucional: como Decide o STF?* (**sbdp**/Malheiros Editores, São Paulo, 2009) – Orgs. DIOGO R. COUTINHO e ADRIANA M. VOJVODIC

*Direito Administrativo Econômico* (**sbdp**/Malheiros Editores, São Paulo, 1ª ed., 3ª tir., 2006) – Coord. CARLOS ARI SUNDFELD

*As Leis de Processo Administrativo – Lei Federal 9.784/1999 e Lei Paulista 10.177/1998* (**sbdp**/Malheiros Editores, São Paulo, 1ª ed., 2ª tir., 2006) – Coords. CARLOS ARI SUNDFELD e GUILLERMO ANDRÉS MUÑOZ

*Direito Processual Público – A Fazenda Pública em Juízo* (**sbdp**/Malheiros Editores, São Paulo, 1ª ed., 2ª tir., 2003) – Coords. CARLOS ARI SUNDFELD e CASSIO SCARPINELLA BUENO

*Improbidade Administrativa – Questões Polêmicas e Atuais* (**sbdp**/Malheiros Editores, São Paulo, 2ª ed., 2003) – Coords. CASSIO SCARPINELLA BUENO e PEDRO PAULO DE REZENDE PORTO FILHO

*Comunidades Quilombolas: Direito à Terra (Artigo 68 do ADCT)* (**sbdp**/Centro de Pesquisas Aplicadas/Fundação Cultural Palmares/Ministério da Cultura/Editora Abaré, Brasília, 2002) – Coord. CARLOS ARI SUNDFELD

*Direito Global* (**sbdp**/School of Global Law/Max Limonad, São Paulo, 1999) – Coords. CARLOS ARI SUNDFELD e OSCAR VILHENA VIEIRA

**CARLOS ARI SUNDFELD**
*(Coordenador)*

# *PARCERIAS PÚBLICO-PRIVADAS*

Adílson Abreu Dallari • Benedicto Porto Neto • Carlos Ari Sundfeld
Dinorá Adelaide Musetti Grotti • Diogo Rosenthal Coutinho
Egon Bockmann Moreira • Fernando Dias Menezes de Almeida
Fernando Vernalha Guimarães • Floriano de Azevedo Marques Neto
Gustavo Henrique Justino de Oliveira • Jacintho Arruda Câmara
José Roberto Pimenta Oliveira • Letícia Queiroz de Andrade
Marçal Justen Filho • Maria Nazaré Lins Barbosa
Mário Engler Pinto Júnior • Paulo Modesto
Rodrigo Pagani de Souza • Vera Monteiro

*2ª edição*

***PARCERIAS PÚBLICO-PRIVADAS***
Coordenador: CARLOS ARI SUNDFELD
© SBDP

*1ª edição, 1ª tiragem: 07.2005; 2ª tiragem: 08.2007.*

ISBN: 978-85-392-0083-2

*Direitos reservados desta edição por*
*MALHEIROS EDITORES LTDA.*
*Rua Paes de Araújo, 29, conjunto 171*
*CEP 04531-940 — São Paulo — SP*
*Tel.: (11) 3078-7205*
*Fax: (11) 3168-5495*
*URL: www.malheiroseditores.com.br*
*e-mail: malheiroseditores@terra.com.br*

*Composição*
Acqua Estúdio Gráfico Ltda.

*Capa*
*Criação*: Vânia Lúcia Amato
*Arte*: PC Editorial Ltda.

Impresso no Brasil
*Printed in Brazil*
08.2011

# SUMÁRIO

**Prefácio à 2ª edição** .................................................. 13
CARLOS ARI SUNDFELD

**Apresentação** ........................................................... 15
CARLOS ARI SUNDFELD

**Guia Jurídico das Parcerias Público-Privadas** ........................ 17
CARLOS ARI SUNDFELD

**Parcerias Público-Privadas: Relatos de Algumas Experiências Internacionais** ......................................................... 47
DIOGO ROSENTHAL COUTINHO

**Legislação de Parceria Público-Privada no Brasil – Competência Legislativa em Matéria de Concessão** ........... 82
VERA MONTEIRO

**A Experiência das Licitações para Obras de Infraestrutura e a Lei de Parcerias Público-Privadas** .................................... 110
EGON BOCKMANN MOREIRA

**Licitação para Contratação de Parceria Público-Privada** ....... 138
BENEDICTO PORTO NETO

**A Experiência Brasileira nas Concessões de Serviço Público e as Parcerias Público-Privadas** ....................................... 157
JACINTHO ARRUDA CÂMARA

*A Experiência Brasileira nas Concessões de Serviço
Público* .................................................................................. 180
DINORÁ ADELAIDE MUSETTI GROTTI

*Concessões de Rodovias – A Experiência Brasileira* ............ 252
MARÇAL JUSTEN FILHO

*A Experiência Brasileira nas Concessões de Rodovias* .......... 274
LETÍCIA QUEIROZ DE ANDRADE

*As Parcerias Público-Privadas no Saneamento Ambiental* ..... 298
FLORIANO DE AZEVEDO MARQUES NETO

*A Experiência Brasileira nas Concessões de Saneamento
Básico* .................................................................................. 349
RODRIGO PAGANI DE SOUZA

*Parcerias em Transporte Público* ............................................. 380
ADÍLSON ABREU DALLARI

*As Parcerias Público-Privadas e a Transferência de Atividades
de Suporte ao Poder de Polícia – Em Especial, a Questão
dos Contratos de Gestão Privada de Serviços em
Estabelecimentos Prisionais* ................................................. 390
FERNANDO VERNALHA GUIMARÃES

*Parcerias Público-Privadas: Indelegabilidade no Exercício da
Atividade Administrativa de Polícia e na Atividade
Administrativa Penitenciária* ............................................... 433
JOSÉ ROBERTO PIMENTA OLIVEIRA

*Reforma do Estado, Formas de Prestação de Serviços ao
Público e Parcerias Público-Privadas: Demarcando as
Fronteiras dos Conceitos de "Serviço Público", "Serviços
de Relevância Pública" e "Serviços de Exploração
Econômica" para as Parcerias Público-Privadas* ............... 468
PAULO MODESTO

## SUMÁRIO

***A Experiência dos Termos de Parceria entre o Poder Público e as Organizações da Sociedade Civil de Interesse Público (OSCIPs)*** .................................................................................. 522
MARIA NAZARÉ LINS BARBOSA

***As Parcerias Público-Privadas e sua Aplicação pelo Estado de São Paulo*** ........................................................................................ 563
FERNANDO DIAS MENEZES DE ALMEIDA

***Experiências em Parcerias no Estado de São Paulo*** ............... 582
MÁRIO ENGLER PINTO JÚNIOR

***A Arbitragem e as Parcerias Público-Privadas*** ....................... 598
GUSTAVO HENRIQUE JUSTINO DE OLIVEIRA

# *COLABORADORES*

ADÍLSON ABREU DALLARI
  Professor Titular de Direito Administrativo da Pontifícia Universidade Católica de São Paulo (PUC/SP)

BENEDICTO PORTO NETO
  Mestre em Direito Administrativo pela Pontifícia Universidade Católica de São Paulo (PUC/SP)
  Professor de Direito Administrativo na Faculdade de Direito da PUC/SP
  Advogado especializado em assessoria e consultoria jurídica na área do Direito Público
  Sócio de Porto & Dal Pozzo Advogados

CARLOS ARI SUNDFELD
  Presidente da Sociedade Brasileira de Direito Público (*sbdp*)
  Professor da Escola de Direito de São Paulo da Fundação Getúlio Vargas (FGV/EDESP) e Coordenador de sua Especialização em Direito Administrativo
  Professor Doutor da Faculdade e do Programa de Pós-Graduação em Direito (Doutorado e Mestrado) da Pontifícia Universidade Católica de São Paulo (PUC/SP), pela qual é Doutor e Mestre em Direito

DINORÁ ADELAIDE MUSETTI GROTTI
  Doutora e Mestre pela Pontifícia Universidade Católica de São Paulo (PUC/SP)
  Professora de Direito Administrativo da PUC/SP
  Ex-Procuradora do Município de São Paulo

DIOGO ROSENTHAL COUTINHO
  Pesquisador da Escola de Direito de São Paulo da Fundação Getúlio Vargas (FGV/EDESP)

Membro do Núcleo Direito e Democracia do Centro Brasileiro de Análise e Planejamento (CEBRAP)

EGON BOCKMANN MOREIRA
Mestre e Doutor em Direito do Estado pela Faculdade de Direito da Universidade Federal do Paraná (UFPR)
Professor de Direito Econômico na Faculdade de Direito e no Programa de Pós-Graduação em Direito da UFPR
Pós-Graduado em Regulação Pública pelo CEDIPRE, da Faculdade de Direito da Universidade de Coimbra
Advogado e Consultor

FERNANDO DIAS MENEZES DE ALMEIDA
Professor Doutor do Departamento de Direito de Estado da Faculdade de Direito da Universidade de São Paulo (USP)
Secretário Adjunto da Ciência, Tecnologia, Desenvolvimento Econômico e Turismo do Estado de São Paulo

FERNANDO VERNALHA GUIMARÃES
Doutor e Mestre em Direito do Estado pela Universidade Federal do Paraná (UFPR)
Professor Coordenador da Pós-Graduação em Direito Administrativo da Faculdade de Direito de Curitiba
Consultor da Unidade de PPP/Parcerias Público-Privadas do Ministério do Planejamento, Orçamento e Gestão em 2009
Advogado-sócio de Vernalha Guimarães & Pereira Advogados Associados
Consultor em Direito Público

FLORIANO DE AZEVEDO MARQUES NETO
Doutor em Direito Público pela Universidade de São Paulo (USP)
Professor de Direito Administrativo da USP

GUSTAVO HENRIQUE JUSTINO DE OLIVEIRA
Doutor em Direito do Estado pela Universidade de São Paulo (USP)
Procurador do Estado do Paraná
Advogado e Consultor em Curitiba

JACINTHO ARRUDA CÂMARA
Mestre e Doutor em Direito pela Pontifícia Universidade Católica de São Paulo (PUC/SP)
Professor de Direito Administrativo da PUC/SP

Professor do Curso de Especialização em Direito Administrativo da Escola de Direito de São Paulo da Fundação Getúlio Vargas (FGV/EDESP)

José Roberto Pimenta Oliveira
Procurador da República no Estado de São Paulo
Mestre e Doutor em Direito Administrativo pela Pontifícia Universidade Católica de São Paulo (PUC/SP)
Professor Assistente-Mestre de Direito Administrativo da PUC/SP
Diretor do Instituto de Direito Administrativo Paulista/IDAP

Letícia Queiroz de Andrade
Mestra e Doutoranda pela Pontifícia Universidade Católica de São Paulo (PUC/SP)
Professora da PUC/SP dos Cursos de Graduação e Pós-Graduação *Lato Sensu*
Professora dos cursos de Educação Continuada da Fundação Getúlio Vargas/SP (FGV)
Advogada em São Paulo

Marçal Justen Filho
Professor Titular da Universidade Federal do Paraná (UFPR)

Maria Nazaré Lins Barbosa
Advogada
Mestre e Doutora em Administração Pública e Governo pela Fundação Getúlio Vargas (FGV)
Professora de Legislação do Terceiro Setor na FGV

Mário Engler Pinto Júnior
Doutor em Direito Comercial pela Universidade de São Paulo (USP)
Advogado e Procurador do Estado de São Paulo
Professor da Escola de Direito de São Paulo da Fundação Getúlio Vargas (FGV)

Paulo Modesto
Professor de Direito Administrativo da Universidade Federal da Bahia (UFBA) e do Centro de Cultura Jurídica da Bahia
Presidente do Instituto de Direito Público da Bahia
Vice-Presidente do Instituto de Direito Administrativo da Bahia
Membro do Ministério Público
Diretor da *Revista Brasileira de Direito Público*

Diretor Executivo do Instituto Brasileiro de Direito Administrativo
Conselheiro Técnico da Sociedade Brasileira de Direito Público (*sbdp*)
Membro do Conselho de Pesquisadores do Instituto Internacional de Estudos de Direito do Estado
Ex-Assessor Especial do Ministério da Administração Federal e Reforma do Estado do Brasil
Editor do *site* www.direitodoestado.com.br

RODRIGO PAGANI DE SOUZA
Mestrando em Direito do Estado pela Faculdade de Direito da Universidade de São Paulo (USP)
Advogado associado de Sundfeld Advogados
Professor da Sociedade Brasileira de Direito Público (*sbdp*)

VERA MONTEIRO
Doutora pela Universidade de São Paulo (USP)
Mestre pela Pontifícia Universidade Católica de São Paulo (PUC/SP)
Coordenadora do Curso de Especialização em Direito Administrativo do Programa GV*Law* da Fundação Getúlio Vargas/SP
Autora dos livros *Concessão* (São Paulo, Malheiros Editores, 2010) e *Licitação na Modalidade de Pregão* (2ª ed., São Paulo, Malheiros Editores, 2010)

# PREFÁCIO À 2ª EDIÇÃO

Este livro, cuja 1ª edição surgiu em 2005, teve papel relevante na difusão de conhecimento sobre a Lei de Parcerias Público-Privadas (Lei 11.079/2004), que acabava de ser editada. Além disso, ele propôs uma ampla avaliação sobre experiências nacionais e internacionais com diferentes tipos de arranjos contratuais entre o Estado, as empresas do setor privado e as entidades do Terceiro Setor (contratos públicos de parceria em sentido amplo).

A soma de esforços de tantos pesquisadores se justificava. Os contratos públicos de parceria são fenômeno de alta complexidade jurídica, econômica, política e de gestão. Sua compreensão, discussão e utilização exigem muito trabalho e aprofundamento.

De lá para cá, o selo da Sociedade Brasileira de Direito Público/*sbdp* na Malheiros Editores publicou mais três grandes livros sobre esses temas: *Comentários à Lei de PPP – Fundamentos Econômico-Jurídicos*, de Maurício Portugal Ribeiro e Lucas Navarro Prado (1ª ed., 2ª tir., 2010), *Concessão*, de Vera Monteiro (2010), e *Direito das Concessões de Serviço Público – Inteligência da Lei 8.987/1995 (Parte Geral)*, de Egon Bockmann Moreira (2010). Essas obras constituem, hoje, acervo importante de referência para quem pretende se aprofundar na área.

Tendo se esgotado duas tiragens deste livro, decidimos, agora, fazer uma nova edição, com a necessária atualização legislativa e a ampliação de alguns dos capítulos, por conta de novas experiências e debates.

Esta 2ª edição deve muito ao advogado João Domingos Liandro Filho, que colaborou na revisão e na coordenação executiva. A ele, o agradecimento da *sbdp* e dos autores.

Carlos Ari Sundfeld
Presidente da Sociedade Brasileira de Direito Público/*sbdp*
Professor da FGV/EDESP e da PUC/SP

# *APRESENTAÇÃO*

Este livro é fruto de um projeto coletivo de estudo e pesquisa concebido pela *Sociedade Brasileira de Direito Público – sbdp* em meados de 2003 e que se desenvolveu até março de 2005, no âmbito do convênio científico mantido com a *FGV/EDESP (Escola de Direito de São Paulo*, da *Fundação Getúlio Vargas)*. A execução do trabalho, portanto, ocorreu no período em que o tema das *parcerias público-privadas* (PPPs) era introduzido no Brasil.

Quatro foram os objetivos do projeto. Primeiro, avaliar a experiência jurídica brasileira com concessões, obras de infraestrutura e contratações de serviços sociais a partir da Reforma do Estado dos anos 1990. Quanto a isso, o foco concentrou-se não apenas na legislação geral, mas também nas soluções em áreas como rodovias, saneamento, transportes públicos, presídios e Terceiro Setor. Em segundo lugar buscou-se identificar e discutir as tendências e problemas das licitações para esses contratos. Além disso, os pesquisadores debruçaram-se sobre as novas soluções internacionais em matéria de contratação pública, para compreender o sentido das inovações criadas com as PPPs pelo mundo afora e refletir sobre sua aplicabilidade no Brasil. Por fim, na medida em que a legislação sobre PPPs ia sendo debatida e editada, inicialmente nos Estados (a partir da pioneira Lei mineira 14.868/2003) e depois no âmbito federal, com a Lei 11.079/2004, os estudiosos formulavam suas críticas, sugestões e – claro – interpretações.

Os resultados obtidos por cada um foram sendo submetidos a seus colegas, para que todos pudessem caminhar conjuntamente. No dia 12 de novembro de 2004 a *sbdp* e a FGV/EDESP promoveram, em São Paulo, um grande seminário, reunindo não só os autores da pesquisa como, também, as autoridades federais e estaduais, do Executivo e Legislativo, diretamente responsáveis pela condução das PPPs, além de centenas de professores e profissionais interessados. Na ocasião houve importante diálogo e troca de experiências, que permitiram o aprofundamento e revisão de todos os estudos. Finalmente, com a promulgação da lei federal de PPPs, cada autor reelaborou seu artigo, de modo a incorporar o comentário e a discussão do texto normativo.

Esse o itinerário que gerou a presente obra. Não se trata, assim, de mera reunião de ensaios individuais, mas do resultado de efetiva interação dos autores, que compartilharam generosamente seu conhecimento acadêmico e profissional. O que desencadeou todo o processo foi o entusiasmo de dois jovens ex-alunos da Escola de Formação da *sbdp*, MATEUS PIVA ADAMI e FÁBIO TOGNOLA MALUF – tendo o primeiro sido um dedicado coordenador executivo. O que o viabilizou foram a confiança e a competência dos estudiosos que a ele aderiram. O andamento das atividades foi também assegurado por toda a equipe da *sbdp*, comandada por sua Diretora Executiva, ROBERTA ALEXANDR SUNDFELD, e pelo apoio da FGV/EDESP, dirigida pelo professor ARY OSVALDO MATTOS FILHO. A publicação, mais uma vez, está nas mãos amigas de SUZANA e ÁLVARO MALHEIROS.

Ao divulgar esta obra, a *sbdp* reafirma seu permanente compromisso com a renovação, o diálogo e a pesquisa, que tem gerado inúmeros simpósios, cursos e publicações, tanto em livros como revistas científicas. E, de modo muito reconhecido, agradece aos que sempre acreditam, sonham e concretizam utopias.

CARLOS ARI SUNDFELD
Presidente da Sociedade Brasileira de Direito Público/*sbdp*
Professor da FGV/EDESP e da PUC/SP

# GUIA JURÍDICO
# DAS PARCERIAS PÚBLICO-PRIVADAS

CARLOS ARI SUNDFELD

*1. Introdução. 2. O que é "PPP"?. 3. Quais os objetivos principais da Lei das PPPs?. 4. Quais os riscos de um programa de PPP?. 5. O que é "concessão comum"?. 6. O que é "concessão patrocinada"?. 7. O que é "concessão administrativa"?. 8. Existe concessão administrativa sem obrigação pecuniária direta para a Administração?. 9. Por que a lei designou as PPPs como concessões?. 10. A Lei das PPPs alterou o regime dos contratos administrativos de serviços?. 11. Por que não são PPPs contratos inferiores a 20 milhões de Reais?. 12. Por que a mera execução de obra pública não pode ser objeto de PPP?. 13. Por que um contrato de PPP deve incluir a prestação de serviços por ao menos cinco anos?. 14. Concessão comum pode ser transformada em patrocinada?. 15. Qual é o regime contratual da concessão patrocinada?. 16. Qual é o regime contratual da concessão administrativa?. 17. Que atividades estatais são indelegáveis e, por isso, não podem ser objeto de PPP?. 18. Quais as restrições de responsabilidade fiscal à contratação de PPP?. 19. Há critérios legais para divisão de riscos entre os parceiros público e privado?. 20. Como é a licitação para as PPPs?. 21. O projeto básico pode ficar a cargo do concessionário de PPP?. 22. Quais são as limitações quanto à origem dos recursos do parceiro privado?. 23. Empresa estatal pode ser a concedente de PPP?. 24. Empresa estatal pode ser concessionária de PPP?. 25. O que é o "Fundo Garantidor de PPP" (FGP)?.*

## 1. Introdução

Este trabalho pretende ser um guia para o ingresso – tanto de profissionais do Direito como de leigos – no debate jurídico sobre as parcerias público-privadas.

O tema surgiu com o programa de Reforma do Estado desenvolvido no Brasil a partir do início da década de 90 do século passado e que teve seu ápice no governo do presidente Fernando Henrique Cardoso (1994-2002), com a privatização de grandes empresas federais, a flexibilização de monopólios de serviços públicos e o estímulo ao Terceiro Setor. Mas, a partir de meados de 2002, ainda no governo FHC, e depois no governo do presidente Lula, a expressão "parceria público-privada" – e sua charmosa sigla, "PPP" – começaria a adquirir uma força nova. Tanto na imprensa como nos discursos governamentais e empresariais passou-se a defender a necessidade – e, mesmo, a urgência – de o Brasil criar um programa de PPP, aproveitando experiências internacionais positivas iniciadas na Inglaterra e que estariam sendo adotadas por muitos outros países. A expressão "PPP" entrou rapidamente na moda em 2003, especialmente porque o próprio Presidente da República pôs-se a usá-la, vinculando-a ao ciclo de crescimento que queria para o país. Faltava, porém, tornar mais preciso o sentido do discurso. Afinal, de que se estava falando?

As possíveis respostas começaram a aparecer com os projetos de lei sobre PPP, postos em circulação nos Estados e na União ainda em 2003. A primeira lei a ser editada foi a do Estado de Minas Gerais (n. 14.868, de 16.12.2003), que seria seguida pela de São Paulo (n. 11.688, de 19.5.2004) e várias outras. Só que o projeto de lei federal, encaminhado pelo Governo ao Congresso Nacional, encontrou forte resistência e suscitou debates candentes, não só em foros especializados, mas também na imprensa e no mundo político. O processo legislativo só deslanchou quando o próprio Governo viabilizou a apresentação de um novo texto, no âmbito da Comissão de Assuntos Econômicos do Senado. Aí, o assunto foi rapidamente votado no Senado e na Câmara dos Deputados, e surgiu, em 30.12.2004, a *Lei das PPPs* (Lei federal 11.079).

Com esse marco legal, o assunto entrou em nova fase. Havendo, a partir daí, conceitos legais a levar em consideração, o debate naturalmente seria rearranjado. Antes usava-se a expressão "PPP" um pouco "ao gosto do freguês" – o que, inclusive, era causa de um grande ruído na comunicação. Nesta nova fase se há, também, de enfrentar os desafios gerados por qualquer texto normativo: é preciso entender seus objetivos, interpretar suas normas, relacioná-las com o restante do Direito vigente, especular sobre as possibilidades de aplicação e, ainda, discutir sua constitucionalidade.

Neste texto o autor procura sintetizar as informações e reflexões que reuniu em virtude de sua intensa participação pessoal no processo de criação do marco legal das PPPs no Brasil. No segundo semestre de 2002 o autor estudou, para o Ministério do Planejamento, quais as possíveis dificuldades dos programas de PPP no Brasil. Sua conclusão foi no sentido de que, embora muitas formas de parceria já fossem juridicamente viáveis, havia necessidade de uma nova lei nacional, que complementasse a Lei de Concessões, bem como de criar uma estrutura orgânica na Administração Federal para cuidar do programa. Então, apresentou para debates a primeira proposta de texto normativo, que deu início à consideração do assunto pelo Governo Federal.

Em seguida o autor elaborou para o Estado de Minas Gerais, já sob o comando do governador Aécio Neves, a proposta para a lei mineira de PPP, assessorando as negociações que permitiram sua aprovação.

Por fim, no segundo semestre de 2004, tendo analisado os substitutivos ao projeto de lei federal sob consideração do Senado, o autor formulou uma incisiva crítica. Alertou que a edição de uma lei naqueles termos desestabilizaria o sistema legal existente, especialmente em matéria de contratos administrativos, concessão e licitação. Em consequência, preparou uma nova proposta, reconstruindo o texto do projeto, criando os conceitos de concessão "administrativa", "patrocinada" e "comum", definindo as relações entre os vários diplomas legais e concebendo uma nova solução para o Fundo Garantidor. Suas ponderações e sugestões acabaram aceitas e serviram de base para a elaboração de um novo texto, que também incorporou outras preocupações, tanto do Governo como da Oposição, especialmente em matéria de financiamento e responsabilidade fiscal. Assim se chegou à Lei 11.079/2004 – a *Lei das PPPs*.

Para a elaboração deste texto, o autor, além de fazer uma resenha do assunto, procurou identificar as questões que, nos três anos anteriores à edição da Lei das PPPs, segundo sua percepção e vivência direta, mais preocuparam os atores envolvidos: governantes, legisladores, organismos internacionais, empreendedores, financiadores e – claro – juristas. Os tópicos considerados relevantes são abordados a partir do tratamento que tiveram na legislação, cuja análise e comentário se procurou fazer.

## 2. O que é "PPP"?

Em face da legislação brasileira vigente, a expressão pode ser usada juridicamente de duas formas paralelas.

Em sentido amplo, parcerias público-privadas são os múltiplos vínculos negociais de trato continuado estabelecidos entre a Administração Pública e particulares para viabilizar o desenvolvimento, sob a responsabilidade destes, de atividades com algum coeficiente de interesse geral. Neste sentido, as parcerias distinguem-se dos contratos que, embora também envolvendo Estado e particulares, ou não geram relação contínua, ou não criam interesses comuns juridicamente relevantes (exemplo: a simples venda, pelo menor preço, de bem dominical sem utilidade para a Administração). Nos contratos que, ao contrário, criem tais interesses e cuja execução se prolongue no tempo, surge o desafio de disciplinar a convivência entre os contratantes e de definir como se partilham as contribuições e responsabilidades para o atingimento dos objetivos, bem assim os riscos decorrentes do empreendimento.

Esse amplo espectro de parcerias inclui contratos muito conhecidos, como a *concessão de serviço público*, regida pela Lei 8.987/1995 (Lei de Concessões) – que encarrega o particular de gerir lucrativamente um empreendimento público, sob a regulação estatal –, e os mais recentes *contratos de gestão* com organizações sociais (OSs) e *termos de parceria* com organizações da sociedade civil de interesse público (OSCIPs). Pode-se mencionar também os diversos mecanismos, contratuais ou não, que viabilizam o *uso privado de bem público*, de forma onerosa ou gratuita, em atividade com alguma relevância social (instalação de nova indústria ou de escola comunitária; uso de marca de universidade pública por entidade de professores para venda de serviços de consultoria; etc.). Há o caso dos particulares que, por altruísmo ou por questões de imagem, assumem graciosamente encargos públicos. Há ainda os empresários que trocam benefícios tributários por compromissos de investimento. As variantes são quase infinitas.

O que há de importante a dizer das parcerias em sentido assim amplo é que, se não são propriamente novas, por certo são um fenômeno crescente, que vai gerando soluções normativas peculiares. Nos cerca de 70 anos que se passaram entre o final da I Guerra Mundial e o início da Reforma do Estado vigorou a crença de que não só o interesse geral era preocupação do Estado, como devia ser alcançado preferencialmente pela ação da máquina pública: empresas, hospitais e universidades do próprio Estado deviam fazer os investimentos necessários e prestar os serviços públicos e sociais. Os particulares participariam como simples fornecedores de bens, serviços e capitais ao Estado, sem assumir maior responsabilidade quanto aos objetivos finais. Mas a orientação se inverteria a partir da década de 90 do século passado, com o início da Reforma do Estado, que diminuiu significativamente o tamanho deste, mas sem que se renunciasse à realização dos objetivos que até então vinham sendo buscados. A alternativa foi, então, recuperar ou criar mecanismos para a assunção de responsabilidades públicas por particulares, em substituição ao modelo anterior, de gestão estatal. Eles são as tais *parcerias público-privadas em sentido amplo*.

A base legal dessas múltiplas parcerias não está na Lei das PPPs, mas na legislação que as foi, pouco a pouco, organizando, especialmente a partir dos anos 90. Possivelmente a mais conhecida delas é a Lei de Concessão. Trata-se, inegavelmente, de uma lei de parceria, em sentido amplo. E isso não só por disciplinar um arranjo clássico que faz sentido lógico chamar de "parceria" como, também – e especialmente –, por haver sido concebida sob o impacto das ideias e soluções que internacionalmente foram associadas à expressão "PPP". Mas não é só. A farta legislação setorial, em áreas vitais como telecomunicações, energia, petróleo e gás, portos, ferrovias, etc., que foi surgindo depois que a Lei de Portos (n. 8.630/1993) iniciou a tendência, também está totalmente embebida dessas ideias e soluções. Esses exemplos de parcerias são os que envolvem serviços públicos econômicos. Mas, se pensamos nos serviços sociais, teremos as leis sobre OS (Lei federal 9.637/1998) e OSCIPs (Lei federal 9.790/1999). Para as parcerias destinadas a implantar empreendimentos urbanísticos temos o Estatuto da Cidade (Lei federal 10.257/2001), regulando operações urbanas consorciadas e outros mecanismos.

Toda essa legislação tem um sentido geral comum – que é o de viabilizar a gestão não exclusivamente estatal dos interesses públicos – e adota orientações normativas que se repetem, e são de algum modo contrárias a tendências legislativas anteriores. Basta citar um só exemplo para mostrar essa alteração de tendências.

Com o fim da Ditadura Militar e, especialmente, a edição da Constituição de 1988, o país ingressou em um período de valorização da licitação como requisito das contratações públicas. Houve, a respeito, uma sequência de textos: primeiro o Decreto-lei 2.300/1986, que criou o Estatuto das Licitações e Contratos; depois a Constituição de 1988, que constitucionalizou o dever de licitar e o impôs também às empresas estatais (arts. 22, XXVII, 37, XXI, e 173); por fim, a Lei 8.666/1993, que editou um novo Estatuto das Licitações e Contratos Administrativos (Lei de Licitações). Todas essas normas são anteriores ao *ciclo das parcerias* – e, portanto, foram feitas tendo como preocupação central os contratos então importantes: as empreitadas de obra pública (o chamado "contrato de obras"). O resultado foi uma disciplina normativa exigindo rigidez no procedimento, objetividade absoluta no julgamento (em regra, feito pelo menor preço) e a definição prévia, pela Administração, de todos os detalhes das prestações do contratado; ademais, proibiu-se a inclusão de financiamentos entre os encargos do contratado.

Mas, se esse modelo pode ser bom para as contratações de empreitadas, não se ajusta tão bem aos contratos de parceria. Primeiro porque em muitas delas o objetivo não é obter a proposta mais barata, e sim eleger a entidade que melhor encarne o perfil público; daí as leis das OS e OSCIPs afastarem a licitação para a celebração dos contratos de gestão e dos termos de parceria. De outro lado, os arranjos de parceria atribuem aos particulares responsabilidades de gestão, e seu bom exercício exige liberdade de meios; assim, o edital da licitação não poderia conter a predefinição a respeito. Ademais, o Estado precisa de parceiros que tragam financiamento para implantar infraestrutura; não se, pode, então, proibi-lo, como fez a Lei de Licitações. Essas regras tiveram, então, de ser afastadas pela Lei de Concessões.

O que importa reter deste relato é a ideia de que uma legislação de PPP desenvolveu-se amplamente no Brasil no contexto da Reforma do Estado e que, embora fragmentada – pela natureza das coisas e por imposição das circunstâncias –, ela tem *traços comuns reconhecíveis*, muitas vezes opostos aos da legislação anterior.

Assim, quando se disse (e quanto se disse, a partir de 2002!) que o Brasil precisava de uma legislação de PPP, para poder adotar práticas bem-sucedidas na Europa e no Chile, por exemplo, tratava-se de um engano. O Brasil já tinha essa legislação. O que então se propunha como desafio não era criar o conceito de PPP (em sentido amplo) ou dar contornos normativos a um tema esquecido. A questão era bem mais simples: complementar a legislação para viabilizar *contratos específicos* que, embora interessantes para a Administração, ainda não podiam ser feitos, e isso ou por insuficiência normativa, ou por proibição legal.

A Lei das PPPs (isto é, a Lei federal 11.079) teve, então, o limita do escopo de instituir justamente as regras faltantes. E o que faltava?

Em primeiro lugar, normas disciplinando o oferecimento, pelo concedente a concessionários de serviço ou de obra pública, de garantia de pagamento de adicional de tarifa. É verdade que no regime da Lei de Concessões já era viável que, além das tarifas cobradas dos usuários, o concessionário tivesse outras fontes de receita, inclusive adicionais pagos pela Administração. Mas, se esses contratos já eram juridicamente possíveis, sua viabilidade prática estava dependendo da criação de um adequado sistema de garantias, que protegesse o concessionário contra o inadimplemento do concedente. Pois bem, para criar esse sistema, a Lei das PPPs deu um nome próprio – o de "concessões patrocinadas" – às concessões de serviço público (incluindo as de exploração de obra pública) que envolvam o pagamento de adicional de tarifa pela Administração. As concessões patrocinadas não são algo novo, pois já existiam juridicamente. Novo é o nome, criado só para facilitar a comunicação. Assim, em virtude da Lei das PPPs, as já conhecidas "concessões de serviço" da Lei de Concessões foram divididas em dois grupos: as *patrocinadas*, em que há adicional de tarifa; e as *comuns*, em que não há. Por certo, além do nome, há regras novas aplicáveis à espécie "concessão patrocinada", sobretudo para viabilizar as garantias, como veremos adiante.

Em segundo lugar, era preciso criar condições jurídicas para a celebração de *outros contratos* em que, à semelhança das concessões tradicionais, os particulares assumissem os encargos de investir e de implantar infraestrutura estatal e depois de mantê-la, fazendo-a cumprir seus fins, sendo remunerados em prazo longo. Era necessário, em suma, permitir a aplicação da lógica econômico-contratual da concessão tradicional a *outros objetos* que não a exploração de serviços públicos econômicos (como são os serviços de água e esgoto, a distribuição de energia, a telefonia fixa etc.). Afinal, por que não usá-la em *serviços administrativos em geral*, isto é, os serviços de infraestrutura penitenciária, policial, educacional, sanitária, judiciária etc., ou mesmo os decorrentes da separação de etapas ou partes dos próprios serviços públicos econômicos (a implantação e gestão de uma estação de tratamento de esgotos para uma empresa estatal de saneamento básico, ou de um sistema de arrecadação automatizada para uma empresa estatal de transportes coletivos, por exemplo)? Para tais fins, a Lei das PPPs criou a *concessão administrativa*, que copia da concessão tradicional a lógica econômico-contratual (obrigação de investimento inicial; estabilidade do contrato e vigência por longo prazo, para permitir a recuperação do capital; remuneração vinculada a resultados; flexibilidade na escolha de meios para atingir os fins previstos no contrato; etc.) e aproveita da concessão patrocinada as regras destinadas à viabilização das garantias.

Desse modo, é evidente que a Lei das PPPs não é uma lei geral de parcerias, e sim uma lei sobre duas de suas espécies: a *concessão patrocinada* e a *concessão administrativa*. Todavia, como a retórica governamental tinha associado definitivamente o nome genérico – "Lei das PPPs" – a esse texto normativo que, em verdade, tratava de contratos específicos, a versão final da lei teve o cuidado de evitar que se tomasse por geral algo que não o era. Como? Definindo as parcerias público-privadas como os contratos de concessão patrocinada e de concessão administrativa. Portanto, *especificamente para a disciplina dessa lei*, PPPs são esses dois contratos, e nada mais. Surgiu, assim, a parceria público-privada em sentido estrito.

Estão esclarecidas quais são as duas formas paralelas em que a expressão "parceria público-privada" pode ser usada juridicamente no Brasil.

Em *sentido amplo*, "PPPs" são os múltiplos vínculos negociais de trato continuado estabelecidos entre a Administração Pública e particulares para viabilizar o desenvolvimento, sob a responsabilidade destes, de atividades com algum coeficiente de interesse geral (concessões comuns, patrocinadas e administrativas; concessões e ajustes setoriais; contratos de gestão com OSs; termos de parcerias com OSCIPs; etc.). Seu regime jurídico está disciplinado nas várias leis específicas.

Em *sentido estrito*, "PPPs" são os vínculos negociais que adotem a forma de concessão patrocinada e de concessão administrativa, tal qual definidas pela Lei federal 11.079/2004. Apenas esses contratos sujeitam-se ao regime criado por essa lei.

## 3. Quais os objetivos principais da Lei das PPPs?

A característica central das concessões administrativa e patrocinada que motivou a nova disciplina legal é a de gerar compromissos financeiros estatais firmes e de longo prazo. Como o concessionário fará investimentos logo no início da execução e será remunerado posteriormente, dois objetivos se põem: tanto impedir que o administrador presente comprometa irresponsavelmente recursos públicos futuros, como oferecer garantias que convençam o particular a investir.

A concessão patrocinada já era viável anteriormente, pois adicionais de tarifa podiam ser pagos como receita complementar (Lei das Concessões, art. 11). Cuidados de responsabilidade fiscal na assunção desses compromissos financeiros já eram devidos (CF, art. 167; Lei 4.320/1964; e Lei de Responsabilidade Fiscal, Lei Complementar 101/2000). O que fez a Lei das PPPs foi reafirmar essas exigências (art. 10) e criar limites específicos para as despesas com contratos de PPP (arts. 22 e 28). O objetivo claro é reforçar a responsabilidade fiscal (Lei das PPPs, art. 4º, IV).

Já, a concessão administrativa não existia. A obtenção de serviços pela Administração só era viável por meio do *contrato administrativo de serviços* da Lei de Licitações, no seguinte regime: a Administração define prévia e exaustivamente o modo como o serviço será prestado (Lei de Licitações, art. 7º, § 2º, I e II); deve haver pagamento mensal, correspondente ao custo das prestações executadas no período (Lei de Licitações, art. 7º, § 2º, III, e art. 40, XIV, "a"); as parcelas do preço são calculadas em função da tarifa executada, não do resultado final alcançado (Lei de Licitações, art. 7º, § 2º, II, e art. 40, XIII); o contratado não pode financiar a operação (Lei de Licitações, art. 7º, § 3º); nos serviços contínuos o prazo original máximo da contratação é de um ano, prorrogável até o limite de cinco anos (Lei de Licitações, art. 57, *caput* e inciso II).

A concessão administrativa é uma nova fórmula contratual para a Administração obter serviços (Lei das PPPs, art. 2º, § 1º). Embora a Administração defina o objeto e modo de prestação do serviço, não precisa fazê-lo exaustivamente, podendo deixar liberdade quanto ao detalhamento e aos meios a empregar (Lei das PPPs, art. 3º, *caput*, c/c Lei de Concessões, art. 25; v. também as razões de veto ao art. 11, II, da Lei das PPPs). O contratado fará investimentos, no mínimo de 20 milhões de Reais (art. 2º, § 4º, I). A remuneração dependerá da fruibilidade dos resultados (art. 6º, parágrafo único, e art. 7º), não derivando automaticamente da execução da prestação (arts. 4º, VI, e 5º, III). O serviço será prestado no mínimo por 5 anos (art. 2º, § 4º, II, e art. 5º, I) e no máximo por 35 anos (art. 5º, I).

Portanto, a criação dessa nova fórmula contratual – a *concessão administrativa* – viabilizou um arranjo para a obtenção de serviços para o Estado antes impossível: aquele em que o particular *investe financeiramente na criação da infraestrutura* pública necessária à existência do serviço *e ajuda a concebê-la*.

Por fim, a Lei das PPPs superou uma insuficiência da legislação anterior: a falta de um sistema bem-organizado de garantia dos compromissos financeiros de longo prazo do Estado com o contratado. A Lei das PPPs não só afirmou a licitude dessas garantias (art. 8º), como concebeu uma entidade jurídica nova para esse fim: o *Fundo Garantidor de Parcerias Público-Privadas* (FGP) (art. 16).

## 4. Quais os riscos de um programa de PPP?

Tanto a lei federal de PPP (art. 14) quanto suas congêneres nos Estados e Municípios apostam na instituição de verdadeiros programas estatais de parcerias público-privadas. Em boa medida, eles são sucessores ou complementos dos programas de privatização ou de desestatização instituídos e executados no Brasil na década de 90 do século passado (no nível federal sua criação ocorreu pela Lei 8.031/1990, posteriormente substituída pela Lei 9.491/1997).

Uma ação estatal com esse nome ("Programa de PPP") não precisa ficar limitada à concepção e execução de contratos PPP em sentido estrito (isto é, concessões patrocinadas e administrativas). É natural que abranja parcerias em sentido amplo. Os problemas, riscos e cuidados de um programa assim abrangente já foram muito estudados e debatidos nos âmbitos político, econômico e jurídico, em torno das ideias de *privatização* e *regulação*.

Especificamente em relação às parcerias em sentido estrito, alguns riscos devem ser apontados.

O primeiro é o *comprometimento irresponsável de recursos públicos futuros*, seja pela assunção de compromissos impagáveis, seja pela escolha de projetos não prioritários. A Lei das PPPs atentou para isso quando fez rígidas exigências de responsabilidade fiscal (arts. 4º, IV, 10, 22 e 28), impôs o debate público prévio dos projetos (art. 10, VI) e criou um órgão gestor centralizado para definir as prioridades e avaliar as possibilidades econômico-financeiras para as contratações federais, bem como para acompanhar sua execução (arts. 14 e 15).

O segundo risco é o de, por pressa ou incapacidade técnica, a Administração comprometer-se com *contratações de longo prazo mal-planejadas e estruturadas*. Negócios dessa espécie são muito complexos, pelo número de variáveis envolvidas (determinação do objeto, identificação dos riscos e sua atribuição às partes, escolha de critérios de avaliação etc.) e pelos desarranjos que podem ocorrer no curso do tempo. A opção entre um contrato PPP e um contrato administrativo comum exige a comparação dos ônus e vantagens de cada um, a partir de elementos sólidos. Em suas diretrizes, a Lei das PPPs apontou a necessidade de ponderar isso tudo (art. 4º). É preciso levar a sério essa norma; do contrário haverá desperdício de recursos, conflitos entre as partes e serviços deficientes.

O terceiro risco é o *abuso populista no patrocínio estatal* das concessões. Os serviços públicos econômicos (telecomunicações, energia, saneamento, transporte coletivo, rodovias pedagiadas etc.) geram valor econômico individualizado para seus usuários. Por isso, tem sentido que eles arquem com o custo respectivo, por meio da tarifa. As concessões de serviço público são viáveis justamente por isto: pela existência de usuários com interesse e capacidade econômica de fruir os serviços. Mas é claro que grupos organizados sempre lutam para aumentar suas vantagens econômicas; daí a permanente crítica contra as tarifas de serviços públicos. Os governantes populistas são muito sensíveis a essas pressões e, podendo, tenderão sempre a conter reajustes tarifários e criar isenções para segmentos de usuários, transferindo os ônus respectivos para quem não vota em eleição: os cofres públicos. A concessão patrocinada, se tem valor e importância inegáveis, é também instrumento potencial desse desvio. Atenta a isso, a Lei das PPPs, além das diretrizes do art. 4º – que se somam às da Lei de Responsabilidade Fiscal –, instituiu um mecanismo para tentar conter as distorções: exigiu autorização legislativa específica para cada concessão patrocinada em que mais de 70% da remuneração do concessionário fiquem a cargo da Administração.

O quarto risco de um programa de parcerias é o de *desvio no uso da concessão administrativa*. Essa nova modalidade contratual foi inventada para permitir que o prestador de serviços financie a criação de infraestrutura pública, fazendo investimentos amortizáveis paulatinamente pela Administração. É apenas por isso que sua duração pode ser levada até 35 anos (arts. 2º, § 4º, I, e 5º, I). É previsível, porém, que o interesse de certos administradores e empresas gere uma luta pelo afrouxamento dos conceitos, por via de interpretação, de modo a usar-se a concessão administrativa nas mesmíssimas situações em que sempre se empregou o contrato administrativo de serviços da Lei de Licitações. Se a manobra vingar, teremos absurdos contratos de vigilância ou limpeza de prédio público, de consultoria econômica, de manutenção de equipamento etc., tudo por 10, 20 ou 30 anos, sem que investimento algum justifique essa longa duração.

É previsível que duas estratégias sejam empregadas pelos interessados para promover esse desvio. Uma será interpretar o art. 2º, § 4º, I, da Lei das PPPs – que veda a celebração de contrato PPP de "valor inferior" a 20 milhões de Reais – como se estivesse referindo a soma das parcelas do preço a ser pago ao contratado durante toda a vigência do contrato, e não o *investimento* a ser por ele feito. Essa interpretação não faz qualquer sentido, mesmo porque contraria a razão de ser do instituto, bem expressa no art. 5º, I: *a obtenção de investimentos privados na criação de infraestrutura pública*. Ademais, seria ridículo que a lei estivesse simplesmente pretendendo tornar mais caros os contratos administrativos, ao prever um "valor mínimo" de 20 milhões de Reais. É óbvio, portanto, que o que o art. 2º, § 4º, I, proíbe é a celebração de contrato de PPP em que não se preveja a realização, pelo parceiro privado, de *investimento de ao menos 20 milhões de Reais*.

Outra estratégia dos interessados no desvio da concessão administrativa será o uso da tese de que o art. 2º, § 4º, I, da Lei das PPPs não seria norma geral (CF, art. 22, XXI), mas, sim, norma específica, só se aplicando à União, não a Estados e Municípios – os quais poderiam fixar a seu gosto o valor mínimo de investimento nos contratos PPP. A tese, claro, é um equívoco. É norma geral a *definição* tanto *das modalidades contratuais* existentes no Direito Brasileiro (exemplo: contrato administrativo de serviços e contrato de concessão administrativa) como, por óbvio, *dos critérios para sua aplicação* (objeto, prazo, valor etc.). O investimento mínimo de 20 milhões de Reais, indicado no art. 2º, § 4º, I, da Lei das PPPs, é um critério identificador do cabimento da concessão administrativa – donde tratar-se de norma geral. O argumento retórico de que Estados e Municípios pequenos ou pobres teriam sido discriminados, pois suas contratações não atingem o citado limite de valor, é apenas isto: retórica vazia. Ora, se esses entes não têm força econômica para tais empreendimentos, simplesmente não precisam de concessões administrativas. Seus negócios, que têm que ser pequenos por carência financeira, podem perfeitamente ser realizados pela via dos contratos administrativos comuns.

## 5. O que é "concessão comum"?

As concessões de serviços públicos de que trata o art. 175 da CF são um gênero, que se caracteriza por seu objeto: a atribuição, ao concessionário, do encargo de executar serviços públicos (aí incluído o de implantar e manter obras públicas, como rodovias e pontes). Quanto ao regime remuneratório, há três possíveis espécies: a concessão comum, a patrocinada e a administrativa.

Segundo o art. 2º, § 3º, da Lei das PPPs, *concessão comum* é aquela em que o concedente não paga contraprestação em pecúnia ao concessionário. A remuneração deste poderá incluir tanto a cobrança de tarifas como outras receitas alternativas (Lei das Concessões, art. 11), desde que estas não envolvam pagamentos de natureza pecuniária do concedente. Portanto, a concessão comum não se desnatura se a remuneração incluir (ou limitar-se à) contraprestação não pecuniária feita pela Administração, nas modalidades previstas no art. 6º, III e IV, da Lei das PPPs.

As concessões comuns não se incluem entre os contratos de PPP. Aliás, a única função do conceito de "concessão comum" é a de esclarecer que ela se rege exclusivamente pela Lei de Concessões e legislação correlata, não se lhe aplicando o disposto na Lei das PPPs. Isso quer dizer, por exemplo, que na concessão comum não se exigirá necessariamente que o concessionário se constitua em sociedade de propósito específico (como disposto no art. 9º da Lei das PPPs), valendo a regra mais flexível do art. 20 da Lei de Concessões. Também não se pode usar na licitação para concessão comum a concorrência-pregão criada pela Lei das PPPs, em seus arts. 10 a 13.

### 6. O que é "concessão patrocinada"?

*Concessão patrocinada* é – juntamente com a concessão comum – espécie do gênero "concessão de serviço público". Por isso, a ela se aplica o regime da legislação geral desse gênero de contratos (a Lei de Concessões e outras correlatas, como a Lei federal 9.074/1995), com o complemento das normas da Lei das PPPs (art. 3º, § 1º).

O que peculiariza a concessão patrocinada é seu regime remuneratório, que deve incluir tanto tarifa cobrada aos usuários como contraprestação do concedente em forma pecuniária (Lei das PPPs, art. 2º, § 1º). Se, em uma concessão de serviço público, o concessionário não cobra tarifa dos usuários, remunerando-se por subvenção do concedente (conjuntamente, ou não, com outras receitas não tarifárias), não se estará diante de uma concessão patrocinada, mas de uma concessão administrativa.

E o que é a "contraprestação pecuniária do parceiro público", indispensável a que se caracterize a concessão como patrocinada (art. 2º, § 1º)? É – para usar a linguagem do art. 6º – a que se faz por "ordem bancária" (inciso I) ou por "cessão de créditos não tributários" (inciso II). O art. 6º alude a outras formas não pecuniárias de a Administração remunerar concessionários: outorgando-lhes direitos sobre bens dominicais e outros direitos contra ela própria (de que seria exemplo o direito de uso alternativo de imóveis ou de construir acima do coeficiente de aproveitamento do local, a que se referem os arts. 28 e 29 do Estatuto de Cidade). Essas receitas, em princípio, enquadram-se no conceito de "receitas alternativas" a que alude o art. 11 da Lei de Concessões. O mero fato de um concessionário recebê-las não faz de seu contrato uma concessão patrocinada, pois esta só se configura quando a Administração versa uma "contraprestação pecuniária"; do contrário a concessão será "comum". De outra parte, estando presentes a cobrança de tarifas aos usuários e a contraprestação pecuniária do concedente, estar-se-á diante de uma concessão patrocinada, ainda que o concessionário também receba contraprestação não pecuniária da Administração (as dos incisos III e IV do art. 6º da Lei das PPPs) e outras receitas alternativas.

E que sentido fazem essas regras, que excluem do conceito de "contrato de PPP" aqueles em que não haja remuneração pecuniária da Administração ao concessionário? É simples entendê-lo. A Lei das

PPPs foi editada para tratar dos contratos de concessão em que existam desafios especiais de ordem financeira: organizar a assunção de compromissos de longo prazo pelo Poder Público e garantir seu efetivo pagamento ao particular. Para as concessões sem tais compromissos a Lei das PPPs nada teria a dizer.

Para as concessões de serviços públicos regidas exclusivamente pela Lei de Concessões (as agora chamadas "concessões comuns") não há prazos legais mínimos nem máximos de duração, tampouco piso legal de investimento; tudo depende das decisões da Administração em cada caso, a serem expressas no contrato. Porém, ao tratar da concessão patrocinada, a Lei das PPPs acabou por proibir que a Administração Pública se comprometa contratualmente a pagar adicional de tarifa em certas concessões de serviço público: aquelas em que o investimento a cargo do concessionário não chegue a atingir 20 milhões de Reais (art. 2º, § 4º, I) e quando seu prazo for inferior a 5 ou superior a 35 anos, incluída a prorrogação (art. 2º, § 4º, II, c/c o art. 5º, I).

## 7. O que é "concessão administrativa"?

Há dois tipos de concessão administrativa: a de serviços públicos e a de serviços ao Estado.

A *concessão administrativa de serviços públicos* é aquela em que, tendo por objeto os serviços públicos a que se refere o art. 175 da CF, estes sejam prestados diretamente aos administrados sem a cobrança de qualquer tarifa, remunerando-se o concessionário por contraprestação versada em pecúnia pelo concedente (em conjunto, ou não, com outras receitas alternativas). Nesse caso, embora os administrados sejam os beneficiários imediatos das prestações, a Administração Pública será havida como usuária indireta, cabendo a ela os direitos e responsabilidades econômicas que, de outro modo, recairiam sobre eles.

A *concessão administrativa de serviços ao Estado* é a que tem por objeto os mesmos serviços a que se refere o art. 6º da Lei de Licitações, isto é, o oferecimento de utilidades à própria Administração, que será havida como usuária direta dos serviços e versará a correspondente remuneração. Quanto a esses aspectos a concessão administrativa de serviços ao Estado aproxima-se do contrato administrativo de serviços regido pela Lei de Licitações. Mas há elementos importantes que, diferenciando-os, aproximam a concessão administrativa de serviços ao Estado da tradicional concessão de serviços públicos. Enquanto o contrato de serviços resume-se à prestação de serviços, a concessão administrativa de serviços ao Estado inclui também a realização, pelo concessionário, de investimento mínimo de 20 milhões de Reais (Lei das PPPs, art. 2º, § 4º, I) na criação, ampliação ou recuperação, por meio da execução de obra ou do fornecimento de bens (art. 2º, § 2º), de infraestrutura necessária aos serviços, que serão prestados com base nela por ao menos cinco anos (art. 2º, § 4º, II). Enquanto vigente a concessão administrativa de serviços ao Estado, não estando amortizado o investimento, essa infraestrutura constituirá patrimônio do concessionário, podendo reverter ao concedente ao final, se previsto no contrato (art. 3º, *caput*, da Lei das PPPs, c/c os arts. 18, X, e 23, X, da Lei de Concessões). Assim, são idênticas a *estrutura contratual* e a *lógica econômica* da concessão administrativa de serviços ao Estado e da tradicional concessão de serviços públicos.

Não estão no texto literal da Lei das PPPs as expressões que, por razões didáticas, aqui utilizamos para explicar os dois tipos de concessão administrativa. Mas as categorias correspondentes são criação da própria lei, que, em seu art. 2º, § 2º, definiu a concessão administrativa como "o contrato de prestação de serviços de que a Administração seja a usuária direta" (hipótese que denominamos de "concessão administrativa de serviços ao Estado") "ou indireta" (hipótese que denominamos de "concessão administrativa de serviços públicos").

A concessão administrativa de serviços públicos é uma espécie da *concessão de serviços públicos* a que se refere o art. 175 da CF, juntamente com a concessão comum e a concessão patrocinada. A distinção entre as três espécies corre por conta da forma de remuneração do concessionário, como vimos.

Já, a concessão administrativa de serviços ao Estado é uma espécie do gênero *contrato administrativo de serviços ao Estado*. Esse gênero inclui duas espécies: o contrato administrativo de serviços da Lei de Licitações, cujo objeto se restringe ao fornecimento de serviços; e o contrato de concessão administrativa de serviços ao Estado, cujo objeto inclui também a realização de investimento privado para criar, ampliar ou recuperar infraestrutura pública.

A Lei das PPPs, para evitar que a concessão administrativa pudesse se confundir com quaisquer dos contratos regidos pela Lei de Licitações – desorganizando, assim, o sistema legal –, impôs a *complexidade* como característica indispensável do objeto desse novo contrato.

A concessão administrativa não é um simples contrato de prestação de serviços – ao contrário do que pode parecer da leitura isolada do art. 2º, § 2º –, pois sempre incluirá a realização de investimentos pelo concessionário para criação, ampliação ou recuperação de infraestrutura, a serem amortizados no prazo do contrato (art. 5º, I), em montante de ao menos 20 milhões de Reais.

A concessão administrativa também não poderá restringir-se à execução de obra pública (art. 2º, § 4º, III), que é característica do contrato de obras da Lei de Licitações. É certo que a concessão administrativa poderá incluir a obra (art. 2º, § 2º), mas dois outros requisitos deverão estar presentes: o concessionário deverá fazer investimento de ao menos 20 milhões de Reais e, pronta a infraestrutura, ela deverá ser usada para a prestação de serviços por um período de ao menos cinco anos (art. 2º, § 4º, II). Esses requisitos não existem nos meros contratos de obras. As exigências de prestação de serviços por um tempo mínimo e de que a remuneração esteja sempre vinculada a essa prestação (art. 7º) – não, portanto, à execução de parcelas de obras – impede que a concessão administrativa se transforme em simples contrato de obras com financiamento do empreiteiro.

Ademais, a concessão administrativa, conquanto possa incluir o fornecimento de bens para criação da infraestrutura (art. 2º, § 2º), não poderá limitar-se a isso (art. 2º, § 4º, III). A lei quis impedir o uso da concessão como simples alternativa ao contrato de compra da Lei de Licitações, bem como para a aquisição financiada de bens. São indispensáveis o investimento mínimo de 20 milhões de Reais bem como a prestação de serviços vinculados a esses bens, por ao menos cinco anos.

Por fim, quando se fala de serviços como objeto da concessão administrativa, está-se referindo à execução autônoma de prestações, para alcançar resultados predeterminados. A Lei das PPPs não considera como tal o mero fornecimento de força de trabalho humano (isto é, de "mão de obra") para atuar sob a direção da Administração (art. 2º, § 4º, III).

A concessão administrativa, em seus dois tipos, submete-se ao regime jurídico da Lei de Concessões (cf. Lei das PPPs, art. 3º, *caput*, e art. 11, *caput*), com exceção: (a) de normas impertinentes à nova concessão, relativas à conceituação (arts. 1º e 2º), à matéria tarifária e à proteção econômica dos usuários (arts. 6º-13), e outros aspectos (arts. 16, 17 e 26); e (b) de outras normas que têm correspondente na própria Lei das PPPs (arts. 3º, 4º, 5º, 14 e 20) ou na Lei de Licitações (art. 22).

## 8. Existe concessão administrativa sem obrigação pecuniária direta para a Administração?

O art. 6º da Lei das PPPs prevê diversas modalidades possíveis para o oferecimento de contraprestação pela Administração: há *contraprestações pecuniárias* (por meio de "ordem bancária" ou "cessão de crédito não tributário") e *contraprestações não pecuniárias* (direitos sobre bens públicos dominicais e outros direitos em face da Administração).

Isso propõe a dúvida sobre a categorização, ou não, como concessão administrativa de um contrato em que, embora a contraprestação seja inteiramente suportada pela Administração, sua natureza não seja pecuniária.

A resposta é que, se o contrato envolver a prestação de serviços públicos aos administrados, ele será uma concessão comum, cuja remuneração se faz exclusivamente com receitas alternativas (Lei de Concessões, art. 11). Já, se o contrato for de prestação de serviços à Administração, estando preenchidos os demais requisitos do art. 2º, § 4º (especialmente o investimento privado de ao menos 20 milhões de Reais e o prazo mínimo de prestação de cinco anos), deverá ser havido como uma concessão administrativa.

Perceba-se que, ao definir "concessão administrativa", o art. 2º, § 2º, deixou implícito que a remuneração do concessionário estará a cargo da Administração, não dos administrados, por ser ela a usuária direta ou indireta dos serviços. Mas, ao contrário do que fez quanto à concessão patrocinada (art. 2º, § 1º), a lei não exige que na concessão administrativa a contraprestação do concedente seja em pecúnia. Poderá sê-lo pelas outras formas do art. 6º. A única forma de remuneração que descaracterizaria a concessão administrativa é o recebimento pelo concessionário de tarifa dos administrados especificamente para remunerar seus serviços.

## 9. Por que a lei designou as PPPs como concessões?

"Concessão" não é um termo unívoco na legislação administrativa. São denominados como "contratos de concessão" tanto os que envolvem a transferência da execução de serviços públicos como os que conferem direito à utilização exclusiva de bens públicos por particulares. O traço comum dessas figuras contratuais é a longa duração, justificada pela necessidade de permitir a amortização de investimentos do concessionário. Isso desde logo explica por que a Lei das PPPs escolheu esse termo para nomear a nova modalidade contratual que estava criando: afinal, tratava-se de ajuste em que o parceiro privado se comprometeria a fazer investimento inicial de monta, de modo a criar, ampliar ou recuperar infraestrutura pública, viabilizando, com isso, seu emprego na subsequente prestação de serviços.

Mas a opção legislativa não foi apenas terminológica. O que se quis foi empregar em novos objetos a estrutura contratual e a lógica econômica dos contratos regidos pela Lei de Concessões. Por isso, os contratos de PPP foram submetidos a essa lei (cf. art. 3º da Lei das PPPs).

## 10. A Lei das PPPs alterou o regime dos contratos administrativos de serviços?

Os contratos de serviços da Lei de Licitações continuam existindo, com suas características intocadas (Lei das PPPs, art. 3º, § 3º). O que ocorreu, com a concessão administrativa de serviços ao Estado, foi o surgimento de um novo modelo para contratação de serviços.

Mas não são as mesmas as situações a que se aplicam as duas modalidades contratuais, como vimos ao tratar da conceituação das concessões administrativas.

## 11. Por que não são PPPs contratos inferiores a 20 milhões de Reais?

A Lei das PPPs foi editada para conceber alternativas de financiamento privado para a implantação, expansão ou recuperação da infraestrutura pública. Pretendeu-se obtê-lo sem gerar o tradicional endividamento estatal, por meio de contratos puramente financeiros, com a posterior contratação de empreiteira para a execução de obra e, ao final, a assunção da infraestrutura pela própria Administração.

Assim, para cumprir os objetivos políticos do programa PPP, seus contratos não podem limitar-se apenas à execução de serviços ou obras. Devem, necessariamente, incluir o investimento privado. Os 20 milhões de Reais são o montante de investimento privado considerado mínimo pela lei para justificar a outorga, ao contratado, dos benefícios do regime da concessão – o prazo longo, as proteções especiais em caso de rescisão etc.

## 12. Por que a mera execução de obra pública não pode ser objeto de PPP?

Um dos problemas dos tradicionais contratos de obras é o desinteresse econômico do contratado pela boa execução do contrato. O único risco da má execução é o de a Administração recusar o recebimento do objeto. Mas, além de esse risco só ser real se a Administração tiver capacidade técnica de identificar as falhas – coisa que frequentemente não ocorre –, o certo é que a fraude na execução gera recursos suficientes para o contratado corromper a fiscalização da obra e lograr, sem dificuldades, o recebimento definitivo do objeto.

Ao impedir que, nos contratos PPP, a prestação se limitasse à execução de obras ou fornecimento de equipamentos (art. 2º, § 4º, III), a Lei das PPPs fez com que a remuneração dos parceiros privado ficasse diretamente vinculada à fruição dos serviços pela Administração ou pelos administrados (art. 7º) e viabilizou sua variação de acordo com o desempenho do parceiro privado, conforme metas e padrões de qualidade e disponibilidade fixadas (art. 6º, parágrafo único). Portanto, a boa ou má qualidade das obras ou bens utilizados na infraestrutura repercutirá diretamente na determinação do valor a ser recebido pelo parceiro privado. Isso deve gerar, para ele, um interesse próprio de bem executar a parte relativa à infraestrutura, pois os serviços devem se estender por ao menos cinco anos e a infraestrutura deve ser capaz de resistir bem durante todo esse período.

**13. Por que um contrato de PPP deve incluir a prestação de serviços por ao menos cinco anos?**

Isso é imposição do art. 2º, § 4º, II. Uma primeira razão da exigência já foi explicada: trata-se de um período mínimo de exposição do contratado ao risco de prejuízo econômico em decorrência da má execução da infraestrutura.

Ademais, como a remuneração será paga pelos serviços – e não diretamente pelas obras ou fornecimentos –, a exigência de que estes durem ao menos cinco anos dá à Administração esse prazo mínimo para a amortização dos investimentos. É um modo de diluir no tempo a pressão financeira.

**14. Concessão comum pode ser transformada em patrocinada?**

Tanto a concessão comum como a patrocinada têm o mesmo objeto: a prestação de serviços públicos pelo concessionário ao administrado. A diferença entre elas é apenas a forma de remuneração: enquanto na concessão comum o concessionário recebe tarifas dos usuários e, eventualmente, receitas alternativas não oriundas dos cofres públicos, na concessão patrocinada a remuneração inclui um adicional de tarifa pago pela Administração.

Mesmo dando um serviço em concessão e, assim, comprometendo-se com certo regime tarifário, o concedente mantém o poder de, presentes razões justificadas, criar isenções para certas categorias de usuários ou, por razões sociais, diminuir genericamente as tarifas. Mas, para fazê-lo, deverá revisar o contrato, de modo a manter o equilíbrio econômico-financeiro nele previsto. Para tanto há várias soluções, como a extensão do prazo contratual, o adiamento ou eliminação de certos investimentos, a diminuição das obrigações do concessionário.

Há, também, a possibilidade de a Administração assumir o pagamento de parte da tarifa, dando, assim, uma subvenção econômica aos usuários. É condição para tanto que a Administração tenha adotado todas as cautelas de responsabilidade fiscal a que se referem os arts. 10, 22 e 28 da Lei das PPPs. Ademais, o concessionário tem direito à garantia de que a Administração vai honrar seus compromissos financeiros (art. 8º).

Em suma: não só é possível, como necessária, a transformação da concessão comum em patrocinada sempre que, no curso da execução daquela, a Administração pretenda substituir parte da receita tarifária do concessionário por um adicional de tarifa pago diretamente por ela. Para a transformação, deverão ser atendidas as exigências feitas pela Lei das PPPs para esse tipo de contratação.

A medida insere-se no âmbito das alterações lícitas nos contratos administrativos (Lei de Licitações, art. 65, II, "c") e não importa violação da isonomia garantida aos demais participantes da licitação inicial, pois não cria qualquer privilégio para o concessionário, antes ao contrário.

## 15. Qual é o regime contratual da concessão patrocinada?

É, em grandes linhas, semelhante ao das concessões comuns (Lei das PPPs, art. 3º, § 1º), incluindo-se não só os preceitos da Lei de Concessões relativos ao teor do contrato como, também, aos encargos de concessionário e concedente, à intervenção e à extinção do contrato (Lei de Concessões, arts. 23-39, com ressalva do art. 26, sobre a subconcessão, que é inaplicável). Mas existem algumas peculiaridades, que estão previstas em alguns tópicos do art. 5º da Lei das PPPs.

O art. 5º, em seus vários incisos, em geral repete ou esclarece melhor o sentido de disposições que já se encontravam na Lei de Concessões e que, por isso, também se aplicam às concessões comuns. É o caso igualmente do art. 11, III, relativo ao emprego da arbitragem, que já era autorizada (Lei das Concessões, art. 23, XV).

Há, porém, certas exigências contratuais que se aplicam às concessões patrocinadas mas não às comuns. São as previstas no art. 5º, I (quanto aos prazos mínimo e máximo de vigência) e V (relativo à inadimplência pecuniária do concedente). Ademais, o § 1º do mesmo art. 5º cria para o concessionário um direito à homologação tácita do reajuste ou correção do preço que não existe nas outras modalidades de contratos administrativos.

O § 2º do art. 5º autoriza a inserção, na concessão patrocinada, de cláusulas contratuais para proteger os agentes financeiros que tenham contratado, com o concessionário, o financiamento do projeto por ele assumido. Na realidade brasileira o preceito tende a defender, sobretudo, os interesses de uma entidade estatal, o Banco Nacional de Desenvolvimento Econômico e Social (BNDES), que é o grande financiador desse tipo de projetos. As medidas podem incluir a assunção do controle societário do concessionário diretamente pelo Banco, para promover a reestruturação do negócio (art. 5º, § 2º, I), bem como o pagamento direto a ele, pelo concedente ou entidade garantidora, tanto de faturas dos serviços (art. 5º, § 2º, II) como de indenizações pela extinção antecipada (art. 5º, § 2º, II), servindo tais pagamentos à quitação, parcial ou total, das obrigações financeiras do concessionário para com o Banco.

Outro tópico contratual das concessões patrocinadas que não existe nas concessões comuns é o referente às garantias de adimplemento das obrigações pecuniárias do concedente, nas modalidades do art. 6º.

Por fim, a concessão patrocinada deverá ser outorgada apenas a sociedade de propósito específico, isto é, criada exclusivamente para esse fim (art. 9º).

### 16. Qual é o regime contratual da concessão administrativa?

Os contratos de concessão administrativa submetem-se ao mesmo regime das concessões patrocinadas, pois os preceitos legais relativos ao assunto são indistintamente aplicáveis a ambas as modalidades. A diferença quanto ao conteúdo corre por conta apenas da matéria tarifária, que não existe na concessão administrativa, pois esse concessionário não recebe tarifas dos usuários (razão por que, aliás, não se aplicam às concessões administrativas os arts. 6º-13 da Lei de Concessões).

### 17. Que atividades estatais são indelegáveis e, por isso, não podem ser objeto de PPP?

Não podem ser atribuídas ao parceiro privado, segundo o art. 4º, III, da Lei das PPPs, as "funções de regulação, jurisdicional, do exercício do poder de polícia e de outras atividades exclusivas do Estado". Para a lei, elas são indelegáveis.

Há, porém, larga margem para discussão quanto ao sentido da expressão "exercício do poder de polícia", que é tudo menos precisa na linguagem jurídica. A melhor tendência é a de interpretá-la como sinônimo de "exercício do poder de autoridade", isto é, de coação (exemplo: o de apreender veículos irregulares nas estradas). Ademais, a indelegabilidade também ficou vinculada a um conceito em branco ("outras atividades exclusivas do Estado"), cujo preenchimento depende de categorias – de resto, bastante polêmicas – que não se encontram na Lei das PPPs.

Hipótese a respeito da qual os debates têm sido intensos é a de PPP para serviços penitenciários. Em tese, estes podem ser contratados por meio de concessão administrativa. Mas quais tarefas podem ser cometidas ao concessionário? Embora os termos da lei não resolvam as dúvidas, parece que eles excluem a possibilidade de a concessão envolver tanto o policiamento das muralhas como a direção da disciplina do presídio.

## 18. Quais as restrições de responsabilidade fiscal à contratação de PPP?

Elas se encontram nos seguintes preceitos da Lei das PPPs: art. 10 (que, em essência, reafirma a aplicabilidade da Lei de Responsabilidade Fiscal e demais normas constitucionais e legais sobre finanças públicas), art. 22 (que criou um limite global anual para as despesas de caráter continuado com contratos de PPP federais) e art. 28 (que criou sanção premial para Estados e Municípios que não ultrapassarem determinado limite).

A grande polêmica quanto às despesas geradas para a Administração pelos contratos de PPP diz respeito à sua natureza. Serão elas *despesas obrigatórias de caráter continuado*, cuja assunção se submete às condições do art. 17 da Lei de Responsabilidade Fiscal, mas que não têm outros limites que não os previstos nos arts. 22 e 28 da Lei das PPPs? Ou serão *dívida pública* em sentido próprio, sujeita aos limites a que se referem os arts. 29, 30 e 32 da Lei de Responsabilidade Fiscal?

A Lei das PPPs não optou por qualquer dessas alternativas. Mas deixou implícito no art. 10, I, "b" e "c", que podem existir despesas com PPP que configurem endividamento, assim como outras enquadráveis no conceito de despesa obrigatória de caráter continuado. Quanto aos critérios para fazer a classificação do gasto em uma categoria ou outra, a lei aludiu a uma regulamentação esclarecedora a ser editada pela Secretaria do Tesouro Nacional (art. 10, I, "c", primeira parte, c/c o art. 25).

**19. Há critérios legais para divisão de riscos entre os parceiros público e privado?**

Não. A lei remeteu o assunto ao contrato de concessão (art. 5º, III). Não existe uma divisão natural de riscos. Tudo tem a ver com a viabilidade econômica, bem como com a equação formada pelos encargos e remuneração do concessionário. Assim, é perfeitamente possível que, em uma concessão rodoviária patrocinada, o risco de demanda seja total ou parcialmente assumido por qualquer das partes, a depender do contrato.

A circunstância de a Lei de Concessões definir a concessão de serviço público como aquela em que o concessionário atua "por sua conta e risco" (art. 2º, II) não importa devam ser atribuídos ao concessionário "todos os riscos". Aliás, a própria existência da "revisão" aí está para prová-lo (Lei de Concessões, arts. 18, VIII, 23, IV, e 29, V). Assim, a alocação de riscos é, sim, matéria contratual.

**20. Como é a licitação para as PPPs?**

Quanto a seu *procedimento*, a licitação para concessões patrocinadas ou administrativas poderá seguir o modelo da *concorrência tradicional*, previsto nas Leis de Concessões e Licitações (cf. Lei das PPPs, art. 12, *caput*). Mas também é viável a adoção do procedimento da *concorrência-pregão*, criado a partir do modelo da Lei do Pregão (Lei federal 10.520/2002), em que pode ocorrer: (a) a inversão de fases, iniciando-se pelo julgamento e examinando-se a habilitação apenas do vencedor (Lei das PPPs, art. 13); (b) o saneamento de falhas documentais de índole formal (art. 12, IV); e (c) a determinação do vencedor por lances de viva voz, após a etapa de abertura das propostas lacradas (art. 12, III, e § 1º).

Quanto aos *critérios de julgamento*, são viáveis o da menor tarifa do serviço público a ser prestado e o da menor contraprestação da Administração, adotados isoladamente ou em conjunto com o da melhor técnica (Lei das PPPs, art. 12, II, c/c o art. 15, I e V, da Lei de Concessões).

## 21. O projeto básico pode ficar a cargo do concessionário de PPP?

A Lei das PPPs não exige a elaboração de projeto básico com as características e detalhes previstos no art. 6º, IX, da Lei de Licitações, que são típicos apenas dos contratos de obras (Lei de Licitações, art. 7º, I). Aliás, o veto do Presidente da República ao art. 11, II, da Lei das PPPs fundou-se no receio de que o preceito pudesse levar à imprópria suposição de que aquele tipo de projeto básico fosse obrigatório também nas concessões.

Para as concessões comuns envolvendo a execução de obra pública a Lei de Concessões esclareceu, de modo muito adequado, que a definição do objeto pelo edital de licitação envolveria "os dados relativos à obra, dentre os quais *os elementos do projeto básico que permitam sua plena caracterização*" (art. 18, XV); não *todos* os elementos, apenas os pertinentes a essa modalidade de empreendimento. Entre eles não se incluem, no caso de concessões, os requisitos das diversas alíneas do inciso IX do art. 6º da Lei de Licitações, que só fazem sentido no modelo do contrato de obras.

Portanto, nos contratos de PPP os projetos – tanto básico como executivo – podem ficar a cargo do concessionário. O que se exige do edital é apenas a *adequada definição do objeto*, isto é, que contenha os elementos que permitam a caracterização das eventuais obras.

## 22. Quais são as limitações quanto à origem dos recursos do parceiro privado?

Encontram-se no art. 27 da Lei das PPPs. Dizem respeito, por um lado, às *operações de crédito* contratadas pelo concessionário com empresas estatais federais. Por outro, à *participação em seu capital social* tanto de empresas estatais federais como de entidades fechadas de previdência complementar.

A regra é que: (a) as citadas operações de crédito não devem responder por mais de 70% dos recursos da concessão; e (b) a soma destas com a referida participação no capital não pode responder por mais de 80% dos recursos da concessão. Há, porém, limites mais flexíveis (80 e 90%, respectivamente) para projetos nas regiões Norte, Nordeste e Centro-Oeste do país com baixo Índice de Desenvolvimento Humano (IDH).

## 23. Empresa estatal pode ser a concedente de PPP?

Sim, pois o art. 1º, parágrafo único, da Lei das PPPs prevê sua aplicabilidade a todos os entes governamentais, inclusive as empresas estatais.

O fato de a Lei de Concessões, regulando as concessões de serviço público, conceituar "poder concedente" como "a União, o Estado, o Distrito Federal e o Município" (art. 2º, I) não impede que a legislação específica estabeleça quem é, em cada âmbito federativo, o órgão ou ente que atuará como concedente, isto é, como contratante de concessões. Essa legislação poderá, segundo seus critérios de conveniência, atribuir a função concedente de serviços públicos a uma autarquia ou empresa estatal, que a exercerá em nome da entidade federativa.

Ademais, a Lei das PPPs não cuida só de concessões de serviço público na modalidade patrocinada, mas também de concessões administrativas. Para estas sequer se aplica o disposto no art. 2º da Lei de Concessões (cf. art. 3º, *caput*, da Lei das PPPs).

## 24. Empresa estatal pode ser concessionária de PPP?

Em princípio não, pois o art. 9º, § 4º, da Lei das PPPs proíbe que a Administração Pública seja "titular da maioria do capital votante" da concessionária de PPP.

Mas o preceito tem efeitos bem limitados, não impedindo que:

(a) empresa estatal seja contratada como concessionária em uma concessão comum. Esta não é contrato de PPP sujeito ao citado art. 9º, § 4º, da Lei das PPPs, mas, sim, contrato regido pela Lei de Concessões;

(b) empresa estatal seja incumbida de prestar, aos administrados, um serviço público titularizado por outro ente da Federação, recebendo, deste, patrocínio pecuniário, parcial ou total. A operação é viável, mas será contratada não diretamente por meio de PPP, mas do recém-criado *contrato de programa* (Lei dos Consórcios Públicos, n. 11.107/2005, art. 13, *caput* e § 5º), cujo regime, todavia, é sujeito ao das concessões, em suas diversas modalidades, inclusive as patrocinadas e administrativas (Lei dos Consórcios Públicos, art. 13, § 1º, I);

(c) empresa estatal seja contratada por outro ente da Federação (por sua Administração direta ou indireta) para lhe prestar diretamente serviços com objeto complexo típico das concessões administrativas. A contratação é viável, também por *contrato de programa*, como explicado;

(d) empresa estatal celebre contrato com seu próprio ente controlador, para lhe prestar serviços ou assumir o encargo de prover aos usuários serviços públicos de sua titularidade, recebendo para isso contraprestação pecuniária do contratante. Trata-se de espécie de *parceria público-público*, necessária à organização administrativa interna de cada unidade da Federação, que pode adotar a forma de *contrato de gestão* (CF, art. 37, § 8º; Lei de Responsabilidade Fiscal, art. 47).

## 25. O que é o "Fundo Garantidor de PPP" (FGP)?

O FGP, cuja criação foi autorizada pelos arts. 16 a 20 da Lei das PPPs, é um ente dotado de personalidade jurídica própria, de natureza privada. Como tal, assume direitos e obrigações em nome próprio (art. 16, § 1º) e tem seu próprio patrimônio, formado pelos valores, bens e direitos integralizados pelos quotistas (art. 16, §§ 2º e 4º). Como é um sujeito de direitos e obrigações, responde autonomamente por elas, com seu patrimônio (art. 16, § 5º), sujeitando-se, como pessoa de direito privado, à execução judicial de seus débitos pelo regime comum do Código de Processo Civil (art. 18, § 7º).

Seu patrimônio é constituído por bens privados, recebidos por alienação feita por seus quotistas, depois de atendidas as exigências normais para a translação de bens públicos para o domínio privado (art. 16, § 7º).

Em suma, o FGP é uma nova espécie de pessoa jurídica governamental federal, concebida para fins específicos, mas enquadrada no gênero "empresa pública", pois seu capital é inteiramente público, subscrito pela União, suas autarquias e fundações públicas, no limite expressamente previsto pela lei (art. 16, *caput*). Sua instituição observou inteiramente a exigência do art. 37, XIX, da CF, tendo sido autorizada pela Lei das PPPs, com todos os requisitos necessários.

O fim específico da empresa pública FGP é oferecer garantia de pagamento de obrigações pecuniárias federais em concessões patrocinadas ou administrativas (art. 16, *caput, in fine*). As modalidades de garantia são as previstas no art. 18, § 1º, c/c o art. 21. Trata-se de fim perfeitamente lícito, de inegável interesse público. As garantias para os parceiros privados nessas concessões justificam-se plenamente pelo fato de estes adiantarem vultosos investimentos para a criação de infraestrutura pública – contraindo, para tanto, obrigações financeiras com terceiros, que devem ser honradas –, confiando no adequado cumprimento da contrapartida da Administração Pública. Não se trata, portanto, de qualquer privilégio sem causa, mas de mecanismo normal a esse tipo de contrato, que não seria viável sem ele.

Outra peculiaridade do FGP em relação às demais empresas públicas é a de, embora possuindo administração própria – isto é, autônoma em relação à administração e interesse de seus quotistas –, esta ter sido legalmente delegada, por razões de eficiência, a um gerente externo, que será necessariamente uma instituição financeira federal (art. 17, *caput* e § 3º). Mas isso tudo sem prejuízo de sua própria personalidade jurídica, que é garantida pela existência de patrimônio próprio, bem como de direitos e obrigações também próprios.

O oferecimento de garantia pelo FGP – que, não sendo por ele honrada, levará a uma execução nos moldes privados – em nada se choca com o disposto no art. 100 da CF, que submete ao regime de precatório a execução de débitos das pessoas de direito público. A execução contra o FGP será privada, porque privada é sua personalidade – e, portanto, privados são seus bens. São lícitas a desafetação e a transferência de bens do domínio público para o privado (isto é, para o patrimônio do FGP) justamente para permitir sua utilização como lastro real de garantias oferecidas, em regime privado, pelo FGP aos concessionários. Aliás, tais desafetação e transferência são justamente o que ocorre em toda criação de empresa estatal, que fica, como se sabe, sujeita ao regime privado, inclusive quanto à execução de suas dívidas.

A medida de modo algum implica a criação, por via de lei, de um sistema de execução de débitos públicos paralelo ao disposto no art. 100 da CF. Isso é evidente: a execução contra o parceiro público – seja movida pelo concessionário, seja pelo garantidor – será sempre a do citado art. 100. O que se submete a outro regime é a execução do débito contraído por uma pessoa privada – o FGP – ao prestar contratualmente uma garantia de pagamento de débito público. Evidentemente, o uso dessa solução está circunscrito às possibilidades patrimoniais da empresa pública FGP, não podendo se generalizar. Por isso, descabe falar em burla à norma constitucional.

# *PARCERIAS PÚBLICO-PRIVADAS: RELATOS DE ALGUMAS EXPERIÊNCIAS INTERNACIONAIS*

DIOGO ROSENTHAL COUTINHO[1]

*1. Introdução. 2. A experiência britânica. 3. A experiência norte-americana: 3.1 Serviços sociais – 3.2 Infraestruturas. 4. A experiência chilena. 5. A experiência portuguesa.*

## *1. Introdução*

As parcerias público-privadas (PPPs) estão relacionadas às diferentes formas de articulação entre o setor público,[2] empresas e organizações não governamentais. Essa articulação ocorre por meio de arranjos que viabilizam projetos considerados de interesse para a sociedade ao mesmo tempo em que supõem o exercício de atividade empresarial pelo setor privado ou de atividade não lucrativa por certas organizações. São empreitadas com as mais diferentes finalidades, baseadas em acordos entre partes que procuram combinar objetivos de maneira a beneficiar-se de ganhos que, provavelmente, não pode-

---

1. O autor agradece aos organizadores desta obra, na pessoa do professor Carlos Ari Sundfeld, pelo gentil convite para dela participar com este artigo.
2. Os termos "público", "setor público" ou "Estado", neste trabalho, serão empregados de modo intercambiável como referências ao conjunto de instituições que exercem autoridade legítima sobre cidadãos. O termo "privado" referir-se-á, simplificadamente, a todas as demais instituições que não as públicas ou estatais. A atividade do setor privado está em geral associada ao lucro, mas também pode ter finalidade lucrativa a ação do Estado, por meio de suas empresas. Organizações não governamentais, atores importantes em experiências de PPP, por sua vez, têm uma variedade de objetivos, quase sempre voltados para objetivos não lucrativos. Nenhuma dessas conceituações tem – vale dizer – qualquer pretensão de resolver o complexo e dinâmico conjunto de funções que cada uma dessas instituições desempenha no modo de produção capitalista ou, mesmo, na esfera mais restrita das PPPs.

riam ser obtidos de outra forma. Nas PPPs há expectativas de retornos positivos para todos os envolvidos. Do lado público, os ganhos podem estar, *grosso modo*, relacionados a objetivos econômicos, sociais ou políticos. Obrigações e responsabilidades são definidas, riscos alocados e um plano de financiamento concebido para permitir a implementação do projeto.

No arcabouço que modela as PPPs definem-se as funções e tarefas a serem desempenhadas pelo Estado (em seus diferentes níveis), pela empresa privada e em alguns casos, como os Estados Unidos da América, por organizações não lucrativas. Há nelas, subjacente, a premissa de que o setor privado reúne recursos materiais indispensáveis para a efetivação do projeto. Há ainda a presunção de que empresas privadas podem operar de modo mais eficiente que o setor público em atividades tradicionalmente por ele desempenhadas, sendo, ainda, a realização do lucro privado uma condição necessária para que a concertação se efetive. Nos países de desenvolvimento capitalista avançado, e especialmente na Europa, as PPPs são arranjos de contornos mais recentes, resultantes de aspectos conjunturais e estruturais no contexto maior da crise do Estado de Bem-Estar Social. No caso brasileiro nota-se que adquiriram especial importância na missão de incrementar o deficitário estoque de infraestrutura decorrente da enfraquecida capacidade de investimento por parte do Estado desde o início da década de 80 do século passado.

Do ponto de vista jurídico, as PPPs em geral requerem a produção de regras que disciplinem as relações entre as partes no âmbito de um certo projeto e delimitem as condições nas quais ele pode ser realizado. Suscitam também uma grande gama de contratos e instrumentos de regulação das relações jurídicas que emergem antes, durante e depois das obras ou serviços contratados pelas PPPs.

Essas parcerias têm servido como meio de implementação de projetos em diferentes campos, em diversos países, tanto no que diz respeito ao financiamento e operação de serviços públicos (como saúde, educação, construção e manutenção de presídios e desenvolvimento de medicamentos) quanto de obras públicas (infraestruturas de energia elétrica, saneamento básico, estradas, portos, aeroportos, ferrovias, pontes e conjuntos habitacionais, por exemplo). Foram, em contextos diferentes, implementadas tanto em áreas rurais quanto urbanas, além de envolverem diferentes atores: as unidades políticas dos

Estados, agências de governo, políticos, empresas estatais e privadas de naturezas jurídicas e objetos sociais distintos e grupos agregados sob as denominações genéricas de "sociedade civil" e "Terceiro Setor" (famílias, empregados, cooperativas e organizações não governamentais em geral).

As PPPs são produto de construções político-institucionais variadas, e foram desenvolvidas em nível local, regional, nacional e supranacional, como na União Europeia. Têm virtudes (eficiência no gasto público, aproveitamento de *expertise* própria do setor privado) e defeitos (falta de legitimidade democrática, dificuldades organizacionais, problemas de coordenação, riscos sob diversas rubricas) constantemente sublinhados por seus entusiastas e críticos.

Do ponto de vista histórico é bastante difícil precisar o momento de sua "gênese", sendo certo que parcerias e empreendimentos conjuntos envolvendo o Poder Público e capitais privados não são novidade na maior parte dos países que hoje empregam a sigla "PPP" para se referir a um conjunto – desde a década de 90 do século passado mais nítido – de arranjos em torno de projetos específicos.

Definições generalizantes ou padronizações, contudo, têm pouca valia no caso das PPPs, pois é possível observar grade diversidade de inspirações e manifestações concretas em experiências nacionais. Nesse contexto, "PPP" é uma designação genérica e não redutível a síntese que prescinda do olhar particular, localizado no tempo e no espaço. Cada experiência nacional de PPPs, nesse sentido, é concebida para alcançar objetivos de política pública próprios, de acordo com os recursos públicos e privados disponíveis e com a capacidade de organização, planejamento e regulação do Estado. Por outro lado, se se têm disseminado pelo Planeta a ponto de reunir um conjunto de experiências em curso, pode-se perguntar: quais seriam – se é que é possível identificá-los inteiramente – seus traços mais largos?[3] Seria

3. As seguintes características (bastante genéricas) são apontadas como comuns à maior parte das diferentes experiências internacionais: as PPPs são (a) empregadas em uma ampla gama de setores, mormente naqueles em que grande aporte de capital privado é necessário, (b) baseadas em arranjos de longo prazo (em geral, superiores a 10 anos), (c) capazes de transferir ao setor privado o risco do desempenho e prestação de serviços públicos e (d) baseadas numa lógica contratual do tipo *output-based*, na qual o setor público somente remunera o capital privado na medida em que os serviços são prestados, ano a ano (diferentemente da tradicional lógica

possível identificar um rol de condições para que uma PPP funcione adequadamente?

Neste trabalho procurou-se trazer um relato do modo como alguns países compreenderam e implementaram as PPPs. Isto será feito, evidentemente, sem qualquer pretensão exaustiva. Um mapeamento abrangente do uso das PPPs em outros contextos nacionais demandaria, no mínimo, uma pesquisa empírica de fôlego. Como dito, embora tenham essa designação comum, as PPPs adquiriram feições muito distintas nos diferentes lugares onde foram implantadas. Ainda que se definam critérios para um "mapeamento",[4] o estudo casuístico de cada experiência parece fazer, enfim, mais sentido que a busca de qualquer espécie de teoria geral. Nesse cenário de difícil enquadramento, o que se pretende, enfim, é tão somente uma contribuição para a reunião de um repertório mínimo de consulta a partir do qual o leitor interessado certamente conseguirá muito mais profundidade.

As experiências internacionais escolhidas para um breve relato foram a inglesa, a norte-americana, a chilena e a portuguesa.[5] As ra-

*input-based*, na qual o governo paga seja ou não o serviço contratado efetivamente prestado) (cf. Partnerships UK, 2003).

4. Exemplos desses critérios possíveis seriam os objetivos das PPPs, os agentes nelas envolvidos, seu tempo de duração e os mecanismos para sua implementação. Por *objetivos* pode-se, por exemplo, entender a busca da racionalidade no emprego de recursos, o aproveitamento de *expertise*, a eficiência no gasto público ou a satisfação de necessidades sociais. No que diz respeito aos *agentes envolvidos* (governos, empresas com diferentes interesses e, em muitos casos, a comunidade local – o que, diga-se de passagem, suscita a relação entre a PPP e a participação popular no âmbito dos debates entre políticas públicas e investimentos), pode-se enfatizar a identificação dos interesses de cada um deles – que não são necessariamente excludentes, embora haja frequentemente conflituosidade (lucro *versus* produção e oferta de bens ou serviços públicos ou busca de ganhos políticos, por exemplo). Com relação ao *tempo de duração*, as PPPs podem estar ligadas a finalidades de curto ou médio prazos ou de escopo mais amplo – políticas de desenvolvimento de horizonte mais longo. Há também, com relação a esse aspecto, uma cronologia nas PPPs: a concepção e modelagem, a fase de pré-implementação, seu início propriamente dito (com distintas fases de aportes de investimentos), bem como a gestão, operação e regulação nos períodos posteriores. Com relação aos *mecanismos de implementação*, pode-se entender a definição de tarefas e responsabilidade e a escolha dos meios empregados por cada uma das partes envolvidas, os instrumentos jurídicos e financeiros da operação e, como um todo, a lógica que preside o projeto.

5. Além destas, outras experiências internacionais certamente poderiam ser relatadas com proveito para o leitor brasileiro. Isso demandaria, contudo, um esforço

zões da escolha do Reino Unido são duas: o pioneirismo na institucionalização financeira e jurídica e dos arranjos e a relativa semelhança que têm esse país e o Brasil no que diz respeito às trajetórias de reforma do Estado percorridas, respectivamente, nas décadas de 80 e 90 do século passado. Ambos passaram – e passam ainda hoje, em grande intensidade – por experiências de privatizações, terceirizações, "liberalizações em geral", com ou sem posterior regulação, bem como parcerias. No Reino Unido as PPPs proporcionaram influxos que ainda desafiam a imaginação institucional, a organização da ação reguladora do Estado (num sentido amplo) e o próprio direito público.

O caso americano exemplifica o emprego de PPPs em condições históricas, econômicas, políticas e culturais distintas. Os Estados Unidos da América são um país em que os serviços públicos e a infraestrutura foram fundamentalmente erguidos pelo capital privado e por associações não lucrativas,[6] mediante estímulo e regulação públicos.[7] A experiência norte-americana foi, assim, escolhida porque nos revela uma faceta do interessante (e inesgotável) debate a respeito do que se acredita serem as funções do Poder Público, dos agentes econômicos privados e da sociedade civil em um país em que o Estado de Bem-Estar adquiriu feições profundamente distintas das do modelo europeu.

O Chile e Portugal – países de tradição jurídica ibérica – representam, respectivamente, experiências consideradas mais ou menos bem-sucedidas de emprego de PPPs sob a forma de concessões, com particular ênfase no setor rodoviário (expansão da malha e operação privada de pedágios). O relato, aqui, procurará ressaltar diferenças e semelhanças que possam contribuir para a identificação de causalidades evolvendo ambos os aspectos.

incompatível com os limites deste trabalho. Países como Austrália (v., especialmente, as bem-sucedidas experiências no Estado de Victoria no *site* www.partnerships.vic.gov.au), Canadá, Alemanha, Grécia, Hungria, Irlanda, Itália, Japão, México, Holanda, Noruega, África do Sul e Espanha são frequentemente referidos como tendo anunciado programas de PPP, sendo, assim, relevante o relato de suas experiências (Partnerships UK, 20003).

6. Referir-se-á a organizações ou entes não lucrativos como uma tradução despretensiosa da expressão *non-profit organizations*, bastante recorrente na literatura (e, de resto, na vida econômica) anglo-saxã sobre PPP.

7. V. a série *Infrastructure History*, editada pela Corporation on National Reserch Initiatives (o *website* na Internet é http://www.cnri.reston.va.us/series.html).

## 2. A experiência britânica

O contexto mais amplo no qual floresceram as PPPs é dado pela transformação dos governos e pelas cambiantes relações entre o Estado e o setor privado – contexto, esse, em que as parcerias podem ser o resultado, mas em alguns casos a causa, dessas relações, explica McQuaid (2000:10). No Reino Unido, talvez mais do que em outros países, a dificuldade em distinguir as PPPs como causa ou como efeito das transformações pelas quais passou o Estado é grande. Adotadas em paralelo às privatizações e terceirizações[8] e em meio à hegemonia do paradigma do *new public management*, as PPPs são produto da ideologia, retórica e da prática segundo a qual o Governo, em todos os níveis, passou a ver no setor privado um parceiro imprescindível e a ser atraído.

A versão inglesa das PPPs – a *Private Finance Initiative* (PFI) – nasceu em 1992 por iniciativa do gabinete conservador de John Major com o objetivo de estimular empreendimentos conjuntos envolvendo os setores público e privado em um contexto de implementação da agenda liberal de Margareth Thatcher. A PFI foi, àquela altura, definida como um conjunto de ações para aumentar a participação do capital privado na prestação de serviços públicos.[9]

De acordo com o modelo britânico, o risco associado a um empreendimento (obras e serviços públicos) seria transferido para os agentes privados.[10] Subjacente estava a suposição de que esses agentes teriam mais habilidade que o Estado para desempenhar tarefas que estariam, assim, fora do escopo de atuação do Poder Público, embora

---

8. No Reino Unido o conceito de PPPs é bastante amplo, abrangendo não somente as chamadas PFIs (*Private Finance Initiatives*), como também outras formas de articulação entre o setor público e o setor privado. Abrangem, assim, as privatizações, as terceirizações (*outsourcing*), as *joint ventures*, as chamadas *concessions* e uma gama variada de modalidades contratuais. Este trabalho tratará especificamente das PFIs, como se verá adiante.

9. V. documento oficial da House of Commons, "The Private Finance Initiative (PFI)", no *site* http://www.parliament.uk/commons/lib/research/rp2001/rp01-117.pdf.

10. A alocação do risco do negócio é uma outra variável importante nas diferentes experiências internacionais que se pode observar. No caso inglês é nítido que o objetivo é o de transferir o risco para o capital privado (a ele mais afeito que o Estado, supõe-se). Mas há outros casos em que o risco é compartilhado de acordo com proporções negociadas contratualmente como estratégia de atração e estímulo ao capital privado.

tenham sido por ele desempenhadas no passado. Exemplo de funções muitos mais afeitas ao setor privado seriam aquelas inerentes à concepção (*designing*) e à construção (*building*) de grandes obras ou sua gestão sob a forma de serviços.[11] Por outro lado, riscos com respeito aos quais a iniciativa privada tinha historicamente menos contato no Reino Unido (como, por exemplo, o risco de a demanda pelo serviço não chegar a níveis adequados, inviabilizando a sustentabilidade da atividade) deveriam permanecer nas mãos do setor público.

Até 1989, contudo, a concepção de parceria do Governo Britânico baseava-se nas premissas contidas nas chamadas *Ryrie-Rules*. Esse conjunto de regras e diretrizes determinava que projetos – como a construção de estradas, presídios e hospitais – deveriam estar sob a responsabilidade do setor público e, se acaso houvesse participação privada, a cobertura dos investimentos se daria pelo Estado a certa altura. Formuladas pelo NEDC (Conselho Nacional de Desenvolvimento Econômico Britânico), essas regras destinavam-se originalmente a regular o modo como o investimento privado se daria nas empresas nacionalizadas. Os imperativos de indução de competição entre os possíveis financiadores privados e a ideia de eficiência no custo de captação dos recursos davam a tônica das *Ryrie-Rules*, depois revistas para as privatizações.

Em maio/1989, John Major, ainda Secretário do Tesouro de Margaret Thatcher, decidiu pela extinção das *Ryrie-Rules*, alegando o fato de terem perdido sua utilidade. Os imperativos de eficiência – associada pelos conservadores intrinsecamente ao setor privado – e de *good value for money*[12] foram incorporados ao discurso político na grande empreitada britânica – perseguida até hoje pelos trabalhistas de Tony Blair – de incremento da deteriorada qualidade do serviço público britânico.

11. Muitas vezes a parceria envolve também a transferência da propriedade do empreendimento ao capital privado, antes, durante ou posteriormente à construção.
12. A relação entre custo/benefício tendo como referência um critério de avaliação da destinação adequada dos recursos arrecadados por meio de impostos é frequentemente ressaltada em diferentes experiências internacionais como um parâmetro vinculante de teste do gasto público ou da opção PPP. De acordo com a Partnerships UK, os principais parâmetros do teste de *value for money* consistem na verificação dos seguinte pontos: contratos baseados em resultados (*output based contracts*), aproveitamento de economias de escala, competição, transferência de risco para a iniciativa privada, inovação, divisão explícita de responsabilidades.

Em seu discurso de anúncio da PFI em 1992, o *Chancellor of the Exchequer*,[13] Norman Lamont, manifestou o compromisso dos conservadores britânicos em alargar o escopo para o financiamento de projetos intensivos em capital. A transcrição de suas palavras revela bem o espírito da PFI: "Estou em condições de anunciar três avanços significativos. No passado, o Governo estava preparado para dar o sinal verde a projetos somente depois de compará-los com projetos similares no setor público. Isso acontecia independentemente de o projeto ser ou não de fato levado a cabo no setor público. Decidi abandonar essa regra. No futuro, qualquer projeto financiado privadamente que possa ser operacionalizado de modo lucrativo terá autorização para ser implementado. Em segundo lugar, no passado o Governo muito freqüentemente tratou projetos apresentados a ele como inteiramente privados ou inteiramente públicos. No futuro, o Governo vai, ativamente, estimular empreendimentos conjuntos *[joint ventures]* com o setor privado quando estes envolverem uma sensível transferência de risco para o setor privado. (...). Em terceiro lugar, vamos permitir a utilização mais intensa do *leasing* quando este assegurar bom emprego de recursos *[good value for money]*. Desde que se possa comprovar que o risco fique sempre com o setor privado, organizações públicas estarão autorizadas a celebrar esses contratos, sendo que os pagamentos pelo *lease* contarão como gasto, sem que haja cortes no orçamento".

Nos primeiros meses a PFI teve impacto reduzido, até que, em 1993, o novo *chancellor* Kenneth Clarke criou o *Private Finance Panel* (PFP), Comissão cujo papel era o de incentivar maior participação e iniciativa dos setores público e privado, estimular a inovação, identificar novos nichos do setor público dos quais o setor privado poderia participar e buscar outras soluções para empecilhos identificados no funcionamento das PFIs. Clarke enfatizou que o uso de recursos públicos deve ser racionalizado e maximizado, isto é, empregado em áreas em que o investimento privado fosse considerado inapropriado ou deficitário. Em 1994 reiterou em um discurso o que considerava serem os dois princípios centrais para a PFI: o setor privado deveria assumir genuinamente o risco do projeto, sem garantia

---

13. O equivalente britânico ao Ministro da Fazenda.

contra prejuízos, bem como deveria estar demonstrada a observância do imperativo de *good value for money*. Enfatizou, ainda, que em projetos de PFI não haveria taxas de retorno asseguradas ao investidor privado, nem tampouco lhe seriam garantidos pisos de lucratividade. No orçamento de 1995 o *Chancellor* anunciou um relançamento da PFI e uma lista de projetos prioritários totalizando £ 9,4 bilhões. Nessa altura foi publicada uma espécie de "manual do usuário" da PFI.[14]

Com a ascensão do *New Labour*[15] – os neotrabalhistas liderados por Tony Blair – em 1997, deu-se uma nova revisão da PFI, que terminou por revogar o que se chamava de *universal test* – a obrigatoriedade de que todos os projetos devessem ser testados (isto é, comparados, ainda que hipoteticamente, à sua implementação exclusiva pelo setor público) para aferição de seu potencial de participação privada. Essa reavaliação, conhecida como *Bates Review*, também levou à formulação de 27 recomendações ao Governo com a finalidade de melhorar os projetos de PFI. Uma força-tarefa foi, ainda, criada dentro do Tesouro Britânico para disseminar a *expertise* em torno da PFI no Governo.

Dados de 2003 indicam que houve mais de 600 projetos no contexto das PFIs, somando todos eles, em termos de capital envolvido,

---

14. O nome do documento é *Private Opportunity Public Benefit, Progressing the Private Finance Initiative*.
15. O *New Labour* é assim chamado por ter resultado da revisão programática dos trabalhistas, na Oposição durante toda a "era Thatcher" (1979-1997). Um exemplo dessa mudança nas diretrizes político-ideológicas do partido é a revisão da Constituição do partido, antes defensora da estatização e da prestação do serviço público por entes públicos. Entre outras modificações, a nova redação incorporou a ideia de parceria, que passou a ser vista como um elemento de "uma economia dinâmica, a serviço do interesse público, em que a capacidade empreendedora do mercado e o rigor da competição são associados às forças de parceria e cooperação" (trecho da nova redação da Cláusula IV). Em novembro/1998 o então Ministro dos Transportes, John Reid, enfatizou a importância das parcerias nos seguintes termos: "Não vai haver volta aos 'velhos dias', com o Estado no comando de tudo, sem atentar para os resultados e para a prestação de serviços para o público e para o consumidor. A proposta do Governo para as parcerias público-privadas demonstra que não vai ficar de pé nenhum dogma na busca da solução correta, no equilíbrio das responsabilidades públicas e privadas. Alcançar um sistema de transporte sustentável deve ser uma responsabilidade conjunta". Como representativa dessa guinada pragmática do *Labour* ficou também conhecida uma frase dita por Tony Blair: *what matters is what works* ("o que interessa é o que funciona").

mais de £ 50 bilhões (a tabela na página seguinte enumera alguns deles). Desses projetos, 275 estão em fase operacional nos setores de transporte, educação, saúde, presídios, defesa, lazer, meio ambiente, habitação, desenvolvimento de tecnologia e obras públicas em geral. Os entes públicos que mais contrataram foram o Departamento de Transportes, Governo Local e Regiões (DTLR), com contratações correspondentes as 25% do total, e o Departamento de Saúde,[16] sendo este o contratante de um valor que chega a 20% do total.[17] No Reino Unido o Governo central foi responsável por 70% das contratações, ficando os Governos regionais e locais com os demais 30% dos projetos. Da ótica do gasto público, as PPPs representaram 11% do investimento do setor público durante o período 1998-2004.[18]

O projeto individual de maior envergadura dentre todos foi a construção, em 1996, da linha de trem – em parte submersa – que cruza o Canal da Mancha, cujo custo foi equivalente a mais de £ 4 bilhões.[19] Hoje se discutem diferentes possibilidades de parceria para a realização de projetos de modernização e manutenção do Metrô de Londres, que, somados, representarão a maior PPP britânica jamais realizada no país.[20]

16. Ambos equivalentes a Ministérios.
17. Os setores de Defesa e Educação são responsáveis por 15% cada um no total das PPPs britânicas, ficando os demais setores com uma fatia residual de 25% do total, conforme dados da Partnership UK. Dentre os projetos contratados pelo Departamento de Saúde, o maior deles refere-se à construção dos hospitais da University College London (*NHS Trust PFI Project*).
18. Uma média de 80 contratos por ano (cf. International Financial Services London, 2003:9).
19. Para uma descrição minuciosa dos projetos realizados sob a rubrica da PFI – incluindo os custos dos projetos realizados e a explicação das regras orçamentárias (dentre elas a *golden rule* do *chancellor* Gordon Brown, segundo a qual o Governo, na média do ciclo econômico, somente tomará emprestado para investir, e não para custear despesas correntes) – que balizaram os gastos e também o equacionamento de dilemas fiscais, v. The Private Finance Initiative (PFI), House of Commons Library, *Research Paper* 01/117, 18.12.2001. V. também o *website* www.ippr.org. Trata-se do Institute of Public Policy Research, que publica uma série de relatórios sobre as PPPs britânicas.
20. Em termos monetários, depois do DTLR e do Departamento de Saúde, os Ministérios que mais contrações de PFI realizaram são: Defesa (£ 1,8 bilhão), Escócia (£ 1,8 bilhão), Interior (£ 1,3 bilhão), Educação (£ 1,16 bilhão) e Trabalho e Previdência (£ 835 milhões) (fonte: Office of Government Commerce).

| Projetos | Ano | Valor (milhões de £) |
|---|---|---|
| Channel Tunnel Rail Link | 2000 | 4.178 |
| PRIME (accommodation transfer to the private sector) | 1995 | 665 |
| Public Safety Radio Communication Project | 1995 | 500 |
| Birmingham N. Relief Road | 2000 | 450 |
| Northern Line Trains | 1995 | 409 |
| University College London Hospitals | 1995 | 404 |
| Main Building Redevelopment Headquarters | 2000 | 400 |
| London Underground Connect | 2000 | 355 |

Fonte: The Private Finance Initiative (PFI), House of Commons Library, *Research Paper* 01/117, 18.12.2001

No cenário britânico há, fundamentalmente, três tipos de projetos na categoria das PFIs. São eles: projetos do tipo *free standing*, *joint ventures* (JV) e projetos envolvendo serviços vendidos ao setor público.

Projetos do tipo *free standing* são aqueles nos quais os custos são recuperados integralmente por meio da cobrança dos serviços pelo usuário final. A Ponte Queen Elizabeth II, construída em Dartford, utilizou esse formato. Num projeto do tipo *free standing* o Governo fornece o planejamento inicial e suas diretrizes, bem como o arcabouço jurídico-normativo.

*Joint ventures* são projetos em que os setores público e privado participam conjuntamente, mas nos quais o setor privado tem controle dos procedimentos e decisões relevantes. O setor público tem um papel de apoio ou de assegurar benefícios sociais mais amplos, como, por exemplo, cuidar do fluxo de tráfego em uma região congestionada por obras. Os requisitos para *joint venture* em uma PFI são os seguintes: (a) a escolha do parceiro privado deve se dar por meio de concorrência; (b) o controle da JV deve ficar com o setor privado; e (c) a contribuição do Governo deve ser claramente limitada e definida, bem como a alocação de custos, retornos e riscos, sendo a responsabilidade por estes últimos, mais uma vez, privada. A participação do setor público pode se dar de diferentes formas nas *joint ventures*: por meio de empréstimos, participação acionária (minoritária), transferência de ativos, prestação de serviços secundários ou associados – incluindo as diferentes combinações possíveis. Tal como nos projetos *free-standing*, o Governo também pode contribuir com orientações no planejamento e, em alguns casos, oferecer subsídios.

A terceira categoria – a dos *serviços vendidos ao setor público* – representa os serviços prestados pela iniciativa privada ao setor público (tratamentos hospitalares e acompanhamento de idosos ou crianças, por exemplo).

Do ponto de vista fiscal, a justificativa para as PFIs na experiência britânica tem relação com o fato de que os projetos são considerados *off-balance sheet financing*, isto é, não classificados, do ponto de vista do gasto público, como "projetos do Governo" para fins contábeis.[21] Note-se a importância dessa forma de classificação, em vista do imperativo de austeridade fiscal que preside a política econômica do governo Blair: como resultado dessa metodologia, o investimento em escolas ou hospitais, por exemplo, pode ser considerado uma espécie de ganho extraordinário,[22] uma vez que o financiamento inicial é feito pelo parceiro privado, que toma os recursos por meio de endividamento e é depois remunerado pelo Governo ou pelo usuário.

Duas autoridades governamentais estão diretamente envolvidas no monitoramento das PPPs britânicas: o Tesouro (e, mais diretamente, sua força-tarefa especializada em PPP) e o *National Audit Office* (NAO), que audita as contas dos entes públicos. O NAO adota um procedimento objetivo com a finalidade de verificar a conveniência e a adequação do projeto que se apresenta sob a forma de PFI desde uma série de aspectos operacionais e técnicos, opinando favoravelmente a ele ou não. Não se pode deixar de mencionar, ainda, o papel da agência híbrida – ela própria uma PPP do tipo *joint venture*, envolvendo capitais privados e públicos, sendo estes últimos minoritários – para as

---

21. O tratamento contábil das PFIs britânicas é determinado por quem aufere os benefícios de deter o ativo em questão e quem suporta os riscos a ele associados. Atualmente, 57% dos projetos de PFIs possuem ativos incluídos nas rubricas do balanço do Governo (FMI, 2004:38).

22. Trata-se da ideia de *additionality*, segundo a qual o financiamento do de setor privado se soma (e não se substitui) ao financiamento pelo Tesouro. Essa questão gerou bastante controvérsia em setores como o de estradas ou habitação, em razão de polêmicas em torno do aumento ou diminuição do gasto público como consequência do ingresso de capitais privados que, por sua vez, seriam remunerados no futuro por meio das PFIs.

PFIs britânicas: a Partnerships UK,[23] que realiza a missão de um *think tank* complementar ao da força-tarefa do Tesouro.

Há um debate em torno do arranjo funcional britânico: muitos argumentam que as PFIs assim organizadas reduzem o grau de abertura para fiscalização e prestação de contas (*accountability*) do Governo. Isto decorre da evidência de que as PPPs britânicas, de fato, abalaram a noção mais tradicional de prestação de contas por meio de Ministérios (*ministerial accountability*), na qual decisões envolvendo (principalmente) a prestação de serviços públicos se dão de acordo com uma forma de organização tecnocrática na qual o Governo e seus ministros são, em última instância, *accountable*, isto é, "responsabilizáveis".[24]

Não há, ainda, informações suficientemente claras para comprovar o sucesso das PFIs britânicas – a primeira onda de projetos pós-1997 apenas recentemente teve seus resultados divulgados. Isso porque a avaliação dos impactos das PFIs (assim como das PPPs, de modo geral) não é fácil. O que se faz no caso britânico é um esforço de comparação com um projeto semelhante inteiramente financiado e operacionalizado pelo setor público, ainda que isto requeira um exercício hipotético.[25] Essa comparação, como é evidente, baseia-se em premissas complexas e está constantemente sujeita a críticas, havendo estimativas de que as PFIs permitiram uma economia relevante quando comparadas aos projetos implementados de forma convencional (International Financial Services London, 2003:9)

Estudo realizado em 2002 por uma organização não governamental (o Institute for Public Policy Research) mostra que, dentre os 378 projetos até aquele ano implementados por meio de PFIs, apenas 23 (6%) haviam sido submetidos a algum tipo de auditoria independente. Outro relatório do Institute for Public Policy Research (este de 2001)

---

23. O *site* é rico em informações sobre a experiência inglesa: v. www.partner shipuk.org.uk.
24. Para uma discussão (e também referências bibliográficas relevantes) a respeito da regulação e prestação de contas nas PPPs, v. Nutavoot Pongsiri, 2001.
25. Há um referencial de teste chamado *Public Sector Comparator* (PSC). Um relatório bastante citado da consultoria Arthur Andersen de 2000 aponta uma média de economia de 17% (tendo como critério o PSC) para uma amostra de 29 projetos de PFI. O relatório, contudo, é altamente dependente de avaliações de transferência de riscos, sujeitas a grandes incertezas (*Value for Money Drivers in the Private Finance Initiative*, relatório da Arthur Andersen e Enterprise LSE, janeiro/2000).

mostra que, se, por um lado, projetos envolvendo estradas e prisões levaram a economias não desprezíveis (em torno de 15%) para os cofres públicos se comparadas à sua implementação exclusiva pelo setor público, por outro lado, outros projetos envolvendo escolas e hospitais alcançaram margens muito reduzidas de redução de custos (em torno de 2 a 4%).[26] Os que advogam as parcerias, de outro lado, contra-argumentam que, embora ainda haja muitos projetos realizados exclusivamente pelo Estado, sem as PFIs muitos hospitais e escolas jamais teriam sido construídos na Inglaterra, simplesmente porque recursos públicos não estavam disponíveis.[27]

## 3. A experiência norte-americana

"Parcerias público-privadas são uma característica primária da política e do sistema de bem-estar norte-americano – não por concepção, mas sim por ocorrência natural" (Moulton e Anheier, 2000:106). Em outras palavras, como se verificará adiante, as PPPs nos Estados Unidos da América encarnam uma espécie de *modus vivendi* em torno do qual se articulam o Poder Público em diferentes níveis, as empresas privadas e o setor não lucrativo. De acordo com Carroll e Steane (2000:45) os Estados Unidos da América têm uma longa história de parceria entre os governos – especialmente os de nível local – e entidades privadas, lucrativas ou não.

Diferentemente do caso inglês, nos Estados Unidos da América há (desde há muito) subjacente à ideia de PPP na prestação (e não somente na construção de infraestruturas) de serviços sociais – educação e saúde, por exemplo – a participação bastante expressiva de organizações não governamentais ou não lucrativas. Esse tipo de relacionamento, de profunda interdependência, entre o Poder Público e

---

26. Sindicatos sugerem que empresas vão "lucrar" algo entre £ 1,5 e £ 3,4 bilhões com as PFIs nos próximos 30 anos. No caso da Prisão de Fazackerly (Liverpool) estimaram que os custos iniciais do projeto seriam pagos em 2 anos, fazendo com que a empresa operadora tivesse "23 anos de puro lucro".

27. Pesquisas do NAO e do Tesouro apontam as seguintes percentagens de satisfação com a capacidade operacional do setor privado: para 35% dos entrevistados (gestores e administradores públicos) tem havido adequada *performance*, enquanto para 15% dos entrevistados tem havido desempenho mais que satisfatório e, finalmente, para 25% desses entrevistados o setor privado tem atendido às expectativas em nível muito superior ao esperado.

operadores privados não necessariamente voltados para o lucro traduz uma concepção particular de parceria e, mais que isso, um tipo único de Estado de Bem-Estar e economia política. No setor de infraestrutura as PPPs adquiriram contornos definidos e abrangem uma significativa quantidade de possibilidades. A seguir, um breve relato das PPPs em ambos os campos (prestação de serviços sociais e construção e operação de infraestruturas).

*3.1 Serviços sociais*

Nos Estados Unidos da América a associação voluntária de indivíduos precedeu a organização do próprio aparato estatal e da atividade empresarial (Moulton e Anheier, 2000:105). Ao longo de sua história, organizações não lucrativas (registradas ou não perante órgãos públicos) assumiram o desempenho de uma série de papéis voltados para a satisfação de necessidades públicas tidas como não abrangidas pelo escopo de atuação do Estado e das empresas. De acordo com Salamon,[28] organizações não lucrativas respondem, hoje, por metade dos hospitais, escolas e universidades do país e por cerca de 60% das agências de serviços sociais, além da maior parte das organizações cívicas e organizações não governamentais.

De onde vêm os recursos para a ação do chamado setor *non-profit*? Eles vêm de doações feitas por entidades privadas (*trusts* e fundações, por exemplo) e, acima de tudo, do financiamento por parte do Governo Federal por meio de pagamentos diretos, isenções fiscais, tratamento regulatório preferencial, dedutibilidade de doações e ainda, indiretamente, dos pagamentos por meio de subsídios a destinatários individuais. Nesse contexto, pode-se dizer que a forma mais expressiva de PPP nos Estados Unidos da América não envolve diretamente, como no caso inglês ou vários outros, a indústria ou prestadores corporativos de serviços. Trata-se de um modelo de parceria em que os atores principais são os Governos Federal, Estadual e Local, de um lado, e o setor *non-profit*, de outro.[29]

28. *Apud* Moulton e Anheier, 2000:105.
29. Diferentes, como se vai ver adiante, são as PPPs relacionadas às grades obras de infraestrutura nos Estados Unidos da América.

As PPPs norte-americanas em geral tomam a forma de "contratos de aquisição de serviços" (*purchase-of-services contracts*), por meio dos quais entes governamentais remuneram agências *non-profit* pela prestação de determinados serviços. Esses contratos são caracterizados por ciclos curtos de financiamento em que a parte contratante (Governo) controla uma série de aspectos relevantes da prestação de serviços envolvida (*e.g.*: critérios de admissão dos beneficiários e meios de prestação dos serviços). Smith e Lipsky (1993:44) definem esse tipo de parceria como um "esquema contratual" em que as partes envolvidas são mutuamente dependentes, embora não estejam em pé de igualdade, uma vez que as entidades *non-profit* estão subordinadas a um Estado que mais atua como patrocinador que como parceiro.

Uma outra observação importante a respeito do modo como se organizam as PPPs nos Estados Unidos da América tem relação com a organização política do país: as políticas públicas em torno das quais se dão os arranjos de parceria são orientadas pela demanda (*demand-driven policies*), isto é, não guardam paralelo com o modelo europeu de ação sistemática e abrangente do Estado para a implementação de ações. Nesse sentido, "grupos particulares com agendas específicas podem exercer influência considerável nas políticas públicas americanas se as conjunções políticas as acomodarem e se suas demandas forem de encontro às demandas de outros cidadãos representados" (Laumann e Knoke, 1987, *apud* Moulton e Anheier, 2000:106).[30] Essa característica de formulação e implementação de políticas orientadas pela demanda faz com que as políticas sociais nos Estados Unidos da América, se vistas em seu conjunto, se pareçam com uma espécie de "colcha de retalhos".

Como resultado dessa configuração, o que se tem nos Estados Unidos da América é um Estado[31] pequeno (se comparado a outras realidades nacionais), que pouco pode fazer sem terceiros. Recursos limitados e indisposição popular histórica com governos intrusivos

---

30. Exemplos são as viúvas dos dois pós-guerra do século XX, que fizeram pressão política para receber benefícios previdenciários, e os militantes dos movimentos de direitos civis, que demandavam políticas de ação afirmativa e igualdade de oportunidades.
31. Não por acaso, a própria palavra "Estado" é em geral grafada em minúscula na Língua Inglesa, além de com muita frequência ser substituída pela expressão "governo".

em relação a políticas públicas terminaram por criar um pano de fundo cultural que impede que o Estado, em qualquer nível, assuma qualquer papel exclusivo como provedor de serviços em campos nos quais em outros países o poder público atua fortemente (como educação, saúde, serviços sociais e promoção da cultura, por exemplo). "Raramente (...) os Governos Federal e Estadual de fato ofertam serviços criando eles mesmo uma rede de instituições dedicada a esse propósito" – explicam Moulton e Anheier (2000:106).[32]

Em 1989 o setor *non-profit* era destinatário de cerca de 50% dos gastos federais com serviços sociais. Esse valor era próximo de zero em 1960. "Em um certo sentido, o Governo tornou-se o maior filantropo desse setor" – afirma Salamon (1987, *apud* Moulton e Anheier 2000:109). A relação de dependência do setor *non-profit* em relação ao setor público é hoje tão intensa que o primeiro tem-se organizado cada vez mais para, por meio de *lobbies*, obter recursos para suas atividades. Tal dinâmica terminou por estabelecer – este é um fenômeno mais recente – no setor *non-profit* uma competição para a obtenção de recursos públicos, o que levou à profissionalização de grupos de pressão especializados nesse tipo de tarefa.

Mais do que isso, o cenário que se observa com cada vez mais clareza é, de certo modo, paradoxal: em razão do acirramento da competição por recursos, as entidades do setor *non-profit* têm se defrontado com a atuação de empresas – estas, sim, lucrativas (*for-profit*) – que passam a atuar com maior influência em esferas anteriormente ocupadas pelo setor *non-profit*.[33] Ao mesmo tempo, o setor *non-profit* tem se "comercializado" (com especialização progressiva em vendas e investimentos, de acordo com uma lógica claramente mercantil),

---

32. "A versão norte-americana do *Welfare State* consiste em um setor público que faz a política, gera receita tributária e contrata agências não lucrativas para administrar e prover bens e serviços" (Moulton e Anheier, 2000:107). Um exemplo disso ocorreu em 1982, durante o governo Reagan, quando foi lançado o relatório *Building Partnerships*, que recomendava que empresas dobrassem os níveis de contribuição em dinheiro para organizações não lucrativas engajadas na prestação de serviços públicos. Na década de 90 do século passado o governo Clinton deu ênfase a iniciativas de impacto local envolvendo parcerias com a comunidade e associações *non-profit* por meio dos programas *Empowerment Zone* e *Enterprise Community*.

33. Essas empresas são contratadas pelos Governos para a prestação de serviços, e em muitos casos subcontratam o setor *non-profit* para a efetiva prestação do serviço.

com a finalidade de capturar os recursos escassos disponíveis por parte dos Governos. Dito de outro modo, as entidades do setor *non-profit* têm, aos poucos, se comportado como empresas interessadas em lucros. São as chamadas *business-like non-profits*. Ao que parece, os processos de mudança que levarão a novos arranjos e configurações na prestação de serviços sociais nos Estados Unidos da América ainda estão por ser melhor observado e registrados.

*3.2 Infraestruturas*

No que diz respeito à construção e expansão da infraestrutura, as parcerias envolvendo os setores público e privado nos Estados Unidos da América datam do século XIX, sendo a construção da ferrovia *Transcontinental Railroad*, na década de 1860, o exemplo recorrente.[34] Hoje, as PPPs mais relevantes estão sendo utilizadas nos setores de habitação e desenvolvimento urbano, transportes (incluindo terminais de aeroportos, a operação de pedágios e o controle de tráfego) e de água e saneamento, estes últimos responsáveis pela movimentação do maior volume de recursos.[35]

Em 1988 o *U.S. Council of State Governments* realizou uma pesquisa em que o principal objetivo era saber as razões que levavam os Estados Norte-Americanos a recorrer às PPPs. Os resultados foram,

---

34. O Governo Federal era proprietário de terras que lastrearam a emissão de valores mobiliários que, por sua vez, funcionaram como instrumentos de financiamento do projeto dessa ferrovia. Ao final da construção o Governo cedia uma certa área de terras adjacente à ferrovia para empreendedores privados, que investiam na infraestrutura de apoio à ferrovia. Arranjos como este, que se valiam de mecanismos de estímulo econômico para o investimento, foram responsáveis pela ocupação do Oeste Americano. No caso do transporte público urbano, a exploração de concessões exclusivas funcionava como indutora de investimento. No caso dos serviços públicos prestados sob a forma de redes com características de monopólio natural (*utilities*) o empreendimento privado também prevaleceu nos Estados Unidos da América, sendo sua regulação um fenômeno tão antigo quanto o próprio empreendimento. A exceção talvez tenha sido o período da Grande Depressão na década de 30 do século passado, quando houve intensa ação e gasto público por parte do Governo Federal em setores como o de transportes e controle ambiental, entre outros. Veja-se, aqui, como nos Estados Unidos da América a ação reguladora nesses monopólios naturais se distingue do modo como no Brasil o Estado atuou diretamente no sentido de erguer com capitais públicos as redes de infraestrutura.

35. Segundo o National Council for Public-Private Partnerships (www.ncppp.org).

em ordem de importância: redução de custos, ausência de mão de obra especializada no setor público e *expertise* do setor privado, falta de suporte e apoio do Governo, excesso de procedimentos burocráticos, necessidade de implementação rápida de projetos e a necessidade de inovação e qualidade nos serviços. Esses resultados mostram que nos Estados Unidos da América as PPPs também designam uma gama ampla de possibilidades, que vão desde a terceirização (*outsourcing*) até a realização de grandes obras. Nesse sentido, estão abrangidas pelo termo "PPPs" as atividades de concepção e planejamento de projetos, financiamento, construção e operação pelo setor privado, com ou sem posterior transferência de propriedade para o setor público.

Dos pontos de vista comercial e operacional, existem nos Estados Unidos da América alguns tipos de PPPs para as obras de infraestrutura nascentes (*Greenfield*), tais como o *built-transfer* (BT, também chamados *turnkey*), por meio do qual o Governo solicita um projeto e o capital privado o implementa e entrega. Nos projetos do tipo BT ou *turnkey* a parte privada concebe, financia a construção e efetivamente constrói o empreendimento (realizando lucros com isso), cabendo à parte pública, em seguida, o financiamento permanente do empreendimento e sua operação. Há também parcerias do tipo *built-lease-transfer* (BLT), similares ao tipo BT, com a diferença de que, antes de entregar o empreendimento, a parte privada aufere receitas da parte pública por meio de um arrendamento (*lease*) ao final do qual as instalações são transferidas em definitivo ao setor público, que já as opera desde o início do arrendamento.

Há ainda o tipo *built-operate-transfer* (BOT), em que o Governo transfere à iniciativa privada o financiamento e a execução de um projeto com operação privada por prazo determinado, ao final do qual há transferência definitiva de propriedade, em geral sem custo adicional, para o setor público. Quando o BOT é empregado para a reabilitação ou expansão de instalações ou infraestruturas já existentes recebe a designação de *rehabilitate-operate-transfer* (ROT).

Pode-se mencionar também as modalidades *build-own-operate-transfer* (BOOT) e *build-own-operate* (BOO). A primeira assemelha-se a um empreendimento comercial, uma vez que em princípio não há um contrato de operação envolvendo as partes pública e privada. Nesses casos, esta última é tida como a proprietária e, se houver transferência ao Poder Público, esta se dará em geral com a expiração da vida econômica do empreendimento, e não antes da recuperação do investimento. A segunda modalidade (BOO) envolve um alto grau de participação do setor privado. Nessa modalidade, uma empresa ou consórcio financia o empreendimento e o opera como proprietário, sem a obrigação de transferir a propriedade para o Estado. Nos casos de BOO o risco é praticamente o mesmo de qualquer outro empreendimento sem a presença do Estado, e é em geral empregado em setores em que há certeza de demanda (nos Estados Unidos da América, por exemplo, a atividade de tratamento de resíduos sólidos).

Para infraestruturas já existentes há também modalidades de PPPs que envolvem a operação, financiamento e reestruturação. As modalidades são *service contract*, *management contract*, *lease*, *concessions* e *partial* e *full divestiture*. A primeira modalidade (*service contract*) implica a retenção pelo Poder Público de grande parte do controle do serviço contratado, em geral relacionado a atividades anteriormente desempenhadas pelo Estado. É também conhecida como *contracting out* e com frequência precedido por um processo competitivo (*bidding*) por meio do qual o Governo procura criar alguma concorrência pelo ingresso no mercado. Nos Estados Unidos da América é possível – embora incomum – que funcionários públicos também se organizem para participar do processo competitivo com a iniciativa privada, por meio do que se convencionou chamar de "concorrência administrada" (*managed competition*).

Na modalidade *management contract* um parceiro privado opera uma instalação ou infraestrutura detida pelo Poder Público sob a vigência de um contrato celebrado com o Governo. Diferentemente do que ocorre no *service contract*, com o *management contract* o operador privado é responsável por todos os aspectos de operação e manutenção da infraestrutura ou serviço, embora não seja seu proprietário. Nos Estados Unidos da América dezenas de sistemas de tratamento de água e esgoto funcionam de acordo com essa lógica, assim como centenas de atividades, como educação e saúde.

Na modalidade *lease* o Governo celebra com a parte privada um contrato por meio do qual esta passa a ter direito (*leasehold interest*) a alguns ou a todos os ativos envolvidos e recolhe dos usuários uma tarifa negociada com o Poder Público. Investimentos em expansão

são de responsabilidade do Poder Público, enquanto a parte privada (*lessee*) fica responsável pela manutenção e reparos. As atividade de medição de consumo (*meter reading*) e cobrança podem ser desempenhadas pela firma contratada, embora a fixação da tarifa e seu reajuste, bem como a responsabilidade pelos resultados fiscais, permaneçam privativos da parte pública.

Com uma *concession* o Governo assegura à empresa privada (ou consórcio) o direito exclusivo de operar, manter e administrar determinado sistema por determinado tempo. Tal como nas concessões brasileiras, as instalações e a titularidade do serviço permanecem com o Poder Público e tudo é regulado por meio de um contrato monitorado por um regulador, que define uma tarifa como forma de remuneração do concessionário, que paga ao Poder Público um valor inicial, referente ao direito de celebrar a concessão (*concession fee*). O operador privado terá responsabilidade operacional integral pelo período da concessão, sem que possa transferir ou alienar ativos. O setor elétrico norte-americano funciona nos termos de uma *concession*.

Nos casos de desinvestimento total ou parcial (*partial/full divestiture*) ocorre uma venda de infraestrutura pública ao setor privado, e, na prática, equivale a uma privatização. Ocorre quando o setor público estrategicamente considera desnecessária a propriedade de determinados ativos e, em outras situações, a venda pode ser vantajosa quando a receita auferida superar a dívida pública incidente sobre o ativo. Realizada a venda, o setor privado assume todas as responsabilidades, embora possa haver estipulação de certas condições, como obrigações de investimento determinadas pelo vendedor. As companhias U.S. Nuclear Enrichment Corporation e Conrail Railroad passaram por processos desse tipo.

Outras formas de parceria foram utilizadas nos Estados Unidos da América, como, por exemplo, a utilização de cupons (*vouchers*) em programas sociais de combate à pobreza ou em programas de subsídio à habitação. A desregulação (*deregulation*) também pode ser vista, desde uma perspectiva ampla, como uma espécie de parceria. Os setores aéreo, de gás natural e elétrico, além de alguns segmentos da telefonia, são exemplos desse tipo de arranjo, assim como, mais recentemente, novas possibilidades têm surgido nos Estados Unidos da América nas áreas de serviços de informação e *e-government*. O Governo pode, por exemplo, permitir que operadores privados administrem ou comercializem suas bases de dados em troca de *royalties*.[36]

Como no caso inglês, as PPPs nos Estados Unidos da América também são motivo de controvérsia e considerações de natureza essencialmente ideológica. Há quem acredite que elas são uma espécie de invasão indesejada do Capitalismo na esfera do Governo e seus programas. Grupos militantes acusam as PPPs de facilitarem a corrupção e diminuírem os níveis de acesso de populações de baixa renda a determinados serviços. Do outro lado, costuma-se verificar uma postura das PPPs baseada em argumentos pragmáticos: o setor público e os cidadãos podem ganhar com elas, que são o modo mais eficiente (e, quiçá, o único possível – alguns argumentariam) de se ter serviços de qualidade sem aumentos significativos na carga tributária.[37]

Seja como for, o que se observa é que as PPPs, em suas diferentes modalidades e em diferentes momentos históricos, são, de forma atá-

36. As modalidades de PPPs aqui descritas, se um dia originárias dos Estados Unidos da América, hoje, em razão da globalização econômica e da proliferação de modelos e cláusulas contratuais da *common law*, foram apropriadas por outros países (ainda que tais formas não tenham sido positivadas ou tipificadas pelos ordenamentos nacionais). Exemplo disso é a afirmação contida em um relatório publicado pelo FMI, em que se diz que "uma PPP típica toma a forma de um esquema do tipo DBFO (*design-built-finance-operate*), no qual o Governo especifica os serviços que deseja e em seguida o parceiro privado o concebe e opera ativos específicos para tal destinação, além de financiar sua construção e, subsequentemente, operá-los depois de construídos". O FMI ressalta, aqui, o fato de que é mais eficiente que o setor privado esteja encarregado de, simultaneamente, conceber, construir, financiar e operar os ativos que outra configuração, na qual pode haver desestímulos à eficiência (FMI, 2004:7). Há diversas outras possibilidades de arranjos contratuais não mencionados acima, nos quais variam, fundamentalmente, a existência de obrigação de transferência dos ativos ao setor público após um certo lapso de tempo (BROT – *built-rent-operate-transfer*, BLOT – *built-lease-operate-transfer* e BTO – *built-transfer-operate*), seu oposto – isto é, a não obrigação de transferir os ativos construídos pela parte privada (BDO – *build-develop-operate* e DCMF – *design-construct-manage-finance*) – e a possibilidade de o setor privado comprar, arrendar, reestruturar, modernizar, expandir e, em seguida, operar um ativo já existente do Governo (BBO – *buy-build-operate*, LDO – *lease-develop-operate* e WAA – *wrap-around addition*).

37. Um interessante e minucioso estudo de caso sobre as PPPs em Pittsburgh pode ser encontrado em Brian Jacobs, 2000:219. Os casos "Bechtel", envolvendo conexões políticas com o Partido Republicano de George W. Bush e grandes obras na cidade de Boston, e "Enron", envolvendo uma série de contratos no setor de infraestrutura nos Estados Unidos da América e em outros países, são referidos como casos de fracasso de PPPs.

vica, parte constitutiva da teia de relações que une o Governo, as empresas e as organizações não lucrativas nos Estados Unidos da América. Desse conjunto de relações – mediadas por interesses por vezes contrapostos, por vezes convergentes e em diferentes intensidades regulados pela ação coercitiva ou estimuladora do Poder Público – é que, no contexto mais amplo de um chão cultural próprio, se organizou essa sociedade. Nesse sentido, mais que em qualquer outro lugar, as PPPs nos Estados Unidos da América nada têm de novo e tudo de peculiar.

## 4. A experiência chilena

A experiência chilena com as PPPs é considerada bem-sucedida, por ter conseguido suprir uma significativa lacuna no estoque de infraestrutura. Desde 1994 o Governo Chileno engajou-se em 36 projetos envolvendo um total de cerca de US$ 5,5 bilhões. Desses projetos, 24 têm relação com a infraestrutura de transportes rodoviários, 9 envolvem investimentos em aeroportos, 2 tiveram lugar em prisões e 1 deles refere-se a um grande reservatório de abastecimento. Dos 36 projetos, 20 já estão, atualmente, em fase operacional (FMI, 2004:30).

A preocupação com as PPPs teve início com a percepção de que o rápido crescimento econômico pelo qual passou o Chile por mais de uma década tornaria a infraestrutura existente insuficiente para atender aos fluxos econômicos crescentes. Não tardou até que os déficits se tornassem uma ameaça à continuidade do crescimento da economia. No início da década de 90 do século passado, assim, uma decisão política foi tomada no sentido de buscar-se a introdução de capital privado no setor de infraestrutura, de modo a propiciar a construção e operação de estradas, pontes, túneis e aeroportos.

O mecanismo utilizado, na esteira da tradição latino-americana, foi a concessão na qual a empresa privada desenvolve (constrói) um determinado projeto e depois o opera por um número determinado de anos como forma de recuperar, por meio da cobrança de pedágios dos usuários, seus investimentos (Gómez-Lobo e Hinojosa, 2000:1)[38] Ao

---

38. Esses autores argumentam que o mecanismo de concessão foi escolhido, entre outras razões, porque permite lidar com restrições orçamentárias.

final desse período a concessão se extingue e dá-se a expropriação dos ativos pelo Governo Chileno.

Quando o programa de PPPs por meio das concessões foi concebido, o Chile tinha cerca de 12.500km de estradas pavimentadas, 32.400km de estradas parcialmente pavimentadas e 36.200km de estradas não pavimentadas.[39] Todas elas eram de propriedade pública e pelo Estado operadas[40] (Lorenzen, Barrientos e Babbar, 2000:3). Para permitir a implementação das PPPs, a Lei de Concessões então existente foi alterada, de modo a abarcar aspectos relevantes envolvendo a construção, reabilitação, operação de infraestruturas, tudo sob responsabilidade administrativa do Ministério de Obras Públicas (MOP) chileno (os demais Ministérios de áreas relacionadas ao setor de infraestrutura – como ferrovias, habitação, águas e recursos hídricos – outorgaram uma espécie de mandato para que o MOP administrasse suas concessões).

Essa nova legislação introduziu um processo competitivo baseado em arranjos considerados mais flexíveis para a outorga de concessões: obrigações mútuas foram definidas e um procedimento de resolução de conflitos (uma Comissão de Conciliação[41]) foi criado, além de terem sido previstos mecanismos de estímulo e indução (subsídios e garantias governamentais) que permitiriam, entre outras coisas, que as próprias obras públicas fossem oferecidas como garantias do financiamento das concessões.

39. Um estudo do Ministério da Câmara Chilena de Construção (citado por FMI, 2004:5) chegou a quantificar os custos do déficit de infraestrutura para a economia chilena. Somente em atrasos perdem-se US$ 433 milhões. Frutas estragadas em razão das condições das estradas quantificam prejuízos da ordem de US$ 108 milhões por ano; e doenças gastrointestinais somam prejuízos de US$ 106 milhões por ano.
40. A maior estrada do país é a Rota 5 (Pan-Americana), com 3.000km, ligando o Norte ao Sul do país.
41. Alguns casos foram resolvidos por essa Comissão no Chile, mas o que se percebe hoje é que esse órgão, antes de efetivamente operar como um conciliador de interesses contrapostos, terminou funcionando como uma espécie de árbitro. Isso teria ocorrido porque os membros da Comissão – indicados em número de três para cada episódio pelo Governo, pelo concessionário e por ambos, no caso do terceiro componente – não podiam transigir além de certo ponto, porque o representante do Governo tinha autoridade limitada para vincular gastos governamentais, especialmente para recomendar despesas adicionais. Tal circunstância, como se pode supor, por vezes impedia que a Comissão de Conciliação chegasse a consensos que permitissem uma efetiva conciliação.

No Direito Chileno uma concessão pode se originar de duas maneiras: como resposta a uma proposta de um particular (*por postulación*) ou como recomendação do MOP, sendo um processo de licitação competitivo necessário em ambos os casos. Os critérios para a outorga das concessões são os seguintes: valor da tarifa e sua composição, período de tempo, valor do subsídio a ser aportado pelo Estado, valor dos pagamentos pelo concessionário pelo uso de infraestrutura preexistente, valor dos níveis mínimos de receita assegurados pelo Estado e o modo como se distribuem os riscos entre as partes pública e privada durante e posteriormente à construção (Lorenzen, Barrientos e Babbar, 2000:4). As propostas apresentadas em processos licitatórios – dos quais participa também o Ministério das Finanças – devem referir-se pontualmente a cada um desses quesitos, de modo que se possa avaliar com alguma objetividade a melhor delas.

Os editais preparados pelo Poder Público anteriormente contêm informações técnicas que, teoricamente, reduzem as margens de dúvida por parte de concessionários privados e permitem que estes ofereçam propostas detalhadas em termos de custos de capital, manutenção e operação. No Chile as concessionárias são responsáveis por todos os riscos de construção e operação, exceto aqueles decorrentes de atrasos nos processos de expropriação ou de criação de servidões. Em alguns casos, nos quais estudos geológicos são incipientes ou muito preliminares, o Governo suporta os riscos de transtornos geológicos imprevistos que afetem os custos de escavação.

A primeira concessão sob a forma de PPP outorgada no Chile nesse período foi a do túnel "El Melón". O processo licitatório valeu-se da conjugação dos quesitos mencionados, sendo de importância crucial os valores dos pedágios e as receitas oferecidas ao Estado. O consórcio vencedor ofereceu uma tarifa alta ao usuário da estrada (o máximo autorizado pelo edital) e um igualmente elevado pagamento ao Governo pelo uso da infraestrutura preexistente. Hoje, em retrospecto, considera-se a outorga baseada nesses critérios inadequada, uma vez que se verificou desvio de tráfego para uma rodovia alternativa à montanha onde o túnel "El Melón" está situado.

Posteriormente o concessionário viu-se obrigado a baixar as tarifas e inaugurar um processo de renegociação com o Estado para tentar reduzir também os valor de suas obrigações para com ele. Depois dessa experiência o mecanismo formação de tarifas via licitação foi alterado, para refletir um critério lexicográfico, por meio do qual os licitantes competem oferecendo a menor tarifa de pedágio nos limites de uma faixa (ou banda) prefixada pelo MOP.[42]

Mudanças contratuais e aditamentos não puderam ser evitados no Chile. Eles foram importantes para equacionar uma série de contingências imprevistas. Na maior parte dos casos as renegociações foram necessárias em razão do fato de o Governo ter formulado pedidos adicionais àqueles originalmente constantes dos editais. Em outros casos as alterações decorreram de dificuldades financeiras experimentadas por concessionárias.[43] Nos primeiros casos (pedidos adicionais feitos pelo Governo) a legislação chilena estabelece limites a pedidos unilaterais, e uma compensação é devida ao concessionário quando isto ocorre. Renegociações contratuais em situações de dificuldades financeiras tiveram no Chile foco na solução de problemas de liquidez, e não de solvência. De acordo com o estudo de caso preparado pelo FMI (2004), ao longo dos processos de renegociação de contratos de concessão, houve aumento de cerca de 15% nos custos inicialmente previstos nos orçamentos.

A estratégia do Governo baseou-se, inicialmente, na melhoria das estradas já existentes, ao invés da concepção de novos projetos. Em razão da geografia do país, pedágios em rodovias que ligam diferentes cidades facilmente se convertem em monopólios naturais, razão pela qual a necessidade de um aparato regulatório em sentido amplo, capaz de articular não somente as concessões das PPPs em curso como, ainda, os processos licitatórios e a atividade de regulação técnica dessas estruturas de mercado, se torna mais ainda importante. Nesse sentido, Lorenzen, Barrientos e Babbar (2000:12) mencionam o fato de que houve no Chile grande consenso político em torno da institucionalização e perenização das PPPs sem que isto implicasse quebra da disciplina fiscal ou aumento de impostos. Esse consenso pressupunha, ainda, que os recursos públicos fossem dirigidos para as áreas de saúde, educação, habitação e programas sociais.

42. Essa faixa é calculada levando-se em conta possíveis impactos causados pela reversão do tráfego em direção a vias alternativas, entre outros fatores.
43. Em sua maior parte as concessionárias de estradas no Chile têm nacionalidade estrangeira, destacando-se as empresas espanholas.

Após uma fase-piloto que envolvia três projetos, as PPPs chilenas passaram a priorizar rodovias que tinham impacto direto no setor exportador, especialmente aquelas que garantiam acesso aos portos na região Centro-Sul e a ligação estratégica com a Argentina. Esses projetos incluíam a melhoria das estradas que ligam Santiago aos Portos de San Antonio e Valparaiso, a estrada Santiago-Los Andes, que foi conectada à rota internacional em direção à Argentina (estradas Chillán-Concepción). Outro conjunto de projetos cobriu cerca de 1.500km da Pan-Americana, principal artéria Norte-Sul do país, que teve sua extensão fragmentada em oito concessões distintas, para evitar o nascimento de um grande monopólio privado.

Do ponto de vista financeiro, a garantia de uma receita mínima para o concessionário foi uma das primeiras medidas adotadas, de modo que, independentemente de demanda (medida pelo fluxo de veículos que transitam pelas estradas concedidas), um piso seria sempre assegurado nos termos da concessão.[44] Antes do processo licitatório, o MOP estabelece o valor total de renda a ser garantido pelo tempo total de duração da concessão. Esse valor é equivalente a 70% do valor do custo oficial estimado do projeto. Exceto para a primeira concessão outorgada no Chile, o MOB passou a dar aos licitantes a possibilidade de escolher o perfil temporal da garantia anual dentro dos limites de uma margem contida no edital. Essa margem é calculada de acordo com as expectativas de tráfego, e usualmente tem um máximo de 80 a 85% da renda anual esperada como teto (Lorenzen, Barrientos e Babbar, 2000:30). Adicionalmente, papéis (*bonds*) foram lançados no mercado interno e externo com garantias de seguradores financeiros, tendo o *Banco del Estado* um papel importante no financiamento de projetos chilenos, assim com fundos de pensão de seguradoras.

---

44. Níveis de tráfego são, de acordo com Lorenzen, Barrientos e Babbar (2000:28), notoriamente difíceis de prever. Há exemplos de taxas de crescimento surpreendentes (21,5%) e muito baixas (2,9%) entre 1987 e 1995. Há aqui um exercício de estimativa da elasticidade/preço da demanda. No caso mencionado do túnel "El Melón" ela deveria ser mais alta que as elasticidades/preço de outras rodovias, já que havia um bom substituto para aqueles que não desejavam percorrer o túnel concedido e pegar o pedágio ali instalado – uma velha rota que subia uma montanha, com acréscimo de tempo de viagem de aproximadamente 30 a 40 minutos, foi por algum tempo a alternativa de muitos caminhões.

Do ponto de vista do investimento na montagem do arcabouço institucional, em 1991, logo após o lançamento do programa de PPPs, foi criada, como departamento interno ao MOP, a *Coordinación General de Concesiones*. Esse departamento tem como tarefa, além de implementar procedimentos licitatórios, supervisionar as concessões e administrar seus contratos. Além disso, avalia e recomenda projetos a serem incluídos no programa. Atualmente a *Coordinación* está organizada em três Subdepartamentos (Projetos, Construção e Operação), além das Diretorias Jurídica, Ambiental, Sociológica e de Engenharia. Uma função bastante importante desse órgão é, ainda, a de propor mudanças regulatórias e também legislativas nas parcerias chilenas. Na prática, a *Coordinación General de Concesiones* funciona como uma espécie de agência reguladora independente, pouco sujeita, nesses termos, à ingerência política de outras instâncias de governo em assuntos de ordem técnica e quotidiana em relação às concessões que monitora.

Da experiência chilena podem ser tiradas, resumidamente, lições de natureza mais abrangente e de natureza mais pontual. Dentre as primeiras pode-se mencionar a importância de um pano de fundo institucional adequado e sólido, de procedimentos bem desenhados e adequados para identificar, avaliar e licitar projetos, de haver transferência ou compartilhamento objetivo de riscos entre os setores público e privado a respeito dos contratos, sendo estes objeto de reflexão detida e equipados com cláusulas capazes de permitir entendimentos os mais convergentes possíveis e de definir os direitos e obrigações de cada uma das partes, além de um mecanismo de resolução de conflitos. No caso chileno, a garantia de uma renda mínima equivalente a 70% dos fluxos de receita do projeto teve grande influência no desenrolar das PPP.

De um ângulo mais pontual, a experiência chilena com as PPPS mostra que devem ser evitadas concessões de rodovias que tenham alternativas convenientes. Outra lição é a de que o mecanismo de recompensa do operador privado deve ser muito cuidadosamente escolhido, devendo ser evitados aqueles que estimulam a cobrança de pedágios muito altos. Se uma concessão é outorgada a firma que oferece o pedágio mais baixo (importante que se evitem lances baixos demais), um piso e um teto devem ser fixados, para proteger a viabilidade financeira do investimento e desvios ineficientes de tráfego. Por outro lado, alguma margem para redução dos preços dos pedágios deve ser mantida, para que o concessionário possa reagir a períodos de tráfego inesperadamente baixo.

Outros aprendizados dizem respeito ao período de tempo necessário para que uma concessão se torne inteiramente operacional (ao menos cinco anos), à percepção de que as concessionárias têm alguma dificuldade em obter financiamento de longo prazo durante a fase de construção, à importância de haver uma burocracia capacitada e dotada de autoridade no governo, sendo recomendável que não haja mais de um interlocutor em cada fase do projeto.[45]

Mais de 2.000km de estradas forma concedidos por cerca de US$ 3,3 bilhões. Há ainda no Chile US$ 3 bilhões em projetos a serem licitados (Lorenzen, Barrientos e Babbar, 2000:48), e o MOB tem estudado a possibilidade de estender o programa de concessões a novas atividades e áreas – tais como os serviços de manutenção da rede rodoviária no longo prazo –, já que já há algumas obrigações pontuais de manutenção nas regras das concessões em vigor.

## 5. A experiência portuguesa

O caso português de utilização das PPPs ilustra uma experiência pioneira da qual se podem extrair lições importantes – especialmente no setor de concessões de estradas – no que diz respeito à importância do investimento institucional em planejamento, capacitação e gestão de contratos como condição de funcionamento das PPPs. A edição de um programa de PPPs com o respaldo de uma robusta estrutura de monitoramento, capaz de sinalizar adequadamente aos agentes privados as expectativas da sociedade, nesse sentido, é fundamental para que as PPPs cumpram a função de catalisadoras de investimentos em infraestrutura. Esses investimentos, como se sabe, têm características peculiares: são muito intensivos em capital, maturação e amortização longas, além de se mostrarem suscetíveis a comportamentos "oportunistas" tanto por parte do Poder Público quanto de agentes privados.

---

45. V., para mais conclusões, além de uma minuciosa descrição da experiência chilena, Lorenzen, Barrientos e Babbar (2000:18 e ss.), Gómez-Lobo e Hinojosa (2000:49) e FMI (2004:30).

Portugal tem a menor renda *per capita* da zona do Euro na Europa (OCDE, 2004). O país tem-se submetido, nos últimos anos, a um esforço de disciplina fiscal por meio de programas para reduzir déficits orçamentários. Entretanto, Portugal ainda enfrenta um problema crônico de finanças públicas bastante enfraquecidas e dificuldades severas na administração do lado do gasto público (o rápido crescimento das despesas primárias pôs o país dentre aqueles com maiores níveis de gastos públicos *vis-à-vis* seus níveis de renda). Em 2003 Portugal ouviu da OCDE uma recomendação no sentido de que realizasse reformas nas finanças públicas para controle do gasto e, também, que melhorasse seus serviços públicos (OCDE, 2004).

Uma reforma jurídico-institucional, anunciada em 2002, está hoje em fase de implementação e tem como objetivo racionalizar a Administração Pública. Foi extinta uma série de órgãos públicos e vários outros foram reorganizados. Em 2004 duas novas leis foram promulgadas com a finalidade de organizar a ação da Administração Central e disciplinar o funcionamento de entes públicos. As PPPs portuguesas, contudo, datam de um período anterior aos esforços de reforma do setor público.

A primeira PPP, no início da década de 90 do século passado, foi a construção da ponte "Vasco da Gama", sobre o Tejo, uma das maiores do mundo. Entre 1997 e 2002 vários projetos (fundamentalmente concessões) envolvendo o setor rodoviário foram implementados, totalizando aproximadamente € 8,2 bilhões. Em agosto/2002 o Governo Português anunciou a criação de 10 novos hospitais sob a forma de PPPs. Plantas de geração de energia "Tapada do Outeiro" (990MW) e "Pego" (600MW) são exemplos dos maiores projetos no país, construídos sob a modalidade DBFO (*design-build-operate-finance*). Houve também iniciativas na área de saúde, sendo a construção do hospital "Amadora-Sinta" (que tem capacidade de atendimento de 600 mil pessoas) um exemplo disso; e medidas legislativas têm sido tomadas – não sem polêmica – para alterar o Serviço Nacional de Saúde, de modo a que possa haver operação privada de hospitais.[46]

A construção de uma segunda pista na ponte sobre o Tejo é o maior projeto de infraestrutura português, custando em torno de

---

46. Há em Portugal, ainda, conforme Monteiro (2004), iniciativas de PPPs nos setores de ferrovias e metrô.

US$ 960 milhões. Esse projeto insere-se no quadro das PPPs do setor rodoviário português, que tiveram início em 1997. Parte do programa voltado para as estradas portuguesas ganhou a designação de "SCUT" e abarcou um terço das estradas do país. A particularidade do programa SCUT português diz respeito à forma de financiamento e remuneração do capital privado: adotou-se o chamado "pedágio-sombra" (*shadow toll*), em que o operador da estrada é remunerado pelo Poder Público (e não pelo usuário final) com base no número de veículos que utilizam a rodovia. Dos 1.800km de rodovias portuguesas, dois terços têm pedágios (*real toll*) e um terço funciona sem pedágios, no modelo *shadow toll* (Tollroadsnews, 2004).

No modelo *shadow toll* o setor privado fica encarregado do financiamento inicial da obra e, em seguida, passa a receber do Governo uma remuneração que varia conforme o número de veículos que trafegam.[47] São sete as estradas operadas em Portugal de acordo com esse mecanismo, sendo a concessão SCUT-IP5 (de 167km), que segue em direção à fronteira espanhola, a maior concessão do tipo *shadow toll* existente (seu custo foi de US$ 1,5 bilhão).

Contudo, a despeito do grande apelo político em razão da ausência da cobrança direta de pedágios aos motoristas, as concessões do tipo SCUT estão, aparentemente, com os dias contados em Portugal. Depois de uma série de episódios[48] que mostraram ser o *shadow toll*

---

47. O *shadow toll* é uma variação do esquema BDFO tradicional, em que os motoristas que trafegam pelas estradas não pagam pedágios, sendo os custos de reabilitação, manutenção e operação da estrada suportados pelo parceiro privado mediante remuneração pelo Poder Público. Os pagamentos em geral variam conforme quantidades, em geral de acordo com bandas predeterminadas. Por exemplo, um concessionário pode receber 2,00 por veículo para os primeiros 10 mil carros, 1,00 para os próximos 10 mil veículos e 0,5 para os seguintes 10 mil veículos. O Poder Público pode, com isso, valer-se de incentivos e estímulos para obter ganhos de eficiência – o que de fato marcaria a diferença entre um *shadow toll* e uma estrada construída e operada pelo Estado. Assim, as vantagens em geral referidas do *shadow toll* seriam as seguintes: minimização de riscos de tráfego (seria teoricamente mais fácil para os investidores encontrar meios de financiamento), possibilidade de economia de tempo, transferência de riscos operacionais para o setor privado, eliminação dos riscos de lucros desmesurados pelo operador privado, maior disciplina fiscal e a ausência de pedágios (e suas, por vezes, longas filas).
48. Uma polêmica medida de "ação afirmativa" poderá ser adotada em Portugal com o fim das *shadow tolls*: em alguns casos, motoristas que realizam viagens curtas ficam isentos de pagar o pedágio. Isto, evidentemente – e de forma antecipada –,

insustentável do ponto de vista financeiro, o Governo Português mostra-se disposto a transformar todas as rodovias em rodovias "com portagem" (com pedágio). Com efeito, as SCUTs representaram um grande ônus para o *rating* de crédito do Governo Português, estimando-se que em 2007 serão quantificáveis em 0,4% do PIB português – uma decuplicação. Há ainda metade de estradas SCUTs em construção – e para estas, ao que tudo indica, valerão as regras do *shadow toll*. Para as já operativas, porém, ainda há grande indefinição, em razão do fato de o novo Primeiro Ministro (eleito em meados de 2004), Pedro Santana Lopes, ter anunciado, em setembro/2004, que irá converter todas as *shadow tolls* em pedágios, sem ter, entretanto, detalhado o modo como isso será operacionalizado.

Embora as PPPs portuguesas tenham sido capazes de propiciar ganhos de dinamismo no desenvolvimento da infraestrutura e também de beneficiar usuários finais e o Poder Público, respectivamente, com serviços melhores e emprego mais seletivo de recursos públicos, verificaram-se, sinteticamente, alguns problemas, que podem servir como lições para outras experiências nacionais.

Atrasos, adiamentos e postergação do lançamento de obras públicas, excessivo impacto orçamentário, gastos governamentais imprevistos com as concessões, procedimentos excessivamente burocráticos (incluindo, especialmente, a obtenção de licenças ambientais e relativas ao patrimônio histórico), compartilhamento insuficiente e impreciso de riscos, necessidade de aumento no grau de rivalidade na obtenção das concessões (na fase de licitação) e de incrementar a redução, gestão e solução de controvérsias envolvendo os contratos e, sobretudo, a necessidade de reflexão sobre o desenho e a arquitetura dos projetos como um todo são exemplos de problemas e imperativos com que se defronta Portugal, no momento (Monteiro, 2004).

O anúncio independente de projetos sem a consideração dos impactos globais e orçamentários de sua operação simultânea – que revela, em última instância, a necessidade de reestruturação da lógica econômica e de gestão do setor público rodoviário – mostra, na opinião de Costa e Silva (2003), a falta de capacidade do setor público para gerir as PPPs em Portugal.

gerou protestos de grupos que também querem usufruir do benefício e também daqueles, como os turistas, que provavelmente pagarão pedágios em qualquer caso.

Em resumo, a soma de deficiências institucionais, riscos políticos e problemas de continuidade dos projetos e insuficiências técnicas na gestão das PPPs representa aspectos negativos com que têm tido de se haver os governantes, atualmente.

Recentemente, contudo, algumas mudanças no plano institucional foram anunciadas em Portugal para mitigar ou minimizar esses aspectos: foram criadas unidades gestoras de PPPs, estando uma delas na esfera do Ministério da Fazenda. Esta tem a função de coletar, analisar e difundir informações, prover *expertise* técnica para projetos, avaliar licitações e seus editais e, ainda, negociar com parceiros privados (Monteiro: 2004). A ver.

## Bibliografia

CARROLL, Peter, e STEANE, Peter (2000). "Public-private partnerships: sectorial perspectives". In: OSBORNE, Stephen P. (ed.). *Public-Private Partnerships – Theory and Practice in International Perspective*, Routledge, Routledge Advances in Management and Business Studies.

COSTA, Álvaro, e SILVA, Cecília (2003). *Parceria Público-Privada em Portugal – O Caso das Estradas sem Portagem (SCUTs)*. Apresentação feita ao seminário "Parcerias Público-Privadas na Prestação de Serviços de Infraestrutura", realizado no BNDES. Rio de Janeiro, 13-14.11.2003 (acessível no *site* www.bndes.gov.br/conhecimento/publicacoes/catalogo/s_PPP.asp).

FMI/FUNDO MONETÁRIO INTERNACIONAL (2004). *Public-Private Partnerships – Prepared by the Fiscal Affairs Department (in Consultation with Other Departments, the World Bank, and the Inter-American Development Bank)*. March 12, 2004.

GOMÉZ-LOBO, Andrés, e HINOJOSA, Sergio (2000). "Broad roads in a thin country: infrastructure concessions in Chile". *World Bank Policy Research Working Paper* n. 2.279 (Washington).

HOUSE OF COMMONS (2001). "The Private Finance Initiative (PFI)". *Research Paper* 01/117, December, 18th. (acessível no *site* www.parliament.uk/commons/lib/research/rp2001/rp01-117.pdf).

INTERNATIONAL FINANCIAL SERVICES LONDON (2003). *Public-Private Partnerships (Asociaciones Público-Privadas) – Experiencia del Reino Unido para los Mercados Internacionales)* (acessível no *site* www.ifsl.org.uk).

JACOBS, Brian (2000). "Partnerships in Pittsburgh: the evaluation of complex local initiatives". In: OSBORNE, Stephen P. (ed.). *Public-Private Partnerships – Theory and Practice in International Perspective*. Routledge, Routledge Advances in Management and Business Studies.

LAUMANN, E. e KNOKE, D. (1987). *The Organizational State: Social Choice in National Policy Domains*. Madison, University of Wisconsin Press.

LORENZEN, Carlos, BARRIENTOS, María Elena, e BABBAR, Suman (2000). "Toll Road concessions: the chilean experience". *Project Finance and Guarantee (PFG), Discussion Paper* n. 124 (Washington, World Bank) (acessível no site www.worldbank.org.html/fpd/guarantees/assets/images/ TollRoads_0514.pdf).

MCQUAID, Ronald W. (2000). "The theory of partnerships: why have partnerships?". In: OSBORNE, Stephen P. (ed.). *Public-Private Partnerships – Theory and Practice in International Perspective*. Routledge, Routledge Advances in Management and Business Studies.

MONTEIRO, Rui Sousa (2005). *Public-Private Partnerships – Some Lessons from the Portuguese Experience*. Apresentação feita à EIB Conference on Economics & Finance. *Mimeo*.

MOULTON, Lynne, e ANHEIER, Helmut K. (2000). "Public-private partnerships in the United States: historical patterns and current trends". In: OSBORNE, Stephen P. (ed.). *Public-Private Partnerships – Theory and Practice in International Perspective*. Routledge, Routledge Advances in Management and Business Studies.

NORMENT, Richard (2002). "PPP – American style". *The PFI Journal* 39. October.

OCDE (2004). *OECD Economic Survey of Portugal 2004: the Public Administration Reform*. September.

PARTNERSHIPS UK (2003). *Public-Private Partnerships, UK and Other International Experience*. Apresentação de Chris Heathcote, Chefe da Divisão *Project Finance, Partnerships UK* (v. também, para outras informações sobre o caso britânico, www.partnershipuk.org.uk e o site do Institute for Public Policy Research, www.Ippr.org).

PONGSIRI, Nutavoot (2001). "Regulation and public-private partnerships". Centre on Regulation and Competition (CRC) – University of Manchester, *Paper* n. 12 (acessível no site www.idpm.man.ac.uk/crc).

SALAMON, L.M. (1987). "Partners in public service: the scope and the theory of government-nonprofit relations". In: W. W. Powell (ed.). *The Nonprofit Sector: a Research Handbook*. New Haven, Yale University Press.

SMITH, S. R., e LIPSKY, M. (1993). *Nonprofits for Hire: the Welfare State in the Age of Contracting*. Cambridge/MA, Harvard University Press.

THE PRIVATE FINANCE INITIATIVE (PFI) (2001). *House of Commons Library, Research Paper* 01/117. 18 December.

TOLLROADSNEWS (2004). *Portugal to Toll all Motorways – "Free roads no longer financially viable" – Finance Minister* (acessível no *site* www.tollroadsnews.com/cgi-bin/a.cgi/sA0DgB1sEdmRW6r2jfFwDw).

# *LEGISLAÇÃO DE PARCERIA PÚBLICO-PRIVADA NO BRASIL – COMPETÊNCIA LEGISLATIVA EM MATÉRIA DE CONCESSÃO*[1]

VERA MONTEIRO

*1. Colocação do tema. 2. A Lei federal de PPP. 3. Competência legislativa em matéria de concessão.*

## 1. Colocação do tema

A escassez de recursos públicos para fazer frente a projetos estruturantes em áreas essenciais como rodovias, ferrovias, portos, saneamento, presídios, saúde, habitação e equipamentos públicos em geral é um fenômeno mundial que vem servindo de argumento, sobretudo a partir da década de 90 do século passado, para o desenvolvimento de novas formas de relacionamento contratual entre o setor público e o privado. Conscientes de suas limitações orçamentárias e sem capacidade fiscal para realizar pesados investimentos em áreas de grande interesse público e social, muitos países têm buscado encontrar novos mecanismos jurídicos que permitam uma participação privada mais ativa em tais setores.

No Brasil a alteração das estruturas de prestação dos serviços ou de desenvolvimento das atividades estatais culminou na edição da Lei

---

1. O presente artigo foi reformulado para a 2ª edição deste livro. A versão anterior tratava das leis estaduais de PPP que foram editadas antes da Lei federal 11.079/2004. Com a multiplicação de normas locais sobre o tema, o texto foi revisto, abandonando a abordagem pautada pela análise pontual das citadas leis para tratar do aspecto da competência legislativa em matéria de contratos de concessão. A maior parte das reflexões apresentadas no presente texto foi originalmente desenvolvida no livro *Concessão* (São Paulo, Malheiros Editores, 2010).

11.079/2004, que, a pretexto de normatizar o contrato de parceria público-privada (PPP), tratou de mais duas espécies de concessão: a patrocinada e a administrativa.

Ainda que o discurso político corrente no momento da edição da lei tenha vinculado a criação dessas duas novas espécies concessórias à crise fiscal e de capacidade de investimento do Estado Brasileiro – ao menos aos olhos do profissional do mundo das leis –, a alteração legislativa surgiu muito mais como resultado de um movimento pautado pela incorporação normativa de novos mecanismos em matéria de contratos públicos que propriamente por conta da propalada incapacidade de investimento público.

Noutras palavras: do ponto de vista jurídico, as razões políticas e econômicas que levaram o Governo Federal a editar a Lei 11.079/2004 serviram para concretizar um movimento de revisão do modo de relacionamento entre o público e o privado nas relações contratuais. Tanto assim que os modelos da lei implicaram a assunção de obrigação financeira de longo prazo por parte do parceiro público. O discurso da incapacidade de investimento do Estado, de grande apelo político, encobriu o ambiente e as transformações jurídicas que conduziram à releitura do instituto da concessão.

É óbvio que a edição de lei tratando de aspectos contratuais de negócios de longo prazo com o Poder Público tem o positivo efeito de produzir ambiente de maior segurança jurídica para a concretização de investimentos, na medida em que fixa regras para a prestação de garantias e para a contabilização pública de compromissos financeiros assumidos pelo Estado. Mas nem por isso é correto dizer que a Lei 11.079/2004 inaugurou uma nova fase nas relações contratuais entre o público e privado. A visão mais adequada é aquela que vê na referida lei a resposta legislativa ao movimento de atualização das concepções tradicionais a respeito dos contratos administrativos.

Assim, no dia 30.12.2004 foi publicada a Lei federal 11.079, que trata da *concessão patrocinada* e da *concessão administrativa*. Desde o ano de 2002 é objeto de reflexão no Brasil a possibilidade de incorporação das experiências da Inglaterra, Portugal e Chile sobre novos modelos de concessão.[2] Concluiu-se que era necessário fazer alguma

---

2. Estes não foram os únicos países com experiência significativa em projetos de PPP. Mas a menção a eles não é casual, pois o debate que precedeu a edição da Lei

modificação legislativa para complementar a legislação brasileira, para resolver algumas lacunas e criar alguns conceitos novos, per-

11.079/2004 foi especialmente inspirado pela mudança, no Reino Unido, do padrão de relacionamento entre Estado e particular. O programa governamental inglês que estimulou empreendimentos conjuntos entre os setores público e privado foi chamado de *private finance iniciative* (PFI), e teve início em 1992, no governo do Primeiro-Ministro John Major. Os contratos vinculados ao programa de PFI podem envolver pagamento público em contrapartida por obras e serviços prestados ou podem ser remunerados pelos próprios usuários, não tendo sido objeto de uma normativa específica, mas sim de "instruções" do Ministério da Fazenda. Phillipe Cossalter fez ampla pesquisa sobre o sistema inglês para o fim de compará-lo com o sistema francês ("A *Private Finance Iniciative*", *RDPE* 2/127-180). E Vital Moreira alerta para o fato de que, "à luz do direito administrativo europeu continental, a PFI não passa de uma modalidade da clássica concessão de obras ou de serviços públicos" ("A tentação da *Private Finance Iniciative (PFI)*", in Maria Manuel Leitão Marques e Vital Moreira (orgs.), *A Mão Visível. Mercado e Regulação*, Coimbra, Livraria Almedina, 2003, p. 187).

Portugal e Chile, por sua vez, são países de tradição jurídica ibérica, como observa Diogo Rosenthal Coutinho ("Parcerias público-privadas: relatos de algumas experiências internacionais", nesta obra, pp. 47-81), e representam, por isso, experiências consideradas mais ou menos bem-sucedidas de emprego de PPPs sob a forma de *concessões*.

Em Portugal foi o Decreto-lei 86, de 26.4.2003, que regulou a PPP. De acordo com seu art. 2º, n. 1, ela foi definida de maneira bastante ampla, sendo "o contrato ou a união de contratos por via dos quais as entidades privadas, designadas por parceiros privados, se obrigam, de forma duradoura, perante um parceiro público, a assegurar o desenvolvimento de uma actividade tendente à satisfação de uma necessidade colectiva, e em que o financiamento e a responsabilidade pelo investimento e pela exploração incumbem, no todo ou em parte, ao parceiro privado". A norma portuguesa não criou um novo tipo contratual. Seu art. 4º fornece um rol exemplificativo de contratos que poderão regular as relações entre os parceiros públicos e privados; são eles: concessão de obras públicas, concessão de serviço público, fornecimento contínuo, prestação de serviços, contrato de gestão e contrato de colaboração. Uma PPP portuguesa pode envolver um contrato ou uma união de vários contratos. Para uma visão mais detalhada da norma, v. Eduardo Paz Ferreira e Marta Rebelo, "O novo regime jurídico das parcerias público-privadas em Portugal", *RDPE* 4/63-79.

E, para uma leitura mais ampla sobre as experiências internacionais sobre PPPs, v.: E. Samek Lodovici e G. M. Bernareggi (orgs.), *Parceria Público-Privada. Cooperação Financeira e Organizacional entre o Setor Privado e Administrações Públicas Locais*, org. da edição brasileira por Henrique Fingermann, vols. I e II, São Paulo, Summus Editorial, 1992; John Stainback, *Public/Private Finance and Development*, Nova York, John Wiley & Sons, 2000; Daniel Ritchie, "As PPPs no contexto internacional", in Sérgio Augusto Zampol Pavani e Rogério Emílio de Andrade (orgs.), *Parcerias Público-Privadas*, São Paulo, MP Editora, 2006, pp. 11-22; e Simon Reimann Costa e Silva, "Parcerias público-privadas em Portugal", in Mariana Campos de Souza (org.), *Parceria Público-Privada. Aspectos Jurídicos Relevantes*, São Paulo, Quartier Latin, 2008, pp. 177-200.

mitindo a celebração de modelos contratuais que até então não eram viáveis.

Foi nesse ambiente que foram editadas algumas leis estaduais[3] tratando da chamada *parceria público-privada/PPP*, até que a Lei 11.079/2004 reduziu a expressão "PPP" a um sentido bem específico. Não se trata de uma lei geral de parcerias entre a Administração Pública e particulares, mas de uma lei sobre duas espécies de parceria especialmente criadas: a *concessão patrocinada* e a *concessão administrativa*.

Alguns princípios básicos têm sido levantados como sendo regedores do modelo de PPPs, distanciando-o do regime tradicional das concessões. O primeiro deles seria atribuir ao particular o encargo de buscar o investimento necessário para a realização do projeto, garantindo-lhe a amortização dos valores investidos em contrato de longo prazo, mediante remuneração feita com verbas orçamentárias e pela exploração econômica do serviço prestado com base na infraestrutura construída, quando possível. Em segundo lugar, as PPPs reger-se-iam pela ideia de que a remuneração do contratado deveria ser uma contrapartida pelo conjunto de utilidades que ele vier a disponibilizar, e não uma remuneração de cada tarefa isoladamente considerada; razão pela qual os instrumentos de PPPs seriam contratos extremamente complexos na sua elaboração e execução, por relacionarem a remuneração do contratado ao grau de satisfação estatal com o serviço prestado.

## 2. A Lei federal de PPP

A legislação brasileira já autoriza, há muito, negócios entre o Poder Público e a iniciativa privada. Num sentido amplo, são espécies de PPP os diferentes tipos de contratos celebrados entre a Administração Pública e o setor privado. Neste contexto estão inseridos a concessão de serviço público da Lei 8.987/1995, os contratos de gestão com organizações sociais da Lei 9.637/1998, os termos de parceria com organizações da sociedade civil de interesse público (OSCIPs) da Lei

---

3. Foram os Estados de *Minas Gerais* (Lei 14.686, de 16.12.2003), *Santa Catarina* (Lei 12.930, de 4.2.2004), *São Paulo* (Lei 11.688, de 19.5.2004), *Goiás* (Lei 14.910, de 11.8.2004), *Bahia* (Lei 9.290, de 27.12.2004) e *Ceará* (Lei 13.557, de 30.12.2004).

9.790/1999, bem assim as concessões de uso de bem público e as prestações de serviços, fornecimento de produtos e a construção de infraestrutura por particulares para a Administração da Lei 8.666/1993.

A novidade da Lei 11.079/2004 foi a fixação de um conceito restrito para *parceria público-privada*. Ela formalmente autorizou mais duas espécies de *concessão* no Brasil, e chamou-os de *contrato de PPP*. É relevante conhecer a definição desses modelos no texto da lei, cuja transcrição segue abaixo:

"Art. 2º. Parceria público-privada é o contrato administrativo de concessão, na modalidade patrocinada ou administrativa.

"§ 1º. Concessão patrocinada é a concessão de serviços públicos ou de obras públicas de que trata a Lei n. 8.987/1995 quando envolver, adicionalmente à tarifa cobrada dos usuários, contraprestação pecuniária do parceiro público ao parceiro privado.

"§ 2º. Concessão administrativa é o contrato de prestação de serviços de que a Administração seja a usuária direta ou indireta, ainda que envolva execução de obra ou fornecimento e instalação de bens.

"§ 3º. Não constitui parceria público-privada a concessão comum, assim entendida a concessão de serviços públicos ou de obras públicas de que trata a Lei n. 8.987/1995 quando não envolver contraprestação pecuniária do parceiro público ao parceiro privado.

"§ 4º. É vedada a celebração de contrato de parceria público-privada: I – cujo valor do contrato seja inferior a R$ 20.000.000,00 (vinte milhões de Reais); II – cujo período de prestação do serviço seja inferior a 5 (cinco) anos; ou III – que tenha como objeto único o fornecimento de mão de obra, o fornecimento e instalação de equipamentos ou a execução de obra pública.

"Art. 3º. As concessões administrativas regem-se por esta Lei, aplicando-se-lhes adicionalmente o disposto nos arts. 21, 23 a 25 e 27 a 39 da Lei n. 8.987/1995 e no art. 31 da Lei n. 9.074/1995.

"§ 1º. As concessões patrocinadas regem-se por esta Lei, aplicando-se-lhes subsidiariamente o disposto na Lei n. 8.987/1995 e nas leis que lhe são correlatas.

"§ 2º. As concessões comuns continuam regidas pela Lei n. 8.987/1995 e pelas leis que lhe são correlatas, não se lhes aplicando o disposto nesta Lei.

"§ 3º. Continuam regidos exclusivamente pela Lei n. 8.666/1993 e pelas leis que lhe são correlatas os contratos administrativos que não caracterizem concessão comum, patrocinada ou administrativa."

Assim, além das espécies de concessão já existentes, foram criadas duas novas, especialmente para complementar a *concessão comum* da Lei 8.987/1995, que é aquela na qual o poder concedente não paga contraprestação em pecúnia ao concessionário pelos serviços prestados. O objetivo do presente tópico é descrever, de forma objetiva, o regime da Lei federal de PPP.

Pela leitura da lei, a *concessão patrocinada* é a concessão de serviço público ou de obra pública em que haja contraprestação pecuniária a ser paga pelo concedente ao concessionário. Em tudo ela é idêntica à concessão típica (*comum*) da Lei 8.987/1995, a não ser pelo fato de que a remuneração do concessionário é feita em parte com a arrecadação tarifária e em parte com recursos públicos. Para normatizar esta específica característica desses contratos, a Lei 11.079/2004 determinou a aplicação de regras especiais,[4] as quais se somam ao arcabouço da Lei 8.987/1995, que lhes é inteiramente aplicável; afinal, essa concessão é uma variação da concessão de serviço público. A especialidade das regras está em organizar a assunção de compromissos financeiros de longo prazo pelo Poder Público e garantir seu efetivo cumprimento ao particular.

Já a *concessão administrativa* é um novo modelo de concessão para que o Poder Público contrate serviços (públicos ou não) que lhe serão prestados pelo concessionário direta ou indiretamente. O que caracteriza esse modelo é que a remuneração do particular é integralmente feita pelo Poder Público, e não pelos possíveis usuários. Não

---

4. Sobre a possibilidade da assunção de obrigações financeiras por parte do poder concedente nas concessões da Lei 8.987/1995, Alexandre Santos de Aragão diz que "não seria correto afirmar que a concessão patrocinada era desconhecida no Direito Brasileiro. Basta lembrarmos do apoio que o Estado muitas vezes deu, cedendo ao concessionário a exploração de imóveis sem relação necessária com o serviço, reequilibrando a equação econômico-financeira do contrato com o aporte de verbas ao invés de aumentar tarifas que já se encontravam no limite da capacidade dos usuários, assumindo a obrigação de realizar certos investimentos que ordinariamente caberiam ao concessionário (exemplo: Metrô do Estado do Rio de Janeiro, em que a concessionária apenas opera o sistema, mas a expansão das linhas e a aquisição de novos vagões continuam sendo responsabilidade do Estado)" ("As parcerias público-privadas – PPP's no direito positivo brasileiro", *RDA* 240/112).

há a cobrança de tarifas, ainda que os usuários se beneficiem diretamente do serviço prestado. É o que acontece com o serviço de saúde prestado por concessionário em hospital público: ainda que o cidadão seja o beneficiário imediato do serviço, é a Administração Pública que assume o dever de remunerar o prestador da atividade. No exemplo do hospital, a Administração figura como usuária indireta do serviço. Será usuária direta quando o serviço for usufruído diretamente por ela, como no caso de uma concessão administrativa para construção e gestão de um centro administrativo. A concessão administrativa tanto pode ter um serviço público por objeto como outros serviços de que a Administração seja usuária (direta ou indireta).

As espécies concessão *patrocinada* e *administrativa* admitem a contratação de quaisquer tarefas administrativas de responsabilidade do Estado que não envolvam as funções de regulação, jurisdicional, do exercício do poder de polícia e de outras atividades exclusivas do Estado (art. 4º, III, Lei 11.079/2004).

A Lei 11.079/2004 fixa que referidas concessões devam ser instrumento de uso restrito, para situações especiais, em que haja a transferência ao particular contratado não apenas da obrigação de execução de infraestrutura (que pode ser obra ou disponibilização de outros equipamentos, como trens, veículos, plataformas eletrônicas etc.), mas também da exploração e gestão das atividades dela decorrentes. Isso significa que só deve ser objeto de concessão patrocinada ou administrativa a disponibilização de infraestrutura (nova ou recuperada) em que o contratado assume a obrigação de mantê-la por pelo menos cinco anos. Quanto aos serviços (art. 2º, § 4º), não deve ser objeto de concessão patrocinada ou administrativa a mera terceirização de mão de obra; tampouco prestações isoladas, que não estejam inseridas em um conjunto de atividades a cargo do particular e que não atinjam um valor contratual mínimo de 20 milhões de Reais, a ser amortizado em período superior a cinco anos (e não mais que 35 anos) (art. 2º, § 4º, I e II). A fixação de um valor mínimo de investimento privado foi para apartar esse modelo contratual de outros, em razão das proteções especiais dadas pela Lei 11.079/2004 ao privado que decidiu pela realização do investimento.

Não é o vulto do investimento privado que conduz a uma concessão patrocinada ou administrativa. Os negócios receberão essa modelagem se preencherem os requisitos legais e se houver consenso político para tanto. Uma mesma ideia negocial pode ser viabilizada por variados instrumentos jurídicos. A opção por um contrato dessa natureza demanda a comprovação de que não existem outros mecanismos úteis para a exploração de dado negócio (art. 10, I, "a").

Também não há na lei federal um critério, em percentuais, para afirmar quanto do projeto deve representar investimento em infraestrutura e quanto deve representar a prestação de serviços. A lei acabou fazendo esse dimensionamento pelo tempo contratual; ou seja: o importante é atentar para o fato de que na concessão patrocinada e na concessão administrativa o contratado assume o compromisso de prestar serviços com base na infraestrutura construída ou ampliada por pelo menos cinco anos (prazo mínimo do contrato). Presente essa condição, é possível afirmar que o projeto atende ao requisito legal. Ao impedir que a prestação se limite à execução de obras ou ao fornecimento de equipamentos ou de mão de obra (art. 2º, § 4º, III), a lei determinou que deve haver um serviço subjacente à infraestrutura implantada, expandida ou recuperada, cuja consequência é alterar a forma de remuneração do privado, o qual passará a receber pela qualidade do serviço prestado, ao longo de todo o prazo contratual, e a partir da efetiva prestação do serviço.

Na Lei 11.079/2004 há uma regra que limita a origem dos recursos do parceiro privado. Trata-se do art. 27, segundo o qual "as operações de crédito efetuadas por empresas públicas ou sociedades de economia mista controladas pela União não poderão exceder a 70% (setenta por cento) do total das fontes de recursos financeiros da sociedade de propósito específico", sendo que a norma traz alguma flexibilização para certas regiões do país. É uma regra que limita a tomada de recursos pelo concessionário com empresa estatal federal (como o BNDES, por exemplo). Além disso, não podem exceder a 80% do total das fontes de recursos financeiros da sociedade de propósito específico/SPE as operações de crédito ou contribuições de capital realizadas cumulativamente por entidades fechadas de previdência complementar e empresas estatais federais. Também neste caso há alguma flexibilização na regra para certas regiões do país.

Há ainda uma limitação importante na Lei 11.079/2004, que envolve o cumprimento de regras fiscais, já que os modelos contratuais lá previstos envolvem significativa assunção pecuniária por parte do Estado por longo período de tempo. A aprovação de projetos depende de estudo e análise cuidadosa da compatibilidade de sua assunção financeira ao longo de toda a execução contratual, a qual pode chegar a 35 anos.

A Lei 11.079/2004 condicionou a abertura do processo licitatório à realização de estudo técnico, que deve conter: (a) a explicação acerca da conveniência e oportunidade da contratação; (b) demonstrativo de que as despesas criadas ou aumentadas não afetarão as metas de resultados fiscais previstas no anexo referido no § 1º do art. 4º da Lei de Responsabilidade Fiscal/LRF, havendo a obrigação de que seus efeitos financeiros, nos períodos seguintes, sejam compensados pelo aumento permanente de receita ou pela redução permanente de despesa; (c) e, quando for o caso, demonstrativo de que os limites e condições decorrentes da aplicação dos arts. 29, 30 e 32 da LRF foram cumpridos.

Além do referido estudo técnico, a lei ainda determina que: (a) seja elaborada estimativa do impacto orçamentário-financeiro nos exercícios em que deva vigorar o contrato; (b) seja feita declaração do ordenador da despesa de que as obrigações contraídas pela Administração Pública no decorrer do contrato são compatíveis com a Lei de Diretrizes Orçamentários/LDO e estão previstas na Lei Orçamentária Anual/LOA; (c) seja demonstrada a suficiência de fluxo de recursos públicos para o cumprimento, durante toda a vigência do contrato e por exercício financeiro, das obrigações contraídas pelo Poder Público; (d) e seu objeto seja incluído no Plano Plurianual/PPA em vigor no âmbito onde o contrato será celebrado. Em síntese, são os mesmos condicionantes já impostos pela LRF, no seu art. 16, para qualquer aumento de despesa pública.

Tais obrigações de ordem fiscal e orçamentária conduzem a algumas conclusões sobre o tema. A primeira delas é que União, Estados e Municípios que quiserem celebrar concessão patrocinada ou administrativa devem, obrigatoriamente, editar PPA, LDO e LOA. Muito se discute na doutrina acerca da natureza jurídica do orçamento.[5] No

---

5. Régis Fernandes de Oliveira (*Manual de Direito Financeiro*, 6ª ed., São Paulo, Ed. RT, 2003, pp. 95 e ss.) explica que o orçamento era visto como mera peça de conteúdo contábil, financeiro, com a previsão das receitas e a autorização das despesas, mas sem qualquer relação com planos governamentais e interesses efetivos da população. Com a evolução do conceito, ele deixa de ser peça de ficção para se tornar verdadeiro programa de governo, através do qual não apenas se demonstra a elaboração

que diz respeito a esses contratos, por envolverem o comprometimento futuro de recursos orçamentários, tais leis têm especial função, não apenas do ponto de vista do planejamento das ações estatais, mas porque têm caráter autorizativo para contratações dessa natureza. Dessa forma, sem que o PPA expressamente contenha a previsão do específico negócio que se pretende contratar, não será possível abrir a respectiva licitação.

Tal conclusão leva à afirmação segundo a qual, apesar de o PPA ser editado no primeiro ano do exercício do mandato (até agosto) para viger até o primeiro ano do exercício do próximo mandato, ele não só pode como deve ser alterado por lei posterior caso se decida abrir licitação para contrato de PPP cujo objeto não tenha sido incluído originariamente no PPA. O § 1º do art. 167 da CF, aliás, determina expressamente que "nenhum investimento cuja execução ultrapasse um exercício financeiro poderá ser iniciado sem prévia inclusão no Plano Plurianual, ou sem lei que autorize a inclusão, sob pena de crime de responsabilidade".

Assim, a inclusão do objeto de uma concessão patrocinada ou administrativa no PPA é condição determinante para sua licitação. Mas não só. Ainda é necessário que o ordenador da despesa declare, uma vez assinado o contrato, que as obrigações financeiras nele estabelecidas são compatíveis com a LDO e estão previstas na LOA.

A inclusão de certo projeto no PPA não obriga, todavia, que sejam feitos esforços para sua consecução; isto é, sua inclusão é condição para a abertura de licitação, mas da sua inclusão não nasce a obrigatoriedade de sua implementação.[6]

A Lei 11.079/2004 ainda traz duas outras regras limitadoras para a contratação de projetos de PPP. A primeira está no art. 22, e autoriza a União a celebrar contratos dessa natureza apenas quando a soma das despesas de caráter continuado derivadas do conjunto das parcerias já contratadas não tiver excedido, no ano anterior, a 1% da receita corrente líquida do exercício e as despesas anuais dos contratos

financeira, mas também se define a orientação do governo, conformando comportamentos, pressionando determinadas condutas e encaminhando determinadas soluções.
6. Tais obrigações, todavia, de inclusão de objeto do contrato no PPA, na LDO e na LO não se aplicam às empresas estatais não dependentes, uma vez que o controle de suas contas é feito em separado das peças orçamentárias da Administração direta e das empresas dependentes do Tesouro.

vigentes, nos 10 anos subsequentes, não excederem a 1% da receita corrente líquida projetada para os respectivos exercícios.

Para Estados e Municípios a lei federal não impôs, por via direta, o limite de envolvimento financeiro em contratos de PPP. Mas o faz de forma indireta, ao dizer que a União "não poderá conceder garantia e realizar transferência voluntária" aos Estados, Distrito Federal e Municípios que se encontrem na mesma situação descrita acima [*mas aumentando os limites para 3%*] (art. 28). Pelo § 1º do art. 28, as esferas federadas devem encaminhar ao Senado Federal e à Secretaria do Tesouro Nacional, previamente à contratação, as informações necessárias para análise das contas. Ainda há regra expressa dizendo que integram as despesas de cada um dos entes as da Administração indireta, dos respectivos fundos especiais, autarquias, fundações públicas, empresas públicas, sociedades de economia mista e demais entidades controladas, direta ou indiretamente, pelo respectivo ente, excluídas as empresas estatais não dependentes (§ 2º do art. 28).

A regra prevista no *caput* do art. 28 suscita dúvida quanto à sua constitucionalidade naquilo que diz respeito aos repasses das chamadas *transferências voluntárias*. Seria possível a criação de regra, como a que existe, que impõe obrigações aos entes federados cujo descumprimento tenha como efeito a não concessão de garantias e a não realização das transferências voluntárias pela União Federal?

É fato que a fixação de limite de despesa com contratos de longo prazo é decisão prudente. Mas a Lei 11.079/2004 impôs a obrigatoriedade de cumprimento do limite a Estados e Municípios de forma indireta, ou seja, por meio de regra que permite o não repasse das transferências voluntárias aos entes. Apesar de bem-intencionada, trata-se de norma com clara intenção sancionatória que visa a atingir um comportamento fiscal por parte das esferas federativas que só poderia ser determinado por lei de natureza complementar, por força do art. 163, I, da CF. Fernando Dias Menezes de Almeida acresce que a hipótese é de claro desvio de finalidade, na medida em que o ato sancionatório da União (de não realizar transferência voluntária de recursos) teria por base conduta lícita, porque não proibida, de Estados e Municípios.[7]

---

7. Fernando Dias Menezes de Almeida, "As parcerias público-privadas e sua aplicação pelo Estado de São Paulo", nesta obra, pp. 563-581.

Por fim, vale um comentário sobre a forma de contabilização pública dos contratos de PPP, se eles devem ser contabilizados como dívida pública, na forma dos arts. 29 e ss. da Lei de Responsabilidade Fiscal, ou como despesa corrente, com a aplicação da metodologia estabelecida nos arts. 16 e 17 da LRF.

Para alguns intérpretes da lei o pagamento de contraprestação pecuniária pelos serviços prestados à concessionária implicaria geração de *despesa de caráter continuado*. Para outros seu montante deveria ser considerado no cálculo da *dívida pública consolidada* (art. 29, I, da LRF). A diferença entre um modelo e outro é que no primeiro bastaria o atendimento aos requisitos dos arts. 16 e 17 da LRF, e no outro haveria uma série de requisitos a serem atendidos, tornando mais complexa a contratação.

Pela LRF, *dívida pública consolidada* é o "montante total, apurado sem duplicidade, das obrigações financeiras do ente da Federação, assumidas em virtude de leis, contratos, convênios ou tratados e da realização de operações de crédito, para amortização em prazo superior a 12 (doze) meses" (art. 29, I).

A LRF ainda fixa limites tanto para a *dívida pública consolidada* quanto para a *dívida pública mobiliária* dos entes federativos. Essencialmente, a *dívida pública consolidada* corresponde ao montante total das obrigações financeiras do ente federativo de prazo superior a 12 meses, ao passo que a dívida pública mobiliária corresponde à dívida representada pelos títulos emitidos pelo ente federativo.

Quanto aos dos limites globais para a *dívida pública consolidada* e para a *dívida mobiliária* das unidades federativas, de acordo com a Constituição Federal, essa tarefa cabe ao Senado Federal, mediante proposição do Presidente da República. Segundo o art. 52, VI, da CF, reforçado pelo art. 30, I, da LRF, os limites globais para o montante da *dívida consolidada da União, dos Estados, do Distrito Federal e dos Municípios* devem ser propostos pelo Presidente da República ao Senado Federal, ao qual caberá fixá-los. O mesmo vale para os limites globais e condições para o montante da *dívida mobiliária dos Estados, do Distrito Federal e dos Municípios* (art. 52, IX, da CF, reforçado pelo art. 30, I, da LRF). Quanto ao limite global para o montante da *dívida mobiliária federal*, a competência para fixá-lo é do Congresso Nacional, mediante lei, conforme disposto no art. 48, XIV, da CF, reforçado pelo art. 30, II, da LRF.

Embora a competência para a fixação de tais limites globais ao endividamento dos entes federativos seja do Senado Federal, a LRF estabeleceu alguns parâmetros para tanto. Segundo o art. 30, § 3º, da lei, tais limites devem ser fixados em percentual da receita corrente líquida do ente federativo, estipulando-se um percentual para a União, um único percentual aplicável a todos os Estados e ao Distrito Federal e, finalmente, um único percentual aplicável a todos os Municípios. A verificação do atendimento destes limites dá-se por meio da apuração do montante da *dívida consolidada* ao final de cada quadrimestre (LRF, art. 30, § 4º).

Apenas a União Federal é que não tem limites prefixados às suas contratações, porque o Senado – ao contrário do que fez com os outros entes – ainda não editou resolução impondo-lhe limites de comprometimento fiscal.

Diante do exposto, seria correto incluir no regime de *dívida* acima descrito as obrigações derivadas de contratos de PPP? Além da dúvida conceitual propriamente dita, a Lei federal de PPP, no seu art. 10, I, "c", traz o seguinte requisito para a abertura de processo licitatório para contratação de PPP: "quando for o caso, conforme as normas editadas na forma do art. 25 desta Lei, a observância dos limites e condições decorrentes da aplicação dos art. 29, 30 e 32 da Lei Complementar n. 101, de 4 de maio de 2000, pelas obrigações contraídas pela Administração Pública relativas ao objeto do contrato". O referido art. 25, por sua vez, tem a seguinte redação: "A Secretaria do Tesouro Nacional editará, na forma da legislação pertinente, normas gerais relativas à consolidação das contas públicas aplicáveis aos contratos de parceria público-privada".

Isto significa dizer, noutras palavras, que a Secretaria do Tesouro Nacional pode definir, genericamente ou para cada caso concreto, a forma de contabilização pública desses contratos, sendo possível sua qualificação como *dívida* – o que faz incidir para tais contratos os limites de contratação definidos nos arts. 30 e 32 da LRF.

Restou atribuída, então, a um órgão do Ministério da Fazenda a definição quanto à qualidade do gasto público, quando a legislação parece já ter definido o tema de antemão. É certo que a LRF define *dívida pública consolidada ou fundada* como sendo o montante total, apurado sem duplicidade, das *obrigações financeiras* do ente da Federação (art. 29, I). Parece claro que nesse conceito de *obrigação financeira* não podem ser incluídas as despesas que possuam contrapartida em prestação de serviços, compra de bens ou salários. A contrapartida originária de obrigações dessa natureza só pode ser *financeira*, como decorrência expressa da lei – isto é, apta a gerar fluxo de recursos para suprir déficit de caixa.

É esse o sentido da Lei 4.320/1964, que, no seu art. 98, traz a seguinte definição: "A *dívida fundada* compreende os compromissos de exigibilidade superior a 12 (doze) meses, contraídos para atender a desequilíbrio orçamentário ou financiamentos de obras e serviços públicos". E o parágrafo único do dispositivo diz que "a *dívida fundada* será escriturada com individuação e especificações que permitam verificar, a qualquer momento, a posição dos empréstimos, bem como os respectivos serviços de amortização e juros".[8]

Por isso, a assunção de obrigação futura pelo Estado derivada de contrato assinado com particular para prestação de serviço não se confunde com obrigação financeira. Na obrigação contratual derivada de contrato de PPP o Estado compromete parcela orçamentária futura para quitação das obrigações contratuais assumidas, as quais não são de natureza financeira. É evidente que, sendo obrigações de pagamento, acarretam aumento da despesa global do Estado. Isto implica o cumprimento de outros dispositivos da LRF, que impõem a realização de estimativa do impacto orçamentário-financeiro e demonstração da origem dos recursos para seu custeio (LRF, art. 16, c/c o art. 17, § 1º). Mas não se trata da observância dos limites fixados nos arts. 29 e ss. da LRF.

8. J. Teixeira Machado Jr. e Heraldo da Costa Reis, ao comentarem o art. 98 da Lei 4.320/1964, e falando de sua correspondência com o art. 29 da LRF e da existência das resoluções do Senado que estabelecem os limites de comprometimento, afirmam que "essas regras *[de restrição ao montante de dívida]* dizem respeito à dívida fundada, porque se referem a operações de crédito que devem ser liquidadas em exercício financeiro subsequente e podem ser resumidas na fixação, pela própria lei que autorizou a operação, das dotações necessárias para os respectivos serviços de juros, amortização e resgate, durante o prazo para sua liquidação. Tais dotações devem ser incluídas no orçamento anual. Conforme se verifica, o produto da dívida pública fundada está vinculado diretamente ao atendimento do desequilíbrio orçamentário, à implantação, implementação e execução a longo prazo de obras e de serviços públicos. (...) ela resulta de um contrato de crédito estipulado em prazos longos. Como se vê, não é só o tempo, mas sobretudo o contrato, que define a dívida fundada" (*A Lei 4.320 Comentada e a Lei de Responsabilidade Fiscal*, 31ª ed., Rio de Janeiro, IBAM, 2002-2003, p. 209).

Neste contexto, os contratos de PPP deveriam ser tratados como *obrigação de caráter continuado para fins de contabilização pública*. Sua natureza não é de dívida. Outorgar-lhes tal categoria fiscal representaria o reconhecimento de limites fixados no regime da LRF.[9]

A Resolução 614 da Secretaria do Tesouro Nacional, de 21.8.2006, por sua vez, que estabeleceu "normas gerais relativas à consolidação das contas públicas aplicáveis aos contratos de PPP", vinculou a classificação como *dívida* de tais contratos à distribuição de riscos nele estabelecida. É dizer: a forma de contabilização dependerá do risco fiscal atribuído ao poder concedente, que será medido conforme a assunção, pelo parceiro público, de parcela relevante de pelo menos um entre os riscos de demanda, disponibilidade ou construção do negócio contratado.[10]

## 3. Competência legislativa em matéria de concessão

Alguns Estados e Municípios decidiram aprovar leis estaduais de PPP e tratar sobre variações do contrato de concessão mesmo antes da aprovação de lei federal sobre o tema. A inevitável questão que se coloca a respeito é sobre a competência legislativa para tanto, tendo em vista o art. 22, XXVII, da CF, que atribuiu competência privativa à União Federal para legislar sobre *normas gerais de licitação e contratação* no âmbito da Administração Pública.

O objetivo deste artigo não é analisar, uma a uma, as normas locais editadas sobre concessão, mas traçar alguns parâmetros gerais para auxiliar na avaliação da extensão da competência legislativa da União, dos Estados e dos Municípios para editar leis sobre contratos públicos. Por isso, é preciso começar com a interpretação do art. 22, XXVII, da CF, cuja redação é a seguinte: "Art. 22. Compete privativamente à União legislar sobre: (...) XXVII – normas gerais de *licitação e contratação*, em todas as modalidades, para as Administrações Públicas diretas, autárquicas e fundacionais da União, Estados, Distri-

---

9. Lembre-se, a este respeito, que as leis catarinense e baiana expressamente definem as despesas com PPPs como despesas de caráter continuado.

10. Maurício Portugal Ribeiro e Lucas Navarro Prado comentam com cuidado a Resolução 614/2006 in *Comentários à Lei de PPP – Parceria Público-Privada, Fundamentos Econômico-Jurídicos*, 1ª ed., 2ª tir., São Paulo, Malheiros Editores, 2010, pp. 408-437.

to Federal e Municípios, obedecido o disposto no art. 37, XXI, e para as empresas públicas e sociedades de economia mista, nos termos do art. 173, § 1º, III; (...)".

Teria a União Federal competência legislativa privativa para editar normas gerais em matéria de contratos públicos – e, portanto, sobre o contrato de concessão? Há autorização constitucional para Estados e Municípios legislarem sobre o tema? Somente com o enfrentamento de tais questões é que será possível avaliar a constitucionalidade de normas estaduais e municipais sobre PPP.

Saber o que está inserido no conceito de "normas gerais de licitação e contratação" é tarefa das mais árduas. Nem mesmo o STF conseguiu identificar um critério claro. O que se nota é que a Corte Constitucional simpatiza com o fortalecimento da competência da União para a edição de normas gerais em matéria de *licitação*, em detrimento da competência dos Estados e Municípios. Tal observação decorre da análise dos seguintes acórdãos: ADI/MC 927-RS; ADI/MC 3.059-1-RS; ADI 3.670-0-DF; ADI 3.070-1-RN; ADI 3.583-PR.[11-15]

11. A ementa da ADI/MC 927-RS (rel. Min. Carlos Velloso, j. 3.11.1993, m.v.) é a que segue: "Constitucional – Licitação – Contratação administrativa – Lei n. 8.666, de 21.6.1993. I – Interpretação conforme dada ao art. 17, I, 'b' (doação de bem imóvel) e art. 17, II, 'b' (permuta de bem móvel), para esclarecer que a vedação tem aplicação no âmbito da União Federal, apenas – Idêntico entendimento em relação ao art. 17, I, 'c', e § 1º do art. 17 – Vencido o Relator, nesta parte. II – Cautelar deferida, em parte".

12. A ementa da ADI/MC 3.059-1-RS (rel. Min. Carlos Britto, j. 15.4.2004, v.u.) é a que segue: "Medida cautelar em ação direta de inconstitucionalidade – Legitimidade de agremiação partidária com representação no Congresso Nacional para deflagrar o processo de controle de constitucionalidade em tese – Inteligência do art. 103, inciso VIII, da Magna Lei – Requisito da pertinência temática antecipadamente satisfeito pelo requerente – Impugnação da Lei n. 11.871/2002, do Estado do Rio Grande do Sul, que instituiu, no âmbito da Administração Pública sul-rio-grandense, a preferencial utilização de *softwares* livres ou sem restrições proprietárias – Plausibilidade jurídica da tese do autor que aponta invasão da competência legiferante reservada à União para produzir normas gerais em tema de licitação, bem como usurpação competencial violadora do pétreo princípio constitucional da separação dos Poderes. Reconhece-se, ainda, que o ato normativo impugnado estreita, contra a natureza dos produtos que lhes servem de objeto normativo (bens informáticos), o âmbito de competição dos interessados em se vincular contratualmente ao Estado-Administração – Medida cautelar deferida".

13. A ementa da ADI 3.670-DF (rel. Min. Sepúlveda Pertence, j. 2.4.2007, v.u.) é a que segue: "Ação direta de inconstitucionalidade – Lei distrital n. 3.705, de 21.11.2005, que cria restrições a empresas que discriminarem na contratação de mão de obra – Inconstitucionalidade declarada. 1. Ofensa à competência da privativa da

É fato que no caso da ADI 927 o tema estava muito mais relacionado à competência para destinar o uso de bens públicos que à com-

União para legislar sobre normas gerais de licitação e contratação administrativa, em todas as modalidades, para as Administrações Públicas diretas, autárquicas e fundacionais de todos os entes da Federação (CF, art. 22, XXVII) e para dispor sobre direito do trabalho e inspeção do trabalho (CF, arts. 21, XXIV, e 22, I). 2. Afronta ao art. 37, XXI, da Constituição da República – norma de observância compulsória pelas ordens locais –, segundo o qual a disciplina legal das licitações há de assegurar a 'igualdade de condições de todos os concorrentes', o que é incompatível com a proibição de licitar em função de um critério – o da discriminação de empregados inscritos em cadastros restritivos de crédito – que não tem pertinência com a exigência de garantia do cumprimento do contrato objeto do concurso".
14. A ementa da ADI 3.070-1-RN (rel. Min. Nélson Jobim, j. 29.11.2007, v.u.) é a que segue: "Ação direta de inconstitucionalidade – Art. 11, § 4º, da Constituição do Estado do Rio Grande do Norte – Licitação – Análise de proposta mais vantajosa – Consideração dos valores relativos aos impostos pagos à Fazenda Pública daquele Estado – Discriminação arbitrária – Licitação – Isonomia, princípio da igualdade – Distinção entre brasileiros – Afronta ao disposto nos arts. 5º, *caput*, 19, inciso III, 37, inciso XXI, e 175 da Constituição do Brasil. 1. É inconstitucional o preceito segundo o qual na análise de licitações serão considerados, para averiguação da proposta mais vantajosa, entre outros itens, os valores relativos aos impostos pagos à Fazenda Pública daquele Estado-membro – Afronta ao princípio da isonomia, igualdade entre todos quantos pretendam acesso às contratações da Administração. 2. A Constituição do Brasil proíbe a distinção entre brasileiros. A concessão de vantagem ao licitante que suporta maior carga tributária no âmbito estadual é incoerente com o preceito constitucional desse inciso III do art. 19. 3. A licitação é um procedimento que visa à satisfação do *interesse público*, pautando-se pelo princípio da *isonomia*. Está voltada a um duplo objetivo: o de proporcionar à Administração a possibilidade de realizar o negócio mais vantajoso – o melhor negócio – e o de assegurar aos administrados a oportunidade de concorrerem, em igualdade de condições, à contratação pretendida pela Administração. Imposição do *interesse público*, seu pressuposto é a *competição*. Procedimento que visa à satisfação do *interesse público*, pautando-se pelo princípio da *isonomia*, a função da licitação é a de viabilizar, através da mais ampla disputa, envolvendo o maior número possível de agentes econômicos capacitados, a satisfação do interesse público. A *competição* visada pela licitação, a instrumentar a seleção da proposta mais vantajosa para a Administração, impõe-se seja desenrolada de modo a que reste assegurada a *igualdade* (*isonomia*) de todos quantos pretendam acesso às contratações da Administração. 4. A lei pode, sem violação do princípio da igualdade, distinguir situações a fim de conferir, a uma, tratamento diverso do que atribui a outra. Para que possa fazê-lo, contudo, sem que tal violação se manifeste é necessário que a discriminação guarde compatibilidade com o conteúdo do princípio. 5. A Constituição do Brasil exclui quaisquer exigências de qualificação técnica e econômica que não sejam indispensáveis à garantia do cumprimento das obrigações. A discriminação, no julgamento da concorrência, que exceda essa limitação é inadmissível. 6. Ação direta julgada procedente para declarar inconstitucional o § 4º do art. 111 da Constituição do Estado do Rio Grande do Norte".

petência legislativa em matéria de licitação. Nos outros casos citados o argumento realmente forte e decisivo, presente nos votos, para julgar inconstitucionais as normas estaduais mencionadas foi o da violação, por elas, da regra constitucional da *igualdade* de participação entre todos os concorrentes (arts. 19, III, e 37, XXI, ambos da CF).

Tais decisões, portanto, não chegaram propriamente a afirmar um critério claro para identificar o âmbito da competência da União e dos Estados e Municípios em matéria de licitação e contratação (art. 22, XXVII). Em verdade, todas envolveram o tema *licitação* (e não *contratação*) e se limitaram a articular argumentos de natureza principiológica. Noutras palavras, elas se contentaram com a afirmação segundo a qual *regras que afastam a licitação e que limitam a aplicação de princípios constitucionais são de competência exclusiva da União, em detrimento de eventual competência suplementar que os Estados e Municípios teriam com base no art. 24, § 2º, da CF.*

Denise Cristina Vasques, em trabalho monográfico sobre a jurisprudência do STF acerca da aplicabilidade dos §§ 1º e 2º do art. 24 da CF, mapeou o posicionamento do órgão a respeito da extensão da competência da União para a edição de normas gerais em matéria de competência legislativa concorrente. Seu estudo confirma que a Corte Suprema tem entendido legítimo o fortalecimento da competência da União para a edição de *normas gerais*, em detrimento da competência dos Estados e Municípios, que, apesar de terem competência suplementar nas matérias regidas pelo dispositivo citado, têm tido sua ação encolhida pela ampla atuação legislativa da União.[16]

---

15. A ementa da ADI 3.583-PR (rel. Min. César Peluso, j. 21.2.2008, v.u.) é a que segue: "Licitação pública – Concorrência – Aquisição de bens – Veículos para uso oficial – Exigência de que sejam produzidos no Estado-membro – Condição compulsória de acesso – Art. 1º da Lei n. 12.204/1998, do Estado do Paraná, com a redação da Lei n. 13.571/2002 – Discriminação arbitrária – Violação ao princípio da isonomia ou da igualdade – Ofensa ao art. 19, III, da vigente Constituição da República – Inconstitucionalidade declarada – Ação direta julgada, em parte, procedente – Precedentes do Supremo. É inconstitucional a lei estadual que estabeleça como condição de acesso a licitação pública, para aquisição de bens ou serviços, que a empresa licitante tenha a fábrica ou sede no Estado-membro".

16. Denise Cristina Vasques, *Competências Legislativas Concorrentes: Prática Legislativa da União e dos Estados-membros e a Jurisprudência do Supremo Tribunal Federal*, Dissertação de Mestrado, São Paulo, Faculdade de Direito da USP, 2007.

Mesmo supondo que *normas gerais em matéria de licitação e contratação* (art. 22, XXVII) devam seguir o regime dos §§ 1º e 2º do art. 24 da CF, quanto à competência legislativa envolvendo *contratação* é preciso cautela na análise da jurisprudência. Apesar da citada tendência de valorização da competência legislativa da União na edição de *normas gerais*, ainda não foram objeto de análise pelo STF os limites da competência geral da União e suplementar dos Estados e Municípios para legislar sobre *contratos administrativos*.

Noutras palavras, pouca ou nenhuma reflexão foi feita em relação à competência legislativa sobre contratos públicos. Além disso, as Leis federais 8.666/1993 e 8.987/1995 foram praticamente aplicadas de modo uniforme por todas as esferas federativas, que tacitamente reconheceram que a definição dos tipos contratuais seria assunto de norma geral.

Ainda que seja certo afirmar que tal prática passiva por parte de Estados e Municípios tenha vigorado nos últimos anos, há um movimento contrário de valorização de sua competência legislativa suplementar. Em matéria de licitação, é o que aconteceu com o pregão, por exemplo, quando ainda vigia a Medida Provisória 2.026/2000, que vedava às esferas federativas fazer uso do novo procedimento licitatório, e muitos Estados e Municípios editaram normas próprias para autorizá-lo. Mais recentemente, o Município de São Paulo (e alguns Estados – entre eles Bahia, Paraná e São Paulo) editou lei autorizando a inversão de fases em todos os processos licitatórios, à revelia da *norma geral* federal. Tais iniciativas indicam que a tradicional passividade dos entes federativos tem sido deixada de lado em prol do exercício da competência suplementar. O mesmo se diga com relação aos tipos contratuais: vários Estados e Municípios editaram normas sobre contrato de PPP antes e depois da edição Lei federal 11.079/2004.

Qual seria o limite da competência da União para editar normas gerais sobre concessão, e qual seria o âmbito próprio para o exercício de competência suplementar pelos Estados e Municípios?

A pergunta remete a um fato que passou despercebido à doutrina em geral: a Constituição reservou à União competência legislativa privativa para editar normas gerais de licitação e *contratação*, e não de *contratos* (art. 22, XXVII).

Foi Fernando Dias Menezes de Almeida quem apontou a indevida identificação entre *contrato* e *contratação* para fins de interpretação da competência legislativa da União. Partindo, como ele faz, da afirmação constitucional da autonomia dos entes federados para se autoadministrar (art. 18), de fato, só se pode concluir que *contrato* é uma coisa, e *contratação* é outra. Nas palavras do autor: "*Contratação* é a ação de contratar. *Contrato* é o objeto dessa ação. Sendo assim, estariam contidos na noção de contrato, mas não na de contratação, os aspectos estruturais dos contratos administrativos (exemplo: tipos contratuais, cláusulas necessárias, regime jurídico próprio). Por outro lado, contratação diria respeito a normas de regência do ato de contratar (exemplo: necessidade de previsão de recursos orçamentários, respeito ao resultado do procedimento licitatório, controles externos e internos pertinentes)".[17]

A distinção apontada é inteiramente aplicável à concessão. Não só porque o art. 175 da CF se refere a ela como um contrato e exige a realização de licitação para sua celebração, mas especialmente porque a União reservou para si o poder de editar *norma geral* naquilo que diz respeito à *ação de contratar* (art. 22, XXVII). Noutras palavras: cabe à União estabelecer os requisitos que, concretizando os princípios constitucionais, legitimam o ato de outorga de uso de bens e prestação de serviços por terceiros. Essa competência *não* envolve a definição dos *tipos contratuais* e seu *regime* aplicável, que – assumindo a distinção feita por Fernando Dias Menezes de Almeida – não é matéria de norma geral. Estados e Municípios têm, nesse argumento, competência para editar norma estabelecendo nova espécie contratual.

Com base no sobredito dispositivo constitucional é que foram editadas a Lei federal 8.666/1993 (Lei de Licitações e Contratos Administrativos)[18] e todas as outras leis federais em matéria de contratos administrativos que se pretendem gerais, no todo ou em parte – entre as quais estão a Lei 8.987/1995 (Lei de Concessões) e a Lei 11.079/2004 (Lei de PPP).

17. Fernando Dias Menezes de Almeida, "Contratos administrativos", in Gilberto Haddad Jabur e Antônio Pereira Jr. (coords.), *Direito dos Contratos II*, São Paulo, Quartier Latin, 2008, pp. 200-201.
18. Trata-se da lei básica de qualquer contratação administrativa, a qual cede lugar diante de leis específicas.

No sistema constitucional vigente tem-se entendido que a competência legislativa dos Estados e Municípios é suplementar às normas gerais (arts. 24, § 2º, e 30, II); e na ausência de norma geral a competência dos entes seria plena (arts. 24, § 3º, e 30, II).[19]

Mas quando se trata de competência para legislar sobre concessão esse modelo de repartição de competência legislativa deve levar em consideração também o disposto no art. 175 da CF, cuja referência a "serviço público" é circunstancial,[20] e não transforma a competência da União para legislar sobre concessão em absoluta, nem mesmo em matéria de serviço público, invertendo a lógica da competência legislativa concorrente da União, dos Estados e dos Municípios e da auto-

---

19. Constituição Federal:
"Art. 24. Compete à União, aos Estados e ao Distrito Federal legislar concorrentemente sobre: (...).
"§ 1º. No âmbito da legislação concorrente, a competência da União limitar-se-á a estabelecer normas gerais.
"§ 2º. A competência da União para legislar sobre normas gerais não exclui a competência suplementar dos Estados.
"§ 3º. Inexistindo lei federal sobre normas gerais, os Estados exercerão a competência legislativa plena, para atender a suas peculiaridades.
"§ 4º. A superveniência de lei federal sobre normas gerais suspende a eficácia da lei estadual, no que lhe for contrário."
"Art. 30. Compete aos Municípios: (...) II – suplementar a legislação federal e a estadual no que couber; (...)."
20. Gérard Marcou lembra a origem antiquíssima da concessão no Direito Francês, informando que ela é muito anterior à noção de "serviço público", à qual ela foi associada em momento posterior. Em suas origens, sua razão primeira de existir foi para conferir a um particular o direito de explorar certos bens no lugar da Administração. Quanto à interferência do conceito de "serviço público" no de "concessão", v. o seguinte trecho do autor francês: "Sin embargo, la aplicación de la concesión al servicio público, al igual que la ósmosis que se produjo entre las nociones de obra pública y de servicio público, ha modificado un tanto el sentido de la institución. Numerosas reglas y principios propios de la creación, la organización y funcionamiento de los servicios públicos han afectado a las relaciones entre el concesionario y la autoridad que otorga la concesión, y las relaciones con los usuarios. De la antigua filosofía de la concesión persiste el que el concesionario haga la explotación en su nombre, por su propia cuenta y riesgo y a sus expensas; pero son las leyes del servicio público las que dominan el régimen de la concesión, y producen efectos de retorno en las relaciones entre el concesionario y la Administración concedente, como veremos más adelante" (Gérard Marcou, "La experiencia francesa de financiación privada de infraestructuras y equipamientos", in Alberto Ruiz Ojeda, Gérard Marcou e Jeffrey Goh, *La Participación del Sector Privado en la Financiación de Infraestructuras y Equipamientos Públicos: Francia, Reino Unido y España*, Madrid, Civitas, 2000, p. 34).

nomia dos entes federativos para se auto-organizarem (art. 18). Tanto ela é circunstancial, que o fato de ela não tratar de outra espécie de concessão – como a de obra pública, por exemplo – não significa sua vedação em nosso sistema.

A rigor, não havia e não há necessidade de autorização constitucional para a adoção da concessão. Está certo Marçal Justen Filho quando diz que, ainda que o art. 175 da CF não existisse, permaneceria viável o uso da concessão de serviço público – conforme, aliás, ocorre na maioria dos países.[21]

O parágrafo único do art. 175, ao fixar que "a lei disporá sobre (...)", não pode ser lido isoladamente no texto constitucional. Ele não anula a regra da competência concorrente (art. 22, XXVII, c/c os arts. 24 e 30). Estados e Municípios têm competência legislativa plena em matéria de concessão, na ausência de norma geral. É a mesma opinião de Benedicto Porto Neto, para quem, "na ausência de normas gerais federais sobre a matéria, as pessoas políticas podem legislar livremente sobre concessão, limitadas apenas pela Constituição Federal e, conforme o caso, pelas respectivas Constituições Estaduais ou pelas Leis Orgânicas municipais". Foi o que aconteceu, aliás, no caso do Estado de São Paulo, que editou a Lei 7.835, no ano de 1992.[22]

Convém frisar que a competência para organizar a forma de prestação dos serviços (públicos ou não) e o uso de seus bens é sempre da esfera à qual eles pertencem (art. 18), e não se confunde com a competência legislativa privativa da União prevista no art. 22, XXVII, da CF.[23]

21. Marçal Justen Filho, *Teoria Geral das Concessões de Serviço Público*, São Paulo, Dialética, 2003, p. 98. O autor sintetiza seu raciocínio da seguinte maneira: "Nem se contraponha que, tendo a Constituição Brasileira previsto *apenas* a concessão de serviço público, estaria vedada a concessão de obra pública. O argumento apresenta validade lógica diminuta (tal como se passa com todo raciocínio fundado na premissa *inclusius unus, exclusius alterus*) e prova demais. Se a ausência de explícita referência constitucional fosse obstáculo à concessão de obra pública, então, também estaria vedada a concessão de *bem* público – que é referida constitucionalmente apenas para algumas hipóteses".

22. Benedicto Porto Neto, *Concessão de Serviço Público no Regime da Lei 8.987/1995. Conceitos e Princípios*, São Paulo, Malheiros Editores, 1998, p. 50.

23. Esta é a opinião de Maria Sylvia Zanella Di Pietro, *Parcerias na Administração Pública*, 6ª ed., São Paulo, Atlas, 2008, p. 70, e de Marçal Justen Filho, *Teoria Geral das Concessões de Serviço Público*, cit., p. 99.

Assim, somente as *normas gerais* das leis federais que tratam sobre *contratação* são impositivas para as esferas federativas.[24] Estados e Municípios devem respeito a elas, mas permanecem com sua competência legislativa própria para se auto-organizarem e para legislarem de modo suplementar, na forma do art. 24 da CF. É por esse fundamento que as normas locais em matéria de concessão editadas antes da Lei 8.987/1995 permanecem válidas, a não ser na hipótese de conflito com verdadeira norma geral, quando terão sua eficácia suspensa (art. 24, § 4º, da CF). O mesmo ocorrendo com as normas locais em matéria de PPP.

Tal sistema permite que a União legisle em matéria de licitação e contratação para a esfera federal sem criar, necessariamente, normas gerais. Serve como exemplo o caso das licitações e concessões no setor de telecomunicações, cuja regência por norma própria (Lei 9.472/1997) afastou a incidência da Lei 8.987/1995. O mesmo aconteceu com a Lei 8.666/1993, que restou não aplicável quando a União criou o pregão e a consulta como procedimentos licitatórios aplicáveis unicamente no âmbito da Agência Nacional de Telecomunicações/ANATEL.[25]

Assim, é possível afirmar que *norma geral* em matéria de licitação e contratação, a cargo da União, não é sinônimo de *norma uniforme*. O art. 22, XXVII, da CF não exigiu que haja um regime jurídico único para as "licitações e contratações", tratado em lei federal, válido indistintamente para todas as esferas federativas. O tema foi objeto de análise pelo STF (ADI 1.668/1997), quando decidiu pela constitucionalidade dos dispositivos da Lei Geral de Telecomunicações (arts. 54-58) que criaram o pregão como nova modalidade de licitação válida unicamente no âmbito da ANATEL.

---

24. É exemplo de *norma geral* na Lei federal de PPPs (Lei 11.079/2004) o valor mínimo do contrato (20 milhões de Reais), estabelecido pelo § 4º de seu art. 2º. Em conformidade como que já foi afirmado neste mesmo item do trabalho, a fixação de um parâmetro monetário mínimo para a celebração de contratos de PPP decorre de decisão – que só pode ser tomada pela União Federal – de autorizar a celebração de contrato oneroso aos cofres públicos sem prévia autorização orçamentária. Isto porque a celebração dos referidos contratos não depende de prévia reserva orçamentária, estando condicionada a outro ritual prudencial, que foi estabelecido nos incisos I a V do art. 10 da Lei 11.079/2004.

25. Foi, aliás, o sucesso do pregão no âmbito da ANATEL que levou o Governo Federal a estender a aplicabilidade do pregão para toda a Administração Pública Federal, Estadual e Municipal, por meio da Lei 10.520/2002.

Aplicando-se o raciocínio à concessão, o fato de as Leis 8.987/1995 e 11.079/2004 terem trazido um conceito pretensamente "geral" de concessão não impede a União de, no exercício de sua competência legislativa, inovar quando legisla para bens e atividades que são de sua própria competência. É o que aconteceu na Lei do Petróleo, na qual o concessionário se remunera pelo resultado da exploração da jazida, não havendo qualquer relação com a figura do "usuário" do serviço ou com o tamanho do risco envolvido no negócio.

Ao se aplicar o quanto dito acima, é preciso reconhecer que a Constituição Federal não exigiu que a lei do art. 175 fosse lei federal, nem mesmo "geral". O dispositivo trata do regime de prestação dos serviços públicos e, nessa circunstância, menciona a concessão e a permissão. O que quis, então, a Constituição quando estabeleceu que "lei disporá" sobre o regime do contrato, os direitos dos usuários, a política tarifária e a obrigação de manter o serviço adequado?

Para ser coerente com o quanto dito acima acerca das normas gerais, é preciso reconhecer que a lei referida no art. 175 só pode ser aquela que faz a modelagem do negócio que envolverá a prestação de serviços públicos por terceiros, que não a própria Administração direta. Noutras palavras, é a lei que cabe ao titular do serviço editar para autorizar sua prestação de forma indireta, modelando o negócio e fixando seus parâmetros.[26] O dispositivo, portanto, remete-se ao titular do serviço público e impõe a ele o dever de definir as linhas gerais e a própria autorização, em si, da forma indireta de prestação ao Legislativo. A competência própria de cada uma das pessoas políticas para disciplinar o serviço público não é afetada pelo art. 175 da CF, nem pelo art. 22, XXVII. Na verdade, o art. 175 reafirma a interpretação segundo a qual a definição dos tipos contratuais e seu regime jurídico não é norma geral; cada esfera federativa continua com o poder de organizar, por lei, o uso dos bens e os serviços em relação aos quais decidiu delegar a prestação a terceiro.

---

26. É o que diz o art. 2º da Lei 9.074/1995: "Art. 2º. É vedado à União, aos Estados, ao Distrito Federal e aos Municípios executarem obras e serviços públicos por meio de concessão e permissão de serviço público, sem lei que lhes autorize e fixe os termos, dispensada a lei autorizativa nos casos de saneamento básico e limpeza urbana e nos já referidos na Constituição Federal, nas Constituições Estaduais e nas Leis Orgânicas do Distrito Federal e Municípios, observados, em qualquer caso, os termos da Lei n. 8.987, de 1995".

Como anota Benedicto Porto Neto, "há correlação entre as matérias incluídas na competência legislativa da União (art. 22 da CF) e as atividades administrativas que lhe são confiadas pelo art. 21 do texto constitucional, entre as quais inclui-se a prestação de serviços públicos. É dela, União, a competência para disciplinar os serviços públicos federais. Por simetria, os Estados desfrutam da mesma competência, organizando por lei os serviços que lhes são cometidos".[27]

Quanto à necessária autorização legislativa para permitir a prestação indireta de serviços públicos, há quem sustente sua inconstitucionalidade. É o caso de Maria Sylvia Zanella Di Pietro, para quem a exigência de autorização legislativa para concessão de serviço público representa prévio controle do Poder Legislativo sobre o Executivo. Para a autora, o art. 175 da CF já autoriza que os serviços públicos possam ser prestados por terceiros.[28]

Celso Antônio Bandeira de Mello, por outro lado, discorda da posição da autora, e afirma que a exigência constitucional de lei para transferir a terceiros o exercício de atividade que é própria do Estado nada mais é que decorrência do próprio princípio da legalidade.[29] E, sendo a concessão de serviço público uma das formas de o Estado se organizar, nada mais coerente com o sistema constitucional que a exigência de lei para a adoção desse modelo.[30]

A necessidade de autorização legislativa nada tem a ver com a competência da Administração Pública para decidir se o serviço será explorado diretamente ou por concessão. Essa competência é administrativa, não podendo a lei fazer a escolha da melhor alternativa de exploração em nome do administrador público. O STF já teve oportunidade de afirmar a inconstitucionalidade de lei local que submete ao Legislativo a autorização para a celebração de convênios.[31] A seme-

---

27. Benedicto Porto Neto, *Concessão de Serviço Público no Regime da Lei 8.987/1995. Conceitos e Princípios*, cit., p. 52.
28. Maria Sylvia Zanella Di Pietro, *Parcerias na Administração Pública*, cit., 6ª ed., p. 71.
29. Celso Antônio Bandeira de Mello, *Curso de Direito Administrativo*, 28ª ed., São Paulo, Malheiros Editores, 2011, p. 721.
30. O argumento é de Benedicto Porto Neto, *Concessão de Serviço Público no Regime da Lei 8.987/1995. Conceitos e Princípios*, cit., pp. 51-54.
31. Trata-se da Rp 1.024-4-GO, julgada em 7.5.1980. A decisão afirmou, por unanimidade, a inconstitucionalidade de lei que "alarga indevidamente a competência

lhança das situações poderia levar à construção de argumento, na linha da autora citada, pela inconstitucionalidade de normas que exijam prévia autorização legislativa para a concessão de bem ou serviço público.

Nesse sentido, cabe à lei da pessoa política competente autorizar o ato de outorga do serviço público, do uso de bem público ou de qualquer atividade sob responsabilidade pública, permitindo o uso da técnica da concessão, permissão ou autorização. Uma vez editada a lei autorizativa, cabe ao Executivo decidir pela exploração direta ou indireta, pois é de natureza administrativa a decisão sobre a melhor alternativa de exploração.

Não significa, todavia, que a lei aqui tratada precise ser específica para cada caso.[32] As pessoas políticas podem fazê-lo de modo genérico, como fez a União com a edição da lei que trata do Plano Nacional de Desestatização (Lei 8.031/1990).

Em suma, o argumento que se quer firmar depois do exposto é que é equivocado supor que a Lei 8.987/1995 é a lei a que se refere o art. 175 da CF, ou que é necessário lei federal para regulamentar os variados tipos de concessão, sem o quê Estados e Municípios não poderiam fazer uso do instrumento. Se a referida Lei 8.987/1995 tivesse tratado da concessão em um setor específico, seria mais fácil perceber sua abrangência limitada à União. Mas, como pretendeu traçar o regime da concessão para todos os serviços públicos, ela dá a falsa impressão de ser uniforme e geral. O que ela faz é estabelecer regras para uma espécie de concessão: a que tem por objeto um servi-

do Poder Legislativo ao instituir um controle prévio sobre atos da Administração, fazendo depender de sua autorização, em cada caso, o exercício de faculdade inerente à função administrativa e, portanto, restringindo o âmbito de sua competência", acarretando contrariedade ao princípio da separação dos Poderes. V. a ementa do acórdão: "Poder Legislativo – Ato do Poder Executivo – Celebração de convênios – Aprovação da Assembleia – Independência dos Poderes – Lei Constitucional n. 30/79-GO. A regra que subordina a celebração de convênios em geral, por órgãos do Executivo, à autorização prévia da Assembleia Legislativa, em cada caso, fere o princípio da independência dos Poderes, extravasando das pautas de controle externo constantes da Carta Federal e de observância pelos Estados – Inconstitucionalidade – Representação julgada procedente".

32. Nem poderia sê-lo, sob pena de haver indevida interferência do Legislativo na esfera de competência da Administração Pública. Seria uma violação ao princípio constitucional da reserva de administração.

ço público com certas características que admitem que a remuneração do concessionário se dê por meio de pagamento de tarifa feita diretamente pelo usuário do serviço. Ela simplesmente não trata de outros modelos de gestão.

Portanto, a Lei 8.987/1995 normatizou um possível uso da concessão, não tendo vedado outros usos do instrumento para dar suporte à decisão do titular do serviço ou bem que optar pela parceria como forma de sua prestação ou exploração. Noutras palavras, é preciso não confundir a competência de cada pessoa política para se organizar e definir o grau e o modelo de participação privada em suas atividades com a competência da União para editar *normas gerais* sobre licitação e contratação. Esta última não pode ser exercida a ponto de eliminar as opções do titular do serviço ou bem.[33]

Uma coisa é dar um regramento geral sobre licitação e condições para a celebração de contratos públicos – que, de resto, decorre diretamente da Constituição. Outra, bem diferente, é enxergar nos arts. 22, XXVII, e 175 da CF poder para a União restringir a competência constitucionalmente garantida às esferas federativas de se auto-organizarem. A partir dessa visão, a conclusão é que a Lei 8.987/1995 (e também a Lei 11.079/2004 e quaisquer outras leis federais que venham a regular espécies de contratos de concessão), quando trata do regime do contrato, dos diretos dos usuários, da política tarifária e da obrigação de manter serviço adequado, *não* estabelece *norma geral* alguma, nem mesmo em matéria de concessão de serviço público. Ela estabelece regras para uma espécie de concessão, das quais Estados e Municípios podem se valer, mas não estão necessariamente vinculados a elas. Os entes políticos podem editar leis próprias para viabilizar negócios baseados em outros usos da concessão, que não o modelo específico das leis federais.

Assim, a síntese do argumento é a seguinte: é matéria própria dos entes políticos, porque diz respeito à sua própria organização administrativa, a decisão quanto ao uso de seus bens e à forma de prestação dos serviços e atividades sob sua responsabilidade. Cabe a eles, ao decidir por um modelo de parceria qualquer, autorizar e fixar seus

---

33. Neste sentido, o art. 2º da Lei 9.074/1995 é inconstitucional, pois não cabe à lei federal autorizar a concessão de serviços municipais, como é o caso do saneamento público e da limpeza urbana.

termos. No exercício dessa competência, entidades governamentais têm ampla margem de escolha para estruturar o melhor modelo contratual para o caso concreto. O que não for expressamente contrário às *normas gerais* reputa-se autorizado com base nos elementos presentes no regime geral dos contratos acolhido em nosso Direito, independentemente de norma local – o que conduz ao reconhecimento da importância do instrumento contratual.

# A EXPERIÊNCIA DAS LICITAÇÕES PARA OBRAS DE INFRAESTRUTURA E A LEI DE PARCERIAS PÚBLICO-PRIVADAS[1]

EGON BOCKMANN MOREIRA

*I – Introdução. II – A exposição de algumas ideias inerentes às PPPs. III – O setor brasileiro de infraestruturas. IV – Os requisitos e desdobramentos das licitações para obras infraestruturais: IV-1 Ressalva prévia: as PPPs e as licitações e contratações administrativas – IV-2 A questão do orçamento e do desembolso: a Lei 8.666/1993 em face da Lei 11.079/2004 – IV-3 A questão dos projetos básico e executivo nas Leis 8.666/1993 e 8.987/1995 – IV-4 A questão dos projetos básico e executivo na Lei 11.079/2004 – IV-5 A questão da capacidade técnico-operacional. V – Os contratos administrativos de obras de infraestrutura e a respectiva execução. VI – Quiçá um esboço de conclusões.*

## I – Introdução

1. O presente ensaio tratará de alguns característicos das licitações para obras de infraestrutura no Brasil. A abordagem levará em conta a experiência haurida da Lei 8.666/1993 (Lei de Licitações e Contratos Administrativos) – com a finalidade precípua de destacar que nem tudo o que é previsto na Lei de Licitações se aplica imediatamente às leis de concessões de serviços públicos (concessões comuns e parcerias público-privadas). São diplomas com diversas racionalidades. Concomitantemente a esta compreensão do passado, apresentar-se-á rápida visão prospectiva da Lei 11.079/2004 – numa tentativa de explicitar

---

1. Agradeço o auxílio na pesquisa, críticas e sugestões da Dra. Andreia Cristina Bagatin para o texto original (primeira versão). As traduções bem como os erros e omissões remanescentes são de responsabilidade exclusiva do autor.

alguns tópicos das licitações e contratações sob o regime das parcerias público-privadas (doravante, PPPs).

*2.* Num plano ideal, é fácil o exame teórico das tradicionais licitações e contratações para obras de infraestrutura. Em primeiro lugar, exige-se o planejamento estratégico dos investimentos públicos no setor. Depois, as licitações precisam de projetos apurados, da seleção isonômica de empresas com capacidade técnico-operacional adequada e, principalmente, de previsões orçamentárias ornamentadas pela vontade política de adimplir as prestações contratuais. Os desembolsos são públicos, e – exceção feita às peculiaridades dos contratos administrativos (sobremodo a mutabilidade) – trata-se de típicos contratos comutativos, sinalagmáticos e bilaterais. A partir daí, trata-se da execução do contrato e respectiva fiscalização.

Na medida em que o objetivo deste texto é antes o de semear dúvidas que o de colher certezas (Bobbio), será posto em foco que o mundo dos fatos nem sempre esteve próximo deste plano ideal. Devido a razões já consolidadas na História recente, as licitações e os contratos de obra pública acabam por envolver muitas variáveis (endógenas e exógenas, com influências recíprocas) e tendem a resultar num rápido comprometimento entre o Estado e as empreiteiras privadas, ao lado de litígios de longo prazo entre essas mesmas partes. Isso gerou uma espécie de círculo vicioso no setor, onde muitas vezes o inadimplemento público conviveu com a busca por lucros instantâneos e abusivos (também como forma de atenuar os riscos), consolidando a desarmonia entre contratantes e contratados.

Daí a importância da abordagem das PPPs nesse cenário de instabilidades, investigando-se quais mudanças podem ser implementadas.

*3.* Além desta introdução (I) e da conclusão (VI), a exposição será dividida em quatro partes: (II) a assimilação de algumas ideias inerentes às PPPs; (III) a compreensão do setor de infraestrutura, (IV) os requisitos de tais licitações à luz da Lei 8.666/1993; (V) os contratos e respectivos desdobramentos. O foco primário será o regime jurídico e a experiência oriunda da Lei de Licitações e Contratos Administrativos.

Depois, e em cada um desses itens, haverá o tratamento do tema sob a óptica das PPPs. Quando o assunto assim o exigir, será aberto subitem específico. Essa análise envolverá um aprofundamento nos pontos mais sensíveis à compreensão das PPPs.

## II – A exposição de algumas ideias inerentes às PPPs

4. É desnecessário para este ensaio aprofundar a notícia de que as PPPs têm origem no Direito Anglo-Saxão. Em contrapartida, é indispensável assimilar a lógica ínsita a tais contratações administrativas, submetendo-as a uma compreensão sistemática do ordenamento brasileiro.

Isso porque não nos parece proveitoso simplesmente afirmar que as PPPs configuram "só mais uma concessão de serviços públicos", ou "uma concessão com certos traços distintivos". Esta é uma visão acanhada do tema frente ao novo direito administrativo brasileiro. A positivação de um gênero específico de licitações e contratações administrativas deve trazer consigo não só a reflexão sobre alguns conceitos tradicionais (normativos e doutrinários), mas também a necessidade de ser construída compreensão a ele adequada. Em suma: a legislação das PPPs não é apenas uma cunha normativa inserida nas Leis 8.666/1993 e 8.987/1995. Muitíssimo mais que isto, a Lei das PPPs veio a conferir especial significado a tais Leis Gerais – de Licitações e de Concessões.[2]

Por oportuno, frise-se que tampouco se trata de defender a invasão normativa estrangeira, mas de expor a compreensão, os limites e o conteúdo de um novo instituto jurídico. O que pressupõe a exposição quanto à sua *rationale* dentro do sistema normativo brasileiro.

5. O que mais ressalta é justamente o papel desempenhado pelos parceiros um em face do outro – visando ao atingimento de objetivos que, simultaneamente, beneficiem o interesse público e o privado. Ambos os contratantes submetem-se a regime diferenciado, porque ele caracteriza a alternativa exata para o atingimento do o interesse público posto em jogo. Isto precisa ser posto em foco: as PPPs não são *mais uma opção* a ser livremente escolhida; são, caso a caso, *a opção* que comprovadamente deve ser implementada em face dos pressupostos fático-normativos.

Por isso que é comum na doutrina a referência às PPPs como instrumento para a sucessão de uma "lógica da substituição" (exclu-

---

2. A respeito do tema, ampliar em Vera Monteiro, *Concessão*, São Paulo, Malheiros Editores, 2010, *passim*, e Egon Bockmann Moreira, *Direito das Concessões de Serviço Público*, São Paulo, Malheiros Editores, 2010, *passim*.

são setorial entre o público e o privado, com fronteiras rígidas, relações de subordinação e antagonismos) por uma "lógica da cooperação" (coabitação dos setores público e privado, com fronteiras difusas, relações de coordenação e mistura de propósitos).[3] Essa colaboração recíproca entre parceiros públicos e privados não pode ser lida à luz retrospectiva da lógica da substituição.

Assim, as PPPs envolvem uma proposta de solução de problemas com os quais de há muito convive a Administração Pública Brasileira e cuja barreira a Lei de Concessões (Lei 8.987/1995) não foi apta a romper.[4] Sem que se deseje impor compreensões (ou consequências), a lógica inerente às PPPs antes se aproxima daquela das organizações sociais (OSs) e organizações da sociedade civil de interesse público (OSCIPs) que dos tradicionais contratos administrativos.[5] Porém, envolve atividades econômicas lucrativas (e não apenas benemerentes).

A compreensão básica que se exige das parcerias instituídas pela Lei 11.079/2004 é a de uma coordenação de interesses e riscos entre parceiros que se colocam numa relação horizontal de longo prazo, circunstanciada caso a caso, na qual convivem os planos público e privado. Compreensão que traz consigo a necessidade de serem acentuados os deveres de cooperação entre as partes contratantes (e tercei-

3. Isso sem mencionar a "lógica da subsidiariedade" (hierarquia e cadeia sucessória entre os setores, presunção de independência em cada um dos níveis hierárquicos, identidade de propósitos). Aprofundar in Stephen H. Linder e Pauline Vaillancourt Rosenau ("Mapping the terrain of the public-private policy partnership", in Pauline Vaillancourt Rosenau (ed.), *Public-Private Policy Partnerships*, Cambridge, MIT Press, 2000, em especial pp. 7-15) e in Penny Badcoe ("Public-private partnerships: a history and introduction", in Sue Arrowsmith (ed. gen.), *Public-Private Partnership & PFI*, Londres, Sweet & Maxwell, 2004, pp. 1.003-1.006 e 1.030-1.033).
4. Isso à parte das advertências quanto à parceria colaborativa que deve instruir as concessões de serviços públicos (cf. Arnoldo Wald, Luíza Rangel de Moraes e Alexandre de M. Wald, *O Direito de Parceria e a Lei de Concessões*, 2ª ed., São Paulo, Saraiva, 2004, pp. 28 ss.; Marçal Justen Filho, *Teoria Geral das Concessões de Serviço Público*, São Paulo, Dialética, 2003, pp. 57 ss.; e Egon Bockmann Moreira, *Direito das Concessões de Serviços Públicos*, cit., pp. 177-198 e 400-411).
5. Sobre as OS e OSCIPs, v. o nosso "Organizações sociais, organizações da sociedade civil de interesse público e seus 'vínculos contratuais' com o Estado", in Leila Cuéllar e Egon Bockmann Moreira, *Estudos de Direito Econômico*, 1ª reimpr., Belo Horizonte, Fórum, 2010.

ros), numa perspectiva de que o *dever de cumprimento* do contrato por parte do parceiro privado traz consigo o *direito subjetivo público* a ele assegurado de executar o contrato na forma pactuada, em cumprimento ao regime estatutário da parceria. Direitos e deveres que se irradiam (e trazem reflexos) aos demais envolvidos no projeto de parceria: parceiro público, órgãos e entidades de controle e supervisão, usuários e terceiros (instalando-se os deveres laterais e reflexos de conduta).

Mais ainda: em vista do longo prazo e dos significativos investimentos envolvidos, pode-se dizer que os contratos de concessão do regime de PPPs são *contratos incompletos*, que enfrentarão desafios muitas vezes inéditos àqueles disciplinados pela Lei 8.666/1993. Isto é: os contratos de PPPs, seja por envolverem gama mais ampla de disciplinas jurídicas (direito administrativo, direito econômico, direito bancário, direito empresarial, direito civil etc.), seja devido ao fato de disciplinarem a prestação de serviços conjugada com obras ao longo de décadas, exigem a fixação de cláusulas contratuais facilitadoras desta longa viagem a ser empreendida entre os parceiros, os usuários e terceiros.

6. Esse entendimento traz consigo a renovação dos parâmetros analíticos e a absorção de uma nova realidade (normativa e fática). Apesar da identidade semântica, a Lei 11.079/2004 não representa o singelo acréscimo de mais duas novas espécies (a concessão patrocinada e a concessão administrativa) a um gênero (a concessão de serviços públicos), mas sim a positivação de um novel instituto jurídico, submetido a peculiar regime de licitação e contratação. Caso não se quebrem essas amarras, a Lei 11.079/2004 restará emasculada, senão supérflua e pouco útil aos fins a que se propõe. Isso será mais bem tratado abaixo, quando da apresentação do tema das licitações nas PPPs.

Fixada esta premissa cognitiva, podemos passar ao exame do tema nuclear deste texto: o setor de infraestruturas, as licitações e contratações administrativas e sua pertinência com as PPPs.

## III – O setor brasileiro de infraestruturas

7. O primeiro passo para o enfrentamento do tema reside na noção que se possa ter de "infraestrutura". Para a Economia é con-

ceito amplo – envolvendo desde a educação até as ferrovias, passando pela saúde, água e saneamento, energia, rodovias, silos, portos e aeroportos.[6]

Apurando um pouco a compreensão, o setor de infraestrutura pode ser definido como a base física sobre a qual os diversos setores econômicos irão se desenvolver e se relacionar entre si. A todo processo de crescimento econômico subjaz um conjunto de bens e serviços de base, o qual permite que os operadores promovam suas atividades e possam atingir os respectivos objetivos. É, enfim, o suporte indispensável à fluidez dos demais setores econômicos.

As falhas na infraestrutura significam, no mínimo, aumentos dos custos e diminuição da competitividade. Já, a ausência de infraestrutura impede a instalação de atividades econômicas que dela dependam. Em ambos os casos há potencialização das dificuldades empresariais, na ampla maioria das vezes insanável pelos próprios operadores.

8. De usual, os investimentos nesses setores têm origem no Estado.[7] Fulcral ao desenvolvimento e à sua sustentabilidade, essa base da estrutura econômica de um país envolve projetos de alto custo, prazo médio de execução e longa maturação para o retorno do investimento (se for o caso).[8]

Essas peculiaridades tornam o setor de infraestrutura um lócus onde poucos agentes interagem. Como que num paradoxo, há significativas parcelas do setor de infraestrutura as quais não atraem quaisquer investimentos privados. Em termos econômicos, e à parte os bens coletivos (*v.g.*, farol, exército, praças – cujo custo é, de regra, arcado apenas pelo Estado, pois não estão sujeitos ao princípio da

---

6. Cf. David N. Hyman: "A nation's *physical infrastructure* is its transportation and environmental capital including its schools, power and communication networks, and heath care system" (*Public Finance*, 6ª ed., Fort Worth, The Dryden Press, 1999, p. 224).

7. Isso em países desenvolvidos e, sobretudo, nos subdesenvolvidos (cf. Hyman, *Public Finance*, cit., 6ª ed., pp. 224-228). Aprofundar o caso brasileiro em Antônio Dias Leite (*A Economia Brasileira: de Onde Viemos e Onde Estamos*, Rio de Janeiro, Campus, 2004, pp. 139 ss.) e Werner Baer (*A Economia Brasileira*, 2ª ed., São Paulo, Nobel, 2002, *passim*).

8. Exemplo extremo é o de geração elétrica mediante energia nuclear, cujo período para a recuperação dos investimentos se situa em torno dos 40 a 50 anos (cf. Miguel Ángel Lasheras, *La Regulación Económica de los Servicios Públicos*, Barcelona, Ariel, 1999, p. 19).

exclusão), bastante da infraestrutura refere-se aos monopólios naturais – situações nas quais é mais eficiente haver apenas um operador, pois é inviável uma solução que permita a concorrência do lado da oferta (alto investimento inicial imobilizado, retorno em longo prazo, risco elevado etc.).[9]

9. Em suma, é essencial para o desenvolvimento de um país a base física de sua economia, cuja implantação e aperfeiçoamento reclamam aportes de alta monta em setores econômicos diferenciados. Inversões que não cativam o capital privado – seja em vista da escassez de lucros, seja devido ao longo prazo de retorno, passando pelos elevados riscos (político-administrativos e gerenciais). O que agrava as preocupações ao se considerar as dimensões brasileiras.

Com área de mais de 8.000.000km$^2$, em 2004 (ano da edição da Lei de PPPs), o Brasil era o quarto maior país do mundo (depois da Rússia, Canadá, China e Estados Unidos da América) e a décima primeira economia mundial. Era o primeiro produtor de açúcar e café, o quarto em grãos, o quinto em cacau e o décimo em arroz. Possuía a terceira maior rede de estradas (menor apenas que Estados Unidos da América e Índia) e a décima segunda rede de ferrovias. Seu produto interno bruto era originário basicamente da agricultura (8,4%), indústria manufatureira (37,6%) e do setor de serviços (54%). As exportações eram compostas de bens de transporte e peças (10,2%), metais (5,6%), soja e grãos secundários (5,2%) e produtos químicos (1,2%).[10]

9. A concorrência pode dar-se num momento inicial: uma licitação em que os interessados oferecem preços competitivos unidos a serviços eficientes. Caso não cumpridas as metas, o agente perde a titularidade da execução do serviço e instala-se nova competição. Trata-se da competição *ex ante*, que envolve a concorrência na fixação de preços e lucros quando da formulação das ofertas (cf. Viscusi, Vernon e Harrington, Jr., *Economics of Regulation and Antitrust*, 3ª ed., Cambridge, MIT Press, 2001, pp. 397 ss.). Aprofundar em Harold Demsetz ("Why regulate utilities?", in George J. Stigler (ed.), *Chicago Studies in Political Economy*, Chicago, The University of Chicago Press, 1988, pp. 267-278). Sobre o conceito de "monopólio natural", v. Egon Bockmann Moreira, *Direito das Concessões de Serviços Públicos*, cit., pp. 335-340.

10. Fonte: *The Economist Pocket World in Figures*, Londres, Profile Books, 2004. Porém, é importante frisar a péssima configuração das rodovias brasileiras – o principal meio de transporte de mercadorias: "De acordo com a *Pesquisa Rodoviária 2002*, 38,8% da extensão encontram-se com pavimento em estado deficiente, ruim ou péssimo (18.275km) (...). O estado geral das rodovias foi classificado como deficiente/ruim/péssimo em 59,1%; na pavimentação (48,7%), na sinalização (40,0%) e em engenharia (90,2%)" (informação obtida no sítio www.estradas.com.br, consulta em 24.8. 2004).

*10.* Em contraste à grandiosidade de tais dados, a ausência de investimentos em infraestrutura gerou uma constante no debate econômico brasileiro: os pontos de estrangulamento.

*Pontos de estrangulamento* são dificuldades estruturais em setores cujo não desenvolvimento impede a fluidez e/ou a instalação de atividades econômicas. O incentivo e a produtividade exigem não só a ausência de óbices ao fluxo das mercadorias, mas também a preexistência de bases que permitam assegurar o resultado econômico da produção. Por exemplo, o agricultor necessita não apenas de áreas rurais, técnica adequada, pessoal qualificado, tratores, sementes e fertilizantes – mas também de energia elétrica, água, meios de transporte para o escoamento da safra, silos que comportem o armazenamento etc. (tudo isso compondo os custos de produção e refletindo no preço final). A existência de *bottlenecks* impede a fluência das atividades produtivas.

Afinal, de há muito o setor de infraestruturas brasileiro está a exigir investimentos de alta monta – não só em termos absolutos (quanto ao setor ele mesmo e aos resultados positivos dele advindos de forma imediata), mas em especial de molde a possibilitar o desenvolvimento de outras atividades econômicas.

*11.* Em 2004 surgiu uma das mais novas propostas de solução para alguns desses problemas, que é a PPP. A lógica da coordenação inerente a tais parcerias traz consigo a atenuação de alguns dos problemas do orçamento público e dos riscos do investimento (político-administrativos e de gestão). Por outro lado, essa mesma lógica de esforços associados permite a assimilação recíproca das dificuldades e ganhos dos parceiros em projetos desse porte.

Resta discutir alguns dos problemas verificados no cenário anterior (que excluía as PPPs), a fim de cogitar se essa nova proposta de solução tem condições de tornar-se efetiva no cenário brasileiro.

## IV – Os requisitos e desdobramentos das licitações para obras infraestruturais

*12.* As licitações para o setor de infraestrutura sempre exigiram especial apreço a três questões: a previsão orçamentária, os projetos (básico e executivo) e a capacidade técnico-operacional. Com isso não se pretende afirmar que esse elenco representa lista exaustiva, mas sim exemplificativa, dos pontos nodais das licitações, contratos administrativos e concessões de serviços públicos.

A abordagem desse tripé sobre o qual se equilibravam tais obras deve-se ao fato de que ele torna nítidos alguns dos contratempos que se vêm repetindo desde antes da edição da Lei 8.666/1993. O que determina a análise de cada uma dessas três questões e de suas relações com a Lei 11.079/2004. Não sem antes esmiuçar a ressalva acima feita quanto à dignidade da Lei das PPPs.

*IV-1 Ressalva prévia:*
 *as PPPs e as licitações e contratações administrativas*

*13.* Antes do mais, é importante sublinhar que a *mens legis* da Lei 11.079/2004 diz respeito à configuração de inédito e especial instituto jurídico: as parcerias público-privadas (e a respectiva licitação e contratação). A Lei das PPPs inaugura, ordena e condensa num só diploma o específico conjunto de normas que apenas a esse instituto são singulares. Seus arts. 1º e 2º foram taxativos ao consignar uma fronteira normativa, numa clara dissociação entre as PPPs e todas as demais licitações e contratações administrativas (incluindo-se aí as empreitadas de obra pública, as concessões e as permissões).

Apesar das semelhanças que podem ser apontadas (tanto no plano semântico como nos licitatório e contratual), fato é que foi criado novo regime jurídico, mediante a positivação de exclusivo conjunto de preceitos normativos, instruído por racionalidade diferenciada e visando a fim diverso daqueles já positivados em outras normas (ou conjunto de normas). Isso tanto no cenário das licitações (direito administrativo material e processual) como naquele das contratações administrativas (direito administrativo material).

*14.* Aprofundemos um pouco o conceito e a ideia à qual ele remete: o critério hermenêutico que governa o relacionamento entre as normas sucessivas no tempo. "O cânone da totalidade – doutrina Emilio Betti – impõe uma perene referência das partes ao todo e por essa razão também uma referência das normas singulares ao seu complexo orgânico: portanto, impõe uma atuação unitária das avaliações legislativas e uma decisão uniforme de todos aqueles conflitos de interesses que, medidos segundo essas avaliações, mostram possuir, por assim dizer, uma idêntica localização. A aplicação do cânone em comento nada mais é do que as velhas regras escolares sobre conflito entre normas contraditórias com a prevalência da *lex posterior* sobre a *lex anterior* ou da *lex specialis* sobre a *lex generalis*: *lex posterior derogat legi priori*, com a reserva de que *lex posterior generalis non derogat legi priori speciali*".[11]

Há vigência simultânea e a consequente divisão de esferas cognitivas entre a Lei de Licitações, a Lei de Concessões e a Lei das PPPs. Aplica-se à leitura da Lei das PPPs a previsão do art. 2º, § 2º, da Lei de Introdução às Normas do Direito Brasileiro (Decreto-lei 4.657/1942). As "disposições gerais ou especiais a par das já existentes" não revogam nem modificam as leis anteriores: permanecem incólumes as Leis 8.666/1993 e 8.987/1995 (bem como os demais diplomas a elas relacionados), aplicadas aos respectivos setores fático-normativos.[12] Ademais, a Lei de Licitações e a Lei de Concessões somente se aplicam à Lei das PPPs quanto esta expressamente o declare.

Em suma, a Lei 11.079/2004 positiva as normas gerais de licitação e contratação das PPPs. Rege uma especial, certa e determinada relação jurídica e configura novel instituto jurídico. Assim deve ser interpretada. Esta ressalva destina-se a aclarar as dissociações que serão abaixo feitas em face da Lei 8.666/1993, ao final de cada um dos tópicos.

*IV-2 A questão do orçamento e do desembolso: a Lei 8.666/1993 em face da Lei 11.079/2004*

15. As obras de infraestrutura exigem a previsão de volume significativo de moeda para desembolso imediato. Seu planejamento depende de recursos de monta, bem como da definição estrutural das obras, sua necessidade estratégica e a respectiva integração num projeto nacional de desenvolvimento. Mais do que isso: exigem a disponibilidade de dinheiro e a possibilidade de o desembolsar em curto ou

---

11. *Interpretazione della Legge e degli Atti Giuridici*, 2ª ed., Milão, Giuffrè, 1971, p. 119.
12. A exceção, a confirmar a regra, está no art. 56 da Lei 8.666/1993, cujo inciso I de seu § 1º foi expressamente alterado pelo art. 26 da Lei 11.079/2004.

médio prazo (a fragmentação das despesas resulta no aumento dos custos e/ou na inviabilidade física da obra).

O detalhe está em que a Lei 8.666/1993 requer apenas o orçamento da obra e respectiva "previsão orçamentária" (art. 7º, § 2º, II e III). O mesmo se diga em relação à Lei de Responsabilidade Fiscal, cujo art. 16 exige a "estimativa do impacto orçamentário-financeiro" das despesas. Quando menos, isso gera outros três desdobramentos.

*15.1* Por um lado, o Governo não tem o dever de gastar todas as verbas previstas no orçamento. A definição concreta das despesas públicas é decisão política: depende de opções governamentais e da proposta de orçamento aprovada pelo Legislativo. Depois, o orçamento é *autorizativo*: não é vinculante para a Administração. À exceção das despesas obrigatórias e receitas vinculadas (*v.g.*: CF, art. 167, IV, e § 4º), o orçamento é a estimativa de caixa disponível outorgada ao Governo. Os princípios da unidade de caixa e da não afetação impedem que as receitas sejam dirigidas (salvo as exceções constitucionais). O dispêndio dependerá também de fatores políticos, planos econômicos e metas fiscais.[13]

*15.2* Por outro lado, tanto as previsões orçamentárias como as de custos da própria licitação são baseadas em estimativas e suposições técnicas. Como Marçal Justen Filho bem frisou, haverá casos nos quais a Administração nem sequer terá à disposição todas as informações essenciais ao orçamento. "Como não atua empresarialmente em todos os setores, a Administração não disporá de elementos para fixar o orçamento detalhado." Logo, "a previsão orçamentária envolve estimativas aproximadas, pois a licitação apurará o montante a ser desembolsado".[14] Franca é a assimetria de informações, e os prognósticos *ex ante* nem sempre são confirmados pela realidade *ex post*.

---

13. Por exemplo, a revista *Primeira Leitura* traz a notícia de que: "Em matéria de investimentos orçamentários, nada é mais desmoralizante do que os prometidos 2 bilhões de Reais para recuperar até 7.000km de estradas federais até o fim do ano. Dos 957 milhões de Reais que estão no Orçamento de 2004, dentro do programa 'Manutenção da Malha Rodoviária Federal', até meados de julho passado haviam sido investidos 43,7 milhões de Reais, ou seja, 4,6% dos recursos. O superávit primário do ministro Palocci agradece" (São Paulo, agosto/2004, p. 13).

14. Marçal Justen Filho, *Comentários à Lei de Licitações e Contratos Administrativos*, 10ª ed., São Paulo, Dialética, 2004, p. 111.

*15.3* Por fim, a licitação não exige a *disponibilidade* dos recursos nem a *liberação* deles, mas apenas a respectiva *previsão* no orçamento anual (ou plurianual) – ao lado da efetiva realização das receitas e despesas (Lei de Responsabilidade Fiscal, arts. 9º e 12). Isso significa que as verbas não precisam existir de fato no caixa do órgão ou entidade licitante, mas apenas sua respectiva previsão e estimativa de realização.[15] O que pode gerar a iliquidez fática da Administração e respectivos atrasos no pagamento (ou até o inadimplemento).

Não foi devido a um acaso que a Lei de Licitações desceu a pormenores quanto ao equilíbrio econômico-financeiro do contrato, indenização por ilícitos e, mesmo, a suspensão de sua execução (*v.g.*: art. 65, §§ 6º e 8º; art. 78, XV). Essas previsões derivam da experiência negativa do setor quanto a inadimplementos estatais.

*16.* Nesse passo, a Lei 11.079/2004 envolve uma investida tanto no que respeita à atenuação dos limites da Lei de Responsabilidade Fiscal como em relação à execução do orçamento.

Lembre-se o exemplo do Direito Português, no qual a origem das PPPs tem nuanças que se aproximam do Direito Brasileiro. Isso porque elas floresceram não só devido à retirada do Estado do domínio econômico (desintervenção), mas igualmente em razão do Pacto de Estabilidade e Crescimento (PEC), emanado na Comunidade Europeia em 1997. "Na grande maioria dos países europeus – anotam Eduardo Paz Ferreira e Marta Rebelo – o desenvolvimento actual das PPPs prende-se directamente com o cumprimento das exigências comunitárias plasmadas no PEC. Se, nos países de tradição jurídica anglo-saxónica, as PPPs surgiram dentro da própria mecânica de funcionamento da ordem jurídico-económica do sector público, nos países de tradição romano-germânica o Pacto, ao impor limites ao défice público em homenagem ao equilíbrio e estabilidade orçamental, diminui drasticamente a capacidade de financiamento das Administrações".[16]

---

15. Cf. Marçal Justen Filho, *Comentários à Lei de Licitações e Contratos Administrativos*, cit., 10ª ed., pp. 112-114; Renato Mendes, *Lei de Licitações Anotada*, 5ª ed., Curitiba, ZNT, 2004, pp. 41-42; e Márcia Walquíria Batista dos Santos, "Recursos financeiros. Desnecessidade de estarem disponíveis no momento da instauração da licitação", in Maria Sylvia Zanella Di Pietro (coord.), *Temas Polêmicos sobre Licitações e Contratos*, 5ª ed., 3ª tir., São Paulo, Malheiros Editores, 2006, pp. 59-62).

16. "O novo regime das parcerias público-privadas em Portugal", *RDPE* 4/63, Belo Horizonte, Fórum, outubro-dezembro/2003, p. 70.

Ao possibilitar que os volumosos aportes de recursos iniciais sejam feitos pelo parceiro privado, bem como compensados e garantidos pela partilha dos riscos do empreendimento (máxime pelo fundo garantidor), a Lei das PPPs permite o rompimento das ortodoxas barreiras orçamentárias (e a disponibilidade de verbas públicas para outros projetos sociais). A elevada proporção de recursos e a interação do parceiros privado são pressupostos à implementação de uma PPP (*v.g.*: arts. 2º, § 4º, I, 5º, III, 8º e incisos, 10 e incisos e 14-22).

Por outro lado, o parceiro privado poderá participar da elaboração do projeto básico (v. item seguinte). Logo, haverá influência direta no orçamento da PPPs – podendo atenuar as imprecisões das previsões orçamentárias, diminuindo os custos e conferindo maior eficiência à alocação de recursos.

## IV-3 A questão dos projetos básico e executivo nas Leis 8.666/1993 e 8.987/1995

*17*. As obras de infraestrutura, complexas que são, exigem a elaboração de um *projeto básico* – cuja definição normativa vem no inciso IX do art. 6º da Lei de Licitações, bem como na Resolução 361/1991 do CONFEA.[17]

O projeto básico é documento técnico minucioso da obra, o qual pretende descrevê-la em sua integralidade. Dele devem constar a definição da viabilidade técnica, a logística e o impacto ambiental; a administração de pessoal; os prazos de execução; os equipamentos e instalações; o modo organizacional; a fiscalização; os respectivos fluxogramas; etc. Com lastro nesse projeto os interessados poderão avaliar a obra, seus custos e a executividade. Todos os elementos lá

---

17. Art. 6º, IX, da Lei 8.666/1993: "conjunto de elementos necessários e suficientes, com nível de precisão adequado, para caracterizar a obra ou serviço, ou complexo de obras ou serviços objeto da licitação, elaborado com base nas indicações dos estudos técnicos preliminares, que assegurem a viabilidade técnica e o adequado tratamento do impacto ambiental do empreendimento, e que possibilite a avaliação do custo da obra e a definição dos métodos e do prazo de execução".
Art. 1º da Resolução CONFEA-361/1991: "(...) conjunto de elementos que define a obra, o serviço ou o complexo de obras e serviços que compõe o empreendimento, de tal modo que suas características básicas e desempenho almejado estejam perfeitamente definidos, possibilitando a estimativa de seu custo e prazo de execução".

consignados serão levados em conta para o equilíbrio econômico-financeiro do futuro contrato administrativo.

O projeto básico determinará o universo de licitantes. Quanto mais preciso e circunscrito ao indispensável, mais seguros estarão os interessados para a apresentação das propostas, maior o número de licitantes a competir e menores os preços. Ao contrário, quanto mais intensos a lassidão técnica e o número de exigências impertinentes, proporcionalmente maior o acréscimo nos preços (para garantir a exequibilidade ante as incertezas) e menor a quantidade de interessados.

Note-se que ante a Lei de Licitações o projeto básico não oferece garantias. Pode não ser um retrato perfeito da obra e conter desde erros materiais até omissões técnicas. Ademais, quando da execução podem surgir condições imprevistas ou imprevisíveis. Todas essas peculiaridades agregam custos e incertezas.

*18.* O *projeto executivo* limita-se à exposição dos métodos que deverão ser utilizados no empreendimento, observando-se os requisitos técnicos e operacionais para a respectiva implementação prática. Descreve o modo de realização da obra, tal como delimitada no projeto básico. Em termos comparativos, o projeto executivo é secundário em relação ao básico.

*19.* Segundo a Lei 8.666/1993 (art. 6º, IX, c/c o art. 7º, § 2º), nas licitações dos contratos administrativos estáticos o ato convocatório deve ser instruído com cópia do projeto básico. O edital pode incluir a contratação do projeto executivo (Lei 8.666/1993, art. 9º, § 2º).[18] Quando o contrato versar sobre obras e serviços de engenharia, é indispensável que o projeto básico acompanhe o edital, pena de nulidade do certame. Assim, imputa-se à Administração Pública o dever de elaborar tais projetos.

Claro que a Administração pode realizar contratações administrativas com terceiros para a elaboração dos projetos (uma licitação prévia e específica). Porém, estes estarão legalmente impedidos de participar da licitação (art. 9º, I e II).[19] Ademais, é indispensável a

---

18. Por todos: Marçal Justen Filho, *Teoria Geral Teoria Geral das Concessões de Serviço Público*, cit., pp. 212-213, e *Comentários à Lei de Licitações e Contratos Administrativos*, cit., 10ª ed., pp. 109-111.

19. Salvo a exceção do art. 31 da Lei 9.074/1995: "Nas licitações para concessão e permissão de serviços públicos ou uso de bem público, os autores ou responsá-

realização da audiência pública em contratações que se submetam ao valor estimado no art. 39 da Lei 8.666/1993.

Em ambos os casos dá-se a participação de terceiros, os quais contribuirão com o aperfeiçoamento dos projetos básicos e executivo. Mas fato é que no primeiro há incrementos dos custos públicos, e no segundo há incerteza quanto à eficácia técnica da participação popular.

### IV-4 A questão dos projetos básico e executivo na Lei 11.079/2004

20. A Lei 11.079/2004 exige que o instrumento convocatório contenha os *elementos do projeto básico*.[20] Ao disciplinar os requisitos do instrumento convocatório, o *caput* do art. 11 reporta-se, de forma expressa e "no que couber", ao art. 18 da Lei 8.987/1995. Logo, se a licitação envolver concessão precedida de execução de obra, caberá a aplicação do inciso XV do art. 18 da Lei 8.987/1995 e o edital deverá ser acompanhado daquilo que a norma denominou de *elementos do projeto básico*.

Quanto a isso a interpretação da Lei 11.079/2004 não envolve maiores dúvidas. Porém, o mesmo não pode ser dito em relação à elaboração dos projetos (básico e executivo) pelo parceiro privado. Originalmente a questão era pacífica – em vista de o art. 3º da Lei 11.079/2004 reportar-se expressamente ao art. 31 da Lei 9.074/1995.

Ao que se infere, contudo, o Poder Executivo pretendeu obter efeito superlativo (e supérfluo) decorrente do veto (Mensagem 1.006/2004) e possibilitar também aos interessados no certame a elaboração dos elementos do projeto básico. Constatação que autoriza exame mais aprofundado do tema e da razão de ser do veto – isto é, resta saber se

---

veis economicamente pelos projetos básico ou executivo podem participar, direta ou indiretamente, da licitação ou da execução de obras ou serviços". Como será ampliado abaixo, o *caput* do art. 3º incorpora esse dispositivo à Lei 11.079/2004.

20. Aqui consta significativa alteração do texto publicado na 1ª edição deste livro. Na versão original constava que as Leis 8.987/1995 e 11.079/2004 exigiam o "projeto básico" – quando, em verdade e a rigor, exigem os "elementos do projeto básico": este é o texto da norma, e a constatação deste detalhe relevante traz severas consequências. Afinal, uma coisa é o projeto básico completo; outra é o documento qualificado de "elementos do projeto básico". Ampliar em Egon Bockmann Moreira, *Direito das Concessões de Serviço Público*, cit., pp. 135-139.

era necessário o veto e se ele gera os efeitos visados pela chefia do Executivo.

*20.1* O inciso II do art. 11 (vetado) estabelecia que o edital poderia "ainda prever" a atribuição de responsabilidade pela elaboração do projeto executivo "ao contratado".[21]

Frise-se bem: foi outorgada à Administração a possibilidade de imputar a elaboração do projeto executivo àquele que vencesse a licitação (*contratado* é aquele que se contratou, a pessoa com quem a Administração celebrou o contrato; *não é sinônimo de "licitante" ou de "interessado"*). Supletivamente, pode-se mencionar a definição da Lei 8.666/1993: contratado é "a pessoa física ou jurídica signatária de contrato com a Administração Pública" (art. 6º, XV).[22]

Como o *caput* do art. 11 reporta-se, no que couber, aos elementos do projeto básico e ao executivo, o inciso II permitia que, dentre estes dois, o projeto executivo fosse elaborado *a posteriori* pelo próprio contratado. Mas nada mencionava a respeito dos elementos de projeto básico, por duas razões fundamentais: não há licitação sem ao menos o que a Lei 8.987/1995 denomina de *elementos de projeto básico*, e o art. 3º da Lei 11.079/2004 autorizava que terceiros o apresentassem.

A rigor, a previsão do inciso II do art. 11 tinha finalidade específica: também permitir que, em determinados casos, o projeto executivo fosse apresentado *a posteriori*.

*20.2* Conforme consignou a Presidência da República em seu veto, reputou-se que: "O inciso II do art. 11 permite que apenas a elaboração do projeto executivo das obras seja delegada ao parceiro privado. Dessome-se do seu texto que a Administração teria a obrigação de realizar o projeto básico das obras. Isto seria reproduzir para as parcerias público-privadas o regime vigente para as obras públicas, ignorando a semelhança entre as parcerias e as concessões – semelhança esta que levou o legislador a caracterizar as parcerias público-privadas brasileiras como espécies de concessões, a patrocinada e a administrativa".

21. Eis o texto vetado: "II – a responsabilidade do contratado pela elaboração dos projetos executivos das obras, respeitadas as condições fixadas nos incisos I e II do *caput* do art. 18 da Lei n. 8.987, de 13 de fevereiro de 1995".

22. Argumento que é reforçado pelo inciso II do mesmo art. 11, que se reporta expressamente à "exigência de garantia de proposta do licitante". A lei foi clara e transparente ao dissociar os conceitos "licitante" e "contratado".

O que fica ainda mais claro em outro momento da fundamentação: "Este ganho de eficiência pode advir de diversas fontes, uma das quais vem merecendo especial destaque na experiência internacional: a elaboração dos projetos básico e executivo da obra pelo parceiro privado".

A solução cogitada pelo veto foi a de suprimir a menção à possibilidade de o edital atribuir ao contratado a elaboração do projeto executivo. Com isso, o veto destinar-se-ia a possibilitar que os particulares elaborassem também os elementos de projeto básico (antes de instalada a licitação e antes do edital, por óbvio). A supressão da menção restritiva a apenas um deles implicaria a inserção hermenêutica do segundo (este num momento diferente e mais complicado que o primeiro).

*21.* Não nos parece, contudo, que o veto se preste a obter o resultado descrito na fundamentação. O inciso II do art. 11 convivia harmoniosamente com o art. 3º da Lei 11.079/2004 (e esta, ao seu tempo, como art. 18, XV, da Lei 8.987/1995). Além de ter subestimado o aplicador do Direito, o veto é tecnicamente inadequado aos fins a que se destina.

*21.1* Ora, as razões do veto não produzem quaisquer efeitos exteriores a ele. O motivo do veto presta-se a apenas e tão somente justificar o ato praticado pela Presidência da República. Não tem efeitos *ultra vires*, não pode transbordar seus limites intrínsecos. Tampouco vincula o aplicador do Direito e os intérpretes, muito menos tem efeito hierárquico sobre os demais dispositivos objeto da sanção.

Exteriorizando a função do legislador negativo, o veto confere efeito suspensivo (a ser confirmado, ou não, pelo Legislativo) ao dispositivo vetado – e ponto final. Caso os motivos do veto exteriorizem finalidade extraordinária à previsão legislativa vetada, esta somente será alcançada se estiver prevista em outro dispositivo do ordenamento (o qual, em decorrência, não será revogado pela norma vetada).

Trazendo a argumentação para o veto em exame: não existe uma relação de causalidade necessária entre o veto à apresentação do projeto executivo pelo contratado (suprimindo-a) e a possibilidade de todos os interessados apresentarem os elementos de projetos básico e o executivo. A supressão daquela não teria o condão de instalar ambas (*rectius*: essa possibilidade não deriva do veto, mas do texto original da lei). Há uma certa inconsistência lógica na motivação.

Porém, é de se perguntar se essa constatação prestar-se-ia à incidência do art. 9º, I e II, da Lei 8.666/1993 e à vedação à apresentação dos elementos de projeto básico (ou mesmo do projeto básico completo) por um interessado que depois pretenda participar do certame. Afinal de contas, é desse assunto que o veto cogita. A resposta é negativa, não só em razão do art. 3º da Lei 11.079/2004 (e art. 31 da Lei 9.074/1995), mas sim em função da *raison d'être* das PPPs. O que exige que retomemos a trama sobre o regime instalado pela Lei 11.079/2004.

*21.2* Ressalte-se que a Lei 11.079/2004 criou não só uma nova modalidade de contratação administrativa, mas igualmente uma nova licitação pública. Além de os contratos anteriores não serem regidos por este diploma, também as licitações não o são. A Lei das PPPs criou nova modalidade de contratação e de licitação. A ela não se aplicam todas as previsões da Lei 8.666/1993 (nem por analogia, nem por interpretação extensiva), mas apenas e tão somente aquelas às quais a própria Lei 11.079/2004 se reporta de forma explícita.

Mais ainda: na medida em que o art. 9º e seus incisos I e II da Lei 8.666/1993 expressam uma proibição (e respectivas sanções – *v.g.*, arts. 82, 90 e 91 dessa lei), não são passíveis de aplicação analógica ou extensiva a outras licitações que não aquelas circunscritas à Lei de Licitações e Contratos Administrativos. Vige o princípio *nullum crimen, nulla poena sine lege stricta*.[23] O mesmo não pode ser dito em relação ao inciso III do art. 9º da Lei 8.666/1993 (conforme será visto abaixo).

*22.* A essa constatação poderia ser contraposta a ressalva de que o *caput* do art. 12 da Lei 11.079/2004 prevê que "o certame para a contratação de parcerias público-privadas obedecerá ao procedimento previsto na legislação vigente sobre licitações e contratos administrativos".

Logo, haveria a inclusão do art. 9º e incisos I e II da Lei 8.666/ 1993, imantados que foram pelo art. 12 da Lei 11.079/2004. Contudo, não parece possível essa hermenêutica.

23. Sobre a vedação de interpretação extensiva e analogia em termos de proibições e sanções, v. o nosso "Agências reguladoras independentes, poder econômico e sanções administrativas", in Sérgio Guerra (coord.), *Temas de Direito Regulatório*, Rio de Janeiro, Freitas Bastos, 2004). Interessantes são as ponderações de Marçal Justen Filho sobre a restrição (ou não) de tais proibições ao conceito de "obra e serviço" previsto no *caput* do art. 9º (*Comentários à Lei de Licitações e Contratos Administrativos*, cit., 10ª ed., pp. 127-128).

A uma, reitere-se o que já foi dito em relação ao art. 3º da Lei 11.079/2004 – e a incorporação literal do permissivo do art. 31 da Lei 9.074/1995. Essa previsão confirma a tese ora exposta.

A duas, porque o dispositivo do art. 12 refere-se apenas ao *procedimento do certame*. "Certame", aqui, entendido como concorrência isonômica entre licitantes, concurso, torneio: depois que se torna público o edital e é instalada a competição.[24] Não se refere ao momento anterior à licitação, ela mesma (previsto nos arts. 10 e 11), nem tampouco aos pressupostos que tornam a parte capaz de nela participar (em sentido positivo ou negativo). Traduz a aplicação de regras processuais de direito administrativo previstas na Lei de Licitações e Contratos Administrativos ao *iter* processual em sentido estrito. Não abrange os preceitos de direito administrativo material que regem a definição do objeto a ser licitado. Será a competição entre os licitantes, a concorrência, ela mesma, a ser regida pelo procedimento da Lei 8.666/1993.

Isso se torna ainda mais claro quando da leitura dos incisos do art. 12 – os quais, na condição de elementos discriminativos do artigo, tratam de temas como julgamento das propostas (incisos I e II) e forma, fases e saneamento das propostas (incisos III e IV).

*23*. Isto posto, note-se que o resultado ora defendido poderia inclusive prescindir do art. 31 da Lei 9.074/1995 (e, mais ainda, do veto presidencial). A *lógica da cooperação* indica que os interessados podem apresentar os elementos de projeto básico e/ou os projetos básico e executivo e também participar do certame. Não como um resultado do veto, mas sim como algo ínsito às PPPs (isto é, o veto foi supérfluo).

*23.1* Ora, é público e notório que as PPPs são oriundas de complexos projetos de engenharia (civil e financeira). São complicadas em sua elaboração, projeções e administração. Não se destinam a qualquer obra ou serviço, nem tampouco envolvem todas as concessões de obras e serviços públicos. Existem e são criadas em setores nos quais a Administração tem pouca (ou nenhuma) intimidade. Resultam de apuradas avaliações de risco compartilhado, projetadas

---

24. Etimologicamente, *certame* significa "luta, combate" (Antônio Geraldo da Cunha, *Dicionário Etimológico Nova Fronteira da Língua Portuguesa*, 2ª ed., 11ª impr., Rio de Janeiro, Nova Fronteira, 1999, p. 174).

para um longo prazo, nas quais um pequeníssimo desvio nos cálculos iniciais implicará a frustração do projeto (e prejuízos para ambas as partes).

Em decorrência, dificilmente seriam realizadas com aptidão e eficiência pela Administração Pública. Por outro lado, a contratação de terceiros para a elaboração de projetos básicos implicaria aumento de custos e restrição aos setores exploráveis, bem como a incerteza quanto aos incentivos para que parceiros privados participem de tão complexos empreendimentos. Ausência de capacidade técnica, assimetria de informações, supressão de incentivos, acentuação das incertezas: tudo isso resultaria numa frustração do escopo da Lei 11.079/2004.

Caso se mantivessem as amarras outrora positivadas nos incisos I e II do art. 9º da Lei 8.666/1993 (e respectiva compreensão substitutiva), a Lei das PPPs perderia uma de suas razões de existir. A atividade hermenêutica e a aplicação da Lei 11.079/2004 descolar-se-iam da finalidade da norma.

*23.2* Logo, é perfeitamente válida e eficaz a apresentação do projeto básico pelo interessado privado. Os empresários privados podem dispor de tempo e dinheiro para avaliar empreendimentos, elaborar projeções e apresentar tais estudos à Administração Pública. O que impõe novas exigências quanto à publicidade, moralidade e responsabilização. Em uma só palavra: *accountability*.[25]

A apresentação desse ensaio de projeto básico deve, desde o primeiro momento, ser gritantemente exposta ao público (a Lei 11.079/2004 prevê a consulta pública somente para o edital e o contrato – art. 10, VI). O eventual futuro parceiro privado deve estar ciente disso, submetendo também sua proposta de projeto básico de PPPs à concorrência e ao controle (público e privado). A única vantagem que pode advir para aquele que elabora a proposta do projeto básico é a respectiva competência técnico-administrativa (eventualmente conjugada com critérios geográficos ou interesses regionais etc.). Desde o mo-

---

25. O termo, de impossível tradução literal, envolve a conjugação da publicidade dos atos estatais, o dever de prestar contas e a responsabilização dos agentes (antes, durante e depois). Sobre o tema, para o cenário brasileiro, Anna Maria Campos escreveu precioso ensaio, cujo título é revelador: "Public service accountability in Brazil: the missing concept" (in Joseph G. Jabbra e O. P. Dwivedi (eds.), *Public Service Accountability: a Comparative Perspective*, Connecticut, Kumarian Press, 1989).

mento em que são apresentados à Administração, todos os dados do projeto devem ser submetidos ao público e à concorrência. Depois de levado ao conhecimento e debate públicos, o projeto básico (e o executivo, se for o caso) deverá integrar o edital de licitação e ser novamente submetido a consulta pública, esclarecimentos, impugnações etc.

A rigor, essas exigências de moralidade, impessoalidade e publicidade não precisam estar previstas em lei. Decorrem imediatamente do *caput* do art. 37 da Constituição da República. Estão estampadas no art. 2º da Lei 9.784/1999 (Lei de Processo Administrativo Federal) e irradiam-se por toda a Lei 8.429/1992 (Lei de Probidade Administrativa).[26]

Porém, seria de todo adequado que o decreto presidencial que regulamentar a Lei 11.079/2004 discipline a conduta administrativa, as consultas públicas e todo o processo pelo qual será recebido o projeto básico (e o executivo). Haveria a uniformização do caminho a ser seguido para o recebimento e encaminhamento dos projetos básicos.

*IV-5 A questão da capacidade técnico-operacional*

24. Nos termos da Lei 8.666/1993, na fase interna da licitação a Administração deve apurar quais são os requisitos de ordem técnica (exprimidos nos respectivos acervos técnicos) e operacional (*staff* administrativo, disponibilidade de máquinas e operários etc.) que a obra exige – isso dá concretude aos projetos básico e executivo –, bem

---

26. Por isso que a previsão do inciso III do art. 9º da Lei 8.666/1993 aplica-se à larga, mesmo sem dispositivo literal na Lei 11.079/2004. Aliás, nem sequer na Lei 8.666/1993 precisaria estar previsto, pois decorre daquilo que Almiro do Couto e Silva sabiamente escreveu a propósito da Lei Magna Brasileira: "A Constituição de 1988 é um documento barroco. Como a obra de arte barroca, que é rica em ornamentos e tem na opulência e no excesso seus traços mais característicos, assim também a Constituição sob a qual hoje vivemos insiste na riqueza, na abundância, na repetição, na reiteração em forma explícita do que nela já se contém e dela facilmente pode ser extraído pela interpretação" ("Prefácio", in José Guilherme Giacomuzzi, *A Moralidade Administrativa e a Boa-Fé da Administração Pública*, São Paulo, Malheiros Editores, 2002). Se o legislador brasileiro tivesse lido a famosa advertência de Ernest Hemingway quanto à literatura ("Prosa é Arquitetura, não decoração de interiores, e o Barroco está acabado"), talvez não houvesse tantas complicações.

como os atributos que os interessados deverão demonstrar possuir para poderem apresentar propostas de preços.

Não são permitidas imposições extraordinárias, impertinentes ou irrelevantes para a obra: somente podem ser ordenadas "exigências de qualificação técnica e econômica indispensáveis à garantia do cumprimento das obrigações" (CF, art. 37, XXI). O edital há de celebrar os requisitos necessários e suficientes à perfeita execução da obra, positivados segundo uma lógica do razoável.

25. Em decorrência, a execução da obra ou serviço só pode ser atribuída à empresa que comprove ter condições técnicas e operacionais. Uma vez que as exigências do ato convocatório são apenas aquelas indispensáveis, a Lei de Licitações exige a prova de que o licitante tem capacidade para executar a obra (arts. 30, II, e 41 da Lei 8.666/1993). Não pode haver dúvidas, pois a Administração tem que se precaver contra riscos na execução (e custos) da futura obra.

O rígido processo licitatório tem sua razão de ser: impedir que os despidos de atributos técnicos imponham preços anticompetitivos; vedar que a Administração acentue os riscos inerentes a qualquer obra, proibindo a contratação daqueles que não demonstrem dispor de todos os atributos reputados como indispensáveis à sua perfeita execução.

A vantagem da Administração não está apenas em pagar o menor preço. A rigor, esse é um dado cuja averiguação somente pode ser instalada depois de transposta a capacitação técnica. O atendimento do interesse público posto em jogo está na contratação daquele que, desde que comprove ser apto à execução da obra, ofereça o menor preço.

Por isso a qualificação técnica exige julgamento objetivo, equânime e isonômico (Lei 8.666/1993, art. 3º). Não são possíveis privilégios – pois, como leciona Carlos Ari Sundfeld, a isonomia "é a espinha dorsal da licitação. É condição indispensável da existência de competição real, efetiva, concreta. Só existe disputa entre iguais; a luta entre desiguais é farsa (ou, na hipótese melhor: utopia)".[27]

26. Já nesse momento, e à luz da Lei 8.666/1993, surgem litígios de grande intensidade. Poucas são as licitações de porte que não contemplem discussões quanto ao acervo técnico e à capacidade opera-

---

27. Carlos Ari Sundfeld, *Licitação e Contrato Administrativo*, 2ª ed., São Paulo, Malheiros Editores, 1995, p. 20.

cional dos licitantes em face do edital. Temas e variáveis cuja compreensão ainda não encontraram estabilidade na jurisprudência. A título de ilustração, abaixo seguem algumas das áreas de mais intensos conflitos.

*26.1* Embora a maioria da jurisprudência admita a exigência de comprovação de capacidade técnico-operacional (STJ, REsp 144.750, rel. Min. Francisco Falcão, *DJU* 25.9.2000; TRF-1ª R., REO 2000.39.00014249-8, rel. Des. federal Daniel Paes Ribeiro, *DJU* 24.3.2003), há alguns julgados que a reputam ilegal (TRF-2ª R., REO 97.02.33493-4, rel. Juiz convocado Guilherme Diefenthaeler, *DJU* 22.10.2003; TJSP, Ap. cível 31.927.5, rel. Des. Antônio Villen, j. 5.8.1998).

*26.2* Também há controvérsia no que concerne à possibilidade de se estipular prazo de validade para os atestados de capacidade técnica. Alguns Tribunais entendem que a exigência ofenderia o contido no art. 30, §§ 1º e 5º, da Lei de Licitações (TRF-5ª R., REO 99.05.23477-2, rel. Des. federal Castro Meira, *DJU* 1.6.2001), ao passo que outros não vislumbram qualquer ilegalidade nela (TRF-4ª R., AMS 2001.70.00.03647-5, rel. Des. federal Edgard Lippmann Júnior, *DJU* 23.1.2002).

*26.3* Quanto à necessidade de que sejam apresentados outros documentos a acompanhar os atestados, muitas das decisões são antagônicas. Há os que entendem que o edital pode exigi-los, tal como a cópia de contrato já executado (TRF-1ª R., AI 2000.01.00.036816-7-DF, rela. Desa. federal Selene Maria de Almeida, *DJU* 25.11.2003), e aqueles que reputam ilegal a exigência de documentos suplementares (STJ, REsp 316.755, rel. Min. Garcia Vieira, *DJU* 20.8.2001).

*26.4* No que concerne ao de registro dos atestados perante as entidades profissionais o STJ já adotou posicionamentos divergentes. Em 1998, flexibilizando o contido no art. 30, § 1º, da Lei 8.666/1993, entendeu desnecessário o registro quando o edital não formulasse tal exigência (AGA 177.845, rel. Min. Humberto Gomes de Barros, *DJU* 20.8.1998). Porém, depois decidiu pela indispensabilidade do registro (STJ, REsp 324.498, rel. Min. Franciulli Neto, *DJU* 26.4.2004).

*26.5* Igualmente não é pacífica a questão dos percentuais de experiência anterior. Enquanto o Judiciário reconhece a possibilidade de se exigir comprovação de experiência anterior *equivalente* ou *supe-*

*rior* ao licitado (TJDF, Ap. cível 445.469-7, rela. Desa. Nancy Andrigui, *DJU* 1.4.1998; TJPR, MS 135.173-9, rel. Des. Tadeu Costa, *DJE* 30.6.2003), o TCU reputou restritivas as exigências de atestados que consignem quantitativos mínimos (Decisão 343/2001, Min. Ubiratan Aguiar, *DOU* 27.6.2001), bem como reputou excessivo que o licitante comprovasse já ter executado serviços equivalentes a 75% daqueles necessários ao futuro contrato (Decisão 1.090/2001, Min. Benjamin Zymler, *DOU* 24.1.2002).

*26.6* Já a impossibilidade de se fixar o número de atestados que o licitante pode apresentar para comprovar sua capacitação técnico-operacional foi consignada pelo TCU (Decisão 528/2001, Min. Marcos Vilaça, *DOU* 5.9.2001). Porém, há algum tempo o posicionamento daquela Corte era cambiante. Ao lado de decisões que consideravam restritiva a exigência de apresentação de dois atestados (Decisão 134/1998, Min. Lincoln Magalhães da Rocha, *DOU* 7.8.1998), havia outras que nela não vislumbravam qualquer ilegalidade (Decisão 217/1997, Min. Fernando Gonçalves, *DOU* 12.5.1997; Decisão 101/1998, Min. Marcos Vilaça, *DOU* 30.3.1998).

*26.7* Embora seja comum o TCU expedir determinações gerais para que os órgãos licitantes admitam o somatório dos quantitativos dos atestados (Decisão 576/2001, Min. Marcos Vilaça, *DOU* 3.9.2001), há decisão consignando que o exame dessa possibilidade vincula-se ao caso concreto e que, portanto, existirão situações nas quais o somatório não poderá ser admitido (Decisão 1.090/2001, Min. Benjamin Zymler, *DOU* 24.1.2002).

27. O destino de tais litígios decorrentes da interpretação das exigências da Lei 8.666/1993 comporta duas variantes básicas: ou uma ordem liminar decide a contratação, ou impede o prosseguimento do certame e, com o passar do tempo, o inviabiliza. Com igual frequência existem provimentos jurisdicionais lançados depois de longo prazo – declinando do próprio conhecimento da pretensão posta em juízo devido à perda do objeto – como se a ilegalidade fosse sanada pelo transcurso do tempo.

*28.* Se tais litígios caracterizam as grandes licitações de obras e serviços públicos, é incerta sua reprodução quanto às PPPs. A Lei 11.079/2004 contém algumas previsões que podem *atenuar* tais discussões infindáveis, mas que não garantem sua *supressão*.

Por um lado, a complexidade dos projetos tende a afastar os aventureiros. Não será qualquer empresário que poderá participar. Ao contrário: os projetos iniciais e os consórcios (e futuras sociedades de propósito específico) serão de longo prazo de elaboração, caros, e necessariamente exigirão a presença de técnicos em engenharia financeira. Provavelmente, grandes consultorias e entidades financeiras participarão (se não direta, ao menos indiretamente). Logo, haverá um darwinismo licitatório inicial.

Nesse mesmo sentido, a Lei 11.079/2004 exige garantias sérias para a proposta e para o contrato (arts. 5º, VIII, 8º e 11, I). Apenas poderão apresentar propostas aqueles que as assegurarem – e as garantias prestadas por terceiros (bancos, seguradoras etc.) certamente terão como pressuposto um exame mínimo da proposta.

Por outro lado, a lei sabiamente prevê a possibilidade de saneamento de falhas, insuficiências ou correções formais (art. 12, IV). Não é obrigatório que conste do edital (a lei usa a expressão "o edital poderá prever"), mas é de todo adequado que a previsão seja aplicada aos certames de PPPs. Isso permite atenuar os debates e imprimir maior eficiência à licitação, que não desperdiçará tempo, energia e dinheiro com detalhes formais secundários.

Por fim, o art. 13 possibilita que o edital inverta as fases de habilitação e julgamento de preços. Mais uma vez, trata-se de alternativa discricionária da Administração, mas de todo recomendada. Caso o julgamento das propostas de preços (com as peculiaridades inscritas no art. 12, II e III) anteceda a análise da proposta técnica, com certeza serão suprimidas muitas das discussões célebres na Lei 8.666/1993. O que igualmente confere maior eficiência à licitação e afasta muitas das discussões acima descritas.

## V – Os contratos administrativos de obras de infraestrutura e a respectiva execução

29. No que diz respeito à execução dos contratos de obras de infraestrutura frente à Lei 8.666/1993 o cenário não é exatamente acolhedor. Em vista do que foi acima consignado, e além das incertezas inerentes a qualquer contrato, há multiplicidade de variáveis que acentuam o risco do negócio: os projetos básico e executivo podem

ser carentes de informações e os pagamentos podem não ser tempestivos (ou, mesmo, não ocorrer).

Como escreveu Cintra do Amaral, a propósito da Lei 8.666/1993: "Seria desejável que as obras públicas somente pudessem ser licitadas quando houvesse um projeto executivo, detalhado e atual, que assegurasse às partes uma maior confiabilidade. Embora isso não bastasse para garantir totalmente a boa execução da obra, pelo menos minimizaria as distorções que frequentemente encontramos na prática. Uma modificação desse porte pressuporia, porém, uma transformação radical na legislação referente às contratações efetuadas pela Administração Pública, com a adoção de outros instrumentos, como, por exemplo, novos regimes de execução e implantação de um verdadeiro *performance bond*, que assegurasse o cumprimento efetivo e integral das obrigações contratuais e não uma indenização pelo inadimplemento, indenização essa que, além do mais, está limitada na Lei 8.666/1993 a percentuais irrisórios sobre o valor da contratação (art. 56, §§ 2º e 3º)".[28]

*30.* Fato é que a execução do contrato administrativo enfrenta incertezas, as quais sofrem com os rígidos limites da Lei 8.666/1993. Quando muito, tais variações encontram alguma atenuação legal, podendo ser citadas aquelas do art. 65 da Lei de Licitações (o qual prevê a possibilidade de acréscimos ou supressões dos custos em até 25% do celebrado no contrato) e do art. 78 (autoriza modificações, suspensão da execução e mesmo a rescisão contratual).[29]

Além disso – e no que diz respeito ao vínculo pós-execução do contrato –, o art. 618 do CC estabelece o prazo de cinco anos para a responsabilização do empreiteiro "pela solidez e segurança do traba-

---

28. Ao que o autor acrescenta os dilemas oriundos de desapropriações inacabadas, normas ambientais e o respectivo controle (Cintra do Amaral, *Comentando as Licitações Públicas*, Rio de Janeiro, Temas & Ideias, 2002, pp. 69-70).

29. Aprofundar nos comentários de Marçal Justen Filho, que contêm ampla abordagem de todas as variáveis do tema "rescisão contratual" (*Comentários à Lei de Licitações e Contratos Administrativos*, cit., 10ª ed., pp. 555 ss.), e Fernando Vernalha Guimarães, este no que diz respeito aos limites e consequências das alterações unilaterais dos contratos (*Alteração Unilateral do Contrato Administrativo*, São Paulo, Malheiros Editores, 2003, *passim*). Quanto ao limite de 25% e sua transposição, v., por todos, Celso Antônio Bandeira de Mello ("Extensão das alterações dos contratos administrativos: a questão dos 25%", *RBDP* 1/43-66, Belo Horizonte, Fórum, abril/junho/2003).

lho, assim em razão dos materiais, como do solo". Esse limite cronológico de responsabilização corresponde ao *prazo mínimo* de *prestação do serviço concedido* sob o regime da Lei 11.079/2004 (art. 2º, § 4º, II). Logo, não há dúvida quanto à maior estabilidade do relacionamento entre os parceiros.

*31.* Não se olvide que os constantes inadimplementos da Administração frente aos tradicionais contratos administrativos de obra pública geraram uma panóplia de incidentes, processos, litígios e precatórios que versam sobre os mais variados assuntos: desde o pagamento do valor devido, passando pela correção monetária pelo atraso, os juros de mora e aqueles vinculados aos custos oriundos do mercado financeiro – como bem demonstram os estudos de Hely Lopes Meirelles, Arnoldo Wald e Celso Antônio Bandeira de Mello.[30]

Afinal, o que de usual se dá é o aumento das discussões judiciais e futuras indenizações – gerando enorme déficit de caixa nas empresas e uma série de precatórios de valores vultosos. O que estimula um permanente estado de beligerância e desconfiança entre aqueles que deveriam ser parceiros em processos de longo prazo – aumentando desnecessariamente os custos e os desgastes das partes envolvidas.

*32.* Nesse sentido, a Lei 11.079/2004 orienta-se como instrumento que possibilita a cooperação e integração entre os setores público e privado também no que diz respeito à execução do contrato.

Por um lado, há integração de longo prazo entre os setores público e privado – e não uma sucessão de relacionamentos pontuais que se exaurem em curto prazo.

Por outro lado – e na justa medida em que haverá compartilhamento de riscos e a existência de um fundo garantidor –, possivelmente serão atenuados os riscos quanto ao inadimplemento público. Atenuando-se esses riscos, menores os custos e mais longas as projeções do lucro do negócio.

Por fim, a eficiente prestação do serviço concedido pressupõe a perfeita execução das obras que lhe servem de base. O parceiro priva-

---

30. Hely Lopes Meirelles, *Estudos e Pareceres de Direito Público*, t. IX, São Paulo, Ed. RT, 1986, pp. 83 ss.; Arnoldo Wald, "Obra pública – Contrato – Equilíbrio econômico-financeiro", *RDP* 93/69, São Paulo, Ed. RT, janeiro-março/1990; Celso Antônio Bandeira de Mello, "Contrato de obra pública com sociedade de economia mista – Atraso no pagamento de faturas", *RDP* 74/103, São Paulo, Ed. RT, abril-junho/1985.

do não instalará o risco relativo à qualidade das obras – hipótese que impediria a prestação do serviço no prazo adequado para o retorno das elevadas inversões iniciais.

## VI – Quiçá um esboço de conclusões

33. O presente ensaio não se destina a estimular prognósticos sombrios para as licitações e contratos no setor de infraestrutura. Não visa a defender o sepultamento da Lei 8.666/1993 e sua sucessão/ substituição pela Lei 11.074/2004. Cada um desses diplomas dirige-se a uma ordem de licitações e contratações administrativas. Certamente ambos conviverão em paz durante as próximas décadas. O mesmo se diga quanto às *concessões comuns*, aquelas disciplinadas pela Lei 8.987/1995.

Contudo – e apesar da importância desse setor econômico para o desenvolvimento sustentável da economia nacional e da sua necessária inserção num planejamento desdobrado no tempo –, fato é que as perspectivas do setor à luz da Lei 8.666/1993 são quase sempre de curto prazo. De perene duração são os litígios. E essa ausência de comprometimento no tempo implica um desprezo pela perenidade dos resultados. "'Não há longo prazo' é um princípio que corrói a confiança, a lealdade e o compromisso mútuo."[31] Corrosão, essa, que estava nítida no setor de infraestruturas brasileiro.

Infelizmente – e mesmo desde antes da Lei 8.666/1993 –, as obras públicas brasileiras albergavam um paradoxo da contemporaneidade: feitas para durar, não geravam confiança recíproca entre os contratantes. As empresas não se tornam parceiras do Estado (nem vice-versa), a *res publica* não recebe o tratamento adequado e o setor de infraestrutura acabou por se tornar um macroponto de estrangulamento.

Por isso que a edição da Lei 11.074/2004 pode ser vislumbrada como uma nova esperança, apesar de circunscrita a projetos específicos e que se revelem apropriados a esse gênero de concessão de serviço público.

---

31. Richard Sennett, *A Corrosão do Caráter: Consequências Pessoais do Trabalho no Novo Capitalismo*, Rio de Janeiro, Record, 1999, p. 24.

## LICITAÇÃO PARA CONTRATAÇÃO DE PARCERIA PÚBLICO-PRIVADA

BENEDICTO PORTO NETO

*1. Introdução. 2. Perfil das PPPs. 3. Licitação: 3.1 A PPP como contratação excepcional e o dever de motivar sua adoção como condição para licitar – 3.2 A desnecessidade de projeto básico para licitação de PPP – 3.3 A submissão de minuta de edital e contrato à consulta pública – 3.4 Os critérios de julgamento de propostas – 3.5 A formulação de lances verbais e sucessivos de propostas econômicas no curso do procedimento – 3.6 A fase de saneamento – 3.7 Realização da classificação das propostas antes da habilitação da licitante autora da melhor oferta. 4. Conclusão.*

### 1. Introdução

Um dos pontos que suscitaram polêmicas e acalorados debates durante a tramitação no Congresso Nacional do projeto que deu origem à Lei das PPPs foi o capítulo sobre regras especiais para licitações de contratos dessa natureza.

As principais críticas ao projeto de lei neste ponto, veiculadas amplamente pela imprensa, eram dirigidas à possibilidade de realização do certame sem a existência de projeto básico do empreendimento licitado, que antecipadamente definisse seu objeto com o grau de detalhamento imposto pela Lei Geral de Licitações, e de classificação de propostas por critérios técnicos conjugados com critérios econômicos. Segundo os críticos, essas normas abririam as portas para direcionamento de resultados nos certames. Eles propunham que as parcerias fossem precedidas de licitação no exato regime da Lei 8.666/1993, com observância, quando tivessem por objeto a tradicional concessão de serviço público, das normas especiais contidas na Lei 8.987/1995.[1]

A licitação, contudo, não deve desviar a Administração Pública de objetivos legítimos. Licitação não é uma finalidade em si mesma, mas mero instrumento para, uma vez definido o interesse público, selecionar a melhor proposta para alcançá-lo, com dispensa de tratamento isonômico aos interessados. Daí por que não tem sentido condicionar as cláusulas e condições das PPPs a normas preexistentes sobre licitação, com eventual amesquinhamento dos fins por elas perseguidos. O caminho a ser percorrido deve ser o inverso: as normas que disciplinam a licitação devem ser adequadas às peculiaridades das PPPs e aos objetivos a serem por meio delas alcançados. Em outras palavras: as PPPs não devem se amoldar às normas de licitação, estas é que devem ser adequadas à viabilização de parcerias eficientes.

Por essa razão, a perfeita compreensão do regime jurídico das licitações de PPPs reclama a prévia identificação dos contornos dessa nova figura jurídica.

Vale acrescentar que a Lei 11.079/2004 traz ainda importantes novidades que seriam pertinentes e adequadas também para licitações de contratos ou atos de outras naturezas: a inversão das fases de habilitação e classificação, a criação da fase de saneamento e a possibilidade de formulação, pelas licitantes, de novos lances de preços no curso do procedimento. Essas medidas propiciam a simplificação e a agilidade do procedimento, ao mesmo tempo em que ampliam a competição.

## 2. Perfil das PPPs

A Lei 11.079/2004 define a PPP como contrato de concessão, que se classifica em *concessão patrocinada* e *concessão administrativa* (art. 2º).

A concessão patrocinada é a tradicional concessão de serviço público, com específica forma de remuneração do concessionário: ao lado da arrecadação de tarifa junto aos usuários dos serviços, ele re-

---

1. "Dispõe sobre o regime de concessão e permissão da prestação de serviços públicos previsto no art. 175 da Constituição Federal, e dá outras providências."

cebe contraprestação pecuniária do poder concedente (art. 2º, § 1º). Essas *duas fontes de receitas* devem estar presentes para configuração da concessão de serviço público agora classificada de patrocinada.

A concessão de serviço público com essa forma de remuneração do concessionário já era admitida pela Lei 8.987/1995, que autorizava que os contratos contemplassem, em favor do concessionário, fontes de *receitas complementares à arrecadação de tarifas* (art. 11). Uma dessas fontes podiam ser os cofres públicos, mesmo antes do advento da Lei das PPPs.

A destinação de recursos estatais para concessionários que já arrecadem tarifas de usuários não é fenômeno novo, e o objetivo do reforço da remuneração é criar condições para a modicidade das tarifas.

A decisão de, agora, submeter a concessão de serviço público com essa forma de remuneração do concessionário às regras da Lei das PPPs tem duas finalidades: (a) disciplinar as garantias oferecidas aos concessionários quanto ao cumprimento das obrigações pecuniárias do poder concedente; (b) estabelecer limites e restrições à aplicação de recursos do Poder Público em concessões.

Quanto à concessão patrocinada, portanto, a Lei 11.079/2004 define regras especiais para *relação jurídica que já era comportada antes de seu advento*.

A concessão administrativa, por sua vez, pode ser classificada em duas espécies.

A primeira também envolve a prestação, pelo particular, de serviço público diretamente aos usuários, *concessão administrativa de serviço público*. Já na segunda espécie há prestação de serviço para a Administração Pública, *contrato de prestação de serviço em regime especial*.

Essa classificação pode ser extraída da definição de concessão administrativa contida no seu artigo 2º, § 2º, segundo a qual concessão administrativa é a prestação de serviços dos quais a Administração Pública seja a usuária *direta* ou *indireta*.

A Administração é usuária *indireta* dos serviços quando estes, *de direito*, sejam prestados *diretamente* aos usuários. Diz-se que a Administração Pública nesses casos é usuária indireta dos serviços porque o concessionário assume atividade de sua competência, ele substitui a

Administração no desempenho de atribuição que lhe é própria. A Administração Pública é, portanto, *beneficiária indireta* da atuação do particular.

Não é a fruição material dos serviços pelos usuários que caracteriza relação direta entre eles e o particular prestador dos serviços, mas a existência de *relação jurídica* entre as duas partes. Por meio dessa relação, o prestador assume *responsabilidade jurídica* frente aos usuários pela prestação dos serviços. Esse vínculo jurídico é traço fundamental da *concessão de serviço público*.

A concessão administrativa de serviço público, portanto, também é a tradicional concessão de serviço público. O elemento que, agora, lhe confere identidade e a submete ao regime da Lei das PPPs é o fato de (a) o concessionário *não* arrecadar tarifa dos usuários e (b) o poder concedente assumir obrigação pecuniária frente ao concessionário.

Essa espécie de concessão era igualmente admitida pela Lei Geral das Concessões, que prevê a possibilidade de adoção, em favor do concessionário, de fontes de receitas *alternativas* ao recebimento de tarifa dos usuários – o que significa que essas fontes têm a função de *substituir* a arrecadação de tarifas (art. 11). Sem restrição legal, uma das fontes alternativas podia ser o pagamento de preço pela Administração Pública, quando restava configurado o modelo de concessão agora denominado de concessão administrativa (de serviço público).

É verdade que a nova lei veio, neste ponto, colocar fim à antiga polêmica sobre o conceito de concessão. Com efeito, uma corrente doutrinária sustentava que a remuneração do prestador de serviço público exclusivamente por preço pago pela Administração seria suficiente, por si só, para descaracterizar o instituto da concessão. Sempre sustentei, contudo, que essa forma de remuneração não desnatura a concessão. Como disse acima, o elemento fundamental da concessão, que a caracteriza e a diferencia do contrato de prestação de serviços para a Administração, *é a existência de relação jurídica direta entre concessionário e usuários*, por meio da qual o concessionário assume *responsabilidade* de prestar-lhes os serviços. Sua eventual remuneração apenas por preço pago pelo Poder Público não afeta esse ponto nuclear quando o concessionário siga responsável direto pela prestação dos serviços frente aos usuários; o instituto da concessão, com o regime que lhe é peculiar, resta preservado ainda nesta hipótese.[2] Essa ideia agora está claramente consagrada na Lei 11.079/2004.

Já, na concessão administrativa em que a Administração Pública seja usuária *direta* dos serviços, aí, sim, há contrato de prestação de serviço em regime especial (distinto do regime geral definido na Lei 8.666/1993). Se os serviços são prestados *diretamente* para a Administração Pública, *então, não há vínculo jurídico entre prestador e usuários de serviço público*. Não existe, nessa hipótese, a figura tradicional da concessão. Este modelo de relação jurídica é a *substancial* novidade da Lei 11.079/2004.

Enquanto para as *concessões patrocinadas* e para as *concessões administrativas de serviço público* foram instituídas regras especiais voltadas a *relações jurídicas já admitidas* em nosso ordenamento jurídico, a Lei das PPPs criou *novo modelo de contrato de prestação de serviços para a Administração*, inviável antes de sua edição.

A Lei das PPPs procura levar a lógica estrutural das concessões de serviços públicos para *alguns* contratos de prestação de serviços para a Administração Pública, preservando o da Lei 8.666/1993 para os demais.

A Lei Geral dos Contratos Administrativos impõe regime rígido e fechado para os contratos de prestação de serviços, que acaba limitando as responsabilidades e os riscos do particular contratado. Ela impõe a prévia, completa e precisa definição do objeto do contrato pela Administração (art. 6º, IX, c/c o art. 7º, §§ e incisos; art. 40, I, e § 2º e incisos; art. 47); exige, já para a abertura do procedimento licitatório, previsão de disponibilidade de recursos orçamentários suficientes para a integral remuneração do particular (art. 7º, § 2º, III); impõe pagamento do preço durante o desenvolvimento dos trabalhos, no prazo máximo de 30 dias do adimplemento das obrigações correspondentes (art. 40, XIV, "a").

A Lei das PPPs adota soluções diferentes para essas questões. Ela autoriza que a Administração Pública e o contratado compartilhem a definição da forma de prestação de serviços, posto que o contratado

---

2. Sobre o assunto, cf. meu *Concessão de Serviço Público no Regime da Lei 8.987/1995 – Conceitos e Princípios*, São Paulo, Malheiros Editores, 1998, pp. 71 e ss.

pode ficar encarregado de escolher os meios para atingir os fins fixados pela Administração (art. 3º da Lei 11.079/2004, c/c o art. 25 da Lei 8.987/1995); o contratado assume a realização dos investimentos necessários, no valor mínimo de 20 milhões de Reais (art. 2º, § 4º, I); o contratado é remunerado somente depois de os serviços serem colocados à disposição da Administração ou da sociedade (art. 7º); a remuneração do contratado pode estar atrelada ao seu desempenho (art. 6º, parágrafo único); o prazo de vigência do contrato deve alocar-se entre 5 e 35 anos (art. 2º, § 4º, II, e art. 5º, I).

O emprego do nome "concessão" para designar relação jurídica com esse perfil não desfigura sua natureza de contrato de prestação de serviço, porque não interfere em seu regime jurídico. Provavelmente o legislador teria adotado o termo para permitir a rápida identificação dos contratos de prestação de serviços *em regime especial*, distinguindo-os dos contratos no regime geral, e para destacar a ideia de que tais contratos têm lógica estrutural muito próxima à das concessões de serviços públicos.

Nas duas modalidades de PPPs – patrocinada e administrativa – o agente privado pode ter papel importante na definição final do contrato, propondo meios para alcançar as finalidade visadas pela Administração Pública.

O Presidente da República inclusive vetou o art. 11, II, da Lei 11.079/2004, o qual permitia, na definição do empreendimento, que o agente privado ficasse limitado apenas à elaboração de projeto executivo – contribuição muito limitada, dada o grande grau de detalhamento imposto ao projeto básico pela Lei 8.666/1993 –, justamente para viabilizar sua maior participação na definição do empreendimento. Tal circunstância tem reflexo direto no regime da licitação pública.

## 3. Licitação

A licitação de PPPs submete-se ao regime da Lei 8.987/1995, com adoção das seguintes regras especiais: (a) justificativa, como condição para abertura do procedimento, da escolha de PPP para atendimento do interesse público; (b) desnecessidade de existência de projeto básico para definição de seu objeto, com abandono dos rígidos parâmetros definidos na Lei Geral de Licitações; (c) obrigatoriedade de submissão de minuta de edital e de contrato a consulta pública, independentemente do valor estimado do contrato; (d) possibilidade de adoção de critérios especiais de julgamento; (e) possibilidade de formulação pelas licitantes de novas propostas econômicas no curso do procedimento, em lances de viva voz; (f) possibilidade de adoção de fase específica para saneamento de falhas, complementação de insuficiências ou correção de erros formais nos documentos de habilitação ou nas propostas; (g) adoção da modalidade de concorrência, com possibilidade de inversão das fases de habilitação e classificação das propostas, para que esta seja realizada antes daquela.

### 3.1 A PPP como contratação excepcional
### e o dever de motivar sua adoção como condição para licitar

O art. 10, I, "a", da Lei 11.079/2004 exige, como condição para realização de licitação, que sejam demonstradas pela autoridade competente a conveniência e a oportunidade da contratação, *com justificativa da opção pela forma de PPP*.

A celebração de *qualquer* contrato pela Administração deve estar atrelada à sua conveniência e oportunidade, com a necessária motivação da decisão. O atendimento desses requisitos não é uma peculiaridade da licitação para PPP. A Lei 11.079/2004, contudo, impõe um *plus* em relação a esse dever de motivação na celebração de PPPs. A autoridade, além de demonstrar a existência de interesse público na colaboração de terceiros (o futuro contratado) na implantação do objeto pretendido, *deve justificar sua opção pela PPP no lugar de contrato no regime da Lei 8.666/1993*.

O tratamento legal se justifica.

Os contratos de PPPs são de longo prazo, para viabilizar a amortização dos investimentos realizados pelo agente privado. O prazo nunca será inferior a 5 anos, e pode chegar a até 35 anos,[3] na dependência do que seja necessário e suficiente para a amortização dos investimentos e a justa remuneração do agente privado.

Tendo em vista que tais contratos obrigam a Administração por prazo superior ao da gestão no qual eles sejam celebrados, com com-

---

3. Cf. art. 2º, § 4º, II, e art. 5º, I, da Lei 11.079/2004.

prometimento de recursos públicos, a lei procura restringir sua adoção para aquelas hipóteses em que a figura seja efetivamente necessária.

O princípio democrático, que garante eleição direta dos representantes do povo e a temporariedade dos mandatos, veda que administradores públicos comprometam ou restrinjam desnecessariamente a gestão de seus sucessores. As PPPs, portanto, devem ser adotadas em casos excepcionais, quando sejam, de fato, a forma mais eficiente para realização do interesse público.

É lógico que a Administração, diante de casos concretos, pode desfrutar de grande margem de discricionariedade para decidir sobre a adoção de PPP. Mas isso é muito diferente de supor que a escolha do regime contratual a adotar – o geral dos contratos administrativos ou o de PPP – seja indiferente ao ordenamento jurídico.

## 3.2 A desnecessidade de projeto básico para licitação de PPP

A definição completa e precisa do objeto é condição necessária para que a Administração possa celebrar contratos em geral.

A Lei 8.666/1993 condiciona a abertura de licitação à existência de projeto básico aprovado pela autoridade competente, que deve observar os rígidos parâmetros fixados no art. 6º, IX, dessa mesma lei.[4]

---

4. Lei 8.666/93: "Art. 6º. Para os fins desta lei, considera-se: (...) IX – Projeto Básico: conjunto de elementos necessários e suficientes, com nível de precisão adequado, para caracterizar a obra ou serviço, ou complexo de obras ou serviços objeto da licitação, elaborado com base nas indicações dos estudos técnicos preliminares, que assegurem a viabilidade técnica e o adequado tratamento do impacto ambiental do empreendimento, e que possibilite a avaliação do custo da obra e a definição dos métodos e do prazo de execução, devendo conter os seguintes elementos: a) desenvolvimento da solução escolhida de forma a fornecer visão global da obra e identificar todos os seus elementos constitutivos com clareza; b) soluções técnicas globais e localizadas, suficientemente detalhadas, de forma a minimizar a necessidade de reformulação ou de variantes durante as fases de elaboração do projeto executivo e de realização das obras e montagem; c) identificação dos tipos de serviços a executar e de materiais e equipamentos a incorporar à obra, bem como suas especificações que assegurem os melhores resultados para o empreendimento, sem frustrar o caráter competitivo para a sua execução; d) informações que possibilitem o estudo e a dedução de métodos construtivos, instalações provisórias e condições organizacionais para a obra, sem frustrar o caráter competitivo para a sua execução; e) subsídios para

No regime da Lei Geral de Licitações e Contratos, o particular não pode interferir na definição do modelo de contrato de prestação de serviços. Cabe-lhe apenas o papel de cumprir fielmente as determinações unilateralmente fixadas pela Administração Pública.

Nas PPPs a situação pode ser diferente. Nelas, quer-se viabilizar que a iniciativa privada contribua com sua eficiência *também* na definição do contrato. À Administração está reservada a tarefa de definir os fins a serem alcançados pela parceria; o agente privado pode escolher os meios para que tais fins sejam atingidos. Há, portanto, compartilhamento entre os parceiros na definição do contrato. A adoção do rígido regime da Lei 8.666/1993 para as licitações de PPPs acabaria afastando esse importante papel do agente privado.

Nas licitações de PPPs, na dependência das regras previstas em edital, o agente privado pode ter mais liberdade na formulação de proposta para realização dos fins definidos pela Administração.

Não resta dúvida, porém, de que o objeto da PPP deve ser identificado pela Administração com grau de precisão suficiente para a perfeita compreensão do que ela pretenda obter, tornando possível aferir se as propostas apresentadas satisfazem as necessidades administrativas e para que seja viável a comparação entre elas, ainda que a avaliação seja promovida com adoção de critérios técnicos.

*3.3 A submissão de minuta de edital e contrato à consulta pública*

O art. 10, VI, da Lei das PPPs prescreve que "a abertura do processo licitatório" está condicionada à submissão de minuta de edital e de contrato a consulta pública.

O dispositivo consagra alguma imprecisão, porque a consulta pública já é ato do procedimento, e não propriamente condição para que ele venha a ser instaurado.[5]

---

montagem do plano de licitação e gestão da obra, compreendendo a sua programação, a estratégia de suprimentos, as normas de fiscalização e outros dados necessários em cada caso; f) orçamento detalhado do custo global da obra, fundamentado em quantitativos de serviços e fornecimentos propriamente avaliados".

5. A Lei 8.666/1993 prescreve que as licitações com objeto de valor estimado superior a 150 milhões de Reais serão "iniciadas" com audiência pública (art. 39). Na redação da lei a audiência pública é ato inicial do procedimento.

Em rigor, os próprios atos internos da Administração – tais como a definição do objeto licitado, a justificativa da contratação, a aferição de disponibilidade de recursos para arcar com os encargos dela decorrentes, a elaboração da minuta de edital e de contrato, entre outros – já integram o procedimento licitatório. Esses *atos internos* são condição para a válida realização de *atos externos* do procedimento. Uns e outros estão conectados em vista do resultado final de seleção da proposta vencedora na licitação, com relação de causalidade entre eles. A validade dos atos internos da licitação é condição de validade dos atos externos.

A ideia de fixar o início do procedimento com a publicação do edital conduz a um problema: a impossibilidade de controlar a formação da "vontade" da Administração estampada no edital. A definição das exigências de habilitação e dos critérios de julgamento das propostas deve ser controlada no próprio procedimento. Confirma isso o art. 31, § 5º, da Lei 8.666/1993, segundo o qual os índices econômico-financeiros a serem atendidos pelas licitantes para fins de habilitação devem estar justificados no procedimento administrativo da licitação. As demais exigências de habilitação e os critérios de julgamento, ainda que a lei não faça referência expressa a respeito do assunto, também devem ser justificados, porque a motivação é condição de validade de todo ato administrativo. Daí por que a fase interna da licitação, anterior à divulgação do edital, integra o procedimento.

De qualquer forma, a imprecisão do dispositivo não traz prejuízo à sua compreensão: sendo a consulta pública condição para a válida realização de licitação, sem ela o procedimento é viciado.

A Lei 8.666/1993, ao tratar da audiência pública para os casos que especifica (art. 39), prescreve que nela as autoridades devam fornecer todas as informações pertinentes, sem fazer referência, contudo, à obrigatoriedade de divulgação da minuta do edital e da minuta do contrato. A Lei das PPPs adotou solução mais adequada, impondo que as minutas sejam submetidas a consulta pública, o que permite controle mais eficiente da atuação administrativa.

A lei fixa o prazo mínimo de 30 dias para que qualquer pessoa apresente sugestões, cujo termo final deve dar-se pelo menos 7 dias antes da data prevista para publicação do edital. O direito de manifestação pelos interessados já decorre do art. 5º, XXXIV, "a", da CF (direito de petição), que abrange o de obter resposta, embora esta não seja condição para prosseguimento da licitação.

### 3.4 Os critérios de julgamento de propostas

Segundo o art. 12, II, da Lei 11.079/2004, a licitação para PPP pode adotar os seguintes critérios de julgamento de propostas: (a) os previstos nos incisos I e V do art. 15 da Lei Geral de Concessões; (b) menor valor da contraprestação a ser paga pela Administração; (c) conjugação do critério mencionado no item anterior com o de melhor técnica, de acordo com pesos definidos no edital.

Os critérios de julgamento da Lei Geral de Concessões de Serviços Públicos acima mencionados são os seguintes: o menor valor da tarifa do serviço público a ser prestado (inciso I); melhor proposta em razão da combinação do critério de menor valor da tarifa do serviço com o de melhor técnica (inciso V).

Os critérios de julgamento com base exclusivamente em aspectos econômicos (menor tarifa, maior oferta pela outorga, menor valor da contraprestação devida pela Administração, e a combinação entre eles) não suscitam dúvidas ou controvérsias. Esses critérios viabilizam classificação *objetiva* de propostas.

Já os critérios técnicos sempre admitem margem de *discricionariedade* na avaliação das propostas, e repousam nessa circunstância as críticas que foram dirigidas ao projeto de Lei das PPPs durante sua tramitação no Congresso Nacional.

A Lei Geral de Concessões de Serviços Públicos já admitia julgamento de propostas com base em critérios técnicos – não havendo, portanto, novidade alguma neste ponto para as concessões patrocinadas e concessões administrativas de serviços públicos.

A situação é diferente para a concessão administrativa, que se caracteriza como contrato de prestação de serviço em regime especial.

Até a edição da Lei das PPPs a adoção de critérios técnicos para julgamento de propostas em licitação para contratação de prestação de serviços estava restrita às limitadas hipóteses previstas na Lei Geral de Licitações.

Segundo a Lei Geral, esses critérios podem ser adotados em licitações para contratação de serviços predominantemente intelectuais e para contratação de fornecimento de bens, execução de obras e prestação de serviços que atendam simultaneamente aos seguintes requisitos: (a) haja autorização de sua adoção pela maior autoridade do ente que promove a licitação (regra especial de competência); (b) o valor estimado do contrato seja igual ou superior a 37 milhões e 500 mil Reais; (c) o objeto da contratação seja majoritariamente dependente de tecnologia nitidamente sofisticada e de domínio restrito, requisitos que devem ser atestados por autoridade técnica de reconhecida qualificação; (d) o objeto pretendido admita soluções alternativas e variações de execução, com repercussões significativas sobre sua qualidade, produtividade, rendimento e durabilidade, concretamente mensuráveis, e as alternativas possam ser livremente escolhidas pelas licitantes (art. 46, § 3º).

Para adoção de critérios técnicos no julgamento de propostas em licitação de concessão administrativa é necessário que esteja *presente apenas o último requisito apontado*.

Como adiantei acima, um dos objetivos das PPPs é aproveitar a eficiência da iniciativa privada na definição do modelo contratual, com possibilidade de ela propor *meios* para que sejam alcançados os fins definidos pela Administração. Não teria sentido admitir a apresentação, pelas licitantes, de diferentes soluções para o objeto pretendido para, depois, escolher a proposta vencedora com base exclusivamente em aspectos econômicos. Nesse quadro, as diferenças propostas restariam simplesmente desprezadas.

Em rigor, nas PPPs as licitantes podem propor soluções alternativas mais amplas que as simplesmente vinculadas a *aspectos técnicos na prestação dos serviços*. Elas podem interferir na definição *gerencial* do empreendimento. É possível garantir oportunidade para que as licitantes colaborem na construção do *negócio*. Os diferentes elementos de cada proposta, que interfiram no contrato, devem, então, ser levados em conta pela Administração na avaliação de suas vantagens.

É claro que sem possibilidade de oferta de soluções próprias e diferençadas que se reflitam no objeto da parceria não se justifica a adoção de critérios técnicos para julgamento das propostas. Não basta, portanto, que a licitação tenha por objeto contrato de PPP para que critérios técnicos possam ser adotados no julgamento das propostas. A Administração deve demonstrar, ainda, a pertinência da adoção desses critérios em face dos resultados que ela almeja alcançar.

O julgamento de propostas por critérios técnicos deve garantir a maior objetividade possível, mediante ato motivado com base em exigências, parâmetros e indicadores de resultados pertinentes ao objeto, definidos com clareza e objetividade no edital (art. 12, § 2º).

### 3.5 A formulação de lances verbais e sucessivos de propostas econômicas no curso do procedimento

A Lei 11.079/2004 traz para a licitação de PPP a bem-sucedida experiência do *pregão* (Lei 10.520/2002), que introduziu em nosso ordenamento jurídico a possibilidade de as licitantes modificarem suas propostas econômicas no curso do procedimento.

Até o advento do pregão, a competitividade na licitação, que cria condições para que o Poder Público celebre contratos em condições mais vantajosas, era garantida apenas mediante a ampliação do universo das licitantes.

A possibilidade de apresentação de novos lances verbais e sucessivos no curso do procedimento viabiliza a ampliação da competição entre aqueles que já estejam participando da disputa, com vantagens para o Poder Público.

No regime da Lei 8.666/1993, as licitantes podem alterar suas propostas apenas em duas hipóteses: (a) quando todas tenham suas propostas desclassificadas (art. 48, § 3º); (b) na licitação de melhor técnica, quando a autora da melhor proposta técnica deve reduzir o preço proposto até o limite da melhor oferta de preço (art. 46, § 1º, II e III).

A Lei 11.079/2004, a exemplo do pregão, admite que as licitantes, depois de abertas suas propostas escritas, melhorem suas ofertas econômicas no curso do procedimento, na dependência de previsão no edital nesse sentido.

Quanto admitida a formulação de novos lances verbais e sucessivos, os incisos I e II do § 1º do art. 12 impõem a observância das seguintes regras: "I – os lances em viva voz serão sempre oferecidos na ordem inversa da classificação das propostas escritas, sendo vedado ao edital limitar a quantidade de lances; II – o edital poderá restringir a apresentação de lances em viva voz aos licitantes cuja proposta escrita for no máximo 20% (vinte por cento) maior que o valor da melhor proposta".

Não há contradição entre os incisos legais quanto à limitação de lances. O inciso I supratranscrito veda que haja limitação de lances *por licitante*. Enquanto houver interessada, a Administração é obrigada a receber novos lances verbais. Já o inciso II permite que seja *definido universo limitado de licitantes aptas à formulação de novos e sucessivos lances*. Para as licitantes que integrem esse universo, não poderá haver limitação de quantidade de lances.

A possibilidade de limitação de licitantes aptas à formulação de lances encontra explicação afinada com o atendimento do interesse público. Sem a limitação as licitantes poderiam oferecer propostas elevadas, para no curso do procedimento ajustá-las apenas ao indispensável para garantir a vitória. Com a limitação, as licitantes tenderão a oferecer propostas iniciais competitivas, sob pena de ficarem de fora da fase de formulação de novos lances. A norma, destarte, prestigia o princípio da boa administração, forçando a apresentação de propostas iniciais justas.

A limitação, por outro lado, não ofende o princípio da igualdade. Em primeiro lugar porque o corte é definido por critério objetivo, impessoal: podem apresentar novos lances todas as licitantes cujas propostas sejam superiores, no máximo, a 20% da melhor oferta. Em segundo lugar porque a participação de licitante na fase de lances depende exclusivamente da competitividade de sua oferta inicial.

A possibilidade de formulação de novos lances verbais e sucessivos e a limitação das licitantes que poderão exercer esse direito devem estar previstas no edital.

Quando a licitação adote critério técnico conjugado com a oferta econômica para julgamento das propostas, os novos lances verbais devem ser empregados na equação que determina sua classificação.

*3.6 A fase de saneamento*

Na licitação de PPP, o edital pode prever, no curso do procedimento, fase voltada exclusivamente para saneamento de falhas, complementação de insuficiências ou correção formal na documentação de habilitação ou na proposta.

A fase deve estar prevista no edital, com definição de seu prazo. Sendo possível promover o saneamento, a complementação ou a correção formal no prazo fixado, sua observância é obrigatória. Esta é a única interpretação compatível com o princípio da impessoalidade e o da objetividade na seleção de propostas.

A prerrogativa das licitantes para correção de falhas e complementação de documentos é ampla na fase de habilitação. Não há razões para impor-lhes limites ou condições, ressalvada a possibilidade de que as correções ou complementações sejam promovidas no prazo definido no edital. Já quanto às propostas, não se pode admitir que essa fase seja utilizada para modificação de seu conteúdo. É que a possibilidade de modificação da oferta depois do conhecimento das demais propostas comprometeria o princípio da igualdade. Daí por que, quanto às propostas, podem ser promovidas apenas as correções que não modifiquem seu conteúdo.

Concebida originariamente no anteprojeto de Lei Geral de Contratações da Administração Pública (APL), elaborado no âmbito do Ministério do Planejamento do Governo FHC, as vantagens da nova fase são bastante claras. Ela evita a eliminação desnecessária de licitantes e propostas, com ampliação da disputa; reduz a quantidade de recursos administrativos e judiciais contra decisões de inabilitação ou desclassificação; impede o dirigismo da licitação por meio de definição de cláusulas editalícias obscuras ou contraditórias, para que lhes seja fixado o sentido concreto depois da apresentação de documentos e propostas pelos licitantes.

Alguns juristas já sustentaram que a fase em questão afronta o princípio da igualdade, que privilegia as licitantes relapsas em detrimento das mais diligentes, daquelas que foram capazes de atender de plano a todas as exigências do edital.

O Direito, contudo, não é um mundo de papel ou um mundo de faz de conta. Nem a licitação é um esporte, onde o resultado da disputa é decidido por pequenos detalhes ou por pequenos deslizes.

Licitação é coisa muito diferente. Ela tem um resultado substancial, real, a alcançar: selecionar a proposta mais vantajosa para a Administração, com dispensa de tratamento isonômico aos que efetivamente possam cumprir o contrato.

O formalismo tem importante papel para garantir respeito às finalidades públicas, mas o procedimento definido em lei deve permitir a aferição de dados do mundo real. São eles que interessam. Licitação não é uma gincana para premiar o melhor cumpridor de edital.

Na licitação, a igualdade entre os competidores é garantida de três formas: (a) pela definição de critérios de participação que assegurem acesso de quem efetivamente possa cumprir o contrato, sem restrição a interessados aptos e sem aceitação de incapazes (disputa entre iguais); (b) pela observância rigorosa de regras preestabelecidas; (c) pelo julgamento das propostas por critérios objetivos, que embarguem favoritismos e perseguições por parte de agentes públicos.

É lógico que, sem previsão em lei e em edital, a abertura de oportunidade para que um específico licitante sanasse vício de sua documentação ou proposta representaria indisfarçável violação à isonomia. A situação é muito diferente, porém, quando a fase para saneamento esteja prevista em lei e edital, com prazo também objetivamente definido, e que será observada qualquer que seja o licitante beneficiado. A regra geral e abstrata é garantia de igualdade.

O resultado da licitação deve ser determinado pela real qualificação das participantes e pelo conteúdo de suas propostas.

## 3.7 Realização da classificação das propostas antes da habilitação da licitante autora da melhor oferta

A Lei 11.079/2004 admite que o edital inverta as fases de habilitação e classificação das propostas, para que esta seja realizada antes daquela.

Com a inversão, deve ser adotado o procedimento previsto no art. 13 da lei: "Art. 13. O edital poderá prever a inversão da ordem das fases de habilitação e julgamento, hipótese em que: I – encerrada a fase de classificação das propostas ou o oferecimento de lances, será aberto o invólucro com os documentos de habilitação do licitante mais bem classificado, para verificação do atendimento das condições fixadas no edital; II – verificado o atendimento das exigências do edital, o licitante será declarado vencedor; III – inabilitado o licitante melhor classificado, serão analisados os documentos habilitatórios do licitante com a proposta classificada em segundo lugar, e assim sucessivamente, até que um licitante classificado atenda às condições fixadas no edital; IV – proclamado o resultado final do certame, o objeto será adjudicado ao vencedor nas condições técnicas e econômicas por ele ofertadas".

Pela clareza do texto legal, apenas duas questões merecem ser abordadas: (a) verificação da oportunidade para recurso contra o ato de classificação das propostas *antes da habilitação da autora da melhor proposta*; (b) eventual violação dos princípios da impessoalidade e moralidade com a inversão das fases, já que a verificação do atendimento das exigências de habilitação deve ocorrer depois do conhecimento de todas as propostas.

Quanto ao primeiro ponto parece-me inevitável concluir que o ordenamento jurídico assegura fase recursal contra a classificação das propostas antes da habilitação da licitante autora da melhor proposta.

Com efeito, a Lei 8.666/1993, que se aplica à licitação de PPP no que não contrariar a Lei 11.079/2004, prevê duas oportunidades de recurso: uma contra o ato de habilitação e outra contra o de classificação de propostas.

Com a inversão das fases, as duas fases recursais poderiam ser reunidas. Com efeito, a abertura de fase de recurso contra a habilitação dos licitantes antes de abertura das propostas tem um objetivo claro a ser alcançado: garantir que a decisão final na esfera administrativa sobre a habilitação das licitantes ocorra antes do conhecimento do conteúdo das propostas. Essa razão deixa de existir com a inversão das fases. Nada impediria, portanto, que houvesse fase única para recurso contra a classificação das propostas e contra a habilitação da licitante vencedora.

Essa solução, contudo, não foi adotada pela lei.

A previsão contida no art. 13, I, da Lei 11.079/2004 de que, "encerrada a fase de classificação das propostas ou o oferecimento de lances, será aberto o invólucro com os documentos de habilitação do licitante mais bem classificado" não infirma essa conclusão. Sem modificação do regime dos recursos *a fase de classificação reputar-se-á encerrada com o julgamento dos eventuais recursos interpostos pelas licitantes*. O recurso contra o ato de classificação continua comportado pela Lei 8.666/1993, com efeito suspensivo. Assim, conquanto desnecessária a fase específica de recurso contra o ato de classificação, ela deve ser observada.

É interessante observar, ainda, que o inciso IV do mesmo art. 13 da lei prescreve que, "proclamado o resultado final do certame, o objeto será adjudicado ao vencedor", também sem fazer referência à fase de recurso. Ninguém sustentaria que, com a inversão das fases, não caberia recurso contra os atos do procedimento. Parece-me, pois, inevitável que, quanto aos recursos, o regime continua o mesmo consagrado na Lei 8.666/1993.

Resta verificar se a inversão das fases de habilitação e classificação importa violação do princípio da isonomia.

No regime da Lei 8.666/1993 a licitação foi estruturada para garantir que a decisão administrativa final quanto à habilitação ou inabilitação das licitantes ocorra antes do conhecimento do conteúdo das propostas. Celso Antônio Bandeira de Mello afirma que a medida é instrumento para garantir isenção na avaliação dos critérios subjetivos das licitantes.[6]

De fato, a avaliação da verificação da capacidade técnica das licitantes por meio de atestados comprobatórios de experiência anterior pode ensejar oportunidade de avaliação subjetiva por parte da Administração, especialmente porque é admitida a demonstração dessa capacidade por meio de outras atividades de complexidade técnica ou operacional semelhante ou superior à do objeto licitado. A verificação da semelhança entre as atividades e de equivalência entre as complexidades técnica e operacional que elas envolvem pode conferir margem de discricionariedade ao administrador. Daí por que se preferiu que a decisão final na esfera administrativa fosse proferida antes de conhecidos os conteúdos das propostas comerciais.

Seria exagerado, contudo, sustentar que, diante da possibilidade de margem de discricionariedade na avaliação dos atributos subjetivos dos licitantes (na fase de habilitação), restariam comprometidos o princípio da impessoalidade e o da igualdade se tal discricionariedade fosse exercida quando a Administração já tivesse conhecimento do conteúdo das propostas.

6. Celso Antônio Bandeira de Mello, *Licitação*, São Paulo, Ed. RT, 1980, p. 52.

## 4. Conclusão

As novas regras instituídas para as licitações de PPPs são pertinentes e adequadas aos objetivos perseguidos pela nova modalidade contratual, e algumas delas podem ser, inclusive, aproveitadas para contratações com outros objetos, na dependência de lei que venha a acolhê-las para esse fim.

# A EXPERIÊNCIA BRASILEIRA NAS CONCESSÕES DE SERVIÇO PÚBLICO E AS PARCERIAS PÚBLICO-PRIVADAS

JACINTHO ARRUDA CÂMARA

*1. Introdução. 2. O modelo tradicional das concessões. 3. Diretrizes das PPPs (a filosofia PPP). 4. As concessões na Lei 8.987/1995. 5. Legislação setorial. 6. Campo de aplicação da Lei das PPPs.*

## 1. Introdução

O tema das *parcerias público-privadas* (PPPs) provoca uma associação imediata com o regime das concessões de serviço público. De fato, quando se fala em parceria entre o Estado e a iniciativa privada, torna-se quase inevitável pensar em concessão.

Já faz muito tempo que as concessões são utilizadas pelo Estado como mecanismo para conseguir cooptar a participação de empreendedores privados no desenvolvimento de uma dada atividade, sem abrir mão do poder de intervir sobre ela. Como exemplo, basta lembrar de alguns dos serviços públicos que foram (e continuam sendo) desenvolvidos por particulares em regime de concessão pública: transporte ferroviário, portos, transporte aéreo de passageiros, energia elétrica, telecomunicações – entre outros.

Essa constatação pode gerar uma certa dúvida na compreensão da discussão – política, econômica e jurídica – que vem sendo travada sobre o tema em nosso país. Explicamos.

A Lei 11.079, de 30.12.2004, teve como escopo justamente o de disciplinar as chamadas "parcerias público-privadas (PPPs)". A edição da lei sobre o referido tema foi considerada ponto indispensável à retomada do desenvolvimento do país. No discurso governamental, a falta de investimentos em infraestrutura seria superada com a implementação desse novo regime jurídico, baseado numa fórmula diferente de relacionamento entre o Poder Público e a iniciativa privada. A atual falta de poder de investimento do Estado seria resolvida por intermédio dessa nova fórmula de parceria, que atribuiria ao particular o ônus do financiamento no empreendimento público. Em troca, o investidor privado teria direito de receber uma dada contraprestação, do próprio Estado, ao longo de um período de exploração econômica do empreendimento (serviço ou obra pública).

Diante dessas características, uma primeira observação que costuma ser feita é a de que as PPPs, quando relacionadas ao tema dos *serviços públicos*, não representariam uma grande novidade. O modelo de transferência aos particulares do financiamento necessário à instalação de um serviço público já vem sendo adotado há muito tempo, no conhecido regime das concessões. A diferença que se apresenta, segundo essa linha de pensamento, seria singela: na nova legislação instituidora das PPPs a remuneração do investidor privado também seria feita diretamente pelo Estado, e não apenas pelos usuários do serviço (como ocorre, geralmente, nas concessões).

Seria apenas essa a inovação que se pretende estabelecer com o anunciado modelo contratual das PPPs? Acreditamos que não é apenas isso. Para enxergar as inovações, no entanto, é necessário primeiramente constatar uma ambiguidade que a expressão "parceria público-privada" carrega e que, no mais das vezes, não é percebida.

Quando se fala em PPP, no Brasil, é possível se deparar com dois significados distintos. Em alguns casos PPP quer designar uma nova *filosofia* de entabular relacionamentos entre o Poder Público e a iniciativa privada. Muda-se a forma de contratar; os papéis anteriormente consagrados para a atuação do Poder Público, de um lado, e dos particulares, de outro, são revistos, com o fito de se implementar um sistema de relacionamento (uma contratação) mais eficiente, com maior retorno ao interesse público. Noutros casos a sigla tem emprego mais conjuntural: restringe-se às alterações propostas na legislação brasileira por intermédio da Lei das PPPs.

A dubiedade ocorre porque as medidas introduzidas na *lei* não esgotam o que neste estudo vem sendo chamada de "filosofia PPP". É óbvio que a lei foi inspirada na noção que se tem – oriunda da Ciência da Administração – de reformulação no modelo de contratação estatal. Ou seja, a *lei* inspira-se na *filosofia PPP*. Todavia, com a lei não se quis editar sobre a matéria um novo regime jurídico, de abrangência geral. Outros instrumentos normativos de implementação desta *filosofia PPP*, que já existem na legislação em vigor, são preservados com a edição da lei nova. São exemplos desse arcabouço normativo que, de um certo modo, também encarna a noção de PPP a própria Lei de Licitações e Contratos Administrativos (Lei 8.666/1993), a Lei Geral de Concessões (Lei 8.987/1995) e as diversas leis setoriais (como as leis que versam sobre serviços públicos específicos).

A aplicação da *filosofia PPP* em relação a serviços públicos, portanto, já pode ocorrer por intermédio de instrumentos jurídicos existentes (basicamente, a Lei 8.987/1995 e as leis setoriais). Noutra vertente, essa mesma tendência pode vir a ser incrementada por meio da nova lei (Lei das PPPs). Neste contexto, buscaremos, ao analisar a experiência brasileira nas concessões de serviço público, identificar aquilo que, atualmente, já encarna essa nova fórmula de relacionamento entre o Estado e a iniciativa privada, bem como apontar as novas perspectivas que, em relação aos serviços públicos, a aprovação da Lei das PPPs enseja.

Para evitar a ambiguidade identificada no uso da expressão "PPP", esclarecemos que, a partir de então, sempre que o objetivo for se referir às mudanças legislativas introduzidas no Brasil, será feita referência à "Lei das PPPs". Quando for empregada apenas a sigla "PPP", o objetivo será o de designar a noção geral que denota a modificação nos padrões de relacionamento contratual entre o Poder Público e a iniciativa privada.

## 2. *O modelo tradicional das concessões*

A transferência do direito de explorar economicamente serviços públicos a particulares, por meio de concessões, já constituiu, por si só, uma grande evolução no modo de relacionamento entre o Estado e a iniciativa privada.

Com esse sistema o Estado reconhece que dada atividade é relevante para a sociedade e, por este motivo, exerce sobre ela uma forte intervenção, assumindo o dever de assegurar sua existência (dever de continuidade dos serviços públicos). Não obstante o reconhecimento de seu caráter público, a prestação do serviço é transferida para particulares, que, em contrapartida, recebem o direito de explorá-lo economicamente (mediante a cobrança de tarifas dos usuários).

No regime mais tradicional das concessões o particular assume o serviço em nome próprio. Ou seja, passa a ser o responsável pelas ações realizadas na execução do empreendimento. Muito embora haja a assunção dessa responsabilidade por parte do concessionário e, consequentemente, de uma série de riscos que a ela são inerentes, não se pode dizer que o Estado tenha passado a ocupar uma posição secundária no que diz respeito à consecução do serviço. Ao contrário. As decisões centrais quanto à estruturação do serviço objeto de concessão são tomadas, nesse modelo tradicional, pelo poder concedente (Estado), e não pela concessionária.

É o poder concedente quem dita as principais regras da atividade a ser explorada. Normalmente, é o Estado que define o projeto a ser executado, também é o responsável por fixar as regras básicas de oferta do serviço, bem como suas condições operacionais, o cronograma de expansão do serviço – entre vários outros aspectos fundamentais da *gestão* do empreendimento. Ao concessionário cabe *executar*, do modo mais eficiente possível, as diretrizes fixadas pelo titular do serviço – ou seja, pelo Estado (poder concedente).

Separando, para efeitos didáticos, em duas categorias as atribuições inerentes à oferta de um empreendimento público (bem ou serviço), cabia ao Estado a responsabilidade pelas decisões estratégicas da *atividade*, enquanto o concessionário dirigia a *empresa* responsável pela implementação das diretrizes estatais.

A divisão de responsabilidade, até por uma questão de lógica, obedece à repartição de atribuições acima descrita. O Estado acaba assumindo o risco pela viabilidade do empreendimento. Isso tem uma razão de ser: o investimento a ser feito pelo particular recai sobre soluções determinadas pelo Estado, e, nesse contexto, passa a ter retorno assegurado por quem fixou um dado modelo de exploração econômica. Ao particular cabe a responsabilidade pela gestão de sua empresa. A ele é atribuído o risco por aquilo que se sujeita a suas deliberações, ou seja, lhe é reservada a responsabilidade sobre as ações que são tomadas por decisão própria, e não por mera execução de determinação estatal.

Neste ambiente, o risco assumido pelo particular, mesmo tratando-se de contrato de concessão, era bastante reduzido.[1] A adoção desse modelo seguia uma equação bastante simples e compreensível: quanto maior a intervenção do Estado na definição do empreendimento a ser explorado (e normalmente era muito grande), menor seria a assunção de risco do empresário que implementaria as decisões estatais.

Para alguns, mais que uma opção estratégica assumida pelo Estado, esse modelo teria sido incorporado ao texto constitucional brasileiro. A constitucionalização da repartição de riscos entre concessionários e Estado teria ocorrido até a Constituição de 1969, que ainda previa expressamente a necessidade de fixação de *tarifas que remunerassem o capital investido pelo concessionário*.[2] Isto significaria dizer, seguindo essa linha, que o único risco a ser suportado pelo concessionário seria pela gestão de sua empresa. O Estado, por definição constitucional, haveria de assumir os riscos advindos da viabilidade

---

1. Não era raro que os contratos de concessão previssem a chamada "cláusula-ouro", por intermédio da qual se assegurava o retorno do investimento realizado pelo concessionário, com base na indexação deste valor a um montante de ouro.
2. Cf. o texto constitucional de então: "Art. 167. A lei disporá sobre o regime das empresas concessionárias de serviços públicos federais, estaduais e municipais, estabelecendo: (...) II – tarifas que permitam a justa remuneração do capital, o melhoramento e a expansão dos serviços e assegurem o equilíbrio econômico e financeiro do contrato; (...)". Textos semelhantes se encontravam nas Constituições de 1946 (parágrafo único do art. 151) e 1937 (art. 147). A Constituição de 1934, que primeiro tratou da matéria, também determinava a justa remuneração do concessionário, mas tinha dicção um tanto quanto diversa das posteriores, pois, ao contrário das outras, não previa a competência de intervir nas tarifas como uma forma de assegurar a remuneração do investidor privado, e sim como um meio de impedir o lucro abusivo do concessionário. Vale recordar a regra prevista na Constituição de 1934: "Art. 137. A lei federal regulará a fiscalização e a revisão das tarifas dos serviços explorados por concessão, ou delegação, para que, no interesse collectivo, os lucros dos concessionários, ou delegados, não excedam a justa retribuição do capital, que lhes permitta attender normalmente às necessidades publicas de expansão e melhoramento desses serviços".
A dicção atual da Constituição Federal é muito mais aberta que a anterior. A atual Constituição apenas prevê a edição de uma lei que disporá, entre outros assuntos referentes ao tema das concessões, sobre *política tarifária*, sem detalhar características do regime jurídico a ser implementado (art. 175, parágrafo único, III, da CF em vigor).

econômica do empreendimento em si (ou seja, do serviço ou da obra objeto da concessão).[3]

Esse sistema – constituindo, ou não, uma imposição da Constituição Federal – representava bem o modelo de atuação estatal que se buscava em relação aos serviços públicos (que era, basicamente, um modelo intervencionista). O Estado ou assumia ele próprio a função de prestar os serviços públicos à coletividade ou, quando menos, transferia a execução dessa tarefa a particulares, que a assumiam em regime de concessão, mas sem influir nas principais diretrizes da oferta do serviço em si, que continuavam sendo deliberadas pelo Estado (titular do serviço). Com a concessão tradicional o Estado basicamente transferia à iniciativa privada a gestão da empresa prestadora do serviço e o ônus do financiamento do empreendimento (quando a estrutura ainda precisa ser constituída ou ampliada); todavia, as decisões estratégicas continuavam sendo assumidas por ele próprio e, por isso, não se eximia dos riscos derivados dessa atribuição.

Quando se fala em "parceria público-privada" não se está, por certo, referindo apenas essa tradicional divisão de atribuições entre o Estado e particulares. Para ganhar uma conotação de autêntico PPP o

---

3. Era esse o entendimento de Celso Antônio Bandeira de Mello: "No Brasil, a álea ordinária, ou seja, o único risco que o concessionário deve suportar sozinho, cinge-se aos casos em que o concessionário haja atuado canhestramente, procedendo com ineficiência ou imperícia. Isto porque o art. 167 da Carta Constitucional do país estatui que a lei disporá sobre o regime das concessionárias de serviços públicos federais, estaduais e municipais, assegurando, entre outros, 'tarifas que permitam a justa remuneração do capital, o melhoramento e a expansão dos serviços e assegurem o equilíbrio econômico e financeiro do contrato e fiscalização permanente e revisão periódica das tarifas, ainda que estipuladas em contrato anterior'. Ora, desde que o texto constitucional exige a adoção de tarifas que assegurem a *justa remuneração* do capital, impõe a *garantia do equilíbrio econômico e financeiro* e *requer a revisão periódica das tarifas*, está visto que sempre que ocorrer desequilíbrio na equação patrimonial – mesmo que derivado de oscilações de preços no mercado, insuficiência do número de usuários, ou de providências governamentais desempenhadas em nome de sua supremacia geral e sem relação com a posição jurídica de contratante que haja assumido – o poder concedente deverá restabelecer o equilíbrio através da revisão de tarifas, de modo não só a restaurar-lhe os termos de igualdade mas ainda com fito de assegurar a *justa retribuição* do capital. Em outras palavras, a Lei Magna impõe indiretamente a adoção, nas concessões, do regime de serviço pelo custo, dando a garantia de uma margem fixa de lucro" (*Prestação de Serviços Públicos e Administração Indireta*, 2ª ed., 3ª tir., São Paulo, Ed. RT, 1987, pp. 47-48).

modelo negocial deve ser mais complexo, inclusive no que diz respeito à transferência de responsabilidades e riscos aos parceiros privados. Vejamos, pois, quais são as principais diretrizes desse novo modelo contratual conhecido como "parceria público-privada". Ou seja, descreveremos, a seguir, as principais características do que foi aqui denominado de "filosofia PPP".

## 3. Diretrizes das PPPs (a filosofia PPP)

A sigla "PPP", como já foi dito, significa mais que a mera participação da iniciativa privada em ações de interesse do Poder Público (prática que, em si, não é nova). A expressão busca exprimir uma nova definição dos papéis desempenhados pelos citados personagens (Estado e particulares).

Em verdade, o surgimento do modelo PPP de contratação não pode ser visto como um fenômeno isolado. Referida mudança no padrão contratual está inserida no bojo de uma série de reformas implementadas na atuação do Estado nas últimas duas décadas. Privatização de empresas estatais, introdução da competição em serviços públicos, retirada do Estado da função de agente econômico, surgimento do "Estado regulador", são tópicos desse processo de metamorfose que, sem prescindir de uma visão ideológica, se propõe a modernizar o Estado. Nas relações contratuais a modernização ocorreria com a adoção de um novo padrão de relacionamento entre o Poder Público e a iniciativa privada.

Esse novo padrão de relacionamento entre Estado e particular teve origem, conforme se tem em consenso, na Grã-Bretanha. Deriva do programa governamental denominado *Private Finance Initiative* (PFI), iniciado em 1992, no governo do Primeiro-Ministro John Major.[4]

---

4. Para o tema PFI, aprofundar em Jeffrey Goh, "Avances en la colaboración de los sectores público y privado para la provisión de dotaciones y servicios en el Reino Unido: el *Private Finance Initiative* y su régimen jurídico", in Alberto Ruiz Ojeda, Gérard Marcou e Jeffrey Goh, *La Participación del Sector Privado en la Financiación de Infraestructuras y Equipamientos Públicos: Francia, Reino Unido y España (Elementos Comparativos para un Debate)*, Madri, Civitas e Instituto de Estudios Económicos, 2000, pp. 95-132.

Com a PFI buscava-se, basicamente, alcançar três principais objetivos: (a) emprego efetivo das técnicas de gestão privada no empreendimento público, fazendo com que os particulares assumissem de fato o controle do projeto a ser implementado; (b) transferência dos riscos econômicos do projeto para o particular (que, frise-se, também assumiria o ônus de sua elaboração); e (c) obtenção de maior eficiência na aplicação dos recursos econômicos e financeiros necessários à realização do empreendimento público (o que, na denominação inglesa, resume-se na expressão *value for money*).

Tais objetivos estão claramente expostos na declaração dos princípios inspiradores da PFI, elaborado pelo Governo Britânico (*Setting New Standards*, Anexos 2.15/2.16): "Os distintos Departamentos levarão em consideração as opções de financiamento privado para seus projetos de investimento sempre que seja possível transferir ao setor privado o controle do projeto e os riscos associados, desde que isso não suponha um custo desproporcional. Muitos projetos do Governo passarão por esta prova e, por consequência, se formularão convites para a apresentação de propostas de financiamento privado. Quando forem recebidas essas propostas, serão tratadas como qualquer outra forma de obtenção de financiamento e avaliadas com base no critério *value for money*, tendo em conta os custos e benefícios de transferir os riscos e a responsabilidade da gestão ao setor privado".[5]

No final da década de 90 do século passado o Governo Britânico – já sob a administração do trabalhista Tony Blair – promoveu alterações no modelo PFI. Constatou-se a necessidade de equilibrar a participação privada com a pública, de modo a que o particular não fosse mais o único responsável pelo projeto – vale dizer, admitindo-se que o Poder Público também assumisse parcela dos riscos oriundos do projeto. Sem desprezar a participação da iniciativa privada na elaboração dos projetos, tampouco a eximindo de arcar com os riscos que eles tragam, passou-se a formular contratos em que o Poder Público também assumisse uma parcela da responsabilidade. Com o ajuste, o

---

5. *Apud* Jeffrey Goh, "Avances en la colaboración de los sectores público y privado para la provisión de dotaciones y servicios en el Reino Unido: el *Private Finance Initiative* y su régimen jurídico", cit., in Alberto Ruiz Ojeda, Gérard Marcou e Jeffrey Goh, *La Participación del Sector Privado en la Financiación de Infraestructuras y Equipamientos Públicos: Francia, Reino Unido y España (Elementos Comparativos para un Debate)*, p. 100.

modelo de contratação mereceu uma nova terminologia. Saiu a PFI, entrou a PPP, a *public-private partnership*.[6]

O surgimento dessas novas fórmulas de gestão pública (PFI ou PPP), todavia, não significou a exclusão das demais maneiras de a Administração contratar. Não houve adoção plena desses novos métodos em qualquer parte do mundo, nem mesmo na Inglaterra (país tido como formulador da novidade). O modelo PPP apareceu, portanto, como uma alternativa, isto é, como mais um instrumento posto à disposição do administrador público, a ser implementado de acordo com as características próprias de cada projeto.

É diante desse contexto que a experiência brasileira deve ser confrontada com a referida *filosofia PPP*.

Nem tudo que se experimentou ultimamente em termos de participação privada na prestação de serviços públicos pode ser considerado exemplo de aplicação do modelo contratual em exame. Não são raros os segmentos de serviços públicos que permanecem sob um esquema de concessão mais tradicional, em que o Estado assume praticamente a gestão do empreendimento, sobrando ao empresário a gestão de sua empresa (concessionária) e os riscos que a essa atividade restrita são inerentes. A edição da Lei das PPPs não mudará esta realidade. Isto é, mesmo com a lei, determinados serviços serão delegados a particulares por meio de mecanismos tradicionais de relacionamento entre o Poder Público e a iniciativa privada.

De outro lado, é necessário também apontar que a legislação brasileira, mesmo antes da edição da Lei das PPPs, já contava com instrumentos capazes de viabilizar a aplicação concreta da *filosofia PPP*. É possível encontrar exemplos desses dispositivos na Lei Geral de Concessões, editada em 1995, bem como em diversas leis específicas que vieram a disciplinar serviços públicos de competência federal. A Lei das PPPs haverá de encontrar aplicabilidade em meio a essa legislação que já existia e que não foi revogada. Passaremos, pois, a delimitar a abrangência de cada um desses sistemas jurídicos, expondo como os diversos serviços públicos lhes são submetidos.

---

6. Para uma exposição de motivos acerca da evolução do modelo de contratação inglês, v. *Public-Private Partnerships – The Government's Approach*, Londres, The Stationery Office, 2000.

## 4. As concessões na Lei 8.987/1995

Quando na Inglaterra se buscava implementar o modelo PFI de contratação, aqui no Brasil, seguindo a mesma tendência de redução do papel do Estado como agente econômico, editava-se uma lei geral para disciplinar as concessões e permissões de serviços públicos. Era a Lei 8.987, de 13.1.1995.[7] Pela primeira vez no país fora editada uma lei geral para disciplinar o regime jurídico das concessões de serviços públicos. Até então as concessões eram disciplinadas de modo segmentado, variando em relação do serviço público ou da unidade da Federação em que era aplicada.

O meio jurídico nacional, num primeiro momento, realizou a análise da Lei 8.987/1995 com base em parâmetros anacrônicos – ou seja, buscou compreender a extensão da lei com base numa visão tradicional a respeito do instituto das concessões. Buscou-se, antes de qualquer coisa, aferir o enquadramento dos novos dispositivos legais às lições doutrinárias até então conhecidas, e que eram (e continuam sendo) fortemente inspiradas na doutrina francesa do início do século XX. Ou seja, não se procedeu à aproximação de alguns conceitos da lei com o que de mais moderno se propunha como alteração no modelo de relacionamento entre o Estado e a iniciativa privada (com grande influência britânica). E essa identificação era necessária.

A Lei 8.987/1995 não produziu uma ruptura absoluta com o modelo tradicional das concessões. Realmente, isso não ocorreu. Deveras, mesmo após sua edição é possível identificar serviços que permaneceram merecedores de fórmulas conservadoras de pactuar.[8] Todavia,

---

7. A autoria do projeto de lei que deu origem à Lei de Concessões foi do então senador Fernando Henrique Cardoso. O mesmo que, já Presidente da República, sancionou-a, em janeiro/1995.

8. Tomem-se como exemplo os serviços de transporte coletivo municipal. De um modo geral os contratos de concessão (ou permissão) preveem uma grande concentração de atribuições ao próprio poder concedente. É o Município que estipula as linhas, o número de ônibus por linha, com que frequência os ônibus devem atender aos pontos, quais os equipamentos obrigatórios, e assim por diante. Ao concessionário cabe tão somente administrar sua empresa, pois o modelo de prestação de serviço é todo concebido pelo Poder Público. Nesse contexto, o risco contratualmente assumido pelos empresários tende a ser reduzido. Envolve basicamente o risco referente à administração de sua empresa. Sequer a variação no preço dos insumos afeta, ordinariamente, a margem de lucro pactuada inicialmente, uma vez que a maioria dos contratos adota como fórmula de reajuste a apreciação de planilhas de custos das em-

em várias passagens da lei é possível identificar a influência da nova filosofia de contratação que vinha sendo aplicada na Europa.

Vejamos os elementos conceituais da *filosofia PPP* que já foram incorporados no nosso ordenamento desde a Lei 8.987/1995.

Um dos mais evidentes está no tratamento legislativo conferido ao risco assumido pelo concessionário. Em contraponto ao modelo vigente até a Constituição de 1988, em que se assegurava a justa remuneração do investimento, a lei deixou marcado que, nas concessões, o concessionário assumia o empreendimento "por sua conta e risco".[9] Mais. O legislador chegou a afirmar que, estando mantidas as condições contratuais, haveria de se considerar como respeitado o equilíbrio econômico-financeiro do contrato (o que pode se interpretar como uma transferência, ao concessionário, dos riscos alheios ao contrato).[10]

De qualquer modo, ainda caberia ao contrato, ou à regulamentação aplicável ao serviço objeto de concessão, fixar uma divisão de riscos entre poder concedente e empresa concessionária. Em alguns casos – como ocorre no já referido exemplo do serviço de transporte coletivo – os riscos do concessionário praticamente se limitam à gestão de sua empresa.

**Noutros setores a transferência de risco foi consideravelmente maior.** Tome-se o exemplo da telefonia celular, que no início foi objeto de delegação com base na Lei de Concessões (Lei 8.987/1995). A regulamentação aplicável previa ampla liberdade para as concessionárias implantarem suas redes de telecomunicações. A estratégia de atuação no mercado e mesmo o padrão tecnológico a adotar eram temas assumidos pelas próprias empresas. Também havia o risco pela demanda pelo serviço. Num ambiente em que se introduzia a competição, o poder concedente não se comprometia com a demanda de

---

presas. Trata-se, portanto, de sistema bem distante da formulação designada como PFI ou mesmo uma PPP.

9. Esta noção veio encartada na própria definição legal de *concessão*. Confira-se: "Art. 2º. Para os fins do disposto nesta Lei, considera-se: (...) II – concessão de serviço público: a delegação de sua prestação, feita pelo poder concedente, mediante licitação, na modalidade de concorrência, à pessoa jurídica ou consórcio de empresas que demonstre capacidade para seu desempenho, *por sua conta e risco* e por prazo determinado; (...)".

10. Esta outra disposição está prevista no art. 10 da Lei 8.987/1995. Veja-se: "Sempre que forem atendidas as condições do contrato, considera-se mantido seu equilíbrio econômico-financeiro".

usuários pelo serviço delegado. Esse era um risco assumido pelo concessionário, que poderia, ou não, conquistar o número necessário de clientes para amortizar seus investimentos. Assim, analisando os contratos de concessão de telefonia celular, é possível identificar uma forte influência da nova filosofia de contratação. Neste caso houve, indiscutivelmente, a transferência de responsabilidades de gestão do empreendimento, bem como de riscos que lhe são inerentes, para a empresa concessionária. E isto tudo foi implantado com arrimo na Lei de Concessões em vigor desde 1995.

Outro ponto de aproximação entre a Lei de Concessões e a *filosofia PPP* está na previsão de projetos associados à prestação do serviço ou exploração da obra. A união de projetos privados ao empreendimento público, objeto de delegação a particular, é, sem dúvida, uma das principais marcas dos projetos de PPP. Seria o caso, por exemplo, da cessão de área para a construção de um hospital público e, paralelamente, a autorização para a realização de empreendimentos imobiliários outros, de índole privada (como hotéis, prédios de consultórios etc.) em parte do imóvel público. Também ilustra bem esse tipo de parceria a utilização de áreas lindeiras à estrutura rodoviária (estradas ou pontes) para a realização desses empreendimentos imobiliários. A exploração privada desses projetos configuraria, no modelo de PPP, fonte de receita para o financiamento do empreendimento tipicamente público. Ou seja, seria realizado um subsídio cruzado entre os projetos, de modo a que a exploração de projetos paralelos, de índole privada, servisse para viabilizar o desenvolvimento da atividade tipicamente pública. Esse modelo foi expressamente encartado na Lei 8.987/1995,[11] ganhando aplicação evidente nos empreendimentos relativos à exploração de rodovias.[12]

---

11. Cf. o dispositivo legal que tratou da matéria:
"Art. 11. No atendimento às peculiaridades de cada serviço público, poderá o poder concedente prever, em favor da concessionária, no edital de licitação, a possibilidade de outras fontes provenientes de receitas alternativas, complementares, acessórias ou de projetos associados, com ou sem exclusividade, com vistas a favorecer a modicidade das tarifas, observado o disposto no art. 17 desta Lei.
"Parágrafo único. As fontes de receita previstas neste artigo serão obrigatoriamente consideradas para a aferição do inicial equilíbrio econômico-financeiro do contrato."
12. Sobre concessões de rodovias e PPPs, v. artigo da professora Letícia Queiroz de Andrade ("A Experiência Brasileira nas Concessões de Rodovias"), integrante desta obra.

Também é oportuno destacar a abertura que a lei proporciona à participação da iniciativa privada na propositura de soluções para o serviço a ser licitado. Frise-se que esse elemento é fundamental na caracterização de uma PPP. De fato, nessa fórmula de atuação conjunta entre o Poder Público e a iniciativa privada propõe-se a participação dos particulares inclusive na formulação de projetos e na definição de soluções para a realização de empreendimentos públicos. Ao Estado caberia apenas apontar as finalidades buscadas e avaliar a solução mais adequada ao interese público.

Pois bem. Na legislação geral de concessões proporcionou-se abertura para tanto. Uma delas está na admissão de critérios técnicos de julgamento da licitação. Dependendo da previsão editalícia, a avaliação técnica das propostas pode considerar justamente a solução que o licitante ofereça para a execução de determinada obra ou a prestação de um serviço. Ou seja, a lei admite que a concessão seja entregue àquele que ofereça a melhor solução técnica para a prestação de um dado serviço público.[13]

Além disso, a legislação sobre concessões alterou uma regra geral do procedimento de licitações adotado no país, segundo a qual o responsável pela elaboração do projeto a ser licitado não pode participar de sua execução.[14] A Lei 9.074, de 7.7.1995, editada em complementação à Lei 8.987/1995, para disciplinar o regime geral das concessões, autorizou expressamente que o autor do projeto pudesse participar de licitações para concessões ou permissões de obra ou serviço público.[15]

---

13. A Lei 8.987/1995 admite, inclusive, o julgamento realizado com base exclusivamente em critério técnico, desde que o valor da tarifa seja fixado no edital (art. 15, IV). Além de isoladamente, a técnica pode ser empregada, como critério de julgamento, conjugada com outros fatores, como o menor valor da tarifa (art. 15, V) ou o maior valor ofertado pela outorga da concessão (art. 15, VI).
14. A vedação consta da Lei de Licitações (Lei 8.666, de 21.6.1993). Confira-se: "Art. 9º. Não poderá participar, direta ou indiretamente, da licitação ou da execução de obra ou serviço e do fornecimento de bens a eles necessários: I – o autor do projeto, básico ou executivo, pessoa física ou jurídica; (...)".
15. É o que dispõe o art. 31 da Lei 9.074/1995: "Nas licitações para concessão e permissão de serviços públicos ou uso de bem público, os autores ou responsáveis economicamente pelos projetos básico ou executivo podem participar, direta ou indiretamente, da licitação ou da execução de obras ou serviços".

O acima exposto demonstra que a *filosofia PPP* já poderia – e pode – ser implementada com base na Lei Geral de Concessões, editada há 10 anos. De fato, ela já o foi em relação a determinados empreendimentos públicos (concessões de serviços públicos ou obras públicas) mesmo que, à época, não fosse empregado o rótulo "PPP" em tais contratações. Esse mesmo fenômeno também pode ser identificado em relação à legislação setorial, isto é, à legislação aplicável especificamente a determinados serviços públicos. É o que veremos a seguir.

## 5. Legislação setorial

Seria incorreto supor que a experiência brasileira em concessões de serviços públicos seja pautada por um único regime jurídico, de caráter geral. Muito antes da edição da Lei de Concessões essa figura contratual já era empregada pela Administração Pública. Mesmo a edição da lei geral não foi suficiente para ensejar a aplicação, no país, de um único modelo de delegação de serviços públicos a particulares.

É em relação aos serviços públicos de titularidade da União – que podem ser objeto de legislação federal específica – que se nota a existência de regimes jurídicos peculiares de delegação de serviços públicos a particulares. São fórmulas específicas de contratação que, em virtude das características de cada setor, trouxeram regras próprias para disciplinar o relacionamento entre o Poder Público e os particulares que assumissem o desempenho dessas atividades estatais. Veremos, a título de exemplo, alguns dos setores que se submetem a um regime jurídico próprio de parceria entre o Poder Público e a iniciativa privada.

O setor que, no Brasil, foi o primeiro a experimentar a influência do novo modelo de parceria entre o público e o privado em sua regulação foi o portuário. Antes mesmo da edição da Lei Geral de Concessões (que é de janeiro/1995) surgiu uma lei disciplinando o regime jurídico da exploração dos portos organizados e das instalações portuárias. Trata-se da Lei 8.630, de 25.2.1993. A lei prevê uma ampla abertura para a participação do setor privado na construção da infra-estrutura necessária à ampliação dos portos no país, bem como em sua exploração econômica.

O principal instrumento jurídico para a participação privada nesse setor é o "contrato de arrendamento".[16] Por seu intermédio é assegurado ao interessado obter o direito de construir, reformar, ampliar, melhorar, arrendar e explorar uma dada instalação portuária. A Lei de Portos também traz importante regra que admite que interessados apresentem projetos à Administração dos Portos Organizados, a fim de que seja aberta a respectiva licitação.[17] Trata-se de uma clara influência da filosofia de participação privada nos empreendimentos públicos, na medida em que se aceita a propositura de projetos por particulares e não se reserva essa função exclusivamente à Administração Pública.

O setor elétrico, muito embora siga a legislação geral no que diz respeito a boa parte do regime jurídico dos contratos de concessão, constitui outro exemplo de serviço público que possui fórmulas específicas de contar com a participação privada. Com o objetivo de fomentar a criação de um mercado competitivo no setor elétrico, foi introduzida na legislação geral a figura do *produtor independente* de energia elétrica.[18] Tal agente de mercado, seja por intermédio de concessão de serviço ou de autorização, recebe maior liberdade de atuação empresarial, assumindo, consequentemente, os riscos inerentes a essa responsabilidade. A criação de um mercado competitivo e a abertura para a participação de agentes econômicos com maior liberdade de atuação no mercado (os produtores independentes) são fatores que fazem do setor elétrico outro campo específico de regulação no que se refere a parcerias entre o Poder Público e a iniciativa privada.

16. A Lei de Portos também prevê a figura da concessão. Porém, no caso específico do setor portuário a concessão não se destina a conferir à iniciativa privada a possibilidade de exploração econômica de um serviço ou infraestrutura pública. Neste setor a concessão serve para delegar a função regulatória a se exercer sobre um determinado porto organizado. É o que dispõe o art. 33 da referida lei: "A Administração do Porto é exercida diretamente pela União ou pela entidade concessionária do porto organizado". Atualmente essas concessionárias são empresas estatais, controladas pela própria União ou por Estado-membro. Para uma listagem dos principais portos em atividade no Brasil e das empresas que os administram, consultar http://www.antaq.gov.br/PortalPortos/PrincipaisPortos.htm.
17. É o que dispõe o art. 5º da Lei de Portos: "O interessado na construção e exploração de instalação portuária dentro dos limites da área do porto organizado deve requerer à Administração do Porto a abertura da respectiva licitação".
18. O *produtor independente* de energia elétrica foi introduzido no setor por intermédio da Lei 9.074, de 7.7.1995.

Outro exemplo marcante de regime autônomo estabelecido para disciplinar parcerias entre o Poder Público e a iniciativa privada, no Direito Brasileiro, vem do setor de telecomunicações. A Lei Geral de Telecomunicações – Lei 9.472, de 17.7.1997 – criou um regime jurídico próprio para este segmento da economia. De modo expresso, afastou dos serviços de telecomunicações a incidência da Lei de Concessões (Lei 8.987/1995) e até da Lei de Licitações (Lei 8.666/1993), aplicáveis aos serviços públicos em geral.[19] Ou seja, a Lei Geral de Telecomunicações reservou para si a atribuição de dispor sobre o regime jurídico aplicável às telecomunicações.

O marco regulatório das telecomunicações inovou ao adotar técnicas de disciplina do livre mercado em matéria de serviço público. Com isso, abriu a possibilidade de participação privada em serviço de titularidade estatal de uma maneira ainda não experimentada no Direito Brasileiro. A principal ferramenta jurídica para implementar a referida mudança foi a de separar dois grandes grupos de serviços de telecomunicações, divididos com base no critério do regime jurídico a eles aplicável. De um lado figuram os serviços de telecomunicações explorados em regime público. De outro os que se submetem a um regime jurídico de direito privado.[20]

Comparativamente, é na categoria dos serviços explorados em regime público que se percebe uma maior intervenção estatal. Cabe ao Poder Público (por intermédio de decreto expedido pelo presidente da República) editar um plano com as principais definições quanto à fórmula de exploração dos serviços em regime público (o chamado "plano geral de outorgas"), bem como estabelecer as metas de universalização a serem atingidas pelas empresas incumbidas de prestar serviços em tal regime – para citar apenas dois exemplos marcantes de intervenção estatal nesse campo.[21] Todavia, o modelo de explora-

---

19. Cf. o teor do art. 210 da Lei Geral de Telecomunicações: "As concessões, permissões e autorizações de serviço de telecomunicações e de uso de radiofrequência e as respectivas licitações regem-se exclusivamente por esta Lei, a elas não se aplicando as Leis n. 8.666, de 21 de junho de 1993, 8.987, de 13 de fevereiro de 1995, 9.074, de 7 de julho de 1995, e suas alterações".
20. As categorias foram estabelecidas no art. 63 da Lei Geral de Telecomunicações: "Quanto ao regime jurídico de sua prestação, os serviços de telecomunicações classificam-se em públicos e privados".
21. Art. 18, II e III, c/c os arts. 80 e 84, da Lei Geral de Telecomunicações.

ção concebido para esses serviços, explorados em regime público, difere muito do que tradicionalmente se encontra. Explora-se o serviço mediante concessão do Poder Público, mas o regime jurídico implantado é muito mais aberto à participação privada que aquele tradicionalmente praticado. Vejamos alguns elementos que identificam essa modernização do modelo. A intervenção estatal na definição do modelo de prestação dos serviços explorados em regime público é marcada pela fixação de metas. Em regra, a regulamentação confere ao particular a liberdade de escolher o meio adequado para atingir os fins fixados pela Administração. Assim ocorre com a fixação de metas de universalização e de qualidade. Estabelecido o fim a ser alcançado, as empresas são livres para escolher a tecnologia e a fórmula gerencial a ser implementada. Podem, inclusive, contratar terceiros para que, em seu nome, realizem tais atividades.[22] Identifica-se também grande liberdade no regime dos bens atrelados à concessão, aspecto em que também merece especial consideração a opção empresarial que venha a ser feita pela concessionária.[23]

Em relação aos serviços explorados em regime privado a liberdade conferida aos particulares é ainda maior. Não há controle de preços (ou seja, não se adotou o regime tarifário);[24] a regra geral proíbe a imposição de limites ao número de agentes do mercado, o que torna desnecessária a licitação, sendo suficiente que os interessados atendam aos requisitos impostos genericamente na regulamentação;[25] não são impostas metas de universalização, deixando-se que a oferta dos serviços seja regida pelas regras de mercado, ou seja, pelo interesse econômico próprio à iniciativa privada. São aplicáveis, em resumo, a essa categoria de serviços de telecomunicações os princípios gerais da ordem econômica, inclusive aqueles que impõem a observância da li-

---

22. Cf. art. 94 da Lei Geral de Telecomunicações.
23. Para uma análise minuciosa a respeito do regime dos bens atrelados aos serviços de telefonia fixa, objeto de concessão, v. o nosso artigo "O serviço telefônico fixo e a reversão de bens", escrito em colaboração com o professor Carlos Ari Sundfeld, integrante da coletânea *Temas de Direito Regulatório* (coord. Sérgio Guerra, Rio de Janeiro, Freitas Bastos, 2004, pp. 134-159).
24. Cf. art. 129 da Lei Geral de Telecomunicações.
25. Vale conferir a redação do art. 136 da Lei Geral de Telecomunicações: "Não haverá limite ao número de autorizações de serviço, salvo em caso de impossibilidade técnica ou, excepcionalmente, quando o excesso de competidores puder comprometer a prestação de uma modalidade de serviço de interesse coletivo".

vre e justa competição.[26] Nesse ambiente, de ampla liberdade empresarial, são reduzidas as garantias estatais aos investimentos privados que sejam feitos. Ou seja, não há garantia de retorno ao investimento feito nessas atividades. O investimento, como é próprio à atividade empresarial, é feito sob o risco do investidor privado.[27]

Portos, energia e telecomunicações são exemplos de serviços públicos que, ao longo da década de 90 do século passado, receberam tratamento legislativo específico a fim de implementar modelos próprios de PPPs. Modelos que – cada um à sua maneira, respeitando as peculiaridades econômicas e sociais das respectivas searas – buscaram implantar uma nova cultura no que diz respeito ao relacionamento do Estado (poder concedente) com as empresas que assumiram a prestação de serviços públicos (concessionárias). Tais setores – além dos outros que já são objeto de tratamento legislativo específico – possuem um modelo de PPP em plena execução. Existem contratos firmados, regulamentação editada, órgãos reguladores constituídos com a função precípua de fiscalizar e normatizar a ação dos agentes privados. Não haverá, nesses setores, grande impacto em decorrência da edição da Lei das PPPs, editada no final do ano de 2004.

Cabe, então, a pergunta: qual o campo propício à aplicação da Lei Brasileira das PPPs em relação aos serviços públicos? Será este o tema do tópico que segue.

## 6. Campo de aplicação da Lei das PPPs

A análise da experiência brasileira revela dois pontos importantes para nortear a aplicação da Lei das PPPs aos serviços públicos. O primeiro deles é o de que a legislação geral de concessões, editada em

26. Esta diretriz foi imposta expressamente na Lei Geral de Telecomunicações: "A exploração de serviço de telecomunicações no regime privado será baseada nos princípios constitucionais da atividade econômica" (art. 126).

27. Referida vertente foi objeto de artigo próprio na Lei Geral de Telecomunicações, que, de modo expresso, afastou do regime jurídico de direito privado garantias típicas das concessões tradicionais, como a garantia de manutenção de equilíbrio econômico-financeiro. Veja-se: "Art. 130. A prestadora de serviço em regime privado não terá direito adquirido à permanência das condições vigentes quando da expedição da autorização ou do início das atividades, devendo observar os novos condicionamentos impostos por lei e pela regulamentação".

1995, já contempla uma série de conceitos compatíveis com a *filosofia PPP*, cultivada na Europa (em especial na Inglaterra) na década de 90 do século passado. O outro aspecto relevante é a constatação de que existem subsistemas normativos, em relação a diversos serviços públicos (principalmente os de titularidade da União), que possuem regras próprias quanto à transferência de sua prestação a particulares.

Tanto a legislação geral de concessões quanto a "setorial" (específica a cada serviço) podem perfeitamente servir de base à instituição de PPPs. Deveras, a partir dessa legislação diversos serviços públicos de índole econômica já foram objeto de delegação a particulares. Entre estes, alguns adotam claramente a chamada "filosofia PPP" (como é o caso do setor de telecomunicações). Por outro lado, também é certo que outros setores ainda não assumiram a nova cultura contratual (a *filosofia PPP*), estando atrelados a fórmulas mais tradicionais de relacionamento (como em geral se nota no serviço de transporte coletivo municipal). De qualquer modo, num caso ou noutro, havendo um sistema de delegação de serviço público já implementado, restará pouco campo de incidência para a Lei das PPPs. São setores em que as relações jurídicas já foram entabuladas em lei e, concretamente, já são objeto de contratos validamente firmados e que contam, em geral, com longo prazo de duração. A Lei das PPPs, portanto, em nossa avaliação, terá aplicação restrita em matéria de serviço público.

Vejamos as situações que, em princípio, ensejariam a utilização da lei.

A Lei das PPPs (Lei 11.079, de 30.12.2004) cria duas novas espécies de contrato de concessão (que tanto podem abarcar obras como serviços públicos): as *concessões patrocinadas* e as *concessões administrativas*.

As *concessões patrocinadas* apresentam como peculiaridade a previsão legal de participação do parceiro público no pagamento do concessionário, juntamente com o usuário, de quem são cobradas as tarifas.[28] As *concessões administrativas* são assim definidas porque o parceiro público (Administração) é quem recebe, direta ou indireta-

---

28. "Concessão patrocinada é a concessão de serviços públicos ou de obras públicas de que trata a Lei n. 8.987, de 13 de fevereiro de 1995, quando envolver, adicionalmente à tarifa cobrada dos usuários, contraprestação pecuniária do parceiro público ao parceiro privado" (art. 2º, § 1º, da Lei das PPPs).

mente, o serviço a ser prestado pelo parceiro privado e, nessa condição, assume o ônus relativo ao seu pagamento.[29]

As novas espécies de concessões, introduzidas formalmente no ordenamento jurídico brasileiro por meio da Lei das PPPs, trazem como ponto comum a previsão de que a Administração responda financeiramente pelo custo do empreendimento a ser delegado a particulares. Ou seja, o particular constrói a obra ou presta o serviço, adquire com isso o direito de explorar economicamente o empreendimento por período determinado, mas sua remuneração não recairá exclusivamente nos usuários do serviço, como tradicionalmente se dá. As concessões definidas como PPPs preveem que o Poder Público assumirá (total ou parcialmente) a obrigação de remunerar o investidor privado (prestador do serviço ou mantenedor da obra pública). É justamente essa peculiaridade que aponta o campo de aplicação propício para esse novo modelo contratual.

As PPPs serão úteis para viabilizar a delegação à iniciativa privada de empreendimentos que, sob prisma técnico ou econômico, não tenham como se viabilizar mediante remuneração provinda exclusivamente de tarifas cobradas de usuários. São casos em que, pela baixa capacidade contributiva dos usuários ou pela insuficiente demanda prevista para determinado serviço, não se tenha como remunerar o investimento necessário à oferta do serviço com base exclusivamente na receita derivada de tarifas. Os novos modelos contratuais permitem que mesmo em situações como essas – em que os empreendimentos não seriam autossustentáveis economicamente – a concessão venha a ser implementada, pois o próprio Poder Público assume o pagamento ao investidor privado.

A legislação impõe como condição à celebração de uma PPP a realização de uma série de estudos técnicos que demonstrem a viabilidade econômica de cada projeto, bem como o atendimento ao interesse público. Além disso, existem rígidas restrições sob o prisma fiscal, que condicionam a celebração de tais contratos à comprovação de disponibilidade orçamentária da Administração.[30] Com essa lem-

---

29. "Concessão administrativa é o contrato de prestação de serviços de que a Administração Pública seja a usuária direta ou indireta, ainda que envolva execução de obra ou fornecimento e instalação de bens" (art. 2º, § 2º, da Lei das PPPs).

30. Mostras dessas exigências estão encartadas no art. 10 da Lei das PPPs, que arrola uma série de providências prévias que devem ser tomadas para abrir uma lici-

brança buscamos ressaltar que não será para todos os serviços públicos que apresentem dificuldade de autofinanciamento que os contratos de PPP servirão. É necessário que, individualmente, sejam demonstrados a viabilidade do projeto e o proveito que se extrai com a adoção do referido modelo de contratação.

Dito isto, vejamos algumas situações que, em tese, poderiam ensejar a implementação de uma PPP.

Poderia ser considerada propícia para figurar como objeto de um contrato de *concessão patrocinada* a delegação de um serviço público de grande importância social que, ao mesmo tempo, demandasse vultoso investimento para sua implementação ou expansão. Em condições normais, para viabilizar uma concessão a particular seria necessário prever-se contratualmente uma tarifa alta, que fosse suficiente

tação que envolva contrato de PPP. Confira-se o texto legal em referência: "Art. 10. A contratação de parceria público-privada será precedida de licitação na modalidade de concorrência, estando a abertura do processo licitatório condicionada a: I – autorização da autoridade competente, fundamentada em estudo técnico que demonstre: a) a conveniência e a oportunidade da contratação, mediante identificação das razões que justifiquem a opção pela forma de parceria público-privada; b) que as despesas criadas ou aumentadas não afetarão as metas de resultados fiscais previstas no anexo referido no § 1º do art. 4º da Lei Complementar n. 101, de 4 de maio de 2000, devendo seus efeitos financeiros, nos períodos seguintes, ser compensados pelo aumento permanente de receita ou pela redução permanente de despesa; e c) quando for o caso, conforme as normas editadas na forma do art. 25 desta Lei, a observância dos limites e condições decorrentes da aplicação dos arts. 29, 30 e 32 da Lei Complementar n. 101, de 4 de maio de 2000, pelas obrigações contraídas pela Administração Pública relativas ao objeto do contrato; II – elaboração de estimativa do impacto orçamentário-financeiro nos exercícios em que deva vigorar o contrato de parceria público-privada; III – declaração do ordenador da despesa de que as obrigações contraídas pela Administração Pública no decorrer do contrato são compatíveis com a Lei de Diretrizes Orçamentárias e estão previstas na Lei Orçamentária Anual; IV – estimativa do fluxo de recursos públicos suficientes para o cumprimento, durante a vigência do contrato e por exercício financeiro, das obrigações contraídas pela Administração Pública; V – seu objeto estar previsto no Plano Plurianual em vigor no âmbito onde o contrato será celebrado; VI – submissão da minuta de edital e de contrato à consulta pública, mediante publicação na Imprensa Oficial, em jornais de grande circulação e por meio eletrônico, que deverá informar a justificativa para a contratação, a identificação do objeto, o prazo de duração do contrato, seu valor estimado, fixando-se prazo mínimo de 30 (trinta) dias para recebimento de sugestões, cujo termo dar-se-á pelo menos 7 (sete) dias antes da data prevista para a publicação do edital; e VII – licença ambiental prévia ou expedição das diretrizes para o licenciamento ambiental do empreendimento, na forma do regulamento, sempre que o objeto do contrato exigir".

para amortizar, ao longo do prazo de execução do contrato, os investimentos necessários à criação e à manutenção da infraestrutura, bem como para remunerar o capital e o trabalho do investidor privado. O valor a ser cobrado como contraprestação dos usuários, num exemplo como esse, poderia ser muito alto, inibindo o acesso de determinados cidadãos ao serviço ou diminuindo substancialmente a possibilidade de sua fruição. Essa realidade pode muito bem ser encontrada em serviços de saneamento básico ou mesmo no serviço de transporte coletivo. Seriam casos em que a acessibilidade ao serviço só poderia ser implementada com base na utilização de alguma espécie de subsídio.[31]

Referido cenário seria propício à celebração de uma concessão patrocinada, na medida em que o déficit oriundo da insuficiência da receita tarifária seria suprido pelo Poder Público. Isto porque, como foi visto, com a concessão patrocinada, parte da obrigação de remunerar o concessionário é assumida pelo próprio Poder Público, que poderá, inclusive, oferecer garantias especiais de seu adimplemento ao parceiro privado.

Também é possível vislumbrar a outorga de *concessão administrativa* de serviços públicos. Essa espécie pode ser adotada, por exemplo, quando houver dificuldade para estabelecer uma relação individualizada com os destinatários finais dos serviços, o que inviabilizaria a cobrança por meio de tarifa. Seria o caso dos serviços de iluminação

---

31. Uma forma possível de subsídio é extraída dos próprios usuários: é o denominado "subsídio cruzado". Nesta fórmula um segmento de usuários paga mais pelo serviço que lhe ofertado que o que seria necessário. O objetivo é propiciar, com o excedente de recursos extraído daquele grupo de usuários, o financiamento da oferta de serviço a outro segmento, menos favorecido economicamente, para que este pague um valor menor que aquele que seria necessário. É prática muito frequente em vários serviços públicos, principalmente naqueles em que não há competição (como o são os referidos serviços de transporte coletivo e de saneamento básico). Também é adotado (mesmo em concessões tradicionais) o subsídio diretamente conferido pela Administração Pública. A diferença entre esse subsídio estatal e aquele que se prevê na concessão patrocinada é que neste último o subsídio é previsto contratualmente como obrigação do Poder Público, admitindo, inclusive, o oferecimento de garantia especial de seu adimplemento. No subsídio estatal, que já vem sendo implementado com base na legislação geral, esse fator depende da adoção de uma política pública, que pode a qualquer tempo ser revista pela Administração. A alteração no subsídio, nesses casos, seria apenas um fator a ser considerado numa reavaliação do equilíbrio econômico-financeiro do contrato, sem ensejar, todavia, execução de garantia especial contra o Poder Público.

pública ou de limpeza urbana. Em tais serviços a dificuldade para caracterizar a singular fruição do serviço pelos usuários finais, na prática, acabou se tornando uma barreira à outorga dos serviços mediante concessão. Sem a individualização, que seria pressuposto para a cobrança, o único remédio seria a Administração pagar pelos serviços – e, nesse caso, ter-se-ia afastado, em princípio, o regime de concessão.³² Com a concessão administrativa esse problema resta superado, uma vez que seria plenamente possível considerar a Administração como beneficiária indireta do serviço a ser delegado, arcando, assim, com a obrigação de remunerar o concessionário.

São esses, em resumo, os campos de aplicação dos contratos de PPP em relação aos serviços públicos. Eles são propícios a atender a uma específica situação: a dos serviços públicos que não são economicamente autossustentáveis. Com as concessões criadas pela Lei das PPPs a Administração ganha respaldo legal para suprir essa deficiência, assumindo total ou parcialmente a obrigação de remunerar o concessionário, podendo ainda, para tanto, oferecer-lhe garantias especiais. Para as demais situações a legislação brasileira já conta com outros diplomas legais que permanecem em vigor e são plenamente aptos para implementar contratos na *filosofia PPP*. Trata-se da Lei Geral de Concessões (Lei 8.987/1995) e das diversas leis esparsas que regulam individualmente categorias de serviços públicos (as leis setoriais).

32. O Município de São Paulo, antes mesmo da edição da Lei das PPPs, buscou com criatividade superar esta barreira em relação aos serviços de limpeza urbana. A concessão desse serviço estaria viabilizada com base na legislação local, que considerou a própria Administração Municipal usuária única de parcela dos serviços (como o de limpeza de ruas e calçadas, por exemplo). Referida solução tem base na Lei 13.478, de 30.12.2002, do Município de São Paulo, que cria o Sistema de Limpeza Urbana do Município de São Paulo e, entre outras disposições, autoriza o Poder Público a delegar a execução dos serviços públicos mediante concessão ou permissão. Como instrumento de viabilização da outorga do serviço a particulares, mediante concessão, a Prefeitura também é arrolada como usuária do Sistema de Limpeza Urbana, na condição de representante da coletividade ou de parte dela (art. 8º, III).

# A EXPERIÊNCIA BRASILEIRA NAS CONCESSÕES DE SERVIÇO PÚBLICO

Dinorá Adelaide Musetti Grotti

*1. O surgimento e a evolução da concessão de serviços públicos. 2. O direito positivo brasileiro: a concessão de serviços públicos e as PPPs: 2.1 Conceito e características da concessão de serviços públicos disciplinada pela Lei 8.987/1995 – 2.2 As PPPs na Lei federal 11.079, de 30.12.2004. 3. Observações finais.*

## 1. O surgimento e a evolução da concessão de serviços públicos

O Estado Brasileiro, ao longo do tempo, organizou o desempenho de seus serviços públicos sob diversas modalidades Pode-se dizer que o Estado Brasileiro seguiu – embora quase sempre com algum atraso – o modelo dos países capitalistas adiantados da Europa Continental nas suas relações com a economia.[1]

Originariamente só se conhecia a prestação direta pelo Estado, valendo-se dos órgãos que compõem seu próprio aparato administrativo. Nos anos 20 do século XX inicia-se um processo de descentralização do Estado, com a criação de autarquias, que ganhou grande incremento após a Revolução de 30, exercendo não apenas funções de índole administrativa, como também de natureza industrial ou comercial. Também nesse período teve grande voga a concessão a favor de pessoas privadas (nacionais e estrangeiras) "como fator inicial de

---

1. Almiro do Couto e Silva, "Privatização no Brasil e o novo exercício de funções públicas por particulares. Serviço público 'à brasileira'?", *RDA* 230/50, Rio de Janeiro, outubro-dezembro/2002.

desenvolvimento de atividades de caráter sobretudo industrial e de penetração do desenvolvimento econômico".[2]

Importa referir que, se é verdade que as origens das formas contratuais de colaboração entre a Administração e os particulares se perdem no tempo, também é certo que o recurso mais frequente a essa prática pela Administração se coloca dentro do quadro do Estado Liberal clássico, quando:

"(...) há uma mobilização da economia capitalista para o desenvolvimento de obras públicas, que surgem, por exemplo, na França, preliminarmente como um contrato de obras públicas em que o empresário, a par do encargo da realização da obra, recebe a autorização de explorá-la por algum período, de modo a se ressarcir do investimento feito.

"A concessão de serviços públicos teve, assim, de início, um caráter nitidamente contratual, primeiro como contratos de direito privado, mais tarde como contratos de direito público."[3]

---

2. Registra Caio Tácito que "a criação e expansão da rede de estradas de ferro, de portos, de energia elétrica, de serviços de transporte coletivo, se realizaram satisfatoriamente mediante a concessão destes serviços. Nossa história econômica está pontilhada de nomes ilustres que se ocuparam destas atividades, mobilizando recursos em empreendimentos desta natureza. Mauá, no setor das ferrovias, foi um criador e coordenador de empresas concessionárias de serviços públicos. Um homem como Teófilo Ottoni sonhou abrir um caminho marítimo para Minas Gerais, através do Vale do Mucuri, no Espírito Santo, numa realização que não teve êxito e que fora planejada através do esquema de uma empresa concessionária. O grande desenvolvimento da região Sul, especialmente de São Paulo, foi em grande parte possibilitado pela existência de suficiente potencial elétrico fornecido por empresa concessionária" ("Reformas do estatuto de concessões de serviços públicos", in *Temas de Direito Público*, vol. 1, Rio de Janeiro, Renovar, 1997, pp. 754-755).
3. Caio Tácito, "Reformas do estatuto de concessões de serviços Públicos", cit., in *Temas de Direito Público*, vol. 1, p. 754. De fato, a concessão de obra pública é instituto bastante antigo. Manoel María Diez dá notícia de que na Grécia Antiga portos foram construídos por este procedimento. O mesmo se passou em Roma (*Derecho Administrativo*, 2ª ed., t. III, Buenos Aires, Plus Ultra, 1979, p. 292). André de Laubadère (*Traité Élémentaire de Droit Administratif*, 5ª ed., vol. II, Paris, Librairie Générale de Droit et de Jurisprudence/LGDJ, 1970, p. 280) e Auby e Ducos-Ader (*Précis de Droit Administratif. Traité Élémentaire de Droit Administratif*, 5ª ed., vol. II, Paris, LGDJ, 1970, p. 280) registram que antes da Revolução Francesa, frequentemente, canais e pontes se edificaram por este meio, isto é, a expensas do concessionário, o qual se remunerava cobrando diretamente dos usuários pela utilização destas obras.

E só se generaliza no período do "Estado Social", quando o Estado foi assumindo novos encargos no campo social e econômico, que exigiam grandes investimentos financeiros e pessoal técnico especializado, surgindo a necessidade de encontrar novas formas de gestão do serviço público e da atividade privada exercida pela Administração. De um lado, a ideia de especialização, visando a obtenção de melhores resultados; de outro lado, e com o mesmo objetivo, a utilização de métodos de gestão privada, mais flexíveis e mais adaptáveis ao novo tipo de atividade assumida pelo Estado.

A vantagem do regime de concessão para o Estado Liberal era a de que, por meio dela, um serviço público essencial era prestado pelo Estado sem ônus financeiro para a Administração e, em especial, sem correr os riscos econômicos de toda exploração industrial.A concessão tinha a característica da longa duração, para propiciar retorno do investimento feito.

Estes traços iniciais da concessão de serviço público foram, entretanto, sendo alterados, entre outras causas, pelas cláusulas de "garantias de juros" e pela aplicação da teoria da imprevisão, levando o Estado a participar dos prejuízos advindos com a outorga da concessão. Neste ponto da evolução do instituto ocorreu o declínio do regime das concessões,[4] e após a II Grande Guerra o surgimento de pessoas jurídicas de direito privado – sociedades de economia mista e empresas públicas –, que foram inicialmente concebidas para conferir maior flexibilidade e eficácia à máquina administrativa nos moldes operacionalizados pelas empresas privadas. A vantagem deste procedimen-

    Observa Laubadère que no curso do século XIX "o elemento obra pública apareceu, nestes casos, como predominante, e estas concessões eram denominadas concessões de obras públicas; depois, o ponto de vista se inverteu e a concessão de obra pública, no plano da análise jurídica, desapareceu fundida na concessão de serviço público" (*Traité Élémentaire de Droit Administratif*, cit., 5ª ed., vol. II, p. 281).
    Georges Vedel e Pierre Delvolvé anotam que a concessão de rodovias e as de parques de estacionamentos são simultaneamente concessões de obras e de serviços públicos (*Droit Administratif*, 12ª ed., t. 2, Paris, Thémis, 1992, p. 769) .
    René Chapus averba que frequentemente o concessionário tem, primeiramente, o encargo de construir as obras necessárias à execução do serviço. Em tal caso a concessão é simultaneamente de obra e de serviço público (*Droit Administratif Général*, 6ª ed., t. I, Paris, Montchrestien, 1992, p. 467).
    4. Bilac Pinto, "O declínio das sociedades de economia mista e o advento das modernas empresas públicas", *RDA* 32/3, Rio de Janeiro, abril-junho/1953.

to está no fato de que o Estado mantém seu poder de controle sobre o concessionário, inclusive na fixação de preços; por outro lado, assume os riscos do empreendimento, já que ele é o acionista majoritário da empresa, e, via de consequência, perde a grande vantagem da concessão, que é a de poder prestar serviços públicos sem necessitar investir grandes capitais do Estado.[5]

Em setores como transporte ferroviário,[6] energia elétrica[7] e telecomunicações,[8] por exemplo, a presença estatal é quase exclusiva na

5. Maria Sylvia Zanella Di Pietro, *Direito Administrativo*, 23ª ed., São Paulo, Atlas, 2010, p. 292.
6. A propósito da história das concessões no Brasil, Bruce Baner Johnson, Flávio Azevedo Marques de Saes, Hélio Janny Teixeira e James Terence Coulter Wright, após referência à Lei Geral 641, de 26.6.1852, que autorizava concessões no setor de ferrovias, observam que o amplo desenvolvimento de ferrovias acabou sendo frustrado e concluem que "a estatização das ferrovias brasileiras foi fruto das condições econômicas de sua exploração: progressivamente inviabilizadas como empresas lucrativas, ao Governo (Federal ou Estadual) só restava a alternativa de estatizá-las a fim de manter em funcionamento serviço essencial a populações de várias localidades" (*Serviços Públicos no Brasil: Mudanças e Perspectivas. Concessão, Regulamentação, Privatização e Melhoria da Gestão Pública*, São Paulo, Edgard Blücher, 1996, p. 58).

O Estado não logrou assegurar às pessoas privadas a manutenção de condições essenciais, o que conduziu ao desinteresse dos particulares em aplicar recursos em empreendimentos destinados ao fracasso. Além disso, verificou-se movimento generalizado no sentido de nacionalizações, produzindo a chamada encampação dos serviços concedidos.

7. Até meados do século passado os investimentos no setor de energia elétrica brasileira foram quase todos efetuados pela iniciativa privada, que dele acabou se afastando à medida que o Governo foi aumentando substancialmente os controles sobre essa atividade, inclusive pondo em prática políticas de contenção tarifária. O modelo privado foi, então, cedendo lugar ao avanço estatal em dois níveis: de um lado, a União, criando grandes empresas geradoras e, de outro lado, os Governos Estaduais, através da criação de empresas distribuidoras. Esse modelo setorial, complementado pela criação da Eletrobrás (a Lei 3.890-A/1961 autorizou o Governo Federal a proceder à constituição da Eletrobrás, cuja regulamentação foi efetuada pelo Decreto 1.178/1962), predominou até o processo de privatização, iniciado em 1995.

Antes da reforma praticamente todos os segmentos do setor elétrico eram públicos (federal e estadual, no caso de geração e transmissão; estadual e municipal, no caso de distribuição e comercialização), sendo que uma parcela ínfima dos ativos de geração e/ou distribuição era explorada por pequenas empresas privadas de âmbito municipal. Esse modelo, que foi bem-sucedido ao longo da década de 80 do século passado, começou a acusar sinais de fadiga, principalmente por ter sido estruturado na forte dependência de recursos subsidiados e/ou vinculados e de recursos a fundo perdido – o que provocou a concepção e implementação de um novo modelo jurídi-

segunda metade do século XX. Tal passagem é assim resumida por José Cretella Júnior:

"O Estado, numa primeira fase, delega ao empresário concessionário; numa segunda fase, passa à categoria de sócio, menor ou maior; numa terceira fase, é o acionista maior; na fase final, é o proprietário exclusivo do empreendimento – é o empresário público.

"Os conflitos entre os interesses do Estado e os interesses do particular iriam, também, em breve, ressaltar as desvantagens da sociedade de economia mista. Com efeito, os fins visados pelo sócio-Estado são radicalmente opostos aos fins pretendidos pelo sócio-particular. O sócio-Estado objetiva alcançar o interesse público, no mais alto grau. O sócio-particular objetiva o lucro pessoal, se possível a curto prazo.

co-institucional, através da execução do amplo Projeto de Reestruturação do Setor Elétrico Nacional, conhecido como Projeto RE-SEB, inspirado no modelo inglês. (David Waltenberg, "O direito da energia elétrica e a ANEEL", in Carlos Ari Sundfeld (coord.), *Direito Administrativo Econômico*, 1ª ed., 3ª tir., São Paulo, Malheiros Editores, 2006, p. 353).

8. "Em 1962, o Código Brasileiro de Telecomunicações (Lei 4.117) criou o Sistema Nacional de Telecomunicações para prestar de forma integrada e sob jurisdição da União os serviços de radiocomunicações, de telegrafia e de telefonia entre Estados. Adicionalmente, possibilitou a criação, em 1965, da Embratel, uma empresa pública que interligou todas as capitais e as principais cidades do país e que assumiu a prestação dos serviços internacionais à medida que expiraram os prazos de concessão das empresas estrangeiras que até esse momento os prestavam. (...). Em 1972, a Lei 5.792 criou a Telebrás, que iniciou o processo de aquisição e absorção das numerosas operadoras que prestavam serviços telefônicos no Brasil, consolidando-as como empresas de âmbito estatal. A mesma lei permitiu a transformação da Embratel numa empresa de economia mista subsidiária da Telebrás. Em 1974, por meio de Decreto 74.379, a Telebrás foi designada como concessionária geral para a exploração dos serviços de telecomunicações em todo o território nacional. Em fevereiro de 1976, o Decreto-lei 162 concentrou nas mãos da União o poder de conceder licenças para a prestação de serviços e esta concentração foi confirmada pela Constituição de 1967. Posteriormente, a Constituição Federal de 1988 determinou que somente a União poderia explorar os serviços de telecomunicações, diretamente ou por meio de concessões dadas a empresas sob controle acionário estatal. Como resultado deste conjunto de modificações, o Sistema Telebrás (ST) e quatro empresas independentes (as municipais CETERP e SERCOMTEL, a CRT, controlada até junho de 1968 pelo Governo do Estado do Rio Grande do Sul, e a privada CTBC) eram, em meados da década de 90, responsáveis pela oferta de serviços de telefonia no mercado brasileiro" (Alejandra Herrera, *Introdução ao Estudo da Lei Geral de Telecomunicações do Brasil*, São Paulo, Singular, 2001, pp. 35-36).

"Por isso, as sociedades de economia mista minoritárias vão desaparecendo, aos poucos, para ceder lugar às majoritárias, como ocorreu no Direito Brasileiro."[9]

Voltou o Poder Público a utilizar o instituto da concessão para outorgá-la a entes da Administração indireta ou descentralizada, e não ao setor privado, segundo o modelo clássico.

Na quadra final do século passado as alterações efetuadas por conta da chamada Reforma do Estado levaram a um desmonte do Estado prestador, produtor, interventor e protecionista, e a um redimensionamento de sua atuação como agente regulador da atividade econômica, constituindo-se a privatização e a desregulação nos dois remédios mais importantes da receita neoliberal.

Diversificaram-se os modos de prestação de serviços públicos, observando-se, nas últimas décadas, o surgimento de novos tipos de ajuste, decorrentes de consenso, acordo, cooperação, emergindo o termo "parceria", "vinculado à contratualização, para abranger os diversos ajustes que expressam a colaboração entre entidades públicas ou entre entidades públicas e setor privado, ou, ainda, entre todas estas partes, envolvendo, assim, uma pluralidade de atores".[10]

Jean-Marie Pontier lembra que o "termo 'contratualização' provém do termo 'contrato', mas é muito mais abrangente do que esse último. Ele não evoca somente um ato que é a concretização jurídica de um acordo de vontades, mas toda uma atividade ou um modo de relações entre as pessoas. A contratualização significa a substituição das relações comandadas pela subordinação pelas relações fundadas na discussão e na troca".[11]

O movimento de contratualização diz respeito à "passagem da Administração autoritária à Administração soberana consensual".[12]

---

9. José Cretella Júnior, "Regime jurídico das empresas públicas", *RF* 237/823-825, Rio de Janeiro, Forense, março/1972.
10. Odete Medauar, *O Direito Administrativo em Evolução*, 2ª ed., São Paulo, Ed. RT, 2003, p. 213.
11. Jean-Marie Pontier, *Les Contrats de Plan entre l'État et les Régions*, Paris, Presses Universitaires de France/PUF, 1998, p. 7.
12. Maria João Estorninho, *A Fuga para o Direito Privado*, Coimbra, Livraria Almedina, 1996, p. 44.

Refere-se ao "aparecimento de uma nova mentalidade",[13] que está em expansão,[14] onde o acordo aparece em substituição aos atos unilaterais de autoridade, trazendo a lume o que se tem chamado de "Administração Pública consensual".[15]

Como ensina Maria João Estorninho, "trata-se de uma forma de administração nova, 'negociada ou contratual', em que o acordo vem substituir os tradicionais atos unilaterais de autoridade, aparecendo em relação a eles como uma verdadeira alternativa e em que os administrados deixam de ser meros destinatários passivos das decisões unilaterais da Administração Pública".[16]

O Estado Brasileiro[17] não escapou às novas tendências e adotou como meta a redução de suas próprias dimensões. Iniciou-se, então, um movimento inverso, e várias empresas estatais ou áreas absorvidas pelo Estado foram transferidas para o setor privado, com o retorno da concessão para a empresa privada. O instituto ressurge com a mesma justificativa que direcionou sua elaboração no século XIX: realização de serviços sem ônus financeiro para a Administração; mas num outro contexto.

Forçoso é reconhecer que no Brasil a redescoberta das concessões ocorreu especialmente em face da chamada crise fiscal e financeira do Estado, de caráter conjuntural, e pouco contribuíram para a melhora do serviço público. Nesse sentido, vale a pena trazer à colação as observações de Diogo Rosenthal Coutinho: "As privatizações de empresas estatais (...) foram uma resposta a necessidades de ajuste fiscal e financeiro de caráter eminentemente conjuntural", primordialmente levada a cabo para dar condições de sobrevida ao plano de estabilização econômica adotado com o Plano Real; e, na verdade, "pouco contribuíram para um projeto de reforma do Estado em que a reestruturação do setor público fosse encarada como uma oportunidade para a

---

13. Idem, ibidem.
14. Massimo Severo Giannini, *Diritto Amministrativo*, 3ª ed., vol. 2, Milão, Giuffrè Editore, 1993, p. 345.
15. Idem, p. 423.
16. Maria João Estorninho, *A Fuga para o Direito Privado*, cit., p. 44.
17. No âmbito brasileiro há três transformações estruturais: (a) extinção de determinadas restrições ao capital estrangeiro; (b) flexibilização dos monopólios estatais; (c) privatização (Lei 8.031/1990, depois substituída pela Lei 9.491/1997).

criação de formas institucionais inovadoras e, principalmente, adaptadas às particularidades do país" – um país em desenvolvimento, que devia promover a expansão de suas redes e garantir o acesso aos usuários considerados não econômicos em um contexto pós-privatização.

"Essa ausência de visão estratégica e de planejamento de longo prazo implicou, além de boa dose de inadequação dos meios aos fins, também uma série de problemas para a regulação dos setores privatizados, especialmente aqueles sob o regime legal de serviço público."[18]

No início do processo de privatização falou-se muito no ressurgimento ou renascimento ou revivescência da concessão de serviço público como alternativa para o atendimento das necessidades coletivas, lembrando-se certamente da experiência passada, que gerou vasta jurisprudência e construção doutrinária, naquele momento em que se implantavam as grandes estruturas, os grandes serviços públicos.

O instituto da concessão é velho, por ter sido o primeiro modo de descentralização de serviços públicos. Mas a concessão utilizada para diminuir o aparelhamento do Estado – ou seja, com o objetivo de privatizar – é nova.

A modificação das concepções políticas, sociais, econômicas e jurídicas refletiu-se sobre o instituto da concessão, que renasceu com algumas modificações importantes.

No passado, em suas origens, a concessão de serviço público esteve fortemente ligada à outorga para certos empreendedores que queriam implantar o serviço com exclusividade. Afinal, o Estado estaria interferindo nesses setores exatamente para que pudesse transferir para o empreendedor alguns de seus privilégios, especialmente o de impedir a concorrência e garantir que não haveria competição – e, portanto, de que poderia recuperar o capital investido dentro de uma previsibilidade da exploração.

Nesse momento de retomada da concessão – e esse fenômeno não é brasileiro, é internacional –, ela surge com uma nova roupagem, para servir a um projeto não de exclusividade em favor de uma empresa particular, mas de exploração concorrencial desses serviços, que anteriormente foram monopolizados por empresas particulares na fase

18. Diogo Rosenthal Coutinho, "Privatização, regulação e o desafio da universalização do serviço público no Brasil", in José Eduardo Faria (org.), *Regulação, Direito e Democracia*, São Paulo, Fundação Perseu Abramo, 2002, pp. 67-69.

de sua implantação e depois por empresas estatais na fase de seu maior desenvolvimento. Na atual modelagem a exclusividade não mais caracteriza a concessão em geral, pois aí se introduziu a gradativa competição entre prestadores, por diversos mecanismos, justificada pela tese de que mercados em concorrência são mais eficientes que mercados monopolistas, entendendo-se por *eficiência* a prestação de serviços com qualidade desejada e preços justos, sujeitando-se tanto a regimes de regulação como às regras nacionais de defesa da concorrência.[19]

A seu turno, devido à introdução da concorrência na prestação do serviço público, a prática de subsídios cruzados deve ser evitada, justificada pela "necessidade de se criar condições isonômicas entre os diversos competidores". Esse objetivo seria afetado por aquela prática, "uma vez que é justamente nos segmentos mais rentáveis (fontes dos subsídios) que se alocam os mercados mais propícios à competição".[20]

O *subsídio cruzado* consiste na transferência de recursos obtidos num determinado segmento de usuários para outro, a fim de que o segmento beneficiado possa pagar valores mais baixos. Na maioria das situações é um efeito buscado pela regulamentação como mecanismo para viabilizar o atendimento da política pública que visa à universalização do serviço, encontrando legitimidade no princípio da modicidade das tarifas, previsto expressamente na Lei Geral de Concessões.[21]

Tal prática em ambientes competitivos foi vedada em alguns setores para evitar a concorrência desleal entre os prestadores de serviços. "O agente que ocupasse posição mais forte no mercado (uma posição de dominação) poderia, por meio de subsídios entre serviços ou seg-

---

19. O art. 16 da Lei 8.987/1995 fez referência à ausência de exclusividade em concessões e permissões de serviço público. Vários diplomas legais posteriores reafirmaram a orientação, a propósito de setores específicos (telecomunicações, energia elétrica).
A exclusividade dependerá da impossibilidade material ou econômica de desempenho do serviço público em regime de competição.
20. Jacintho Silveira Dias de Arruda Câmara, *Tarifa nas Concessões*, São Paulo, Malheiros Editores, 2009, pp. 221-222.
21. São vários os exemplos desta prática. No Brasil, antes da desestatização do setor de telecomunicações, os usuários da telefonia de longa distância (chamadas interurbanas) eram os responsáveis diretos para o subsídio ao baixo valor cobrado da telefonia local (pelo pulso e pela assinatura do serviço).

mentos de usuários, reduzir artificialmente suas tarifas, buscando, com isso, prejudicar a concorrência".[22]

Há, portanto, inovações importantes nessas concepções. O desenvolvimento tecnológico produziu inovações no âmbito econômico, em especial no tocante à teoria do monopólio natural,[23] e antigos limites naturais à ampla concorrência foram sendo superados. Dia a dia surgem novas técnicas, de modo a potencializar a exploração de vários serviços, possibilitando a existência de competição para algumas modalidades.[24]

---

22. Jacintho Silveira Dias de Arruda Câmara, *Tarifa nas Concessões*, cit., pp. 82-83. Acrescenta o autor: "(...). A Lei Geral de Telecomunicações (Lei 9.472, de 16.7.1997), que instituiu um novo marco regulatório para o setor, vedou expressamente a prática de subsídios cruzados entre serviços. De um lado, considerou-a conduta anticoncorrencial, proibindo-a *a priori*, como conduta empresarial das operadoras daquele setor; de outro, a excluiu como fonte de recurso para a universalização de serviços. (...). O subsídio cruzado como fonte de recursos para a universalização foi apenas admitido em caráter transitório, para uso eventual da criação do aludido fundo (art. 81, parágrafo único, I, da Lei Geral de Telecomunicações)" (ob. cit., p. 82, nota de rodapé 10).

23. "Monopólio natural é uma situação econômica em que a duplicação de operadores é incapaz de gerar a redução do custo da utilidade. O monopólio natural envolve, geralmente, as hipóteses de custos fixos (atinentes à infraestrutura necessária à produção da utilidade) muito elevados. A duplicação das infraestruturas conduziria a preços unitários mais elevados do que a exploração por um único agente econômico" (Marçal Justen Filho, *Curso de Direito Administrativo*, 6ª ed., São Paulo, Fórum, 2010, p. 706).

24. É o caso da energia elétrica, construído "a partir da ideia de ciclo completo, em que uma única e mesma empresa dominava todas as atividades pertinentes (desde a geração até a comercialização de energia). Mas o progresso científico, ao longo das últimas duas décadas, propiciou alteração radical. Novas tecnologias permitem a geração de energia por processos muito mais baratos e com elevadíssima eficácia. Há plena possibilidade de competição no plano da geração da energia" (Marçal Justen Filho, *Curso de Direito Administrativo*, cit., 6ª ed., p. 706). Além disso, "a dissociação entre a titularidade econômica da fonte de geração da energia e da rede de transmissão propicia uma revolução significativa, fundada no conceito amplamente "desenvolvido no Estrangeiro acerca de *essential facilities e Third Party Access* (TPA). (...). Há uma forte tendência na Europa e nos Estados Unidos da América a impedir que o titular da infraestrutura explore outra atividade econômica além dela própria. Assim, o proprietário dos trilhos não poderá prestar serviços de transporte ferroviário: oferecerá a estrutura que permite a exploração dos serviços, obtendo lucro através da remuneração paga pelos agentes na área de transporte. A grande decorrência consistiu no fracionamento econômico das atividades, o que inviabilizou o tratamento jurídico unitário" (Marçal Justen Filho, "Algumas considerações acerca das licitações em matéria de concessão de serviços públicos", in Paulo Modesto e Oscar Mendonça (coords.), *Direito do Estado. Novos Rumos*, t. 2, São Paulo, Max Limonad, 2001, pp. 120-121).

O monopólio acerca da infraestrutura não afasta a possibilidade de competição, impondo-se ao titular dessa infraestrutura um dever de permitir o acesso (mediante remuneração apropriada) de competidores a esse conjunto de bens e sobre a própria rede. É a ideia de que o concessionário tem que competir com outros prestadores que são incentivados pelo Estado, com direito sobre a própria rede daquele que absorveu a estrutura da empresa estatal, para desenvolverem atividade competitiva. O sentido e a importância dessa norma traduzem uma nova concepção da *função social da propriedade*, que é a de servir como instrumento de competição, com a dissociação entre propriedade e exploração da rede.

Evidentemente, a garantia econômica que o Estado pode dar a cada um desses concessionários não é a mesma; aliás, é fundamental que não seja a mesma.

No século XIX uma das questões vitais da concessão era garantir para o empreendedor privado o compromisso estatal de rentabilidade. Hoje a questão fundamental certamente não é essa. O principal é fazer com que o Estado trate de modo equânime os competidores. Portanto, não se trata de fazer da concessão um instrumento para comprometer o Estado com a rentabilidade do empreendimento, mas fazer da concessão um instrumento para o tratamento igualitário dos prestadores pelo próprio Estado.

Cuida-se de uma concessão de serviço em regime de competição. Não seria possível seguir o modelo de regime de equilíbrio econômico-financeiro clássico, pelo qual todos os prejuízos são do Estado e todos os proveitos são da concessionária. O pressuposto do modelo é que o equilíbrio da concessão é dinâmico, e deverá sempre ser aferido em cada momento a partir de parâmetros diferençados e específicos, havendo a possibilidade de a concessionária perder dinheiro caso se mostre incompetente na disputa de um mercado altamente competitivo. Exemplificando, o regime de equilíbrio econômico-financeiro da concessão de telefonia é um pouco diferente, pois tem, por disposição legal e contratual, um equilíbrio econômico-financeiro residual, no qual há incidência do equilíbrio econômico-financeiro nas hipóteses expressamente listadas no contrato.

O contrato de concessão de serviços públicos deverá ter, entre outras cláusulas essenciais, as relativas aos bens reversíveis, ou seja, aqueles bens privados que deverão integrar-se no domínio público ao final do contrato de concessão, sendo muito mais restrito que o regime de reversão da concessão clássica, havendo apenas a vinculação da reversão para aqueles bens imprescindíveis à continuidade do serviço, evitando-se discussões entre o Poder Público e o concessionário ao final da concessão.

Outro aspecto relevante no tratamento contemporâneo encontra-se no cuidado com os direitos dos usuários, aí incluída a ampliação da possibilidade de sua participação e cooperação na fiscalização e controle sobre a concessionária.

Em muitos ordenamentos foram editadas as cartas dos usuários (por exemplo: França e Itália) e as cartas dos cidadãos (por exemplo: Inglaterra), mencionando-se, inclusive, indicadores de qualidade e avaliação da satisfação dos usuários. Por sua vez, a Carta de Direitos Fundamentais da União Europeia,[25] proclamada em 12.12.2007, e que entrou em vigor a partir de 1.12.2009, contém compromisso de garantir o "acesso aos serviços de interesse econômico geral",[26] nos termos em que estatui seu art. 36.[27]

25. A Carta de Direitos Fundamentais da União Europeia, de 8.12.2000, foi retomada, adaptada e proclamada em Estrasburgo a 12.12.2007 pelo Parlamento Europeu, o Conselho e a Comissão. A Carta dos Direitos Fundamentais, até então apenas uma declaração política, passa a integrar o Tratado de Lisboa; e, através do parágrafo 1 do art. 6 do Tratado da União Europeia, alterado pelo Tratado de Lisboa, ganha valor jurídico vinculativo, indicando que a União Europeia reconhece e respeita o direito de acesso a serviços de interesse econômico geral, conforme previsto no Direito e nas práticas nacionais, a fim de promover sua coesão social e territorial. O art. 36 da Carta dos Direitos Fundamentais da União Europeia assim dispõe: "A União reconhece e respeita o acesso a serviços de interesse econômico geral tal como previsto nas legislações e práticas nacionais, de acordo com os Tratados, a fim de promover a coesão social e territorial da União". Dessa forma, permite-se aos cidadãos europeus reivindicar os direitos fundamentais garantidos pela União Europeia perante tribunais nacionais e europeus.

26. No primeiro momento, com a implementação do "mercado europeu", projetado pela União Europeia, não se formulou qualquer distinção entre *serviço público* e *atividade econômica em sentido restrito*. O Direito Comunitário não consagrou tratamento próprio e distinto para o serviço público, aludindo antes a "serviços econômicos de interesse geral", referidos originariamente no art. 90-2 e depois no art. 86-2 do Tratado de Roma, e a que o Tratado de Amsterdã de 1997 deu ênfase especial, consolidando os avanços da Comunidade, ao erguê-lo ao plano dos valores comuns da União, destacando sua importância na "promoção da coesão social e territorial da União", em seu art. 16.

Observa Almiro do Couto e Silva ("Privatização no Brasil e o novo exercício de funções públicas por particulares. Serviço público 'à brasileira'?", cit., *RDA*

Paralelamente à implantação das mudanças constitucionais e legais sofridas pelo Estado Brasileiro, e diante da mudança das relações na sociedade, os meios alternativos de solução de litígios têm se difundido, estimulando-se o uso da mediação, da conciliação e da arbitragem, que se inserem num contexto mais amplo de realização da Justiça. Enquanto na arbitragem (hoje regulada no Brasil pela Lei federal 9.307, de 23.9.1996) a solução do litígio é imposta às partes, na conciliação ela é apenas proposta, e na mediação incumbe ao mediador levar as partes à conciliação em virtude das vantagens por ele destacadas, sem imposição. Os três modos consensuais de solução de controvérsias não se confundem e não se excluem, mas – ao contrário – se completam, e podem ser adotados em sequência.

Além disso, no Direito Brasileiro o instituto da concessão, mencionado várias vezes no texto constitucional, configura-se como uma opção acerca do desempenho de serviços públicos – o que implica "a incidência de um plexo de princípios e regras pertinentes à relação entre o Estado, a iniciativa privada no âmbito econômico e a comunidade a quem os serviços são prestados".[28]

---

230/48-49) que "a principal questão, nesse debate, é a compatibilização do conceito comunitário de serviço de interesse econômico geral, de raiz marcadamente liberal e muito próximo da noção anglo-americana de *public utilities*, com o conceito francês de serviço público também adotado por outros países europeus. Enquanto o conceito de serviço público é um conceito jurídico, o que está expresso no Tratado de Roma é de índole econômica, conformado pela ideia de mercado (designadamente do mercado comum), de que a livre concorrência é, em princípio, inafastável. Já se percebe que esse debate interessa ao Brasil, pois nosso conceito de serviço público (...) é fortemente influenciado pela noção francesa. Essa noção, entretanto, na sua pátria de origem, desde Duguit até hoje, sofreu mutações profundas, sendo as mais significativas precisamente as decorrentes de normas comunitárias. Foi ela levada, por imposição daquelas normas, a acomodar-se com o mercado e com a concorrência, daí resultando o conceito de serviço público *à la française*, de que hoje tanto se fala". A influência comunitária atenuou a distinção entre os regimes jurídicos de atividade econômica privada e serviço público.

27. O art. 36 da Carta dos Direitos Fundamentais da União Europeia, cujo título é "Acesso aos Serviços de Interesse Econômico Geral", dispõe: "A União reconhece e respeita o acesso a serviços de interesse econômico geral tal como previsto nas legislações e práticas nacionais, de acordo com os Tratados, a fim de promover a coesão social e territorial da União".

28. Marçal Justen Filho, *Teoria Geral das Concessões de Serviço Público*, São Paulo, Dialética, 2003, pp. 58-59.

No dizer de Marçal Justen Filho: "A concessão é um instrumento de implementação de certas políticas públicas. Não é pura e simplesmente uma manifestação da atividade administrativa contratual do Estado. Muito mais do que isso, é uma alternativa para realização de valores constitucionais fundamentais".[29]

É preciso também considerar a distinção entre *concessão de serviço público*, que apresenta diversas espécies, que se distinguem entre si em vista do objeto da delegação realizada, de outras formas de contratação administrativa por meio das quais se produz a delegação do serviço público, tendo em conta as peculiaridades de cada qual.

Na França, berço de origem dos contratos administrativos e que muito influenciou a formulação do instituto no Brasil, distinguem-se os *marchés publics* e os *contrats de délégation de service public*. Os primeiros, disciplinados pelo *Code des Marchés Publics* (Código das Contratações Públicas) são utilizados para indicar as contratações administrativas pelas quais a Administração obtém a satisfação de suas necessidades em matéria de obras, fornecimentos ou de serviços.[30] No gênero *delegação de serviço público* são abrangidas várias figuras, pois, além das diversas modalidades de concessão propriamente dita, pode-se citar a *affermage*, a *régie intéressée*, a *gérance*, o *marché d'entreprise de travaux publics*, o *bail emphytéotique et convention accessoire*, surgidas espontaneamente na atividade administrativa francesa.[31]

---

29. Idem, p. 58.
30. Esclarece Marçal Justen Filho que "as diversas categorias de *marchés publics* previstas no Direito Francês equivalem às nossas contratações administrativas disciplinadas pela Lei 8.666. Essa asserção deve ser tomada com a devida cautela, eis que a coincidência não é exata" (*Teoria Geral das Concessões de Serviço Público*, cit., p. 80).
31. No Direito Francês, dentre os diversos modos de delegação de serviço público, destacam-se algumas figuras: (a) *affermage* (contrato de arrendamento) – é um instrumento por meio do qual o Poder Público transfere a terceiro (*fermier*) a exploração de um serviço público, cabendo àquele a realização/financiamento dos instrumentos/obras necessários (característica que especificamente diferencia a *affermage* da concessão); em contrapartida deve o arrendatário remunerar o Poder Público com parte dos recolhimentos devidos pelos usuários; citam-se como exemplo os contratos firmados para distribuição de água potável e para os transportes públicos urbanos de passageiros; (b) *régie intéressée* – é um contrato por meio do qual ocorre a transferência da gestão operacional de um serviço público a terceiro (*régisseur*) que, agindo por conta da pessoa pública delegante, assume o encargo de geri-lo mediante remuneração indexada aos resultados financeiros do serviço, paga pelo Poder Público.

Uma das principais características da teoria dos modos de gestão é que esses modos vêm sendo progressivamente aumentados e diversificados.

A diferença de regime alcançou a dimensão do próprio Direito Comunitário, que consagrou diretivas distintas a propósito dos contratos administrativos comuns e das concessões.

O surgimento dessas várias figuras de gestão deveu-se à constatação de que a assunção de todos os riscos pelo particular acabava inviabilizando a contratação, pois a probabilidade de investimentos de re-

Embora a *régie intéressée* se aproxime da concessão, na medida em que há transferência da execução material e da gestão de um serviço público, algumas características as diferenciam: a forma de remuneração, que na concessão advém do pagamento do usuário ao concessionário e na *régie intéressée* provém da Administração Pública; os bens utilizados pertencem ao Poder Público e correm por sua conta todos os riscos do empreendimento; o particular (*régisseur*) goza de autonomia na gestão do serviço (Gilles J. Guglielmi e Geneviève Koubi, *Droit du Service Public*, Paris, Montchrestien, 2000, pp. 362-363); (c) *gérance* (gerência) – é um contrato em que ocorre a transferência da gestão operacional do serviço público no qual a pessoa pública confia a gestão a um terceiro, chamado "gerente" (*gérant*), por conta e risco do Poder Público, mediante uma remuneração, fixada em valor nominal para toda a duração do contrato, atualizada ou indexada em função de índices econômicos gerais ou especiais relacionados com a atividade do serviço, e computada dentro dos encargos de exploração do serviço. Esse modo de gestão é muito próximo da *régie intéressée*; dela se diferenciando pela remuneração do *gérant*, que às vezes, mesmo compreendendo uma parte variável, não é proporcional à quantidade de serviço fornecido e não comporta interesse verdadeiro no resultado (Gilles J. Guglielmi e Geneviève Koubi, *Droit du Service Public*, cit., p. 366); (d) *marché d'entreprise de travaux publics* (contrato de empreendimento de obras públicas) – é um contrato firmado entre a Administração e um terceiro, através do qual o operador recebe o encargo de construir e explorar uma obra pública com a garantia de recebimento proveniente dos cofres públicos. Assemelha-se à concessão de serviço público precedida de obra pública em razão do seu objeto, mas dela difere em função do modo de remuneração, feita diretamente pela pessoa pública, e não pelo produto da atividade. Salienta Marçal Justen Filho que essa fórmula acarretou muitas divergências, particularmente diante das regras vedando a assunção de obrigações de pagamento futuro pela Administração sem cobertura orçamentária, reputando-se, ao final, que se trataria de manifestação enquadrada no âmbito dos *marchés publics*, sendo incompatível com o princípio da vinculação da despesa ao orçamento (*Teoria Geral das Concessões de Serviço Público*, cit., p. 82); (e) *bail emphytéotique* (arrendamento enfitêutico) – é um contrato de longa duração pelo qual é autorizada a edificação sobre imóvel de domínio público por um particular que, segundo convenção acessória, poderá explorá-la durante o período do contrato, revertendo sua propriedade para o domínio público ao término do prazo contratual.

cursos e esforços na gestão do serviço público por um particular torna-se menos provável quanto mais incerta a possibilidade de sucesso empresarial e maiores os investimentos exigidos.

Assim, a concessão passou a ser utilizada como uma modalidade de contratação que excluía a garantia de subvenções ou rentabilidade mínima pelo poder concedente, embora isso não significasse a proibição de tais benefícios. Sua outorga simplesmente desnaturava uma concessão e configurava outra modalidade de contratação entre Estado e particular, sendo amplamente admitida a prática na França.[32]

Embora o Direito Brasileiro tenha se inspirado no Direito estrangeiro, principalmente no Francês, o regime jurídico a que se submete a Administração Pública Brasileira decorre do direito positivo, enquanto as doutrinas e princípios franceses elaborados pela jurisdição administrativa vão evoluindo e sendo alterados por essa mesma via. Consequentemente, as inovações buscadas no Direito alienígena não são facilmente aplicáveis ao Direito pátrio, pois "não podem escapar ao Direito posto, sob pena de colocar em risco o princípio da legalidade e o da segurança jurídica".[33]

Mais recentemente observa-se, "além da tradicional inspiração no Direito Francês, (...) por força da Globalização, a influência do sistema da *common law* e do direito comunitário europeu no que diz respeito à instituição das chamadas parcerias público-privadas (...)".[34]

## 2. O direito positivo brasileiro: a concessão de serviços públicos e as PPPs

A Constituição Brasileira de 1988, na esteira das Cartas anteriores, estabeleceu, em seu art. 175, os princípios básicos do regime de concessão e permissão de serviços públicos, e em várias outras passagens faz menção aos referidos institutos. Estatui tal dispositivo:

---

32. Marçal Justen Filho, *Teoria Geral das Concessões de Serviço Público*, cit., p. 83.
33. Maria Sylvia Zanella Di Pietro, *Parcerias na Administração Pública: Concessão, Permissão, Franquia, Terceirização, Parceria Público-Privada e Outras Formas*, 7ª ed., São Paulo, Atlas, 2009, p. 62.
34. Idem, ibidem.

"Art. 175. Incumbe ao Poder Público, na forma da lei, diretamente ou sob regime de concessão ou permissão, sempre através de licitação, a prestação de serviços públicos.

"Parágrafo único. A lei disporá sobre: I – o regime das empresas concessionárias e permissionárias de serviços públicos, o caráter especial de seu contrato e de sua prorrogação, bem como as condições de caducidade, fiscalização e rescisão da concessão ou permissão; II – os direitos dos usuários; III – política tarifária; IV – a obrigação de manter serviço adequado."

Dentro dessa ordem de ideias, para dar cumprimento ao ditame constitucional de 1988 foram editadas as Leis 8.987, de 13.2.1995,[35] e 9.074, de 7.7.1995,[36] alteradas posteriormente, esclarecendo-se que a própria disciplina legislativa da concessão constituiu novidade. Recorde-se que as Constituições Federais de 1934 (art. 137), de 1946 (art. 152) e de 1967 (art. 160) e a Emenda Constitucional 1/1969 (art. 167) previam a edição de lei sobre o regime de prestação de serviço público sob a forma de concessão, e essa lei nunca foi promulgada.

As leis têm âmbito nacional, pois suas normas gerais aplicam-se aos Estados, Municípios e Distrito Federal, nos termos do que dispõe o art. 22, XXVII, da CF. O válido objeto destes diplomas é a disciplina básica dos institutos da concessão e da permissão, e não se ingerir (o que seria manifestamente inconstitucional) nas decisões estaduais ou municipais sobre a conveniência ou a possibilidade de efetuarem ou dilargarem a concessão de tal ou qual serviço – assuntos, estes, pertinentes à autonomia constitucional das mencionadas pessoas. Enquanto a União não editava normas gerais sobre a matéria, os Estados, o Distrito Federal e os Municípios exerciam, em tese, competência legislativa plena, editando normas genéricas, a par das normas especiais, exigidas pelo interesse regional ou local. É o que sucedeu com diversos Estados da Federação. Assim, já na vigência da Constituição de 1988 e antes da edição da Lei 8.987/1995, o Estado do Rio de Janeiro aprovou legislação específica e pioneira

---

35. A Lei 8.987/1995 foi alterada pelas Leis 9.074, de 7.7.1995, 9.648, de 27.5.1998, 11.196/2005 e 11.445/2007.
36. A Lei 9.074/1995 foi alterada pela Leis 9.432/1997, 9.648/1998, 10.684/2003, 10.848/2004, 11.192/2006, 11.488/2007, 11.668/2007, 11.943/2009 e 12.111/2009.

sobre concessões de serviços e obras – a Lei 1.481, de 21.6.1989, substituída, em 1997, pela Lei 2.831. O Estado de São Paulo também disciplinou as concessões de obras e as concessões e permissões de serviços – Lei 7.835, de 8.5.1992, alterada pela Lei 9.056, de 27.12.1994. Em seguida foram editadas as leis disciplinadoras das concessões de vários Estados e Municípios. Com o advento da Lei 8.987/1995, na forma do art. 24, § 4º, da CF, tiveram a eficácia de suas disposições suspensa no que contrariassem as normas gerais contidas na legislação federal.

Do âmbito de regência da Lei 8.987/1995, entretanto, por expressa disposição do art. 41, estão excluídas as concessões e permissões (e autorizações) para os serviços de radiodifusão sonora e de sons e imagens (rádio e televisão).

Diante da diversificação dos serviços públicos, fruto de profundas alterações no processo econômico-social definidas por vários fatores – entre os quais a inovação tecnológica e a sofisticação dos serviços –, houve extinção da uniformidade de regime jurídico e foram sendo editados diplomas legislativos disciplinando setores específicos e determinados, como as Leis 9.427, de 26.12.1996, e respectivas alterações, sobre energia elétrica; e as Leis 9.295, de 19.7.1996, e 9.472, de 16.7.1997 (alterada pela Lei 9.986/2000), sobre telecomunicações. Surgem o direito das telecomunicações, o direito da energia elétrica, e assim por diante.

Isso possibilitou a distinção entre regimes jurídicos acerca de licitações e contratos administrativos, refletindo a concepção de que as concessões de serviços públicos não podiam sujeitar-se a normas idênticas àquelas previstas para as contratações administrativas genéricas, tendo em conta as regras adequadas às circunstâncias e natureza correspondentes.

A política legislativa subjacente à edição da Lei Geral de Concessões estabeleceu os seguintes princípios: (a) eliminação da exclusividade na prestação do serviço público, buscando a atenuação das características monopolísticas do serviço; a exclusividade dependerá da impossibilidade material ou econômica de desempenho do serviço público em regime de competição; (b) estabelecimento de política tarifária embasada no valor da proposta vencedora, de conformidade com os critérios contratuais, e não mais na garantia de remuneração fixa, visando a incentivar a eficiência das concessionárias;[37] (c) estabelecimento de regime de controle e fiscalização do serviço, do qual o próprio usuário participa, e de gradação de penalidades pelas faltas cometidas, com vistas à elevação dos padrões de eficiência na prestação do serviço público.

Mais recentemente, diante da crescente experiência internacional na criação de novas formas de parceria com a iniciativa privada na gestão dos negócios do Estado, da escassez de recursos orçamentários para projetos de alto custo, do déficit de projetos estruturantes em áreas como transportes, saneamento e saúde, foi editada a Lei 11.079, de 30.12.2004, que institui normas gerais para licitação e contratação de parcerias público-privadas (PPPs) no âmbito da Administração Pública, e estendendo sua aplicação aos fundos especiais, às autarquias, às fundações públicas, às empresas públicas, às sociedades de economia mista e às demais entidades controladas direta ou indiretamente pela União, Estados, Distrito Federal ou Municípios (art. 1º, parágrafo único).

Nessa trilha caminham Estados e Municípios. Vários delas já aprovaram suas leis – respectivamente: Minas Gerais (Lei 14.868, de 16.12.2003); São Paulo (Lei 11.688, de 19.5.2004, alterada pela Lei Complementar 1.079, de 17.12.2008); Santa Catarina (Lei 12.930, de 4.2.2004); Distrito Federal (Lei 3.792, de 2.2.2006); Goiás (Lei 14.910, de 11.8.2004, alterada pela Lei 16.865/2009); Bahia (Lei 9.290, de 27.12.2004); Sergipe (Lei 6.299, de 19.12.2007); Ceará (Lei 13.557,

---

37. Arnoldo Wald, Luíza Rangel de Moraes e Alexandre de M. Wald, *O Direito de Parceria e a Lei de Concessões: Análise das Leis 8.987/1995 e 9.074/1995 e Legislação Subsequente*, São Paulo, Saraiva, 2004, p. 148. Registra Marcos Juruena Villela Souto que, "via de regra, a política tarifária de serviços varia entre os sistemas do *price cap* e do *cost plus*. No *price cap* (tarifa-limite), o Poder Público fixa um valor máximo para a tarifa por um período, dentro do qual o concessionário se apropria de todos os ganhos de eficiência e produtividade decorrentes dos investimentos e aprimoramentos tecnológicos; após o qual, tomando-se por base tais ganhos, com custos mais enxutos do fornecedor, o valor da tarifa é revisto e pode ser reduzido, impedindo-se, assim, uma relação direta entre custos e preços. Essa revisão é conduzida pelo regulador com base em critérios técnicos (já que a decisão política pela revisão já fora prevista). O objetivo é preservar o equilíbrio, de modo a não onerar usuário e prestador do serviço. O sistema *cost plus* assegura ao concessionário uma remuneração percentual sobre o custo dos insumos e encargos do serviço, o que não estimula a sua eficiência" (*Direito Administrativo Regulatório*, 2ª ed., Rio de Janeiro, Lumen Juris, 2005, p. 88).

de 30.12.2004, alterada pela Lei 14.391, de 7.7.2009); Rio Grande do Sul (Lei 12.234, de 13.1.2005); Pernambuco (Lei 12.765, de 27.1.2005); Amapá (Lei 921, de 18.8.2005); Piauí (Lei 5.494, de 19.9.2005); Rio Grande do Norte (Lei Complementar 307, de 11.10.2005); Maranhão (Lei 8.437, de 26.7.2006); Rio de Janeiro (Lei 5.068, de 10.7.2007); Paraíba (Lei 8.684, de 7.11.2008); Alagoas (Lei 6.972, de 7.8.2008); Amazonas (Lei 3.363, de 30.12.2008); Espírito Santo (Lei Complementar 492/2009, de 11.8.2009); Tocantins (Lei 2.231, de 3.12.2009); e Rondônia (Lei Complementar 609, de 18.2.2011).

Dentre outros, os Municípios de Vitória, Porto Alegre, Pelotas, Gravataí, Novo Hamburgo/RS, Curitiba, São Paulo e Mauá editaram, respectivamente, as Leis 6.261, de 23.12.2004; 9.875, de 8.12.2005; 5.115, de 4.5.2005 (alterada pela Lei 5.221/2006); 2.467, de 18.1.2006; 1.408, de 31.5.2006; 11.929, de 3.10.2006; 14.517, de 16.10.2007 (alterada pela Lei 14.583/2007), e 4.280, de 19.12.2007.

## 2.1 Conceito e características da concessão de serviços públicos disciplinada pela Lei 8.987/1995

*Concessão de serviço público* é o contrato administrativo pelo qual o Estado atribui a alguém o exercício de um serviço público, para que o execute em nome próprio, por sua conta e risco, remunerando-se pela própria exploração do serviço, via de regra mediante tarifas cobradas diretamente dos usuários.[38]

Apesar de a Constituição Federal referir-se em inúmeras passagens ao instituto da concessão de serviço público, não há formulação conceitual constitucional sobre o instituto.

A Lei 8.987/1995 distingue a concessão em *concessão de serviço público* (por exemplo, no caso da concessão de transporte urbano de passageiros) e *concessão de serviço público precedida da execução de obra pública* (é o caso da concessão para geração de energia elétrica a partir de certo potencial hidroelétrico, em que somente será possível gerar energia depois de edificar a usina), definindo cada uma destas espécies no art. 2º, II e III, respectivamente.

---

38. Nesse sentido, v.: Celso Antônio Bandeira de Mello, *Curso de Direito Administrativo*, 28ª ed., São Paulo, Malheiros, 2011, p. 709; Maria Sylvia Zanella Di Pietro, *Direito Administrativo*, cit., 23ª ed., p. 294.

Ambos os conceitos (concessão precedida e não precedida de obra pública) padecem de impropriedades, pois incluem elementos condizentes com condições e procedimentos (ser realizada mediante licitação na modalidade de concorrência e outorgada à empresa ou consórcio que demonstre capacidade para realização do empreendimento), mas que não são requisitos de existência.

Demais disso, no conceito de *concessão não precedida de obra pública* deixou-se de referir o elemento que é condição *sine qua non* para caracterizá-la – o de que o beneficiário da "delegação" efetuada remunerar-se-ia pela própria exploração do serviço.

De outro lado, no conceito de *concessão de serviço público precedida de obra pública* incluiu-se uma figura distinta – qual seja: a da concessão de obra pública. Com efeito, no inciso III do art. 2º foi mencionada a "exploração do serviço ou da obra". A exploração de obra pública decorrente de concessão dela configura concessão de obra pública, e não concessão de serviço público. Assim, a lei fez evidente confusão entre os dois institutos.

A concessão de serviço público apresenta as mesmas características dos demais contratos administrativos, sendo um tipo de avença travada entre a Administração e terceiros cujo regime se singulariza pela existência de cláusulas que asseguram ao concedente a alteração e extinção unilateral da relação convencional, em prol do interesse público, ressalvados os interesses patrimoniais do contratante privado, a fiscalização de sua execução e aplicação de penalidades.

Embora tenha a natureza de contrato administrativo, a concessão apresenta algumas peculiaridades, a seguir elencadas.

*I – Só existe concessão de serviço público quando se trata de serviço próprio do Estado.*

*II – O poder concedente transfere ao concessionário a execução, e não a titularidade do serviço para o particular*, mantendo o Estado total disponibilidade sobre o serviço concedido. Por isso mesmo o concessionário o desempenhará se, quando, como e enquanto o Poder Público o desejar. Para tanto, dispõe o concedente de um conjunto de poderes sobre o serviço prestado pelo concessionário. A Lei 8.987/1995 concentra a maioria deles sob o rótulo de "Encargos do Poder Concedente", no art. 29 – dispositivo, este, que enumera diversas de suas atribuições. São os seguintes os poderes do concedente:

(a) Poder de inspeção e fiscalização, que o autoriza a acompanhar diretamente as atividades desenvolvidas pelo concessionário. A ele a Lei 8.987 se refere em diferentes passagens. Assim os arts. 3º; 23, VII; 29, I; 30 e parágrafo único; e 31, V.

(b) Poder de alteração unilateral das cláusulas regulamentares, isto é, concernentes às condições do funcionamento, organização do serviço e desfrute pelos usuários, o que inclui as tarifas a serem cobradas. A lei acolheu-o de modo expresso ou implícito em diferentes artigos. Assim os arts. 9º, § 4º; inciso VII do art. 18; inciso V do art. 23; art. 6º, §§ 1º e 2º.

(c) Poder de extinguir a concessão antes de findo o prazo inicialmente estatuído, sempre que o interesse público o aconselhar.

A Lei 8.987/1995 prevê entre os encargos do concedente o de extinguir a concessão nos casos nela previstos (art. 29, IV), e no art. 35 enumera os casos de extinção da concessão. A enunciação da lei não é completa, pois não previu a rescisão amigável – qual seja, a extinção por mútuo entendimento –, que é inerente a qualquer rescisão contratual; nem a transferência sem autorização do concedente (art. 27, *caput*, da Lei 8.987/1995) – que configura, para o concessionário que abandona a prestação, uma forma de extinção do contrato de concessão, conquanto não prevista no dispositivo que cuida das modalidades extintivas da concessão (arts. 35-39 da Lei 8.987/1995).

A extinção da concessão por ato unilateral do poder concedente compreende três modalidades:

($c_1$) Encampação ou resgate, que é o encerramento da concessão, por ato do concedente, durante o transcurso do prazo inicialmente fixado, por motivo de conveniência e oportunidade administrativa, sem que o concessionário haja dado causa ao ato extintivo. Isto sucede quando o Poder Público entende, por alguma razão de ordem administrativa ou política, de assumir diretamente o serviço concedido ou de substituí-lo por outro tipo de serviço, mais capaz de satisfazer as necessidades públicas (exemplo: transporte coletivo realizado por bondes por outro meio).

A indenização é devida porque a antecipação do encerramento da concessão ao prazo previsto repercute diretamente sobre a equação econômico-financeira. O concessionário deve receber o capital não amortizado e os lucros cessantes. O art. 37 da Lei federal 8.987/1995 estabeleceu necessidade de lei autorizativa e pagamento prévio de indenização; e, ao cogitar da indenização em tal caso (art. 36, por remissão do art. 37), só se refere à indenização das parcelas não amortizadas ou depreciadas atinentes aos bens reversíveis; porém, obviamente, haveria agravo à equação econômico-financeira do contrato se não houvesse indenização pelos lucros cessantes.

($c_2$) Caducidade ou decadência, que é a modalidade de encerramento da concessão por ato do concedente (decreto) antes da conclusão do prazo inicialmente fixado, em razão de inadimplência do concessionário. A inexecução total ou parcial do contrato dará margem à aplicação de sanções ou à declaração de caducidade. Neste caso o Poder Público pagará apenas a parcela não amortizada do capital representada pelos equipamentos necessários à prestação do serviço e que reverterão ao concedente. A apuração do valor devido será feita no decurso do processo e a indenização não precisa ser prévia, e dela descontar-se-ão as multas contratuais e os danos causados pelo concessionário (art. 38, §§ 4º e 5º).

($c_3$) Anulação da concessão. Terá lugar quando houver sido outorgada com vício jurídico. Se não tiver havido má-fé do concessionário, cabe-lhe indenização pelas despesas efetuadas e, no caso de já se encontrar o serviço em funcionamento, revertidos os bens, terá de ser indenizado pelas parcelas não amortizadas.

(d) Poder de intervir extraordinária e temporariamente na administração do concessionário (art. 29, III, da Lei 8.987/1995), ocupando instalações e exercitando a gerência do pessoal. A intervenção é declarada por decreto do poder concedente. A medida justifica-se quando indispensável para assegurar a continuidade do serviço, sua normalidade ou o adequado cumprimento das obrigações assumidas pelo concessionário, por não existir outro meio hábil capaz de salvaguardar os aludidos interesses. Ao término da intervenção a Administração concluirá pela extinção da concessão (seja por inadimplemento contratual, seja por razões de interesse público), pela aplicação de penalidade ou pela simples continuidade do serviço.

(e) Poder de impor sanções ao concessionário inadimplente (art. 29, II, da Lei 8.987/1995), mas não indica quais sejam. Segundo Celso Antônio Bandeira de Mello, "estas podem ser estabelecidas em *regu-*

*lamento* anterior à concessão ou no edital do certame, (...)".[39] O contrato não poderá inovar na matéria.

A Lei 8.987 não indica as penalidades cabíveis; em seu art. 38 apenas determina que "a inexecução total ou parcial do contrato acarretará, a critério do poder concedente, a declaração de caducidade da concessão ou a aplicação das sanções contratuais, respeitadas as disposições deste artigo, do art. 27, e as normas convencionadas entre as partes". Mas, em face do princípio da legalidade, observa Maria Sylvia Zanella Di Pietro que:

"Parece evidente que as penalidades possíveis são apenas aquelas previstas em lei; no caso, seriam as previstas na lei que disciplina o serviço a ser concedido ou, em sua falta, seriam as mesmas previstas na Lei 8.666 (arts. 87 e 88), que se aplica subsidiariamente às concessões de serviços públicos, por força de seu art. 124, em tudo o que não contrariar a legislação específica sobre o assunto. Não é possível instituir, quer no edital da concorrência, quer no contrato, quer em atos normativos do Poder Executivo, uma penalidade não prevista em lei. Além disso, deve ser assegurado o contraditório, a ampla defesa e todos os recursos a ela inerentes, em obediência ao art. 5º, LV, da Constituição.

"Quando muito, o que se poderia admitir é a multa ressarcitória, que tem por objetivo ressarcir perdas e danos causados pela parte que descumprir o contrato, e que equivale à cláusula penal."[40]

*III – A regra é a ausência de exclusividade na outorga da concessão ou permissão* (arts. 7º, III, e 16), assegurando-se ao usuário um direito à liberdade de escolha do prestador do serviço, sempre que houver viabilidade técnica e econômica.

*IV – O concessionário executa o serviço em seu próprio nome e corre os riscos normais do empreendimento, fazendo jus à inalterabilidade do objeto, inclusive à técnica básica pela qual o serviço é prestado e ao equilíbrio econômico-financeiro da concessão.*

---

39. Celso Antônio Bandeira de Mello, *Curso de Direito Administrativo*, cit., 28ª ed., p. 741.
40. Maria Sylvia Zanella Di Pietro, *Parcerias na Administração Pública: Concessão, Permissão, Franquia, Terceirização, Parceria Público-Privada e Outras Formas*, cit., 7ª ed., p. 85.

A definição de equação econômico-financeira das concessões espelha a relação entre receitas e custos tomada no momento da celebração do contrato, fazendo os concessionários jus a um reequilíbrio do ajuste diante de: (a) alterações unilaterais do contrato, promovidas pela Administração Pública; (b) fatos imprevistos; (c) atos governamentais alheios ao próprio contrato (fato do príncipe).

No Brasil a noção de equilíbrio econômico-financeiro da concessão e da proteção que lhe é atribuída é mais ampla para o concessionário que no Direito Francês. Nesse sentido esclarece Celso Antônio Bandeira de Mello: "Com efeito, entende-se como excluída da álea ordinária (isto é, dos riscos normais que o concessionário deve suportar) a variação nos preços dos insumos componentes da tarifa, pois esta intelecção é a que se coaduna com a proteção ampla decorrente dos arts. 9º e § 2º, 18, VIII, e 23, IV, impositivos de revisão e/ou reajuste. Da álea ordinária também se excluem os agravos econômicos oriundos de medidas gerais do Poder Público que tenham impacto gravoso sobre o preço tarifário, ainda que não se trate de providências especificamente incidentes sobre a concessão, pois, (...) o art. 9º, § 3º, determina revisão de tarifa até mesmo em face da sobrevinda de tributos (salvo os do imposto de renda) ou encargos legais que comprovadamente repercutem sobre ela.. De outro lado, nas hipóteses em que caiba aplicação da teoria da imprevisão, a qual é acolhida sem o extremo rigorismo do Direito Francês, os prejuízos do concessionário são inteiramente acobertados e não – como ocorre na França – partilhados com o concedente".[41]

Tais soluções são obrigatórias no nosso direito positivo, em face do disposto no art. 37, XXI, da CF.

O jurista resume, ainda, a ideia geral que abrange os riscos assumidos pelos concessionários de serviços públicos: "Os riscos que o concessionário deve suportar sozinho abrangem, além dos prejuízos que lhe resultem por atuar canhestramente, ineficiência ou imperícia, aqueloutros derivados de eventual estimativa inexata quanto à captação ou manutenção da clientela de possíveis usuários, bem como, no caso de fontes alternativas de receita, os que advenham de uma frustrada expectativa no que concerne aos proveitos extraíveis de tais negócios".[42]

---

41. Celso Antônio Bandeira de Mello, *Curso de Direito Administrativo*, cit., 28ª ed., pp. 749-750.

42. Idem, p. 750.

V – Os direitos emergentes da concessão, até o limite que não comprometa a operacionalização e a continuidade da prestação do serviço, podem ser dados em garantia (art. 28), o que viabiliza as operações de *project finance*).[43]

Embora o *caput* do art. 28 da Lei 8.987/1995 previsse a possibilidade de direitos emergentes da concessão serem oferecidos em garantia, o art. 28-A, acrescentado pela Lei 11.196/2005, veio disciplinar mais especificamente sua aplicação, sendo estabelecidas as regras que nortearão as relações entre concessionárias e financiadores. Ampliou as garantias que podem ser oferecidas pelas concessionárias, objetivando proteger os agentes financeiros que tenham assumido o financiamento do projeto com a concessionária e, com isso, havendo uma tendência para a redução dos custos financeiros dos empréstimos.

O art. 28-A, em seus incisos, regula, nos contratos cujas obrigações tenham prazo médio de vencimento superior a cinco anos, a outorga pelo concessionário ao financiador de parcela de seus créditos operacionais futuros, como garantia do empréstimo, estabelecendo normas operacionais para tanto.

Dessa forma, "o contrato de cessão dos créditos deverá ser registrado no Cartório de Títulos e Documentos para que tenha eficácia perante terceiros" (inciso I); e sua eficácia em relação ao Poder Público depende de formal notificação (inciso II).

No que tange a essa notificação, ressalte-se que não se trata da necessidade de anuência do poder concedente, mas, sim, do dever de acompanhamento da gestão financeira da concessionária pelo poder concedente. Assim é que a parcela de créditos cedidos não poderá inviabilizar a prestação do serviço adequado, a realização dos investimentos previstos no contrato e a observância da modicidade tarifária.

Os créditos futuros serão constituídos sob a titularidade do mutuante, independentemente de qualquer formalidade adicional (inciso III), podendo este indicar instituição financeira para efetuar a cobran-

---

43. Tal estruturação é definida na doutrina como "a captação de recursos para financiar um projeto de investimento de capital economicamente separável, no qual os provedores de recursos veem o fluxo de caixa vindo do projeto como fonte primária de recursos para atender aos serviços de seus empréstimos e fornecer o retorno sobre seu capital investido no projeto" (John D. Finnerty, *Project Finance: Engenharia Financeira Baseada em Ativos*, Rio de Janeiro, Qualitymark, 1998, p. 2).

ça e receber os pagamentos dos créditos cedidos ou permitir que a concessionária o faça (inciso IV). Os pagamentos serão depositados em conta corrente bancária vinculada ao contrato de mútuo (inciso VI), cujo saldo será transferido ao mutuante à medida que as obrigações do contrato de mútuo se tornarem exigíveis (inciso VII).

Registra Celso Antônio Bandeira de Mello:

"Ambos os artigos merecem reparo. O primeiro porque, evidentemente, não é qualquer direito efluente da concessão que pode ser dado em garantia. Basta pensar-se que o concessionário, por força da concessão, adquire, em certos casos, o direito ao uso especial de bens públicos. Sobre isto jamais teria disponibilidade para oferecê-lo em garantia a terceiro. Só poderia ser dado em garantia o que lhe competisse a título de remuneração na concessão, isto é, tarifas e as receitas paralelas ou complementares a que se reporta o art. 11. Também se pode censurá-lo por nada haver estabelecido com relação ao modo como se verificaria o 'limite que não comprometa a operacionalização e a continuidade da prestação do serviço'.

"Quanto ao segundo artigo as censuras são ainda mais graves. Embora tenha corretamente esclarecido que as garantias são parcelas de seus 'créditos operacionais futuros', implicitamente deixa a critério do concessionário o montante desta parcela, pois estabelece que 'a cessão do crédito não terá eficácia em relação ao Poder Público concedente senão quando for este formalmente notificado' (inciso II do art. 28-A). Logo, só considerou necessária a notificação formal do Poder Público, e não a *autorização* deste quanto ao montante havido como incapaz de comprometer a operacionalização e continuidade do serviço. Entendemos que tal avaliação por parte do concedente é sempre indispensável, por estar em pauta a prestação de um serviço público, *res extra commercium*, bem jurídico cujas condições de desempenho não podem depender de uma avaliação tão só do concessionário."[44]

Referidos dispositivos são complementados pela inovação trazida no tratamento dos consórcios de empresas licitantes, facultando-se ao concedente, desde que previsto no edital, exigir que o consórcio se constitua em empresa antes da assinatura do contrato (art. 20); a em-

---

44. Celso Antônio Bandeira de Mello, *Curso de Direito Administrativo*, cit., 28ª ed., p. 733.

presa, usualmente, é uma sociedade de propósito específico, dedicada apenas à prestação do serviço público, dissociando seu capital e negócio das empresas que deram origem ao consórcio.

Esclarece Marcos Juruena Villela Souto que "isso permite que a nova empresa concessionária, para se capitalizar para o investimento no serviço, emita títulos, alienando parte dos direitos ou garantindo tais títulos com a expectativa de receita tarifária (que representa o seu ativo patrimonial)".[45]

*VI – O concessionário remunera-se pela "exploração" do próprio serviço concedido, "em geral" e "basicamente" pela percepção de tarifas cobradas dos usuários.*

Entretanto, dita exploração pode ser feita, em alguns casos, por outro meio. É o que sucede nas concessões de rádio e televisão (radiodifusão sonora ou de sons e imagens), em que o concessionário se remunera pela divulgação de mensagens publicitárias cobradas dos anunciantes, e não de tarifas pagas pelos "usuários".

De outro lado, quando a exploração se faça pela cobrança de tarifas aos usuários não há impedimento a que o concedente subsidie parcialmente o concessionário para composição do equilíbrio econômico-financeiro do contrato. A interpretação *a contrario sensu* do art. 17[46] leva à conclusão de que inexiste impedimento para o estabelecimento do subsídio pelo Poder Público, desde que haja previsão legal e esteja à disposição de todos os concorrentes.[47] No âmbito estadual, porém, o art. 119, parágrafo único, da Constituição Paulista preceitua que os serviços concedidos ou permitidos "não serão subsidiados

---

45. Marcos Juruena Villela Souto, *Direito Administrativo das Concessões*, Rio de Janeiro, Lumen Juris, 2004, pp. 16-17.
46. Nos termos do art. 17 da Lei 8.987/1995, "considerar-se-á desclassificada a proposta que, para sua viabilização, necessite de vantagens ou subsídios que não estejam previamente autorizados em lei e à disposição de todos os concorrentes".
47. Maria Sylvia Zanella Di Pietro, *Parcerias na Administração Pública: Concessão, Permissão, Franquia, Terceirização, Parceria Público-Privada e Outras Formas*, cit., 7ª ed., p. 106; Adilson Abreu Dallari, "Concessões e permissões sob a tutela da Lei 8.987, de 13.2.1995", *BDA* 12-8/518-519, São Paulo, agosto/1996; Diógenes Gasparini, *Direito Administrativo*, 15ª ed., São Paulo, Saraiva, 2010, p. 433; Lúcia Valle Figueiredo, *Curso de Direito Administrativo*, 9ª ed., São Paulo, Malheiros Editores, 2008, pp. 98-99 e 108; Marcos Juruena Villela Souto, *Desestatização, Privatização, Concessões e Terceirizações*, 4ª ed., Rio de Janeiro, Lumen Juris, 2001, pp. 156 e 162-163.

pelo Poder Público, em qualquer medida, quando prestados por particulares".

Também não há obstáculo a que possam ser previstas fontes alternativas de receita, complementares ou acessórias – como, aliás, o admite a Lei nacional de Concessões, tendo em vista "favorecer a modicidade das tarifas". Daí haver-se dito que, em geral, o concessionário se remunera "basicamente" pela cobrança de tarifas, pois não é necessário que o seja exclusivamente por elas.

*VII – A tarifa tem a natureza de preço público e é fixada no contrato* (arts. 9º e 23, IV, da Lei 8.997/1995).

Na Constituição de 1967 o art. 167 exigia a fixação de tarifas que permitissem ao concessionário a justa remuneração do capital, o melhoramento e a expansão dos serviços e assegurassem o equilíbrio econômico e financeiro; a atual CF, no art. 175, parágrafo único, III,[48] deixou ao legislador infraconstitucional a definição e a determinação dos princípios a orientarem a "política tarifária" e a escolha entre as possíveis opções no tocante à regulação dos preços. Assim, enquanto pela Constituição anterior era pela tarifa que se assegurava o equilíbrio econômico, pela atual nada impede que a lei adote critério diverso, possibilitando, por exemplo, a fixação de tarifas mais acessíveis ao usuário (preço político) e compensando por outra forma o concessionário, para manter hígido o equilíbrio econômico-financeiro firmado no contrato. Inúmeros são os objetivos que podem vir a ser perseguidos por meio da instituição de uma dada política tarifária.[49]

48. Embora tenha sido alterada a fórmula normativa adotada nas Constituições Brasileiras anteriores, que sempre se reportavam à modicidade das tarifas que realizasse a "justa remuneração do capital" como princípio a ser observado na concessão e na permissão dos serviços públicos (art. 137 da Constituição de 1934; art. 147 da Carta de 1937; art. 151, parágrafo único, da Constituição de 1946; art. 160, II, da Carta de 1967; art. 167, II, da Emenda 1/1969), não deve ser considerada revogada a determinação quanto à moderação da contrapartida paga pelos usuários.
49. Esclarece Jacintho Silveira Dias de Arruda Câmara. "É possível que, por meio de uma redução artificial dos valores cobrados, se busque o controle inflacionário; tarifas módicas para categorias carentes podem ser conseguidas à custa da cobrança de valores mais altos de outros usuários; a contenção de gasto de um recurso escasso pode ser perseguida por meio do aumento de tarifas; inclusão social; incentivo à cultura, ao trabalho, ao lazer; enfim, um sem-número de objetivos podem ser legitimamente buscados ao se disciplinar o regime tarifário de um determinado serviço público" (*Tarifa nas Concessões*, cit., p. 78).

Concretamente, verifica-se que a Lei federal 8.987/1995 introduziu uma série de preceitos que podem representar, por si sós, o fundamento de validade de medidas administrativas em matéria tarifária. Dentre eles se destaca o *princípio da modicidade tarifária* (arts. 6º, § 1º, e 11),[50] que, de certa forma, é um corolário da generalidade, pois sua observância propicia o amplo acesso de todos que tenham necessidade do serviço.

Observa Celso Antônio Bandeira de Mello que "as tarifas não têm, nem poderiam ter, de modo algum, natureza contratual, imutável. O contratual – e que, por isso, não pode ser unilateralmente modificado pelo Poder Público – é o valor resultante do equilíbrio econômico-financeiro, de que a tarifa é uma expressão, entre outras".[51]

A Lei 8.987/1995 previu a possibilidade de fixação de tarifas diferenciadas "em função das características técnicas e dos custos específicos provenientes do atendimento aos distintos segmentos de usuários" (art. 13). Assim, não existe impedimento a que se fixem, por exemplo, tarifas de energia elétrica diferenciadas para residências, estabelecimentos prestadores de serviços, estabelecimentos comerciais e industriais. Também não há impedimento à fixação de tarifas progressivas, em função do maior consumo.

Ao autorizar o tratamento diferenciado nas situações acima descritas, a Lei 8.987/1995 respeitou o campo do legislador específico a ser ditado pelo ente titular do serviço público e não impediu que novos critérios de diferenciação de tratamento tarifário fossem autorizados em legislação específica de cada serviço, em função da implementação de uma dada política pública (assim como a proteção ao idoso e o incentivo à educação), e desde que haja nexo lógico entre a diferenciação tarifária estabelecida e o fim de interesse público perseguido.

---

50. Quanto aos serviços de rádio e televisão (radiodifusão sonora ou de sons e imagens), previstos nos arts. 21, XII, "a", e 223 da CF de 1988, não se pode falar em contraprestação pelo usuário, pois o prestador do serviço se remunera por outras formas (divulgação de mensagens publicitárias cobradas dos anunciantes; venda de direitos de transmissão etc.)

51. Celso Antônio Bandeira de Mello, *Curso de Direito Administrativo*, cit., 28ª ed., p. 745.

Ainda, nos termos do art. 11 da Lei 8.987/1995, "no atendimento às peculiaridades de cada serviço público, poderá o poder concedente prever, em favor da concessionária, a possibilidade de previsão de outras fontes provenientes de receitas alternativas, complementares, acessórias ou de projetos associados, com ou sem exclusividade, com vistas a favorecer a modicidade das tarifas".

Receitas de outras fontes podem ser, por exemplo, as verbas advindas da exploração de publicidade; "o direito de exploração de áreas do subsolo ou contíguas à obra pública (para instalação de *shopping centers*, supermercados, postos de gasolina, estacionamentos de automóveis, galerias, lojas etc.)",[52] e devem compor o equilíbrio econômico-financeiro do contrato (parágrafo único do art. 11).

Hodiernamente verifica-se forte tendência para o acolhimento desses modelos de fontes alternativas de receitas, com a finalidade de que o cômputo desses valores seja utilizado exclusivamente "com vistas à obtenção da desobrigação social de maiores ônus",[53] assegurada a remuneração da concessionária por esses outros meios.

Ao admitir a estipulação de receitas alternativas à cobrança de contraprestação dos usuários como forma de remuneração do concessionário, abriu-se a oportunidade de o Poder Público, ao conceder determinado serviço público, substituir a tarifa por outro meio de remuneração em favor do concessionário. E essa assertiva ganha força já que o art. 2º, II, ao conceituar a concessão de serviço público, não faz referência à remuneração paga pelo usuário, como é da tradição do instituto.

Resta averiguar se essas formas alternativas descaracterizam a concessão. As opiniões se dividem.

52. Celso Antônio Bandeira de Mello, *Curso de Direito Administrativo*, cit., 28ª ed., p. 745. Antônio Carlos Cintra do Amaral aponta serem "receitas alternativas, complementares ou acessórias, por exemplo, as decorrentes, em uma rodovia concedida, da exploração, por terceiros, de restaurantes, postos de abastecimento de combustível e outras iniciativas paralelas. Em um aeroporto, restaurantes, hotéis, lojas, guichês de locação de veículos etc. Exemplo de projeto associado é a exploração de atividade turística ou de navegação em uma eclusa. Vale dizer: projetos associados, ao contrário de atividades alternativas, complementares ou acessórias, não guardam relação direta com o objeto da concessão" (*Concessão de Serviço Público*, 2ª ed., São Paulo, Malheiros Editores, 2002, p. 51).

53. Cármen Lúcia Antunes Rocha, *Estudo sobre Concessão e Permissão de Serviço Público no Direito Brasileiro*, São Paulo, Saraiva, 1996, p. 111.

Celso Antônio Bandeira de Mello,[54] Marçal Justen Filho[55] e Maria Sylvia Zanella Di Pietro[56] averbam que a remuneração do concessionário decorrente da própria exploração do serviço, ainda que não proveniente diretamente de pagamento efetuado pelo usuário, é o traço que distingue a concessão comum do mero contrato administrativo de prestação de serviços, remunerado pela própria entidade contratante.

Inteligência diversa é a de Benedicto Porto Neto ao asseverar que "a Administração Pública pode transferir a prestação de serviço público a terceiro, sob o mesmo regime jurídico da concessão, sem que sua remuneração guarde relação com o resultado da exploração do serviço".[57] Em parecer exarado sobre serviços municipais de coleta de lixo destaca que na concessão a responsabilidade direta pela prestação dos serviços pelo concessionário não decorre necessariamente da sua forma de remuneração, sendo suficiente a assunção dessa responsabilidade perante os usuários e terceiros. Ou seja: para sua existência basta que ele desempenhe a atividade no seu próprio nome, como pessoa distinta do Estado titular do serviço, investido em prerrogativas públicas atribuídas pelo poder concedente, mantendo relação jurídica direta com os usuários. A distinção entre *concessão* e *contrato de prestação de serviço* funda-se na existência de vínculo direto entre a concessionária, que passa a prestar os serviços em seu próprio nome, e os usuários.[58]

Acredita haver equívoco na afirmação de que o texto constitucional inviabiliza a remuneração da concessionária diretamente pelo Poder Público. Por isso, o diploma legal de regência da matéria pode admiti-la, sem desnaturar o instituto da concessão. Além disso, não

---

54. Celso Antônio Bandeira de Mello, *Curso de Direito Administrativo*, cit., 28ª ed., p. 710.
55. Marçal Justen Filho, *Teoria Geral das Concessões de Serviço Público*, cit., p. 103.
56. Maria Sylvia Zanella Di Pietro, *Parcerias na Administração Pública: Concessão, Permissão, Franquia, Terceirização, Parceria Público-Privada e Outras Formas*, cit., 7ª ed., p. 108.
57. Benedicto Porto Neto, *Concessão de Serviço Público no Regime da Lei 8.987/1995: Conceito e Princípios*, São Paulo, Malheiros Editores, 1998, p. 76.
58. Benedicto Porto Neto, "Concessão dos serviços municipais de coleta de lixo. Remuneração da concessionária diretamente pelo concedente", *Revista do Instituto dos Advogados de São Paulo/RIASP* 5/237-238, 241 e 244, São Paulo, janeiro-junho/2000.

existe incompatibilidade entre essa forma de remuneração e a Lei Geral das Concessões.[59]

No que tange à discussão atualmente travada entre os doutrinadores – qual seja, saber se descaracterizaria a concessão a contraprestação pelo Poder Público –, na esteira de Juarez Freitas, responde-se "não, em princípio, porém se for integral a remuneração e sem risco, figurando a Administração Pública como usuária direta (não indireta), aí, sim, descaracteriza-se nitidamente".[60]

Quanto à tarifa, embora o art. 9º, *caput*, estabeleça que "será fixada pelo preço da proposta vencedora da licitação", deve ter-se em vista que há hipóteses onde, dependendo do critério adotado para julgamento da licitação, as propostas não versam sobre valor de tarifa, tal como

---

59. Idem, p. 241. Floriano de Azevedo Marques Neto também sustenta que dentre as fontes alternativas "pode estar o pagamento pelo Estado de um valor (inclusive com natureza tarifária) definido em lei, no edital ou no contrato por unidade de serviço utilizado. A título de exemplo, é essa a configuração determinada pelo TCU para a outorga à iniciativa privada dos serviços de telecomunicações (utilização de redes digitais) a serem universalizados com recursos do Fundo de Universalização dos Serviços de Telecomunicações/FUST (cf. Acórdão 1.107-31/2003 ao TC 005.302/2003-9, Consulta, Plenário, rel. Min. Humberto Guimarães Souto, j. 13.8.2003, *DOU* 25.8.2003)".

"Em resposta a consulta formulada pelo Ministério das Comunicações acerca da melhor configuração jurídica para utilização dos recursos do FUST com vistas a universalizar os serviços de acesso às redes digitais de informação, o TCU esclareceu que este serviço 'implica outorga de concessões pela Agência Nacional de Telecomunicações/ANATEL de uma nova modalidade de serviço de telecomunicações a ser prestado em regime público' e que 'é possível a utilização dos recursos do FUST para fazer face à totalidade dos custos de provimento dos serviços em estabelecimento de ensino e bibliotecas, vez que a legislação prevê a redução das contas dos serviços com o objetivo de ampliar o acesso por parte da população carente (...)'.

"Ou seja, o TCU decidiu no sentido da plena possibilidade (e, no caso, mais ainda, da obrigatoriedade) e que os serviços públicos de acesso às redes digitais de informação (serviços de telecomunicações e de provimento de acesso à Internet) sejam objeto de concessão outorgada à iniciativa privada e que a remuneração dos particulares (concessionários) dê-se não por tarifa paga pelos usuários do serviço (população carente), e sim pelos recursos públicos depositados no FUST. Ou seja: a Corte de Contas consagrou exatamente a possibilidade de concessão sem cobrança de tarifa dos usuários" ("Concessão de serviço público sem ônus para o usuário", in Luiz Guilherme da Costa Wagner Júnior, *Direito Público: Estudos em Homenagem ao Professor Adilson Abreu Dallari*, Belo Horizonte, Del Rey, 2004, pp. 349-350).

60. Juarez Freitas, *O Controle dos Atos Administrativos e os Princípios Fundamentais*, 4ª ed., São Paulo, Malheiros Editores, 2009, p. 295.

consta do art. 15 da Lei 8.987/1995, com a redação dada pela Lei 9.648/1998, que estabeleceu sete critérios distintos de julgamento.

Via de consequência, se o critério não for o de menor tarifa, fica para o licitante apenas a definição do valor da oferta pela outorga da concessão ou da proposta técnica, conforme o caso, devendo o concedente predefinir o valor da tarifa no edital, nas condições ali estabelecidas.

Deve-se anotar que a *cobrança pela outorga da concessão* "pode significar um risco à observância do princípio da modicidade das tarifas. Ao cobrar pela outorga, o Poder Público aumenta os custos que o concessionário terá para prestar o serviço delegado. Como consequência, a tarifa há de ser maior neste sistema que nos tradicionais, em que não se faz a cobrança",[61] pois "a tarifa paga pelo usuário é não apenas uma contraprestação pelos serviços a ele oferecidos, mas também um pagamento em benefício dos cofres públicos. Trata-se de uma forma indireta e oculta de apropriação da riqueza privada pelo Estado, que não se subordina ao regime tributário. Os valores correspondentes a essa tributação oculta são transferidos para a tarifa e exigidos dos usuários sem submissão ao regime jurídico correspondente".[62]

Aliás – e em grande parte dos casos –, os valores extremamente elevados das tarifas públicas brasileiras são o resultado da avidez estatal por recursos. Não é incomum que parte significativa das tarifas se direcione à satisfação dos encargos gerados pela cobrança pelo poder concedente de encargos em razão da outorga.[63]

---

61. Jacintho Silveira Dias de Arruda Câmara, *Tarifa nas Concessões*, cit., p. 75, nota 2. A instituição de cobrança pela outorga é justificada como meio de exigir uma contraprestação imediata do empresário pela infraestrutura já existente (rodovias, redes de telecomunicações, usinas hidroelétricas, por exemplo) ou pela oportunidade de explorar um empreendimento de alta rentabilidade (como os serviços de telefonia móvel). É inegável, porém, seu impacto nas tarifas. Para que não haja burla ao princípio, deve-se somar à cobrança pela outorga um eficiente regime tarifário em que o poder concedente assegure limite razoável de transferência desses custos à tarifa. Uma das alternativas possíveis é o poder concedente fixar um limite máximo de tarifa a ser cobrado no momento da licitação ou, mesmo, sopesar este critério da melhor oferta com o da menor tarifa.
62. Marçal Justen Filho, *Teoria Geral das Concessões de Serviço Público*, cit., p. 72 e nota 40.
63. "Deve ser excluída a demagogia regulatória, que ocorre quando o poder concedente: (a) ignorou, por ocasião da configuração da outorga, os previsíveis efeitos sociais e econômicos da implantação da concessão, preocupando-se apenas com

O art. 35 da Lei 9.074/1995 prevê expressamente a concessão de benefícios tarifários, condicionando-os, porém: (a) à previsão, em lei, da origem dos recursos ou da simultânea revisão da estrutura tarifária do concessionário ou permissionário, de forma a preservar o equilíbrio econômico-financeiro do contrato; e (b) à atribuição a uma classe ou coletividade de usuários dos serviços, vedado, sob qualquer pretexto, o benefício singular.

Ressalte-se que, de acordo com a lei, o benefício tarifário poderá ser coberto pela receita da tarifa, constituindo, assim, custo da concessionária, a ser contemplado na equação econômica do contrato ou por outros recursos, não diretamente referidos à concessão. Sempre mediante previsão legal.

Ainda no que tange à remuneração, questiona-se quem deve beneficiar-se das vantagens decorrentes da eficiência empresarial na prestação dos serviços e do desenvolvimento tecnológico.

A Lei 8.987/1995 não enfrentou essa indagação. Parece haver liberdade para as partes – concessionária e poder concedente – adotarem a solução que reputarem mais adequada, mediante contrato, por se tratar de cláusula econômica da concessão.

Na Lei Geral de Telecomunicações há previsão de que os ganhos econômicos da eficiência empresarial serão compartilhados entre concessionária e usuários, enquanto as vantagens que dela não provenham serão absorvidas integralmente pelos usuários (art. 108, §§ 2º e 3º).

A Lei 9.427, de 26.12.1996, que disciplina as concessões dos serviços de energia elétrica, prescreve em seu art. 14, IV, que seu regime econômico-financeiro, conforme estabelecido em contrato, compreende a "apropriação de ganhos de eficiência empresarial e da competitivi-

---

a percepção imediata de elevada remuneração para os cofres públicos; e (b) ignora, subsequentemente, a situação jurídica da concessionária, passando a prestigiar a insatisfação popular e a pressionar o concessionário a reduzir a contrapartida de benefícios e vantagens às onerosas condições de outorga" (Marçal Justen Filho, *Teoria Geral das Concessões de Serviço Público*, cit., p. 68). Assim, o primeiro caso ocorre pela previsão de que a tarifa a ser cobrada dos usuários incorporará verbas destinadas ao poder concedente – resultado, esse, que se obtém por duas vias: quando o Poder Público adota como critério de julgamento da licitação a maior oferta pela outorga de concessão ou quando prevê uma participação econômica do poder concedente nos resultados da exploração (Marçal Justen Filho, ob. cit., p. 71). Ora, isso pode significar um risco à observância do princípio da modicidade das tarifas.

dade". Esse diploma legal não cuidou dos ganhos econômicos decorrentes do desenvolvimento tecnológico, que não resultam necessariamente da eficiência empresarial e da competitividade.[64]

Dentro de um quadro legislativo que deu novos contornos à disciplina de certos setores de serviços públicos, discute-se se as atividades de titularidade estatal exploradas por particulares podem ser desreguladas quanto a tarifas ou preços.[65]

Destaca Carlos Ari Sundfeld que a regulação estatal dos preços dos serviços estatais explorados por particulares é conferida – nos termos do art. 175, parágrafo único, III, da CF de 1988 – pela lei e seus regulamentos e pode revestir diferentes modalidades, desde o simples acompanhamento da evolução dos preços (controle mínimo) até a própria fixação de seu valor (controle máximo), passando por distintos mecanismos de verificação da regularidade dos reajustes ou de repressão dos abusos. Em seu grau máximo, esse controle pode abarcar a imposição de redução compulsória de tarifas, o que deverá ser feito com a preservação do equilíbrio da relação.[66]

---

64. Benedicto Porto Neto, *Concessão de Serviço Público no Regime da Lei 8.987/1995: Conceitos e Princípios*, cit., pp. 115-116.

65. "O regime tarifário de vários serviços públicos tem se notabilizado por uma maior flexibilização em relação ao tradicional sistema de regulação das tarifas.

"A forma mais contundente de flexibilização está na adoção do modelo da 'liberdade tarifária'. Neste sistema o poder concedente admite que o próprio concessionário estabeleça o valor da remuneração que vai ser cobrada do usuário, passando a exercer, em relação à matéria, basicamente uma função fiscalizadora. Nestes casos, a característica que preserva o caráter público do regime remuneratório é a possibilidade de retomada, a qualquer tempo, da gestão das tarifas por parte do poder concedente.

"Forma mais branda de conferir alguma participação ao concessionário na fixação de tarifas está na adoção de uma tarifa-teto (*price cap*). Nestes casos, o poder concedente estabelece um valor máximo a ser cobrado pela prestação do serviço, mas este valor não é absoluto, pois se admite que o concessionário pratique valores mais baixos.

"Uma derradeira forma de flexibilização do regime tarifário que pode ser mencionada diz respeito à instituição de um controle geral sobre um conjunto de itens tarifários (cesta tarifária), ao invés do normal acompanhamento individualizado de cada elemento. O concessionário, neste modelo, ganha a liberdade de balancear a proporção que cada item terá em relação ao todo (cesta). Administra, desta forma, os itens sobre os quais serão cobrados valores mais altos, tendo, porém, que necessariamente compensar esta opção por intermédio da redução dos valores dos demais itens" (Jacintho Silveira Dias de Arruda Câmara, *Tarifa nas Concessões*, cit., p. 222).

66. "A regulação de preços e tarifas dos serviços de telecomunicações", in Carlos Ari Sundfeld (coord.), *Direito Administrativo Econômico*, cit., 1ª ed., 3ª tir., pp. 321- 322.

A Lei de Concessões (Lei 8.987/1995 e alterações posteriores) tratou do regime tarifário, direta ou indiretamente, nos arts. 9º, 10, 11, 13, 15, 18, VIII, 23, IV, e 29, V.

No que tange às *fontes normativas*, está claro que, além da própria Lei de Concessões, aplicam-se a lei específica do serviço, o regulamento do serviço, o edital de licitação e o contrato. A título de exemplo, cite-se o regime tarifário dos serviços de telecomunicações. A Lei Geral de Telecomunicações, que disciplina as concessões dessa área, em seu art. 104, prevê que, transcorridos ao menos três anos da celebração do contrato de concessão, a ANATEL poderá, se existir ampla e efetiva competição entre as prestadoras do serviço, submeter a concessionária ao regime de liberdade tarifária e que, se ocorrer aumento arbitrário dos lucros ou práticas prejudiciais à competição, a Agência restabelecerá o regime tarifário anterior, sem prejuízo das sanções cabíveis. A concessionária, nessa hipótese, poderá determinar suas próprias tarifas, devendo comunicá-las à Agência com antecedência de sete dias de sua vigência (§ 1º do art. 104). Referido diploma legal procura caminhar no sentido do modelo norte-americano, em que ao Estado cabe apenas uma forte regulamentação dos preços das chamadas *public utilities*, que são as atividades de grande interesse social.[67]

---

67. No regime norte-americano, "o Estado se reserva o poder unilateral de regular o funcionamento técnico e a remuneração das empresas de utilidade pública" (Caio Tácito, *Direito Administrativo*, São Paulo, Saraiva, 1975, p. 217).
Segundo Caio Tácito: "fortaleceu-se o controle legislativo sobre as atividades *affected with a public interest*, admitindo-se ao Estado a prerrogativa de estipular as bases e os índices de retribuição dos serviços explorados sob *franchise*" (ob. cit., p. 219). Os serviços são explorados mediante cobrança de preço dos usuários, mas o preço praticado pela empresa exploradora da *public utility* é regulado pelo Estado. O Estado, na disciplina desse preço, deve respeitar o direito de propriedade e igualdade, garantindo ao prestador do serviço remuneração justa e compatível com os encargos decorrentes da sua atividade, com observância do princípio da razoabilidade. O Estado apenas controla o preço que o prestador cobra dos usuários dos serviços. Mas não existe contrato entre o Poder Público e o prestador dos serviços para definir a contraprestação deste. "A regulamentação (*regulation*), a princípio legislativa, mais tarde judiciária e, agora, precipuamente administrativa, dirige-se, portanto, primariamente, a garantir a prestação de serviço adequado, mediante tarifas satisfatórias" (Caio Tácito, ob. cit., p. 225). Não há, todavia, "um princípio literalmente idêntico ao da equação financeira do contrato, ou às teorias do 'fato do príncipe' e da imprevisão" (Caio Tácito, ob. cit., p. 225). "Oriundos (...) de uma concepção privatista, os serviços de utilidade pública integraram-se na disciplina do Poder Público, como um remédio aos abusos da iniciativa privada" (Caio Tácito, ob. cit., p. 225).

Deu-se, portanto, na Lei Geral de Telecomunicações a possibilidade de o regime público ter um grau de regulação variada. Possibilitou-se ao Estado adotar a regulação pelo mercado e, se esta não funcionar, ser restabelecido o regime tarifário anterior. Haverá, pois, uma desregulação vigiada. E aqui se coloca a questão: saber como garantir a realização das finalidades do serviço público num contexto de concorrência e saber se essa liberdade tarifária é compatível com a noção de serviço público. Este, contudo, não é o regime instituído pela Lei 8.987/1995, que disciplina a concessão dos demais serviços públicos.

*VIII – Vários direitos são reconhecidos aos usuários como fundamento para a exigibilidade de sua prestação.*

A sociedade integra a relação jurídica oriunda da concessão, ainda que numa posição não idêntica à do concedente e à do concessionário. A propósito, pontua Marçal Justen Filho: "A concessão de serviço público não pode ser considerada como uma relação jurídica envolvendo apenas esses dois polos de interesse. Não se pode reduzir a concessão a uma relação jurídica entre o Estado e o concessionário. Ademais disso, deve reconhecer-se a titularidade de interesses jurídicos da sociedade, de modo que a concessão é uma relação jurídica trilateral".[68]

E, mais adiante complementa: "A delegação de serviço público, produzida por meio da concessão, envolve uma decisão conjunta e harmônica do Estado e da sociedade civil. Como dito, trata-se de uma relação jurídica trilateral. Daí não se infere que todas as partes sejam titulares de posições jurídicas homogêneas nem que o Estado e sociedade compartilhem poderes, direitos e deveres idênticos. A triangularidade da relação jurídica significa a pluralidade de posições jurídicas distintas – tal como se passa na relação processual, aliás".[69]

A Lei federal 8.987, de 13.2.1995, ao enunciar os direitos do usuário, no art. 7º, teve o cuidado de salientar que o elenco apontado não prejudica aquele constante no Código do Consumidor, com os indispensáveis meios processuais de defesa.

---

68. Marçal Justen Filho, *Teoria Geral das Concessões de Serviço Público*, cit., p. 15.
69. Idem, p. 62.

Os direitos, mesclados atecnicamente com os deveres (ou obrigações – na dicção legal do art. 7º da Lei 8.987/1995), dos usuários são, basicamente, os de receber serviço adequado (inciso I); de informar-se e ser informado das condições a ele relativas (inciso II); de participar de sua administração, tanto pela fiscalização quanto pelo opinamento sobre sua prestação (incisos IV e V); de escolher o serviço dentre o de distintos prestadores, quando for o caso (inciso III, com a redação dada pela Lei 9.648/1998); de escolher, dentro do mês de vencimento, os dias de vencimento de seus débitos, no mínimo entre seis datas opcionais ofertadas pelas concessionárias de serviços públicos, de direito público e privado, nos Estados e no Distrito Federal (art. 7º-A da Lei 8.987/1995, acrescentado pela Lei 9.791, de 24.3.1999, *DOU* 25.3.1999).[70]

O rol estipulado no art. 7º não é exaustivo, pois outros direitos-poderes decorrem de dispositivos esparsos ou também poderão ser reconhecidos, à luz dos princípios que disciplinam essa área, do regulamento específico do serviço público ou das particularidades do caso concreto.

Os usuários, atendidas as condições relativas à prestação e dentro das possibilidades normais dele, têm direito à prestação do serviço. O concessionário não lhes poderá negar ou interromper a prestação – salvo, é claro, nas hipóteses previstas nas próprias cláusulas regulamentares. Por isso, aquele a quem for negado o serviço adequado (art. 7º, I, da Lei 8.987/1995), ou que sofrer-lhe a interrupção, pode, judicialmente, exigir em seu favor o cumprimento da obrigação do concessionário inadimplente, exercitando um direito subjetivo próprio. Ademais, os serviços públicos deverão ser prestados, independentemente da sua forma de prestação, de modo adequado, detalhado tal conceito, ainda que genérico e indeterminado, na Lei federal 8.987, de 13.2.1995, como sendo "o que satisfaz as condições de regularidade, continuidade, eficiência, segurança, atualidade, generalidade, cortesia na sua prestação e modicidade das tarifas" (art. 6º, § 1º), aos quais deve ser acres-

---

70. Destaca Marcos Juruena Villela Souto que "trata-se de norma de duvidosa constitucionalidade, eis que interfere em contratos já firmados, atingindo cláusulas econômicas – de pagamento –, criando um encargo para o concessionário (de administrar várias datas de cobrança) que poderá implicar na necessidade de elevação das tarifas" (*Desestatização, Privatização, Concessões e Terceirizações*, cit., 4ª ed., p. 420).

centado "o direito a tratamento igualitário, que constitui aplicação do princípio da isonomia".[71]

71. O *princípio da igualdade*, que domina todas as formas de atuação do Poder Público, como uma consequência ou corolário do princípio da igualdade de todos perante a lei, consignado no art. 5º, *caput*, da CF Brasileira de 1988, impõe-se também na prestação dos serviços públicos.

Esse princípio delineia-se, juridicamente, com os mesmos traços com que se encontra genericamente contemplado no sistema, apenas referindo-se à peculiaridade dos traços que caracterizam a própria atividade a que se reporta.

O princípio da igualdade "exige a igualdade no acesso, funcionamento e utilização do serviço, não podendo esta ser negada a ninguém se a capacidade e possibilidades do serviço o permitem, nem fixar-se discriminações injustificadas no acesso e utilização do mesmo, nas condições e modalidades da prestação, e nas contraprestações ou encargos exigidos para seu desfrute" (José Maria Souvirón Morenilla, *La Actividad de la Administración y el Servicio Público*, Granada, Comares, 1998, p. 514; Jean-François Lachaume, "La notion de service public", in Jacques Moureau (dir.), *Droit Public*, 3ª ed., t. 2, Paris, Económica, 1995, p. 934; Didier Linote e Raphaël Romi, *Services Publics et Droit Public Économique*, 5ª ed., Paris, Litec, 2003, pp. 80-81; Gilles J. Guglielmi, *Droit du Service Public*, Paris, Montchrestien, 2000, pp. 40-41).

A título de exemplo, a Lei Orgânica do Município de São Paulo, de 1990, menciona, no parágrafo único do art. 123, que os serviços públicos serão prestados "sem distinção de qualquer espécie".

Guglielmi atesta que a jurisprudência reconhece como perfeitamente legal a realização de uma igualdade pelo serviço público, isto é, a busca de uma igualdade de fato à custa de restrições à igualdade de direito. Certos serviços públicos são fundamentalmente "desigualadores", porque excluem categorias de usuários. É o caso da assistência social, dirigida apenas aos necessitados; estas intervenções não são contrárias ao Direito, porque correspondem a uma demanda social e se realizam pela via legislativa (Gilles J. Guglielmi e Geneviève Koubi, *Introduction au Droit des Services Publics*, Paris, LGDJ, 1994, p. 44).

Entende Joël Carbajo que o princípio da igualdade dos usuários perante o serviço público "beneficia não apenas os usuários efetivos, mas igualmente os usuários potenciais que se beneficiam do direito de acesso ao serviço público" (*Droit des Services Publics*, 3ª ed., Paris, Dalloz, 1997, pp. 48-49).

"Existe, para os usuários potenciais do serviço público, um direito de acesso ao serviço público que pode ser submetido a condições diversas, mas que não deve ser contrário ao princípio da igualdade perante o serviço público." Todavia, não implica identidade de condições de utilização do serviço para todos os potenciais usuários. Estas diferenças de tratamento entre os usuários potenciais podem decorrer da lei, de uma diferença de situação ou de razões de interesse geral (Joël Carbajo, *Droit des Services Publics*, cit., p. 49).

De um lado, "a igualdade de acesso e de tratamento é proporcional, isto é, a igualdade aplica-se aos usuários que se encontram na mesma situação. De outro, as exigências do princípio da igualdade diante do serviço público cedem, às vezes, diante de certas considerações de interesse geral." E, em qualquer caso, os usuários que

Quanto à participação dos usuários na execução da prestação de serviços públicos por concessionárias e permissionárias, implicitamente prevista no art. 175, parágrafo único, II, da CF, a Lei federal 8.987, de 13.2.1995, já lhe traçou os limites, que, em essência, não diferem desses que a Emenda 19/1998 veio estabelecer para a participação do usuário junto à Administração direta e indireta.

Referido diploma legal desdobrou-o nas regras relativas à fiscalização e ao controle (arts. 3º, 7º, II, IV e V, e 30, parágrafo único, e, ainda, art. 33 da Lei 9.074/1995) e à cooperação do usuário (art. 29, XII).

No art. 7º da lei destacam-se, em correspondência aos incisos do § 3º do art. 37 da CF, os direitos reconhecidos aos usuários de "receber

preenchem as mesmas condições têm direito às mesmas prestações (Gilles J. Guglielmi e Geneviève Koubi, *Introduction au Droit des Services Publics*, cit., pp. 41-42).

Carbajo é bastante claro a respeito deste ponto: "As diferenças de tratamento são legais entre as diferentes categorias de usuários, desde que esta distinção categorial repouse em diferenças apreciáveis de situação, em considerações de interesse geral em relação às condições de exploração do serviço público ou na lei" (*Droit des Services Publics*, cit., p. 50).

Ainda de acordo com Carbajo, as distinções categoriais, em razão de apreciável diferença de situação, podem decorrer de: (a) diferença de prestações fornecidas – os usuários recebem do serviço público uma prestação diferente; (b) prestação que, embora idêntica à dos demais usuários, repousa sobre uma diferença apreciável de situação do usuário em relação ao serviço público, a qual permite justificar as diferenças de tratamento (diferença entre o possuidor de uma piscina particular e os outros usuários do serviço público de água) (*Droit des Services Publics*, cit., pp. 50-51). E, ainda: "Necessidades de interesse geral podem justificar, em relação às condições de exploração do serviço, a criação de categorias distintas de usuários. A referência ao interesse geral vem, às vezes, justificar discriminações categoriais que a mera diferença de situações não teria, talvez, permitido justificar" (Joël Carbajo, ob. cit., p. 53).

O Conselho Constitucional Francês admite que "o princípio da igualdade não constitui obstáculo a que uma lei estabeleça regras não idênticas a categorias de pessoas em situações diferentes mas (...) isto só pode ser assim quando esta não identidade é justificada pela diferença de situação e não é incompatível com a finalidade da lei" (Joël Carbajo, Joël, *Droit des Services Publics*, cit., p. 54). Todavia, Carbajo entende que nem o interesse geral nem a lei podem estabelecer discriminações no seio de uma mesma categoria de usuários que se encontram todos na mesma situação (ob. cit., pp. 55-56).

A primeira consequência do princípio de igualdade no funcionamento dos serviços públicos é o igual acesso aos empregos públicos, sem discriminação por outros motivos que não as competências do candidato. E a segunda é a igualdade de tratamento entre os servidores (Gilles J. Guglielmi e Geneviève Koubi, *Introduction au Droit des Services Publics*, cit., pp. 42-43; Didier Linote e Raphaël Romi, *Services Publics et Droit Public Économique*, p. 79).

do poder concedente e da concessionária informações para a defesa de interesses individuais ou coletivos" (inciso II), de "levar ao conhecimento do Poder Público e da concessionária as irregularidades de que tenham conhecimento, referentes ao serviço prestado" (inciso IV), e de "comunicar às autoridades competentes os atos ilícitos praticados pela concessionária na prestação do serviço" (inciso V).

A cooperação que incumbe aos usuários na fiscalização do serviço, nos termos do art. 3º, far-se-á, consoante estatui o art. 30, parágrafo único, da Lei 8.987/1995, "periodicamente, conforme previsto em norma regulamentar, por comissão composta de representantes do poder concedente, da concessionária e dos usuários".

Deve-se, porém, atentar a que, embora no exercício da fiscalização se conceda ao usuário integrar colegiado misto, a forma como se dará essa participação dependerá de norma regulamentar do poder concedente, bem como sua periodicidade. Não há previsão de qualquer poder de fato dos usuários para interferir nas tomadas de decisão ou para compartilhar a gestão operativa do serviço.

Importa, ainda, dar a devida ênfase para o reforço à participação dos usuários introduzida pelo art. 29, XII, da Lei 8.987/1995, ao preceituar que as instituições políticas teriam e têm a obrigação de "estimular a formação de associações de usuários para defesa de interesses relativos ao serviço" (art. 29, XII). Tal estímulo, porém, não é suficiente para garantir o acesso das organizações populares ao processo decisório.[72]

---

72. Afirma Marilena Lazzarini que uma medida urgente, "no contexto de uma política como a que determinou essa reestruturação na prestação de serviços essenciais, deveria prever a implementação de políticas de estímulo e fortalecimento a associações de usuários, de forma a criar condições para a defesa dos direitos dos setores economicamente mais vulneráveis. Da mesma forma, nos conselhos de consumidores deveria haver a previsão de órgãos de assessoramento técnico, a fim de viabilizar a efetiva participação dos consumidores, além da indicação de representantes capacitados e que tenham o aval da sociedade. A principal conclusão, contudo, é que a sociedade deve, de fato, participar do controle dos serviços essenciais, especialmente os prestados na condução de monopólio. O controle deve se voltar para o rumo que toma o Estado. Hoje o Estado é 'mínimo' para o cidadão e 'máximo' para os investidores externos. Devemos discutir mais qual o projeto de sociedade que queremos e a capacidade do Estado de formular políticas públicas" ("O papel dos organismos de defesa dos usuários", Seminário Internacional, Brasília, 2001, in *Quem Controla as Agências Reguladoras de Serviços Públicos?*, Brasília, Instituto Hélio Beltrão, 2003, pp. 399-400).

O art. 33 da Lei 9.074/1995 determinou que o regulamento de cada modalidade de serviço público estabeleça a forma de participação dos usuários na fiscalização e que se torne disponível ao público, periodicamente, relatório sobre os serviços prestados.

A instituição de procedimento envolvendo a oitiva dos interessados tornou-se expediente comum nos diplomas legislativos criadores das assim chamadas "agências reguladoras".

Nesse sentido encontram-se várias normas contemplando diferentes formas de participação do cidadão, com a instituição de ouvidores junto a diferentes órgãos públicos, audiências públicas, consulta pública,[73] criação de conselhos, sistemas de "disque-denúncia", coletas de opinião e tantas outras, devendo ser destacadas suas virtualidades no Estado Democrático de Direito como instrumentos de legitimidade do poder, aproximando o Estado e a sociedade. Assim é que as leis que disciplinam as atividades das agências reguladoras foram mais avançadas nos mecanismos de participação estabelecidos do que a Lei das Concessões, que contém regras relativas à fiscalização e controle e à cooperação do usuário.

*IX – A outorga do serviço (ou obra) em concessão depende de lei que a autorize e tem que ser feita através de licitação* (art. 175 e parágrafo único da CF).

A Lei 8.987/1995 estabelece, em seu art. 2º, que a modalidade licitatória própria das concessões de serviço público (e de obra pública) é a concorrência. Registre-se, apenas, que a Lei 9.074, de 7.7.1995, prevê – com ressalva dos serviços de telecomunicações – duas possibilidades de licitação na modalidade de leilão, ambas concernentes a hipóteses em que o serviço público esteja em mãos de empresas estatais e se pretenda deslocá-los delas (arts. 27, I, e 29 da Lei 9.074/1995).[74]

---

73. Afirma José Santos Carvalho Filho que "mister se faz distinguir as audiências das consultas públicas, que, apesar de possuírem o mesmo espírito, não se equivalem: na consulta pública, a Administração deseja compulsar a opinião pública através da manifestação firmada através de peças formais, devidamente escritas, a serem juntadas no processo administrativo. A audiência pública é, na verdade, modalidade de consulta, só que com o especial aspecto de ser consubstanciada fundamentalmente através de debates orais em sessão previamente designada para tal fim" (*Processo Administrativo*, Rio de Janeiro, Lumen Juris, 2001, p. 186).

74. O Plenário do STF, ao apreciar, em 7.8.2002, a ADI 1.582-6, julgou constitucional o art. 27, I e II, da Lei 9.074/1995, que autoriza a privatização, mediante

A licitação, como menciona o art. 14 da Lei 8.987/1995, realizar-se-á na conformidade do regime próprio de tal instituto – isto é, o previsto na Lei 8.666/1993 e alterações posteriores –, de par com algumas adaptações óbvias e certas peculiaridades, em especial quanto ao critério de julgamento do certame (art. 15 da Lei 8.987/1995, alterado pela Lei 9.648, de 17.5.1998).

A Lei 11.196, de 21.11.2005, acresceu o art. 18-A à Lei 8.987/1995, para facultar a previsão no edital da inversão da ordem das fases de habilitação e julgamento na licitação para as concessões, a exemplo do que já ocorre para as licitações realizadas na modalidade de pregão (Lei 10.520/2002, art. 4º, XII) e para as licitações das concessões administrativa e patrocinada (Lei 11.079/2004, art. 13), com o objetivo de imprimir maior celeridade ao procedimento licitatório e agilizar as contratações. Cabe avaliar em cada caso se a inversão é conveniente, pois nas concessões a qualificação técnica e especialmente a econômica e financeira são vitais. Um licitante sem qualificação pode ser ousado na sua proposta e, depois, não se habilitar, comprometendo o julgamento anteriormente realizado e obrigando à revogação da licitação.

Da mesma forma que o art. 13 da Lei 11.079/2004 (PPPs), o art. 18-A estabelece que, "encerrada a fase de classificação das propostas *ou o oferecimento de lances*, será aberto o invólucro com os documentos de habilitação do licitante mais bem classificado".

A oferta de lances em sessão pública é um dos principais pontos peculiares do procedimento do pregão comum (Lei 10.520/2002, art. 4º, VIII) e do pregão eletrônico (Decreto 5.450/2005, art. 24). Essa sistemática foi prevista na Lei das PPPs (Lei 11.079/2004). Trata-se do procedimento da "concorrência-pregão", na expressão de Carlos Ari Sundfeld.[75]

No entanto, forçoso é reconhecer que, se o art. 18-A, introduzido na Lei 8.987/1995,[76] permitiu para a concessão comum a renovação

---

realização de leilão, de serviços públicos prestados por pessoas jurídicas sob controle direto ou indireto da União (*DOU* 15.8.2002). Entendeu o STF que a expressão "licitação", contida no art. 175 da CF, é gênero, do qual são espécies (modalidades) tanto a concorrência quanto o leilão.

75. Carlos Ari Sundfeld, "Guia jurídico das parcerias público-privadas", nesta obra, p. 17.

76. Essa etapa de formulação de propostas em viva voz constante de outros procedimentos explicita, por exemplo, em quais hipóteses o mecanismo poderá ser

das propostas econômicas com o oferecimento de lances, não previu, porém, a regulação do procedimento quanto à fase de lances. Não há regras estabelecendo, por exemplo, em quais hipóteses o mecanismo poderá ser empregado, quem são os licitantes que poderão participar desta fase e a ordem de oferecimento de lances – tal como consta de diplomas legais que regulam outros procedimentos que preveem a etapa de formulação de propostas em viva voz.[77]

Selecionado o concorrente, este firmará com o poder concedente o contrato de concessão, o qual incluirá cláusulas apontadas no art. 23 como essenciais.

A Lei 8.987/1995 não contém norma específica sobre limite de prazo nas concessões de serviços públicos e de obras públicas. Apenas exige que o prazo seja determinado (art. 2º, II e III) e que o edital de licitação (art. 18, I) e o contrato (art. 23, I) indiquem o prazo da concessão. A mesma exigência de prazo determinado não é feita com relação à permissão (art. 2º, IV), constando do conceito legal que a permissão é feita a título precário.[78]

À falta de disposição legal, a matéria ficou entregue à discrição do Legislativo dos diversos poderes concedentes, que estipularão o prazo máximo ou específico que reputem adequado, ou da Administração, quando não haja lei específica estabelecendo limites.

Salienta Antônio Carlos Cintra do Amaral: "O prazo da concessão de serviço público não pode ser livremente estipulado. Ele deve resultar de sólidos estudos de viabilidade econômico-financeira. Deve ser estabelecido em função da equação econômica do contrato, que é composta de custos, mais lucro, mais amortização de investimentos *menos* receitas alternativas e acessórias. O prazo da concessão não deve ser superior nem inferior ao necessário à amortização dos inves-

---

empregado, quem são os licitantes que poderão participar desta fase e a ordem de oferecimento de lances.
77. Na Lei das PPPs (Lei 11.079/2004) há previsão expressa da possibilidade de que as propostas econômicas apresentadas sob a forma escrita poderão ser renovadas em lances em viva voz (art. 12, III, "b"), "sempre oferecidos na ordem inversa da classificação das propostas escritas, sendo vedado ao edital limitar a quantidade de lances" (art. 12, § 1º).
78. Maria Zanella Di Pietro, *Parcerias na Administração Pública: Concessão, Permissão, Franquia, Terceirização, Parceria Público-Privada e Outras Formas*, cit., 7ª ed., pp. 113-114.

timentos previstos, considerada a equação econômica do contrato em sua totalidade".[79] "O prazo da concessão pode ser prorrogado, desde que previsto no edital e no contrato (art. 23, XII, da Lei 8.987/1995). Mas não pode ser prorrogado arbitrariamente".[80]

A Lei federal 8.987/1995 procurou tratar da concessão como um negócio para o particular, admitindo sua transferência; uma vez atendidos pelo candidato à transferência os requisitos indispensáveis à prestação do serviço, a Administração não pode negar tal direito ao concessionário, nos termos do art. 27.

Referido dispositivo acolheu também a possibilidade de transferência do controle acionário da empresa, desde que precedida de anuência da Administração, podendo dispensar ou alterar parte das exigências: as relativas a capacidade técnica e idoneidade financeira, conforme dicção do § 3º.

Celso Antônio Bandeira de Mello, revendo posição anterior, na qual sustentava a inadmissibilidade da transferência do controle acionário da empresa sem licitação, por afetar a própria identidade da concessão, acabou por reconhecer o exagero de tal intelecção, concluindo que "nas empresas o que se exige são dados atributos objetivamente aferíveis, não sendo tão importante a pessoa dos controladores, mas de quem *de fato* lhes imprime a direção. Por isto, levada a extremo a posição referida, nem mesmo a diretoria das grandes empresas poderia ser mudada (o que evidentemente seria um absurdo), pois é ela que imprime o rumo das empresas, maiormente nas sociedades anônimas em que, como é notório, há grande impessoalidade. Assim, se é certo que devem ser coibidos os desvios, toda vez que se possa concluir que a transferência do controle é a conclusão de uma manobra adrede preconcebida na qual a licitação foi utilizada como mero instrumento de valorização da empresa para negociá-la ulteriormente, não se deve, contudo, generalizar tal vedação, a fim de não colher mais que o necessário para evitar práticas abusivas e prevenir-se de desembocar em incongruências".[81]

79. Antônio Carlos Cintra do Amaral, *Concessão de Serviço Público*, cit., 2ª ed., p. 86.
80. Idem, p. 88.
81. Celso Antônio Bandeira de Mello, *Curso de Direito Administrativo*, cit., 28ª ed., pp. 731-732.

Por sua vez, a Lei 11.196, de 21.11.2005, modificou a redação do art. 27 da Lei 8.987/1995, para consagrar uma hipótese específica de transferência do controle societário da concessionária, visando a conferir maior segurança aos financiadores do projeto. É o mecanismo conhecido como *step-in-rights*, a exemplo do previsto na Lei 11.079/2004 (PPPs).

Passou-se a admitir que o contrato de concessão estabeleça a possibilidade de assunção do controle da concessionária por seus financiadores para promover sua reestruturação financeira e assegurar a continuidade da prestação dos serviços, sempre com a necessidade de autorização do poder concedente (§ 2º).

Como exceção ao regime geral de transferência do controle da concessionária (previsto no § 1º do art. 27), será exigida dos financiadores a comprovação de regularidade jurídica e fiscal e poderão ser alterados ou simplesmente dispensados os demais requisitos (capacidade técnica e idoneidade financeira necessárias à assunção do serviço).

O art. 27, em seu § 4º, preceitua que, no caso de transferência do controle para os financiadores, as obrigações da concessionária e dos seus controladores frente ao poder concedente não serão alteradas.

Esta hipótese de transferência do controle consiste em garantia adicional aos agentes financeiros que tenham assumido o financiamento do empreendimento em face de eventual ineficiência ou falhas na gestão da concessão. Ou seja: concede aos financiadores relativa proteção quanto à inadimplência ou à queda do nível de retorno do empreendimento – o que, em última análise, poderá vir a impedir o cumprimento de suas obrigações. Com isso, a tendência é no sentido de que haja uma redução das taxas de juros dos financiamentos, que leva em conta o risco de inadimplemento (*spread* de risco) e, via de consequência, diminuição dos custos relativos à implementação dos projetos, bem como incremento do controle dos contratos de concessão. As instituições financeiras assumem também o papel de fiscalizadoras das concessões, com a perspectiva de eventual assunção do controle da concessionária, caso necessário.

A Lei 8.987/1995 prevê, ainda, a hipótese de subconcessão, nos termos do contrato de concessão, sempre que autorizada pelo concedente (art. 26). Deverá ser precedida de concorrência, sub-rogando-se o subconcessionário nos direitos e deveres do concessionário (subconcedente) dentro dos limites da concessão (§§ 1º e 2º).

X – *A responsabilidade do concessionário pelos prejuízos causados a terceiros e ligados à prestação do serviço governa-se pelos mesmos critérios e princípios vetores da responsabilidade do Estado, nos termos do - art. 37, § 6º.*

Importa notar que, no caso de insolvência do concessionário, os danos resultantes de atividade diretamente constitutiva do desempenho do serviço, ainda que realizado de modo faltoso, acarretam responsabilidade subsidiária (não solidária) do poder concedente. Já, os prejuízos de terceiros oriundos de comportamentos do concessionário alheios à própria prestação do serviço – ainda que assumidos a fim de se instrumentar para a prestação dele – não são suportáveis pelo concedente no caso de insolvência do concessionário. Quem contrata ou se relaciona com este, tanto como em suas relações com qualquer outra pessoa, deve acautelar-se com respeito às condições de solvência da outra parte.

Outra questão a respeito de concessionários consiste na distinção que alguns fazem sobre a relação jurídica firmada entre o concessionário e o usuário do serviço, de um lado, e entre o concessionário e terceiro não usuário, de outro. Nessa linha, há entendimento no sentido de que somente incide a responsabilidade objetiva na primeira hipótese, ou seja, quando se trata de dano causado ao usuário do serviço; o mesmo não ocorrendo na segunda, quando, então, incidiria a responsabilidade subjetiva da lei civil.

Tal posicionamento foi adotado e a solução alvitrada pelo STF. Em hipótese de colisão entre um ônibus pertencente a concessionária de serviço público de transporte e automóvel de particular o juiz proferiu sentença na qual entendeu não incidir a responsabilidade objetiva do concessionário, sendo a sentença reformada por acórdão do TASP. Em decisão de que foi relator o eminente Min. Carlos Velloso, a 2ª Turma da mais alta Corte deu provimento ao recurso e reformou a decisão anterior, entendendo não se aplicar ao caso a teoria da responsabilidade objetiva prevista no art. 37, § 6º, da CF (2ª Turma, RE 262.651, rel. Min. Carlos Velloso, j. 16.11.2004, m.v., *DJU* 6.5.2005).[82]

---

[82]. No mesmo sentido: RE 302.622, rel. Min. Carlos Velloso, j. 16.11.2004, m.v., *DJU* 29.4.2005, e RE 370.272, rel. Min. Carlos Velloso, j. 16.11.2004, m.v., *DJU* 29.5.2005.

Noutra ocasião, no julgamento do RE 459.749-PE, interposto contra acórdão prolatado pelo TJPE que, com base no princípio da responsabilidade objetiva (CF, art. 37, § 6º), condenara a recorrente, empresa privada concessionária de serviço público de transporte, ao pagamento de indenização por dano moral a terceiro não usuário, atropelado por veículo da empresa, o Min. Joaquim Barbosa, relator, negou provimento ao recurso por entender que a responsabilidade civil das pessoas jurídicas de direito privado prestadoras de serviço público é objetiva também relativamente aos terceiros não usuários do serviço. Asseverou que, em razão de a Constituição Brasileira ter adotado um sistema de responsabilidade objetiva fundado na teoria do risco, mais favorável às vítimas que às pessoas públicas ou privadas concessionárias de serviço público, toda a sociedade deveria arcar com os prejuízos decorrentes dos riscos inerentes à atividade administrativa, tendo em conta o princípio da isonomia de todos perante os encargos públicos. Ademais, reputou ser indevido indagar sobre a qualidade intrínseca da vítima a fim de se verificar se, no caso concreto, se configura, ou não, a hipótese de responsabilidade objetiva, haja vista que esta decorre da natureza da atividade administrativa, a qual não é modificada pela mera transferência da prestação dos serviços públicos a empresas particulares concessionárias do serviço. Após os votos dos Mins. Cármen Lúcia, Ricardo Lewandowski e Carlos Britto, que acompanhavam o voto do Relator, o julgamento foi suspenso em virtude de pedido de vista do Min. Eros Grau, e não concluído em razão da superveniência de acordo entre as partes. Em 17.12.2007 o Min. Joaquim Barbosa proferiu decisão no RE 459.749 baixando os autos à Vara de origem, para apreciação do pedido de homologação da transação entre as partes, onde foi proferida sentença determinando a extinção do processo. Na sequência, em 30.6.2009 o Min. Joaquim Barbosa julgou prejudicado o recurso extraordinário e determinou o arquivamento da petição.

E no RE 591.874-MS o STF modificou sua posição anterior e, por maioria, negou provimento a recurso interposto contra acórdão do TJMS que concluíra pela responsabilidade civil objetiva de empresa privada prestadora de serviço público em relação a terceiro não usuário do serviço. A maioria dos Ministros negou provimento ao recurso, com repercussão geral reconhecida por unanimidade da Corte; baseou-se em acidente ocorrido no ano de 1998 na cidade de Campo Grande/MS entre ônibus de empresa de transporte coletivo e ciclista, vindo este a falecer.

O recurso extraordinário discutiu se a palavra "terceiros", contida no art. 37, § 6º, da CF também alcança pessoas que não se utilizam do serviço público. Isto porque a empresa alegava que o falecido não era usuário do serviço prestado por ela.[83] Salientando não ter ficado evidenciado, nas instâncias ordinárias, que o acidente fatal que vitimara o ciclista ocorrera por culpa exclusiva deste ou em razão de força maior, reputou-se comprovado o nexo de causalidade entre o ato administrativo e o dano causado ao terceiro não usuário do serviço público e julgou-se tal condição suficiente para estabelecer a responsabilidade objetiva da pessoa jurídica de direito privado, nos termos do art. 37, § 6º, da CF. Asseverou-se que não se poderia interpretar restritivamente o alcance do art. 37, § 6º, da CF, sobretudo porque a Constituição, interpretada à luz do princípio da isonomia, não permite que se faça qualquer distinção entre os chamados "terceiros" – ou seja, entre usuários e não usuários do serviço público, haja vista que todos eles, de igual modo, podem sofrer dano em razão da ação administrativa do Estado, seja ela realizada diretamente, seja por meio de pessoa jurídica de direito privado. Observou-se, ainda, que o entendimento de que apenas os terceiros usuários do serviço gozariam de proteção constitucional decorrente da responsabilidade objetiva do Estado, por terem o direito subjetivo de receber serviço adequado, contrapor-se-ia à própria natureza do serviço público, que, por definição, tem caráter geral, estendendo-se, indistintamente, a todos os cidadãos, beneficiários diretos ou indiretos da ação estatal.

Ao examinar pontualmente o tema em questão, Celso Antônio Bandeira de Mello assevera que "para a deflagração da responsabilidade pública tal como prevista no art. 37, § 6º, o texto constitucional

---

83. "Ementa: Constitucional – Responsabilidade do Estado – Art. 37, § 6º, da Constituição – Pessoas jurídicas de direito privado prestadoras de serviço público – Concessionário ou permissionário do serviço de transporte coletivo – Responsabilidade objetiva em relação a terceiros não usuários do serviço – Recurso desprovido. I – A responsabilidade civil das pessoas jurídicas de direito privado prestadoras de serviço público é objetiva relativamente a terceiros usuários e não usuários do serviço, segundo decorre do art. 37, § 6º, da CF. II – A inequívoca presença do nexo de causalidade entre o ato administrativo e o dano causado ao terceiro não usuário do serviço público é condição suficiente para estabelecer a responsabilidade objetiva da pessoa jurídica de direito privado. III – Recurso extraordinário desprovido" (Pleno, RE 591.874-MS, rel. Min. Ricardo Lewandowski, j. 26.8.2009, DJU 18.12.2009, transitado em julgado em 3.3.2010).

não faz qualquer exigência no que concerne à qualificação do sujeito passivo do dano; isto é: não requer que os atingidos pelo dano o sejam a título de usuários. Portanto, para a produção dos efeitos supostos na regra é irrelevante se a vítima é usuário do serviço ou um terceiro em relação a ele. Basta que o dano seja produzido pelo sujeito na qualidade de prestador do serviço público. Também não se poderia pretender que, tratando-se de pessoa de direito privado, a operatividade do preceito só se daria quando o lesado houvesse sofrido o dano na condição de usuário do serviço, porque o texto dá tratamento idêntico às 'pessoas jurídicas de direito público e as de direito privado prestadoras de serviços públicos'. Assim, qualquer restrição benéfica a estes últimos valeria também para os primeiros, e ninguém jamais sufragaria tal limitação à responsabilidade do Estado".[84]

XI – *Viabilidade do uso, pelos órgãos da Administração Pública, de formas amigáveis de solução de divergências contratuais* com a entrada em vigor da Lei de Concessões de Serviços Públicos (Lei 8.987/1995) e da Lei de Arbitragem (Lei 9.307/1996).

A Lei federal 8.987, de 13.2.1995, dispondo especificamente sobre os contratos de concessão e de permissão de serviços públicos, em seu art. 23, elenca entre as cláusulas essenciais do contrato, no inciso XV, as relativas "ao foro e ao modo amigável de solução das divergências contratuais", dando liberdade de escolha para a que melhor atenda aos interesses em jogo no objeto da concessão e ampliando e esclarecendo o previsto no art. 54 da Lei 8.666/1993. Antes desse diploma federal a Lei do Estado do Rio de Janeiro 1.481, de 21.7.1989, em seu art. 5º, § 2º, continha a previsão expressa de juízo arbitral como solução consensual de controvérsias administrativas. Em igual sentido, a Lei paulista 7.835, de 8.5.1992, em seu art. 8º, XXI, admitia a solução amigável de controvérsias.

Pela Lei 11.196, de 21.11.2005, foi introduzido o art. 23-A à Lei 8.987/1995, estabelecendo a possibilidade de previsão no contrato de concessão do "emprego de mecanismos privados para resolução de disputas decorrentes ou relacionadas ao contrato, inclusive a arbitragem, a ser realizada no Brasil e em Língua Portuguesa, nos termos da Lei n. 9.307, de 23 de setembro de 1996".

---

[84] Celso Antônio Bandeira de Mello, *Curso de Direito Administrativo*, cit., 28ª ed., p. 764.

Vale, porém, notar que a matéria quanto ao uso da arbitragem é polêmica, eis que há entendimentos como o de Celso Antônio Bandeira de Mello, que considera inconstitucional o disposto no art. 23-A, por entender "inadmissível que se possa afastar o Poder Judiciário quando em pauta interesses indisponíveis, como o são os relativos ao serviço público, para que particulares decidam sobre matéria que se constitui em *res extra commercium* e que passa, então, muito ao largo da força decisória deles".[85]

## 2.2 As PPPs na Lei federal 11.079, de 30.12.2004

A Lei 11.079/2004, alterada pela Lei 12.024/2009, institui normas gerais para licitação e contratação de PPP no âmbito da Administração Pública direta, estendendo sua aplicação aos fundos especiais, às autarquias, às fundações públicas, às empresas públicas, às sociedades de economia mista e às demais entidades controladas direta ou indiretamente pela União, Estados, Distrito Federal e Municípios, pelo parágrafo único do art. 1º.

A ementa da lei refere-se a "contratação de parceria público-privada", mas no art. 2º, *caput*, qualifica a parceria como contrato administrativo de concessão.

As PPPS foram instituídas como espécies do gênero "contrato administrativo", um tipo de avença entre as partes pública e privada. Portanto, as leis estaduais que disciplinam formas de parceria promulgadas antes da Lei federal 11.079/2004 só poderão ser aplicadas no que não contrariarem as "normas gerais" contidas na legislação federal, já que a competência da União se limita ao estabelecimento de normas gerais em matéria de contratos da Administração Pública, consoante o art. 22, XXVII, da CF.

A competência da União para editar normas gerais não impede que os demais entes da Federação editem legislação suplementar, com fulcro nos arts. 24, § 2º, e 30, II, da CF.

Além das normas gerais, aplicáveis a todos os entes federativos, o diploma legal de regência da matéria fixou algumas normas específicas aplicáveis exclusivamente à União, nos arts. 14 a 22. Tais disposi-

85. Idem, p. 724.

tivos cuidam do Órgão Gestor das PPPs, do Fundo Garantidor de PPPs/FGP, das garantias a serem prestadas pelo parceiro público e dos limites para a contratação de PPPs. Estados, Distrito Federal e Municípios podem expedir sua própria legislação no campo de incidência de semelhantes normas.

O conceito aplicável às concessões disciplinadas na Lei 8.987/1995 viu-se ampliado com a edição da Lei das PPPs, que, sem revogar ou derrogar a referida Lei de Concessões, previu, no art. 2º, *caput*, as modalidades de concessão patrocinada e administrativa, com contornos um pouco diferentes das concessões comuns, em especial no que tange às regras da licitação, com a exigência de submissão da minuta de edital e de contrato a consulta pública, a previsão de inversão de fases na licitação, a possibilidade de previsão no edital de saneamento das falhas, de complementação de insuficiências ou, ainda, de correções de caráter formal no curso do procedimento; o processo de contratação, com limite do prazo contratual não inferior a 5 anos e não superior a 35 anos, possibilidade de aplicação de penalidades à Administração Pública em caso de inadimplemento contratual, imposição de limite de despesa com contratos de PPPs, formas de remuneração da concessionária, possibilidade de utilização de arbitragem entre a Administração Pública e o parceiro privado, previsão do direito dos financiadores de assumirem o controle de concessionária em situação econômico-financeira difícil, saneá-la financeiramente e proceder à alienação do controle para terceiro (o mecanismo conhecido como *step-in-rights*); compartilhamento dos riscos entre os parceiros público e privado no caso de ocorrência de áleas extraordinárias, ou seja, as oriundas de fato do príncipe, as compreendidas no âmbito da teoria da imprevisão e das chamadas sujeições imprevistas (arts. 4º, VI, e 5º, III),[86] e de ganhos econômicos efetivos do parceiro privado decorren-

---

86. A alocação de riscos é matéria contratual (art. 5º, III, da Lei das PPPs). Não existe, segundo a lei, uma divisão natural de riscos. Registra Celso Antônio Bandeira de Mello:
"Não nos parece possível onerar o parceiro privado com o encargo de repartir riscos oriundos do fato do príncipe, pois, conforme aplausível comento da eminente professora Maria Sylvia Zanella Di Pietro, o princípio constitucional da responsabilidade do Estado impediria tal solução. [*Parcerias na Administração Pública: Concessão, Permissão, Franquia, Terceirização, Parceria Público-Privada e Outras Formas*, 7ª ed., São Paulo, Atlas, 2009, p. 156]. O Poder Público é que teria que assumir as consequências de seu ato.

tes da redução do risco de crédito dos financiamentos utilizados pelo parceiro privado (art. 5º, IX) e garantias de cumprimento de suas obrigações pecuniárias a serem oferecidas pelo Poder Público, permitindo a contratação de seguro de pagamento com órgãos multilaterais ou com seguradoras domésticas ou internacionais, bem como a criação do Fundo Garantidor de PPP/FGP.

Posteriormente, alterações relevantes foram efetuadas pelos arts. 119 e 120 da Lei 11.196, de 21.11.2005, na Lei 8.987/1995, que consistiram na introdução de determinados mecanismos expressamente previstos na Lei das PPPs (Lei 11.079/2004) com o objetivo de propiciar maior segurança aos investimentos realizados pelas concessionárias e aos financiadores dos projetos. Assim, a previsão de inversão de fases na licitação, a possibilidade de utilização de arbitragem entre a Administração Pública e o parceiro privado, a previsão do direito dos financiadores de assumirem o controle de concessionária em situação econômico-financeira difícil, saneá-la financeiramente e proceder à alienação do controle para terceiro (o mecanismo conhecido como *step-in-rights*) foram estendidos às concessões comuns.

O propósito do Governo Brasileiro quando começou a discutir aquilo que a Lei 11.079/2004 veio a chamar de parceria público-privada era dar maior flexibilidade para a estruturação de projetos de infraestrutura pública por meio de investimento privado. Para tanto, era preciso aprimorar a legislação e contornar eventuais limitações orçamentárias.

Do ponto de vista legal havia dois objetivos principais. Em primeiro lugar, viabilizar aqueles serviços e/ou obras públicas cuja ex-

"Já, os provenientes das situações caracterizáveis como imprevisão podem ser divididos entre os parceiros, se é esta a determinação legal. O mesmo, entretanto, nem sempre valeria, ao nosso ver, no caso das 'sujeições imprevistas' (...). Se o parceiro privado atuou sobre informações técnicas que hajam sido oferecidas e afiançadas como bastantes pelo Poder Público, o surgimento de situação imprevista resultará de responsabilidade de quem as forneceu. Não havendo tal circunstância, aí, sim, caberá repartição dos prejuízos.

"Cumpre ter cuidado com o que pode ser caracterizado como *fortuito*. Nesta tipologia não se poderia incluir o insucesso na estimativa quanto ao afluxo de usuários do serviço ou seu superveniente declínio, sob a arguição de que sobrevieram causas fortuitas para determinar tal resultado. Os prejuízos que disto decorram terão que ser inteiramente suportados pelo parceiro privado, sem divisão alguma com o parceiro público, pois fazem parte da álea normal do empreendimento" (Celso Antônio Bandeira de Mello, *Curso de Direito Administrativo*, cit., 28ª ed., p. 790).

ploração pelo contratado ou não é suficiente para remunerá-lo (exemplo: ampliação e administração de rodovias ou ferrovias de baixo movimento) ou sequer envolve contraprestação por seus usuários (exemplo: construção e gerenciamento de presídios ou hospitais públicos). Ademais, afora tratar-se de casos em que se requerem investimentos e/ou especialidades além das possibilidades do Estado, as PPPs têm um componente a mais, representado pela incapacidade de o empreendimento, por si, pagar o investidor privado. Esta contrapartida do parceiro público ao privado é o que distingue substancialmente as PPPs das concessões comuns, regidas pela Lei 8.987/1995 (§ 3º do art. 2º), pois enquanto nesta a remuneração do concessionário decorre da exploração do serviço, via de regra e basicamente mediante tarifas cobradas diretamente dos usuários do serviço (embora possa haver previsão de subsídio pelo Poder Público, conforme disposto no art. 17 da Lei 8.987/1995), nas PPPs cabe ao parceiro público remunerar parcial ou integralmente o particular contratado.[87] Em segundo lugar, pretendia-se viabilizar a amortização de investimentos realizados para prestar serviços diretamente ao Poder Público em prazo maior que cinco anos, que é o limite fixado para as contratações tradicionais de serviços e obras pela Administração da Lei de Licitações e Contratos Administrativos (Lei 8.666/1993).[88]

A definição das PPPs como espécies de concessão foi ditada por conveniências de natureza econômica e jurídica.[89] Como registra Carlos

---

87. Há exemplos clássicos de contratações dessa ordem no Estrangeiro. "Assim, houve hipótese em que um particular foi contratado para edificar prédios e anexos, destinados à instalação de uma escola. Incumbia ao particular também o fornecimento dos equipamentos necessários à operação do estabelecimento. Mais ainda, o particular devia promover a operação do estabelecimento, ressalvados os aspectos propriamente educacionais – que ficavam a cargo do Estado. O particular tinha direito a uma remuneração oriunda dos cofres públicos, mas também lhe era facultado explorar as quadras esportivas, auditórios e outras áreas. O produto da locação desses espaços compunha a sua remuneração" (Marçal Justen Filho, *Curso de Direito Administrativo*, 6ª ed., São Paulo, Fórum, 2010, p. 773).

Para outros detalhes relativamente ao tema, cf. o estudo de Philippe Cossalter, "A *Private Finance Initiative*" (trad. de Marçal Justen Filho), *Revista de Direito Público da Economia/RDPE* 2-6/127-180, Belo Horizonte, abril-junho/2005.

88. Maurício Portugal Ribeiro e Lucas Navarro Prado, *Comentários à Lei de PPP – Parceria Público-Privada: Fundamentos Econômico-Jurídicos*, 1ª ed., 2ª tir., São Paulo, Malheiros Editores, 2010, pp. 31-32.

89. Idem, p. 73. Observam, outrossim, os autores que "a ideia é originariamente do professor Carlos Ari Sundfeld, e foi adotada *in totum* no desenho da nova lei"

Ari Sundfeld, "o que se quis foi empregar em novos objetos a estrutura contratual e a lógica econômica dos contratos regidos pela Lei de Concessões".[90]

A modalidade patrocinada é a própria concessão de serviço ou de obra que consta da Lei 8.987/1995 quando, "adicionalmente à tarifa cobrada dos usuários", envolver contraprestação pecuniária do contratante público ao contratante privado, ambos ali denominados "parceiros" (§ 1º do art. 2º). A ela aplica-se subsidiariamente o disposto na Lei 8.987/1995 e nas leis que lhe são correlatas (art. 3º, § 1º).[91]

A modalidade administrativa, nos termos do § 2º do art. 2º, "é o contrato de prestação de serviços de que a Administração Pública seja a usuária direta ou indireta, ainda que envolva execução de obra ou fornecimento e instalação de bens". A redação do dispositivo peca pela nebulosidade, pela falta de consistência.

O art. 3º[92] preceitua que à concessão administrativa se aplica adicionalmente o disposto nos arts. 21, 23, 25 e 27 a 39 da Lei 8.987/1995 e no art. 31 da Lei 9.074/1995. Tais dispositivos são concernentes ao

(Maurício Portugal Ribeiro e Lucas Navarro Prado, *Comentários à Lei de PPP – Parceria Público-Privada: Fundamentos Econômico-Jurídicos*, cit., 1ª ed., 2ª tir., p. 73, nota de rodapé 9).

90. Carlos Ari Sundfeld, "Guia jurídico das parcerias público-privadas", cit., nesta obra, p. 17.

91. Anota Alexandre Santos de Aragão: "A aplicação da Lei 8.987/1995 às PPPs, em qualquer das suas modalidades, deve, no entanto, ainda quando haja previsão expressa da sua aplicação, se dar apenas no que couber, ou seja, no que não contrariar a própria natureza das PPPs, nas quais há uma dependência financeira do poder concedente bastante significativa, ao passo que nas concessões comuns a dependência se dá preponderantemente em relação à clientela pagante das tarifas. Assim, não nos parece, por exemplo, que seja aplicável às PPPs o parágrafo único do art. 39 da Lei 8.987/1995, que prevê que, mesmo na inadimplência do poder concedente, o concessionário não pode suspender a prestação dos serviços antes de obtida a rescisão judicial transitada em julgado do contrato (vedação da exceção do contrato não cumprido). Parece-nos que, na hipótese, o art. 78, XV, da Lei 8.666/1993, que versa sobre contratos em que também há uma contraprestação financeira da Administração Pública, se coaduna melhor com o arcabouço financeiro das PPPs" (*Direito dos Serviços Públicos*, Rio de Janeiro, Forense, 2007, p. 681).

92. O Decreto 5.977, de 1.12.2006, regulamenta o art. 3º, *caput* e § 1º, da Lei 11.079/2004, que dispõe sobre a aplicação às PPPs do art. 21 da Lei 8.987, de 13.2.1995, e do art. 31 da Lei 9.074, de 7.7.1995, para apresentação de projetos, estudos, levantamentos ou investigações, a serem utilizados em modelagens de PPPs no âmbito da Administração Pública Federal, e dá outras providências.

ressarcimento da Administração, por parte do vencedor da licitação, pelos gastos que hajam sido feitos com os estudos, levantamentos ou projetos vinculados à concessão e postos à disposição dos licitantes; às cláusulas essenciais do contrato de concessão, entre elas a de reversão de bens, ao final, se previsto no contrato (art. 3º, *caput*, da Lei das PPPs, c/c os arts. 18, X, e 23, X, da Lei das Concessões); à responsabilidade da concessionária pelos prejuízos que cause ao concedente, usuários ou terceiros; à transferência da concessão e garantias de financiamento; aos poderes do concedente, bem como à possibilidade de os autores ou responsáveis economicamente pelo projeto básico ou executivo participarem da licitação ou da execução de obras e serviços. Embora a lei não o diga, não fica descartada de forma absoluta a aplicação às concessões administrativas de outros dispositivos da Lei 8.987/1995 e nas leis que lhe são correlatas, pois estes continuam integrando o ordenamento jurídico como elemento hermenêutico e de analogia.[93]

As "concessões administrativas" são contratos em que a cobrança de tarifas é inviável econômica ou socialmente, juridicamente vedada, como a cobrança pela saúde ou ensino públicos (arts. 196 e 206, IV, da CF), ou, ainda, porque é o próprio Estado o único usuário do serviço a ser prestado. Aqui se fala da inexistência de tarifas devidas pelos eventuais usuários dos serviços, pois a contraprestação ao concessionário se dará exclusivamente com recursos do Estado, por qualquer uma das modalidades enumeradas no art. 6º: contribuições pecuniárias (por meio de "ordem bancária" ou "cessão de crédito não tributário") e contraprestações não pecuniárias (direitos sobre bens públicos dominicais e outros direitos em face da Administração).

Não existe impedimento a que o concessionário receba recurso de outras fontes de receitas complementares, acessórias, alternativas ou decorrentes de projetos associados, até porque o inciso V do art. 6º, ao mencionar "outros meios admitidos em lei", deixa evidente que a indicação dos meios de contraprestação não é taxativa.

---

93. Celso Antônio Bandeira de Mello, *Curso de Direito Administrativo*, cit., 28ª ed., p. 781. Segundo Alexandre Santos de Aragão, "o que, em caso algum, é admissível é que a aplicação subsidiária da Lei 8.987/1995 ou da Lei 8.666/1993 acabe desvirtuando a natureza e o espírito de divisão de riscos que inspiram as duas espécies de parcerias público-privadas da Lei 11.079/2004" (*Direito dos Serviços Públicos*, cit., p. 681, nota de rodapé 34).

Ao definir "concessão administrativa", o art. 2º, § 2º, deixou implícito que a remuneração do concessionário estará a cargo da Administração, por ser ela a usuária direta ou indireta dos serviços. Mas, diversamente do que fez quanto à concessão patrocinada (art. 2º, § 1º), a lei não exige que na concessão administrativa a contraprestação do concedente seja em pecúnia. Poderá sê-lo pelas outras modalidades do art. 6º. A única forma de remuneração que descaracterizaria a concessão administrativa é o recebimento pelo concessionário de tarifa dos administrados especificamente para remunerar seus serviços.[94-95]

94. Diante da dúvida sobre a categorização de um contrato em que, "embora a contraprestação seja inteiramente suportada pela Administração, sua natureza não seja pecuniária", responde Carlos Ari Sundfeld que, "se o contrato envolver a prestação de serviços públicos aos administrados, ele será uma concessão comum, cuja remuneração se faz exclusivamente com receitas alternativas (Lei de Concessões, art. 11). Se o contrato for de prestação de serviços à Administração, estando preenchidos os demais requisitos do art. 2º, § 4º (especialmente o investimento privado de ao menos 20 milhões de Reais e o prazo mínimo de prestação de cinco anos), deverá ser havido como uma concessão administrativa" ("Guia jurídico das parcerias público-privadas", cit., nesta obra, pp. 17-46).
95. Benedicto Porto Neto, em trabalho pioneiro sobre a matéria no Direito Brasileiro, afirmava: "A Administração Pública pode transferir a prestação de serviço público a terceiro, sob o mesmo regime jurídico da concessão, sem que sua remuneração guarde relação com o resultado da exploração do serviço" (*Concessão de Serviço Público no Regime da Lei 8.987/1995: Conceito e Princípios*, cit., p. 76). Em parecer exarado sobre serviços municipais de coleta de lixo destaca que na concessão a responsabilidade direta pela prestação dos serviços pelo concessionário não decorre necessariamente da sua forma de remuneração, sendo suficiente a assunção dessa responsabilidade perante os usuários e terceiros. Ou seja: para sua existência basta que ele desempenhe a atividade no seu próprio nome, como pessoa distinta do Estado titular do serviço, investido em prerrogativas públicas atribuídas pelo poder concedente, mantendo relação jurídica direta com os usuários. A distinção entre *concessão* e *contrato de prestação de serviço* funda-se na existência de vínculo direto entre a concessionária, que passa a prestar os serviços em seu próprio nome, e os usuários ("Concessão dos serviços municipais de coleta de lixo. Remuneração da concessionária diretamente pelo concedente", cit., *RIASP* 5/237-238, 241 e 244). Acredita haver equívoco na afirmação de que o texto constitucional inviabiliza a remuneração da concessionária diretamente pelo Poder Público. Por isso o diploma legal de regência da matéria pode admiti-la, sem desnaturar o instituto da concessão. Além disso, não existe incompatibilidade entre essa forma de remuneração e a Lei Geral das Concessões (ob. e loc. cits.).
Floriano de Azevedo Marques Neto também sustenta que dentre as fontes alternativas "pode estar o 0pagamento pelo Estado de um valor (inclusive com natureza tarifária) definido em lei, no edital ou no contrato por unidade de serviço utilizado. A

Para melhor delimitar o campo de aplicação de contratos de PPPs, o § 4º do art. 2º estatui hipóteses em que é vedada a celebração destes contratos, quais sejam: I – valor do contrato inferior a 20 milhões de Reais; II – prazo inferior a cinco anos; III – objeto único e exclusivo o fornecimento de mão de obra, o fornecimento e instalação de equipamentos ou a execução de obra pública.Também está proibida a PPP quando seu objeto envolver a delegação de funções de regulação e jurisdicional, o exercício do poder de polícia e outras atividades exclusivas do Estado, nos termos do art. 4º, III, da lei.[96]

título de exemplo, é essa a configuração determinada pelo TCU para a outorga à iniciativa privada dos serviços de telecomunicações (utilização de redes digitais) a serem universalizados com recursos do Fundo de Universalização dos Serviços de Telecomunicações/FUST (cf. Acórdão 1.107-31/2003 ao TC 005.302/2003-9, Consulta, Plenário, rel. Min. Humberto Guimarães Souto, j. 13.8.2003, *DOU* 25.8.2003)".

"Em resposta a consulta formulada pelo Ministério das Comunicações acerca da melhor configuração jurídica para utilização dos recursos do FUST, com vistas a universalizar os serviços de acesso às redes digitais de informação, o TCU esclareceu que este serviço 'implica outorga de concessões pela Agência Nacional de Telecomunicações/ANATEL de uma nova modalidade de serviço de telecomunicações a ser prestado em regime público (...)' e que 'é possível a utilização dos recursos do FUST para fazer face à totalidade dos custos de provimento dos serviços em estabelecimentos de ensino e bibliotecas, vez que a legislação prevê a redução das contas dos serviços com o objetivo de ampliar o acesso por parte da população carente (...)'.

"Ou seja, o TCU decidiu no sentido da plena possibilidade (e, no caso, mais ainda, da obrigatoriedade) e que o0s serviços públicos de acesso às redes digitais de informação (serviços de telecomunicações e de provimento de acesso à Internet) sejam objeto de concessão outorgada à iniciativa privada e que a remuneração dos particulares (concessionários) dê-se não por tarifa paga pelos usuários do serviço (população carente), e sim pelos recursos públicos depositados no FUST. Ou seja: a Corte de Contas consagrou exatamente a possibilidade de concessão sem cobrança de tarifa dos usuários" ("Concessão de serviço público sem ônus para o usuário", cit., in Luiz Guilherme da Costa Wagner Júnior, *Direito Público: Estudos em Homenagem ao Professor Adilson Abreu Dallari*, pp. 349-350).

96. Sustenta Diógenes Gasparini que, "com exceção dessas últimas, as demais não são obrigatórias aos Estados, ao Distrito Federal e aos Municípios, pois seus dispositivos não podem ser caracterizados como normas gerais" (*Direito Administrativo*, cit., 15ª ed., p. 467). Registra Carlos Ari Sundfeld que, tendo em conta a falta de precisão quanto ao sentido da expressão "poder de polícia", "a melhor tendência é a de interpretá-la como sinônimo de "exercício do poder de autoridade", isto é, de coação (exemplo: o de apreender veículos irregulares nas estradas). Ademais, a indelegabilidade também ficou vinculada a um conceito em branco ("outras atividades exclusivas do Estado"), cujo preenchimento depende de categorias – de resto, bastante polêmicas – que não se encontram na Lei das PPPs ("Guia jurídico das parcerias público-privadas", cit., nesta obra, p. 17).

Os contratos de PPPs têm um escopo de regulação mais complexo que os contratos de concessão comum. Cabe ressaltar alguns aspectos legais das PPPs, embora sem a preocupação de maior aprofundamento.

*I* – A teor do art. 9º e §§, a implantação e a gestão do objeto da parceria serão efetuadas por Sociedade de Propósito Específico/SPE, que deve ser constituída antes do travamento do contrato, a qual poderá assumir a forma de companhia aberta com valores mobiliários negociáveis no mercado É vedado ao Poder Público deter a maioria de suas ações, salvo quando sua aquisição for efetuada por instituição financeira controlada pelo Poder Público em face da inadimplência de contratos de financiamento. Deve obedecer a padrões de governança corporativa e adotar contabilidade e demonstrações financeiras padronizadas.

*II* – Possibilidade de o agente financiador assumir o controle da SPE para implantar e gerir o objeto da parceria (o chamado *step-in-rigths*). Os contratos de PPPs podem estabelecer as condições e requisitos para que o financiador do empreendimento afaste o parceiro privado e passe a controlar a SPE a fim de realizar reestruturações financeiras e garantir a continuidade dos serviços, sem que estes tenham necessidade de possuir "capacidade técnica, idoneidade financeira e regularidade jurídica e fiscal necessárias à assunção do serviço", que lhes seriam exigíveis a teor do parágrafo único do art. 27 da Lei 8.987, de 13.2.1995 – renumerado para § 1º pela Lei 11.196/2005 –, mas expressamente afastadas neste caso[97] (art. 5º, § 2º, I).

*III* – A contraprestação da Administração Pública nos contratos de PPP compreende várias alternativas, podendo ser feita por ordem bancária, por cessão de créditos não tributários, por outorga de direitos em face da Administração, por outorga de direitos sobre bens públicos dominicais ou por outros meios admitidos em lei (art. 6º).Para que a contraprestação seja legítima, deverá ser obrigatoriamente precedida da disponibilização do serviço objeto do contrato de PPP (art. 7º). Além disto, de conformidade com o § 1º do art. 5º, não há necessidade de homologação administrativa quando se trate de atualização automática de valores baseada em índices e fórmulas matemáticas, salvo se a Administração publicar na Imprensa Oficial, dentro de 15 dias da

---

97. Celso Antônio Bandeira de Mello destaca a flagrante inconstitucionalidade do teor desse dispositivo (*Curso de Direito Administrativo*, cit., 28ª ed., p. 786).

apresentação da fatura, razões fundamentadas na lei ou no contrato para rejeitar a atualização.

*IV* – Previsão de garantias prestadas pelo parceiro público em prol do particular para o recebimento dos pagamentos assumidos pelo Poder Público mediante: I – vinculação de receitas (observado o disposto no art. 167, IV, da CF de 1988, que veda a vinculação de receitas provenientes de impostos); II – instituição ou utilização de fundos especiais previstos em lei;[98] III – contratação de seguro-garantia junto a companhias que não sejam controladas pelo Poder Público; IV – garantia prestada por organismos internacionais ou instituições financeiras não controladas pelo Poder Público; V – garantias prestadas por fundo garantidor ou empresa estatal criada para essa finalidade; VI – outros mecanismos admitidos em lei (art. 8º).

A garantia prestada por fundos foi regulada mais detalhadamente no Capítulo VI da lei, que estabelece "disposições aplicáveis à União". De acordo com o art. 16, a União, suas autarquias e fundações públicas foram autorizadas a criar, no limite de 6 bilhões de Reais, um Fundo Garantidor de Parcerias Público-Privadas/FGP,[99] destinado a prestar garantia ao pagamento das obrigações contraídas por parceiros públicos federais. Tal Fundo, um ente dotado de personalidade jurídica própria, com natureza privada e com patrimônio separado de seus cotistas, será criado, gerido, administrado e representado, judicial e extrajudicialmente, por instituição financeira controlada direta ou in-

98. Celso Antônio Bandeira de Mello sustenta a inconstitucionalidade da vinculação de receitas bem como a instituição de fundos especiais previstos em lei, que não poderia, mesmo, ser feito enquanto não sobrevenha lei complementar regulando a instituição de fundos (*Curso de Direito Administrativo*, cit., 28ª ed., p. 778).

99. O Decreto 5.411, de 6.4.2005, autoriza a integralização de cotas no Fundo Garantidor de Parcerias Público-Privadas/FGP, mediante ações representativas de participações acionárias da União em sociedades de economia mista disponíveis para venda e dá outras providências. Consoante a Lei 11.079/2004 (art. 16), a participação da União, autarquias e fundações públicas no FGP fica limitada a 6 bilhões de Reais.O fato é que, autorizada a integralização de cotas no FGP, está-se atribuindo maior segurança aos investidores privados, atraindo-os, assim, para participarem dos projetos de PPP do Governo Federal. A integralização autorizada pelo citado decreto será feita mediante a transferência de ações de titularidade da União, que são bens mobiliários com maior liquidez que outros bens permitidos para integralizar o FGP – como, por exemplo, imóveis dominicais. Entre as autorizadas para transferência ao FGP estão ações da Eletropaulo, Petrobrás, Embraer, Usiminas, Eletrobrás, Comgás, Gerdau e outras.

diretamente pela União (art. 17), desde que autorizada pela Comissão de Valores Mobiliários/CVM para administrar carteira de valores mobiliários (art. 17, *caput*).[100-101] As cotas podem ser integralizadas em dinheiro, títulos da dívida pública, bens imóveis dominicais e ações de sociedade de economia mista federal até o limite da mantença de seu controle pela União, ou outros direitos com valor patrimonial (art. 16, § 4º).

*V* – A União foi autorizada pela lei, em seu art. 23, a instituir e conceder incentivo às aplicações em fundos de investimento, criados por instituições financeiras, em direitos creditórios provenientes dos contratos de PPPs.Tais incentivos são aqueles provenientes do Programa de Incentivo à Implementação de Projetos de Interesse Social/PIPS, instituído pela Lei 10.735, de 11.9.2003, alterada pela Lei 11.110/2005.

*VI* – Quanto à licitação para celebrar PPPs, os critérios de julgamento de propostas oferecidas pelos parceiros privados podem ser: (a) o menor valor da tarifa do serviço público a ser prestado; (b) o menor valor da contraprestação a ser paga pela Administração Pública; (c) um dos dois primeiros combinado com o de melhor técnica, de acordo com os pesos estabelecidos no edital (art. 12, II, da Lei das PPPs, c/c o art. 15, I e V, da Lei 8.987/1995).

*VII* – A contratação de PPPs será precedida de licitação na modalidade concorrência (art. 10), apresentando novas regras objetivando viabilizar um modelo licitatório mais eficiente que o atual sistema: exigência de submissão da minuta de edital e de contrato a consulta

---

100. A Resolução BACEN-3.289, de 3.6.2005, dispõe sobre o funcionamento do Fundo Garantidor de Parcerias Público-Privadas/FGP, de que trata a Lei 11.079/2004.
    A Instrução CVM-306, de 5.5.1999, alterada pelas Instruções CVM-364/2002, 448/2007 e 450/2007, dispõe sobre a administração de carteira de valores mobiliários.
    A Instrução CVM-426, de 28.12.2005, "dispõe sobre a administração de carteira de valores mobiliários do Fundo Garantidor de Parcerias Público-Privadas – FGP, de que trata a Lei n. 11.079, de 30 de dezembro de 2004".
101. O Comitê Gestor de Parceria Público-Privada Federal/CGP definiu o Banco do Brasil como a instituição que vai gerir os ativos do Fundo Garantidor das PPPs. A Resolução 1, de 5.8.2005, foi publicada no *DOU* de 8.8.2005.
    O CGP delegou à Secretaria do Tesouro Nacional/STN a decisão de contratar também a Caixa Econômica Federal/CEF e o Banco Nacional de Desenvolvimento Econômico e Social/BNDES para administrar fundos da mesma natureza, caso haja necessidade de instituir outros fundos.

pública, abrindo-se um prazo mínimo de 30 dias para recebimento de sugestões, mediante publicação na Imprensa Oficial, em jornais de grande circulação e por meio eletrônico, que deverá informar a justificativa para a contratação, a identificação do objeto, o prazo de duração do contrato e seu valor estimado (art. 10, VI); o edital poderá prever a inversão da ordem das fases de habilitação e julgamento (art. 13), a exemplo do que vem sendo feito, com êxito, no procedimento do pregão; o julgamento pode ser precedido por fase de qualificação de propostas técnicas, eliminando-se as que não atingirem a pontuação mínima exigida, as quais não participarão das etapas seguintes; possibilidade de haver lances verbais prevista no edital, após a etapa de abertura das propostas lacradas (art. 12, III); possibilidade de previsão no edital de saneamento de falhas, de complementação de insuficiências, que assegura a juntada de documentos novos (apesar da regra contrária do art. 43, § 3º, da Lei 8.666/1993) ou, ainda, de correções de caráter formal no curso do procedimento, desde que o licitante possa satisfazer as exigências dentro do prazo fixado no instrumento convocatório (art. 12, IV). Tal inovação foi inspirada na Resolução ANATEL-65/1998.

*VIII* – A abertura de processo licitatório para concessões patrocinadas com contrapartida do parceiro público superior a 70% da remuneração total a ser recebida pelo parceiro privado é condicionada a autorização legislativa específica (art. 10, § 3º). Já, para operações de crédito efetuadas por empresas estatais controladas pela União, para SPEs constituídas para implantar e gerir contratos de PPPs, há limite de 70% do total das fontes de recursos das SPEs (este limite sobe para 80% em regiões com Índice de Desenvolvimento Humano/IDH inferior à média do Brasil – ou seja, Norte, Nordeste e Centro-Oeste) (art. 27[102]).

102. "Art. 27. As operações de crédito efetuadas por empresas públicas ou sociedades de economia mista controladas pela União não poderão exceder a 70% (setenta por cento) do total das fontes de recursos financeiros da Sociedade de Propósito Específico, sendo que para as áreas das regiões Norte, Nordeste e Centro-Oeste, onde o Índice de Desenvolvimento Humano – IDH seja inferior à média nacional, essa participação não poderá exceder a 80% (oitenta por cento).
"§ 1º. Não poderão exceder a 80% (oitenta por cento) do total das fontes de recursos financeiros da Sociedade de Propósito Específico ou 90% (noventa por cento) nas áreas das regiões Norte, Nordeste e Centro-Oeste, onde o Índice de Desenvolvimento Humano – IDH seja inferior à média nacional, as operações de crédito ou

*IX* – Para definir os serviços prioritários para execução sob o regime de PPPs, disciplinar os procedimentos para celebrar os contratos, autorizar a abertura da licitação e aprovar seu edital, além de apreciar os relatórios de execução dos contratos elaborados pelos ministérios e agências reguladoras responsáveis pelos serviços, haverá um Órgão Gestor, instituído por decreto e composto por membros titulares e suplentes dos Ministérios do Planejamento, Orçamento e Gestão, da Fazenda e Casa Civil (art. 14).[103]

*X* – O art. 22 estabelece que a União só poderá contratar PPP quando a soma das despesas de caráter continuado implicadas pelo conjunto das parcerias contratadas no ano anterior não tiver excedido a 1% da receita corrente líquida do exercício e as despesas anuais dos contratos vigentes nos 10 anos subsequentes não excedam a 1% da receita corrente líquida projetada para os respectivos exercícios. Para Estados, Distrito Federal e Municípios o limite de 3% foi imposto no art. 28 (redação dada pela Lei 12.024/2009) como condição para a União figurar como garantidora ou realizar transferências voluntárias de recursos para aqueles entes.[104]

*XI* – O art. 29 prescreve que, sem prejuízo das penalidades financeiras previstas contratualmente, serão aplicáveis, no que couber, as penalidades previstas no Decreto-lei 2.848, de 7.12.1940 – Código Penal, na Lei 8.429, de 2.6.1992 – Lei de Improbidade Administrativa –, na Lei 10.028, de 19.10.2000 – Lei dos Crimes Fiscais –, no

---

contribuições de capital realizadas cumulativamente por: I – entidades fechadas de previdência complementar; II – empresas públicas ou sociedades de economia mista controladas pela União.
"§ 2º. Para fins do disposto neste artigo, entende-se por fonte de recursos financeiros as operações de crédito e contribuições de capital à Sociedade de Propósito Específico."
103. O Decreto 5.385, de 4.3.2005, com as alterações produzidas pelo Decreto 6.037/2007, institui o Comitê Gestor de Parceria Público-Privada Federal/CGP e dá outras providências. Referido Comitê deverá definir os serviços prioritários na execução das PPPs e analisar as contratações feitas nesse regime. Também ficará a cargo do CGP disciplinar as regras para a instituição de PPP e aprovar suas alterações.
104. A Portaria 614, de 21.8.2006, do Secretário do Tesouro Nacional, estabelece normas gerais relativas à consolidação das contas públicas aplicáveis aos contratos de PPP, de que trata a Lei 11.079/2004. Estabelece o limite de 40% dos riscos dos empreendimentos assumidos pelo setor público nos contratos de PPPs. Acima desse limite o valor gasto pelo ente público será contabilizado como dívida, e não como despesa corrente.

Decreto-lei 201, de 27.2.1967 – chamado comumente de Lei de Responsabilidade dos Prefeitos e Vereadores –, e na Lei 1.079, de 10.4.1950 – Lei de Crimes de Responsabilidade.

*XII* – A Lei das PPPs expressamente prevê a possibilidade do emprego da arbitragem para a solução dos conflitos contratuais entre a Administração Pública e o particular contratado. Nos termos do art. 11, III, da Lei 11.079/2004, o edital de licitação poderá prever "o emprego dos mecanismos privados de resolução de disputas, inclusive a arbitragem, a ser realizada no Brasil e em Língua Portuguesa, nos termos da Lei n. 9.307, de 23 de setembro de 1996, para dirimir conflitos decorrentes ou relacionados ao contrato" – reforçando a corrente doutrinária que se tem empenhado na aplicabilidade do juízo arbitral em litígios administrativos, buscando definir as hipóteses de seu cabimento.[105] Semelhantes disposições sobre arbitragem estão presentes em diversos dos diplomas estaduais (Minas Gerais – Lei 14.868/2003, art. 13; Santa Catarina – Lei 12.930/2004, art. 10, III, "e"; São Paulo – Lei 11.688/2004, art. 11, parágrafo único; Goiás – Lei 14.910/2004, art. 15; Sergipe – Lei 5.507, de 28.12.2004, art. 11; Bahia – Lei 9.290/2004, art. 9º; Distrito Federal – Lei 3.418, de 4.8.2004, art. 11; Pernambuco – Lei 12.765, de 27.1.2005, art. 9º, III; Rio Grande do Sul – Lei 12.234/2005, art. 6º, III, "d"; Amapá – Lei 921, de 18.8.2005, art. 21 e

---

105. Nesse sentido: Adilson Abreu Dallari ("Arbitragem na concessão de serviço público", *RTDP* 13/5-10, São Paulo, Malheiros Editores, 1996); Caio Tácito ("Arbitragem nos litígios administrativos", in *Temas de Direito Público: Estudos e Pareceres*, vol. 3, Rio de Janeiro, Renovar, 2002, pp. 83-88); Eros Roberto Grau ("Arbitragem e contrato administrativo", *RTDP* 32/14-20, São Paulo, Malheiros Editores, 2000); Diogo de Figueiredo Moreira Neto ("Arbitragem nos contratos administrativos", in *Mutações do Direito Administrativo*, Rio de Janeiro, Renovar, 2000, pp. 221-235); Mauro Roberto Gomes de Mattos ("Contrato administrativo e a Lei de Arbitragem", *RDA* 223/115-131, Rio de Janeiro, janeiro-março/2001); Arnoldo Wald, Luíza Rangel de Moraes e Alexandre de M. Wald (*O Direito de Parceria e a Nova Lei de Concessões: Análise das Leis 8.987/1995 e 9.074/1995*, São Paulo, Ed. RT, 1996, p. 140); Selma Maria Ferreira Lemes ("Arbitragem na concessão de serviço público – Perspectivas", *Revista de Direito Bancário, do Mercado de Capitais e da Arbitragem* 17/342-354, São Paulo, julho-setembro/2002); Fernando Antônio Dusi Rocha ("Da possibilidade do uso da arbitragem nos contratos administrativos", *Revista Licitar* 1/32, São Paulo, julho/1997); Cláudio Viana de Lima ("A Lei de arbitragem e o art. 23, XV, da Lei de Concessões", *RDA* 209/91-104, Rio de Janeiro, julho-setembro/1997); e Leon Frejda Szklarowsky ("Arbitragem e os contratos administrativos", *RDA* 209/105-107, Rio de Janeiro, julho-setembro/1997).

parágrafo único; Piauí – Lei 5.494, de 19.9.2005, art. 9º, §§ 1º e 2º; Rio Grande do Norte – Lei Complementar 307, de 11.10.2005, art. 20; Maranhão – Lei 8.437, de 26.7.2006, art. 8º; Rio de Janeiro – Lei 5.068, de 10.7.2007, art. 18, XI; Amazonas – Lei 3.363, de 30.12.2008, art. 13, §§ 1º e 2º; Tocantins – Lei 2.231, de 3.12.2009, art. 9º, §§ 1º e 2º).

## 3. Observações finais

Embora nem todas as tarefas desenvolvidas pelo Poder Público possam ser delegadas ou executadas pelos particulares, há muito particulares exercem funções de colaboração com o Poder Público, sob diversas formas jurídicas, que vêm se intensificando nos últimos anos.

As PPPs inserem-se num processo de evolução que se iniciou com as privatizações, prosseguiu com a outorga de concessões de serviço público e de serviço público precedida da execução de obra pública (chamadas "concessões comuns" pela Lei 11.079, de 30.12.2004 – Lei das PPPs), disciplinadas pelo Estatuto Geral das Concessões (Lei 8.987, de 13.2.1995) e por diplomas legislativos pertinentes a setores específicos para desenvolvimento de projetos de infraestrutura, e culmina com um marco legal aplicável às PPPs, tendo entre seus objetivos fundamentais o de superar os sérios problemas de infraestrutura no Brasil num contexto de aperto fiscal e de baixa disponibilidade de recursos. Nessa trilha caminham Estados e Municípios.

As concessões comuns e as PPPs são espécies do gênero *contrato administrativo de concessão* – cuja expressão "concessão" indica um gênero que contempla várias espécies.

O conceito aplicável às concessões disciplinadas na Lei 8.987/1995 foi ampliado com a edição da Lei das PPPs, que, sem revogar ou derrogar a referida Lei de Concessões, previu, no art. 2º, *caput*, as modalidades de concessão patrocinada e administrativa.

Importa, porém, ter presente a lição de Marçal Justen Filho – formulada a propósito das PPPs, mas que também pode ser aplicada às concessões comuns, especialmente diante das recentes reformas – no sentido de que a segurança das contratações está diretamente relacionada com a transparência e a efetiva participação da sociedade civil na contratação.

Daí que "a segurança jurídica derivará da legitimidade política, econômica e social das contratações". Para que se atinja tal objetivo, "a lei e cada ato concreto de outorga deverão impor e permitir a participação das instituições de controle e da sociedade civil na concepção e na fiscalização das contratações".[106]

É preciso impedir a banalização da PPP ou o desvio no uso da concessão administrativa, com a utilização do regime jurídico para contratos destinados a se submeterem à Lei 8.666/1993, bem como o comprometimento irresponsável de recursos públicos futuros com contratos dessa espécie, seja pela assunção de compromissos impagáveis, seja pela escolha de projetos não prioritários.[107]

Não nutramos, porém, ilusões quanto a ser a PPP verdadeira panaceia, a legitimar, por sua só existência, a solução para todos os problemas nacionais.[108]

---

106. Marçal Justen Filho, "A PPP brasileira e as lições do passado", in Eduardo Talamini e Mônica Spezia Justen (coords.), *Parcerias Público-Privadas: um Enfoque Multidisciplinar*, São Paulo, Ed. RT, 2005, p. 18.
107. Importa, porém, ter presente, a lição de Maurício Portugal Ribeiro e Lucas Navarro Prado:
"A concessão administrativa deve ser utilizada apenas quando presentes as razões econômicas – quais sejam, a nosso ver, especialmente (i) a necessidade de contratos de longo prazo para permitir a amortização e a remuneração do investimento, (ii) a possibilidade e conveniência no caso concreto de se adotar especificações de resultado objetivas e estáveis com o fim de aferir o cumprimento das obrigações contratuais e (iii) a probabilidade de se obter ganhos de eficiência na atribuição da responsabilidade de diversas atividades a uma mesma pessoa, por exemplo, o detalhamento do projeto de engenharia, o financiamento da obra de infraestrutura, sua construção, operação e manutenção ao longo de um considerável período de tempo.
"O limite mínimo de 20 milhões de Reais do valor do contrato toca justamente duas dessas razões, a primeira e a terceira, pois, (i) se não há investimento relevante, também não é necessário prazo longo para sua amortização e remuneração, e (ii) a possibilidade de ganhos de eficiência fica tanto mais reduzida quanto menor for o valor do investimento. Portanto, para se justificar a PPP é preciso que a adequada prestação do serviço requeira investimentos de relevo (mais de 20 milhões de Reais, segundo a fronteira estabelecida pela lei) do parceiro privado em uma infraestrutura" (*Comentários à Lei de PPP – Parceria Público-Privada: Fundamentos Econômico-Jurídicos*, cit., 1ª ed., 2ª tir., p. 78).
108. Destaca Carlos Ari Sundfeld que alguns riscos de um Programa de PPP devem ser apontados: (1) comprometimento irresponsável de recursos públicos futuros, seja pela assunção de compromissos impagáveis, seja pela escolha de projetos não prioritários; (2) comprometimento da Administração com contratações de longo prazo mal-planejadas e estruturadas; (3) abuso populista no patrocínio estatal das

# Bibliografia

AMARAL, Antônio Carlos Cintra do. *Concessão de Serviço Público*. 2ª ed. São Paulo, Malheiros Editores, 2002.

ARAGÃO, Alexandre Santos de. *Direito dos Serviços Públicos*. Rio de Janeiro, Forense, 2007.

AUBY, e DUCOS-ADER. *Précis de Droit Administratif. Traité Élémentaire de Droit Administratif.* 5ª ed., vol. II. Paris, Librairie Générale de Droit et de Jurisprudence/LGDJ, 1970.

BANDEIRA DE MELLO, Celso Antônio. *Curso de Direito Administrativo*. 28ª ed. São Paulo, Malheiros Editores, 2011.

CÂMARA, Jacintho Silveira Dias de Arruda. *Tarifa nas Concessões*. São Paulo, Malheiros Editores, 2009.

CARBAJO, Joël. *Droit des Services Publics*. 3ª ed. Paris, Dalloz, 1997.

CARVALHO FILHO, José Santos. *Processo Administrativo*. Rio de Janeiro, Lumen Juris, 2001.

CHAPUS, René. *Droit Administratif Général*. 6ª ed., t. I. Paris, Montchrestien, 1992.

COSSALTER, Philippe. "A *Private Finance Initiative*". Trad. de Marçal Justen Filho. *Revista de Direito Público da Economia/RDPE* 2-6/127-180. Belo Horizonte, abril-junho/2005.

COUTINHO, Diogo Rosenthal. "Privatização, regulação e o desafio da universalização do serviço público no Brasil". In: FARIA, José Eduardo (org.). *Regulação, Direito e Democracia*. São Paulo, Fundação Perseu Abramo, 2002.

CRETELLA JÚNIOR, José. "Regime jurídico das empresas públicas". *RF* 237/823-825. Rio de Janeiro, Forense, março/1972.

DALLARI, Adilson Abreu. "Arbitragem na concessão de serviço público". *RTDP* 13/5-10. São Paulo, Malheiros Editores, 1996.

_____. "Concessões e permissões sob a tutela da Lei 8.987, de 13.2.1995". *Boletim de Direito Administrativo/BDA* 12-8/513-523. São Paulo, agosto/1996.

concessões; (4) desvio no uso da concessão administrativa ("Guia Jurídico das parcerias público-privadas", cit., nesta obra, pp. 17-46).

DI PIETRO, Maria Sylvia Zanella. *Direito Administrativo*. 23ª ed. São Paulo, Atlas, 2010.

_____. *Parcerias na Administração Pública: Concessão, Permissão, Franquia, Terceirização, Parceria Público-Privada e Outras Formas*. 7ª ed. São Paulo, Atlas, 2009.

DIEZ, Manoel María. *Derecho Administrativo*. 2ª ed., t. II. Buenos Aires, Plus Ultra, 1979.

DUCOS-ADER, e AUBY. *Précis de Droit Administratif. Traité Élémentaire de Droit Administratif*. 5ª ed., vol. II. Paris, Librairie Générale de Droit et de Jurisprudence/LGDJ, 1970.

ESTORNINHO, Maria João. *A Fuga para o Direito Privado*. Coimbra, Livraria Almedina, 1996.

FARIA, José Eduardo (org.). *Regulação, Direito e Democracia*. São Paulo, Fundação Perseu Abramo, 2002.

FIGUEIREDO, Lúcia Valle. *Curso de Direito Administrativo*. 9ª ed. São Paulo, Malheiros Editores, 2008.

FINNERTY, John D. *Project Finance: Engenharia Financeira Baseada em Ativos*. Rio de Janeiro, Qualitymark, 1998.

FREITAS, Juarez. "Controle dos contratos públicos: regime e distinção entre princípios e regras, aspectos procedimentais, concessões, parcerias público-privadas e a natureza jurídica das permissões". In: FREITAS, Juarez. *Controle dos Atos Administrativos e os Princípios Fundamentais*. 4ª ed. São Paulo, Malheiros Editores, 2009.

_____. *Controle dos Atos Administrativos e os Princípios Fundamentais*. 4ª ed. São Paulo, Malheiros Editores, 2009.

GASPARINI, Diógenes. *Direito Administrativo*. 15ª ed. São Paulo, Saraiva, 2010.

GIANNINI, Massimo Severo. *Diritto Amministrativo*. 3ª ed., vol. 2. Milão, Giuffrè Editore, 1993.

GRAU, Eros Roberto. "Arbitragem e contrato administrativo". *RTDP* 32/14-20. São Paulo, Malheiros Editores, 2000.

GUGLIELMI, Gilles J., e KOUBI, Geneviève. *Droit du Service Public*. Paris, Montchrestien, 2000.

_____. *Introduction au Droit des Services Publics*. Paris, LGDJ, 1994.

HERRERA, Alejandra. *Introdução ao Estudo da Lei Geral de Telecomunicações do Brasil*. São Paulo, Singular, 2001.

JUSTEN, Mônica Spezia, e TALAMINI, Eduardo (coords.). *Parcerias Público-Privadas: um Enfoque Multidisciplinar*. São Paulo, Ed. RT, 2005.

JUSTEN FILHO, Marçal. "A PPP brasileira e as lições do passado". In: TALAMINI, Eduardo, e JUSTEN, Mônica Spezia (coords.). *Parcerias Público-Privadas: um Enfoque Multidisciplinar*. São Paulo, Ed. RT, 2005.

_____. "Algumas considerações acerca das licitações em matéria de concessão de serviços públicos". In: MODESTO, Paulo, e MENDONÇA, Oscar (coords.). *Direito do Estado. Novos Rumos*. t. 2. São Paulo, Max Limonad, 2001.

_____. *Curso de Direito Administrativo*. 6ª ed. São Paulo, Fórum, 2010.

_____. *Teoria Geral das Concessões de Serviço Público*. São Paulo, Dialética, 2003.

KOUBI, Geneviève, e GUGLIELMI, Gilles J. *Droit du Service Public*. Paris, Montchrestien, 2000.

_____. *Introduction au Droit des Services Publics*. Paris, LGDJ, 1994.

LACHAUME, Jean-François. "La notion de service public". In: MOUREAU, Jacques (dir.). *Droit Public*. 3ª ed., t. 2. Paris, Económica, 1995.

LAUBADÈRE, André de. *Traité Élémentaire de Droit Administratif*. 5ª ed., vol. II. Paris, LGDJ, 1970.

LAZZARINI, Marilena. "O papel dos organismos de defesa dos usuários". Seminário Internacional, Brasília, 2001. In: *Quem Controla as Agências Reguladoras de Serviços Públicos?*. Brasília, Instituto Helio Beltrão, 2003.

LEMES, Selma Maria Ferreira. "Arbitragem na concessão de serviço público – Perspectivas". *Revista de Direito Bancário, do Mercado de Capitais e da Arbitragem* 17/342-354. São Paulo, julho-setembro/2002.

LIMA, Cláudio Viana de. "A Lei de Arbitragem e o art. 23, XV, da Lei de Concessões". *RDA* 209/91-104. Rio de Janeiro, julho-setembro/1997.

LINOTE, Didier, e ROMI, Raphaël. *Services Publics et Droit Public Economique*. 5ª ed. Paris, Litec, 2003.

MARQUES NETO, Floriano de Azevedo. "Concessão de serviço público sem ônus para o usuário". In: WAGNER JÚNIOR, Luiz Guilherme da Costa.

*Direito Público: Estudos em Homenagem ao Professor Adilson Abreu Dallari*. Belo Horizonte, Del Rey, 2004.

MATTOS, Mauro Roberto Gomes de. "Contrato administrativo e a Lei de Arbitragem". *RDA* 223/115-130. Rio de Janeiro, janeiro-março/2001.

MEDAUAR, Odete. *O Direito Administrativo em Evolução*. 2ª ed. São Paulo, Ed. RT, 2003.

MENDONÇA, Oscar, e MODESTO, Paulo (coords.). *Direito do Estado. Novos Rumos*. t. 2. São Paulo, Max Limonad, 2001.

MODESTO, Paulo, e MENDONÇA, Oscar (coords.). *Direito do Estado. Novos Rumos*. t. 2. São Paulo, Max Limonad, 2001.

MOREIRA NETO, Diogo de Figueiredo. "Arbitragem nos contratos administrativos". In: *Mutações do Direito Administrativo*. Rio de Janeiro, Renovar, 2000.

MOUREAU, Jacques (dir.). *Droit Public*. 3ª ed., t. 2. Paris, Económica, 1995.

PINTO, Bilac. "O declínio das sociedades de economia mista e o advento das modernas empresas públicas". *RDA* 32/1-15. Rio de Janeiro, abril-junho/ 195.

PONTIER, Jean-Marie. *Les Contrats de Plan entre l'État et les Régions*. Paris, Presses Universitaires de France/PUF, 1998.

PORTO NETO, Benedicto. *Concessão de Serviço Público no Regime da Lei 8.987/1995: Conceito e Princípios*. São Paulo, Malheiros Editores, 1998.

_____. "Concessão dos serviços municipais de coleta de lixo. Remuneração da concessionária diretamente pelo concedente". *Revista do Instituto dos Advogados de São Paulo/RIASP* 5/233-244. São Paulo, janeiro-junho/ 2000.

PRADO, Lucas Navarro, e RIBEIRO, Maurício Portugal. *Comentários à Lei de PPP – Parceria Público-Privada: Fundamentos Econômico-Jurídicos*. 1ª ed., 2ª tir. São Paulo, Malheiros, 2010.

RIBEIRO, Maurício Portugal, e PRADO, Lucas Navarro. *Comentários à Lei de PPP – Parceria Público-Privada: Fundamentos Econômico-Jurídicos*. 1ª ed., 2ª tir. São Paulo, Malheiros, 2010.

ROCHA, Cármen Lúcia Antunes. *Estudo sobre Concessão e Permissão de Serviço Público no Direito Brasileiro*. São Paulo, Saraiva, 1996.

ROCHA, Fernando Antônio Dusi. "Da possibilidade do uso da arbitragem nos contratos administrativos". *Revista Licitar* 1/32. São Paulo, julho/1997.

ROMI, Raphaël, e LINOTE, Didier. *Services Publics et Droit Public Economique*. 5ª ed. Paris, Litec, 2003.

SILVA, Almiro do Couto e. "Privatização no Brasil e o novo exercício de funções públicas por particulares. Serviço público "à brasileira"?". *RDA* 230/48-49. Rio de Janeiro, outubro-dezembro/2002.

SOUTO, Marcos Juruena Villela. *Desestatização, Privatização, Concessões e Terceirizações*. 4ª ed. Rio de Janeiro, Lumen Juris, 2001.

_____. *Direito Administrativo das Concessões*. Rio de Janeiro, Lumen Juris, 2004.

_____. *Direito Administrativo Regulatório*. 2ª ed. Rio de Janeiro, Lumen Juris, 2005.

SOUVIRÓN MORENILLA, José María. *La Actividad de la Administración y el Servicio Público*. Granada, Comares, 1998.

SUNDFELD, Carlos Ari. "A regulação de preços e tarifas dos serviços de telecomunicações". In: SUNDFELD, Carlos Ari (coord.). *Direito Administrativo Econômico*. 1ª ed., 3ª tir. São Paulo, Malheiros Editores, 2006.

_____. "Guia jurídico das parcerias público-privadas". In: SUNDFELD, Carlos Ari (coord.). *Parcerias Público-Privadas*. 2ª ed. São Paulo, Malheiros Editores, 2011.

_____ (coord.). *Direito Administrativo Econômico*. 1ª ed., 3ª tir. São Paulo, Malheiros Editores, 2006.

_____. *Parcerias Público-Privadas*. 2ª ed. São Paulo, Malheiros Editores, 2011.

SZKLAROWSKY, Leon Frejda. "Arbitragem e os contratos administrativos". *RDA* 209/105-107. Rio de Janeiro, julho-setembro/1997.

TÁCITO, Caio. "Arbitragem nos litígios administrativos". In: *Temas de Direito Público: Estudos e Pareceres*. vol. 3. Rio de Janeiro, Renovar, 2002.

TALAMINI, Eduardo, e JUSTEN, Mônica Spezia (coords.). *Parcerias Público-Privadas: um Enfoque Multidisciplinar*. São Paulo, Ed. RT, 2005.

WAGNER JÚNIOR, Luiz Guilherme da Costa. *Direito Público: Estudos em Homenagem ao Professor Adilson Abreu Dallari*. Belo Horizonte, Del Rey, 2004.

# CONCESSÕES DE RODOVIAS
# – A EXPERIÊNCIA BRASILEIRA

Marçal Justen Filho

*1. Alguns aspectos atinentes à experiência estrangeira das PPPs: 1.1 Tópicos relevantes no tocante ao modelo inglês – 1.2 A questão dos "custos de transação" – 1.3 Os custos de transação e a associação do Estado com os particulares. 2. A experiência brasileira no tocante às concessões de rodovias: bons frutos, limitados por problemas políticos, econômicos e jurídicos. 3. A ausência de "consciência regulatória": 3.1 A delegação de serviço público como instrumento de políticas regulatórias – 3.2 A ausência de preocupação do Estado Brasileiro com o futuro das concessões: 3.2.1 A primeira manifestação: a ausência de definição precisa do programa – 3.2.2 A segunda manifestação: a outorga como instrumento de arrecadação de recursos (a licitação de maior oferta) – 3.2.3 A terceira manifestação: a recusa da adoção de medidas destinadas a assegurar o sucesso do empreendimento. A concepção "privatista" de concessão – 3.2.4 A quarta manifestação: a ausência de participação da sociedade civil – 3.2.5 A ressalva: a responsabilidade estatal pelos equívocos regulatórios. 4. A insegurança jurídica: 4.1 A questão da validade jurídica da outorga: a disputa sobre "via alternativa" – 4.2 A questão do regime jurídico tarifário: o problema dos reajustes – 4.3 A questão das modificações unilaterais sem respeito à intangibilidade da equação econômico-financeira. 5. Síntese sobre o cenário pretérito. 6. A Lei federal 11.079/2004: 6.1 A conexão entre concessão de serviço público e PPP: 6.1.1 As relações entre concessão clássica e concessão patrocinada – 6.1.2 As relações entre concessão clássica e concessão administrativa – 6.1.3 As relações entre concessão administrativa e concessão patrocinada – 6.1.4 Síntese – 6.2 A Lei 11.079/2004 e as rodovias: 6.2.1 A elevação da qualidade da regulação setorial – 6.2.2 O risco da repetição das experiências negativas – 6.3 A utilização da PPP no setor rodoviário: 6.3.1 Hipóteses de cabimento das PPPs – 6.3.2 A utilização das PPPs para redução tarifária – 6.3.3 As concessões de rodovias e a questão da eficiência. 7. Conclusão.*

## 1. Alguns aspectos atinentes à experiência estrangeira das PPPs

Em princípio, a concepção de *parceria público-privada* não importa alguma novidade essencial na experiência jurídica brasileira. As inovações relacionam-se com a superação de algumas dúvidas doutrinárias e jurisprudenciais atinentes à extensão da responsabilidade assumida pelo Poder Público. Afinal, há uma longa experiência de associação entre Estado e iniciativa privada para a implementação de empreendimentos necessários à satisfação de interesses coletivos.

Mas o dito "modelo de PPP" decorre do sucesso de contratações realizadas na Grã-Bretanha, no âmbito da chamada *project finance initiative* (PFI). A originalidade da concepção de "engenharia financeira" propiciou a captação de vultosos recursos financeiros para aplicação em obras de infraestrutura necessárias à satisfação de interesse coletivo.

### 1.1 Tópicos relevantes no tocante ao modelo inglês

Um dos requisitos fundamentais para o êxito do modelo da PFI britânica residiu na segurança jurídica quanto à validade da contratação e na definição exata e precisa dos encargos do particular. O tema foi analisado por Philippe Cossalter, ao destacar que a implantação do modelo de PFI foi precedida da aprovação de leis destinadas a "dar segurança ao meio financeiro, inquieto quanto às consequências de uma anulação jurisdicional sobre o destino das garantias financeiras que lhe haviam sido acordadas".[1] Foi adotado, inclusive, um ato formal de certificação, pelo qual há um ato estatal afirmando a existência e a regularidade da contratação.

Todas essas considerações derivam da consciência de que a incerteza quanto à validade da contratação é um fator extremamente nocivo para o sucesso de qualquer projeto de parceria entre o poder público e a iniciativa privada.

A questão relaciona-se diretamente com a temática dos *custos de transação*, que se delineou como um aporte de extraordinária importância para o desenvolvimento da Economia.

---

1. "A *Private Finance Initiative*", *Revista de Direito Público da Economia – RDPE* 6/153.

## 1.2 A questão dos "custos de transação"

O pensamento econômico atual incorporou, como instrumento indispensável para compreensão das atividades econômicas, o conceito de "custos de transação". O tema foi trabalhado especialmente por Ronald Coase em uma série de ensaios que conduziram à atribuição a ele do "Prêmio Nobel" da Economia.[2] Em essência, Coase destacou que as relações econômicas não se restringem a operações jurídicas formais, mas compreendem um conjunto de elementos fáticos. As contratações pressupõem atividades destinadas a obter informações, produzir a avença e a obter efetivamente a prestação devida pela outra parte. Mais importante ainda é reconhecer que essas atividades acarretam custos para os agentes econômicos – custos, esses, que acabam sendo transferidos para os preços praticados. Logo, os preços refletem não apenas os custos diretos e indiretos relacionados à execução do contrato, mas também valores destinados à cobertura dos custos de transação estimados.

Um ponto de grande relevância reside no reconhecimento de que a incerteza e a insegurança quanto aos efetivos custos de transação produzem a elevação dos preços. Em outras palavras, o agente econômico "precifica" sua própria insegurança. A elevação da margem de risco reflete-se no aumento dos preços praticados por um agente econômico, até atingir o ponto em que o risco é tão elevado que o sujeito prefere evitar a realização do negócio. A Economia reconhece que os custos de transação são reduzidos na medida em que uma contratação é completa e dispensa inovações posteriores. A exaustão da disciplina contratual no momento da avença gera a redução da incerteza e da insegurança – logo, a diminuição dos custos de transação. Isso permite ampliar o número de agentes econômicos interessados em participar da contratação e a prática de preços mais convidativos.

## 1.3 Os custos de transação e a associação do Estado com os particulares

O conceito de "custos de transação" fornece o fundamento teórico econômico para justificar a ampliação da certeza e da segurança

---

2. Esses estudos constam da coletânea *The Firm, the Market and the Law*, Chicago/Londres, The University of Chicago, 1988.

nas contratações entre Administração Pública e particulares. Os riscos de inadimplemento são inerentes a toda e qualquer contratação, mas tais riscos podem se tornar muito mais elevados quando o regime jurídico aplicável for indeterminado ou autorizar formalmente uma das partes a deixar de honrar as obrigações assumidas.

Portanto, a ampliação do interesse da iniciativa privada em participar de contratações administrativas e a formulação de propostas vantajosas para a Administração Pública dependem da existência de um regime jurídico preciso, completo e que produza segurança jurídica para o particular.

Esse é um dos tópicos fundamentais a exigir meditação no tocante à experiência brasileira de "privatização"[3] de rodovias.

## 2. A experiência brasileira no tocante às concessões de rodovias: bons frutos, limitados por problemas políticos, econômicos e jurídicos

Sob inúmeros ângulos, a experiência brasileira atinente às concessões de rodovias foi produtiva e exitosa.

É útil, nesse ponto, produzir uma dissociação entre a experiência federal propriamente dita e aquela específica do Estado de São Paulo, relativa às suas rodovias estaduais. Afinal, o Estado de São Paulo dispõe de uma infraestrutura rodoviária própria que não encontra paralelo nos demais Estados da Federação. Mais ainda, a experiência de pedagiamento (ainda que sem outorga de concessão) é bastante antiga no Estado. A outorga de concessões de rodovias no âmbito dos demais Estados foi e permanece incipiente.

Já o pedagiamento de rodovias federais ocorreu de modo muito restrito em período anterior à década de 90 do século passado.

De todo o modo, a política sistêmica de outorga de concessões para exploração de rodovias apenas foi implantada ao longo da déca-

---

3. Utiliza-se a expressão "privatização" mais em homenagem ao discurso jornalístico que em respeito às concepções jurídicas. É evidente que a outorga de concessão de serviço público (acompanhada da construção de obra pública) não produz a transferência de bens ou serviços para o direito privado. Há "privatização" apenas na acepção de que recursos de particulares serão aplicados visando à obtenção de lucros que serão apropriados pela iniciativa privada.

da de 90 do século passado – seja no âmbito federal, seja quanto ao Estado de São Paulo.

Nesse período, e diante do colapso das finanças públicas, verificou-se a cessação dos dispêndios estatais para construção de novas rodovias e para manutenção das existentes. A situação caótica e dramática das rodovias conduziu à adoção de amplos programas de concessões de rodovias.

A iniciativa privada respondeu de modo positivo às propostas governamentais, na acepção de que a quase totalidade das rodovias abrangidas nos programas de concessão foi objeto de disputa entre os particulares. E houve adimplemento das obrigações assumidas. Foram investidas somas relevantes, com resultados concretos satisfatórios – na acepção de ampliação da malha rodoviária, recuperação e melhoria de rodovias em péssimas condições de tráfego.

Não houve eventos significativos de insucesso de concessões, no sentido de não terem ocorrido eventos de insolvência de concessionárias nem de decretação de caducidade de outorgas relativas a rodovias de maior porte.

No entanto – e sob outro ângulo –, a experiência brasileira de concessões de rodovias foi eivada de dificuldades e se traduziu num conjunto de problemas e litígios. Certamente, há muito a ser aprimorado, e a implementação de novos programas de concessões dependerá da correção de equívocos marcantes.

## 3. A ausência de "consciência regulatória"

Talvez seja possível sintetizar os problemas existentes por meio da afirmação de que a experiência brasileira foi marcada pela ausência de "consciência regulatória" por parte do Estado Brasileiro.

### 3.1 A delegação de serviço público como instrumento de políticas regulatórias

A delegação de serviço público à iniciativa privada consiste numa alternativa de intervenção do Estado na ordem econômica. Ou seja: a concessão de serviço público é um instrumento de que se vale o Estado para conformar o modelo econômico existente, interferindo sobre as atividades econômicas para implementar certas políticas e promover determinados valores.

Assim o é porque a delegação de serviço público produz uma alteração nos processos econômicos de distribuição de riqueza pública e privada. A ausência de concessão (especialmente quando os serviços públicos são prestados diretamente sem exigência de pagamento de taxa ou tarifa) reflete o custeio da atividade por toda a sociedade. Quando se promove a delegação, condicionando-se a fruição do serviço à remuneração pelo usuário, altera-se radicalmente a situação sob o prisma econômico. A partir de então, os encargos necessários à existência e manutenção dos serviços são arcados pelos seus usuários, de modo proporcional à intensidade da utilização.

Por outro lado, a prestação do serviço público delegado é norteada por princípios de racionalidade econômica. A outorga da concessão de serviço público produz a mercantilização da atividade. São realizados investimentos de recursos privados visando racionalmente à obtenção de lucros, que são apropriados pelos investidores e operadores do serviço.

Portanto, é necessário ter consciência de que a outorga de uma concessão de serviço público produz pelo menos quatro ordens de efeitos econômicos relevantes.

Há, em primeiro lugar, um efeito redistributivo de riqueza no tocante à relação entre usuários e não usuários do serviço. A concessão acarreta a transferência de recursos econômicos em favor dos não usuários do serviço. Essa circunstância é muito relevante quando o serviço não é fruído de modo uniforme por todos os segmentos econômicos – o que se verifica de modo marcante relativamente às rodovias.[4]

Em segundo lugar, a outorga da concessão de serviço público transforma o serviço público num instrumento de exploração capitalista. Ainda que a delegação não retire a natureza pública do serviço, nem produza o afastamento do regime de direito público, é inquestionável que a gestão do serviço pelo delegatário é orientada a produzir

---

4. Diversamente do que se põe, aliás, com a maioria dos outros serviços públicos. Ainda que seja impossível afirmar que todos os sujeitos consomem de modo equivalente os serviços de energia elétrica e telefonia, é evidente que tais serviços são objeto de *alguma* fruição por todos os contribuintes de tributos. Já, a utilização de rodovias não é realizada de modo algum por parcela significativa dos contribuintes.

lucro – lucro, esse, que será por ele apropriado privadamente, segundo os postulados do Capitalismo. Tratando-se de exploração de rodovias, isso significa que os usuários das rodovias transferirão parcela de sua riqueza para o patrimônio dos concessionários.

Em terceiro lugar, a implementação da concessão produz um direcionamento dos investimentos privados. Uma parcela relevante de capitais privados é aplicada na implantação e manutenção de infraestruturas necessárias à satisfação de necessidades coletivas, ao invés de ser canalizada para outros setores da Economia. Portanto, a outorga é um instrumento de orientação, em sentido amplo, da atividade econômica nacional. Assim, é possível imaginar que a implementação de programas de concessão no âmbito de outros serviços públicos – que não o setor rodoviário – significará a ausência ou a redução dos investimentos privados nesse segmento. Logo, os serviços públicos de telefonia, energia etc. receberão maior massa de recursos que as rodovias. Se a situação não for contrabalançada por investimentos públicos o resultado prático será um desequilíbrio no tocante à qualidade das rodovias nacionais em comparação com outros setores.

Em quarto lugar, a concepção global adotada pelo poder concedente a propósito do programa de concessão é um fator de direcionamento do sistema econômico e da fruição e do consumo das utilidades ofertadas. Ao produzir a concessão, o Poder Público concebe um modelo que privilegiará certo aspecto. Poderá ser a modicidade de tarifas, a atualidade do serviço ou, mesmo, a mera arrecadação de recursos financeiros para os cofres públicos. Quanto a isso não existe particularidade específica do setor rodoviário, o qual se sujeita a condições idênticas às existentes em qualquer concessão. Assim, se a finalidade buscada pelo Estado for a obtenção de recursos para os cofres públicos, a concessão funcionará como um instrumento indireto de tributação. Isso se passará porque o concessionário praticará tarifas elevadas, cuja composição compreenderá uma parcela destinada a ser repassada ao poder concedente. Em outras palavras, as exigências impostas ao concessionário refletem-se na qualidade do serviço e na tarifa praticada.

Portanto, a outorga de uma concessão é um meio de o Estado interferir sobre a ordem econômica, estabelecendo orientações que influenciarão o sistema econômico em seu todo e a relação econômica entre o concessionário e a sociedade.

## 3.2 A ausência de preocupação do Estado Brasileiro com o futuro das concessões

Ora, o exame da experiência brasileira no tocante a concessões de rodovias evidencia alguns dados preocupantes, cujos efeitos maléficos são enfrentados no presente por todos os agentes envolvidos.

### 3.2.1 A primeira manifestação: a ausência de definição precisa do programa

Uma primeira constatação relaciona-se com a evidência da ausência de perfeito domínio pelo Estado Brasileiro quanto à técnica da concessão. Mais precisamente, verificou-se a implementação das concessões sem a previsão exata e detalhada das outorgas.

Assim, por exemplo, verificou-se uma prática usual de promover a outorga sem existência de projeto executivo das futuras rodovias a serem executadas. Remetia-se ao concessionário o encargo de formular uma proposta para assunção de um empreendimento cujos encargos eram indeterminados. Por ocasião da elaboração dos projetos executivos surgia a inevitável constatação de que as concepções originais eram inadequadas. Em outras palavras, o objeto da licitação era desconhecido para o poder concedente e para os licitantes – o que reduzia a eficácia do certame. Em inúmeros casos os licitantes formularam propostas que se revelaram, posteriormente, incompatíveis com as circunstâncias da realidade a ser enfrentada.

O resultado prático consistiu na necessidade de permanentes ajustes e reformulações dos contratos. Isso significou um desgaste político, econômico e jurídico para os envolvidos, com o surgimento de um grande número de litígios judiciais.

### 3.2.2 A segunda manifestação: a outorga como instrumento de arrecadação de recursos (a licitação de maior oferta)

Outro defeito, apontado de modo consentâneo por todos os estudiosos, residiu na adoção do critério de maior oferta para seleção da proposta mais vantajosa. Quando muito, verificou-se a conjugação do critério da maior oferta com algum outro critério de natureza técnica.

Como regra, nunca se adotou o critério da menor tarifa nas licitações ocorridas.

Como resultado prático, os usuários se viram em face não apenas da instituição do pedágio, como também foram constrangidos ao pagamento de valores elevados – mais elevados que os necessários para a implantação e manutenção das infraestruturas propriamente ditas. Na composição das tarifas existe uma elevada carga de custos financeiros, destinados a compensar ou o pagamento da outorga para o poder concedente, ou a implementação de inovações técnicas.

Ou seja, a concessão das rodovias funcionou, em inúmeros casos, como instrumento de captação de recursos públicos para compensar déficits públicos relevantes. Mas os encargos correspondentes foram transferidos para as tarifas, com reflexo sobre o patrimônio dos usuários.

### 3.2.3 A terceira manifestação: a recusa da adoção de medidas destinadas a assegurar o sucesso do empreendimento.
#### A concepção "privatista" de concessão

Ademais disso, o poder concedente adotou, usualmente, uma concepção ortodoxa e formalista, remetendo ao concessionário o encargo de arcar com empreendimentos que se revelaram inviáveis. Privilegia-se a concepção de que a concessão produziria a transferência para o particular dos "riscos" do empreendimento, sem atentar para a circunstância de que dito "empreendimento" é um serviço público. Ou seja, a concessão não afeta a natureza pública do serviço, nem altera a natureza essencial das utilidades a serem ofertadas.

Por isso, é incorreto o entendimento de que, produzida a concessão, o sucesso ou insucesso do empreendimento se torna questão de interesse privado do concessionário. É evidente que a concessão de serviço público deve excluir, por princípio, a possibilidade de insucesso do concessionário. O insucesso do concessionário significará a paralisação do serviço, a frustração do atendimento às necessidades coletivas.

Isso equivale a reconhecer que a concessão de serviço público é um bom negócio para o delegatário – afirmação que não comporta maior estranheza. É um bom negócio por sua própria natureza de serviço público, o que diferencia o "empreendimento" daqueles peculiarmente privados. Bem por isso, a redução dos riscos do particular deve ser acompanhada da restrição aos lucros potenciais, segundo as regras ditadas pela Economia. Nenhuma concessão de serviço público pode produzir riscos elevados de insucesso para o concessionário. Como contrapartida, também não pode propiciar lucros de dimensão desproporcional ao capital investido.

### 3.2.4 A quarta manifestação:
### a ausência de participação da sociedade civil

Outro problema extremamente relevante consistiu na ausência de participação da sociedade civil na concepção das outorgas. O tema apresenta duas dimensões igualmente relevantes.

Por um lado, é imperioso tomar em vista os já referidos efeitos econômicos da concessão sobre a distribuição de riqueza na sociedade. Logo, os membros da comunidade têm interesse econômico na concepção da outorga. Por isso, um Estado Democrático Republicano deve consultar a população, para propiciar a participação na formulação de decisões de grande significação.

Por outro, insiste-se na tese de que a concessão é um contrato plurilateral de que participa a sociedade civil.[5] Há uma questão não apenas política, mas também jurídica. A sociedade civil tem direito de ser ouvida a propósito da concepção do contrato, da modelagem da licitação e das previsões futuras quanto ao empreendimento.[6] Deve integrar a contratação.

Ressalte-se que a participação democrática produz um efeito prático significativo. A participação popular na concepção da outorga produz sua legitimação social, com redução dos riscos tanto de insatisfação popular subsequente como de questionamentos, controvérsias e disputas posteriores à formalização da contratação.

5. Nesse ponto a opinião do autor é reconhecidamente isolada. O entendimento usual é o de que a concessão vincula o poder concedente e o concessionário. O autor reputa diversamente, tal como se pode ver in *Teoria Geral das Concessões de Serviço Público*, São Paulo, Dialética, 2003, pp. 63 e 96.
6. Quanto a isso, a mera previsão de audiência pública é insuficiente para satisfazer as exigências jurídicas.

### 3.2.5 A ressalva: a responsabilidade estatal pelos equívocos regulatórios

Antecipa-se a resposta a uma eventual crítica ao diagnóstico acima realizado. Alguém poderia afirmar que os problemas das concessões de rodovias devem ser imputados à responsabilidade conjunta do poder concedente e das empresas concessionárias. Então, seria incorreto imputar a responsabilidade exclusivamente ao poder concedente, tal como acima realizado.

Essa crítica improcede, porque o poder concedente é o titular da competência jurídica para modelar a concessão e definir as condições da outorga. A iniciativa privada não dispõe de autonomia, senão para formular uma proposta segundo as condições impostas unilateralmente no ato convocatório.

Portanto, os defeitos da concepção regulatória devem ser assumidos pelo Estado. Constatadas omissões, imperfeições ou equívocos na concepção das outorgas, a responsabilidade jurídica não é da iniciativa privada.

Logo, o concessionário deverá ser reprovado e responsabilizado na medida em que deixar de cumprir as obrigações a ele impostas. Mas, tendo cumprido tais obrigações e existindo problemas derivados da concepção adotada pelo poder concedente para a concessão, não cabe reprovação ao particular. Trata-se, portanto, de outra questão, com dimensão jurídica diversa. Se o particular deixar de cumprir suas obrigações, o problema não apresenta uma relevância sistêmica.

Em outras palavras, a responsabilidade exclusiva do poder concedente é a contrapartida da atribuição de uma competência regulatória monopolística.

### 4. A insegurança jurídica

Aos problemas técnico-econômicos somam-se dificuldades de natureza jurídica.[7] As outorgas de concessão no tocante a rodovias

---

7. Existe, evidentemente, uma relação entre os problemas econômicos e as disputas jurídicas. O questionamento jurídico deve ser interpretado como uma alternativa prática por meio da qual os agentes sociais se insurgem contra um modelo de concessão de que discordam ou que é contrário a seus interesses.

têm sido objeto de questionamentos perante o Poder Judiciário, com decisões que produzem incerteza sobre a própria viabilidade jurídica da delegação.

Há, pelos menos, três questões jurídicas que vêm sendo objeto de disputa contínua nos tribunais.

*4.1 A questão da validade jurídica da outorga: a disputa sobre "via alternativa"*

A primeira tese objeto de avaliação dos Tribunais Brasileiros relaciona-se com a possibilidade de pedagiamento sobre rodovias que não apresentem "via alternativa" de trânsito.

Assim, pode-se lembrar a decisão proferida pelo TRF da 4ª Região na Ap. cível em Ação Civil Pública 2000.71.07.003568-8-RS, em que se consignou que a cobrança de pedágio depende de que "a estrada apresente condições especiais de tráfego (via expressa de alta velocidade e segurança), seja bloqueada e ofereça possibilidade de alternativa para o usuário (outra estrada que conduza livremente ao mesmo destino), embora em condições menos vantajosas de tráfego".[8]

O STJ também se manifestou no mesmo sentido no julgamento do REsp 417.804-PR (1ª Turma), adotando o entendimento no sentido de que: "A cobrança de pedágio somente é lícita se houver estrada alternativa gratuita".[9]

Veja-se que o tema foi decidido não à luz da Lei 8.987/1995, mas em face da garantia constitucional da liberdade de locomoção. Isso conduziu o mesmo STJ, em outra oportunidade, a reputar que não dispunha de competência para manifestar-se. Essa foi a orientação adotada no julgamento do REsp 434.283-RS,[10] também da 1ª Turma. Aliás, nesse julgamento foi ventilada uma questão sobre a qual não se manifestaram os demais julgados. Trata-se da situação jurídica do concessionário em vista do reconhecimento, superveniente à outorga, da inviabilidade da cobrança do pedágio.

8. Julgamento de 24.3.2004.
9. Julgamento de 12.11.2002.
10. Julgamento em 21.11.2002.

O STF ainda não se pronunciou sobre a matéria – o que significa remanescer dose significativa de incerteza quanto ao problema existente.

### 4.2 A questão do regime jurídico tarifário: o problema dos reajustes

Outro aspecto relevante relaciona-se com os reajustes anuais, previstos contratualmente. A negativa de deferimento do reajuste por parte do poder concedente foi levada ao Poder Judiciário. O caso mais controverso envolveu concessionárias de rodovias federais no Paraná. O Presidente do TRF da 4ª Região deferiu a suspensão de decisão de primeiro grau que deferira a aplicação do reajuste. O Presidente do STJ determinou a suspensão da decisão do Tribunal da 4ª Região, restabelecendo os efeitos da decisão de primeira instância,[11] e posteriormente houve provimento ao AgR na Suspensão de Liminar (SL) 76,[12] confirmando a decisão monocrática.[13]

Reconheceu-se que a negativa de reajuste anual é conduta arbitrária e que:

"A impossibilidade da correção anual do valor real da tarifa, previsto no contrato de concessão, causa sérios prejuízos financeiros à empresa concessionária, podendo afetar gravemente a qualidade dos serviços prestados e a manutenção das rodovias, em prejuízo da segurança dos usuários.

"O descumprimento de cláusulas contratuais por parte do Governo local viola o princípio da segurança jurídica, inspira insegurança e riscos na contratação com a Administração, resultando em graves consequências para o interesse público, inclusive com repercussões negativas sobre o influente 'Risco Brasil'."[14]

Ademais disso, a questão dos reajustes foi enfocada pelos Tribunais relativamente a outros setores, tal como a telefonia. A orientação a prevalecer ainda continua em aberto.

11. Decisão em 11.3.2004.
12. Julgamento em 1.7.2004.
13. Tratamento isonômico foi dado às SL 73, 74 e 75 no AgR na SL 76-PR.
14. AgR na SL 73-PR, j. 1.7.2004.

## 4.3 A questão das modificações unilaterais sem respeito à intangibilidade da equação econômico-financeira

Mas também há controvérsias relacionadas com a proteção à equação econômico-financeira dos contratos de concessão de rodovia. Embora seja pacífica e incontroversa a concepção de que a equação econômico-financeira da concessão é intangível,[15] inúmeras questões fáticas surgiram nos últimos anos.

Um dos casos mais conhecidos envolveu o Estado do Paraná. O litígio recebeu decisão do TRF da 4ª Região. O despacho que rejeitou o efeito suspensivo no AI 1998.04.04.060813-0-PR[16] afirmou que: "Se por um lado pode a Administração alterar unilateralmente o contrato, não menos verdade é que a contraprestação igualmente deverá ser alterada para que se possa manter o equilíbrio econômico-financeiro do contrato".

Por outro lado, há intento de buscar contornar a garantia constitucional por via indireta. Em inúmeros casos as autoridades públicas chegam a se manifestar formalmente no sentido de que exercitarão competências punitivas contra o concessionário se esse se recusar a "renunciar" a direitos originariamente a ele reconhecidos. Não é incomum, em situações dessa ordem, a autoridade pública explicitamente lembrar que a alteração unilateral da contratação deve respeitar a relação original entre encargos e vantagens – motivo pelo qual, ao invés de exercitar a competência atinente à modificação unilateral da contratação, o poder concedente busca outra via para obter a redução da esfera de direitos dos concessionários.

Em casos dessa ordem o litígio foi levado ao Poder Judiciário, mas não se verificou decisão clara e segura no sentido da configuração de desvio de finalidade. Isso permite manter essa alternativa em aberto, ampliando a margem de insegurança jurídica atinente às concessões de rodovias.

---

15. Art. 37, XXI, da CF, e nesse sentido toda a doutrina: Hely Lopes Meirelles (*Direito Administrativo Brasileiro*, 37ª ed., atualizada por Eurico de Andrade Azevedo, Délcio Balestero Aleixo e José Emmanuel Burle Filho, São Paulo, Malheiros Editores, 2011, p. 221), Celso Antônio Bandeira de Mello (*Curso de Direito Administrativo*, 28ª ed., São Paulo, Malheiros Editores, 2011, p. 648) e Lúcia Valle Figueiredo (*Curso de Direito Administrativo*, 9ª ed., São Paulo, Malheiros Editores, 2008, p. 536).

16. Decisão de 16.9.1998.

## 5. Síntese sobre o cenário pretérito

A proliferação de litígios e controvérsias no âmbito das concessões de rodovias outorgadas nos últimos anos é decorrência do exercício defeituoso pelo Estado Brasileiro da sua competência regulatória. A ausência de segurança estende-se à órbita da atuação jurisdicional.

A solução dos conflitos atinentes às concessões outorgadas no passado demandará, possivelmente, ainda muitos anos de conflitos. Mas uma questão fundamental a ser considerada consiste nas perspectivas de futuras outorgas.

A reiteração, nas outorgas futuras, dos equívocos e problemas verificados no passado causará a elevação dos custos de transação. Em alguns casos a incerteza e os elevados riscos poderão conduzir à ausência de interesse de potenciais licitantes em participar das licitações.

Mas, em qualquer caso, a ampliação dos riscos se traduzirá em propostas menos vantajosas para o Estado e para a sociedade. Os licitantes transferirão para suas ofertas uma provisão de recursos destinados a compensar os custos de transação mais elevados.

Em conclusão, é indispensável que a implantação de futuros projetos na área rodoviária seja antecedida de cautelas orientadas a evitar a reiteração das experiências negativas experimentadas no passado. É necessário aperfeiçoar o cenário jurídico, eliminando dúvidas jurídicas quanto à regularidade das outorgas. Ademais disso, os programas de exploração de rodovias deverão ser elaborados de modo mais preciso, com a indispensável e efetiva participação da sociedade civil.

## 6. A Lei federal 11.079/2004

Nesse contexto é que deve ser examinada a Lei 11.079, que dispôs sobre as parcerias público-privadas (PPPs).

### 6.1 A conexão entre concessão de serviço público e PPP

Há uma evidente conexão entre a concessão de serviço público e a PPP disciplinada pela Lei 11.079/2004.

O diploma adotou modelagem sugerida por Carlos Ari Sundfeld e previu duas figuras contratuais: a *concessão patrocinada* e a *conces-*

*são administrativa*. Ambas se sujeitam, basicamente, ao regime da Lei 8.987/1995, que dispõe sobre as concessões de serviço público clássicas.

O regime da lei não afeta as concessões clássicas, que continuam subordinadas exclusivamente à legislação que já existia.

O cotejo entre as PPPs e as concessões de serviço público clássicas permite afirmar a existência de três núcleos normativos.[17]

Há um campo em que existe uma disciplina comum para todas as concessões. Isso envolve, basicamente, os arts. 21, 23, 25 e 27 a 39 da Lei 8.987/1995, entre outros.

Há o campo reservado à disciplina exclusiva das concessões clássicas e das concessões patrocinadas, constituído pelo conjunto das normas da Lei 8.987.

Há, enfim, as normas aplicáveis exclusivamente às concessões patrocinadas e às concessões administrativas. São as normas previstas nos arts. 5º a 8º da Lei 11.079/2004 (sem considerar aquelas contidas nos arts. 14-22, que são aplicáveis apenas às concessões patrocinadas e administrativas promovidas pela União).

### 6.1.1 As relações entre concessão clássica e concessão patrocinada

Isso permite afirmar que o regime das concessões clássicas se aplica integralmente às concessões patrocinadas; mas a recíproca não é verdadeira. Há regras pertinentes às concessões patrocinadas que não se aplicam às concessões clássicas. O exemplo mais evidente relaciona-se com os mecanismos destinados ao fornecimento de garantia pelo poder concedente para a remuneração do concessionário – o que somente é compatível com a concessão patrocinada, e não se admite na concessão clássica.

A consideração acima realizada significa reconhecer que, embora adotando o entendimento de que a concessão patrocinada já era admi-

---

17. Essa comparação refere-se às normas atinentes à contratação propriamente dita, não àquelas atinentes à licitação. Assim, por exemplo, a disposição do art. 12, IV, da Lei 11.079/2004, que autoriza aos editais a previsão de regras destinadas ao saneamento de vícios, não é objeto de considerações na presente análise.

tida antes da vigência da Lei 11.079/2004, esse diploma veio a agregar inúmeros instrumentos que viabilizam sua implementação de modo mais adequado.

### 6.1.2 *As relações entre concessão clássica e concessão administrativa*

Já, os vínculos entre concessão clássica e concessão administrativa são menos intensos. Ainda que haja normas comuns a ambas as figuras, nem todas as normas pertinentes à concessão clássica são aplicáveis à concessão administrativa; e a recíproca é verdadeira. Há normas próprias das concessões administrativas que não se aplicam às concessões clássicas. Assim se passa relativamente à disciplina do art. 5º, § 2º, II, da Lei 11.079,[18] o qual não é compatível com a estrutura da concessão clássica.

### 6.1.3 *As relações entre concessão administrativa e concessão patrocinada*

Todas as normas aplicáveis às concessões administrativas são aplicáveis às concessões patrocinadas; mas a recíproca não é verdadeira. O regime da concessão patrocinada é mais amplo que o previsto para a concessão administrativa. Aquilo que aproxima a concessão patrocinada da concessão clássica conduz à diferenciação de ambas em face da concessão administrativa. Em suma – e ainda que se possa admitir que o particular investido em concessão administrativa seja remunerado de modo proporcional às vantagens produzidas pela obra executada –, existe diferença marcante em relação às concessões clássica e patrocinada. Quanto a essas, a remuneração do particular (mesmo que proveniente dos cofres públicos) deverá ser proporcional às utilidades fruídas pelos particulares com pertinência a uma obra executada e (ou) um serviço público prestado pelo concessionário.

---

18. "§ 2º. Os contratos poderão prever adicionalmente: (...) II – a possibilidade de emissão de empenho em nome dos financiadores do projeto em relação às obrigações pecuniárias da Administração Pública; (...)."

## 6.1.4 Síntese

É possível afirmar que a concessão administrativa e a concessão clássica são figuras que se diferenciam de modo mais intenso. Já, a concessão patrocinada apresenta uma espécie de hibridismo, eis que contém tudo o que é contemplado para a concessão administrativa e tudo o que é previsto para a concessão clássica. Justamente por isso, não se identifica de modo exato com qualquer das duas.

## 6.2 A Lei 11.079/2004 e as rodovias

O exame jurídico autoriza afirmar que, numa visão puramente estática, as concessões clássicas de exploração de rodovias que vierem a ser produzidas no futuro não serão afetadas pela edição da Lei 11.079/2004. A asserção é correta, sob certo ângulo.[19]

Mas é muito provável que, sob um prisma dinâmico, as inovações da Lei 11.079 se reflitam no âmbito das concessões clássicas. Afinal, o desenvolvimento de experiências no âmbito de PPPs propiciará a elevação da qualidade dos marcos regulatórios do setor rodoviário.

### 6.2.1 A elevação da qualidade da regulação setorial

Pode estimar-se que a aplicação de recursos públicos, inerente às hipóteses de PPP, exigirá um comprometimento muito mais efetivo dos organismos estatais para o sucesso dos empreendimentos. Isso se traduzirá na ampliação da segurança jurídica e na eliminação de inúmeros defeitos verificados anteriormente.

Assim, a maior parte dos problemas que se verificaram na experiência brasileira das concessões de rodovia poderá ser superada. Como já exposto, esses problemas não se põem propriamente na dimensão legislativa, mas se traduzem em dificuldades na atividade de aplicação da lei ao caso concreto.

Os novos modelos são incompatíveis com a concepção tradicional (e incorreta, frise-se) de que o destino da concessão é um proble-

---

19. Ao menos no atual momento. Não há impedimento a que, ao longo da evolução do processo de produção do Direito, atinja-se a conclusão de que alguns dispositivos da Lei 11.079/2004 sejam reputados como normas gerais aplicáveis a todas as concessões de serviço público. Essa alternativa deve ser mantida em aberto.

ma exclusivo do concessionário. Uma inovação significativa trazida pelas PPPs reside no formal reconhecimento da associação de interesses entre o poder concedente e o concessionário.[20] Essa concepção não pode ser mantida restrita apenas ao âmbito das concessões administrativa e patrocinada. É evidente que a concessão clássica envolve um relacionamento que, sob o prisma qualitativo, não é diverso.

Ora, é muito provável que essa forma de compreender a relação entre iniciativa privada e o Estado estenda seus efeitos às concessões comuns.

### 6.2.2 O risco da repetição das experiências negativas

Mas há um inegável risco de reiteração das experiências negativas, especialmente porque a Lei 11.079/2004 não contemplou disciplina específica atinente à modelagem concreta das concessões. Esse tema foi remetido à disciplina infraconstitucional, a ser produzida por via regulamentar, e se traduzirá nas regras editalícias.

Se o Estado Brasileiro não adotar as cautelas necessárias para a concepção dos modelos concretos de PPPs e resolver meramente adaptar os antigos editais de licitação para sua implementação, o resultado será trágico. Toda a carga de problemas já experimentados será renovada, com os agravamentos derivados do potencial de riscos inerente às concessões patrocinadas e administrativas.

### 6.3 A utilização da PPP no setor rodoviário

É problemático, inclusive, imaginar como os novos institutos serão aplicados no setor rodoviário. Em princípio, as PPPs ocorrerão em relação a obras ou trechos que não comportem exploração por meio de concessões clássicas.

---

20. Aliás, não foram poucos os que se insurgiram contra a figura das PPPs sob o argumento de ser um "absurdo" aplicar verbas públicas em prol de atividades desenvolvidas com espírito lucrativo e sob risco do particular. Essa visão não é incomum no Brasil, ainda que seja incompatível com a natureza pública do empreendimento e com os princípios norteadores da atividade objeto da delegação por meio de concessão.

## 6.3.1 Hipóteses de cabimento das PPPs

Isso ocorrerá, primeiramente, nas situações de ausência de condições de rentabilidade econômica. Podem ser imaginadas aquelas rodovias necessárias à integração nacional, mas cujo movimento não é suficientemente intenso para gerar receita tarifária suficiente para amortização dos investimentos demandados.

Mas também caberá lembrar os casos de ausência de condições socioeconômicas de pagamento de tarifas. São os casos de regiões pobres, em que os usuários necessitam da rodovia mas não são titulares de riqueza suficiente para arcar com o pagamento de tarifas plenas.

Enfim, caberia agregar os casos de empreendimentos de elevado risco, o que redundaria em custos de transação tão insuportáveis que a ausência de compartilhamento dos encargos tornaria financeiramente inviável o empreendimento. Isso poderia ocorrer em casos que demandassem investimentos muito elevados no curto prazo, com incerteza quanto à obtenção de resultados satisfatórios.

## 6.3.2 A utilização das PPPs para redução tarifária

Até se poderia imaginar que a concessão patrocinada poderia ser uma alternativa para resolver alguns problemas concretos muito usuais no setor rodoviário. Afinal, lembre-se que as grandes dificuldades identificadas relativamente às concessões de rodovias se relacionam ao valor das tarifas. Logo, haveria a redução tarifária por meio do subsídio estatal.

É evidente, no entanto, que a redução tarifária poderá ser obtida por meio da própria formatação de uma concessão comum. A redução dos encargos diretos e indiretos impostos ao concessionário e a ampliação da base de pagadores poderão propiciar o resultado buscado.

Em outras palavras, não se afigura como adequado que os cofres públicos arquem com um subsídio para redução de tarifas que poderão ter seu valor diminuído por meio de ampliação da eficiência organizacional.

## 6.3.3 As concessões de rodovias e a questão da eficiência

Mas o tema propicia uma discussão muito séria, que ainda não se efetivou no âmbito das concessões rodoviárias. Trata-se de definir um modelo de incentivo à ampliação da eficiência na exploração rodoviária, de modo a superar as concepções clássicas atinentes à equação econômico-financeira.

Não é casual que as concessões rodoviárias tenham incorporado o enfoque próprio dos contratos de obra pública relativamente à questão da equação econômico-financeira. Assim se passou porque a concessão foi o sucedâneo encontrado pelo Estado Brasileiro para enfrentar a ausência de recursos para construção e manutenção das vias rodoviárias. Um dos consectários desse fenômeno foi a implantação de um modelo de concessão fortemente influenciado pela contratação administrativa de obra pública.

Ora, uma das características da PPP reside na redução dos riscos (de crédito, pelo menos) do empreendimento – o que impõe a partilha entre as partes dos ganhos daí decorrentes. Parece evidente, no entanto, que todos os ganhos de eficiência deverão merecer tratamento equivalente. É indispensável que o concessionário seja incentivado a elevar a eficiência da exploração, transferindo parcialmente para o usuário os benefícios obtidos. Assim se passa no âmbito de qualquer concessão, e deve ser verificado também no tocante às concessões rodoviárias.

O tema apresenta inúmeras dificuldades, o que se evidenciou inclusive na omissão de sua disciplina na Lei 11.079/2004. A lei remeteu a solução da questão ao edital, transferindo o problema para a autoridade administrativa.

A questão apresenta grande relevância, porque uma parcela significativa dos custos dos concessionários de rodovia deriva dos custos financeiros, os quais se relacionam diretamente aos custos de transação. A participação governamental pode propiciar a redução dos riscos, refletindo-se em benefícios quanto à dita "engenharia financeira".

É evidente que os benefícios daí derivados não poderão ser apropriados exclusivamente pelo concessionário. Deverão ser transferidos para as tarifas, tal como deve ocorrer com todos os demais ganhos relacionados à eficiência econômica – ainda que uma parcela desses ganhos deva ser apropriada pelo concessionário.

Mas o problema prático reside na ausência de experiência brasileira nesse campo e na dificuldade de produzir soluções adequadas às características de nossa realidade.

## 7. Conclusão

Mais do que nunca, parece que o grande problema brasileiro se relaciona com o *conhecimento*. O sucesso do modelo das PPPs depende não apenas da autorização legislativa, da vontade política ou da capacidade gerencial da Administração Pública. Trata-se, antes de tudo, de uma questão atinente ao *conhecimento* técnico-científico.

A implementação concreta de contratações de PPP no setor rodoviário envolve não propriamente uma questão jurídica quanto à discricionariedade administrativa. Trata-se, muito mais, da integração dos diversos saberes. O sucesso de qualquer empreendimento dependerá do aprofundamento das informações na área da Engenharia Civil, mas com um domínio muito aprofundado de Economia e Administração, a que se associam questões de natureza sociológica.

Será imperdoável que o Estado Brasileiro se lance impensadamente em empreendimentos de PPP no âmbito rodoviário sem dominar, do modo mais intenso possível, os diversos problemas e sem estimar as dificuldades previsíveis a serem enfrentadas.

É inquestionável que há questões políticas envolvidas. Mas são elas tão essenciais e básicas, que se presume que somente caberá desencadear a aplicação das PPPs depois de superá-las. Assim se passa, por exemplo, com a utilização da delegação de serviço público como instrumento de captação de recursos. Essa é uma prática nefasta, que não pode ser mantida.

Enfim, a questão das PPPs no setor rodoviário propicia novos e antigos problemas, que apenas poderão ser superados se a Administração Pública Brasileira alterar seus pressupostos tradicionais de atuação. O que se espera – como operador do Direito e como cidadão – é o compromisso efetivo com a realização dos valores fundamentais e o abandono do discurso vazio do "interese público".

# A EXPERIÊNCIA BRASILEIRA NAS CONCESSÕES DE RODOVIAS

LETÍCIA QUEIROZ DE ANDRADE

*1. Panorama das concessões atualmente vigentes: 1.1 Algumas informações sobre o quadro atual – 1.2 A dinâmica de cumprimento dos contratos de concessão de rodovias: 1.2.1 Relações entre concessionárias e poder concedente – 1.2.2 Relações entre concessionárias e agência reguladora – 1.2.3 Relações entre concessionárias e usuários. 2. Aplicação das PPPs na infraestrutura rodoviária.*

## 1. Panorama das concessões atualmente vigentes[1]

### 1.1 Algumas informações sobre o quadro atual

As concessões de rodovias no Brasil têm por objeto a *execução de obras de engenharia, a elaboração dos respectivos projetos e a prestação de serviços relativos à infraestrutura rodoviária e a seus usuários,*[2] basicamente a *conservação* – que abrange as atividades rotineiras diretamente relacionadas à infraestrutura, tais como execução de reparos no pavimento, limpeza e capina das faixas de domínio – e a *operação* da rodovia, na qual se enquadram todos os serviços de aten-

---

1. Optamos por referir neste artigo apenas a experiência recente com concessões de rodovias por ser o relato que mais pode nos fornecer elementos de comparação com as PPPs. Registre-se apenas que o que parece ser o primeiro contrato brasileiro de concessão de rodovia foi celebrado em 1849 com o Estado de Minas Gerais para a construção de ponte sobre o rio São Francisco. O documento é bastante interessante e está disponível no portal da Associação Brasileira de Concessionárias de Rodovias/ABCR, www.abcr.org.br.

2. Tal escopo costuma ser referido por siglas internacionalmente conhecidas como BOT – *Build, Operate and Transfer* e ROT – *Rehabilitate, Operate and Transfer*.

dimento aos usuários, como guinchamento de veículos, socorro médico e mecânico, comboios, planejamento e implementação de operações especiais na rodovia, dentre outros, dotados de nítido caráter de serviço público.

Atualmente o programa brasileiro de concessões de rodovias encontra-se em sua terceira etapa, considerando-se como pertinentes à primeira etapa as concessões lançadas na segunda metade da década de 90 do século e milênio passados; como segunda etapa a que abrange as oito concessões federais e seis concessões de rodovias paulistas, outorgadas nos anos de 2008 e 2009; e como terceira etapa a que é marcada por maior influência do regime das parcerias público-privadas/PPPs.

Ainda assim, dos aproximadamente 160.000km de rodovias pavimentadas brasileiras, cerca de 15.000km – isto é, menos de 10% da malha viária – são de rodovias concedidas a cinquenta e três concessionárias privadas.[3]

As demais rodovias brasileiras são administradas diretamente pelo Estado, por meio de suas autarquias rodoviárias: na esfera federal, o DNIT (Departamento Nacional de Infraestrutura de Transportes), e os DERs (Departamentos de Estradas de Rodagem), na esfera dos Estados. Obras e serviços de engenharia para restauração e manutenção das rodovias geridas diretamente pelo Estado são também executados pela iniciativa privada, por meio de contratos regidos pela Lei 8.666/1993, em programas como os CREMAs (Contratos de Recuperação e Manutenção) ou o PIR (Programa Intensivo de Revitalização), sem a cobrança de pedágio.

3. A DERSA – Desenvolvimento Rodoviário S/A é a única "concessionária" estatal. Trata-se, mais precisamente, de uma sociedade de economia mista controlada pelo Estado de São Paulo, que detém cerca de 98% de suas ações. Embora seja assim denominada por sua lei de criação e tenha desempenhado papel importante no desenvolvimento da malha viária do Estado de São Paulo, a DERSA submete-se a regime jurídico muito distinto das concessionárias privadas, inclusive no que se refere à inaplicabilidade de diversos dispositivos da Lei 8.987/1995 (Lei de Concessões e Permissões de Serviços Públicos) e isenção do pagamento de diversos tributos, e atualmente não detém mais concessões. Por tal motivo, não nos parece adequado designá-la com o mesmo nome que se utiliza para referir Sociedades de Propósito Específico/SPE que, após vencerem a correspondente licitação, prestam serviços públicos relacionados à infraestrutura rodoviária sob efetivo regime de concessão.

Dessas cinquenta e três concessionárias privadas atualmente em operação, catorze são federais,[4] uma é municipal[5] e as demais são concessionárias estaduais, sendo sete do Estado do Rio Grande do Sul,[6] seis do Paraná,[7] dezoito de São Paulo,[8] duas do Rio de Janeiro,[9] duas da Bahia,[10] uma de Minas Gerais,[11] uma do Espírito Santo[12] e uma de Pernambuco.[13]

As concessões da Rodovia MG-050 e da via litorânea e ponte que conduzem à Praia do Paiva, promovidas, respectivamente, pelos Estados de Minas Gerais e Pernambuco, são as únicas outorgadas sob o regime de PPP,[14] previsto na Lei 11.079/2004. São, ambas, concessões patrocinadas. Não há concessões administrativas que tenham por objeto obras e serviços sobre a infraestrutura rodoviária. Em tais concessões o risco de demanda (risco de tráfego) é partilhado entre os parceiros público e privado[15] e o valor da contraprestação paga pelo parceiro público varia de acordo com a nota atribuída ao desempenho

---

4. Autopista Litoral Sul, Autopista Fluminense, Autopista Planalto Sul, Autopista Régis Bittencourt, Autopista Fernão Dias, Concepa, Concer, CRT, Ecosul, Novadutra, Ponte Rio/Niterói, Rodovia do Aço, Transbrasiliana e Viabahia.
5. Lamsa, em operação na cidade do Rio de Janeiro.
6. Brita, Convias, Coviplan, Metrovias, Rodosul, Santa Cruz e Sulvias.
7. Caminhos do Paraná, Econorte, Ecovia, Rodovia das Cataratas, Rodonorte e Viapar.
8. Autoban, Autovias, Centrovias, Concessionária Auto Raposo Tavares, Concessionária do Rodoanel Oeste, Ecopistas, Ecovias, Intervias, Renovias, Rodovia das Colinas, Rodovias do Tietê, Rota das Bandeiras, Spvias, Triângulo do Sol, Tebe, Vianorte, Viaoeste e Viarondon.
9. Rota 116 e Via Lagos.
10. CLN e Associação Concessionária Bahia Norte.
11. Nascentes das Gerais.
12. Rodosol.
13. Rota dos Coqueiros.
14. A nosso ver, o sentido estrito da sigla "PPP" indica mais um regime jurídico que uma modalidade contratual. Isso porque, não obstante o art. 2º da Lei 11.079/2004 defina como sendo PPP o contrato administrativo de concessão na modalidade patrocinada ou administrativa, a definição dessas duas modalidades deixa claro tratar-se de realidades bastante distintas às quais se aplica um mesmo conjunto de regras. Assim, a nota típica da PPP não está em determinada modalidade de contratação, mas sim em determinado regime jurídico. Um regime jurídico aplicável a distintas modalidades contratuais, e não uma modalidade contratual, em si.
15. Caso a variação do volume de tráfego previsto pelo DER/MG supere 10%, para mais ou para menos, a receita obtida a maior ou o prejuízo suportado serão partilhados entre os parceiros, na proporção de 50%.

da concessionária, de acordo com o Quadro de Indicadores de Desempenho/QID.[16] A forma de concessão patrocinada também será utilizada para a construção da Rodovia do Progresso, ERS-010, integrante do anel viário metropolitano da Capital do Estado do Rio Grande do Sul, em fase de licitação.

As concessionárias de rodovias brasileiras são todas Sociedades de Propósito Específico/SPEs, algumas têm acionistas estrangeiros,[17] fazem parte de *holdings*, algumas delas com ações negociadas no Novo Mercado da Bolsa de Valores.[18] Até o final do ano de 2009 o valor do investimento realizado pelas concessionárias de rodovias no Brasil atingiu 18,907 bilhões de Reais.

A execução do programa de concessão de algumas rodovias federais foi delegada, por meio de convênios celebrados com base na Lei 9.277/1996, aos Estados do Rio Grande de Sul, Santa Catarina e Paraná. Um dos convênios, celebrado com o Estado do Rio Grande do Sul, relativo ao Polo de Pelotas, foi denunciado pelo Estado em meados de 1998, reassumindo a União a execução da concessão dessas rodovias e mantendo, com algumas alterações, o contrato celebrado com a vencedora do certame. O Estado do Rio Grande do Sul também denunciou o convênio relativo a outras concessões federais, mas as discussões relacionadas aos ônus da implementação do reequilíbrio econômico-financeiro dos contratos acarretou a recusa da União em reassumi-los. O convênio celebrado entre a União e o Estado de Santa Catarina também foi denunciado em meados do ano de 2001, após a anulação do contrato de concessão firmado com a Ecovale. Os convênios celebrados com o Estado do Paraná permanecem vigentes, não obstante os conflitos entre as concessionárias e o Governo.

A regulação cotidiana de tais concessões está a cargo da Agência Nacional de Transportes Terrestres/ANTT, criada pela Lei 10.233/2001, na esfera federal; no Estado do Rio Grande do Sul, da Agência Esta-

---

16. O QID contempla índices para avaliação do desempenho da concessionária em diversos aspectos, tais como pavimento, operação da rodovia, cuidados com o meio ambiente e relacionamento com as comunidades lindeiras.
17. Dentre eles: a Brisa, portuguesa que fazia parte do Grupo Cia. de Concessões Rodoviárias/CCR; o grupo espanhol Obrascón Huarte Lain/OHL; a Impregillo, italiana que faz parte do Grupo Ecorodovias; e diversas empresas argentinas, com participação sobretudo em concessionárias que operam no Rio Grande do Sul.
18. A CCR, primeira empresa a ingressar no Novo Mercado.

dual de Regulação dos Serviços Públicos Delegados do Rio Grande do Sul/AGERGS, criada pela Lei 10.931/1997; no Estado de São Paulo, da Agência Reguladora de Serviços Públicos Delegados de Transporte do Estado de São Paulo/ARTESP, criada pela Lei Complementar 914/2002; no Estado do Rio de Janeiro, da Agência Reguladora de Serviços Públicos Concedidos do Estado do Rio de Janeiro/ASEP, criada pela Lei 2.686/1997; no Estado da Bahia, pela Agência Estadual de Regulação de Serviços Públicos de Energia, Transportes e Comunicações/AGERBA, criada pela Lei 7.314/1998; e nos Estados do Paraná, Espírito Santo e Pernambuco pelos respectivos Departamentos Estaduais de Rodagem/DERs.

O critério utilizado no julgamento das licitações promovidas para a outorga das concessões de rodovias foi sempre o *preço*, ainda que com algumas variações – o que revela a tendência em se considerar que a experiência técnica com obras e serviços de engenharia em rodovias é detida por um grande número de empresas que poderão ser contratadas pela futura SPE.

Na maioria dos casos o critério de menor preço consubstanciou-se na oferta da menor tarifa de pedágio a ser cobrada dos usuários, como ocorreu em todas as licitações promovidas pela União Federal. No caso das concessões patrocinadas o critério de julgamento utilizado foi a menor contraprestação a ser paga pelo poder concedente, que prefixou o valor da tarifa no edital. Nas hipóteses de concessões onerosas foram adotados critérios que visavam à maior oferta, seja sob a forma de valores a serem pagos ao poder concedente – hipótese em que venceu o licitante que ofertou o maior valor de outorga, como ocorreu nas licitações da primeira etapa do programa do Estado de São Paulo –, seja sob a modalidade de trechos de rodovias em que a concessionária deve realizar certas obras e serviços sem cobrança de pedágio – hipótese em que venceu o licitante que ofertou o maior trecho (extensão da rodovia) de outorga, como se passou nos Estados do Paraná e Rio Grande do Sul.

Contudo, a pressão social pela promoção de competição para fixação do valor da tarifa em um setor caracterizado pela existência de monopólios naturais, no qual os preços não podem ser regulados por meio de concorrência entre diversos prestadores, resultou na adoção generalizada do critério de menor tarifa em todas as licitações pertinentes às segunda e terceira etapas do programa de concessões de rodovias brasileiro, mesmo nos casos de outorga onerosa da concessão, justificados pelo fato de que a rodovia concedida tinha sido objeto de investimentos diretos por parte do Estado, os quais deveriam retornar aos cofres públicos por meio de pagamentos a serem realizados pela concessionária.

Após a introdução da possibilidade de inversão de fases da licitação na Lei 8.987/1995, todas as licitações se processaram de acordo com a seguinte ordem procedimental: (a) sessão pública em que são abertos os envelopes com a oferta dos valores das tarifas a serem cobradas dos usuários; (b) avaliação dos documentos de habilitação e qualificação do licitante classificado em primeiro lugar, assim como da metodologia de execução por ele apresentada; (c) interposição de recursos contra a decisão de habilitação, ou não, do licitante classificado em primeiro lugar e de aceitação, ou não, de sua metodologia de execução; (d) exame da documentação e metodologia de execução do segundo colocado apenas no caso de inabilitação ou não aceitação da metodologia de execução do primeiro; (e) homologação e adjudicação.

O mecanismo de inversão de fases reduziu a duração da licitação para o prazo de aproximadamente três meses – o que explica seu sucesso atual e o abandono da promoção das pré-qualificações que marcaram a primeira etapa. Em apenas uma das licitações prévias à concessão da rodovia houve *leilão* propriamente dito – isto é, disputa de lances verbais pela concessão –, que ocorreu para outorga da BA-093. Contudo, com ou sem disputa de lances verbais, "leilão" é o nome que a Lei 9.491/1997 atribui aos procedimentos licitatórios de concessões inseridas em programas de desestatização a despeito de não haver, mesmo nesse caso, alienação de bens públicos, mas tão somente a delegação à iniciativa privada da gestão e exploração de rodovia, que permanece patrimônio público, assim como todos os melhoramentos sobre ela realizados, inclusive ampliações e prolongamentos.

Os modelos contratuais apresentam diferenças significativas, especialmente no que toca às diversas etapas em que foram concebidos e inseridos.

Todos os contratos têm um Programa de Exploração Rodoviária (PER), ainda que não seja esse exatamente o nome do documento que contém a relação e a descrição dos serviços e obras a serem realizados e respectivos cronogramas. A obrigação de realizar obras públicas consta de todos os contratos atualmente vigentes, quer sejam de ampliação, recuperação ou melhoria da infraestrutura preexistente. Os serviços prestados pelas concessionárias relacionam-se a manutenção, gestão e operação da rodovia, dentre os quais se incluem os serviços de atendimento pré-hospitalar e socorro mecânico aos usuários das rodovias.

Nos contratos pertinentes à primeira etapa o cronograma das obras e serviços era prefixado pelo poder concedente, com base em datas de implantação obrigatórias, procedimento que foi alterado a partir da segunda etapa, em que, além de algumas datas prefixadas, estabeleceram-se também cronogramas indicativos com parâmetros de desempenho cujo atendimento impõe à concessionária o dever de executar certas obras e serviços independentemente de datas preestabelecidas.

O pedágio é a principal forma de remuneração das concessionárias, e é calculado com base na categoria do veículo, no número de eixos, na extensão de quilômetros[19] e na qualidade da rodovia utilizada.[20] Em todas as concessões a cobrança de pedágio só foi autorizada após a realização dos denominados "serviços iniciais" ou "preliminares". As concessionárias estão também autorizadas a auferir receitas alternativas à tarifa de pedágio, tais como as que decorrem do uso da faixa de domínio das rodovias. Atualmente essas receitas não representam parcela significativa da receita total auferida pelas concessionárias.

O reajuste das tarifas é feito com base em índices ou fórmulas paramétricas indicadas nos contratos e se aplica mediante homologação da agência ou contratante, salvo no caso da concessão patrocinada da MG-050 e Rota dos Coqueiros, em que se adotou o previsto no art. 5º, § 1º, da Lei 11.079/2004. Todos os contratos preveem a realização de revisão por força de fatos supervenientes que alterem seu equilíbrio econômico-financeiro. Além dessas revisões – que poderíamos

---

19. Deve-se esclarecer que a extensão de quilômetros rodados é considerada em função da localização das praças de pedágio – ou, mais precisamente, do trecho de cobertura de cada praça. Não há, ainda, no Brasil sistemas de cobrança de tarifas de pedágio por distância efetivamente percorrida, como existe na Suécia e na Austrália e em fase de implementação na Alemanha.

20. Pista simples, pista dupla etc.

denominar "extraordinárias" –, os contratos preveem revisões ordinárias com periodicidade anual, e a partir da segunda etapa foram introduzidas revisões ordinárias quinquenais.

Os prazos contratuais variam de 15 a 35 anos, prazo da concessão dos Trechos Sul e Leste do Rodoanel Mário Covas (o último ainda em fase de licitação por ocasião da elaboração deste artigo). O primeiro contrato foi celebrado entre União, por intermédio do extinto DNER, e a concessionária Ponte Rio/Niterói, em dezembro/1994, e o último contrato foi celebrado entre o Estado da Bahia, por intermédio do DER/BA, com a concessionária Associação Concessionária Bahia Norte, em agosto/2010.

Na primeira etapa do programa a localização das praças de pedágio foi previamente determinada nos contratos, sendo seu reposicionamento ou redimensionamento possíveis após a aprovação da agência ou contratante. A partir da segunda etapa foi prevista a possibilidade de que a concessionária propusesse deslocamentos na localização das praças antes de sua implantação. A localização das praças de pedágio, que são do tipo "barreira física", assume papel fundamental na remuneração das concessionárias, porque podem propiciar ou evitar a utilização de rotas de fuga do pagamento de pedágio.

Além do sistema manual de cobrança de pedágio feita nessas praças, há em boa parte das rodovias concedidas – sobretudo naquelas que apresentam maior volume de tráfego – a possibilidade de pagamento automático de pedágio, o que depende da adesão do usuário ao sistema automático de arrecadação.

Os riscos de tráfego – ressalvada a concessão da Rodovia MG-050 – e de projeto foram integralmente atribuídos às concessionárias, assim como, na maioria dos contratos, a incumbência de obter licenças ambientais. Na maior parte dos contratos, especialmente naqueles em que se previu a realização de obras de grande porte, a promoção das desapropriações para tanto necessárias coube às concessionárias, inclusive o pagamento das indenizações, no patamar estabelecido nas correspondentes propostas.

Como decorrência obrigatória da Lei 8.987/1995, os riscos relativos a alterações unilaterais dos contratos, fato do príncipe e fatos supervenientes decorrentes de força maior ou caso fortuito foram atribuídos ao Poder Público, que deverá promover a revisão da tarifa ou dos encargos das concessionárias para promover o reequilíbrio da equação econômico-financeira dos contratos. Na maioria dos casos o parâmetro para aferição da preservação do equilíbrio econômico-financeiro é a Taxa Interna de Retorno/TIR, fixada nas propostas ou delas decorrente. A partir da segunda etapa inseriu-se em alguns contratos nova metodologia para recomposição do equilíbrio econômico-financeiro, baseada na criação de um fluxo de caixa marginal, isto é, desatrelado das condições da proposta – cuja constitucionalidade é objeto de questionamento.

Os contratos estabelecem multas moratórias e sancionatórias contra o inadimplemento da concessionária e a possibilidade de que o não pagamento delas enseje o desconto de seu valor do seguro-garantia. Como formas alternativas de resolução de controvérsias, há previsão – e pouca prática – de instalação de comissões técnicas, econômico-financeiras ou que se destinem, de modo mais geral, à interpretação das cláusulas contratuais.

Após a previsão legal da possibilidade de uso da arbitragem como modo de resolução não amigável de controvérsias, tal mecanismo foi adotado em alguns contratos, embora sem o cuidado necessário, isto é, com cláusulas de eleição praticamente em branco e sem a delimitação do que pode, ou não, ser objeto de arbitragem.

Traçado este panorama estático das concessões vigentes, passemos à dinâmica de cumprimento desses contratos.

## 1.2 A dinâmica de cumprimento dos contratos de concessão de rodovias

No que se refere à dinâmica de cumprimento desses contratos, serão examinadas as relações que se instauram entre concessionárias e poder concedente, entre concessionárias e agência reguladora e entre concessionárias e usuários das rodovias. As relações entre usuários e poder concedente não repercutiram no cumprimento dos contratos de concessão de rodovias – circunstância significativa, do ponto de vista social.

## 1.2.1 Relações entre concessionárias e poder concedente

As relações entre as concessionárias e o respectivo poder concedente têm sido bastante turbulentas, variando apenas em intensidade e frequência. A exceção fica por conta do relacionamento mais sereno com a União e com o Estado de São Paulo.

Na esfera federal, a sucessão do governo Itamar Franco – no qual foi lançada a primeira etapa do Programa Federal de Concessão de Rodovias – para o governo Fernando Henrique Cardoso não abalou o cumprimento dos contratos já celebrados, embora não tenham sido feitas novas concessões de rodovias nos oito anos de governo Fernando Henrique Cardoso.

A sucessão do governo Fernando Henrique Cardoso para o do Presidente Luís Inácio Lula da Silva também não produziu impacto no cumprimento dos contratos vigentes. Logo no início do mandato ocorreu, contudo, a suspensão, para melhor análise, da segunda etapa do Programa de Concessão de Rodovias Federais, cujo procedimento licitatório já havia sido iniciado e que abrangia sete trechos de rodovias federais. A retomada do Programa de Concessão de Rodovias Federais deu-se no ano de 2007, em que foram promovidas as licitações para concessão de oito lotes de rodovias, cujos contratos foram celebrados no início de 2008.

No Estado de São Paulo, a sucessão do governo Mário Covas – que implementou o Programa Estadual de Concessões de Rodovias – para o governo Geraldo Alckmin também não produziu impacto substancial sobre o cumprimento dos contratos em vigência, até porque o Governador sucessor era vice do Governador sucedido, e comandou a Comissão de Desestatização, na qual o Programa foi aprovado. Contudo, a retomado do Programa Estadual coube ao Governador José Serra, que no ano de 2008 promoveu a licitação para a concessão do Trecho Oeste do Rodoanel Mário Covas e, posteriormente, para a concessão de cinco lotes de rodovias estaduais. Em novembro/2010 o Estado de São Paulo iniciou o processo licitatório de concessão dos Trechos Sul e Leste do Rodoanel – este último a ser construído pela futura concessionária.

Os principais problemas ocorreram nos Estados de Santa Catarina, Rio Grande do Sul, Rio de Janeiro e Paraná. Nos Estados da Bahia e Espírito Santo as concessionárias enfrentaram problemas com o reajuste das tarifas de pedágio, que nesses Estados é homologado pelo contratante, dada a inexistência de agência reguladora. A Rodosol, concessionária do Estado do Espírito Santo, permanece cobrando tarifas sem o reajuste contratual relativo ao ano de 2003 e 2004.

Em Santa Catarina foram rescindidos os contratos celebrados entre o Estado e a concessionária Linha Azul, a quem foi outorgada a concessão da SC-401 e rodovias acessórias, e com a Ecovale, a quem foi outorgada a concessão de trecho da BR-470, cuja exploração a União havia delegado por meio de convênio ao Estado de Santa Catarina.

A Linha Azul teve seu contrato rescindido por força de decisão judicial confirmada, em sede de apelação, pela 4ª Turma do TRF-4ª Região (ACi 2002.04.01.021320-7-SC). A rescisão foi motivada pelo inadimplemento do DER/SC, que não realizou investimentos a seu cargo nem promoveu as desapropriações necessárias para a realização de obras previstas no contrato, e pela edição de lei que isentou do pagamento de pedágio os moradores do Norte da Ilha, que correspondem a cerca de 50% dos usuários das rodovias que haviam sido objeto de concessão.

Nessa decisão fixou-se que a indenização devida à concessionária abrangia as perdas e danos, atuais e emergentes, assim como os lucros cessantes. Foram julgados improcedentes os pedidos de indenização por danos morais e de desoneração dos fiadores e caucionantes de garantias em face do BNDES, cuja participação foi admitida no processo.

A rescisão do contrato firmado com a Ecovale não se deveu a motivos relacionados a atitudes do poder concedente. Como dito, decisão do TCE/SC anulou o contrato, e o convênio celebrado entre a União e o Estado de Santa Catarina foi denunciado. A decisão do TCE/SC é objeto de reexame pelo TCU.

No Rio Grande do Sul, o governo Antônio Brito, no qual foi implementado o Programa Estadual de Concessões de Rodovias, além de não conceder o reajuste das tarifas de pedágio no final do ano de 1998, deixou de realizar os investimentos iniciais necessários para recuperação de parte das rodovias concedidas à empresa Santa Maria, que tinha ficado a cargo do DAER, para que, considerando o baixo volume de tráfego nessas rodovias, a tarifa de pedágio não ficasse demasiado cara.

O inadimplemento do DAER levou à rescisão judicial do contrato, definitivamente declarada em outubro/2003, condenado o Estado a indenizar perdas e danos atuais e emergentes sofridos pela concessionária e também lucros cessantes, em valor que atualmente atinge a cifra de 125 milhões de Reais.

O governo Antônio Brito foi sucedido pelo governo Olívio Dutra, o qual, na campanha que precedeu sua eleição, anunciava o fim ou a redução do pedágio. Logo após sua posse, em 1999, o Governador reduziu unilateralmente o valor das tarifas de pedágio em 20% ou 28%, de acordo com a categoria do veículo, sem a instauração de prévio procedimento administrativo.

Contra esse ato as concessionárias ajuizaram mandados de segurança (ns. 599222957/1999 e 599463957/1999), providos pelo Órgão Especial do TJRS, com base em que a alteração unilateral do contrato deveria ter sido precedida de processo administrativo, que permitisse o exercício da ampla defesa e do contraditório, e na ausência de observação da competência da Agência Estadual de Regulação dos Serviços Públicos Delegados do Rio Grande do Sul/AGERGS para proceder à revisão das tarifas, como estabelecido pela Lei 10.931/1997. As tarifas voltaram a ser cobradas sem a redução unilateral e sem o reajuste relativo ao final do ano de 1998.

No final de 1999, o DAER, a quem devem ser submetidos os pedidos de reajuste, apesar da competência legal da AGERGS para homologá-los, não se pronunciou sobre os cálculos apresentados pelas concessionárias, nem os encaminhou à apreciação da AGERGS. A intervenção da AGERGS foi bastante importante para a celebração de acordo entre as concessionárias e o Estado do Rio Grande do Sul, representado pelo DAER, no qual foram parceladamente concedidos os reajustes devidos e se procedeu a uma revisão contratual, para o fim de recompor o equilíbrio econômico-financeiro dos contratos, até nova avaliação no ano de 2005.

Na cidade do Rio de Janeiro o valor da tarifa de pedágio cobrada pela única concessionária municipal brasileira, a Lamsa, também foi reduzido unilateralmente no primeiro dia do mandato do Prefeito César Maia, sem prévia instauração de processo administrativo. A redução fazia com que o valor da tarifa retornasse ao que era praticado antes do reajuste concedido no final do ano de 2000 e que seria aplicado no início de 2001. Os efeitos do decreto baixado pelo Prefeito foram suspensos definitivamente por força de decisão proferida pela 4ª Câmara do TJRJ (no MS 449/2001), com base na ausência de prévio processo administrativo e na necessidade de preservação do equilíbrio econômico-financeiro do contrato.

No Estado do Rio de Janeiro, decreto do Governador Anthony Garotinho reduziu unilateralmente o valor da tarifa cobrada pela concessionária Via Lagos, também sem a instauração de prévio processo administrativo. Contra esse ato foi ajuizado mandado de segurança (n. 1.630/2000), provido pelo Órgão Especial do TJRJ.

No Estado do Paraná, o próprio Governador Jaime Lerner, que lançou o Programa de Concessões naquele Estado, decidiu, em meados de 1998, reduzir unilateralmente o valor das tarifas de pedágio. As concessionárias obtiveram autorização judicial para, primeiro, reduzir os encargos contratuais e, depois, restabelecer o valor da tarifa inicialmente fixado (decisões proferidas na AOr 98.0017501, da 1ª Vara Federal de Curitiba, confirmadas nos AI 1998.04.01.056815-6, 2000.04.01.005894-1 e 200.04.01.005917-9, interpostos perante o TRF-4ª Região).

Essas decisões judiciais levaram à celebração de acordo entre as concessionárias e o Governo do Estado do Paraná, no ano de 2000, voltando-se ao desenvolvimento normal das relações entre eles, até a eleição do Governador Roberto Requião, que em sua campanha prometia que "ou o pedágio abaixa, ou acaba". Uma vez eleito, o Governador do Paraná empreendeu várias medidas contrárias às concessionárias.

Após a aprovação, pela Assembleia Legislativa do Paraná, de relatório favorável à regularidade das concessões de rodovias no Estado, que foram investigadas na denominada "CPI do Pedágio", instalada no início de 2003, o Governador encaminhou à Assembleia Legislativa projetos de lei para autorização de encampação das concessões. Esses projetos de lei foram aprovados e sancionados em julho/2003.

As concessionárias notificaram a União Federal, o Ministério dos Transportes e a ANTT, relatando a aprovação das leis de encampação, e interpuseram ações contra sua validade. Algumas arguiram a impossibilidade de encampação de concessões relativas a serviços prestados em bens federais sem a participação da União – tese sufragada por meio de liminar concedida pelo TRF-1ª Região (Processo 2003.34.00.028316-4), que estabeleceu a necessidade de anuência da União para que o Estado praticasse qualquer ato destinado a rescindir contrato de concessão que tenha por objeto rodovia federal.

Logo após a edição das leis de encampação, o Governador constituiu uma Comissão Especial de Auditoria e Avaliação, que tinha a finalidade declarada de estimar valores das indenizações para eventual encampação, mas que buscava também elementos que pudessem autorizar a decretação de caducidade dos contratos. As concessionárias ingressaram na Justiça com ações em que apontavam irregularidades na composição e atividade da referida Comissão, que vinha conduzindo o processo de auditoria e avaliação sem a participação das concessionárias. O TRF-4ª Região, no julgamento do AI 2003.04.01.049096-7, acabou confirmando decisão proferida pelo Juízo da 7ª Vara da Justiça Federal de Curitiba nos Autos 2003.70.00.039554-0 no sentido de garantir a participação das concessionárias no processo de auditoria e avaliação e determinar ao Governo do Paraná algumas medidas a fim de sanar irregularidades que vinham sendo cometidas pela Comissão.

Outra medida adotada pelo Governo do Paraná foi a decretação da utilidade pública das ações votantes das concessionárias, para fins de desapropriação. A eficácia desses decretos expropriatórios para as concessionárias de rodovias federais foi suspensa por força das decisões proferidas pelo TRF-1ª Região nos AI 2004.01.00.003820 e 2004.01.00.007713-5, com base em que o Estado do Paraná não poderia desapropriar ações afetas à prestação de serviços relacionados a bens federais e que a desapropriação seria a via oblíqua encontrada pelo Estado para retomar o objeto do contrato de concessão sem o devido processo legal. As decisões do TRF-1ª Região foram mantidas pelo STJ no julgamento do AgR em Suspensão de Tutela Antecipada/STA 82.

Nesse mesmo ano os reajustes das tarifas foram negados pelo DER/PR mas concedidos pela Justiça, definitivamente, por meio de decisões proferidas pela Corte Especial do STJ (na Suspensão de Liminar/SL 75/2004, por exemplo), nas quais se reconheceu que a negativa dos reajustes comprometia a preservação do equilíbrio econômico-financeiro dos contratos.

A partir do ano de 2007 foram outorgadas mais dezessete concessões, oito federais, seis pelo Estado de São Paulo, uma pelo Estado de

Minas Gerais, uma por Pernambuco e outra pelo Estado da Bahia. As relações entre concedente e concessionária na esfera federal e no Estado de São Paulo já foram mencionadas acima, sendo de registrar que as relações entre concessionárias e os Estados de Minas Gerais, Bahia e Pernambuco são recentes e transcorreram sem maiores sobressaltos até o momento.

*1.2.2 Relações entre concessionárias e agência reguladora*

As relações entre agências[21] e concessionárias giram basicamente em torno da fiscalização e disciplina dos contratos e da manutenção de seu equilíbrio econômico-financeiro.

No que se refere à fiscalização, discute-se se deveria objetivar apenas os fins ou também os meios. Há iniciativas da ANTT, por exemplo, no sentido de submeter à prévia autorização da Agência a execução de todas as obras e intervenções nas rodovias,[22] ao que as concessionárias reagiram, administrativamente, apontando a excessiva burocratização do processo de fiscalização, que deve levar em conta a dinâmica da prestação dos serviços.

A imposição de multas às concessionárias também é objeto de discussão, não só quanto ao mérito e valor, mas também quanto à regularidade do procedimento observado para sua imposição.

Em matéria de processo administrativo, aliás, acreditamos que o amadurecimento das relações entre concessionárias e Agência deverá reduzir bastante as discussões relativas à sua regularidade, sobretudo no que se refere às dificuldades de participação das concessionárias nos processos que lhes dizem respeito e à observância das leis de processo administrativo. As concessionárias de rodovias federais discutem administrativamente resolução da ANTT que cria procedimento administrativo simplificado para aplicação de multas.

Quanto ao exercício do denominado "poder regulamentar" – assim entendido aquele relacionado à produção de normas de caráter

---

21. Há apenas duas agências especificamente voltadas para o setor de transportes terrestres: a ANTT, agência federal, e a ARTESP, com atuação no Estado de São Paulo. As demais – AGERGS e ASEP, respectivamente com atuação no Estado do Rio Grande do Sul e Rio de Janeiro – são multissetoriais.
22. É o que se encontra na Resolução ANTT-239.

geral e abstrato para disciplina dos contratos –, ainda são poucas as iniciativas das agências; o que se deve, talvez, ao grau de detalhamento dos contratos, sobretudo dos Programas de Exploração das Rodovias. A maior preocupação nesse campo, e que tem sido discutida com as agências por meio de recursos administrativos, é o respeito ao devido processo regulatório e à participação efetiva das entidades reguladas na elaboração das regras gerais e abstratas que as afetam, como condição de legitimidade dessas normas. As concessionárias têm reagido também contra regras que inovam na ordem jurídica e extrapolam o estabelecido nos contratos.

Quanto à preservação da equação econômico-financeira dos contratos, os reajustes normalmente têm sido autorizados pelas agências, salvo o reajuste de algumas concessionárias federais no ano de 2003, cujo valor foi reduzido em razão de revisão do valor da tarifa feito sem prévia oitiva das concessionárias afetadas. A autorização para implementação do reajuste foi dada pelo Poder Judiciário, que impediu que a revisão do valor da tarifa fosse feita sem prévio procedimento administrativo, que assegurasse a participação das concessionárias. Registra-se, contudo, na esfera federal uma tendência de vincular o reajuste a um processo de revisão anual das tarifas – o que vem sendo feito com base na Resolução ANTT-675, que foi administrativamente questionada pelas concessionárias de rodovias federais.

As revisões necessárias para a preservação do equilíbrio econômico-financeiro dos contratos também não têm sido sistematicamente negadas pelas agências, embora existam, como já mencionado, discussões judiciais pontuais relacionadas à configuração, ou não, do desequilíbrio contratual.

Embora se trate de experiência demasiado recente para permitir avaliação criteriosa, a existência de agências reguladoras parece colaborar para o bom desenvolvimento dos contratos. Nas esferas federativas em que há programas de concessão de rodovias compostos por mais de duas concessões, como há na esfera federal, nos Estados do Rio Grande do Sul, Paraná e São Paulo, apenas no Paraná não há agência reguladora. Além disso, a especialização da agência parece contribuir para uma regulação bem-sucedida.

### 1.2.3 Relações entre concessionárias e usuários

As pesquisas de opinião revelam a satisfação dos usuários com relação aos serviços prestados pelas concessionárias de rodovias, embora o valor das tarifas de pedágio seja criticado.

A satisfação com os serviços prestados pelas concessionárias talvez seja o motivo pelo qual há poucas ações movidas por usuários que questionem a legalidade ou constitucionalidade das concessões de rodovias. A esmagadora maioria desses questionamentos é de iniciativa do Ministério Público, e se relaciona às seguintes discussões: constitucionalidade, ou não, da cobrança de pedágio quando não exista via alternativa para circulação gratuita – porquanto, nesse caso, a cobrança atingiria o direito de ir e vir; constitucionalidade, ou não, da cobrança de pedágio sem observação do regime jurídico tributário (imposição por meio de lei, observação do princípio da anterioridade etc.) e em razão de bitributação com relação ao IPVA – alegações fundadas na premissa de que o pedágio teria natureza jurídica de taxa; e legalidade, ou não, da cobrança de pedágio em rodovias que não apresentem condições especiais de tráfego, tais como rodovias expressas, com mais de um pista de rolamento.

A jurisprudência acerca desses temas é amplamente favorável à constitucionalidade e legalidade das concessões atuais e da cobrança de pedágio.

No que se refere à questão acerca da necessidade, ou não, de via alternativa gratuita para cobrança de pedágio, vale referir decisão unânime da Corte Especial do STJ, proferida em março/2004, no julgamento do Ag na SL 34, na qual se entendeu que a existência de via alternativa gratuita não é condição para legitimar a cobrança de pedágio, suspendendo-se os efeitos de decisão do TRF-4ª Região, cuja jurisprudência é no sentido da necessidade de via alternativa.

Quanto à natureza jurídica do pedágio, os tribunais têm sufragado a tese de que se trata de tarifa, e não de taxa, embora não haja ainda decisão das Cortes Superiores sobre essa questão. A única decisão do STF relacionada ao assunto trata do *selo-pedágio*, figura bastante distinta do pedágio atualmente cobrado pelas concessionárias de rodovias e que possuía, mesmo, natureza tributária.

Quanto à necessidade de que as rodovias pedagiadas apresentem condições especiais de tráfego também não há decisão das Cortes

Superiores, sendo de se destacar a Decisão 421/2001 do Plenário do TCU, que considerou legal a cobrança de pedágio em rodovias de pista simples.

As demais ações movidas pelos usuários referem-se sobretudo à responsabilidade civil das concessionárias de rodovias. A discussão nesse campo concerne à distinção, ou não, entre os atos comissivos e omissivos das concessionárias, com a consequência de que a estes últimos se aplicaria a teoria da responsabilidade subjetiva, dependente da configuração da culpa da concessionária. Acerca do tema vale citar a primeira decisão do STF especificamente referente à responsabilidade das concessionárias de rodovias, proferida pelo Min. Joaquim Barbosa, que deu provimento ao AI 503.262-1, converteu-o em recurso extraordinário, para dele conhecer e lhe dar provimento no sentido de reconhecer que a responsabilidade por atos omissivos é dependente da configuração de culpa da concessionária.

A utilização de rotas de fuga do pagamento de pedágio por parte dos usuários representa problema grave para as concessionárias, que buscam junto ao poder concedente ou agência reposicionar praças mal-localizadas, que permitem a utilização gratuita de serviços, pagos apenas por parcela dos usuários das rodovias.

## 2. Aplicação das PPPs na infraestrutura rodoviária

Não obstante a experiência brasileira com concessões de rodovias seja marcada por intervenções governamentais que provocaram desequilíbrios capazes de gerar a ruptura dos contratos, a intervenção do Judiciário no sentido de anular ou compensar os efeitos dessas medidas propiciou a continuidade de desenvolvimento dos contratos: dos 53 contratos de concessão de rodovias firmados na atualidade, 49 estão em plena vigência.

O custeio de obras e serviços relativos à infraestrutura viária por meio de pedágio é uma tendência mundial e, sobretudo, parece bastante adequada à realidade brasileira, pois propicia que os ônus recaiam sobre quem de fato utiliza a rodovia, e na proporção em que o faz. Embora seja certo que mesmo quem não usa a rodovia arca com o custo do pedágio nos produtos e em certos serviços que consome, também é certo que rodovias melhor conservadas barateiam o transporte, de modo que ambos os fatores devem impactar os preços de tais produtos e serviços.

Além disso, a sistemática de cobrança de pedágio faz com que os valores arrecadados de quem usa a rodovia sejam gastos na mesma rodovia utilizada e propicia que os recursos sacados dos cofres públicos sejam destinados a outras áreas não lucrativas para o Estado, como saúde, educação e segurança.

Por outro lado, a cobrança de pedágio e a ausência de risco de inadimplência que lhe é inerente incentivam a iniciativa privada e reduzem as taxas dos financiamentos por ela obtidos.

Tais fatores contribuíram decisivamente para o sucesso do programa de concessão de rodovias no Brasil, praticado por diversas unidades da Federação e governos de partidos variados.

Ocorre que pouco mais de 10% das rodovias brasileiras têm característica autossustentável, isto é, geram fluxo de tráfego suficiente para remunerar uma empresa privada – o que abre espaço para as concessões patrocinadas, às quais se aplica o regime traçado na Lei das PPPs. Tal formato deve ser também utilizado nos casos em que há obras vultosas a serem realizadas, como as que são necessárias para grandes construções, pois o uso de recursos públicos acarretará a redução do valor da tarifa a ser cobrado.

A nosso ver, o sucesso das concessões comuns de rodovias também se estenderá às concessões patrocinadas, desde que bem-planejadas e mantidos os ingredientes acima mencionados – ou seja, que o pedágio permaneça sendo a principal fonte de remuneração da concessionária. Isso porque o uso de recursos públicos significativos em concessões de rodovias esvazia as vantagens acima indicadas e, para nós, descaracteriza a estrutura da concessão.

Notadamente tratando-se de cobrança de pedágio, a possibilidade de que mais de 70% dos recursos de uma concessão patrocinada sejam oriundos do Poder Público certamente não sairá do papel em que foi prevista – mais precisamente, no art. 10, § 3º, da Lei 11.079/2004 –, porque não se incorreria no alto custo necessário para implantação e operação da infraestrutura para tanto necessária se tal cobrança representasse menos de 30% dos recursos da concessionária.

No que se refere às concessões administrativas, em que não se teria a cobrança de pedágio por parte da concessionária, acredita-se que não se adotará no Brasil a sistemática do *pedágio-sombra*, também denominada de SCUT (Sem Custo aos Utentes), porque cabe ao Poder Público pagar à concessionária o valor proporcional ao número de passagens de veículos na rodovia. Com efeito, tal sistemática não foi bem-sucedida em qualquer dos países em que foi adotada, como Inglaterra e Portugal, justamente por contrariar a lógica típica das concessões de fazer recair os ônus de custeio de quem extrai proveito direto do serviço e desonerar os cofres públicos, para os quais toda a sociedade contribui.

Cogita-se também a respeito de um pacote de concessões administrativas como alternativa aos Contratos de Recuperação e Manutenção de Rodovias/CREMAs, acima mencionados, tendo em vista que a possibilidade de prazos maiores que os cinco anos admitidos pela Lei 8.666/1993 permitiria pagamentos mais suaves e relações jurídicas mais duradouras. Nesse caso não se teriam, evidentemente, concessões de serviço público, como são as concessões de rodovias outorgadas até hoje no Brasil. Do regime de concessão tais vínculos têm em comum o nome e a aplicação de algumas regras da Lei 8.987/1995, no que couber, pois referida lei não foi concebida para ser aplicada a contratos de desembolso, tratados na Lei 8.666/1993 e, agora, na Lei 11.079/2004, quando atendidos os requisitos de seu art. 2º.

De todo modo, como já observado acima, não há concessões administrativas para a prática de atividades relacionadas à infraestrutura rodoviária e há apenas duas concessões patrocinadas, já dantes referidas – o que não tomamos como dado negativo, pois a celebração de bons contratos de PPP depende de um longo processo de planejamento, maior ainda que o necessário para a celebração de concessões comuns, dadas as implicações fiscais e problemas relacionados às garantias do parceiro público.

Tal fato demonstra também a orientação que acabou não se positivando em lei, mas que vem sendo adotada pelas Cortes de Contas do Brasil, cuja atuação no controle prévio da outorga de PPPs tem sido bastante intensa:[23] é a de que projetos autossustentáveis devem ser

---

23. A respeito do controle prévio da outorga de PPPs promovido pelo TCU, cf. a Instrução Normativa 52/2007. Em relação ao controle das concessões de rodovias em geral, v. Instrução Normativa 46/2004.

lançados sob a forma de concessão comum, reservando-se as PPPs para os casos em que o custeio por meio de recursos públicos é imprescindível para a viabilidade econômico-financeira do projeto. O caso da concessão da BR-116/324, lançado na fase de audiência pública como PPP e posteriormente adaptado à modelagem das concessões comuns, é emblemático nesse sentido.

Não se pode perder de vista que as PPPs são meras fórmulas jurídicas, que não têm, em si mesmas, capacidade para atrair investimentos e resolver os sérios problemas de infraestrutura no Brasil. Podem ou não servir como instrumentos para atingir esse fim, dependendo da escolha dos projetos, de serem ou não precedidos por estudos e planejamento cuidadosos, da realização de licitações que se prestem ou não à comparação efetiva dos distintos aspectos das propostas apresentadas, para seleção do melhor negócio – assim entendido aquele que atenda não só aos interesses imediatos da Administração (interesse público secundário), mas também, e sobretudo, aos interesses de médio e longo prazos da sociedade (interesse público primário). Depende, em suma, de seriedade na condução de todo o processo.

Quanto às *concessões comuns*, permanecem integralmente regidas pela Lei 8.987/1995 e legislação correlata – às quais, em nossa opinião, continua sendo possível aportar recursos públicos, mas apenas como medida de reequilíbrio da equação econômico-financeira, e não a título de contraprestação do concessionário.

Não obstante, a influência do regime de PPPs sobre tais concessões é significativa. É bem verdade que tal regime incorpora certas características que já eram realidade nas concessões comuns de rodovia, tais como o caráter de SPE das concessionárias e o compartilhamento com a Administração Pública de ganhos econômicos do parceiro privado, decorrentes da redução do risco de crédito dos financiamentos por ele obtidos.

Dentre as características típicas do regime de PPPs que influenciaram as concessões comuns, mesmo sem alteração legislativa nesse sentido, vale destacar a figura do "desconto de reequilíbrio" ou "compensação tarifária", por meio do qual se pretende que a remuneração do parceiro privado deve estar diretamente vinculada a seu desempenho.

À semelhança do que se passa em relação às PPPs, a concessionária é avaliada de acordo com certos indicadores de desempenho, e recebe uma nota global decorrente de tal avaliação. No caso da concessão patrocinada acima mencionado, nota inferior a um certo patamar ensejará desconto no valor da contraprestação pública, enquanto a aplicação do mesmo mecanismo às concessões comuns, como a que tem por objeto a rodovia federal BR-116/324, resulta em desconto a ser efetivado por ocasião das revisões ordinárias realizadas anualmente.

A justificativa para aplicação da redução, cumulada com a aplicação de sanções pelo mesmo "fato gerador", é que a remuneração da concessionária só deve ser integral caso se atribua a seu desempenho a nota máxima. Patamares mais baixos indicam que a concessionária estaria se enriquecendo indevidamente, porquanto a remuneração prevista na proposta atrela-se a um desempenho de excelência. Assim, a aplicação do desconto ou compensação na remuneração da concessionária seria medida de implementação de reequilíbrio econômico-financeiro, sem caráter punitivo.

O problema com tal mecanismo é que a recomposição de eventuais desequilíbrios contratuais, para mais ou para menos, deve estar inserida em um processo no qual reste efetivamente demonstrado e mensurado o valor do desequilíbrio. Diversas condições e parâmetros a serem observados nesse processo constituem, para nós, cláusulas com caráter efetivamente contratual da concessão – o que ressalta a bilateralidade de tal processo, que deve se basear em critérios objetivos.

Extrair que da atribuição de notas resultam certos valores de desequilíbrio parece contrariar essa lógica e deixa claro que não se trata, de fato e de direito, de medida de eventual reequilíbrio da equação econômico-financeira – a qual, fosse esse caso, teria, a nosso ver, respaldo jurídico. Com efeito, tal mecanismo, da forma como concebido – isto é, sem estar atrelado a desequilíbrios efetiva e comprovadamente verificados –, não deixa de ser medida punitiva, que não pode ser cumulada com outras sanções previstas no contrato de concessão.

Por fim, vale mencionar, a título de exemplo, as seguintes diferenças entre o regime de PPP e o regime geral das concessões de serviço público: (1) parcela da remuneração da concessionária será obrigatoriamente composta por recursos do Poder Público, critério que as distingue das concessões comuns; (2) os contratos não devem ter valor inferior a 20 milhões de Reais, o que não é raro nas concessões; (3) o período de prestação do serviço não deve ser inferior a cinco anos, prazo também inaplicável às concessões comuns relacionadas à infraestrutura rodoviária, em razão da necessária compatibilização de seu prazo de vigência com a amortização dos investimentos que envolvem; (4) previsão de garantias especiais para cumprimento das obrigações pecuniárias assumidas pela Administração Pública, como a constituição de fundos especiais ou segregação de bens ou receitas; (5) previsão de multa aplicável em caso de inadimplemento contratual da Administração Pública; (6) previsão expressa de compartilhamento com a Administração Pública de ganhos econômicos do parceiro privado, decorrentes da redução do risco de crédito dos financiamentos por ele obtidos; (7) previsão de retenção de pagamentos ao parceiro privado para reparar irregularidades nos bens reversíveis; (8) aplicação automática dos reajustes, salvo manifestação em contrário da Administração Pública, com até 15 dias de antecedência da data de sua efetivação; (9) uma série de prerrogativas conferidas aos financiadores do projeto, como a possibilidade de que a eles seja transferido o controle acionário do parceiro privado, com o objetivo de promover a reestruturação financeira da concessionária e assegurar a continuidade da prestação dos serviços, e a possibilidade de que os pagamentos relativos a contraprestações e indenizações devidas ao parceiro privado sejam feitos diretamente aos financiadores; (10) previsão expressa de que a remuneração do parceiro privado seja vinculada a seu desempenho; (11) previsão expressa de que a contraprestação seja obrigatoriamente precedida da disponibilização de pelo menos parcela do serviço contratado; (12) obrigatoriedade de constituição de SPE; (13) uma série de alterações relacionadas às condições de participação, condições de realização, critérios de julgamento e procedimento da licitação prévias à celebração dos contratos; (14) previsão expressa de que alguns riscos internos ao negócio possam ser compartilhados ou atribuídos ao Poder Público; (15) previsão da utilização da arbitragem como forma de resolução de controvérsias entre as partes.

Como dito, algumas dessas características peculiares ao regime de PPPs já marcavam a prática das concessões de serviço público, com a diferença apenas de que não eram expressamente previstas na legislação pertinente ou não eram impostas com força de obrigatoriedade, como as referidas nos itens 6, 11, 12 e 14.

Há outras, no entanto, que são inteiramente novas com relação ao regime da Lei 8.987/1995, e bastante controvertidas, como as referidas nos itens 4, 9 e 15: as garantias especiais conferidas aos parceiros privados, o *step-in-rights* dos financiadores e a possibilidade de utilização de arbitragem para dirimir conflitos relativos a esses contratos – as quais ainda pendem de exame judicial quanto à sua constitucionalidade.

# AS PARCERIAS PÚBLICO-PRIVADAS NO SANEAMENTO AMBIENTAL

Floriano de Azevedo Marques Neto

*1. Introdução. 2. Contextualizando as PPPs: 2.1 As parcerias como gênero contratual – 2.2 As parcerias pela natureza da remuneração do particular – 2.3 As parcerias como forma de financiamento privado de empreendimentos públicos – 2.4 A definição pela repartição de riscos – 2.5 A parceria como operação de empreendimentos públicos – 2.6 Uma tentativa conceitual no Brasil: 2.6.1 A natureza contratual – 2.6.2 A finalidade da parceria – 2.6.3 As responsabilidades de cada parte – 2.6.4 O regime de riscos – 2.7 Um conceito. 3. As PPPs na Lei 11.079/2004: 3.1 A generalidade do instituto da concessão e sua constitucionalidade – 3.2 PPP e serviço público: o escopo das parcerias – 3.3 As três espécies de concessão e seus regimes – 3.4 Responsabilidade do particular pelos projetos – 3.5 As cláusulas dos contratos – 3.6 Solução de controvérsias e arbitragem – 3.7 Responsabilidade do parceiro privado – 3.8 A transferência da PPP – 3.9 Mecanismos de garantia e securitização de recebíveis – 3.10 Os encargos das partes – 3.11 O regime de intervenção e extinção da PPP – 3.12 Critérios de remuneração do particular – 3.13 O limite de patrocínio e autorização legal específica – 3.14 A remuneração na concessão administrativa: usuário direto e indireto – 3.15 A questão dos bens reversíveis – 3.16 Última nota: a inconstitucionalidade do art. 28 da Lei 11.079/2004. 4. O saneamento ambiental: 4.1 Os serviços públicos de saneamento ambiental – 4.2 O saneamento como função pública – 4.3 As interfaces com outras áreas – 4.4 Duas acepções constitucionais de "serviço público" – 4.5 Peculiaridades do saneamento ambiental: 4.5.1 As externalidades – 4.5.2 As atividades divisíveis e indivisíveis: óbice à fruição individual – 4.5.3 A indefinição da titularidade do serviço – 4.6 A dificuldade de se adotar a concessão típica – 4.7 Panorama (ligeiro) da experiência brasileira em concessão no setor. 5. Alguns exercícios de PPPs no setor de saneamento ambiental: 5.1 A concessão por usuário único – 5.2 A concessão por atividade desagregada – 5.3 O arrendamento ou concessão de infraestruturas – 5.4 Os modelos de parceria com receitas ancilares. 6. Conclusão.*

## 1. Introdução

É sempre desafiador tratar doutrinariamente de tema em franco processo de reformulação jurídico-positiva, objeto de legislação nova ou em processo de reforma legislativa. Mais complicado ainda é abordar a relação entre dois temas que passam por estas mudanças. As parcerias entre poder público e atores privados foram recentemente objeto de inovação no direito positivo, com a edição da Lei 11.079/2004, que criou um regime jurídico específico para licitação e contratação de duas espécies de parcerias. Já o saneamento ambiental está em franco processo de mudanças, inclusive com o provável envio de projeto de lei ao Congresso contendo normas versando sobre as diretrizes da União para o setor (cf. art. 21, XX, da CF). Portanto, corro o risco de produzir não um texto doutrinário, mas uma crônica dos costumes jurídicos do momento.

Assumido este risco, pretendo adotar como foco da abordagem as perspectivas de parcerias no campo do saneamento ambiental[1] – gênero onde incluímos saneamento básico (abastecimento de água tratada e esgotamento sanitário) e limpeza urbana (em sentido amplo, envolvendo toda a cadeia, da varrição e coleta ao destino final em condições ambientais aceitáveis).

Para chegar a esse objetivo teremos que enfrentar alguns empecilhos conceituais. O primeiro diz com a própria noção de *parceria público-privada* (PPP) (*item 2*). Trata-se de um típico exemplo de conceito que toma tal vulto que se autonomiza, sem haver consenso doutrinário sobre o que significa. Entre nós, hoje, "PPP" diz tudo e muito pouco. Tornou-se um rótulo autorreferente, tão genérico quanto imprestável

---

1. Sem antecipar o debate terminológico, que já reflete fortes concepções sobre a abrangência da regulação e os limites das competências federativas, tenho que reconhecer serem controversos os conceitos de "saneamento básico" e "saneamento ambiental", e quais atividades estão compreendidas dentro destas designações. No presente artigo adotarei a seguinte opção terminológica: *saneamento ambiental* será referido como gênero de todas as atividades ligadas ao saneamento, compreendendo tanto a limpeza urbana (coleta, transbordo, tratamento e disposição final de resíduos, bem como o asseio de próprios públicos) como o saneamento básico (adução, transporte, tratamento e distribuição de água juntamente com captação, coleta, transporte, tratamento e despojo ambiental de esgotos). Retomarei estes aspectos terminológicos adiante. A opção decorre de ser ela a adotada pelo direito positivo vigente (cf. art. 2º da Lei 9.074/1995).

como conceito jurídico. A edição da Lei federal 11.079/2004 teve o condão de dar alguma ordem no debate jurídico – longe, porém, de tornar superadas as polêmicas. Cumpre, pois, iniciar expondo meu entendimento (e meus desentendimentos) sobre o que sejam, em caráter geral, as parcerias entre o Poder Público e a iniciativa privada.

Na sequência (*item 3*) abordarei a configuração assumida pela Lei 11.079/2004 para um tipo específico de parcerias, as PPPs referidas na nova legislação como modalidades atípicas de concessão: *administrativa* e *patrocinada*. Lá exporei, ainda que brevemente, as linhas gerais do regime jurídico reservado pela Lei 11.079/2004 para as duas espécies de parcerias por ela regidas.

Feito isso, adentrarei o tema do saneamento ambiental, segundo desafio conceitual deste trabalho. Nele (*item 4*) procuro não só definir "saneamento ambiental" (e os serviços e atividades nele compreendidos) como, também, destacar suas peculiaridades. Ali, terei que tocar no sempre tortuoso tema dos *serviços públicos*, marcando as principais características do saneamento enquanto tal. Inevitável será expor as compatibilidades e incompatibilidades da delegação destes serviços à iniciativa privada, introduzindo, já, o tema das parcerias. A conclusão deste tópico será feita com um rápido panorama de algumas experiências de delegação no setor.

Caberá na parte final deste trabalho (*item 5*) desenvolver algumas possibilidades que antevejo para as PPPs no setor, estejam elas suportadas na Lei federal 11.079/2004 (Lei das PPPs) ou não.[2] Basicamente, serão expostos quatro modelos possíveis: (a) a delegação de serviços públicos pelo modelo do "usuário único" e sua interface com a concessão administrativa prevista na Lei 11.079/2004; (b) a segregação da cadeia de cada serviço com a delegação de atividades e apropriação de parcelas de receitas tarifárias (com ou sem cobrança direta dos usuários); (c) o arrendamento de infraestruturas ou a concessão de obras inseridas na cadeia do serviço público; e (d) modelos de delegação dos serviços custeados integralmente por receitas ancilares. Nessa passagem tentarei mostrar como cada modelo se enquadra (ou não se enquadra, sem que isso o torne juridicamente vedado) nas hipóteses de parceria previstas na Lei das PPPs.

2. Desde logo consigno entendimento, que será adiante exposto, no sentido de que as possíveis parcerias entre o Poder Público e a iniciativa privada não se esgotam nos modelos de PPPs tipificados na Lei 11.079/2004.

Certo deve estar que os conceitos adiante apresentados estão longe de ser uníssonos na doutrina. Até porque, neste assunto, é difícil achar algo doutrinariamente uníssono. Trata-se mais de um esforço, de minha parte, para compreender o tema, facilitando, assim, o diálogo com os demais autores.

Uma última nota se faz necessária. Tanto no tema das parcerias quanto no assunto saneamento é difícil – se não impossível – esposar entendimentos sem estar contaminado com os debates legislativos,[3] federativos e de políticas públicas em curso. No limite do possível, tentarei evitar defender desabridamente uma ou outra das posições divergentes. Não estou, contudo, isento de ser parcial, aqui ou acolá. Tentei ser objetivo. Temo não ter conseguido.

## 2. Contextualizando as PPPs

A Lei 11.079/2004 – que tem por objeto instituir "normas gerais para licitação e contratação de parceria público-privada" para toda a Administração Pública – trouxe uma definição do que sejam as PPPs sujeitas ao seu regime. E o fez (art. 2º) demarcando seu caráter contratual e atrelando a natureza deste contrato ao regime geral das concessões. Neste sentido, definiu duas modalidades de concessões atípicas (*patrocinada* e *administrativa*), distintas da concessão comum (típica). Esta é entendida como aquela em que o prestador do serviço (concessionário) é remunerado integralmente pela tarifa paga diretamente pelos seus usuários. A concessão comum segue sendo regida (cf. art. 2º, § 3º, da Lei 11.079/2004) por legislação própria (Lei 8.987/1995).

Desde logo devo registrar meu entendimento no sentido de que a Lei das PPPs previu um regime jurídico próprio a um tipo de parceria entre Poder Público e iniciativa privada. É dizer: a Lei 11.079/2004 contém regras para duas modalidades específicas de parcerias (aquelas configuradas como concessões administrativas ou concessões patrocinadas), não sendo aplicável (e, portanto, não vedando) a outras modalidades de parceria que não se enquadrem nas duas modalidades nela

---

3. Aqui, menos os que tiveram lugar na tramitação da Lei das PPPs e mais aqueles que se enredam em torno da discussão dos marcos legais (diretrizes da União – cf. art. 21, XX, da CF) para o setor de saneamento.

referidas. Há, pois, outras parcerias não regidas pela Lei 11.079/2004, seja com a configuração de concessões de serviço público típicas (art. 2º, § 3º), seja com outras configurações não vedadas na legislação (e submetidas ao regime jurídico geral dos contratos administrativos).

Segue, daí, que podemos vislumbrar parcerias em sentido amplo (o que comporia o campo genérico do *direito das parcerias* a que alude Maria Sylvia Zanella Di Pietro[4]), contemplando hipóteses de convênios, termos de cooperação, franquias, concessões típicas, concessões de uso de bens públicos, licenciamentos, arrendamentos etc. E temos as parcerias em sentido mais restrito, às quais corresponderia o regime de concessão. E, dentro deste, temos, num âmbito ainda mais restrito, as parcerias submetidas ao regime da Lei 11.079/2004, consubstanciadas nas modalidades de concessão patrocinada e administrativa.

Doravante farei referência tanto às parcerias entre o Poder Público e entes da iniciativa privada (empresas ou não) em sentido amplo (referindo-as apenas como *parcerias*) e em sentido estrito (doravante, então, PPP ou, em específico, concessão patrocinada ou administrativa). E isso porque, a meu ver, a aplicação de parcerias no setor de saneamento não se restringe ao emprego das PPPs disciplinadas pela Lei 11.079/2004. Muito ao contrário.

## 2.1 As parcerias como gênero contratual

Há várias formas de se entender "parceria público-privada". De uma maneira geral, sempre que o Poder Público se socorre de um ente privado, fora da relação de compra de força de trabalho (primado da relação laboral submetida ao direito público), temos uma espécie de parceria. Nesta acepção ampla – diria eu, amplíssima – estariam compreendidas todas as formas de vínculo obrigacional entre entes públicos e pessoas privadas, envolvendo desde os convênios até os instrumentos de delegação da prestação de serviços públicos (por concessão ou permissão). Mesmo os tradicionais contratos administrativos (de empreitada, de fornecimento ou de prestação de serviços), malgrado seu caráter sinalagmático, não deixam de envolver uma re-

---

4. Maria Sylvia Zanella Di Pietro, *Parcerias na Administração Pública*, 3ª ed., São Paulo, Atlas, 1999.

lação de emparceiramento entre Administração e contratada, com vistas à execução de um objeto (o que muda é o interesse de cada qual na consecução deste objeto: o privado visa à paga, ao retorno econômico; o Poder Público visa à utilidade que reverterá ao proveito coletivo, direto ou indireto). Em termos amplos, portanto, "parceria" seria sinônimo de "contrato administrativo".

Esse sentido de "parceria", ainda que possível, não se põe útil. Se ela é sinônimo de "contrato", descaberia estabelecer-lhe um regime jurídico próprio.

*2.2 As parcerias pela natureza da remuneração do particular*

Uma segunda acepção aproximaria a PPP do ajuste entre Administração e particular com vistas à consecução de um empreendimento (bem, atividade ou utilidade) de interesse público que não fosse remunerado, de forma integral, nem pelos usuários, nem pelos recursos orçamentários. Seriam as parcerias, neste sentido, espécies de contratações que envolvessem modelos de remuneração distintos dos modelos "puros" da empreitada e da concessão de serviços públicos; o traço essencial das parcerias seria sua estrutura em torno de um *mix* de recursos para a remuneração do parceiro privado.

Dentro das parcerias estariam todos os empreendimentos cometidos à iniciativa privada que não fossem remunerados com recursos advindos de investimentos públicos puros (ou seja, aqueles que são remunerados à conta de verbas de investimento previstas no orçamento), nem fossem objeto da remuneração integral à conta de tarifa paga diretamente pelos usuários do bem ou serviço.

Embora essa acepção pudesse servir para abranger parte das aplicações de parcerias que se têm em vista, ela se mostra conceitualmente falha. Modelos de remuneração mista (não exclusivamente tarifários) já se encontram previstos – como hipótese – na Lei de Concessões (Lei federal 8.987/1995). De fato, o art. 11 da lei prevê a hipótese de, dentro das receitas ancilares, estarem previstas – para atingir a modicidade tarifária (*v.g.*, menor carga sobre o usuário do serviço) – receitas acessórias, alternativas de projetos associados ou complementares (o que, a meu ver, autorizaria o arranjo de estruturas tarifárias com pagamento integral ou parcial, alternativo ou complementar, pelo Poder Público, do valor de tarifa que deixaria de ser cobrado diretamente do usuário). Segue daí que conceituar PPP pelo arranjo da remuneração do particular também não se mostra útil.

### 2.3 As parcerias como forma de financiamento privado de empreendimentos públicos

Outra forma de se definir as PPPs relaciona-as com o financiamento privado de empreendimentos públicos, procurando delimitar o campo das parcerias como aquela forma de implementação de empreendimentos de interesse público financiados com recursos da iniciativa privada. Há, efetivamente, parcerias em que os particulares financiam integralmente empreendimentos públicos. É o caso dos projetos de empresas particulares que vertem recursos em programas de preservação do patrimônio histórico, sem pretender retorno econômico direto (recebimento de paga ou remuneração diferida), com vistas a obter propaganda institucional ou atender a políticas corporativas de responsabilidade social. É também a hipótese da doação, pelos particulares, de uma melhoria em infraestrutura (rodovias, por exemplo) com vistas a reduzir suas perdas econômicas com o transporte ou o fornecimento de equipamentos para as forças de segurança pública de modo a reduzir a criminalidade e, assim, diminuir os custos com seguros ou segurança particular.

É fato que nas parcerias em que o particular busca retorno econômico direto, mediante remuneração pela sua atividade, este realiza inversões (investindo recursos seus ou de terceiros, captados sob risco seu) para viabilizar o empreendimento (e implantar a infraestrutura, construir a obra ou fornecer os equipamentos necessários à oferta da utilidade escopo da parceria).

Porém, definir as parcerias como aqueles empreendimentos onde há financiamento privado enfrenta dois problemas conceituais. O primeiro é definir o que seja "financiamento privado". Pode haver financiamento privado (ou seja, aporte de recursos do particular ou por ele tomados das instituições financeiras) cuja fonte seja uma instituição pública. Quando o BNDES financia uma concessionária na ampliação das redes de suporte à prestação de um serviço público, podemos tomar este investimento como público (se nos ativermos à origem da instituição donde provêm os recursos carreados ao particular) ou privado (se levarmos em conta a natureza daquele que toma o risco do financiamento – no caso, a concessionária privada). Segue daí que podemos ter investimentos privados advindos de ente financiador público. Ocorre que, neste caso, o particular (parceiro privado) é que deverá assumir os riscos do empreendimento, não servindo seu eventual insucesso para elidir a obrigação de adimplir o empréstimo.

A segunda questão conceitual decorre do fato de que mesmo nos contratos administrativos tradicionais (uma empreitada de obra pública, por exemplo), malgrado a Lei de Licitações (cf. art. 7º, § 3º, da Lei 8.666/1993) vedar a inclusão nos editais licitatórios da obrigação do particular de obter recursos financeiros para execução do empreendimento, o próprio regime legal dos pagamentos já predica, necessariamente, algum financiamento pelo particular contratado. De fato, na medida em que se veda o pagamento antecipado (art. 63, § 2º, III, da Lei 4.320/1964) e que se prevê um prazo de 30 dias para pagamento – contado da comprovação de realização, pelo particular, de parcela de adimplemento da obrigação (art. 40, XIV, "a", da Lei de Licitações) –, temos que necessariamente o contratado financiará (aportará recursos seus para fazer frente a parte das obrigações assumidas) em alguma medida a obra pública. Isso se pensarmos numa Administração Pública adimplente e desconsiderarmos que o particular é obrigado a seguir com a execução por pelo menos 90 dias após o vencimento da obrigação pecuniária do Poder Público não honrada (cf. art. 78, XV, da Lei de Licitações).

Destarte, tenho comigo que o financiamento de empreendimentos públicos pelos particulares contratados pela Administração sempre existe. E que mesmo nas hipóteses de aporte de recursos pelos particulares pode o investimento originar-se de fontes públicas (o que não descaracteriza a natureza privada do investimento, desde que seja o particular o tomador do risco do financiamento).

Segue daí que me parece no mínimo insuficiente querer definir as parcerias a partir da natureza do investimento aportado para viabilizar o empreendimento.

## 2.4 A definição pela repartição de riscos

Uma quarta chave de compreensão do que sejam as parcerias adotaria como vetor a repartição de riscos entre Poder Público e parceiro privado. Por essa linha, as parcerias seriam um modelo alternativo entre o regime de empreitada (em que todo risco é do Estado) e o regime de concessão (onde todo o risco seria do particular).

Essa concepção peca pelos pressupostos.

Nem a empreitada é o regime de execução imune a riscos para o particular (em tese, riscos previsíveis seriam por ele assumidos[5]), nem na concessão o risco corre todo à conta do particular (haja vista que o regime constitucional e legal de proteção ao equilíbrio econômico e financeiro se aplica às concessões e confere generosa proteção ao concessionário). É verdade que o ajuste da uma parceria pode arbitrar riscos de forma mais equânime e amiudada. Isso pode ocorrer na empreitada, na concessão típica, no convênio, no termo de cooperação, numa carta de intenções, em qualquer contrato. O equilíbrio de riscos, assim, também não me parece ser um bom critério para, isoladamente, definir as PPPs.

*2.5 A parceria como operação de empreendimentos públicos*

Um quinto critério extrairia a delimitação das parcerias do fato de, nestes ajustes, o objeto compreender a implantação de empreendimentos para o Poder Público nos quais o particular se compromete não só a implantar infraestruturas (bens, obras, redes etc.) como, também, obrigatoriamente, operá-las e conservá-las por longo prazo. Trata-se de definição mais pragmática que conceitual, cujo maior mérito estaria em afastar do campo das parcerias a simples execução de obra pública (que remanesceria sob o regime de empreitada).

Esta concepção peca por afastar do regime de parcerias algumas aplicações muito relevantes e que em outros países se mostraram de grande potencial. É o caso, por exemplo, da implantação de habitações populares, onde o pagamento é feito pelo adquirente final (o cidadão de baixa renda), entrando o Poder Público na condição de financiador, ente subsidiante ou simples garantidor contra a inadimplência (episódica ou estrutural). De resto, essa concepção não resolve o problema

---

5. V., por exemplo, o regime de empreitada integral (art. 6º, VIII, "e", da Lei de Licitações), em que o particular assume toda a responsabilidade pela consecução do empreendimento e, por conseguinte, todos os riscos decorrentes das variações de quantidade e de falhas do projeto por ele concebido ou desenvolvido.

da definição geral, pois deixa ainda as parcerias como um rótulo genérico e desvinculado do conteúdo.

## 2.6 Uma tentativa conceitual no Brasil

Pois bem. Se delas vamos tratar, cumpre expor a minha concepção. Tenha-se em vista, inicialmente, o seguinte: cada parceria, consoante seu objeto específico e seu arranjo de viabilidade, haverá de ter uma delimitação específica. Segue daí que o verdadeiro regime de parcerias não estará na lei, e sim no contrato que lhe dá forma. No sistema de *common law* (nunca é demais lembrar que cuidamos de "tropicalizar" um instituto que surge na Grã-Bretanha) isso se mostra mais simples. No nosso sistema há necessidade de uma previsão legal, quanto mais por se tratar de contratos de que fazem parte entes da Administração Pública. Mais ainda porque nosso regime legal de contratação pública (para além de ser bastante ruim, fonte de constrangimentos dos publicistas brasileiros nos colóquios internacionais) oferece entraves e restrições ao regime das parcerias. Afinal, entre nós não é incomum ter quem veja a licitação não como meio (instrumento necessário para a consecução de contratos que visam, por seu turno, a viabilizar prestações de utilidade e interesses públicos), mas como um fim em si mesmo.

Antes de expor a delimitação adotada pela Lei 11.079/2004 para as espécies de parcerias submetidas ao regime jurídico próprio por ela estipulado, deve-se ter em vista uma definição do gênero "parceria" a mais ampla possível, pois lembremos que cada parceria é diferente da outra.

Alguns elementos esta definição há de ter.

### 2.6.1 *A natureza contratual*

Seu núcleo é a referência à natureza contratual (em sentido amplo) das parcerias. Trata-se de um ajuste (arranjo, acordo, composição, vínculo obrigacional) entre as partes pública e privada.

Seu objeto será, necessariamente, múltiplo. Pode envolver o oferecimento ou implantação de bem, atividade, comodidade, infraestrutura, de forma isolada ou combinada. Pode compreender tanto a intervenção inaugural (realização nova) quanto a recuperação ou aperfeiçoamento de cometimento já existente. Daí por que me afeiçoo ao termo "empreendimento", de amplitude e generalidade úteis.

#### 2.6.2 A finalidade da parceria

A finalidade mediata da PPP há de ser disponibilizar utilidade de interesse público (disse eu, "empreendimento"), fruível pelo administrado, de forma direta (uso comum, fruição divisível) ou indireta (uso especial, indivisível).

#### 2.6.3 As responsabilidades de cada parte

O papel de cada parte é sobremodo relevante. Ao privado cabe, na parceria, empreender (conceber, projetar, viabilizar os recursos necessários, construir, organizar, prover meios etc.), manter funcionando e concorrer para o adequado funcionamento do empreendimento (operação). Eis aqui um elemento característico essencial. Numa parceria o Poder Público define o que quer (especialmente a utilidade alvitrada e as finalidades pretendidas), deixando ao particular a concepção do modo com o qual proverá o demandado, nos níveis de qualidade estipulados. Na parceria cumpre ao Poder Público definir o que quer, e ao particular propor como conseguir (responsabilizando-se pelos riscos do caminho, da solução, oferecido).

Ao Poder Público cumpre delimitar os resultados que espera (não só definindo a utilidade pretendida, mas precisando os níveis de serviço exigidos), aferir a aderência do projeto apresentado pelos interessados. Escolhida a melhor solução (a partir de critérios objetivos, mas não exclusivamente econômicos, podendo considerar aspectos de níveis de desempenho, qualidade, cronograma etc.), cumprir-lhe-á acompanhar os resultados do empreendimento (aplicando sanções pelo não atingimento dos níveis de serviço antes estipulados) e preservar as pré-condições e pressupostos da parceria, garantindo a remuneração (via pagamento, fidúcia ou outro mecanismo que assegure as condições de exploração do empreendimento pelo parceiro privado) e observando o quanto pactuado (omitindo-se de alterações ou inobservâncias do contratado).

Vê-se, portanto, que no âmbito das parcerias há uma alteração substancial na relação Administração/particular. Não há de ser o Poder Público responsável por definir, em detalhe e minúcias, o que quer e como quer ver implementado. Fazê-lo seria negar a essência da parceria, além de afastar os benefícios da criatividade no mundo privado e assumir todos os riscos da escolha inadequada ou insuficiente da solução (meio) indicada. Na parceria remete-se margem de liberdade para o particular conceber a solução que se apresenta mais adequada para o resultado definido pela Administração, sabendo que ser-lhe-ão exigidos padrões de desempenho e níveis de serviço. Daí por que, por exemplo, não faz qualquer sentido, em sede de licitação para contratação de parcerias, se exigir que a Administração ofereça aos particulares o projeto básico do empreendimento. O que haverá de ser definido e estipulado são os resultados e as especificações da utilidade (inclusive níveis de serviço) desejada, bem como os critérios para sua aferição e as sanções por não atendimento destes.

### 2.6.4 O regime de riscos

Por fim, há o elemento da repartição de riscos. Cada parceria envolverá uma repartição específica de riscos amoldada à peculiaridade do seu específico escopo. É, pois, importante que se deixe claro o fato de ser inerente às parcerias um regime de riscos compartilhado e absolutamente detalhado em contrato.

### 2.7 Um conceito

Chego, então, à conceituação de PPPs que adoto – e que, malgrado sua amplitude, tem me sido útil. Tenho comigo que *PPP é o ajuste firmado entre a Administração Pública e a iniciativa privada, tendo por objeto a implantação e a oferta de empreendimento destinado à fruição direta ou indireta da coletividade, incumbindo-se a iniciativa privada da sua concepção, estruturação, financiamento, execução, conservação e operação, durante todo o prazo para ela estipulado, e cumprindo ao Poder Público assegurar as condições de exploração e remuneração pela parceria privada, nos termos do que for ajustado, e respeitada a parcela de risco assumida por uma e outra das partes.*

Nesta definição cabem infinitas hipóteses de parceria. Nela estariam compreendidas hipóteses de delegação de serviços públicos econômicos (via concessão, com tarifa e receitas complementares; ou via permissão, com receitas alternativas); o cometimento de atividades que não caracterizam serviços públicos econômicos; a delegação de serviços públicos indivisíveis; a concessão de bem ou obra pública sem delegação do serviço (mas com incumbência de operação da infraestrutura concedida); o cometimento dos ônus de recuperação e manutenção de um bem público, sem cobrança do usuário, mas com possibilidade de receitas ancilares; a construção de prédios públicos para posterior arrendamento à Administração Pública; a execução de empreendimentos habitacionais para aquisição por população de baixa renda – entre outras modalidades que certamente surgiriam no devir da implantação do instituto.

É à luz dessa concepção geral de PPPs que tentarei enfocar suas perspectivas no âmbito do saneamento ambiental. Antes, porém, cumpre adentrar um pouco o regime jurídico de PPP estabelecido na Lei 11.079/2004.

## 3. As PPPs na Lei 11.079/2004

### 3.1 A generalidade do instituto da concessão e sua constitucionalidade

A Lei 11.079/2004 adotou, como vetor para delimitar as espécies de parceria submetidas a seu regime jurídico, o regime de concessão. A opção não é imune a críticas. Alguns sustentam que o regime de concessão se prestaria na Constituição a designar apenas o instrumento de delegação da prestação de serviços públicos ao particular, mediante cobrança de remuneração (tarifa) diretamente do usuário – ou seja, que concessão, no Direito Brasileiro, seria sinônimo de concessão típica. O raciocínio não é sustentável. Por uma, porque existem várias outras manifestações do regime de concessão que não se confundem com o regime de concessão comum de serviços públicos, subordinado à Lei 8.987/1995. No direito público é o caso da concessão de direito real de uso, concessão de uso de bem público (que não se confunde com a concessão de serviço público[6]), concessão de uso do espaço aéreo (objeto do Decreto-lei 271/1967) ou concessão dos serviços de radiodifusão (cf. art. 223 da CF e Código Brasileiro de Telecomunicações). No direito privado temos a concessão comercial regulada pela Lei 6.729/1979.

O regime de concessão é mais amplo que a concessão típica objeto da Lei 8.987/1995. O instituto da concessão remete ao negócio jurídico pelo qual o ente titular de um bem ou atividade delega a outrem a exploração desta utilidade para que o faça dentro de parâmetros preestabelecidos e assumindo o delegatário parcela de risco inerente a esta exploração. É inerente ao instituto da concessão a atribuição de um direito (condicionado, no mais das vezes) ao concessionário – direito, este, ao qual corresponde também um plexo de obrigações (daí poder-se dizer ser inerente ao instituto da concessão a atribuição de um poder-dever ao concessionário). Bem lembra Pedro Gonçalves que no direito administrativo "a doutrina tem apresentado a concessão como uma figura jurídica unitária, embora suscetível de se desmultiplicar em aplicações diferenciadas e, por isso, de comportar conteúdos muito variados".[7] Ao que arremata afirmando que "na concessão há algo que a Administração confere a um outro sujeito, isto é, a concessão refere-se a um dado objeto que é conferido ao concessionário",[8] consignando que tal objeto é um direito, um poder subjetivo para fazer algo – o que dá à concessão o caráter de ato constitutivo de um direito.

Portanto, não vejo como sustentar ser à lei vedado estipular modalidade de concessões alternativas àquela típica, disciplinada pela Lei 8.987/1995. A própria Constituição (art. 175, parágrafo único, III), ao aludir à remuneração nos serviços públicos delegados, faz menção não a tarifas, e sim à política tarifária a ser definida por lei – o que, a meu ver, autoriza inclusive que o legislador defina serviços públicos que sejam objeto de concessão com uma política de subsídios públicos intensa (até mesmo se cogitando de serviços públicos com tarifa zero, como alhures chegou-se a defender).

6. De fato, pode haver concessão de uso de bem público dissociada da prestação de um serviço público, como ocorre no caso de concessão de uso de bem dominical, que, por definição, não é afetado à prestação de um serviço público.
7. Pedro Gonçalves, *A Concessão de Serviços Públicos*, Coimbra, Livraria Almedina, 1999, p. 53.
8. Idem, pp. 53-54.

Pois temos, então, que a Lei 11.079/2004 adotou o regime de concessão para delimitar as duas espécies de parcerias que serão regidas pelas normas especiais nela contidas (normas, estas, que derrogam, para estas parcerias, parte do regime legal dos contratos administrativos – objeto da Lei 8.666/1993 – e que se aproveitam, também em parte, do regime legal das concessões típicas previsto na Lei 8.987/1995[9]).

### 3.2 PPP e serviço público: o escopo das parcerias

Pode-se questionar se, ao adotar o regime de concessão para delimitar as parcerias submetidas a suas normas, a Lei 11.079/2004 não teria restringido o objeto destas parcerias apenas à delegação da prestação de serviços públicos de natureza econômica, consoante a regra do art. 175 da CF. Tal linha de raciocínio excluiria vários cometimentos de serem objeto das parcerias regidas pela lei em apreço, pois restariam afastadas as atividades não formalmente consideradas "serviços públicos" por lei. Não me parece cabível esta linha de interpretação. Primeiro porque as definições constantes da Lei 11.979/2004 deixam claro serem objeto das parcerias cometimentos mais amplos que a delegação de serviços públicos de natureza econômica nos termos do art. 175 da CF.

A concessão patrocinada (art. 2º, § 1º) é destinada à concessão de serviços públicos (aqui, em sentido típico, pois que inclusive pressu-

---

9. Note-se que em relação aos dois regimes jurídicos a Lei 11.079/2004 contém estipulações distintas; todas as parcerias entre o Poder Público e os particulares, como visto acima, sejam ou não concessões, envolvem de algum modo o travamento de uma relação contratual. Portanto, em tese seriam submetidas ao regime geral dos contratos administrativos. Por se aplicar em gênero, as regras da Lei 8.666/1993 foram afastadas – ou derrogadas – parcialmente pelo regime especial da Lei 11.079/2004. Diversamente, o regime de concessão previsto na Lei 8.987/1995 aplica-se a uma espécie de concessão – a concessão de serviço público típica (ou comum) –, embora tal lei contenha dispositivos concernentes ao regime geral das concessões (atinentes, pois, ao instituto das concessões). Daí por que para concessões outras que não aquelas diretamente regidas pela Lei 8.987/1995 são aplicadas, por analogia, suas prescrições. Por este motivo é que a Lei 11.079/2004 afasta em geral o regime da Lei de Concessões para as concessões administrativas (art. 3º) ao mesmo tempo em que lista quais dispositivos dela são aplicados a elas. Já na concessão patrocinada prevê a aplicação subsidiária das normas atinentes à concessão comum (cf. art. 3º, § 1º, da Lei 11.079/2004).

põe o pagamento de uma tarifa, subsidiada, pelo usuário final) ou de obras públicas. Veja-se que, diferentemente do estipulado na Lei 8.987/1995 (cf. art. 2º, III), a concessão de obra pública pode ser no regime das PPPs da Lei 11.079/2004 dissociada da delegação integral do serviço público a ela associado. Portanto, a concessão patrocinada pode ter por objeto a concessão de obra pública – o empreendimento – sem que isso pressuponha a delegação integral do serviço público, embora envolva a operação e a manutenção da obra pelo prazo da parceria, na medida em que a lei veda a PPP para singela execução de obra pública (contrato que tenha este escopo como objeto único – cf. art. 2º, § 4º, III).

Já na definição da concessão administrativa (art. 2º, § 2º) vê-se que seu objeto é bem mais amplo. Lá vemos que o escopo desta parceria é a prestação de serviços de que a Administração Pública seja a usuária direta ou indireta – o que compreende atividades que podem ou não caracterizar serviços públicos de natureza econômica, podendo compreender atividades econômicas em sentido amplo (que sejam exploradas pela Administração, em regime de monopólio ou não, nos termos do art. 173 da CF) ou, mesmo, funções públicas, desde que, no tocante a estas, não envolvam o trespasse das funções de regulação, jurisdicional, do exercício do poder de polícia[10] e outras atividades exclusivas do Estado (cf. art. 4º, III). Segue daí que a referência ao instituto da concessão nas modalidades que discrimina (patrocinada e administrativa) não restringe as PPPs disciplinadas pala Lei 11.079/2004 apenas àqueles ajustes que envolvam a prestação de serviços públicos de natureza econômica. Tais concessões poderão ter por objeto qualquer atividade de responsabilidade do Estado (que não aquelas exclusivas do Estado), embora em relação a estas seja possível formatar parcerias para disponibilização pelos particulares dos meios para exercício destas.[11]

10. Nota-se, aqui, um pecadilho técnico do legislador, haja vista a redundância de se falar em "regulação" e "poder de polícia", pois aquela função contém esta.
11. Acerca da possibilidade de contratação de particulares para as atividades de suporte às funções exclusivas de Estado, especialmente o poder de policia, v. meu "A contratação de empresas para suporte da função reguladora e a 'indelegabilidade do poder de polícia'", *RTDP* 32/65-82, São Paulo, Malheiros Editores.

## 3.3 As três espécies de concessão e seus regimes

O advento da Lei 11.079/2004 coloca-nos diante de três regimes de *concessão*: a *comum* (integralmente regida pela Lei 8.987/1095), a *concessão patrocinada* (regida pela Lei 11.079/2004 e subsidiariamente pela Lei 8.987/1995) e a *concessão administrativa* (regida pela Lei 11.079/2004 e pelos artigos da Lei 8.987/1995 e da Lei 9.074/1995 expressamente listados no seu art. 3º, *caput*). Assim sendo, temos que os artigos referidos no art. 3º da Lei 11.079/2004 são aplicáveis às três modalidades de concessão. Haverá, ainda, alguns artigos da Lei 8.987/1995 que serão aplicados, subsidiariamente, apenas à concessão patrocinada. Vejamos alguns deles.

## 3.4 Responsabilidade do particular pelos projetos

O art. 21[12] prevê que deverão estar à disposição de qualquer interessado na PPP todos os estudos, projetos e levantamentos relacionados ao empreendimento ou relevantes para a licitação, incluindo aqueles efetuados pela Administração ou realizados com sua autorização. Tal dispositivo tem duas finalidades. Primeiro, trata-se de regra de transparência, que obriga à ampla e irrestrita divulgação de todas as informações que detenha a Administração sobre a PPP oferecida aos particulares em licitação. A segunda, que decorre da referência aos estudos e projetos não realizados pelo poder concedente mas que contem com sua autorização, implica admissão tácita de que a Administração receba projetos e estudos de parcerias realizados por particulares interessados – o que integra o próprio núcleo da PPP. Aliás, isto foi expressamente reconhecido nas razões de veto ao art. 11, II, quando se afirma que o envolvimento dos particulares na própria concepção da parceria é importante para que a Administração se aproveite da eficiência dos particulares, logre projetos mais econômicos (com as soluções concebidas externamente à máquina pública) e possa melhor transferir os riscos ao privado (pois que riscos de

---

12. "Art. 21. Os estudos, investigações, levantamentos, projetos, obras e despesas ou investimentos já efetuados, vinculados à concessão, de utilidade para a licitação, realizados pelo poder concedente ou com a sua autorização, estarão à disposição dos interessados, devendo o vencedor da licitação ressarcir os dispêndios correspondentes, especificados no edital."

projeto ou concepção do empreendimento passam a não ser assumidos pela Administração).¹³

A regra da possibilidade de envolvimento dos particulares na própria concepção da parceria (o que não implica renúncia do Poder Público em decidir sobre o modelo a ser adotado, na medida em que os estudos e projetos poderão ser recebidos de vários interessados e deverão – como diz o dispositivo – ser tratados de forma transparente e pública) é complementada pela aplicação do art. 31 da Lei 9.074/1995. Neste dispositivo vemos prevista a possibilidade de o autor do projeto ou *os responsáveis economicamente por eles* (patrocinadores dos estudos) participar, direta ou indiretamente, da licitação, sendo possível ainda (cf. art. 21 da Lei 8.987/1995) que este patrocinador seja ressarcido pelos dispêndios correspondentes caso não logre vencer a disputa. A referência na Lei 11.079/2004 à aplicação destes dispositivos serve para compensar o equívoco de ter sido suprimido, no Senado, o art. 10 do projeto aprovado na Câmara dos Deputados. Este artigo tratava de modo bastante adequado a possibilidade de apresentação de projetos de parceria pelos particulares, sendo mais forte em assegurar mecanismos de transparência a este processo. Em-

13. O dispositivo vetado tinha a seguinte formulação: "Art. 11. O instrumento convocatório poderá prever: (...) II – a responsabilidade do contratado pela elaboração dos projetos executivos das obras, respeitadas as condições fixadas nos incisos I e II do *caput* do art. 18 da Lei n. 8.987, de 13 de fevereiro de 1995". Assim vieram as razões de veto: "O inciso II do art. 11 permite que apenas a elaboração do projeto executivo das obras seja delegada ao parceiro privado. Dessome-se do seu texto que a Administração teria a obrigação de realizar o projeto básico das obras. Isto seria reproduzir para as parcerias público-privadas o regime vigente para as obras públicas, ignorando a semelhança entre as parcerias e as concessões – semelhança esta que levou o legislador a caracterizar as parcerias público-privadas brasileiras como espécies de concessões, a patrocinada e a administrativa. As parcerias público-privadas só se justificam se o parceiro privado puder prestar os serviços contratados de forma mais eficiente que a Administração Pública. Este ganho de eficiência pode advir de diversas fontes, uma das quais vem merecendo especial destaque na experiência internacional: a elaboração dos projetos básico e executivo da obra pelo parceiro privado. Contratos de parcerias público-privadas realizados em diversos países já comprovaram que o custo dos serviços contratados diminui sensivelmente se o próprio prestador do serviço ficar responsável pela elaboração dos projetos. Isso porque o parceiro privado, na maioria dos casos, dispõe da técnica necessária e da capacidade de inovar na definição de soluções eficientes em relação ao custo do investimento, sem perda de qualidade, refletindo no menor custo do serviço a ser remunerado pela Administração ou pelo usuário".

bora de forma torta, pela referência aos citados dispositivos das Leis 8.987/1995 e 9.074/1995, segue admitido que nas PPPs os particulares possam desenvolver projetos e estudos de modelos de parceria e oferecê-los à Administração, sem que isso os impeça de disputar futura licitação para a parceria, mesmo se a modelagem por eles patrocinada vier a ser adotada pelo Poder Público.

*3.5 As cláusulas dos contratos*

As cláusulas dos contratos de parceria observarão, com as adaptações necessárias, o conteúdo previsto no art. 23 da Lei 8.987/1995.[14] É certo que algumas das estipulações ali listadas deverão se adequar ao regime próprio das PPPs, como expressamente determina o art. 5º da Lei 11.079/2004. Cito, por exemplo, o reajuste das tarifas (art. 23, IV), que, além de serem estas lidas de forma mais larga para a concessão administrativa (pois nela teremos contraprestação paga pela Administração não necessariamente como tarifa), se submete a regras

---

14. "Art. 23. São cláusulas essenciais do contrato de concessão as relativas: I – ao objeto, à área e ao prazo da concessão; II – ao modo, forma e condições de prestação do serviço; III – aos critérios, indicadores, fórmulas e parâmetros definidores da qualidade do serviço; IV – ao preço do serviço e aos critérios e procedimentos para o reajuste e a revisão das tarifas; V – aos direitos, garantias e obrigações do poder concedente e da concessionária, inclusive os relacionados às previsíveis necessidades de futura alteração e expansão do serviço e consequente modernização, aperfeiçoamento e ampliação dos equipamentos e das instalações; VI – aos direitos e deveres dos usuários para obtenção e utilização do serviço; VII – à forma de fiscalização das instalações, dos equipamentos, dos métodos e práticas de execução do serviço, bem como à indicação dos órgãos competentes para exercê-la; VIII – às penalidades contratuais e administrativas a que se sujeita a concessionária e sua forma de aplicação; IX – aos casos de extinção da concessão; X – aos bens reversíveis; XI – aos critérios para o cálculo e a forma de pagamento das indenizações devidas à concessionária, quando for o caso; XII – às condições para prorrogação do contrato; XIII – à obrigatoriedade, forma e periodicidade da prestação de contas da concessionária ao poder concedente; XIV – à exigência da publicação de demonstrações financeiras periódicas da concessionária; e XV – ao foro e ao modo amigável de solução das divergências contratuais.

"Parágrafo único. Os contratos relativos à concessão de serviço público precedido da execução de obra pública deverão, adicionalmente: I – estipular os cronogramas físico-financeiros de execução das obras vinculadas à concessão; e II – exigir garantia do fiel cumprimento, pela concessionária, das obrigações relativas às obras vinculadas à concessão."

próprias, como a vedação da postergação injustificada da sua homologação (cf. art. 5º, § 1º).

## 3.6 Solução de controvérsias e arbitragem

Outro ponto que merece destaque cuida dos mecanismos de solução de controvérsias relacionadas ao contrato de parceria. Enquanto o art. 23, XV, da Lei 8.987/1995 faz uma branda referência a mecanismos de solução amigável de divergências contratuais, a Lei 11.079/2004 prevê expressamente a possibilidade de "emprego dos mecanismos privados de resolução de disputas, inclusive a arbitragem, a ser realizada no Brasil e em Língua Portuguesa, nos termos da Lei n. 9.307, de 23 de setembro de 1996, para dirimir conflitos decorrentes ou relacionados ao contrato" (cf. art. 11, III) – o que remete, inclusive, à possibilidade de subtração de discussões deste jaez da apreciação judicial, como prevê a Lei de Arbitragem.

## 3.7 Responsabilidade do parceiro privado

A referência à aplicação do art. 25 da Lei 8.987/1995 torna aplicável às concessões patrocinada e administrativa o regime de responsabilidade da concessionária pelos prejuízos que causar à Administração, aos usuários (aqui, deve-se entender "os usuários diretos do serviço", independentemente de pagamento) ou a terceiros. Quanto à responsabilidade subjetiva, problema algum haverá. A questão estará posta quando cogitarmos de responsabilidade objetiva, que, nos termos do art. 37, § 6º, da CF, é extensiva aos particulares prestadores de serviços públicos.

Como disse, entendo que possa haver PPP cujo objeto não seja a prestação (direta ou indireta) de serviço público. Saber da aplicação da cláusula de responsabilidade objetiva envolverá investigar em que medida a PPP específica envolve, ou não, o trespasse de serviço público. Na concessão patrocinada a questão será mais simples, na medida em que seu objeto é a prestação de serviço público. Se o subsídio for integral pode-se até afastar a caracterização do usuário direto (o administrado beneficiário da prestação) como consumidor do serviço (se se imaginar que as relações de consumo pressupõem pagamento), mas dificilmente se poderá afastar a aplicação do art. 37, § 6º, da CF. No caso da concessão administrativa poderá haver hipóteses de elisão da responsabilidade objetiva se estivermos diante de uma PPP em que a Administração é usuária direta da utilidade, prestando ela, diretamente ao administrado, o serviço público específico.

## 3.8 A transferência da PPP

São aplicáveis também às concessões previstas na Lei 11.079/2004 as regras de transferência da outorga previstas no art. 27 da Lei 8.987/1995. A regra é a de admissão da transferência, condicionada à autorização da Administração. O dispositivo não alude a ter que ser a autorização prévia. A boa regra assim o exige. Porém, caso ela não se dê antes da operação de transferência, mas venha a ser depois expressamente admitida pelo poder delegante, creio ser plenamente convalidável a transferência.

É importante ter em vista que a previsão constante do art. 27 da Lei 8.987/1995 vai em sentido contrário à tradicional doutrina que concebia a concessão em geral como um contrato *intuito personae* – intrespassável, pois.[15] A fórmula adotada pelo legislador, e reiterada pela lei nova no art. 9º, § 1º,[16] no tocante à transferência da sociedade de propósito específico (SPE) criada pelo parceiro privado para executar a PPP, é a de admitir em tese a transferência desde que (a) haja manifestação aquiescente expressa da Administração e (b) o cessionário reúna condições de qualificação e se vincule integralmente às obrigações da outorga (neste sentido os incisos I e II do parágrafo único do citado art. 27[17]).

---

15. "Contratos administrativos: a possibilidade jurídica da cessão de titularidade contratual à luz do interesse público", *Cadernos de Direito Tributário e Finanças Públicas* 13/191-213, Ano 4, São Paulo, Ed. RT, outubro-dezembro/1995.

16. "§ 1º. A transferência do controle da sociedade de propósito específico estará condicionada à autorização expressa da Administração Pública, nos termos do edital e do contrato, observado o disposto no parágrafo único do art. 27 da Lei n. 8.987, de 13 de fevereiro de 1995."

17. "Art. 27. (...): I – atender às exigências de capacidade técnica, idoneidade financeira e regularidade jurídica e fiscal necessárias à assunção do serviço; e II – comprometer-se a cumprir todas as cláusulas do contrato em vigor."

Crítica merece a referência apenas à transferência do controle societário, que, como já demonstrei anteriormente, é apenas uma maneira de exercício do controle, sendo necessário, em sede regulatória, manejar conceito de controle mais amplo.[18] Por fim, destaco que a Lei 11.079/2004 contém regra que permite que previamente haja anuência da Administração com a transferência do controle da concessionária. O art. 5º, § 2º, I, admite que os contratos de PPP prevejam hipóteses e condições em que estará previamente autorizada a transferência do controle da SPE (concessionária) para seus financiadores, com o objetivo de promover sua reestruturação financeira e assegurar a continuidade da prestação dos serviços, excluindo neste caso a aplicação do requisitos de transferências constantes do art. 27 da Lei 8.987/1995.

*3.9 Mecanismos de garantia e securitização de recebíveis*

A Lei 11.079/2004 manda aplicar o art. 28 da Lei 8.987/1995, que admite que o concessionário dê em garantia dos financiamentos que tomar os direitos emergentes da concessão – o que compreende o direito ao recebimento de tarifas. A regra, embora aplicável às PPPs tratadas pela Lei 11.079/2004, encontra nela regime muito mais detalhado e amplo. O art. 8º[19] prevê várias outras hipóteses de garantias a serem dadas pela Administração e cedíveis ao financiador do parceiro privado nos termos do art. 5º, § 2º, II (que prevê a emissão de empenho em nome dos financiadores) e III (legitimação dos financiadores para receber indenizações por extinção antecipada da PPP).

18. V. meu texto "Discricionariedade e regulação setorial. O caso do controle dos atos de concentração por regulador setorial", in Alexandre Santos de Aragão (coord.), *O Poder Normativo das Agências Reguladoras*, Rio de Janeiro, Forense (2006).
19. "Art. 8º. As obrigações pecuniárias contraídas pela Administração Pública em contrato de parceria público-privada poderão ser garantidas mediante: I – vinculação de receitas, observado o disposto no inciso IV do art. 167 da Constituição Federal; II – instituição ou utilização de fundos especiais previstos em lei; III – contratação de seguro-garantia com as companhias seguradoras que não sejam controladas pelo Poder Público; IV – garantia prestada por organismos internacionais ou instituições financeiras que não sejam controladas pelo Poder Público; V – garantias prestadas por fundo garantidor ou empresa estatal criada para essa finalidade; VI – outros mecanismos admitidos em lei."

## 3.10 Os encargos das partes

Ao dizer que se aplicam às concessões patrocinada e administrativa os arts. 29 e 31 da Lei 8.987/1995, a Lei 11.079/2004 estendeu a elas o rol de atribuições do Poder Público e do parceiro privado nas concessões comuns. Não foi boa solução, pois, como vimos acima, a divisão de responsabilidades nas PPPs não é igual àquela tradicionalmente encontrada nas concessões típicas. Por exemplo, na concessão administrativa as regras atinentes à solução de queixas e reclamações dos usuários (art. 29, VII) deverão receber tratamento distinto do que ocorre no geral das concessões típicas. O mesmo ocorre com a meta de incentivar a competitividade no serviço (art. 29, XI), inaplicável na maioria das concessões administrativas. Inobstante, a maioria das obrigações referidas na Lei 8.987/1995 pode ser transposta, com temperamento, para as concessões tratadas na Lei 11.079/2004.

## 3.11 O regime de intervenção e extinção da PPP

Por fim, é aplicável às PPPS tratadas na Lei 11.079/2004 o regime de intervenção e de extinção das concessões previsto nos arts. 32 a 34 (intervenção) e 25 a 39 (extinção). Quanto à intervenção, não é de causar estranhamento que ela se aplique mesmo para a concessão administrativa, pois o instituto da intervenção é já previsto mesmo nos contratos de prestação de serviço quando isso for essencial para a continuidade de serviço essencial. Ver, neste sentido, a regra constante do art. 58,V, da Lei 8.666/1993.[20]

Já, no tocante à extinção da concessão administrativa ou patrocinada, a elas não se aplica o regime do art. 78 da Lei 8.666/1993, afastado pela aplicação do regime previsto na Lei 8.987/1995. Porém, este regime não afasta a essência da regra geral de término (normal ou excepcional) dos ajustes administrativos. Basicamente, as hipóteses de extinção de um contrato com o Poder Público podem ser assim

---

20. "Art. 58. O regime jurídico dos contratos administrativos instituído por esta Lei confere à Administração, em relação a eles, a prerrogativa de: (...) V – nos casos de serviços essenciais, ocupar provisoriamente bens móveis, imóveis, pessoal e serviços vinculados ao objeto do contrato, na hipótese da necessidade de acautelar apuração administrativa de faltas contratuais pelo contratado, bem como na hipótese de rescisão do contrato administrativo."

identificadas: (a) por atingimento da tal conclusão (término do prazo no caso dos contratos de duração continuada, ou cumprimento do objeto nos contratos de escopo[21]); (b) extinção motivada por falta do particular;[22] (c) extinção motivada por falta da Administração;[23] (d) fatos alheios à vontade das partes que impedem a continuidade do ajuste;[24] (e) desaparecimento da pessoa jurídica do contratado mediante falência ou liquidação;[25] (f) vontade da Administração, lastreada em razões de interesse público;[26] (g) vícios que comprometam irremediavelmente a legalidade do contrato e que não permitam sua convalidação.[27]

A primeira hipótese é a de extinção normal do contrato. As demais cuidam de extinção patológica ou extraordinária. Geralmente as hipóteses "b", "e" e "f" ensejam a rescisão por ato unilateral da Administração. Na situação "d" tem-se geralmente a rescisão amigável, por ato bilateral. Já, na hipótese "c", em regra, a rescisão tem que se dar por decisão judicial provocada pelo particular contratado (cf. art. 79, III, da Lei 8.666/1993). Pois o regime jurídico das concessões mantém esta sistemática, apenas conferindo maiores garantias para os particulares.

O art. 35 da Lei 8.987/1995, aplicável às PPPs regidas pela Lei 11.079/2004, prevê seis hipóteses estritas para extinção do contrato. A primeira (art. 35, I) é o advento do termo contratual, hipótese de extinção normal da concessão (e da PPP, por consequência). A segunda hipótese é a encampação, que nada mais é que a extinção unilateral e não sancionatória da concessão, motivada por razões de interesse público que não guardam qualquer relação de responsabilidade por falta atribuível ao particular. É, na concessão, a hipótese que substitui

---

21. Sobre o tema. v. meu "A duração dos contratos administrativos na Lei 8.666/1993", in *Estudos sobre a Lei de Licitações e Contratos*, Rio de Janeiro, Forense, 1994, pp. 168 e ss.
22. São as hipóteses, por exemplo, previstas no art. 78, I-VIII, XI e XVIII, da Lei 8.666/1993.
23. É o caso das hipóteses previstas no art. 78, XIII-XVI, da Lei 8.666/1993.
24. Hipótese típica de caso fortuito ou força maior, cf. art. 78, XVII, da Lei 8.666/1993.
25. Prevista no art. 78, IX e X, da Lei 8.666/1993.
26. Caso previsto no art. 78, XII.
27. Cf. art. 59 da Lei 8.666/1993.

e absorve a rescisão prevista no art. 78, XII, da Lei 8.666/1993, inaplicável às concessões. A encampação, embora permita o desfazimento da concessão por motivo de interesse público, é condicionada a autorização legal específica e indenização prévia dos prejuízos do concessionário. A terceira hipótese de extinção é a caducidade, que nada mais é que a rescisão unilateral decorrente da falta ou do descumprimento do contrato pelo particular; é a extinção-sanção, assegurada a ampla defesa. Na sequência, tem-se a hipótese de rescisão. Contudo, na concessão a rescisão somente compreende duas hipóteses (é dizer, não envolve a rescisão unilateral, punitiva ou de interesse público, aplicável aos contratos administrativos em geral): a rescisão bilateral ou a rescisão por provocação do particular – neste caso, necessariamente procedida mediante decisão judicial (cf. art. 39 da Lei 8.987/1995).

Duas outras situações ensejam a extinção da concessão: a anulação por vício de legalidade (aqui, observadas as regras da Lei 8.666/1993 e da Lei 9.784/1999) e a falência ou extinção da concessionária (a SPE a que alude o art. 9º da Lei 11.079/2004). É fato que não se pode desconhecer que, pelas características de uma concessão e de uma PP em particular, o regime de extinção do contrato deve ser apto a garantir certeza e segurança nas relações jurídicas. Por isso o afastamento das hipóteses de rescisão unilateral aplicáveis ao geral dos contratos administrativos.

### 3.12 Critérios de remuneração do particular

A principal distinção trazida pela Lei 11.079/2004 para as duas concessões que disciplina está no critério de remuneração do particular, que deixa de ser suportada exclusivamente pelo usuário. Digo, porém, que se trata de uma novidade relativa, pois, como já sustentei anteriormente,[28] o art. 11 da Lei 8.987/1995 já autorizava fortemente a formatação de concessões patrocinadas por outras receitas que não a tarifa paga diretamente pelo tomador do serviço.

---

28. V. meu "Concessão de serviços públicos sem ônus para o usuário", in Luiz Guilherme da Costa Wagner Júnior (coord.), *Direito Público: Estudos em Homenagem ao Professor Adílson Abreu Dallari*, Belo Horizonte, Del Rey, 2004.

## 3.13 O limite de patrocínio e autorização legal específica

No caso da concessão patrocinada admite-se o pagamento de tarifa diretamente pelo usuário, complementada por um subsídio (tratado inusitadamente como "patrocínio") em até 70% do valor estipulado como apto a remunerar o particular. Para além deste patamar o subsídio só será possível mediante autorização legal específica (cf. art. 10, § 3º). E, por específicas, hão de ser excluídas tanto autorizações legais que constem da Lei Geral das PPPs a ser editada em cada ente federado quanto a previsão eventualmente inserida na Lei Orçamentária Anual ou no Plano Plurianual.

Este dispositivo pode, no futuro, ensejar alguns problemas. Dois parecem-me claros. O primeiro diz respeito a uma concessão comum, outorgada sem previsão de subsídios tarifários mas em que, num dado momento, entenda o poder concedente de reduzir fortemente tarifas (em geral ou para uma dada parcela do serviço ou classe de usuários), subsidiando mais de 70% do seu valor com recursos orçamentários – algo já hoje possível no regime da Lei 8.987/1995.

Certamente a concessão não terá sido outorgada como concessão patrocinada, mas poderia se tornar, por força do poder de alteração unilateral do ajuste, com consequente reequilíbrio econômico e financeiro. Nestas hipóteses pode-se entender que a concessão comum transformou-se em concessão patrocinada – e, portanto, haverá um limite de subsídio (70%) para além do qual seria necessário autorização legal específica. Neste caso não creio ser correto este entendimento. Isso porque o § 3º do art. 10 faz referência à necessidade de autorização legal específica para a outorga de concessão patrocinada em mais de 70%, não me parecendo poder ser aplicado para as concessões comuns, mesmo que estas, por força do art. 11 da Lei 8.987/1995, venham a ser remuneradas com tarifas complementares em percentual superior a este patamar.

Distinta será a situação na outra hipótese de que cogito. Imaginemos uma concessão patrocinada que é outorgada com subsídio tarifário de 70% do valor remuneratório, e que no curso desta concessão fatores externos ao contrato, definidos como risco do poder concedente, abalam os custos componentes da tarifa, fazendo emergir um direito do particular a ter reequilibrada economicamente sua equação. Nesta hipótese, caso se decida por aumentar o subsídio para além dos 70%, então será necessária uma autorização legal específica, pois, se assim não fosse, estaria aberta a possibilidade de restar contornada a regra do art. 10, § 3º, da Lei 11.079/2004.

### 3.14 A remuneração na concessão administrativa: usuário direto e indireto

Já, no caso da concessão administrativa a remuneração do particular não sairá do pagamento pelo administrado como usuário direto do bem ou serviço objeto da parceria. Sua remuneração advirá de outras fontes, inclusive e principalmente de contraprestação paga diretamente pela Administração Pública (cf. arts. 6º e 7º da Lei 11.079/2004). Vale notar que na concessão administrativa o administrado pode ou não ser usuário direto da utilidade concedida. Se usuário direto, este uso dar-se-á de forma gratuita. Se indireto, a Administração figurará como usuária do serviço para fins de pagamento ou para efeitos, mesmo, de utilização dos equipamentos postos a seu dispor para melhor desempenho de suas funções.

Há três arranjos possíveis no tocante à fruição das utilidades objeto de concessões administrativas. No primeiro o administrado é individualmente usuário direto da utilidade mas, para fins de pagamento, a Administração comparece como usuária. É a hipótese da concessão no modelo de usuário único dos serviços de coleta de resíduos domiciliares ou na hipótese da universalização dos serviços de acesso à Internet (inclusão digital) em escolas ou centros comunitários. No segundo a Administração é usuária direta (para fins de utilização e pagamento), como ocorre se cogitarmos, por exemplo, de uma parceria para implantação e operação de um centro administrativo ou de uma repartição pública. No terceiro a Administração é considerada usuária direta para fins de pagamento e usuária indireta para fins de uso propriamente da utilidade objeto da parceria (o que ocorre numa PPP para implantação, manutenção e operação das funções delegáveis – hotelaria, por exemplo – num presídio).[29]

A principal diferença entre a primeira e as duas últimas hipóteses está no fato de que naquela a quantidade de fruição da utilidade dis-

---

29. Pois nesta hipótese os usuários diretos do equipamento – embora usuários não por vontade própria – são os presidiários recolhidos ao estabelecimento prisional.

ponibilizada na PPP será determinada pelos usuários diretos (os administrados), enquanto nas outras a Administração pode dimensionar quantidades (e custos globais) de modo mais confiável. Por isto é que as concessões administrativas, sempre que possível, deverão ter seus custos lastreados por fontes vinculadas de receitas, destacando-se as taxas pela disponibilidade do serviço público (entendido em sentido amplo) divisível, um mecanismo bastante adequado a este fim.

### 3.15 A questão dos bens reversíveis

Nas PPPs regradas pela Lei 11.079/2004 há previsão no sentido de que poderão ser previstos bens reversíveis ao patrimônio da Administração no final da concessão (administrativa ou patrocinada). Vemos isto no inciso X do art. 5º da lei.[30]

Três questões são importantes.

O regime de reversão deve ser cuidadosamente estipulado, de modo a prescrever exatamente as condições com que se quer receber o bem ao final da parceria, inclusive porque, como visto (cf. art. 2º, § 4º, III, da Lei 11.079/2004), não poderá ser objeto de concessão administrada ou patrocinada a simples execução de obra pública. Depois, não sendo necessariamente objeto da PPP a prestação de um serviço público, fica mais difícil definir os bens reversíveis pela simples vinculação à prestação do serviço público, havendo parcerias cujo objeto é a simples consecução do bem e sua conservação, operação e manutenção pelo prazo do contrato. O que leva ao terceiro problema, que é determinar o momento em que serão, no caso de PPP com execução de obra, recebidos os bens para os fins de início do prazo de responsabilidade do executor da obra, a que se refere o art. 618 do CC Brasileiro.

Se bem é verdade que não se aplica a estas PPPs o disposto no art. 73 da Lei 8.666/1993, e se também é fato que nestas parcerias o particular ficará responsável pela manutenção das condições plenas de utilização do bem, tampouco se pode afirmar que a responsabilidade do executor permaneça indefinida, por todo o tempo da parce-

---

30. Dentre as cláusulas do contrato deverá existir uma que preveja "realização de vistoria dos bens reversíveis, podendo o parceiro público reter os pagamentos ao parceiro privado, no valor necessário para reparar as irregularidades eventualmente detectadas".

ria. Definir exatamente estes critérios de responsabilidade, bem como as condições em que deverão ser revertidos os bens (e quais, exatamente, serão objeto de reversão), é um dos desafios para o êxito de uma PPP.

### 3.16 Última nota: a inconstitucionalidade do art. 28 da Lei 11.079/2004

O art. 28 da lei contrasta com seus demais dispositivos. Chega a causar estranhamento que em uma lei voltada a possibilitar PPPs na Administração Pública se tenha inserido um dispositivo que, na verdade, é regra de vedação das PPPs na maioria dos entes federados.[31] A regra é, porém, rematadamente inconstitucional, mesmo com o aumento do limite de vinculação das despesas correntes líquidas de 1% para 3% promovido pela Lei 12.024/2009. Explico.

É sabido que a União somente pode disciplinar as PPPs utilizando-se de sua competência para editar normas gerais sobre contratação administrativa. Pode-se discutir, aqui ou ali, se as regras contratuais atendem ou não ao pressuposto de generalidade, se num ou noutro dispositivo não houve exorbitância ou excessivo detalhamento. A discussão, aí, é interminável. Porém, ninguém há de desconhecer que o atributo central de uma norma geral é sua generalidade. Chega a ser acaciano. Uma norma geral não pode servir para diferençar seus destinatários desarrazoadamente, escolhendo aqueles para os quais se aplica e outros que de seu regime (que se pressupõe geral) restam excluídos.

Pois bem. O art. 28 (lançando mão dos poderes de indução da União no manejo de transferências voluntárias ou oferecimento de garantias) determina uma regra segundo a qual os entes federados não poderão comprometer mais que 3% de suas receitas correntes líquidas com as despesas de caráter continuado derivadas do conjunto das parcerias já contratadas. É dizer: os gastos anuais de um ente da Fe-

---

31. "Art. 28. A União não poderá conceder garantia e realizar transferência voluntária aos Estados, Distrito Federal e Municípios se a soma das despesas de caráter continuado derivadas do conjunto das parcerias já contratadas por esses entes tiver excedido, no ano anterior, a 3% (três por cento) da receita corrente líquida do exercício ou se as despesas anuais dos contratos vigentes nos 10 (dez) anos subsequentes excederem a 3% (três por cento) da receita corrente líquida projetada para os respectivos exercícios."

deração com todas as parcerias contratadas deverão ser inferiores a 3% de suas despesas correntes líquidas.

Pois o art. 2º, § 4º, I, da lei veda parcerias cujo valor seja inferior a 20 milhões de Reais. Presume-se que este valor total da parceria seja correspondente ao montante a ser pago ao parceiro privado ao longo do prazo da PPP. O art. 5º, I, admite o prazo máximo, já com prorrogações, de 35 anos para estas modalidades de parcerias. Portanto, a maior diluição do menor valor da PPP que se pode pensar é 35 anos. O que resulta numa única parceria em um dispêndio mínimo anual de aproximadamente 571 mil Reais. Para ficar dentro do limite de 3%, as despesas correntes líquidas de ente federado deverão ser iguais ou superiores a 171 milhões de Reais. O que – convenhamos – exclui a enorme parte dos Municípios, e mesmo alguns importantes Estados, da simples possibilidade de firmar uma única PPP. Resulta daí uma norma pretensamente geral (pois não se pode seriamente dizer que ela se destina à União, pretendendo claramente ser uma regra de ordem fiscal vinculante de todos os demais entes – como, aliás, demonstram desabridamente as razões de veto ao § 3º deste mesmo art. 28) cujo escopo é excluir parte da Federação da aplicação das demais normas gerais contidas na lei. Um verdadeiro despropósito constitucional.

Contudo, mesmo que se admita como constitucional o dispositivo, a ele deve ser dada interpretação razoável. Nem todos os valores despendidos a título de contraprestação de uma PPP devem ser computados neste porcentual. Apenas a parcela de contraprestação destinada a amortizar os investimentos na infraestrutura (obra, equipamentos, instalações) implantada para permitir a prestação dos serviços e utilidades concedidas é que pode ser considerada no cálculo dos agora 3%. Assim entendo por congruência com o escopo da vedação legal, na medida que seu objetivo é impedir o demasiado comprometimento do orçamento público.

Note-se que a própria redação do art. 28 da Lei de PPP está adstrita às "despesas de caráter continuado *derivadas* do conjunto de parcerias". Ao se utilizar da expressão "despesas derivadas", a vedação constante do dispositivo diz apenas com aquelas despesas originadas pela celebração de contratos de PPP. Não cabe a vedação às despesas que, muito embora vinculadas a estes contratos, não são por ele originadas. Segue daí que a limitação de comprometimento da receita corrente líquida deverá considerar tão somente a parcela da contraprestação que se destine exclusivamente à remuneração dos investimentos do parceiro privado. Afinal, é esta a única despesa que propriamente deriva do contrato de PPP. É incongruente com a finalidade do dispositivo legal levar em consideração aquilo que não decorre da obrigação assumida pelo Estado em PPP.

Não podem ser computados nestas despesas (porquanto não derivadas do contrato de PPP) aqueles dispêndios que antes da PPP já correspondiam a despesas de custeio constantes do orçamento do ente público promotor da PPP, tal como definido pelo art. 12, § 1º, da Lei 4.320/1964 – ou seja "as dotações para manutenção de serviços anteriormente criados, inclusive as destinadas a atender a obras de conservação e adaptação de bens imóveis".

Portanto, ainda que não se entenda inconstitucional a prescrição do art. 28 da Lei 11.079/2004, ela só pode ser interpretada no sentido de ser aplicada para a vincular ao comprometimento da receita corrente líquida apenas aquela parcela originalmente criada pelo contrato de PPP (é dizer, destinada a amortizar o investimento realizado pelo particular para oferecer o serviço concedido), já que a outra parcela decorre de despesa de custeio, que já integra (tem de integrar) as despesas correntes do ente público concedente da PPP – despesa, esta, que já integra o percentual do orçamento público.

Vistos alguns dos principais aspectos das concessões previstas na Lei 11.079/2004, creio já ser o momento de abordar o outro tema deste trabalho: o *saneamento ambiental*.

## 4. O saneamento ambiental

Antes de mais nada, é preciso fazer uma pequena nota terminológica. Há quem sustente que *saneamento ambiental* é gênero, e *saneamento básico* é espécie. Naquele – ambiental – estariam compreendidas as atividades de saneamento básico, e mais toda a cadeia de limpeza urbana e mais a drenagem urbana. Neste – básico – estariam apenas as atividades relacionadas ao provimento de água e ao esgotamento sanitário (compreendendo todas as etapas das respectivas cadeias).

Pela primeira linha de entendimento, *saneamento básico* seria distinto de *limpeza urbana*, embora ambas as atividades estivessem contempladas no gênero *saneamento ambiental*. Esta é a linha adotada pela Lei 9.074/1995, que no seu art. 2º expressamente distingue os dois serviços, tratando-os como espécies diferentes.

Há outros que definem *saneamento básico* como gênero onde seriam albergadas tanto as atividades de água e esgoto como a limpeza urbana e manejo de águas pluviais, atribuindo-se à expressão "saneamento ambiental" abrangência mais restrita. É exemplo disso o art. 43, III, da Constituição do Estado de Minas Gerais.

Há ainda aqueles que, em sentido distinto, adotam uma classificação que privilegia o regime jurídico, e então definem *saneamento ambiental* como um rol amplo de atividades ligadas aos cuidados ambientais de dejetos (sólidos ou não, decorrentes de atividades humanas ou advindos dos eventos pluviais), seja ensejados pelo Poder Público, seja pela sociedade. E, nesta classificação, *saneamento básico* seria integrado pelas atividades de saneamento sob responsabilidade do Poder Público (é dizer, fornecimento de água, esgotamento sanitário, limpeza urbana, drenagem etc.). É nesta segunda acepção que vai o anteprojeto de lei objeto de consulta pública promovida pelo Governo Federal ao longo de 2004.

A discussão terminológica não é perfunctória. Isso porque, conforme o conteúdo que se atribua ao conceito de *saneamento básico*, se estará ampliando ou restringindo o campo temático das diretrizes que incumbe à União editar por força do art. 21, XX, da CF.

Sem dela dar cabo, adoto aqui – como, de resto, já o fiz em outras oportunidades – a opção conceitual de utilizar *saneamento ambiental* como gênero, de que são partes o saneamento básico (água e esgotamento sanitário), limpeza urbana e manejo de águas pluviais em áreas urbanas, mantendo-me alinhado com o direito positivo vigente (art. 2º da Lei 9.074/1995). Uma vez editada legislação federal contendo diretrizes para o setor que adote concepção distinta, terei que rever meus conceitos.[32]

## 4.1 Os serviços públicos de saneamento ambiental

Parto do pressuposto de que as atividades que integram o saneamento ambiental constituem núcleos de serviços públicos. Bem é

---

32. Como aquela constante do anteprojeto de lei posto em consulta pública pelo Governo Federal.

verdade que nem "saneamento básico" nem "limpeza urbana" (as duas principais espécies que o integram) vêm referidos, explicitamente, na Constituição da República. Isso – penso eu – por não se tratar de serviços públicos de titularidade da União. Porém, tenho comigo que não é requisito essencial para que uma atividade receba o tratamento de "serviço público" que ela esteja prevista, enquanto tal, na Constituição.[33] Revestindo-se ela de alguma essencialidade – relevância para a coletividade num dado momento histórico –, pode o legislador reservar-lhe o regime de serviço público, quanto mais quando não predisser que sua prestação se dê em regime de privilégio ou exclusividade.

O saneamento ambiental compreende serviços públicos, por várias razões. Primeiro porque, do ponto de vista econômico, trata-se de atividade cuja prestação depende de infraestruturas não duplicáveis de forma economicamente viável. As redes de adução de água ou as estruturas de destinação final de resíduos – para ficarmos em dois exemplos – envolvem pesados investimentos que caracterizam, *prima facie*, monopólios naturais.

Do ponto de vista social, é fato que o Poder Público, meramente na esfera local, não pode se desincumbir de tais atividades. Sobremodo no ambiente urbano, o impacto da não prestação condizente dos serviços de limpeza e de coleta e afastamento de esgotos é grandíssimo, a ponto de desorganizar a urbe (imagine-se o impacto antiurbanístico causado pela necessidade de cada indivíduo resolver, por seus próprios meios e iniciativa, o destino dos seus resíduos e despojos).

### 4.2 O saneamento como função pública

Mais que uma comodidade, os serviços de saneamento ambiental envolvem uma necessidade para toda a coletividade. O não provimento de adequados serviços de saneamento impacta a saúde pública, o meio ambiente e o conforto da vida coletiva. Lembro-me de um estudo que apontava como em Luanda, Angola, no auge da guerra civil, a

---

33. Para uma ampla e criteriosa resenha das posições doutrinárias a respeito da possibilidade ou impossibilidade de uma definição de "serviço público" legislativa, e não apenas constitucional, v. Dinorá Adelaide Musseti Grotti, *O Serviço Público e a Constituição Brasileira de 1988*, São Paulo, Malheiros Editores, 2003, pp. 101 e ss.

ausência dos serviços de limpeza urbana comprometia até o transporte (coletivo e individual), haja vista que o leito carroçável das ruas era tomado por lixo e dejetos, dificultando o tráfego de veículos.

Se entendermos o Urbanismo (e, por consequência, a política urbana) como a disciplina da ordenação da cidade e do uso e funcionamento da vida no ambiente urbano, temos que o saneamento ambiental constitui parte inafastável da atividade urbanística.

## 4.3 As interfaces com outras áreas

Muitas são, como vimos, as interfaces do saneamento ambiental. Saúde pública, recursos hídricos, meio ambiente, uso e ocupação do solo urbano (que oneram as infraestruturas de saneamento), além de outras etapas da cadeia econômica que produzem resíduos relevantes, como parte de seu processo produtivo (por exemplo, grandes redes de varejo, indústrias alimentícias, hospitais), ou que se servem de resíduos como insumos industriais (indústria do alumínio, do vidro ou de celulose e papel). São, portanto, as atividades integrantes da cadeia de saneamento ambiental, em gênero, *serviços públicos*.

Não fosse pelo tanto acima exposto, bastaria para demonstrá-lo a expressa referência a eles enquanto tais na Lei 9.074/1995. Com efeito, ao listar os serviços públicos que, excepcionalmente, podem ser delegados sem necessidade de lei específica autorizadora, o art. 2º desta lei arrola, expressamente, os serviços de limpeza urbana e saneamento básico.

Veja-se que o fato de terem as atividades compreendidas no saneamento ambiental natureza de serviço público não significa dizer que elas, na sua inteireza, haverão de ser prestadas exclusivamente em regime de serviço público. Assim não é, nem deve ser. Pode haver atividades a que a lei reserve um regime de atividade econômica, explorada em regime de liberdade, embora sujeita a forte regulação, pelos particulares. Assim ocorre, por exemplo, com a coleta de lixo industrial ou despojado por grandes geradores de resíduos (supermercados, restaurantes etc.). Ou a coleta do resíduo industrial (água servida, subproduto no processo fabril). Nestes casos parece-me mais conforme ao interesse público que se cometa a responsabilidade pela solução do problema destes resíduos (sólidos ou líquidos) ao empreendedor, facultando-lhe a contratação de particular especializado para que proveja a coleta e o tratamento, cobrando, por isso, preço livremente pactuado.

Retorno ao problema do saneamento ambiental como serviço público. Se é razoavelmente pacífico tratar-se de atividades consideradas serviços públicos, mais complexo parece ser discernir se se trata de serviços públicos delegáveis, ou não.

## 4.4 Duas acepções constitucionais de "serviço público"

Em outras oportunidades já sustentei que a Constituição Federal se refere a serviços públicos em duas acepções distintas.[34] No art. 145, II, alude a serviços públicos em sentido amplo, como gênero de atividades prestacionais de incumbência estatal. Por outro lado, o art. 175 se refere a um sentido mais restrito de serviço público, agora como espécie do gênero "atividade econômica". São, aqui (art. 175), os serviços públicos econômicos, ou seja, passíveis de serem traduzidos em relações econômicas – e, portanto, delegáveis à opção do Poder Público.

Nem todo serviço público (em sentido amplo) pode ser tratado como atividade econômica. Há serviços (públicos) que, pela sua própria essência, se traduzidos em atividades econômicas, se descaracterizam enquanto tais. É o caso da segurança pública e da prestação jurisdicional. Em tese, podemos conceber a existência das utilidades de provimento de segurança ou de dominação de conflitos organizados prestadas e exploradas como atividades econômicas (ou seja, estruturadas e oferecidas com vistas ao lucro). Porém, estas atividades se desproveem das características de generalidade, acessibilidade e obrigatoriedade que lhes são características. Daí por que, embora se traduzam em utilidades apropriáveis pelos indivíduos, estas atividades são incompatíveis com o tratamento econômico. Nos casos destas atividades, especificamente, não se cogita, pois, de sua delegação.

Daí por que sempre se há de ter em vista que estas duas faces do serviço público (função pública e atividade econômica) estão longe de

---

34. V. meu "A nova regulação dos serviços públicos", *RDA* 228/13 e ss., Rio de Janeiro, Renovar, abril-junho/2002. V. também, e principalmente, meu "Concessão de serviços públicos sem ônus para o usuário", cit., in Luiz Guilherme da Costa Wagner Júnior (coord.), *Direito Público: Estudos em Homenagem ao Professor Adílson Abreu Dallari*, 2004.

ser antagônicas ou excludentes: os serviços públicos econômicos permanecem sendo função pública, ao oferecer utilidade pública para a população. Não raro são serviços essenciais, como é o caso do saneamento básico.[35]

Aqueles que possuem, no entanto, um conteúdo econômico merecem atenção particular, pois envolvem a imbricação de lógicas econômicas e não econômicas em sua prestação. Em princípio, a lógica do serviço público é contrária ou, ao menos, alheia à lógica puramente econômica. Corresponde à assunção, por parte do Estado, do compromisso de disponibilizar determinado serviço à fruição de toda a gente, independentemente de sua vantajosidade econômica. É serviço público exatamente porque, pela sua declarada importância para o bem-estar da sociedade, o Estado, mediante prescrição constitucional ou legal, chama para si a obrigação de provê-lo. Assim, mesmo nos casos em que o serviço for deficitário permanecerá a obrigação dos entes federados de provê-lo.

É admissível, no entanto, que este mesmo serviço possa ser objeto de exploração econômica. Pode ser objeto de delegação a concessionários ou permissionários dos serviços, que poderão – ao contrário da Administração direta – ter como objetivo essencial a legítima busca de lucro. A perspectiva de função pública não deixa, por isso, de estar presente: ainda que a prestação do serviço seja delegada, persiste a responsabilidade última do Estado, na qualidade de seu titular. A Administração lança mão de tal mecanismo no intuito de, simbioticamente, aproveitar-se da eficiência dos particulares ou de entidade especializada na execução da atividade que lhe comete, de forma a que os serviços sejam melhores em termos de qualidade e preço para seus usuários.

Pois bem. Partindo do pressuposto de que essas duas faces – serviço público como função pública e serviço público como parte integrante do núcleo das atividades econômicas – podem coexistir, não há como não se concluir que a própria natureza do serviço público exige que prevaleça a característica da função pública, que garante a fruição de utilidade essencial – ou, ao menos, de utilidade pública – aos ad-

35. A propósito, hão de ter um traço de relevância e essencialidade, sem o qual não poderiam sequer ser excepcionados à regra de mercado (livre acesso à iniciativa privada) e reservados à prestação em regime público.

ministrados. Insere-se no esforço constante de reduzir desigualdades sociais, que é um dos objetivos fundamentais do Estado Brasileiro (art. 3º, III, da CF).

Se é verdade que a perspectiva de função pública prevalece sempre sobre a perspectiva econômica, é também verdade que a dimensão econômica dos serviços públicos, quando existir, não pode ser desconsiderada. A prevalência é principiológica e relativa, pois desconsiderar a sustentabilidade econômica da prestação dos serviços corresponderia a comprometer a perenidade do serviço ou sua universalização.

Diante do necessário convívio entre essas duas lógicas distintas, é medida vital para que este se faça a demarcação estanque entre as duas perspectivas. Essa é condição essencial para que se viabilize, de um lado, o cumprimento da função pública do serviço e, de outro, sua sustentabilidade econômica. A partir do momento em que existe transparência na delimitação de cada um dos campos de incidência destas duas lógicas distintas e das consequências de uma sobre a outra, a coexistência entre elas torna-se viável.

### 4.5 Peculiaridades do saneamento ambiental

No saneamento ambiental a questão mostra-se bastante complexa. São necessários recursos privados para ampliar a universalização dos serviços (especialmente no saneamento básico, que apresenta níveis de penetração e cobertura muito baixos) e para aperfeiçoar a prestação (mormente no prisma da adequação ambiental). Contudo, a delegação da prestação destes serviços à iniciativa privada apresenta-se bastante mais complexa que em outros serviços públicos.

Três fatores ponteiam essa complexidade: (a) as enormes externalidades (positivas e negativas) dos serviços de saneamento ambiental, que tornam dificultoso seu tratamento como atividade meramente econômica; (b) o fato de estarem envolvidas atividades indivisíveis, dificultando a delegação da prestação diretamente ao usuário final; e (c) as peculiaridades na definição do ente público titular do serviço.

#### 4.5.1 As externalidades

Toda oferta de serviço público traz benefícios gerais à coletividade, para além do benefício trazido diretamente ao seu usuário. Isso é meramente a essencialidade e utilidade que caracterizam o elemento material imprescindível para reservar a uma atividade econômica o regime de serviço público. Uma sociedade com baixa oferta dos serviços públicos de telecomunicações apresentará baixos níveis de desenvolvimento econômico. Uma sociedade sem adequados serviços de energia elétrica apresentará baixa capacidade de se beneficiar de novas tecnologias. Contudo, quando tratamos de saneamento ambiental estas externalidades são tão significativas que se equiparam ou superam o benefício fruível, individualmente, pelos usuários.

As externalidades negativas da não oferta de saneamento são patentes: aumento de enfermidades, precarização urbanística, dano ambiental. Ao revés, a ampliação da cobertura destes serviços e o aperfeiçoamento na qualidade de sua prestação acarretam benefícios apropriáveis por toda a coletividade. Disso decorre um traço de compulsoriedade na fruição do serviço pelos usuários atingidos pela cobertura deste.

Mais que um serviço público, espécie de atividade econômica, advém uma maior proximidade destas atividades a uma acepção de serviço público como sinônimo de função pública e fruível de forma compulsória e indivisível por toda a gente, como nos exemplos de prestação jurisdicional e de policiamento ostensivo, acima expostos. Essa é uma das dificuldades para se cogitar da delegação, nos termos do art. 175 da CF. Não digo, aqui, que o trespasse da prestação dos serviços de saneamento ambiental seja inviável. Muito ao contrário, tanto que o art. 2º da Lei 9.074/1995 expressamente prevê a delegabilidade destes. O que temos é que essa delegação há de ser pensada de modo um pouco diverso do padrão habitual de concessões. O que denota a relevância da aplicação das PPPs no setor.

### 4.5.2 *As atividades divisíveis e indivisíveis: óbice à fruição individual*

Outra peculiaridade do setor são as atividades ditas "indivisíveis" – é dizer, aquelas que são oferecidas a toda a coletividade, e não aos administrados individualmente. São aquelas atividades em que o usuário é a coletividade como um todo, e não os indivíduos isolados. É o que ocorre com a limpeza (varrição, coleta, capinação etc.) nos bens públicos de uso comum (ruas, praças, calçadas etc.). É praticamente impossível separar, no saneamento ambiental, as atividades divisíveis das indivisíveis.

Por primeiro porque a não execução de umas pode anular o benefício da prestação de outras (inimaginável, por exemplo, uma cidade com coleta domiciliar irrepreensível, mas com varrição e coletas sofríveis nas áreas públicas).

Por segundo porque, indesviavelmente, estas atividades deverão se interconectar em algum momento, pois os resíduos "individuais" (divisíveis) terão o mesmo destino dos resíduos "coletivos" (ditos "indivisíveis"), de modo que as soluções de destinação final (por exemplo, aterramento sanitário) haverão de ser comuns.

O problema maior estaria nas modelagens de remuneração do serviço. Se pensado como atividade econômica, o serviço pode ser remunerado por tarifa paga pelos usuários (individuais, no caso dos serviços divisíveis; ou o Poder Público, usuário nos serviços indivisíveis). Porém, a remuneração por tarifa paga pelos usuários traz o problema prático da quantificação dos serviços prestados. Por exemplo, na coleta de resíduos sólidos as soluções tecnológicas de quantificação – pesagem – de resíduos são caras, praticamente inviáveis. Poder-se-ia cogitar da cobrança pela tarifa de disponibilidade do serviço (como ocorre com a tarifa de assinatura de telefonia ou o consumo mínimo de luz ou gás), mas isso certamente traria questionamentos jurídicos quanto à viabilidade dessa cobrança tarifária. No caso do saneamento ambiental a questão se divide. No fornecimento de água tratada a mensuração é possível e bastante comum. Já, no esgotamento sanitário temos a mesma dificuldade verificada nos resíduos sólidos (embora em ambos os casos não se discuta tratar-se de serviços divisíveis, malgrado de mensuração operacionalmente muito dificultosa) – o que leva a que a cobrança da tarifa seja arbitrada e embutida na tarifa de água.

Restaria a hipótese de cobrança por taxa – o que faz emergir outras questões jurídicas. A posição reiterada do STF (apesar de um recente e bem-fundamentado voto em sentido contrário do Min. Gilmar Mendes) é de impossibilidade de cobrança de taxas pelos serviços indivisíveis, cujo custeio deveria correr à conta, exclusivamente, das receitas advindas de impostos. Apesar de esse entendimento admitir refutações – em última instância, ele nos remete à questão da distribuição dos ônus pelo custeio das atividades estatais, envolvendo critérios comutativos ou distributivos –, a impossibilidade de atribuição individual da parcela dos serviços indivisíveis interdita que estes (ou as etapas da cadeia de saneamento ambiental a eles correspondentes) sejam objeto de delegação pelo regime de concessão de serviços públicos tipificado na Lei 8.987/1995.

### 4.5.3 A indefinição da titularidade do serviço

O terceiro bloco de questões leva-nos à polêmica em torno da titularidade dos serviços de saneamento ambiental entre os entes da Federação.

Em relação à limpeza urbana ou ao manejo de águas pluviais não há muita controvérsia acerca das competências federativas envolvidas. Trata-se de serviços reconhecidos tradicionalmente como locais. Em praticamente todo o país são prestados no âmbito municipal, sem prejuízo de haver, já, algumas iniciativas de gestão associada, mediante consórcios intermunicipais (o que não afasta a competência dos Municípios; ao contrário, reforça-a). Inobstante a questão da titularidade dos recursos hídricos, também a competência para prover e gerir a drenagem urbana não enseja muita polêmica. É praticamente consensual a aceitação da competência municipal.

O ponto controvertido está no abastecimento de água e no esgotamento sanitário. O cerne da polêmica está no tocante ao sistema de distribuição de água e coleta de esgotos sanitários, especialmente em Municípios que demandam solução integrada que engloba diversos Municípios. O que não deixa de causar-me espécie, pois seria nas etapas da cadeia que envolvem transcendência do território municipal (*v.g.*, captação, adução de água bruta, tratamento, adução de água tratada e reservação de água) que deveria existir maior conflito de posições. Desafortunadamente, move o debate o interesse em travar relação direta com o usuário (e, por conseguinte, arrecadar tarifas e determinar como serão prestados os serviços). Não consigo ver como o fato de os serviços demandarem soluções transmunicipais no *upstream* possa descaracterizar as etapas de distribuição de água e de coleta de esgotos como atividades intrinsecamente locais (e, portanto, cabentes aos Municípios).[36]

Postos os quadrantes da polêmica, vale enfrentá-la. Como já dito antes, a Constituição não lista o saneamento ambiental como serviço público de titularidade da União. Restaria, então, a discussão em torno da titularidade entre Estados e Municípios. Em princípio, os serviços de saneamento ambiental seriam de titularidade municipal, haja vista seu caráter eminentemente local (art. 30, I, da CF), mesmo em Municípios situados em regiões metropolitanas. Isso porque tenho plena convicção de que a faculdade assegurada pelo art. 25, § 3º, da CF não dá aos Estados a liberdade para, manejando suas competências legislativas, avocar competências materiais sobre serviços públicos. Aceitar que a norma constitucional confere aos Estados a prerrogativa de arbitrar as competências dos Municípios situados em regiões metropolitanas seria desfigurar o regime federativo preconizado na Constituição de 1988.

A meu ver, a instituição de regiões metropolitanas não altera as competências municipais. Apenas cria para os Estados a obrigação de articular e corroborar para o planejamento da atuação dos Municípios. Entender em sentido contrário importaria hierarquizar as competências federativas (os Estados teriam prerrogativa constitucional derivada para, por lei complementar, suprimir competências materiais de Municípios situados em áreas conurbadas, gerando competências municipais desuniformes).

Tampouco a competência comum prevista no art. 23, IX, da CF e compartilhada indistintamente entre todos os entes federativos, parece-me suficiente para predicar a titularidade de competência sobre os serviços de saneamento básico. O caráter incitativo do art. 23, IX, não tem o condão de definir competências federativas. Ao contrário.

Ao atribuir a todos os entes o dever de zelar pela consecução dos serviços de saneamento básico (e outros que lista) quis a Constituição

---

36. Lembre-se – e retomarei este exemplo mais adiante – que existem serviços públicos municipais (porquanto locais) que têm no *upstream* uma cadeia de serviço público da União sem perder sua característica local. É o caso da iluminação pública, ponta posterior à cadeia de energia elétrica, encerrada no âmbito da competência material da União na distribuição deste insumo.

assegurar que toda a Federação concorrerá para garantir sua continuidade, universalização, qualidade. O inciso IX do art. 23 alude expressamente ao concurso dos três entes para promover a melhoria nas condições de saneamento básico, e não para organizar e prestar estes serviços (como é a locução do art. 30, V). Dar interpretação mais ampla ao disposto neste art. 23 nos levaria a posições absurdas – como, por exemplo, admitir que os Municípios poderiam atuar no policiamento ostensivo apenas porque têm competência comum para "combater os fatores de marginalização" (inciso X), competindo-lhes, exemplificativamente, coibir a cooptação de jovens pelo tráfico de entorpecentes. Ou, então, daria aos entes municipais, ao arrepio do art. 184 da CF, competência para promover a reforma agrária, entendida como forma de "fomentar a produção agropecuária e organizar o abastecimento alimentar" (inciso VIII).

Certamente não é esse o conteúdo do art. 23. Ele não contempla atribuição de titularidade concorrente sobre as atividades necessárias para implementar as pautas constitucionais contidas nos seus incisos. O que lá vemos – isto, sim – é o imperativo de atuação coordenada, de cooperação dos entes federados com vistas ao atingimento daquelas pautas. Tanto assim é que o parágrafo único do art. 23 reforça este caráter prevendo a edição de lei complementar que discipline a cooperação predicada no dispositivo aos entes federados.

Pois bem, situados ou não em regiões metropolitanas, os Municípios têm competência material sobre os serviços de interesse local. O problema é que nem todas as atividades integrantes do plexo "saneamento ambiental" terão caráter local (ou, dito de melhor maneira: nem todas podem ser equacionadas no âmbito do território de um Município).

Adoto como critério para divisar se um serviço é, ou não, da competência municipal a verificação de que aquela atividade pode ser integralmente prestada no âmbito do seu território. Novamente a comparação entre a cadeia da limpeza urbana e a do saneamento básico serve de ilustração. Em tese (e abstraindo dos aspectos de viabilidade econômica), todos os serviços da cadeia de limpeza urbana – da coleta à destinação final – podem ser prestados dentro de um mesmo Município, qualquer que seja ele. Pode não ser conveniente ou economicamente viável, mas na prática é possível. Daí não se discutir ser a limpeza urbana um serviço público de âmbito local – e, pois, de competência municipal. Já, no saneamento básico, dada sua dependência dos recursos hídricos, tanto a jusante quanto a montante, há etapas da cadeia que em alguns Municípios não terão natureza local.

Impõe-se, portanto, separar as etapas da cadeia de saneamento básico, de modo a identificar quais são invariavelmente municipais – dado seu caráter local – e quais transcendem o âmbito de atuação dos Municípios. Parece-me que as etapas de distribuição de água e de coleta de esgotos são intrinsecamente locais. Em reforço a esse entendimento de que as atividades de distribuição de uma utilidade pública têm caráter local e são, em regra, de competência municipal vem o fato de que, quando o constituinte quis atribuir a competência de distribuição local aos Estados (no caso do gás canalizado), fê-lo de forma explícita (cf. art. 25, § 2º, da CF). Então, tenho que as atividades de saneamento básico que envolvem a rede capilarizada (distribuição de água tratada e coleta de esgotos) são de competência municipal. Já, a captação e a adução de água dependerão das características hidrológicas (e não necessariamente metropolitanas) de cada Município, podendo tais serviços ter caráter local ou não. Por fim, há as etapas intermediárias da cadeia (como a coleção e distribuição no atacado e o tratamento de água bruta e de esgoto), as quais, em princípio, têm caráter local, podendo assumir características translocais em função da configuração hídrica específica.

## 4.6 A dificuldade de se adotar a concessão típica

Este quadro de competências também representa um entrave – a modelar – ao concurso da iniciativa privada no saneamento ambiental pelo prisma da concessão típica. Daí também se fazerem necessários novos modos de ajuste com a iniciativa privada, alternativos à delegação via concessão típica.

Por todas estas características, que dificultam a delegação da prestação dos serviços de saneamento ambiental por concessão típica, é que se coloca conveniente pensar modelos alternativos de emparceiramento com a iniciativa privada para alavancar e incrementar as iniciativas no setor.

## 4.7 Panorama (ligeiro) da experiência brasileira em concessão no setor

É fato que as experiências de delegação dos serviços de saneamento ambiental são raras no país, e nem todas exitosas. No saneamento básico – exceção feita às concessões impróprias em favor das empresas estatais estaduais – houve algumas experiências de concursos na década de 90 do século passado, especialmente no interior dos Estados de São Paulo e Rio de Janeiro. Em São Paulo a maioria destas concessões encontra-se enredada em problemas de ordem financeira, ambiental e regulatória. No Rio de Janeiro, apesar dos eventos de ordem política que impactaram as concessões em alguns Municípios, as experiências, já maduras, se mostram razoavelmente bem-sucedidas.

No segmento de limpeza urbana as experiências de delegação por concessão são mais recentes e escassas. Há os exemplos mais hodiernos das cidades de Foz de Iguaçu e de Fortaleza – o segundo padecendo de problemas na sua modelagem, especialmente na forma de remuneração dos serviços. Mais recentemente, os Municípios de São Paulo e Vitória desenvolveram modelos de concessão atípicos (já numa concepção mais próxima do modelo de parcerias acima delineado); porém trata-se de exemplos muito recentes, que ainda não tiveram completada sua implantação.

O quadro até aqui traçado parece indicar que no saneamento ambiental há um fértil campo para desenvolvimento de PPPs, de modo a permitir, de um lado, o envolvimento da iniciativa privada na implantação de políticas públicas mais efetivas no setor e, de outro, contornar as dificuldades postas à delegação pela via da tradicional concessão.

## 5. Alguns exercícios de PPPs no setor de saneamento ambiental

Desde logo, quatro alternativas de PPPs poderiam ser cogitadas no setor de saneamento ambiental: (a) a concessão no modelo "usuário único"; (b) a segregação das cadeias e a concessão de atividades isoladas; (c) o arrendamento a e concessão de obra pública sem delegação dos serviços; (d) os modelos alternativos de delegação, com a remuneração do prestador, mediante receitas não tarifárias.

Exponho, sucintamente, os contornos de cada um destes modelos que enquadro dentro do conceito de PPP que apresentei anteriormente.

## 5.1 A concessão por usuário único

Neste modelo a Administração Pública figura como poder concedente e como único usuário dos serviços concedidos, aqui representando os usuários finais (Municípios), beneficiários diretos ou indiretos da prestação. Esse modelo, surgido inicialmente no âmbito da primeira versão do projeto para o regime jurídico dos resíduos sólidos em âmbito nacional (hoje convertido na Lei 12.305/2010, sem tal prescrição, porquanto já absorvida pela Lei de PPP), constitui o eixo central da solução adotada pelo Município de São Paulo para a coleta de resíduos domiciliares. Ele também está subjacente à formatação recomendada pelo TCU para viabilização das metas de Universalização dos Serviços de Telecomunicações (FUST). Nele se delegaria ao particular a exploração do serviço prestado, direta ou indiretamente, aos usuários finais, mas pagos não diretamente por eles, e sim pela Administração, normalmente mediante gestão de um fundo constituído por recursos específicos e vinculados à prestação dos serviços.

À luz da Lei 11.079/2004, pode-se aplicá-lo nos moldes de uma concessão administrativa em que a Administração contrata com o particular o provimento dos serviços tendo como usuário direto o administrado e como responsável pelo pagamento do particular a própria Administração, ou um fundo formado por receitas vinculares (taxas, por exemplo).

Há grandes vantagens neste modelo: ele permite a delegação de serviços tidos por indivisíveis; permite que haja a combinação da cobrança de taxa dos munícipes e que a remuneração do concessionário se dê por tarifa (de modo que a disponibilidade seja remunerada pelo usuário final, mas não necessariamente apropriada pelo prestador/delegatário). É fato que tal modelo enseja críticas. Algumas motivadas exclusivamente pela aversão ao novo. Outras centradas no entendimento de que na delegação de serviços públicos necessariamente deve existir relação direta entre concessionária e usuário final. Esta última crítica, porém, resulta bastante enfraquecida à luz do regime estatuído na Lei 11.079/2004.

Ademais, as críticas não convencem. Pode haver relação direta entre prestador e usuário final sem que este remunere diretamente aquele. A relação direta atina à prestação, e não à remuneração. Não fosse assim, e restaria interditada qualquer possibilidade de o Poder Público promover políticas de gratuidade tarifária ou de tarifas sociais, arcando com parte ou toda a tarifa cabente aos usuários beneficiados. Imagine-se que a lei estipule o direito à gratuidade no transporte interestadual de passageiros aos maiores de uma certa idade. Certo será que os concessionários deste serviço público farão jus à compensação pela queda na sua receita tarifária (imaginando-se que tal disposição legal sobreveio à concessão). Se esta compensação se der por indenização (arcando o Poder Público com o custo da gratuidade), teremos exatamente o mesmo resultado: o poder concedente substituindo – como usuário pagante – o usuário final beneficiado pela gratuidade (ainda que estes mesmos beneficiários possam concorrer para o custeio deste benefício, na condição de contribuintes).

Tampouco procede a crítica relativa à impossibilidade de se ter fruição de serviço público sem pagamento de tarifa. A própria Constituição prevê um serviço público do qual todos se servem sem nada despender: a radiodifusão. Ademais, como mostrei acima, a Constituição (art. 175, parágrafo único, III) afirma que a delegação pressupõe prescrição legal que contemple "a política tarifária", e não as tarifas a serem pagas. Nada obsta a que a política tarifária contemple desoneração direta, gratuidades ou a combinação de regimes de taxa e tarifa.

Há quem veja problemas neste modelo pelo fato de nele a Administração figurar como usuária de serviços públicos por ela delegados. Ora, isso nenhuma novidade ou perplexidade traz. A União é usuária – nos seus bens de uso especial – dos serviços de energia elétrica ou telecomunicações que concede aos particulares. Os Municípios, por sua vez, para prestar os serviços de iluminação pública (hoje remuneráveis segregadamente por contribuição, nos termos do art. 149-A da CF), figuram como usuários dos serviços de distribuição de energia elétrica (embora mormente os Municípios deixem de cumprir com sua obrigação básica de pagar a tarifa correspondente).

Há, por fim, quem veja inconstitucionalidade nestas hipóteses de PPPs, por não assumir o concessionário o risco de inadimplência do usuário. Bem, a crítica me parece duplamente tresloucada. De um lado, porque desconsidera o quanto o Poder Público é um usuário inadimplente – o que torna o risco de inadimplemento da tarifa não só existente como forte também no modelo de usuário único. De outro lado, porque pressupõe – com base em quê, não se sabe – ser inerente à delegação por concessão ou por permissão a assunção pelo particular do tal "risco de inadimplência". Isso incorre.

É fato que na concessão tradicional o particular assume o ônus de cobrar – o que é bastante diferente de assumir o risco do não pagamento. No regime garantístico do equilíbrio econômico e financeiro da concessão parece-me certo que uma inadimplência relevante e contínua ensejaria um direito do concessionário a postular do concedente medidas para neutralizar o impacto desse não pagamento. É o que tem ocorrido nas discussões administrativas e judiciais com a questão das rotas de fuga que afetam as concessões de rodovias. Se é verdade ser inerente ao instituto da concessão que o objeto concedido seja explorado por conta e risco do particular, igualmente verdadeiro não é dizer que esse risco há de envolver, inarredavelmente, a inadimplência. O modelo de usuário único, pela via da concessão administrativa ou pela concessão patrocinada na integralidade da tarifa, permite, por exemplo, que o particular assuma os riscos de variação quantitativa (a maior ou a menor) dos serviços, que corra os riscos das variações de custos operacionais ou que corra o risco do investimento. São riscos inerentes à concessão, e que nada têm a ver com a inadimplência.

De resto, na hipótese da concessão administrativa no modelo de usuário único, em que a Administração representa o usuário, no pagamento do serviço, cujos custos que o remuneram são obtidos mediante o pagamento de taxa vinculada à disponibilidade do serviço, entendo não ser aplicada a regra do art. 28 da Lei 11.079/2004. Isso porque, malgrado os gastos com a parceria possam superar o limite fixado (de forma inconstitucional, vimos) sobre as receitas correntes líquidas, o fato de ser a arrecadação da taxa vinculada ao serviço torna incompatível a inclusão destes dispêndios no cálculo dos limites ali referidos.

A grande vantagem desse modelo aplicado no saneamento ambiental está no fato de que, nele, a Administração pode dissociar o interesse do particular do aumento na quantidade de serviços prestados. Na concessão tradicional, tanto maior será o ganho do particular quanto mais os usuários consumirem seus serviços. Em telefonia isso faz todo sentido. No campo do gás canalizado, o mesmo. Mesmo na energia, desde que planejado o crescimento da demanda, o aumento de consumo poderá ser meta alvitrada.

No saneamento ambiental ocorre o inverso. O objetivo de uma política pública responsável há de ser a redução, por exemplo, do consumo de água potável (via medidas de incentivo ao uso racional ou ao reuso da água) ou a diminuição da produção de resíduos (via incentivo à reciclagem autônoma ou à educação ambiental). Em ambos os exemplos não faz sentido que o operador privado tenha seus ganhos diretamente relacionados com o aumento determinado.

Este modelo de concessão permite a dissociação (por exemplo, com estruturação de tarifas *flat* por margem de geração de resíduos, de modo que o ganho do particular aumente com a redução de consumo, e não o contrário) entre remuneração e demanda. Permite, ainda, que a cobrança do usuário final – estruturada pela cobrança de taxa pela oferta efetiva ou potencial do serviço – favoreça o esforço do usuário para consumir menos a utilidade (o que se resolve via autolançamento declaratório por faixas de consumo).

## 5.2 A concessão por atividade desagregada

Há um forte tendência em se pensar a delegação dos serviços de saneamento ambiental em bloco. Isso nem sempre é possível ou conveniente. Por exemplo, na área de saneamento básico as dificuldades em definir o ente federado titular de cada serviço tornam quase impossível pensar em delegação em bloco. Já, na limpeza urbana pode ser conveniente que as etapas finais (particularmente a destinação final) sejam outorgadas em articulação de vários Municípios, tornando viável economicamente a delegação.

A segregação da cadeia de serviço público para fins de delegação não é nova. No setor elétrico ela já é muito comum, haja vista as concessões separadas de geração, transmissão e distribuição. Neste modelo, a relação com o usuário final se dá apenas na distribuição. No restante da cadeia o que há é uma relação entre delegatários que se remuneram ou mediante preços de interoperação livremente negociados (como deveria se dar no setor elétrico, com o pagamento pela compra de energia, até há bem pouco tempo), ou mediante tarifas definidas pelo poder concedente (como ocorre com a tarifa de transmissão ou as tarifas de rede no setor de telecomunicações).

Nesta modalidade de parcerias poderíamos ter a delegação, por concessão administrativa ou patrocinada, da adução e tratamento de água, com cobrança de tarifas pela água fornecida às empresas estatais incumbidas do serviço de distribuição domiciliar e abastecimento de água potável. Ou poderíamos ter a delegação da construção e operação da infraestrutura de destinação final de resíduos (aterros sanitários, incineradores, usinas de compostagem etc.), percebendo o particular remuneração da Administração pela prestação deste serviço público aos demais prestadores na cadeia de limpeza ou ao Poder Público, quando mantido responsável pelas demais atividades.

Esse tipo de parceria permitiria que a delegação se desse apenas nos segmentos em que ela fosse economicamente viável, que envolvesse pesados investimentos à conta do particular e em segmentos em que pudesse ser equacionada a questão da titularidade dos serviços com maior facilidade.

## 5.3 O arrendamento ou concessão de infraestruturas

Outra hipótese de parceria (até certo ponto assemelhada à anterior, mas sem envolver delegação de serviço público) é a contratação da implantação e operação de uma infraestrutura a ser empregada na cadeia do saneamento ambiental. Neste caso, entendo que estaremos diante de uma parceria fora das modalidades regidas pela Lei 11.079/2004.

O traço marcante é que, neste caso, o particular entrará apenas com o bem ou equipamento, sem se incumbir da atividade como um todo. Seria, por exemplo, a hipótese de se contratar com o particular a construção de uma adutora de captação de água, arrendando-a para o sistema de abastecimento de água por largo prazo (com ou sem incorporação à rede de abastecimento ao término desse período).

Certo é que haveria algum questionamento acerca do prazo máximo de duração previsto no art. 57, II, da Lei 8.666/1993 (os cinco anos). Contudo, entendo ser possível afastar este limite temporal, por duas ordens de raciocínio. Primeiro, porque o prazo máximo de um lustro se refere, na lei, a serviços de duração continuada, e o arrendamento – como já decidiu a jurisprudência em matéria tributária – não é considerado serviço (logo, descabendo falar em duração continuada).[37] De outro lado, o arrendamento é contrato típico de direito privado, assemelhado à locação. Pode-se, então, sem afastar o restante do regime de direito público, sustentar, com base na aplicação analógica do art. 62, § 3º, I, da Lei 8.666/1993 (o qual afasta expressamente as regras do art. 57 para a locação), que seu prazo deve observar as normas do direito civil.

Outro exemplo seria a outorga de concessão de obra pública consistente numa estação de tratamento de esgotos a ser construída e operada pelo particular, recebendo dejetos originados em vários Municípios que se incumbissem da coleta e transporte do esgoto e remunerassem o particular por quantidade de esgoto tratado. Para tanto, devem estes entes municipais se valer da possibilidade de consorciação prevista no art. 241 da CF.

Essa alternativa de parceria tem a vantagem de abrir a possibilidade de concurso da iniciativa privada na implantação de infraestruturas necessárias à ampliação e incremento das redes destinadas ao saneamento ambiental, sem necessitar de equacionamento do problema da titularidade destes serviços, nem do enfrentamento da questão da delegabilidade, ou não, destas atividades.

*5.4 Os modelos de parceria com receitas ancilares*

A última das hipóteses de parcerias que me ocorre, agora, cogitar cuida de ajustes que permitem o concurso da iniciativa privada na área de saneamento ambiental mediante a outorga do direito de exploração de receitas não diretamente advindas da cobrança de tarifa dos usuários. Aqui, mais uma vez, estamos diante de parcerias que podem ser formuladas fora do regime de concessão administrativa ou patrocinada. Seria o caso, por exemplo, de investimentos em plantas de destinação final de resíduos, mediante a possibilidade de exploração de geração de energia em usinas de biomassa ou pequenas termoelétricas a gás gerado do aterramento sanitário.

37. V., a este respeito, o decidido pelo STF no RE 116.121-3-SP, rel. Min. Octávio Gallotti, *DJU* 25.5.2001.

Outro bom exemplo destas parcerias está na coleta seletiva de resíduos remunerada pelo direito de revenda de materiais recicláveis. Este modelo admite parcerias tanto com empreendedores industriais como, também, com cooperativas de catadores que atuam na coleta e na separação de resíduos, tendo como contrapartida a venda do material reciclável de relativo valor.

## 6. Conclusão

Os exercícios feitos aqui estão longe de ser exaustivos ou completos. Não era essa a proposta deste texto. Preocupei-me mais em indicar como as PPPs podem ser um bom alento para dar curso às inovações jurídicas de que o setor de saneamento precisa.

O novo ciclo de concessões que teve início na década de 90 do século passado voltou-se a serviços públicos que, mal ou bem, já tinham uma memória de concurso da iniciativa privada.

O saneamento ambiental nunca foi tratado, entre nós, com a atenção devida. É hora de o ser. O princípio constitucional da dignidade da pessoa humana impõe que se invista e desenvolva este segmento. E isso, certamente, se fará com denodo e criatividade jurídicos. Nada haveria de mais indigno que manejar nossa inventividade e conhecimento para deixar tudo como está.

# A EXPERIÊNCIA BRASILEIRA NAS CONCESSÕES DE SANEAMENTO BÁSICO

RODRIGO PAGANI DE SOUZA[1]

*1. Introdução. 2. Os diversos serviços de saneamento básico. 3. Perfil do setor de saneamento básico no Brasil: os diversos prestadores. 4. Concessões de saneamento básico: 4.1 As "concessões-convênio" feitas sob a vigência do Plano Nacional de Saneamento (PLANASA) – 4.2 Concessões a empresas privadas e PPPs. 5. Outros importantes desafios jurídicos do setor: 5.1 Segurança quanto à titularidade – 5.2 Planejamento integrado: sistemas metropolitano, ambiental, de saúde pública, de gestão de recursos hídricos e de saneamento – 5.3 Descentralização das atividades de planejamento, regulação e execução. 6. Conclusões.*

## 1. Introdução

O presente estudo pretende traçar um panorama da experiência brasileira iniciada na década de 70 do século passado, nas concessões de saneamento básico, para, em seguida, numa visão prospectiva, tentar

---

1. O autor agradece ao coordenador da obra, Carlos Ari Sundfeld, pelo honroso convite para dela participar; a Mateus Piva Adami, pelo inestimável auxílio à coordenação dos eventos que a precederam; a Jacintho Arruda Câmara, Rodrigo Pinto de Campos e Ticiana Nogueira da Cruz Lima, primeiros leitores desse trabalho, com observações e estímulos sempre valiosos; aos demais autores do livro ora publicado, cujos debates lançaram luzes sobre a nossa reflexão; e a todos os colegas – além dos já citados, Vera Monteiro, Sebastião Botto de Barros Tojal, Carolina Theodoro da Silva Mota e Denise Vasques – que, por razões variadas, têm contribuído decisivamente à nossa reflexão sobre questões jurídicas do setor de saneamento básico, muitas tocadas nesse trabalho acerca da experiência brasileira nas concessões do setor. A todos, a gratidão do autor, que registra que os posicionamentos aqui manifestados são, por óbvio, de sua inteira responsabilidade, sem comprometimento dos colegas de reflexão e trabalho com seus eventuais desacertos.

identificar como as recém-editadas leis sobre parcerias público-privadas (PPPs) poderão ser úteis à celebração de ajustes entre parceiros públicos e privados no setor. Ainda neste esforço prospectivo, busca-se identificar alguns dos principais desafios jurídicos do setor de saneamento cuja superação parece necessária para que nele sejam disseminados os contratos de PPP.

Com tais propósitos, o texto divide-se em cinco partes. Após uma notícia sobre as atividades englobadas sob a rubrica "saneamento básico" (item 1) e sobre os atuais prestadores do serviço no Brasil (item 2), adentra-se a abordagem da experiência brasileira nas concessões de saneamento básico (item 3). Neste ponto destacam-se duas experiências: de um lado, a das "concessões-convênio", celebradas na década de 70 do século passado, entre Municípios e companhias estaduais de saneamento, sob a égide do Plano Nacional de Saneamento (PLANASA); de outro, a das concessões de serviço público propriamente ditas, feitas a particulares, já na década de 90 (item 4). Num e noutro caso, a abordagem é no sentido de identificar aspectos dos dois institutos ("concessões-convênio" da época do PLANASA e concessões propriamente ditas) que suscitam reflexões e desafios no presente. Não se faz, no presente estudo, um relato dos casos específicos nas duas experiências, mas busca-se analisar aspectos do regime jurídico dos institutos aplicados numa e noutra. Relativamente ao regime das concessões propriamente ditas, busca-se identificar como determinadas regras, colhidas de "leis sobre PPPs" (a federal e estaduais), podem servir ao seu aprimoramento. Finalmente (item 5), anotam-se três desafios jurídicos que se põem, na atualidade, para o implemento de PPPs em saneamento básico, mas não deixam, ao mesmo tempo, de se pôr para o implemento de ajustes entre pessoas estatais.

## 2. Os diversos serviços de saneamento básico

O chamado "serviço público de saneamento básico", tal qual toda espécie de serviço público, envolve uma série de atividades. Há, de fato, um complexo de atividades por trás desta denominação, empregada pelas leis e pelas Constituições. Convém noticiá-las desde logo, para melhor delimitar o objeto das reflexões propostas neste estudo.

Costumam ser designadas por "serviço público de saneamento básico", essencialmente, as atividades de *abastecimento de água* e *esgotamento sanitário*. Mas estas duas atividades englobam, na prática, muitas outras. O abastecimento envolve a captação da água bruta e sua reservação; a adução (transporte) desta água, por largos dutos, até estações de tratamento; o tratamento desta água; a adução da água tratada; sua reservação; e, finalmente, sua distribuição por meio de uma rede capilarizada até os pontos de consumo (domicílios, indústrias etc.). Já, o esgotamento sanitário consiste na coleta de esgotos; no seu transporte por meio de largos dutos até as estações de tratamento; no tratamento deste esgoto; e, finalmente, no seu transporte e destinação final.

É certo que abastecimento de água e esgotamento sanitário têm parecido, ao legislador, ínsitos à expressão "serviço público de saneamento básico", mas por vezes ela tem sido empregada de modo a abranger também as atividades relacionadas à *limpeza pública* e à *drenagem urbana de águas pluviais*. A Constituição do Estado de Minas Gerais, por exemplo, ao enumerar as chamadas "funções públicas de interesse comum", atinentes às regiões metropolitanas, inclui entre elas o "saneamento básico, notadamente abastecimento de água, destinação de esgoto sanitário e coleta de lixo urbano, drenagem pluvial e controle de vetores" (art. 43, III). Da mesma maneira, a Lei estadual 11.720, de 28.12.1994, que dispõe sobre a Política de Saneamento do Estado de Minas Gerais, define o saneamento básico de modo a englobar as atividades de "coleta, reciclagem e disposição adequada dos resíduos sólidos" (art. 21, III, "c"). Diferentemente, a Constituição do Estado de São Paulo, apesar de ter uma seção específica dedicada ao tema do "saneamento" dentro do título que cuida da ordem econômica, não enumera expressamente quais as atividades que fazem parte do "serviço público de saneamento básico".

Inexiste, em suma, uma uniformidade no ordenamento jurídico brasileiro quando se reporta ao conjunto de atividades envolvidas sob a rubrica "serviço público de saneamento básico".

Tem-se, contudo, adotado também a expressão "saneamento ambiental" para designar, simultaneamente, os quatro setores de atividades referidos: água, esgoto, drenagem urbana e lixo. O emprego desta expressão parece ter o propósito de evidenciar que há um conjunto mais amplo de serviços públicos necessários à salubridade do meio ambiente urbano, que não apenas os de água e esgoto. Neste sentido, "saneamento básico" seria expressão reservada apenas aos serviços públicos de água e esgoto, e "saneamento ambiental" abrangeria os quatro serviços públicos suprarreferidos. O anteprojeto de lei da "Política Nacional de Saneamento Ambiental", em elaboração no âmbito do Poder Executivo Federal (na sua versão de junho/2004, que foi submetida a consulta pública[2]), parece ir nesta linha, ao estabelecer uma definição de "saneamento ambiental" aglutinadora das quatro atividades.

Neste trabalho adota-se a expressão "saneamento básico" para referir apenas os serviços públicos de abastecimento de água e esgotamento sanitário. Não serão, aqui, abordadas as atividades de limpeza pública e drenagem urbana de águas pluviais.[3]

## 3. Perfil do setor de saneamento básico no Brasil: os diversos prestadores

Segundo dados do IBGE,[4] entre o total de Municípios Brasileiros que contavam com sistema de abastecimento de água no ano de 2000, 68,8% eram abastecidos por entidades estaduais, 45,5% por entidades

---

2. *Nota da Editora*: esse Projeto de Lei transformou-se na Lei 11.445, de 5.1.2007.

3. Embora se reconheça a estreita ligação entre os serviços de saneamento básico e os de drenagem de águas pluviais e coleta, tratamento e disposição final de lixo (na medida em que todos se afiguram essenciais à preservação do meio ambiente e da saúde da população), o certo é que a *execução* de cada um deles envolve técnicas, não raro, distintas. Isto faz com que, na contratação destes serviços pelo Poder Público, cada um deles seja objeto de instrumentos contratuais distintos. Em outros termos, a realidade é que os contratos para a prestação de serviços de água e esgoto não envolvem, geralmente, a coleta, tratamento e disposição final de lixo, assim como o inverso também é verdadeiro.

4. Referimo-nos à *Pesquisa Nacional de Saneamento Básico: 2000 (PNSB 2000)*, realizada pelo IBGE em parceria com a Secretaria Especial de Desenvolvimento Urbano da Presidência da República (SEDU/PR), a Fundação Nacional de Saúde (Funasa) e a Caixa Econômica Federal (Caixa), com o objetivo de "investigar as condições de saneamento básico de todos os Municípios Brasileiros, através da atuação dos órgãos públicos e empresas privadas, permitindo uma avaliação sobre a oferta e a qualidade dos serviços prestados, além de possibilitar análises das condições ambientais e suas implicações diretas com a saúde e a qualidade de vida da população". A pesquisa teve abrangência nacional, sendo implantada em todos os 5.507 Municípios existentes no ano de 2000, nas 27 unidades da Federação. Os serviços objeto da pesquisa foram *abastecimento de água, esgotamento sanitário, limpeza urbana e coleta de lixo* e *drenagem urbana* (cf. IBGE, *Pesquisa Nacional de Saneamento Básico: 2000 (PNSB 2000)*, pp. 23-24).

municipais, 8,4% por entidades particulares e 2,9% por entidades federais.[5] Comparando-se estes dados de 2000 com os obtidos em 1989, o percentual dos Municípios abastecidos por entidades municipais elevou-se de 36,5 para 45,5% no período, enquanto o percentual atendido por entidades estaduais caiu de 73,8 para 68,8%. Já, o percentual dos Municípios abastecidos por entidades particulares elevou-se de 0,4 para 8,4%. Finalmente, o percentual dos Municípios atendidos por entidades federais caiu de 2,9 para 0,5%.[6]

Além do crescimento expressivo do número de Municípios atendidos por entidades particulares no período, merece destaque o fato de que, entre todos os Municípios abastecidos por entidades particulares em 2000, parcela significativa – equivalente a 30,3% – situava-se na região Norte do país.

Ainda de acordo com os dados do IBGE, entre o total de Municípios Brasileiros que contavam com sistema de esgotamento sanitário no ano de 2000, 38,4% eram servidos por entidades municipais, 14,1% por entidades estaduais, 1,0% por entidades particulares e 0,1% por entidades federais. Se comparados estes dados de 2000 com os de 1989, verifica-se que o percentual dos Municípios servidos por entidades municipais elevou-se de 35,2% para 38,4%, enquanto o percentual servido por entidades estaduais elevou-se de 11,9% para 14,1%. Já, o percentual dos Municípios servidos por entidades particulares elevou-se de 0,2% para 1,0%, enquanto o de Municípios servidos por entidades federais caiu de 0,7 para 0,1%. Nas regiões Norte e Sudeste do país o percentual de Municípios servidos por entidades particulares em 2000 representava, respectivamente, 1,8% e 1,9% do total de Municípios servidos em cada uma destas regiões.[7]

Destaque-se que, em matéria de esgotamento sanitário, não se verificou na década de 90 do século passado o expressivo crescimento da participação de empresas particulares verificado em matéria de abastecimento de água.

5. O somatório dos percentuais é superior a 100% porque, na metodologia utilizada pelo IBGE, o Município foi computado tantas vezes quantas foram as esferas administrativas de entidades prestadoras do serviço de abastecimento de água em seu território (cf. *PNSB 2000*, pp. 39-41).
6. Cf. *PNSB 2000*, p. 41.
7. Cf. *PNSB 2000*, pp. 41-42.

## 4. Concessões de saneamento básico

Como visto, os dados de IBGE sobre os prestadores dos serviços de água e esgoto no Brasil mostram que há pouco mais de 15 anos (o ano agora é de 2005, e se faz referência ao ano de 1989) a participação de empresas privadas no setor era relativamente inexpressiva, representando apenas 0,4% dos Municípios atendidos por algum sistema de abastecimento de água e 0,1% dos atendidos por algum sistema de esgotamento sanitário. O crescimento da participação privada no setor, portanto, deu-se apenas a partir da década de 90 do século passado – ficando, mesmo assim, restrito às atividades de abastecimento.

Este "salto" da participação privada, nos anos 90 do século passado, obviamente não ocorreu sob o regime de livre mercado, isto é, da livre iniciativa, vez que os serviços de abastecimento de água e esgotamento sanitário têm sido entendidos como "serviços públicos". Os particulares, então, têm explorado estes serviços, basicamente, sob o regime da concessão de serviço público. Daí a assertiva de que a experiência brasileira (mais expressiva) em matéria de concessões de serviço público de água e esgoto a *parceiros privados* é recente, tendo se desenvolvido a partir da década de 90 do século passado.

Diferentemente, há uma experiência nacional mais consolidada em matéria de "concessões" de serviços de água e esgoto a entidades do próprio Poder Público (não a parceiros privados). De fato, verificou-se na década de 70 do século passado, sob a vigência do chamado "Plano Nacional de Saneamento" (PLANASA), a outorga de uma série de "concessões" de serviços de saneamento, por Municípios brasileiros, às chamadas "companhias estaduais de saneamento básico" (CESBs), então criadas. Isto se deu por força de política implementada pelo Governo Federal à época, que passou a disponibilizar linhas de financiamento para ações de saneamento, por intermédio do extinto Banco Nacional da Habitação (BNH), apenas às companhias estaduais, instando, assim, as Municipalidades a "concederem" seus serviços àquelas companhias.

Os reflexos desta política sobre o perfil do setor de saneamento fazem-se sentir até os dias de hoje, em que, como visto, as companhias estaduais ainda ocupam espaço relevante. Atualmente, as "concessões" outorgadas na década de 70 do século passado, todas com prazos de duração de 25 a 30 anos, encontram-se em vias de extinção.

O fato é que existem, claramente, duas experiências brasileiras em matéria de concessões de serviços de saneamento: a mais recente, das concessões de serviço público propriamente ditas, feitas a concessionários privados; e a mais antiga, das "concessões" às CESBs, celebradas entre os Municípios e tais companhias.

Os dois próximos tópicos procurarão abordar, sinteticamente, as duas experiências: primeiramente a das "concessões" às companhias estaduais, e em seguida a das concessões aos particulares.

*4.1 As "concessões-convênio" feitas sob a vigência do Plano Nacional de Saneamento (PLANASA)*

É impossível compreender o cenário atual do setor de saneamento no Brasil sem que se faça uma alusão aos ajustes um pouco mais antigos, celebrados entre Municípios e companhias estaduais. Mesmo para quem busca apenas identificar as perspectivas atuais de PPP no setor, é imprescindível uma atenção a tais ajustes, cujos desdobramentos são importantes na atualidade. São ajustes que consubstanciam parcerias entre entidades públicas, todos em vias de extinção, que poderão ser renovados sob novas bases jurídicas ou, então, poderão ser substituídos por outorgas feitas a concessionários privados.

A respeito destes ajustes celebrados na década de 70 do século passado, sob a égide do PLANASA, entre Municípios e companhias estaduais, o aspecto mais importante a destacar é o de que, em sua maioria, eles não consubstanciam, verdadeiramente, "concessões de ser viço público" tal qual caracterizadas, hoje, pela Constituição e pela lei. Segundo o regime geral da concessão de serviço público, estabelecido pelas Leis federais 8.987 e 9.074, ambas de 1995, o poder concedente detém uma série de prerrogativas, como a de regulação dos serviços concedidos – por exemplo, através da fixação da política tarifária – e a de fiscalização e sancionamento do concessionário. Entretanto, muitos dos ajustes celebrados à luz do PLANASA não reconheceram estas competências às Municipalidades. As companhias estaduais passaram a desincumbir-se de suas tarefas à margem de uma regulação, fiscalização ou planejamento por parte da autoridade municipal. O Município, efetivamente, não figurou como poder concedente em muitas das relações jurídicas então travadas com as companhias estaduais. Estas estiveram muito mais para *delegações* da responsabilidade pelos serviços de água e esgoto que para *concessões* propriamente ditas.

Atualmente, na doutrina, tem-se constatado a diferença entre ajustes da espécie daqueles celebrados sob a égide do PLANASA e as concessões de serviço público propriamente ditas.[8] Marçal Justen Filho bem identifica a "concessão-convênio", segundo sua terminologia, como um instrumento de colaboração entre ente federado e entidade estatal de outra esfera da Federação, cujo escopo é a conjugação de esforços para o desempenho de atividades comuns.[9] De fato, as "concessões" de saneamento feitas pelas Municipalidades às companhias estaduais sob a égide do PLANASA poderiam ser encaradas como "concessões-convênio".

O problema é que, apesar das distinções entre o regime da concessão de serviço público propriamente dita e o regime dos ajustes

8. Geraldo Ataliba e Rosoléa Folgosi, por exemplo, analisando a natureza de ajuste então celebrado entre o Município de Diadema e a Cia. de Saneamento Básico do Estado de São Paulo (SABESP), observaram:
"A relação entre o Município de Diadema e a SABESP não é ordinária, corrente, comum. Não é contrato entre Poder Público e particular. Não põe em confronto o público e o privado. Não implica a tensão – própria das concessões correntes – entre o serviço público e o lucro empresarial da empresa capitalista.
"Por isso, as lições da doutrina sobre a concessão de serviço público não se adequam integralmente a essa relação" ("Saneamento básico – Serviço público estadual e municipal – Contrato administrativo entre SABESP e Município – Concessão não ordinária", *RTDP* 9/114, São Paulo, Malheiros Editores).
9. Eis suas palavras: "Há a concessão propriamente dita, configurada quando o Estado transfere o desempenho de serviço público para terceiro, sujeito desvinculado do concedente e que organizará os fatores da produção segundo critérios de racionalidade econômica, escolhidos pelo concessionário. Configurar-se-ão interesses peculiares de cada uma das partes e caberá ao concessionário os serviços por conta e risco próprios. (...). Por fim, pode-se reconhecer a concessão-convênio. Identifica-se como instrumento de conjugação de diversas entidades públicas, que têm interesses concorrentes ou complementares no desempenho de atribuições administrativas e políticas. Para buscar a realização desse interesse comum, atribui-se o desempenho do serviço a um sujeito específico, integrante da Administração Pública. Racionaliza-se o desempenho do serviço público e se atenuam inconvenientes derivados da pluralidade de ordens políticas e a fragmentação administrativa" (Marçal Justen Filho, *Teoria Geral das Concessões de Serviço Público*, São Paulo, Dialética, 2003, p. 125).

celebrados à época do PLANASA, ainda tem sido frequente a referência àqueles ajustes como "concessões" – o que tem dado ensejo à suposição de que seriam concessões de serviço público. A suposição, contudo, parece equivocada.

A partir desta consideração acerca da natureza das "concessões" feitas sob o PLANASA surgem pelo menos duas outras ordens de questionamento.

Primeiramente é possível questionar se caberia, ou não, a celebração, hoje, de concessões de serviço público propriamente ditas (no regime das Leis federais 8.987 e 9.074, de 1995) entre Municípios e companhias estaduais de saneamento. Em outros termos, cabe indagar acerca da possibilidade jurídica de celebração de uma concessão de serviço público propriamente dita entre um ente federado e uma entidade integrante de outra esfera político-administrativa da Federação. Acredita-se, no presente estudo, que não há vedação jurídica a tanto, seja na Constituição – que não exige que o concessionário seja um particular –, seja na própria Lei 8.987/1995 – que, além de não proibir concessionários estatais, os prevê explicitamente em seus arts. 17, § 1º, e 7º-A (este último acrescentado pela Lei 9.791/1999).[10] Ademais, vale lembrar, nesse sentido, a percuciente observação de Benedicto Porto Neto segundo a qual o que importa para caracterizar o regime da concessão não é o regime jurídico da personalidade da pessoa encarregada do exercício do serviço, mas a natureza da sua relação com a pessoa titular do serviço.[11] De fato, não importa que o concessionário seja uma pessoa estatal – de direito público ou privado –, mas sim a natureza de sua relação com o poder concedente. Esta relação pode

---

10. De fato, o art. 17, § 1º, da lei versa sobre a possibilidade de proposta, em licitação para concessão, de "entidade estatal alheia à esfera político-administrativo do poder concedente". Por sua vez, o art. 7º-A dispõe que "as concessionárias de serviços públicos, de direito público e privado, nos Estados e no Distrito Federal, são obrigadas a oferecer ao consumidor e ao usuário, dentro do mês de vencimento, o mínimo de 6 (seis) datas opcionais para escolherem os dias de vencimento de seus débitos". Note-se que esse último dispositivo se reporta a concessionárias "de direito público e privado", indicando, assim, a possibilidade de uma concessão não apenas a concessionárias privadas, mas a pessoas estatais de direito público (como o Estado ou uma autarquia municipal) ou de direito privado (como uma sociedade de economia estadual, que tem figurino privado mas integra a Administração estatal).

11. *Concessão de Serviço Público no Regime da Lei 8.987/1995 – Conceitos e Princípios*, São Paulo, Malheiros Editores, 1998, p. 64.

ser regida pelas regras da Lei 8.987/1995, independentemente do figurino de direito público ou privado do concessionário. De todo modo, trata-se de questão ainda não pacificada na doutrina.[12]

E no presente estudo, embora se sustente, pelas razões apontadas, a possibilidade da concessão de serviço público a empresas estatais, isto não significa deixar de reconhecer que tal posicionamento obscurece o fato de que o regime da concessão, tal qual delineado pela Lei 8.987/1995, foi concebido primordialmente para disciplinar delegações feitas a particulares. O obscurecimento desta ideia é ruim, posto que ela é verdadeira: realmente, não há como negar o fato de que, primordialmente, o que a lei mirou foram as concessões a particulares. Contudo, o reconhecimento deste foco primordial da lei não pode levar à conclusão, pelas razões suprarreferidas, de que o regime seria absolutamente inaproveitável para disciplinar a outorga do direito à exploração de serviço público a uma pessoa estatal.

Em segundo lugar, cabe a indagação – ainda mais importante – acerca da possibilidade, hoje, de celebração de ajustes entre entes federados pelos quais se opere uma transferência da responsabilidade pelos serviços de água e esgoto de um ente ao outro. Isto seria viável? Note-se que, tratando-se de concessão de serviço público regida pela Lei 8.987/1995, tem-se a clareza de que o objeto da delegação ao concessionário é a *exploração* do serviço. E quanto ao seu planejamento e à sua regulação? Não são delegados. Eles ficam com o poder concedente. Isto parece fazer sentido tratando-se de delegação do

---

12. A questão foi abordada em algumas passagens de estudos envolvendo as concessões de serviço público, embora nem sempre fosse o foco da análise empreendida pelos autores. Cabe o registro de algumas assertivas no sentido do cabimento da concessão a empresas estatais: Benedicto Porto Neto, *Concessão de Serviço Público no Regime da Lei 8.987/1995 – Conceitos e Princípios*, cit., p. 63; Maria Sylvia Zanella Di Pietro, *Parcerias na Administração Pública: Concessão, Permissão, Franquia, Terceirização e Outras Formas*, 3ª ed., São Paulo, Atlas, 1999, p. 61; e Carlos Ari Sundfeld, "O saneamento básico e sua execução por empresa estadual", in *Informativo de Licitações e Contratos (ILC)* 109/220, Ano X, março/2003. De outro lado – isto é, no sentido da inaplicabilidade do regime das concessões de serviço público aos vínculos com entidades estatais –, confiram-se outras respeitáveis manifestações: Marçal Justen Filho, *Teoria Geral das Concessões de Serviço Público*, São Paulo, Dialética, 2003, p. 88; e Alice Gonzáles Borges, "Concessões de serviço público de abastecimento de água aos Municípios", *RTDP* 17/47, São Paulo, Malheiros Editores, 1997.

serviço público a particulares. De fato, não pode o Poder Público – seja ele Município, Estado, Distrito Federal ou União – renunciar à sua competência privativa de regular o serviço. Contudo, tratando-se de delegação do serviço entre entes federativos, é de se indagar acerca da possibilidade de o objeto da delegação extrapolar o da exploração do serviço, para abranger também seu planejamento e até sua regulação. Será isto possível? Entende-se, no presente estudo, que existe esta possibilidade, desde que haja leis autorizativas dos entes federados envolvidos, as quais prevejam exatamente as atividades objeto de delegação. O fundamento para tanto é o art. 241 da CF (com a redação que lhe foi dada pela Emenda Constitucional 19/1998), que versa sobre os consórcios públicos e os convênios de cooperação, cuja vocação expressa é a "gestão associada de serviços públicos, bem como a transferência total ou parcial de encargos, serviços, pessoal e bens essenciais à continuidade dos serviços transferidos". A possibilidade de *transferência* estatuída pelo dispositivo dá ensejo à delegação de poderes de planejamento e regulação de serviços públicos de saneamento entre entes federados. Aliás, em matéria de serviços públicos de água e esgoto a transferência não apenas de sua prestação mas também do seu planejamento e regulação por determinadas Municipalidades ao Estado pode contribuir para que tais funções sejam desempenhadas numa escala adequada – qual seja, a regional –, que não se circunscreve ao território de um Município, mas abrange toda uma bacia hidrográfica.

Em suma, a celebração de ajustes entre entes federados que tenham por objeto a prestação de serviços de saneamento, na atualidade, passa, pelo menos, pelo enfrentamento destas questões jurídicas, que dizem respeito: (a) à identificação da natureza jurídica de "concessões-convênio" de boa parte dos ajustes celebrados à época do PLANASA entre Municípios e companhias estaduais de saneamento, precisando-se com clareza suas peculiaridades ante o regime das Leis 8.987/1995 e 9.074/1995; (b) à análise do cabimento de concessões de serviço público propriamente ditas entre entes federados e entidades integrantes de outras esferas político-administrativas da Federação; e (c) à análise dos objetos passíveis de delegação ou transferência, entre entes federados, por meio dos convênios de cooperação e consórcios públicos previstos no art. 241 da CF.

## 4.2 Concessões a empresas privadas e PPPs

O engajamento de particulares em parcerias com o Poder Público no setor de água e esgoto tem ocorrido de duas maneiras. De um lado, por intermédio de contratos administrativos comuns, regidos pela Lei 8.666/1993. De outro lado, por meio de concessões de serviço público, regidas pelas Leis 8.987 e 9.074, de 1995.

Embora se possa dizer que ambos os tipos de ajuste constituem "parceria público-privada (PPP)" numa acepção ampla do termo, cabe indagar acerca de como uma "lei de PPP" poderá aprimorá-los ou, de qualquer forma, facilitar a implementação de parcerias entre o Poder Público e a iniciativa privada no setor de saneamento. Quais as novidades que a "legislação sobre PPP" trouxe?

A questão pode ser enfrentada a partir da análise da lei sobre PPP recém-editada pela União Federal[13] e, ainda, das leis que já foram editadas pelos Estados-membros da Federação.[14] Neste sentido, tomando-se por base a legislação vigente, tentar-se-á identificar regras que poderiam ser úteis às PPPs no setor de saneamento: (a) previsão de ampla variedade de objetos passíveis de delegação ao parceiro privado;[15] (b) previsão de ampla variedade de formas de remuneração

---

13. Trata-se da Lei federal 11.079, de 30.12.2004, que institui normas gerais para licitação e contratação de PPP no âmbito da Administração Pública.

14. Até abril de 2011 foram editadas 21 leis estaduais sobre as PPPs, na seguinte ordem cronológica: a mineira (Lei 14.868, de 16.12.2003), a catarinense (Lei 12.930, de 4.2.2004), a paulista (Lei 11.688, de 19.5.2004), a goiana (Lei 14.910, de 11.8.2004), a baiana (Lei 9.290, de 27.12.2004), a cearense (Lei 13.557, de 30.12.2004); a gaúcha (Lei 12.234, de 13.1.2005); a pernambucana (Lei 12.765, de 27.1.2005); a do Amapá (Lei 921, de 18.8.2005); a piauiense (Lei 5.494, de 19.9.2005); a potiguar (Lei Complementar 307, de 11.10.2005); a do Distrito Federal (Lei 3.792, de 2.2.2006); a maranhense (Lei 8.437, de 26.7.2006); a carioca (Lei 5.068, de 10.7.2007); a sergipana (Lei 6.299, de 19.12.2007); a de Alagoas (Lei 6.972, de 7.8.2008); a paraibana (Lei 8.684, de 7.11.2008); a do Amazonas (Lei 3.363, de 30.12.2008); a do Espírito Santo (Lei Complementar 492/2009, de 11.8.2009); a do Tocantins (Lei 2.231, de 3.12.2009); e a de Rondônia (Lei Complementar 609, de 18.2.2011).

15. Além da exploração de serviços públicos e obras públicas, as leis sobre PPPs geralmente preveem outros tipos de objetos passíveis de delegação ao parceiro privado. São exemplos frequentes a gestão ou exploração de empreendimento público; a exploração de direito de natureza imaterial de titularidade do Estado; a construção, implantação ou manutenção de infraestrutura pública – entre outros. Para conferir a variedade prevista em cada lei, v. lei mineira, art. 5º, I a VI; lei catarinense, art. 3º, I a IV; lei paulista, art. 5º, I a IV; lei goiana, art. 7º, I a IV; lei baiana, arts. 5º, I a V, e 4º, *caput*; lei cearense, art. 6º, I a V; lei gaúcha, art. 3º, I a IV, e parágrafo único.

do parceiro privado, além da exclusivamente tarifária;[16] (c) previsão de remuneração do parceiro privado segundo a sua *performance* na execução do contrato;[17] (d) previsão de garantias ou proteções especiais ao crédito do parceiro privado[18] e ao de seus financiadores.[19]

Registre-se que a lei federal não faz uma extensa enumeração dos objetos passíveis de delegação por PPP, como o fazem as leis estaduais já editadas; mas inova, de certo modo, ao estabelecer regra que prevê a *prestação de serviços à Administração Pública* como um objeto passível de delegação mediante "concessão na modalidade administrativa" (um tipo de PPP, segundo a lei federal). Trata-se de previsão inovadora na medida em que na Lei federal de Concessões (Lei 8.987/1995) a prestação de serviços à Administração não é *explicitamente* prevista como um objeto delegável, de forma que só restaria sua contratação no regime da Lei federal de Contratos Administrativos (Lei 8.666/1993). Cabe, agora, sua delegação a parceiro privado sob o regime da "concessão na modalidade administrativa". De outro lado, há também, com frequência, nas leis estaduais e federal sobre PPPs, dispositivos que expressam uma preocupação com a indelegabilidade de determinadas funções ou atividades, por serem reputadas "exclusivas de Estado". V., neste sentido: lei federal, art. 4º, III; lei mineira, arts. 2º, VIII, e 6º, I a IV; lei catarinense, art. 2º, III; lei paulista, art. 1º, parágrafo único, item "3"; lei goiana, arts. 2º, III, e 7º, § 2º, I a III; lei baiana, arts. 4º, V, 5º, II, e 7º, I a IV; lei cearense, art. 1º, parágrafo único, III; lei gaúcha, art. 2º, III.

16. Além das tarifas cobradas dos usuários e de outras receitas alternativas, complementares, acessórias ou provenientes de projetos associados ao objeto delegado, que são as formas precípuas de remuneração consagradas pela Lei federal de Concessões (Lei 8.987/1995), as leis sobre PPPs geralmente preveem outras formas de remuneração do parceiro privado, que podem ou não se cumular com as primeiras, tais como pagamentos com recursos orçamentários; pagamentos em títulos da dívida pública; cessão de créditos não tributários; transferência de bens móveis e imóveis; outorga de direitos em face da Administração Pública; cessão de direitos relativos à exploração de bens públicos materiais ou imateriais – entre outras. Para conferir a variedade prevista em cada lei, v.: lei federal, art. 6º, I a VI; lei mineira, art. 15, I a VII; lei catarinense, art. 5º, I a V; lei paulista, art. 9º, I a VII; lei goiana, art. 10, I a VII; lei baiana, arts. 11, I a VIII, e § 2º, e 5º, § 1º; lei cearense, art. 12, "a" a "h", e § 2º; lei gaúcha, art. 11, I a VII.

17. Nas leis sobre PPPs a previsão de remuneração do parceiro privado segundo critérios de desempenho tem sido frequente, figurando ora como um dos traços característicos e essenciais da PPP (v.: lei mineira, arts. 1º, parágrafo único, e 15, § 1º; lei paulista, arts. 5º, *caput*, e 4º, III; lei goiana, arts. 7º, *caput*, e 10, § 1º; lei baiana, arts. 11, § 1º, 3º, IV, e 4º, XI; lei cearense, arts. 6º, *caput*, 4º, II, e 5º, II; lei gaúcha, art. 23, III), ora como uma das diretrizes do programa estadual das PPPs (v.: lei mineira, art. 2º, X; lei goiana, art. 2º, IX), ora como uma regra que pode figurar – embora não necessariamente – nos contratos de PPPs (v.: lei federal, art. 6º, parágrafo único; lei catarinense, art. 5º, § 2º).

18. Várias formas de garantia dos créditos do parceiro privado são previstas nas leis sobre PPPs, merecendo destaque o fato de que algumas leis autorizam a criação de fundos garantidores ou de companhias estatais voltados especialmente para a

É certo que nem todas estas regras previstas nas leis de PPP federal e estaduais preveem soluções que, necessariamente, o Direito Brasileiro antes repudiava.[20] Há, contudo, utilidade nas novas previsões legais.

Considere-se a seguinte situação hipotética:[21] a Administração Pública (uma autarquia municipal ou uma companhia estadual de saneamento) pretende delegar a um parceiro privado, exclusivamente, as atividades de *construção* e *operação* de uma estação de tratamento de esgoto (estação que, em sigla muito empregada no setor, é referida

prestação de garantias. Preveem-se também garantias prestadas por organismos internacionais ou por instituições financeiras não controladas pelo Poder Público; seguro-garantia contratado junto a companhias seguradoras não controladas pelo Poder Público; vinculação de receitas do Estado – entre outras. Para conferir a variedade prevista em cada lei, v.: lei federal, arts. 8º, I a VI, 16, *caput*, 18, § 1º, I a VI, e 21, *caput*; lei mineira, art. 16, I a III; lei catarinense, arts. 5º, § 3º, 8º e 9º, *caput*; lei paulista, art. 15, VI, e § 2º; lei goiana, art. 19, VI, e § 2º; lei baiana, arts. 16, I a IV, 17, 18, 20, §§ 1º e 2º, e 21; lei cearense, arts. 15, I a IV, e 16; lei gaúcha, arts. 14, *caput*, e 15, *caput*.

19. As leis sobre PPPs geralmente permitem que os contratos estabeleçam regras para a proteção dos créditos dos financiadores do parceiro privado, a saber: legitimidade dos financiadores para receber indenizações por extinção antecipada do contrato ou, ainda, para receber pagamentos efetuados pelos fundos e empresas estatais garantidores de PPPs; emissão de empenho em nome dos financiadores relativamente às obrigações pecuniárias da Administração Pública; transferência do controle da sociedade de propósito específico executora da PPP para os financiadores, com o objetivo de promover sua reestruturação financeira e assegurar a continuidade da prestação dos serviços; cessão dos direitos emergentes do contrato de PPP, até certo limite, como garantia do crédito dos financiadores – entre outras. Para conferir a variedade prevista em cada lei, v.: lei federal, art. 5º, § 2º, I a III; lei mineira, art. 15, § 2º; lei catarinense, art. 7º, *caput*; lei goiana, arts. 9º, § 1º, e 10, § 2º; lei baiana, arts. 16, parágrafo único, e 23, § 3º; lei cearense, arts. 12, § 3º, e 18, § 5º; lei gaúcha, arts. 9º, § 1º, 13, *caput*, e 15, § 3º.

20. A Lei de Concessões (Lei 8.987/1995) já admite, por exemplo, a remuneração do concessionário por receitas que não sejam exclusivamente tarifárias. São as chamadas "receitas alternativas, complementares, acessórias ou de projetos associados", já referidas acima, que estão previstas no art. 11 da lei e devem favorecer a modicidade das tarifas. Contudo, as tarifas são, de regra, a principal fonte de remuneração do concessionário, como bem destaca Celso Antônio Bandeira de Mello (cf. *Curso de Direito Administrativo*, 28ª ed., São Paulo, Malheiros Editores, 2011, p. 743).

21. Este exemplo é colhido do documento *Parceria Público-Privada – PPP. Estudo de Caso. Saneamento Básico*, fruto de trabalho de consultoria jurídica elaborado pela equipe de Sundfeld Advogados, em 2002, para o Ministério do Planejamento.

como ETE); em outros termos, ela pretende fazer uma delegação autônoma de parte do complexo de atividades que constitui o chamado "serviço público de saneamento básico". Seria isto possível sob o regime da Lei 8.987/1995? A dificuldade estaria em que, por se tratar de uma etapa da cadeia do saneamento (a etapa de tratamento de esgoto) na qual o prestador não teria contato direto com os usuários finais do serviço, não se conseguiria implantar uma tarifa para que ele cobrasse dos usuários. E a Lei 8.987/1995 não admite, de regra, uma concessão totalmente desvinculada do regime tarifário.[22] Restaria, então, apenas a possibilidade de celebração de um contrato administrativo no regime da Lei 8.666/1993, cujo objeto fosse a execução da obra (construção da ETE) e a prestação do serviço (operação da ETE). Já, sob a vigência a Lei federal 11.079/2004 a concessão autônoma da construção e operação da ETE encontraria explícito fundamento jurídico: poderia ser feita sob a modalidade de "concessão administrativa". Esta modalidade de PPP, segundo o art. 2º, § 2º, da lei, é "o contrato de prestação de serviços de que a Administração Pública seja a usuária direta ou indireta, ainda que envolva execução de obra ou fornecimento ou instalação de bens". De fato, parece viável a celebração de uma concessão administrativa que tenha por objeto a delegação, a um parceiro privado, da construção e operação de ETE, de tal maneira que a Administração Pública seja vislumbrada como a usuária do serviço e, nessa condição, a responsável pela remuneração do parceiro privado.

Veja-se, ainda, um outro exemplo de ajuste que pode vir a ser facilitado sob a vigência destas regras de leis sobre PPP. A situação é a seguinte: a Administração Pública pretende dar em concessão a prestação do serviço de abastecimento de água, mas, considerado o grande volume dos investimentos necessários a esta prestação, calcula que o valor da tarifa ficará muito alto. Para a superação deste entra-

---

22. Exceção feita à concessão para o serviço de radiodifusão sonora e de sons e imagens, no âmbito da qual o concessionário remunera-se, basicamente, pela exploração econômica das inserções publicitárias em sua programação. O exemplo é lembrado por Celso Antônio Bandeira de Mello (*Curso de Direito Administrativo*, cit., 28ª ed., p. 743, nota de rodapé 31). De todo modo, é o próprio art. 40 da Lei 8.987/1995 que dá ensejo a esta hipótese, que é mesmo uma exceção à regra geral da remuneração tarifária nas concessões: "Art. 40. O disposto nesta Lei não se aplica à concessão, permissão e autorização para o serviço de radiodifusão sonora e de sons e imagens".

ve, a alternativa plausível sob o regime da Lei 8.987/1995 seria, naturalmente, a de prever a possibilidade de exploração de projetos associados pelo concessionário, de modo a permitir-lhe a percepção de receitas alternativas e, dessa maneira, favorecer a modicidade das tarifas (nos termos do art. 11 da lei). Contudo, o que fazer se as estimativas demonstrarem que ainda assim não se viabilizará um valor tarifário adequado? Qual será a solução? Nesse caso, poder-se-á cogitar da delegação do serviço público de abastecimento de água sob a modalidade de "concessão patrocinada", prevista na Lei federal 11.079/2004. De fato, nos termos do art. 2º, § 1º, da lei, "concessão patrocinada é a concessão de serviços públicos ou de obras públicas de que trata a Lei n. 8.987, de 13 de fevereiro de 1995, quando houver, adicionalmente à tarifa cobrada dos usuários, contraprestação pecuniária do parceiro público ao parceiro privado". Assim, a Administração Pública ofereceria certa contraprestação pecuniária ao parceiro público, que fosse suficiente para amortizar determinada parcela de seus investimentos, de modo a viabilizar, consequentemente, a cobrança de tarifas módicas dos usuários.

Há também utilidade na regra bastante usual nas leis sobre PPP de que o parceiro privado deve ser remunerado segundo critérios objetivos que sirvam à aferição do seu desempenho na execução do contrato. Trata-se, é claro, de regra que já poderia ser adotada sob a égide da Lei 8.987/1995, pois nela não há impedimento a que se o faça. Mas é salutar sua previsão explícita em leis sobre PPP, já que isto serve de estímulo para que a remuneração segundo a *performance* seja adotada, com todas as vantagens que isto traz para o interesse público. Podem ser estipuladas metas as mais variadas como parâmetros de aferição do desempenho do contratado. Em matéria de saneamento básico pode-se cogitar de metas atinentes ao número de domicílios ligados à rede coletora de esgotos, ao percentual de tratamento de esgotos, ao volume produzido de água potável, entre outras – tudo a depender das prioridades estipuladas pela política pública definida para o setor.

Finalmente, as regras atinentes a garantias ou proteções especiais aos créditos do contratado ou de seus financiadores também têm, por óbvio, sua serventia no setor de saneamento básico. Tal como nos demais setores, tais regras podem servir de estímulo a que particulares busquem parcerias com o Poder Público.

## 5. Outros importantes desafios jurídicos do setor

A implementação de concessões de serviços públicos de saneamento básico enfrenta grandes desafios jurídicos. Muitos deles se põem independentemente de quem seja o concessionário – particular ou companhia estadual. Boa parte, inclusive, consiste em desafios que, antes de serem exclusivos à temática das concessões, mostram-se pertinentes à disciplina jurídica do setor de saneamento como um todo.

Destacam-se, aqui, três deles, ainda que se tenha a consciência de que tantos outros precisam ser enfrentados. Estes, contudo, certamente se inscrevem no rol dos mais importantes.

### 5.1 Segurança quanto à titularidade

A definição clara de quem seja o titular de determinado serviço público de saneamento, à luz da Constituição Federal, ainda é desafio dos mais importantes.

Para que um particular se engaje em uma parceria com o Poder Público é necessário, obviamente, que ele tenha a certeza de que seu contratante (Município, Estado, companhia estadual ou consórcio público) detenha a competência necessária para outorgar-lhe os direitos de exploração de determinado objeto. Persistindo a indefinição quanto à titularidade dos serviços, aumentam os riscos de o parceiro privado vir a ser surpreendido, no futuro, com uma declaração de que seu parceiro público não teria competência, na realidade, para outorgar-lhe o objeto da parceria. Daí a importância de se definir a titularidade dos serviços de saneamento para que tenham êxito as PPPs no setor.

Sabe-se que a Constituição Federal não define, *explicitamente*, qual o ente federativo que detém a titularidade sobre os serviços públicos de saneamento básico. Nela se prevê, é verdade, que é competência comum da União, dos Estados, do Distrito Federal e dos Municípios "promover programa de construção de moradias e a melhoria das condições habitacionais e de saneamento básico" (art. 23, IX). Deve haver, portanto, uma cooperação intergovernamental nesse setor. Prevê-se, ainda, que é competência da União "instituir diretrizes para o desenvolvimento urbano, inclusive habitação, saneamento básico e transportes urbanos" (art. 21, XX); mas não se supõe, é claro, que este preceito tenha estipulado uma titularidade da União sobre os serviços de saneamento. Diante disso, no debate jurídico acerca do tema tem-se buscado interpretar o texto constitucional, para dele sacar uma conclusão ou diretriz acerca da questão da titularidade. Os dispositivos centrais nesse debate são os arts. 30, V, e 25, § 3º. Com fundamento no art. 30, V – "Compete aos Municípios organizar e prestar, diretamente ou sob regime de concessão ou permissão, os serviços públicos de interesse local (...)" –, sustenta-se que, em princípio, os serviços de saneamento são de titularidade municipal. De outro lado, à luz do art. 25, § 3º – "Os Estados poderão, mediante lei complementar, instituir regiões metropolitanas (...) para integrar a organização, o planejamento e a execução de funções públicas de interesse comum" –, afirma-se que é dos Estados a titularidade sobre tais serviços quando, mediante lei complementar instituidora de região metropolitana, tenham sido declarados como "função pública de interesse comum". Em suma, o posicionamento mais frequente na doutrina jurídica é o de que tais serviços são, em princípio, de titularidade municipal, mas passam à alçada dos Estados nas hipóteses de regiões metropolitanas cujas leis instituidoras os tenham reputado como função pública de interesse comum.[23]

Trata-se de posicionamento que merece exame detalhado. Certamente, há nuanças importantes na questão da titularidade.[24] Serão feitas, aqui, algumas observações, na tentativa de apontar as mais relevantes.

23. Caio Tácito, por exemplo, aponta esta possibilidade de passagem de serviços de saneamento à alçada estadual, a qual não considera incompatível com o princípio constitucional da autonomia municipal. Eis suas palavras: "A própria Constituição prevê limites ao exercício da autonomia municipal não somente na excepcionalidade traumática da intervenção federal ou estadual, em situações especiais (art. 35), como na capacidade avocatória conferida aos Estados para, mediante lei complementar, instituir regiões metropolitanas, agrupando Municípios limítrofes para a integração de funções públicas de *interesse comum* (art. 25, § 3º). (...). A avocação estadual de matéria ordinariamente municipal não viola a autonomia do Município, na medida em que se fundamenta em norma constitucional, ou seja, em norma de igual hierarquia. É a própria Constituição que, ao mesmo tempo, afirma e limita a autonomia municipal" ("Saneamento básico. Região metropolitana. Competência estadual", parecer emitido em 18.8.1998, in *Temas de Direito Público (Estudos e Pareceres)*, 3º vol., Rio de Janeiro/São Paulo, 2002, p. 371).

24. Um dos juristas que produziu uma série de pareceres para o enfrentamento de questões jurídicas atinentes ao setor de saneamento básico é Alaôr Caffé Alves (cf. seus trabalhos publicados na coletânea *Saneamento Básico: Concessões, Permissões e Convênios Públicos*, São Paulo, Edipro, 1998). Nestes pareceres o professor da Faculdade de Direito da USP dá contribuição muito significativa para a análise das nuanças envolvidas na "questão metropolitana". Sua obra, no âmbito do direito do saneamento, é reconhecida como de consulta obrigatória por todos os que adentram o estudo do setor.

A primeira é a de que se faz necessário perceber as peculiaridades de situações concretas em que a implantação ou a gestão de serviços de saneamento se tenham dado, historicamente, não por ação e iniciativa do Município, mas do Estado, em nome próprio. Este parece ter sido o caso, por exemplo, do Município de São Paulo, em que ainda hoje os serviços são prestados pelo Estado, através da Companhia de Saneamento Básico do Estado de São Paulo (SABESP), em nome próprio – isto é, sem que haja qualquer instrumento de delegação ao Estado de suposta atribuição municipal para a prestação dos serviços. A ausência desse instrumento de delegação não significa, obviamente, que o Estado venha prestando tais serviços na Capital, desde sempre, irregularmente; significa – isto, sim – que a titularidade dos serviços na Capital Paulista é estadual, e historicamente tem sido reconhecida como tal. Não se afigura razoável supor que os serviços de saneamento nesta Capital sejam de titularidade do Município quando se considera que ele jamais assumiu o encargo de implantá-los ou geri-los.[25] É importante atentar para essas situações peculiares em que, por razões históricas, os serviços estejam afetos à esfera de competências estadual ou, conforme o caso, municipal.

Uma segunda observação sobre a questão da titularidade, a ser levada em conta quando da análise de situações concretas, é a de que até mesmo fora das regiões metropolitanas pode configurar-se um interesse predominantemente regional na implantação de determinada etapa do serviço público de saneamento, de maneira que o Estado poderá, em nome próprio, desempenhá-la. De fato, o Estado pode, por exemplo, implantar e gerir, em nome próprio, uma estação de tratamento de água (ETA) destinada a atender a duas ou mais Municipalidades. O atendimento a mais de um Município evidencia que há um interesse predominantemente regional em tela. O fundamento para a atuação do Estado, nesse caso, está nos arts. 25, § 1º, e 23, IX, da CF.[26]

---

25. No caso do Município de São Paulo há ainda o aspecto relevante da sua condição de Município integrante da Região Metropolitana da Grande São Paulo, cuja lei instituidora arrola o saneamento básico como função pública de interesse comum. Essa sua condição reforça a constatação de que, nele, o interesse regional na prestação dos serviços tem prevalecido sobre o local. Cf., a respeito dos serviços de saneamento na legislação atinente à Região Metropolitana da Grande São Paulo, Caio Tácito, "Saneamento básico. Região metropolitana. Competência estadual", cit., in *Temas de Direito Público (Estudos e Pareceres)*, 3º vol., p. 372.

26. Segundo o § 1º do art. 25 da CF, "são reservadas aos Estados as competências que não lhes sejam vedadas por esta Constituição". Considerando-se que, no

A terceira observação é a de que, mesmo no seio de uma região metropolitana, a abrangência das atribuições estaduais pode ser matizada. Isto é perfeitamente compatível com o disposto no art. 25, § 3º, da CF. Deveras, a previsão de que o "serviço público de saneamento básico" é uma "função pública de interesse comum" feita em uma lei complementar estadual, instituidora de região metropolitana, nos termos do preceito constitucional em referência, não implica, *necessariamente*, a transferência à alçada do Estado de *todas* as etapas que o integram; tampouco a transferência ao Estado, *necessariamente*, da competência para *executá-las*. É certo que o Estado pode, sim, tornar-se o responsável por todas estas etapas (da captação da água bruta à disposição final da água servida), ficando também sob sua alçada, além da organização e planejamento, a própria execução do serviço, já que o art. 25, § 3º, da CF lhe autoriza expressamente integrar a *execução* das funções públicas de interesse comum. Mas também é possível que estas atribuições sejam deslocadas para o Estado apenas *parcialmente*, na medida necessária para o desempenho do interesse regional. Assim, em um Município integrante de região metropolitana pode ocorrer que certa etapa do serviço público de saneamento – como a distribuição de água – seja por ele executada em nome próprio, embora nos demais Municípios da mesma região seja ela executada pelo Estado.[27] O art. 25, § 3º da CF dá ensejo a estas matizações.[28] É

caso, o serviço não é reservado à União, tampouco se enquadra na cláusula do predominante interesse local, que fundamenta a competência municipal (art. 30, V, da CF), cabe reputá-lo como da alçada estadual, justamente com base no § 1º do art. 25. A possibilidade de atuação do Estado em nome próprio, no caso, ainda é reforçada pela previsão do art. 23, IX, que lhe impõe, assim como aos demais entes da Federação, o dever de "promover a melhoria das condições de saneamento básico".

27. Isso ocorre, por exemplo, na Região Metropolitana da Grande São Paulo, em que determinados Municípios detêm e exercem titularidade sobre os serviços de distribuição de água em seus territórios, embora a captação, adução e tratamento de toda a água neles distribuída sejam feitos pela SABESP, que lhes fornece água tratada em atacado.

28. Eros Roberto Grau já observava, em meados da década de 70 do século passado, que nas regiões metropolitanas as atividades e serviços podem ser em parte função metropolitana – isto é, de interesse regional –, e noutra parte não. Suas observações eram feitas à luz da Emenda Constitucional 1/1969, mas servem, ainda, ao regime jurídico das regiões metropolitanas sob a Constituição de 1988. Cf. suas palavras: "Se, por um lado, as atividades e serviços urbanos, nas cidades não conurbadas, são satisfatoriamente empreendidos pelas Administrações locais, isoladamente, é certo também que, nas regiões metropolitanas, uma parte delas pode consubstanciar

fundamental, de todo modo, que haja uma estipulação normativa precisa, em instrumento de planejamento dos serviços de saneamento básico na região, de quais os agentes responsáveis por tais e quais etapas em cada parte do território metropolitano.

Uma quarta observação diz respeito a um limite à aplicabilidade da tese, bastante difundida, de que parte das etapas que compõem o serviço público de saneamento básico (também chamado "ciclo do saneamento") tende a ser de interesse predominantemente local – e, portanto, da alçada municipal –, enquanto a outra parte tende a ser de interesse predominantemente regional – e, portanto, da alçada estadual. Esta análise da questão da titularidade do serviço público de saneamento básico a partir da segregação das etapas que compõem tal serviço tem encontrado forte resistência, sobretudo por parte de CESBs. Sustenta-se que esta visão não atenta para a eventual inviabilidade econômica da exploração segregada de determinadas etapas que compõem o "ciclo do saneamento". De fato, a segregação geralmente é proposta de maneira que as etapas de distribuição de água e coleta de esgotos sejam qualificadas como de interesse local – e, portanto, da alçada dos Municípios –, remanescendo aos Estados as etapas de captação, adução e tratamento de água, bem como as de transporte, tratamento e destinação final de esgotos. O critério empregado para essa divisão é o geográfico, com base no qual se observa que as redes de distribuição de água e de coleta de esgotos situam-se exclusivamente no território do Município, razão pela qual tais etapas seriam de sua alçada. Ficariam para os Municípios, desta maneira, as duas etapas em que o

função metropolitana e outra não. É o caso, por exemplo, da função abastecimento de água, onde a captação, adução e tratamento não prescindem de uma administração unificada, sendo de interesse estritamente local, porém – e podendo não merecer aquele tipo de administração –, a sua distribuição ao consumo. Ainda que interferências e conexões existam, por exemplo, entre a função distribuição de água ao consumo e outras mais – serviços de esgotos, controle de poluição etc. –, não são elas tão relevantes a ponto de configurarem uma função metropolitana: isso apenas ocorrerá quando das suas interferências e conexões resultar a necessidade de ação unificada e planejada que ultrapasse os limites de competência das várias unidades com ação administrativa na área sobre a qual repercutem. No caso brasileiro, poderemos dizer que tal apenas se verifica quando, das interferências e conexões da função governamental considerada, resultar a necessidade de ação unificada e planejada que ultrapasse os limites institucionais dos Municípios integrantes de uma região conurbada" (*Regiões Metropolitanas: Regime Jurídico*, São Paulo, José Bushatsky Editor, 1974, pp. 19-20).

prestador do serviço entretém um relacionamento direto com os consumidores (distribuição de água e coleta de esgotos), enquanto aos Estados restariam aquelas em que tal relacionamento inexiste. Consequentemente, os Municípios desfrutariam da possibilidade de cobrar tarifas dos usuários pelos serviços prestados, mas as companhias estaduais, por seu turno, dependeriam de remuneração paga pelas Municipalidades. O problema é que a experiência tem demonstrado, no Estado de São Paulo, que alguns Municípios tendem a não cumprir seu dever, apropriando-se de toda a receita obtida com a prestação do serviço de abastecimento de água, sem remunerar a SABESP pela água produzida e fornecida em atacado. Viola-se, assim, direito da companhia estadual (e, indiretamente, dos contribuintes paulistas), à qual resta apenas o instrumento da medida judicial para cobrar o pagamento das Municipalidades (o instrumento da suspensão do fornecimento, neste caso, além de controverso, não se tem mostrado uma alternativa viável).[29]

Para sintetizar, enfim, a quarta observação deste estudo sobre a questão da titularidade na doutrina jurídica, pode-se dizer o seguinte: analisando-se o complexo das atividades que compõem o chamado "ciclo do saneamento", costuma-se identificar, à luz de critérios geográficos, que parte delas tende a ser de interesse predominantemente local – e, portanto, da alçada municipal –, e a outra parte tende a ser de interesse predominantemente regional – e, portanto, da alçada estadual; em que pese ao acerto desta visão, já que os critérios geográficos para a aferição do interesse predominante são realmente importantes, ela ainda é parcial (isto é, seu uso tem limitações), pois precisa ser complementada pela percepção e análise, em cada caso concreto, da viabilidade econômica da exploração segregada de etapas do serviço. Há compreensível resistência à visão lastreada exclusivamente por critérios geográficos em virtude da experiência de Municípios Paulistas que, incumbidos exclusivamente da etapa de distribuição de

---

29. Em editorial de sua edição de 6.10.2004, o jornal *O Estado de S. Paulo* informava: "O alardeado baixo custo das tarifas cobradas em alguns Municípios, em muitos casos, é atingido graças a substanciais subsídios garantidos pelas Prefeituras às empresas privadas. Em outros, como é o caso de Santo André, no ABC, governos locais usam água tratada fornecida pela SABESP, mas não pagam a estatal há muito tempo. Há uma dívida de 1,8 bilhão de Reais que a estatal tenta cobrar, por meio da Justiça, dos Municípios de Santo André, Diadema e Mauá".

água, ficam inadimplentes perante a SABESP, que produz e lhes fornece a água em atacado.

A quinta observação sobre o tema da titularidade é que a União Federal não detém competência para definir as competências dos entes federados – razão pela qual não se deve esperar que a questão específica da titularidade seja solucionada pelo anteprojeto de lei federal da Política Nacional de Saneamento Ambiental – atualmente em elaboração no âmbito do Poder Executivo Federal.[30] A aludida competência da União para "instituir diretrizes para o desenvolvimento urbano, inclusive (...) saneamento básico (...)" (CF, art. 21, XX), não significa, de maneira alguma, que ela possa estipular as situações tais ou quais em que os serviços públicos de saneamento básico seriam de titularidade de Estados ou de Municípios, posto que isto violaria a autonomia dos entes federados para a organização de seus serviços. Assim, convém ter em vista que mesmo após a edição de eventual lei federal atinente à matéria poderá remanescer o intenso conflito acerca da titularidade sobre os serviços públicos de saneamento básico, que na atualidade tem sido travado entre governadores e representantes de companhias estaduais, de um lado, e prefeitos, entidades representativas de Municípios e o Ministério das Cidades, de outro.

Finalmente, a sexta observação sobre o tema, a merecer destaque, é a de que as parcerias entre entes federados, à luz do art. 241 da CF, podem ser consideradas mecanismos relevantes para a composição voluntária de conflitos acerca da titularidade no setor.[31] Por isso é extremamente oportuna a análise do art. 241 com vistas à identificação de suas potencialidades para a cooperação entre entes federados no setor de saneamento.

*5.2 Planejamento integrado:*
*sistemas metropolitano, ambiental, de saúde pública,*
*de gestão de recursos hídricos e de saneamento*

Outro desafio que se coloca no setor de saneamento é o do planejamento. É flagrante a necessidade de articulação dos planos estatais

---

30. *Nota da Editora*: V. nota 2, acima.
31. Sobre a viabilidade da celebração de ajustes entre Municípios e Estado-membro, mediante autorização legislativa, tendo por objeto a transferência da execução dos serviços públicos de água e esgoto, cf. Carlos Ari Sundfeld, "O saneamento básico e sua execução por empresa estadual", cit., *ILC* 109/216-220.

relativos à proteção ambiental, à gestão dos recursos hídricos e à gestão e expansão dos serviços de saneamento básico. Caso não haja esta articulação, há grande possibilidade de atritos entre um plano setorial e outro.

Cite-se, por exemplo, o possível atrito entre um plano de proteção ambiental e outro de prestação de serviço de abastecimento de água: não adianta planejar a expansão do serviço de abastecimento se a água a ser empregada está cada vez mais comprometida pela poluição (carecendo, portanto, de um planejamento para despoluí-la). Cite-se, ainda, o possível atrito entre um plano de gestão de recursos hídricos e outro de tratamento de esgoto: não adiantar planejar que o recurso hídrico será aplicado prioritariamente ao abastecimento público se inexiste, ao lado, um plano de tratamento do esgoto que ele recebe.

É claro que, embora se reconheça a necessidade de articulação das ações de planejamento dos vários setores, a grande dúvida reside em *como* promover esta articulação.

A isto a legislação em vigor parece não oferecer uma resposta. Pode-se afirmá-lo, pelo menos, com base no que dispõe a legislação do Estado de São Paulo. Seja permitido tomá-la como exemplo para ilustrar algo que provavelmente se repete com outros entes da Federação.

A vigente legislação paulista prevê quatro sistemas normativos paralelos, todos com certa repercussão sobre a prestação de serviços de saneamento básico. São eles: o "Sistema Integrado de Gerenciamento de Recursos Hídricos (SIGRH)", instituído pela Lei estadual 7.663, de 30.12.1991; o "Sistema Estadual de Saneamento (SESAN)", instituído pela Lei estadual 7.750, de 3.3.1992; o "Sistema Estadual de Administração da Qualidade Ambiental, Proteção, Controle e Desenvolvimento do Meio Ambiente e Uso Adequado dos Recursos Naturais (SEAQUA)", estabelecido pela Lei estadual 9.509, de 20.3.1997; e finalmente, por assim dizer, o "Sistema Metropolitano", previsto pela Lei Complementar estadual 760, de 1.8.1994.

Há previsão de instrumentos de planejamento – planos estaduais e relatórios – em praticamente todos os sistemas. Além disso, há uma quantidade expressiva de órgãos e entes em cada setor. Nos dois quadros a seguir são enumerados os entes e órgãos do Estado dotados de atribuições ligadas à prestação dos serviços de água e esgoto, bem

A EXPERIÊNCIA BRASILEIRA NAS CONCESSÕES DE SANEAMENTO BÁSICO   373

como os instrumentos de planejamento de que dispõem, segundo a legislação vigente.[32]

## Quadro I – ENTES E ÓRGÃOS ESTATAIS

| Saneamento |
|---|
| Conselho Estadual de Saneamento (CONESAN) |
| Comissões Regionais de Saneamento Ambiental (CRESANs) (cujas atribuições foram absorvidas pelas Câmaras Técnicas de Saneamento dos Comitês de Bacias Hidrográficas) |
| Secretaria Executiva do CONESAN e das CRESANs |
| Cia. de Saneamento Básico do Estado de São Paulo (SABESP) |
| **Recursos Hídricos** |
| Conselho Estadual de Recursos Hídricos (CRH) |
| Comitê de Bacias Hidrográficas (CBHs) |
| Comitê Coordenador do Plano Estadual de Recursos Hídricos (CORHI) |
| Fundações Agências de Bacias |
| Conselho de Orientação do Fundo Estadual de Recursos Hídricos (COFEHIDRO) |
| Departamento de Águas e Energia Elétrica (DAEE) |
| **Meio Ambiente** |
| Conselho Estadual do Meio Ambiente (CONSEMA) |
| Cia. de Tecnologia de Saneamento Ambiental (CETESB) |
| **Regiões Metropolitanas** |
| Conselhos de Desenvolvimento de Regiões Metropolitanas, Aglomerações Urbanas e Microrregiões |
| Agências de Regiões Metropolitanas |
| Conselhos de Orientação de Fundos de Desenvolvimento de Regiões Metropolitanas, Aglomerações Urbanas e Microrregiões |
| Empresa Paulista de Planejamento Metropolitano S/A (EMPLASA) |

32. As informações apresentadas em ambos os quadros foram colhidas do documento *Relatório 3 – A Legislação Estadual no Tocante às Competências de Planejamento, Regulação e Prestação dos Serviços de Saneamento Básico*, fruto de trabalho de consultoria jurídica, datado de 30.4.2004, elaborado pela equipe de Sundfeld Advogados para a Cia. de Saneamento Básico do Estado de São Paulo (SABESP).

Em face desta expressiva quantidade de entes e órgãos, bem como de documentos de planejamento, tem sido difícil promover a necessária articulação das ações estatais nos quatro sistemas.[33]

### Quadro II – PLANOS E RELATÓRIOS

| Saneamento |
|---|
| Plano Estadual de Saneamento |
| Planos Regionais de Saneamento Ambiental |
| Relatórios Anuais sobre a Situação de Salubridade Ambiental no Estado de São Paulo |
| Relatórios Anuais sobre a Situação de Salubridade Ambiental na Região |
| **Recursos Hídricos** |
| Plano Estadual de Recursos Hídricos (PERH) |
| Planos de Bacias Hidrográficas |
| Relatórios Anuais sobre a Situação dos Recursos Hídricos no Estado de São Paulo |
| Relatórios Anuais sobre a Situação dos Recursos Hídricos na Bacia Hidrográfica |
| Programas Anuais e Plurianuais de Aplicação de Recursos do Fundo Estadual de Recursos Hídricos (FEHIDRO) |
| **Meio Ambiente** |
| Relatório Anual da Qualidade Ambiental no Estado de São Paulo |
| Planos de Desenvolvimento e Proteção Ambiental (PDPAs) |
| Relatórios Anuais da Situação da Qualidade Ambiental nas Áreas de Proteção e Recuperação de Mananciais (APRMs) |
| Plano Emergencial de Recuperação dos Mananciais da Região Metropolitana da Grande São Paulo |

33. A despeito das dificuldades, Floriano Azevedo Marques Neto bem observa a necessidade de articulação, sugerindo, quanto à regulação dos serviços de saneamento, que ela se dê de forma aderente à que se tem previsto para o gerenciamento de recursos hídricos. Cf. sua observação: "Fato é que o estabelecimento de marcos regulatórios para o setor *[de saneamento]* deve envolver um profundo levantamento de toda a legislação referente a recursos hídricos, de modo a tornar sua regulação aderente à regulação que está sendo editada sobre o principal elemento para esta indústria específica" ("Aspectos regulatórios de um novo modelo para o setor de saneamento básico no Brasil", *RDA* 224/81).

Note-se que os documentos de planejamento próprios dos sistemas de saneamento, recursos hídricos e meio ambiente têm em comum o fato de lidarem com o manejo das águas. Parece necessário reduzir esta multiplicidade de documentos, de forma a implementar-se um único plano de manejo das águas que contemple metas de proteção ambiental (exemplo: despoluição das águas), de gestão dos recursos (exemplo: definição dos usos prioritários) e de expansão dos serviços de saneamento (exemplo: definição das obras de infraestrutura prioritárias para o tratamento de água bruta e esgoto).

Saliente-se, ainda, que muitos destes mecanismos de planejamento previstos na legislação paulista não têm funcionado a contento. No setor de saneamento básico verifica-se que, passados pouco mais de 10 anos da edição da Lei da Política Estadual de Saneamento (Lei estadual 7.750/1992), não há notícia de Plano Estadual de Saneamento que tenha sido publicado. No setor de recursos hídricos, o último Plano Estadual de Recursos Hídricos de que se tem notícia, desde a edição da Lei da Política Estadual de Recursos Hídricos (Lei estadual 7.663/1991), refere-se ao planejamento das ações para o biênio de 1994/1995.[34] No setor ambiental nota-se que a Lei da Política Estadual do Meio Ambiente (Lei estadual 9.509/1997) não prevê um plano estadual que fixe metas de progressiva melhoria da qualidade das águas no Estado de São Paulo.

Enfim, neste contexto de multiplicidade de documentos de planejamento legalmente previstos, que não têm sido editados na frequência exigida pela lei – e, quando o são, não apresentam a necessária articulação entre si –, cabe refletir sobre a necessidade de previsão normativa de um só documento de planejamento para o manejo das águas. Neste documento seriam contempladas, a um só tempo, metas de cunho ambiental, de gerenciamento dos recursos hídricos e de expansão de serviços de abastecimento de água e esgotamento sanitário.[35]

---

34. Tal plano para o biênio de 1994/1995 foi editado pela Lei estadual 9.034, de 27.12.1994.
35. Obviamente, cada bacia hidrográfica poderia ter seu próprio instrumento de planejamento, desde que nele fossem contempladas, de modo articulado, as metas ambientais, de gestão das águas e de expansão dos serviços de água e esgoto.

## 5.3 Descentralização das atividades de planejamento, regulação e execução

Conforme observado no início deste estudo, há uma série de atores envolvidos na prestação de serviços públicos de saneamento básico. Tais serviços são prestados por entidades municipais, estaduais, particulares e até mesmo federais. Contudo, tem-se verificado que cada agente prestador, de regra, encarrega-se não apenas da execução do serviço, mas também do seu planejamento e regulação.

Essa situação tem gerado reivindicações por mudanças, contestando-se especialmente a centralização das decisões quanto ao planejamento e à regulação dos serviços no âmbito de companhias estaduais de saneamento. Nesse sentido, uma das principais reivindicações de prefeitos de Municípios servidos por companhias estaduais tem sido a de que haja compromisso, por parte delas, com investimentos em suas cidades. Tal espécie de reivindicação tem-se intensificado na medida em que, para a renovação dos ajustes com as companhias estaduais, os prefeitos têm demandado a previsão de cláusulas, efetivamente exigíveis, que as obriguem a atingir metas ou a investir na expansão da infraestrutura de suporte à prestação dos serviços nos seus Municípios. Ainda neste sentido, também tem sido frequente a reivindicação de maior transparência na política de subsídios cruzados praticada por estas companhias.

De fato, a instituição de um planejamento e de uma regulação externos às companhias estaduais de saneamento e demais prestadores de serviços de saneamento básico consiste em medida fundamental, ainda por implementar, para que haja maior possibilidade de controle sobre a prestação dos serviços.

## 6. Conclusões

Os apontamentos do presente estudo acerca da experiência brasileira nas concessões de saneamento básico podem ser assim sintetizados:

*6.1* Não há uniformidade no Direito Brasileiro acerca de quais as atividades enquadradas sob a denominação "serviço público de saneamento básico", que ora se reporta aos serviços de abastecimento de água e esgotamento sanitário, ora envolve também os serviços de limpeza urbana e drenagem urbana de águas pluviais.

6.2 Dados do IBGE evidenciam que o crescimento da participação privada no setor de saneamento básico (água e esgoto) deu-se apenas a partir da década de 90 do século passado, ficando restrito às atividades de abastecimento de água.

6.3 Tiveram destaque nos últimos 35 anos duas experiências distintas em matéria de concessões de serviços de saneamento: a mais antiga, das "concessões-convênio" às companhia estaduais de saneamento, feitas sob a égide do PLANASA e dotadas de peculiaridades próprias de ajustes firmados entre organizações estatais (no caso, os Municípios e as companhias estaduais de saneamento); e a das concessões de serviço público propriamente ditas, feitas a partir da década de 90 do século passado, sob o regime das Leis 8.987 e 9.074, de 1995.

6.4 Ainda se faz necessário um estudo mais aprofundado das peculiaridades do regime jurídico das "concessões-convênio" perante o das concessões propriamente ditas.

6.5 Determinadas regras presentes nas leis sobre PPPs editadas até o momento (fevereiro/2005) têm a utilidade de viabilizar ou facilitar a implementação de certas parcerias no setor de saneamento básico, destacando-se quatros dessas regras: previsão de ampla variedade de objetos passíveis de delegação ao parceiro privado; previsão de ampla variedade de formas de remuneração do parceiro privado, além da exclusivamente tarifária; previsão de remuneração do parceiro privado segundo sua *performance* na execução do contrato; e previsão de garantias ou proteções especiais aos créditos do parceiro privado e aos de seus financiadores.

6.6 A implementação de PPPs no setor de saneamento básico enfrenta desafios jurídicos importantes, ainda pendentes no setor, dentre os quais três podem ser destacados: necessidade de segurança jurídica quanto à titularidade dos serviços públicos de saneamento; necessidade de planejamento integrado das políticas de saneamento básico, gestão de recursos hídricos, proteção ambiental, saúde pública e gestão de serviços metropolitanos; e, finalmente, necessidade de descentralização das atividades de planejamento, regulação e prestação dos serviços.

6.7 Relativamente à questão da titularidade, o posicionamento mais difundido na doutrina jurídica tem sido o de que os serviços de saneamento básico são, em princípio, de titularidade municipal, com fundamento no art. 30, V, da CF, mas passam à titularidade do Estado caso sejam reputados "função pública de interesse comum" por lei complementar instituidora de região metropolitana, nos termos do art. 25, § 3º, também da CF.

*6.8* Cabem algumas reflexões acerca deste posicionamento doutrinário em matéria de titularidade, a saber:

6.8.1 É preciso atentar para as situações peculiares em que, por razões históricas, os serviços estejam afetados à esfera de competências estadual (como ocorre com o Município de São Paulo), ou, conforme o caso, municipal.

6.8.2 Até mesmo fora das regiões metropolitanas pode configurar-se um interesse predominantemente regional na implantação de determinada etapa do serviço público de saneamento, de maneira que o Estado poderá, em nome próprio, desempenhá-la, com fundamento nos arts. 25, § 1º, e 23, IX, da CF.

6.8.3 O art. 25, § 3º, da CF permite que, no seio de uma região metropolitana em que o serviço público de saneamento básico tenha sido definido como "função pública de interesse comum", as atribuições reconhecidas ao Estado sejam matizadas, de tal forma que numa parte da área metropolitana parcela do serviço esteja sob a alçada dos Municípios, mas noutra não; em casos do gênero é importante que um instrumento normativo de planejamento das ações no âmbito da região defina claramente quais os agentes responsáveis por tais ou quais parcelas do serviço em cada parte do território metropolitano.

6.8.4 Analisando-se o complexo das atividades que compõem o chamado "ciclo do saneamento", costuma-se identificar, à luz de critérios geográficos, que parte delas tende a ser de interesse predominantemente local – e, portanto, da alçada municipal – e a outra parte tende a ser de interesse predominantemente regional – e, assim, da alçada estadual; em que pese ao acerto desta visão, já que os critérios geográficos para a aferição do interesse predominante são realmente importantes, ela ainda é parcial, pois precisa ser complementada pela análise, em cada caso concreto, da viabilidade econômica da exploração segregada de etapas do serviço.

6.8.5 A União Federal não detém atribuição constitucional para definir as competências dos entes federados, razão pela qual não se deve esperar que a questão específica da titularidade seja solucionada pela lei federal da Política Nacional de Saneamento Ambiental (Lei 11.445, de 5.1.2007).

6.8.6 As parcerias entre entes federados, à luz do art. 241 da CF, são mecanismos relevantes para a composição voluntária de conflitos acerca da titularidade no setor.

6.9 Embora se reconheça a necessidade de integração do planejamento das ações nos setores de saneamento, recursos hídricos, meio ambiente, saúde pública e gestão metropolitana, permanece a dúvida acerca de *como* promover esta articulação.

6.10 A legislação paulista, por exemplo, prevê uma multiplicidade de documentos de planejamento nos setores de saneamento, recursos hídricos, meio ambiente e gestão metropolitana que, muitas vezes, não têm sido editados na frequência exigida pela lei – e, quando o são, não apresentam a necessária articulação entre si.

6.11 Cabe refletir, neste contexto, sobre a necessidade de previsão normativa de um só documento de planejamento para o manejo das águas, em que seriam contempladas, a um só tempo, definições e metas de cunho ambiental, de gerenciamento de recursos hídricos e de expansão dos serviços de abastecimento de água e esgotamento sanitário.

6.12 Faz-se necessária a descentralização das atividades de planejamento, regulação e prestação dos serviços públicos de saneamento, instituindo-se um planejamento e uma regulação externos às CESBs e demais prestadores dos serviços de saneamento.

# PARCERIAS EM TRANSPORTE PÚBLICO

ADÍLSON ABREU DALLARI

*1. Introdução – Os contratos administrativos e as PPPs. 2. Relevância e situação atual da infraestrutura de transportes e, em especial, dos transportes públicos. 3. Possibilidades de parcerias nos transportes públicos. 4. Conclusões.*

## 1. Introdução – Os contratos administrativos e as PPPs

Compete à União, por força do disposto no art. 22, XXVII, da CF, editar normas gerais sobre licitações e contratos, em todas as modalidades, para a Administração Pública, direta e indireta, da União, dos Estados e dos Municípios, dando concreção ao disposto no 37, XXI, que determina, como regra geral, a obrigatoriedade da licitação como procedimento preliminar aos contratos de obras, serviços, compras e alienações, assim como para os contratos de permissão e concessão de serviço público, conforme exige o art. 175 do mesmo Texto Maior.

A lei que disciplina os contratos administrativos em geral é a Lei 8.666/1993, a qual, todavia, trata, precipuamente, de contratos que cuidam do fornecimento de um bem, da prestação de um serviço ou da realização de uma obra pelo particular, cuja remuneração será a ele proporcionada pela Administração contratante.

A concessão de serviço público, cujo regime jurídico está disciplinado pela Lei 8.987/1995, visa a transferir a prestação dos serviços e obras públicas para o particular, cuja remuneração será a ele proporcionada, em princípio e como regra geral, pelo usuário do serviço, precipuamente através do pagamento de tarifas.

A tarifa é o elemento central da proposta econômica apresentada pelo particular na licitação para outorga de concessões, e deve proporcionar a sustentabilidade econômica do contrato, já que engloba os valores imprescindíveis à amortização dos investimentos e a lucratividade destes derivada. Ou seja, na concessão de serviço público a Administração Pública desempenha um papel secundário na remuneração do particular, pois não é ela que paga pelo serviço prestado.

Convém repetir e destacar que, como regra geral, a remuneração dos serviços concedidos deve ser proporcionada pela cobrança das tarifas pagas pelos usuários de tais serviços. Em princípio, a tarifa deve ser fixada de maneira a permitir a sustentabilidade do serviço, não podendo nem ser insuficiente para isso, nem devendo propiciar lucros excessivos ao concessionário.

Entretanto, pode ocorrer que a tarifa seja fixada pelo Poder Público em valor maior que o estritamente necessário para a remuneração do serviço, de molde a assegurar para o concedente uma vantagem econômica correspondente a um pagamento pela outorga ou ao reembolso das despesas com o acompanhamento, fiscalização e controle da concessão.

Pode acontecer também, por outro lado, que a tarifa seja fixada pelo Poder Público em valor inferior à remuneração do serviço, com finalidades sociais, com o propósito de viabilizar o acesso ao serviço por um número maior de usuários. Neste caso, a diferença a menor deve ser compensada pelo pagamento de um subsídio pelo concedente ao concessionário, destinado a propiciar o equilíbrio contratual.

As PPPs servem, exatamente, para conferir viabilidade econômica a serviços públicos essenciais mas de baixa rentabilidade econômica, ou seja, em situações nas quais, sabidamente, não existe possibilidade de assegurar a sustentabilidade do serviço exclusivamente pelo pagamento de tarifas por parte de seus usuários. Não se trata de, incidentalmente ou eventualmente, pagar um subsídio para compensar diferenças eventuais ou episódicas. Trata-se, sim, de se estabelecer no próprio momento de celebração do contrato entre o particular e o Poder Público que este vai, necessariamente, efetuar pagamentos ao particular executante, seja para completar o volume de recursos demandados pelo empreendimento, seja para remunerar, no todo ou em parte, os serviços prestados.

Nos termos do art. 2º da Lei 11.079, de 30.12.2004, a PPP é um contrato administrativo de concessão, no qual a sustentabilidade é garantida por meio de aportes do Poder Público, podendo apresentar-se sob duas modalidades: concessão patrocinada e concessão administrativa. Na primeira o parceiro público proporciona parte dos recursos necessários aos investimentos. Na segunda o parceiro público assume a condição de usuário direto ou indireto dos serviços.

Pode-se notar, portanto, ao longo do tempo, uma sensível diferença de posicionamento do Poder Público nos contratos celebrados com particulares. Num movimento pendular, inicialmente a Administração paga integralmente por aquilo que o particular realiza, num segundo momento ela nada paga pelo serviço público prestado e, agora, num terceiro momento ambas as partes contribuem com os recursos necessários para a satisfação do interesse público.

Pelo modelo tradicional de contrato administrativo de prestação de serviços ou execução de obras o Poder Público simplesmente contrata um particular e paga a este pelo trabalho executado – o que pressupõe a disponibilidade de recursos financeiros para isso. O contratante público deve se assegurar de que o particular executante tem efetivas condições para realizar o que se propõe, podendo exigir deste a prestação de garantias quanto a isso.

Ao longo do tempo, diante da inexistência ou insuficiência de recursos para instalar e operar serviços públicos essenciais, o Poder Público lançou mão da figura da concessão a particulares, os quais fariam os investimentos necessários e se remunerariam mediante a cobrança de tarifas dos usuários do serviço, no decorrer de um longo período de tempo. Em tais casos, o Poder Público concedente passou a exigir dos concessionários garantias maiores, que assegurassem a efetiva realização dos investimentos necessários e que assegurassem, também, a regularidade da prestação do serviço concedido ao longo do tempo de vigência da concessão.

Agora, diante da absoluta necessidade da realização de obras e serviços para os quais o Poder Público, por si só, isoladamente, não dispõe de recursos suficientes mas que, por sua natureza e características, também não são capazes de proporcionar ao particular executante um retorno que permita a completa amortização e remuneração do capital investido, surgiu a necessidade de somar esforços e capacidades, por meio de uma atuação conjunta, em parceria, não havendo, entretanto, no direito positivo brasileiro, até o advento da Lei 11.079/2004, uma disciplina normativa desse novo modelo, cuja viabilidade depende de uma alteração substancial no tocante às garantias, pois o particular é que precisa ter a segurança de que o Poder Público vai cumprir fielmente suas obrigações.

O Direito está sempre em evolução. As normas e a interpretação que delas se faça devem estar consonantes com a evolução social.

Atualmente o Poder Público sofre as consequências das duras (mas indispensáveis) amarras impostas pela Lei de Responsabilidade Fiscal, que estabelece limites tanto às despesas públicas quanto às dívidas públicas, restringido as despesas ao correspondente volume de receitas e as dívidas aos limites estabelecidos pelo Senado Federal.

Acabou-se o "tempo das vacas gordas", do gasto público desenfreado, dos contratos sem recursos para atender a eles, da emissão desbragada de moeda sem valor, da inflação galopante etc. Em tempos de austeridade orçamentária e financeira, em tempos de duro combate ao déficit público, é preciso que as entidades públicas busquem recursos junto ao setor privado da economia.

A concessão de serviço público permitiu que o Poder Público transferisse aos particulares a tarefa de conseguir recursos para grandes investimentos em setores essenciais para o desenvolvimento nacional e o bem-estar da coletividade cuja exploração se evidenciava atrativa, rentável e autossustentável.

O desafio, agora, está no encontro de formas que permitam levar avante serviços públicos essenciais mas não sustentáveis. Não se discute a absoluta necessidade de investir em determinados setores estratégicos não sustentáveis; o problema está em como fazer para que isso seja economicamente e juridicamente possível.

A questão econômica deve ser estudada com relação a cada caso, a cada empreendimento, calculando-se o montante dos recursos financeiros necessários, o tempo de execução, a forma e o montante da participação de cada um dos parceiros, as fontes de recursos e as garantias correspondentes.

O suporte jurídico está dado pela aplicação concomitante da Lei geral de Contratos Administrativos (Lei 8.666/1993), da Lei de Concessões (Lei 8.987/1995) e da Lei das PPPs (Lei 11.079/2004), que cuida, exatamente, das peculiaridades deste tipo de contrato de concessão, fixando-as no tocante à licitação, ao contrato e às correspondentes garantias.

Fica perfeitamente claro, portanto, que a concessão em parceria – tanto a patrocinada quanto a administrativa – não se confunde com a simples contratação de um particular para prestar um serviço, realizar uma obra ou fornecer um bem, nem com a simples transferência da execução pelo Poder Público a particulares; mas que compreende uma atuação conjunta, a qual exige ou supõe confiança recíproca, negociação, entendimento, visando à satisfação de interesses comuns.

A atuação em parceria entre os particulares e o Poder Público não é exatamente uma novidade, já tendo ocorrido ao longo da história. Mas com a atual configuração, diante da disciplina estabelecida pela lei federal específica, é algo muito novo, assunto que nem era versado pela doutrina tradicional, mas que já foi objeto de algum exame pela doutrina mais moderna e mais atualizada: "Neste livro, o vocábulo 'parceria' é utilizado para designar todas as formas de sociedade que, sem formar uma nova pessoa jurídica, são organizadas entre os setores público e privado, para a consecução de fins de interesse público. Nela existe a colaboração entre o Poder Público e a iniciativa privada nos âmbitos social e econômico, para satisfação de interesses públicos, ainda que, do lado do particular, se objetive o lucro. Todavia, a natureza econômica da atividade não é essencial para caracterizar a parceria, como também não o é a ideia de lucro, já que a parceria pode dar-se com entidades privadas sem fins lucrativos que atuam essencialmente na área social e não econômica" (Maria Sylvia Zanella Di Pietro, *Parcerias na Administração Pública*, 3ª ed., São Paulo, Atlas, 1999, pp. 31-32).

A ideia de parceria surgiu no contexto da modernização da Administração Pública, cuja ideia central está no abandono do formalismo estéril, em benefício do atingimento dos fins de interesse público almejados, comportando expressamente a soma de esforços e recursos públicos e privados.

As PPPs, em sentido estrito, têm como base essa conjugação de esforços, mas apresentam algumas peculiaridades. Os investimentos iniciais devem ser feitos pelo particular, havendo ingresso de recursos públicos apenas num momento mais adiante, quando o empreendimento já for uma realidade concreta, estando já ou quase em fase de efetiva prestação de serviços.

De alguma forma, isso significa que o particular vai adiantar recursos e que o Poder Público vai assumir compromissos financeiros para o futuro – situação, essa, que exige uma compatibilização com a Lei de Responsabilidade Fiscal. Por outro lado, a remuneração do particular não deve ser automática, mas deve ser condicionada ao seu desempenho, configurando-se uma obrigação de resultado. Esses pontos foram efetivamente objeto de disciplina em diversos artigos da Lei 11.079/2004.

Não cabe, entretanto, neste estudo, um detalhamento maior do regime jurídico das PPPs, sendo suficiente o delineamento de seus traços principais, para que se possa cogitar de sua aplicação no setor de transporte público.

## 2. *Relevância e situação atual da infraestrutura de transportes e, em especial, dos transportes públicos*

O noticiário da imprensa é recorrente e repetitivo em apontar que o desenvolvimento econômico, capaz de gerar novos empregos, propiciar receitas e contribuir para a mitigação das desigualdades sociais, passa pela necessária superação de gargalos existentes na área de transportes, como é o caso dos portos, das ferrovias, da malha rodoviária, das hidrovias e do transporte aéreo.

Quando se fala em transporte público imediatamente vem à mente a questão do transporte coletivo urbano, mas é conveniente salientar que a expressão "transporte público" compreende também o transporte coletivo entre pontos mais distantes, em todo o território nacional.

Nos termos do art. 21, XII, da CF, compete à União explorar, direta ou indiretamente, a navegação aérea e a infraestrutura aeroportuária, os serviços de transporte ferroviário e aquaviário de longo alcance, os serviços de transporte rodoviário interestadual e internacional de passageiros, bem como os portos marítimos fluviais e lacustres. Nos termos do art. 30, V, compete aos Municípios organizar e prestar, direta ou indiretamente, o serviço de transporte coletivo urbano. Pela sistemática constitucional, os demais serviços de transporte inserem-se na competência residual dos Estados.

Ou seja: os transportes públicos são de responsabilidade do Poder Público. Quando a lei confere a algum segmento do Poder Público a competência para disciplinar algum assunto, controlar ou realizar alguma tarefa ou explorar algum serviço, isso significa que tal segmento tem o dever de exercitar concretamente a competência que lhe foi atribuída, pois, conforme já é cediço na doutrina, a Administração Pública não tem prerrogativas puras, mas, sim, poderes/deveres.

Portanto, o Poder Público tem o dever de solucionar os problemas apontados no tocante aos transportes públicos, mas tem também as dificuldades decorrentes da ausência ou insuficiência de recursos. Algumas modalidades comportam solução por meio da simples concessão dos serviços a particulares; mas existem setores onde isso não é suficiente.

Nos casos em que o serviço essencial não for sustentável (não comportando uma concessão simples) e nos casos em que o Poder Público não tiver recursos suficientes para a construção de prédios e a instalação de equipamentos indispensáveis ao funcionamento de seus próprios serviços, será forçoso recorrer às chamadas "parcerias público-privadas" (PPPs).

### 3. Possibilidades de parcerias nos transportes públicos

Em âmbito nacional, é público e notório o estado de insolvência de quase todas as empresas de navegação aérea. Num país de dimensões continentais isso chega a ser uma questão de soberania nacional, havendo necessidade, portanto, de manter em funcionamento linhas sabidamente deficitárias. Em pequena escala, tais déficits podem ser cobertos por subsídios cruzados ou por subsídios simples. Mas um projeto de maior amplitude vai demandar recursos de grande monta, que somente poderão ser conseguidos mediante atuação conjunta, especialmente no tocante à infraestrutura indispensável aos transportes aéreos.

O transporte ferroviário foi praticamente abandonado no Brasil. No passado tivemos ferrovias modelares exploradas mediante o regime de concessão. Mais recentemente, especialmente no tocante ao transporte de carga (mais exatamente de minérios), tivemos algumas experiências de colaboração entre os setores público e privado. O grande problema nesse setor foi o fato de que a privatização foi feita recaindo sobre trechos isolados e não foi precedida da necessária regulação, tendo disso resultado um encolhimento da malha ferroviária, com a pura e simples supressão de trechos antieconômicos. Até hoje não existe a concepção de um sistema ferroviário nacional, nem a definição das políticas públicas para o setor. Ao lado disso surgiram dificuldades decorrentes da travessia de espaços urbanos densamente povoados e, ainda, de terras indígenas. É essencial recuperar ou reconstruir a malha ferroviária nacional, mas a falta de uma cultura com relação ao uso desse meio de transporte público faz com que ele não seja sustentável.

O transporte público rodoviário depende da rede física de estradas, que também se encontra em estado bastante precário. Apenas 11% da malha rodoviária são pavimentados, e mesmo esta pequena parte está em mau estado. Salvam-se as rodovias pedagiadas, a cargo de empresas privadas concessionárias; mas estas somente são viáveis em áreas de grande volume de tráfego, suficiente para assegurar a sustentabilidade.

A carência maior está exatamente nas estradas secundárias, que são fundamentais, mas que não comportam a simples outorga a empresas concessionárias, nem podem receber adequada conservação em função da escassez de recursos públicos.

O Governo Federal pouco ou nada fez no tocante à outorga de concessões, mas, agora, terá que lançar um programa de concessões, compreendendo, inclusive, "pacotes" que permitam subsídios cruzados e, quando isso não for possível, recorrendo às concessões patrocinadas.

No tocante ao transporte aquaviário existe o problema do subaproveitamento das hidrovias (de um potencial de 43.000km, apenas 10.000km estão com algum aproveitamento) e o gravíssimo problema da falta e do desaparelhamento dos portos. Numa economia que depende substancialmente das exportações, o problema dos portos requer soluções urgentes, sendo evidente a necessidade da celebração de contratos de PPPs.

Nas grandes cidades, nas capitais e nas áreas metropolitanas a situação do transporte público é particularmente grave, como decorrência do processo de urbanização e do crescimento desordenado. Desde longa data já se tem noção de que é impossível assegurar a circulação nas grandes cidades por meio do transporte individual, que não se presta ao deslocamento de grandes massas.

O transporte ideal nas grandes cidades seria o metroviário, que exige enormes recursos financeiros para sua implantação ou ampliação. O custo de implantação do Metrô é tão elevado que, normalmente, ele não é autossustentável, dependendo de subsídios que permitam cobrar dos usuários uma tarifa acessível.

O transporte coletivo por ônibus, mediante um conjunto de linhas isoladas, pode servir para cidades pequenas e médias, mas não é eficiente nas grandes cidades. Nestas é fundamental a adoção de sistemas integrados de transportes coletivos, que dependem de vias especiais de circulação, estações de transferência e terminais, além de um controle informatizado de circulação e arrecadação, de maneira a permitir que o passageiro possa mudar de veículo pagando apenas uma passagem.

Todas essas modalidades de transportes públicos apresentam características que as qualificam como potenciais atividades que comportam a aplicação do regime das PPPs, em razão da essencialidade, da ausência ou insuficiência de recursos públicos e da inviabilidade de utilização do modelo clássico de concessão de serviço público.

## 4. Conclusões

O cenário descrito revela dois pontos fundamentais: a absoluta necessidade de uma atuação eficaz e urgente para a solução de problemas que não comportam adiamento e a impossibilidade de solução pelos meios tradicionalmente utilizados.

Essa combinação obriga a que se lance mão de novas formas de atuação da Administração Pública, que permitam a adoção de providências imediatas e, ao mesmo tempo, o desembolso de recursos públicos apenas no futuro. As PPPs podem ser uma forma de solução para tais problemas.

A Lei 11.079, de 30.12.2004, disciplinando esse instituto jurídico, viabilizou sua utilização. A aplicação prática, todavia, vai depender da definição dos projetos a serem implantados nas modalidades de concessão patrocinada e concessão administrativa, da regulamentação de alguns artigos da mesma lei e da instrumentalização da Administração Pública para operar tais contratos.

Não se pode, entretanto, entender as PPPs como uma panaceia, como uma solução mágica, totalmente segura e isenta de dificuldades e até mesmo de contradições.

As concessões de serviços públicos comuns continuam enfrentando problemas decorrentes da indefinição regulatória e da insegurança jurídica. Não existe vacina contra políticos oportunistas e inescrupulosos, que criam dificuldades para vender facilidades.

Para que se possa alcançar um mínimo de segurança, é indispensável que os contratos de parcerias sejam precedidos de ampla publicidade, com efetiva possibilidade de participação pelos interessados. Primeiramente porque a publicidade é a maior arma contra a corrupção; e em segundo lugar porque é preciso dar espaço aos que sempre são contra tudo (*Hay govierno, soy contra*), para que possam se manifestar antes da celebração do contrato. É indispensável, ainda, a participação da sociedade nos organismos de controle das parcerias, para evitar desvios de quaisquer das partes envolvidas.

Nesse sentido, seria conveniente que o Ministério Público se conscientizasse de seu dever de instaurar o indispensável inquérito civil antes de ingressar em juízo com ações civis públicas totalmente despropositadas e que apenas tumultuam o andamento de obras e serviços indispensáveis, dada a prodigalidade com a qual liminares são concedidas.

Toda e qualquer alteração no cenário jurídico suscita, naturalmente, dúvidas e controvérsias, ativando a oposição daqueles que eram beneficiários da ordem anteriormente existente.

Não há dúvida de que a Lei 11.079/2004 vai ser objeto de acusações e ações de inconstitucionalidade. Declarar de uma vez a inconstitucionalidade "resolve" o problema jurídico, mas não resolve os problemas práticos acima apontados, nem satisfaz as necessidades públicas urgentes e inadiáveis que levaram à edição dessa lei.

O que se pretende dizer, para concluir, é que é forçoso abandonar práticas viciadas e preconceitos, aprofundando o estudo das PPPs, detectando os possíveis problemas que sua aplicação poderia causar ou ter que enfrentar em cada modalidade de transporte público – tarefa, essa, que depende da atuação conjunta de juristas, economistas, administradores públicos e especialistas em transporte público, que possam trazer tanto a visão do Poder Público quanto a dos possíveis empreendedores e investidores privados.

# AS PARCERIAS PÚBLICO-PRIVADAS E A TRANSFERÊNCIA DE ATIVIDADES DE SUPORTE AO PODER DE POLÍCIA – EM ESPECIAL, A QUESTÃO DOS CONTRATOS DE GESTÃO PRIVADA DE SERVIÇOS EM ESTABELECIMENTOS PRISIONAIS

FERNANDO VERNALHA GUIMARÃES

*1. Introdução – Situando as PPPs. 2. Contextualização legal: a figura da concessão administrativa na Lei 11.079/2004. 3. Inaplicabilidade da dicotomia atividade-meio/atividade-fim como critério delimitador das atividades exclusivas (intransferíveis) do Estado. 4. Os limites da delegação de serviços relacionados com o poder de polícia e as PPPs: a possibilidade da prestação privada de atividades de suporte. 5. O cabimento da gestão privada de serviços de suporte ao desempenho de competências estatais em programas de PPPs aplicados a estabelecimentos prisionais: 5.1 O mapeamento jurídico das atividades envolvidas no funcionamento do presídio – 5.2 Atividades delegáveis e indelegáveis: 5.2.1 O conteúdo do Plano Nacional de Política Penitenciária de 2007 e da Resolução 08/2002 do Conselho Nacional de Política Criminal e Penitenciária – 5.2.2 A delegabilidade de atividades relacionadas à segurança do presídio – 5.3 A configuração da PPP prisional – Alguns aspectos relevantes: 5.3.1 A composição do objeto da PPP prisional – 5.3.2 A composição da remuneração do parceiro privado – 5.3.3 O trabalho do preso como elemento integrante da configuração do ajuste. 6. Considerações finais.*

## 1. Introdução – Situando as PPPs

As parcerias público-privadas (PPPs) não são um tema novo. Modernamente o assunto adquiriu maior visibilidade em decorrência de uma realidade, aparentemente presente em muitos países, que retrata a incapacidade dos Estados no financiamento de infraestruturas públicas. Busca-se o compartilhamento de riscos com o setor privado para contornar limitações fiscais e permitir o desenvolvimento sustentado. O exame do tema pressupõe todo um evolutivo processo de transformação das dimensões do Estado evidenciado nos últimos anos.

Muito já se escreveu acerca das recentes transformações sofridas pelo Estado. A literatura sobre o tema é vasta e qualificada. Há o reconhecimento do declínio do Estado-prestador e do ressurgimento de um Estado modesto, mínimo ou, simplesmente, suficiente. Um dos pilares que sustentou o movimento de redução das dimensões do Estado foi a proposta para a otimização dos serviços públicos anelada à superação da insuficiência do Estado no custeio de uma prestação direta em obras e serviços. Do processo de desestatização promovido em inúmeros países decorreram a venda de empresas estatais e a transferência da prestação de serviços públicos ao setor privado. Além disso, verificaram-se a quebra de monopólios e a "desregulação" do mercado, introduzindo-se a concorrência em determinados serviços públicos a partir da atenuação de barreiras regulatórias.

O Brasil não ficou à margem desse processo. O Estado Brasileiro iniciou seu movimento de privatização ao final de 1979, a partir da criação do Programa Nacional de Desburocratização.[1] Embora esse processo não tenha apresentado resultados expressivos, arrastando-se por mais de 10 anos com um saldo de apenas 46 empresas privatizadas, gerando valores inferiores a US$ 800 milhões, a iniciativa foi retomada no início da década de 90 do século passado, com o lançamento do Programa Nacional de Desestatização (PND).[2] Todavia, a ausência de planejamento (jurídico, sobretudo) adequado, aliada ao insucesso do plano de estabilização do Governo Federal ("Plano Collor"), impediu resultados satisfatórios do Programa. Os valores resultantes somaram aproximadamente US$ 8,6 bilhões, pela venda de 33 empresas federais (com a transferência para o setor privado de US$ 3,3 bilhões em dívidas). Somente a partir de 1995,[3] sob um sufi-

---

1. Criado pelo Decreto 83.740/1979.
2. Criado pela Lei 8.031/1990, seus principais objetivos foram o ordenamento estratégico da economia, a redução da dívida pública, a retomada dos investimentos nas empresas privatizadas, a modernização da indústria e o fortalecimento do mercado de capitais.
3. Em 1995, com a edição da Medida Provisória 841/1995, houve mudanças específicas na condução do PND. Também a Lei 9.491/1997 redefiniu posteriormente o Programa.

ciente planejamento estatal, num movimento apoiado e seguido pela maioria dos Estados-membros, com a criação, inclusive, de programas de desestatização locais, iniciou-se um efetivo e denso processo de privatização de empresas do Estado e de transferência da prestação direta de serviços à esfera privada, produzindo resultados surpreendentes.[4]

Ressurgem daí as concessões como um dos instrumentos largamente utilizados pela "recriação" do Estado, promovendo-se a substituição de uma responsabilidade de execução no tocante às tarefas públicas por uma responsabilidade-garantia. O processo faz-se acompanhar de um marco regulatório, em que órgãos independentes concentram poderes de tutela sobre setores estratégicos. Os resultados positivos desse processo passam a ser considerados, virando-se a página na história do Estado, para consolidar um amplo conjunto de reformas estruturais.

Neste domínio verifica-se, ainda, a busca do Estado pelo instrumentário do direito privado. O progressivo recurso a formas de direito privado na atuação estatal – caracterizando o que se batizou no passado de "fuga para o direito privado"[5] – introduz o direito administrativo numa renovada esfera de relação com os privados. Do clássico conceito de "contrato administrativo" evolui-se para novos instrumentos de parceirização entre o público e o privado.

Numa segunda etapa desse processo, o contraponto da ausência de suficiente fluxo de recursos públicos à necessidade de expansão e desenvolvimento dos Estados, calcado primordialmente na execução de obras e serviços de infraestrutura, conduziu à busca por "novos" instrumentos de financiamento do setor público. Algumas iniciativas, como a do Reino Unido, desenvolveram projetos de parceirização entre o Estado e empresas privadas (*private finance initiative* – PFI[6]),

---

4. Dados tirados das seguintes obras: Fábio Giambiagi e Ana Cláudia Além, *Finanças Públicas*, 2ª ed., Rio de Janeiro, Elsevier, 2000, pp. 383 e ss.; "PPP: unindo o público e o privado", *RAE* 3/26-27; Lavínia Barros de Castro, "Privatização, abertura e desindexação: a primeira metade dos anos 90", in *Economia Brasileira Contemporânea (1945-2004)*, Rio de Janeiro, Elsevier, 2005, pp. 146 e ss.
5. A expressão não é nova, tendo sido cunhada originariamente, logo após a I Grande Guerra, por Fritz Fleiner (*die Flucht in das Privatrecht*).
6. Regulamentada em 1993 e efetivamente implementada ao final de 1994, a PFI veio a suplantar a sistemática das *ryrie rules* – conjunto de regras que estabele-

buscando-se soluções ao déficit público limitador do desenvolvimento. Outros países europeus (de tradição romano-germânica) desenvolveram fórmulas similares, ressentidos da perda da capacidade de investimento (premidos pela necessidade de impor limites ao déficit público para equacionar o orçamento), gerada, sobretudo, pelo Pacto de Estabilidade e Crescimento (PEC), surgido em 1997 no Direito Comunitário. Planta-se, nesse cenário, a noção de uma fórmula contratual universalmente batizada de *public-private partnership*.[7]

No Brasil não foi diferente, tendo o Estado nacional que recorrer a esta modalidade de contratação de molde a superar os óbices a um crescimento sustentado. Sob esse contexto nasceram inúmeras leis estaduais e a Lei federal 11.079/2004, que instituiu normas gerais para licitação e contratação de PPPs. Deverá a questão merecer ainda

ciam critérios para a participação de financiamentos privados em empresas estatais. Na etapa inicial de sua implementação, a ausência de suficiente coordenação, marcada pela ineficiência na tarefa de priorização de alguns projetos (quando inúmeros empreendimentos em PFI estavam se desenvolvendo de forma rápida e concomitante), levou a resultados indesejados. O Governo Inglês, já sob a égide do *Labour Government*, anunciou, em meados de 1997, a necessidade de proceder a uma profunda revisão nos projetos de PFI. Como resultado, produziu-se um detalhado Relatório (*Bates Report*), onde constaram inúmeras recomendações para o aperfeiçoamento das PFIs/PPPs. A partir de sua edição, criou-se um Departamento próprio de suporte dentro do Tesouro Inglês (*Treasury Taskforce*), com o objetivo de desempenhar funções de coordenação e supervisão das PFIs. Esse órgão foi posteriormente substituído, em junho/2000, a partir de uma segunda revisão levada a efeito pelo Governo Inglês acerca das PFIs/PPPs (realizada em julho/1999 e presidida pelo mesmo signatário do Relatório de junho/1997, Malcolm Bates), por uma organização permanente até hoje em atividade: a *Partnerships UK* (trata-se de uma sociedade de capital misto, com composição majoritariamente privada, que detém função de planejamento, negociação e implementação dos projetos de PPPs).

Num período de aproximadamente 10 anos foram assinados 568 projetos pela modalidade de PFI, correspondendo a um capital equivalente a £ 36,5 bilhões (*The Private Finance Initiative (PFI)*, Grahame Allen, *Economic Policy and Statistics Section – House of Communs Library*, 27.10.2003). Houve significativos investimentos nas áreas de saúde, defesa, educação, trabalho, previdência, presídios, meio ambiente e, principalmente, transportes – setor que ocupou 1/3 do valor do total investido. Atualmente investem-se valores da ordem de US$ 6 bilhões anuais, sendo que cerca de 70% do valor total dos contratos é de responsabilidade do Governo Central (a lista integral dos projetos de PFI assinados até 4.4.2003 no Reino Unido pode ser encontrada no site do *Office of Government Commerce* (OGC): http://www.pfi.ogc.uk/.).

7. A noção não remete a um conceito unitário de PPP. Há núcleos de identidade nos regimes jurídicos dos Estados que a adotaram, não se podendo, no entanto – e obviamente –, aludir a um modelo comum.

a atenção do legislador quanto à instituição de regras específicas disciplinando aspectos fundamentais inerentes ao exercício destas atividades, como restrições à negociabilidade de ações de empresas titulares destes contratos, formação de profissionais, controle de gestão etc. Enquanto se permanece sem um quadro legal específico acerca disso, caberá ao contrato delinear com precisão e suficiência todos estes aspectos.

Uma das dificuldades marcantes acerca do estudo destas parcerias reside na amplíssima gama de possibilidades de arranjos contratuais subjacentes. Nas leis concebidas, à semelhança do que se passa em outros países,[8] não houve a delimitação de um novo *tipo* contratual, específico, mas se delineou uma fórmula-gênero debaixo da qual se permitem variados arranjos negociais entre o Estado e os particulares. Isso conduz à preservação de regimes contratuais específicos, que acabam por interagir com o regramento mais abrangente acerca do vínculo de parceria. Na esfera desta riqueza de possibilidades negociais subjacentes às parcerias, muitos aspectos conformadores do pacto devem ser observados. Dentre estes, enfoca-se, aqui, um, especialmente relevante: o do enquadramento da delegação aos particulares de atividades instrumentais a funções privativas do Estado.

8. Há similaridade, neste particular, com o regime português. Pelo atual regime desse país, a disciplina das PPPs não produziu um tipo contratual restrito. A caracterização do instituto prescrita pelo Decreto 86/2002 preserva a incidência do regime jurídico específico dos contratos subjacentes às PPPs, instituindo apenas um modelo amplo e genérico de colaboração entre o Estado e os particulares, definindo fundamentalmente regras procedimentais para sua realização. O legislador português, portanto, não tratou das PPPs como qualquer nova forma de contrato, tendo "o cuidado de precisar que o seu regime não afasta aquele que se aplicaria ao contrato ou contratos subjacentes". Como assinalam Eduardo Paz Ferreira e Marta Rebelo, não se está perante "a criação de um novo tipo contratual, antes ficando claro que a PPP poderá se constituir num contrato ou numa união de contratos". É o que se depreende do art. 2º, n. 1, do mesmo decreto, dispondo-se que, "para os efeitos do presente diploma, entende-se por parceria público-privada o contrato ou a união de contratos, por via dos quais as entidades privadas, designadas por parceiros privados, se obrigam, de forma duradoura, perante um parceiro público, a assegurar o desenvolvimento de uma atividade tendente à satisfação de uma necessidade colectiva, e em que o financiamento e a responsabilidade pelos investimento e pela exploração incumbem, no todo ou em parte, ao parceiro privado" (Eduardo Paz Ferreira e Marta Rebelo, "O novo regime jurídico das parcerias público-privadas em Portugal", *Revista de Direito Público da Economia* 4/74, Belo Horizonte, Fórum, outubro-dezembro/2003).

O tema, em específico, não se apresenta como uma novidade trazida com a modelagem das PPPs. Hipóteses de delegação de serviços de suporte à realização de competências derivadas do poder de polícia do Estado já são relativamente usuais. São exemplos, entre outros, os contratos de prestações de serviços de monitoramento de tráfego por equipamentos de captação eletrônica de imagens, decorrendo a aplicação de sanções pelo Estado. Mas sem dúvida que o recente marco legal das PPPs acabará por estimular a prática de delegação de atividades similares, sobretudo porque novos setores envolvidos com o desempenho de atividade típica do Estado passam a ser cogitados para receber a prestação acessória da esfera privada. É o caso dos serviços gerais de suporte ao funcionamento de estabelecimentos prisionais.

A visita ao tema, assim, é urgente e relevante. Numa primeira parte deste estudo serão enfocados os contornos legais do modelo das PPPs trazidos com a Lei 11.079/2004, e em particular o modelo das concessões administrativas. Após, serão sumariados alguns pressupostos teóricos relativos à delegabilidade de atividades envolvidas com o desempenho de funções típicas estatais. Por fim, o estudo trará uma parte especial cujo foco será o exame das hipóteses de parcerias em arranjos destinados a instrumentar o funcionamento de estabelecimentos prisionais.

## 2. Contextualização legal: a figura da concessão administrativa na Lei 11.079/2004

A Lei 11.079/2004 prescreveu normas gerais sobre PPP, definindo-a como o contrato administrativo de concessão na modalidade patrocinada ou administrativa. *Concessão patrocinada* veio a ser a concessão de obra ou serviço público disciplinada pela Lei Geral de Concessões quando adicionada à receita tarifária cobrada dos usuários contraprestação pecuniária do parceiro público ao parceiro privado; *concessão administrativa* definiu-se como o contrato de prestação de serviços de que a Administração Pública seja a usuária direta ou indireta, podendo envolver a execução de obra ou fornecimento e instalação de bens.

Em termos práticos, a concepção de parceria trazida com a lei orientou-se a flexibilizar as modalidades de contratação pública antes existentes. De um lado, as conhecidas concessões de serviço público passam a comportar o incremento de receita mediante contraprestação do Poder Público, tornando-se um contrato de parceria.[9] A noção garante a viabilidade de projetos em que a exclusiva receita tarifária não permitia resultados financeiros rentáveis. De outro lado, surgem as concessões administrativas como forma de aplicar a atividades que não se compreendem no conceito de "atividade passível de sistema tarifário"[10] noções de risco e de *performance* contratual características das concessões. São atividades prestáveis *diretamente*[11] à Administração mas que, diferentemente dos contratos convencionais de desembolso, poderão envolver remuneração atrelada a variantes de risco e à *performance* do prestador. Sob um certo ângulo, é correto dizer-se que as concessões administrativas implicam a importação do *modelo organizaconal* (próprio das concessões de serviço público) a contratações antes modeladas segundo o esquema tradicional dos contratos administrativos gerais (com ênfase em obrigações de meio). Em regra, essas concessões implicarão o provimento pelo parceiro privado de uma infraestrutura, decorrendo-lhe, como contrapartida financeira, o direito de sua exploração econômica (mas a partir de remuneração diretamente provida pela Administração). Assim, integrará a remuneração da prestação de serviço também o custo de uma obra previamente executada pelo parceiro privado.

9. Alguns especialistas já aludiam à possibilidade de aplicação de recursos públicos como modalidade de remuneração parcial do concessionário de serviços públicos. A orientação se produzia a propósito do teor do art. 11 da Lei Geral de Concessões (n. 8.987/1995). Cf. a obra de Marçal Justen Filho, *Teoria Geral das Concessões de Serviço Público*, São Paulo, Dialética, 2003, p. 103. No mesmo sentido: Marcos Juruena Villela Souto, *Direito Administrativo das Concessões*, São Paulo, Dialética, 2003, p. 33, e Benedicto Porto Neto, *Concessão de Serviço Público no Regime da Lei 8.987/1995 – Conceitos e Princípios*, São Paulo, Malheiros Editores, 1998, p. 76.
10. Indicam-se tanto atividades que não se caracterizam como serviço público (exemplo: atividades de suporte ao exercício do poder de polícia e demais funções típicas do Estado) assim como atividades que, embora qualificáveis como serviço público social (segundo alguma doutrina), como serviços de saúde e de educação (observadas as restrições, para estes, contidas nas leis de parcerias), não são passíveis de delegação via concessão, sobretudo pela gratuidade da prestação imposta pela Constituição. Também poderiam incluir-se nesse rol serviços não fruíveis diretamente pelos administrados, que impediriam a aplicação do sistema tarifário.
11. A assertiva deve ser entendida na acepção de que a *remuneração* provém diretamente da Administração ainda que, em certos casos, possa existir relação de proporcionalidade entre a remuneração do prestador e importâncias pagas pelos beneficiários diretos da prestação (eventualmente, não será a Administração) – refira-se a hipótese da realização de atividades de inspeção veicular com remuneração atrelada a valores desembolsados pelos titulares dos veículos inspecionados.

Para as concessões administrativas vedou-se a hipótese de promover parceria para atender a escopo exclusivo de fornecimento de mão de obra, de instalação de equipamentos ou de execução de obra pública. A razão reside no propósito de evitar superposição de regimes jurídicos, deixando arranjos que não visem à conjugação de objetos sob a incidência da Lei 8.666/1993.

As concessões administrativas, portanto, poderão comportar uma gama infindável de arranjos a partir da conjugação de escopos diversos. Assim, e por exemplo, empreendimentos como a construção e administração (de serviços gerais) de estabelecimentos prisionais, que antes encontravam óbices e constrangimentos jurídicos à sua efetivação ante a incidência da Lei 8.666/1993,[12] passam a ter viabilidade jurídica de execução sob a modelagem das concessões administrativas. Bem assim, são exemplos a construção de hospitais e o direito de sua exploração em prazo necessário à amortização do investimento (cuja remuneração, paga pelo Poder Público, passa a incorporar o custo da construção e implementação do estabelecimento hospitalar);[13] e, na área da gestão do trânsito, a implantação de infraestrutura à inspeção veicular (estações dotadas de aparato tecnológico sofisticado destinado à inspeção em veículos), comportando a prestação de serviços correlatos.[14] Poder-se-ão formatar contratos sob a lógica financei-

---

12. Além de restrições como a contida no art. 7º da Lei 8.666/1993, que veda a inclusão, no objeto da licitação, da obtenção de recursos para sua execução, a lógica contida naquele diploma é a de evitar (em regra) a cumulação de objetos (em um único projeto) que possam ser autonomamente licitados e contratados, preservando-se o alcance da proposta mais vantajosa para cada qual.

13. A hipótese, contudo, desperta controvérsia na doutrina. Para Maria Sylvia Di Pietro, tendo em vista que o texto constitucional permitiu a participação apenas *complementar* dos privados na realização de serviços de saúde (art. 199, § 1º), seria inadequada a gestão de um hospital ou de um centro de saúde por entidades privadas. Admite a autora, tão somente, a realização acessória pelos particulares de atividades materiais e alguns serviços técnico-especializados (*Parcerias na Administração Pública: Concessão, Permissão, Franquia, Terceirização e Outras Formas*, 3ª ed., São Paulo, Atlas, 1999, pp. 173-175).

14. Esta é uma hipótese característica da ideia das parcerias. Ainda antes da edição das leis de PPPs já se via o interesse de setores da sociedade e da Administração Pública na implementação de atividades de inspeção (a partir do advento da Resolução 809, de 12.12.1995, do CONTRAN/Conselho Nacional de Trânsito). Contudo, pressupondo-se a necessidade da delegação destas atividades por contrato (em vista da precariedade da outorga unilateral frente aos grandes investimentos demandáveis), a iniciativa esbarrava na dificuldade de compatibilizar os altos custos relati-

ra do compartilhamento de riscos e focados (primordialmente) em obrigações de resultado[15] envolvendo uma pluralidade de prestações cuja conjugação se orienta a possibilitar uma melhor *performance* quanto ao financiamento do projeto. Como resultado, conformam-se arranjos mais extensos, complexos e de maior expressão econômico-financeira que os contratos convencionais (são avenças baseadas no esquema de *project finance*).

Eventualmente, estará inserida no conjunto de atividades que caracteriza uma parceria a execução (e financiamento) pelos privados de obras e serviços que envolvam atividades de suporte ao desempenho de competências típicas (exclusivas) estatais. A questão envolve inúmeras abordagens relativas à delegabilidade destas atividades, a seguir expostas. Mas seria necessário apontar uma peculiaridade própria destas hipóteses no que tange à estruturação e planejamento das concessões administrativas, a partir do reforço regulamentar do contrato. É que, tratando-se de atividades imbricadas com manifestação típica do Estado, a ausência de rígidas cláusulas de controle poderá comprometer aspectos relevantes da atuação estatal. Mesmo que insertas em um regime de maior liberdade quanto à escolha de meios pelo parceiro privado, seria preciso relativizar-lhes a lógica fundante exclusivamente em obrigações de resultado, assegurando-se o cumprimento de metas e condições contratuais/regulamentares.

vos à implementação das estações automatizadas e informatizadas necessárias à realização das atividades de inspeção com as limitações de prazo dos contratos regidos pela Lei 8.666/1993. Por outro lado, dada a característica de atividade estatal inconfundível com serviço público (em sentido estrito), as atividades técnicas de inspeção não poderiam subjugar-se ao regime das concessões (que permitiria um sistema de amortização do investimento em prazo alongado). O impasse seria hoje solucionado à luz do regime das parcerias. Na época a questão foi objeto de interessante parecer de autoria de Adílson Dallari ("Inspeção de segurança veicular – Credenciamento – Desnecessidade de autorização legislativa", *Informativo de Licitações e Contratos* (*ILC*) 28/430, Curitiba, Zênite, 1996). Registre-se que há projeto legislativo da União versando acerca das atividades de inspeção veicular que, muito impropriamente, prevê a delegação por concessão de serviço público.

15. Essa é uma característica marcante das parcerias. Algumas leis expressamente mencionam essa condição, como é o caso da Lei do Estado de São Paulo 11.688/2004, que prescreve, no art. 7º, que "as parcerias público-privadas determinam para os agentes do setor privado: I – a assunção de obrigações de resultado definidas pelo Poder Público, com liberdade para a escolha dos meios para sua implementação, nos limites previstos no instrumento".

Em suma, se é certo que as PPPs representam a quebra de uma tradição de contratos até então com ênfase nas obrigações de meio, às parcelas contratuais envolvidas no suporte material para o desempenho de competências imperativas do Estado não se deverá eliminar o modelo do controle dos meios. Tendo-se em conta sua relação com atividades funcionalizadas e afetadas à promoção de princípios constitucionais, o caráter regulamentar dos contratos que as instrumentam deverá ser realçado, dotando-se-os de um efetivo e rígido controle estatal acerca dos meios, tal como se passa na terceirização comum.

Bem assim, será relevante uma regulamentação legal mais específica acerca da execução destas atividades, em relação às quais agora se cogita de serem trespassadas à gestão privada em programas de PPP.

Postas estas considerações sumárias e gerais acerca do modelo das concessões administrativas, cabe examinar mais propriamente as hipóteses de cabimento da delegabilidade de atividades relacionadas com o desempenho de competências imperativas estatais.

## 3. Inaplicabilidade da dicotomia atividade-meio/atividade-fim como critério delimitador das atividades exclusivas (intransferíveis) do Estado

O enfrentamento da delegabilidade (aos privados) de atividades internas da Administração, em específico de suporte ao desempenho de competências de *polícia*, passa – ainda antes de se enfrentar os parâmetros de delegabilidade destas atividades em face de sua relação com o exercício de funções imperativas – pelo exame acerca dos limites à transferência de *competên cias-fim* do aparato administrativo, tal como têm dito a jurisprudência e alguma doutrina. A questão se pôs a propósito da *terceirização*. A preferência pela transferência a privados de serviços internos administrativos anunciada pelas políticas governamentais dos últimos anos – preferência traduzida, inclusive, na edição de leis e regulamentos – despertou a chamada "crise do concurso público", provocando o surgimento de limitações ao processo. Refiro-me à impossibilidade de contratação indireta de pessoal por meio de empresas privadas, em vista da infração ao princípio do concurso público (art. 37, II, da CF). O raciocínio foi formulado a partir da utilização da dicotomia atividades-meio/atividades-fim.[16] Só serviços instrumentais e acessórios ao desempenho finalístico do órgão poderiam ser trespassados aos privados pela via da terceirização. A delegação de serviços que configurassem atividade-fim (atribuições típicas de cargos públicos) do aparato estaria vedada. Ademais, mesmo o trespasse de atividades-meio deverá observar o plexo de atribuições de cargos integrantes dos planos de cargos ou salários dos órgãos ou entidades da Administração, como determina o Decreto federal 2.271/1997 (§ 2º do art. 1º).[17] Neste sentido colhem-se inúmeras manifestações do TCU.[18]

Indaga-se da aplicabilidade deste raciocínio às concessões administrativas.

Por primeiro, seria necessário apontar a imprestabilidade do critério que se propõe pela dicotomia atividade-meio/atividade-fim para o raciocínio hermenêutico acerca das limitações impostas à transferibilidade de serviços administrativos aos privados em geral. Não me parece que a Constituição Federal tenha vedado incondicionalmente o trespasse de *atividades-fim* da Administração à execução privada. Considere-se que o inciso XXI do art. 37 prescreve a possibilidade jurídica de contratação de serviços mediante processo de licitação sem que se tenha ressalvado vedação quanto à transferência de *ativi-*

---

16. Importou-se classificação desenvolvida na esfera da Justiça do Trabalho para tratar da intermediação de mão de obra. Como referido no Enunciado 331 do TST (de 1994), "não forma vínculo de emprego com o tomador a contratação de serviços de vigilância (Lei n. 7.102, de 20 de junho de 1983), de conservação e limpeza, bem como as de serviços especializados ligados à atividade-meio do tomador, desde que inexistentes a pessoalidade e a subordinação direta".

17. O Decreto federal 2.271/1997, ao disciplinar a terceirização de atividades acessórias, prescreveu a inviabilidade de execução indireta de "atividades inerentes às categorias funcionais abrangidas pelo plano de cargos do órgão ou entidade, salvo expressa disposição legal em contrário ou quando se tratar de cargo extinto, total ou parcialmente, no âmbito do quadro geral de pessoal" (§ 2º do art. 1º).

18. "(...) a contratação indireta de pessoal, por meio de empresa particular, para o desempenho de atividade inerente à categoria funcional (...), abrangida pelo Plano de Classificação e Retribuição de Cargos do Serviço Civil da União, configura procedimento atentatório a preceito constitucional que impõe a aprovação prévia em concurso público para a investidura em cargo ou emprego público (...)" (TC475-.054/95-4, *DOU* 24.7.1995). V., ainda, o Acórdão 17/2004 (TCU, Plenário, *DOU* 30.1.2004).

*dades-fim* da Administração.[19] Infere-se do preceito um princípio geral de admissibilidade à forma do contrato administrativo (em sentido amplo) para regular o trespasse de atividades do Estado a terceiros. É verdade que admitir a possibilidade da forma do contrato administrativo não implica a aceitação de qualquer conteúdo que possa caracterizá-lo (nos casos concretos). Mas não houve vedação pela norma constitucional específica quanto a que a Administração possa transferir determinadas atividades que possam definir-se como atividades-fim. Não foi adotada pela norma uma disciplina restritiva quanto a isso. O critério não tem, assim, base constitucional.

A interpretação constitucional, ademais, deverá pressupor um rol de tendências (produzidas pela transformação da realidade, inclusive) na direção da redução do aparelho do Estado – o que indica a promoção da terceirização (e demais formas de delegação). A partir de uma limitação imposta pela índole imperativa e de vocação política de certas competências, prefere-se a cessão (com reserva de gestão estratégica) da prestação de atividades estatais aos privados pela suposição de que este modelo realize melhor os valores fundamentais contemplados na Carta Federal.

A atividade hermenêutica constitucional não poderá, nesta missão, ignorar a mutação da realidade. Não se pode desconsiderar as inúmeras e recentes transformações quanto à remodelagem contextual da economia do Estado. Diz-se, assim, e na esteira da doutrina, que, na proposta de uma concepção *institucionalista* da Constituição, a atividade hermenêutica deverá comportar a avaliação coordenada da realidade material histórica (considerado o contexto econômico e político vivenciado por um povo) com seu conteúdo normativo puro, sua força vinculante.[20] Numa composição dialética, o texto constitucional é integrado pela realidade, da mesma forma que a condiciona.

19. Neste sentido: Carlos Pinto Coelho Motta, "Terceirização e funcionalização: conflito ou complementariedade", *Boletim de Direito Administrativo* 12/806, São Paulo, NDJ, 1997.
20. De se referir, neste particular, as considerações formuladas por Marçal Justen Filho a propósito da abordagem das agências reguladoras independentes (*O Direito das Agências Reguladoras Independentes*, São Paulo, Dialética, 2003, pp. 291-301). Consulte-se também estudo de Luciano Vernalha Guimarães, "A interpretação constitucional e o fenômeno linguístico", *Revista da Academia Brasileira de Direito Constitucional* 3/533, Curitiba, 2003.

O exame deve considerar, ainda, uma tendência de redução do núcleo de atividades exclusivas estatais, restringindo-se àquelas vocacionadas à manifestação imperativa e política do poder estatal. Como aludiu Diogo de Figueiredo Moreira Neto, "mesmo em seu próprio campo, que é o das questões políticas, o Estado deverá se reservar, cada vez mais, para as decisões em que apenas a ele caiba atuar, em razão de seu monopólio da imperatividade, passando a valer-se, paulatina e preferencialmente, da cooperação e da colaboração em tudo o que puder ser mais vantajosamente atendido pela consensualidade, notadamente com a ampliação do campo de debate aberto e de negociação de interesses metaindividuais, flexibilizando, assim, um outrora marmóreo e inexorável conceito de interesse público, que deixa de ser, cada vez mais claramente, aquele confundido com o seu próprio, para ser não mais que aquele que o Direito põe a seu cargo, um específico modo de atendimento".[21] Parte-se do reconhecimento de que a participação (acessória) dos privados na gestão pública vem-se mostrando mais eficiente que a atuação direta estatal.

É visível nos últimos anos o crescente trespasse da prestação de serviços essenciais à gestão privada. A terceirização, ao lado de outras modalidades de contratação, passa a ser crescentemente adotada por inúmeros países como uma decorrência necessária da redução do desempenho direto de tarefas pelo Estado. Nos Estados Unidos, por exemplo, conduziu-se em 1998 uma ampla política de terceirização de atividades administrativas a partir da edição do *Fair Act (Federal Activities Inventory Reform Act) of 1998*. Restaram excluídas desse processo apenas as *inherently governmental functions*.[22] Talvez um

---

21. Diogo de Figueiredo Moreira Neto, "A globalização e o direito administrativo", in *Uma Avaliação das Tendências Contemporâneas do Direito Administrativo*, Rio de Janeiro, Renovar, 2003, p. 559.

22. A noção remete a atividades ligadas a funções decisórias desempenhadas pelo Governo. Nos termos do documento: "The term 'inherently governmental function' means a function that is so intimately related to the public interest as to require performance by Federal Government employees".

Há países, de outro lado, cujas políticas tendem a resistir a movimentos de terceirização de atividades. A França – como noticia Paul Lignières – é um desses casos. Nas palavras do autor: "La reforme de l'État en France devra nécessairement passer par un mouvement général d'*outsourcing*. Une telle reforme s'inscrit dans un contexte *a priori* défavorable en France dans la mesure ou la culture administrative tend plutôt à privilégier la réalisation de toutes les fonctions en interne. Une Administrados exemplos mais radicais neste país esteja na substituição de soldados efetivos por empregados de empresas especializadas na segurança recrutados mediante contrato (fenômeno que não é precisamente recente). Matéria veiculada na edição de 13.10.2002 do *The New York Times* é emblemática dessa prática: "As empresas agora fornecem substitutos para soldados efetivos em todas as áreas, desde suporte logístico, até treinamento de combate (...). Algumas [*empresas*] estão ajudando a realizar exercícios de treinamento de tropas norte-americanas no Kuwait, usando munição real, sob o Código de Primavera no Deserto (...). Outras têm empregados que vestem seus velhos uniformes para trabalhar sob contrato como recrutas e instrutores militares em classes de ROTC (*Reserve Officers' Training Corps*), selecionando e treinando a próxima geração de soldados".[23]

O Brasil também se engajou numa tendência de terceirização das atividades de apoio, chegando-se a aludir a uma "crise do concurso público". A política da Reforma Gerencial (em seu segundo ciclo, produzida a partir do governo de Fernando Henrique Cardoso) teve como uma de suas metas a ampliação da relação de serviços eficientemente providos por prestadores especializados no setor privado. Explicou Luiz Carlos Bresser Pereira: "O objetivo é permitir que a Administração direcione claramente as suas áreas de atuação, executando com competência apenas as atividades que são próprias ou exclusivas do Estado. Aquilo que representar atividade com similaridade no setor privado deve ser objeto de execução indireta, mediante contratação de prestadores de serviço nas condições que permitam a maior economia de custos".[24] O Decreto 2.271/1997 proveu a regulamentação quanto à execução indireta de atividades da Administração Pública, prevendo-se que, entre outras, as tarefas de conservação, limpeza, segurança, vigilância, transportes, reprodução de documen-

tion qui possède en interne tous les métiers reste encore un modèle" (*Partnenariats Publics-Privés*, p. 58).

23. In John Kenneth Galbraith, *A Economia das Fraudes Inocentes – Verdades para o Nosso Tempo*, 2004, pp. 55-56. O exemplo não se reconduz precisamente a uma hipótese de *outsourcing*, de terceirização de tarefas administrativas; mas revela a crescente e intensa participação de empresas privadas em funções típicas do Estado.

24. Luiz Carlos Bresser Pereira, *Reforma do Estado para a Cidadania: a Reforma Gerencial Brasileira na Perspectiva Internacional*, São Paulo, Editora 34, e Brasília/Escola Nacional de Administração Pública (ENAP), 1998, p. 300.

tos, telecomunicações e manutenção de prédios deverão ser preferencialmente contratadas.

A reorganização estrutural quanto ao desempenho de atividades administrativas vem retratada no ordenamento nacional a partir de inúmeras normativas (infraconstitucionais) surgidas no bojo do processo de *privatização* (para usar uma acepção ampla do termo). Mesmo o Decreto-lei 200/1967 já prescrevia (e prescreve) o recurso à execução indireta (art. 10, § 7º),[25] opção reforçada, mais recentemente, com a edição do Decreto federal 2.271/1997 (art. 1º).

Note-se, ainda, que a Lei 9.528/1997 removeu prescrição legal que permitia a terceirização tão somente em serviços que não se relacionavam diretamente com as *atividades normais* da empresa.[26]

Portanto, rejeita-se a concepção de que somente atividades-meio seriam passíveis de repasse aos particulares mediante contratação. É certo que são identificáveis serviços próprios de um núcleo de atividades que se destinam ao exercício do império e à manifestação da coerção (que pressupõem escolhas políticas do Estado) que são intransferíveis aos privados, em face da orientação do princípio da República. Mas o critério delimitador deste núcleo de atividades típicas não mantém relação com a dicotomia atividade-meio/ativi-

---

25. "Art. 10. A execução das atividades da Administração Federal deverá ser amplamente descentralizada.
"(...).
"§ 7º. "Para melhor desincumbir-se das tarefas de planejamento, coordenação, supervisão e controle, e com o objetivo de impedir o crescimento desmesurado da máquina administrativa, a Administração procurará desobrigar-se da realização material das tarefas executivas, recorrendo, sempre que possível, à execução indireta, mediante contrato, desde que exista, na área, iniciativa privada suficientemente desenvolvida e capacitada a desempenhar os encargos de execução."
26. Note-se o teor da norma:
"Art. 31. O contratante de quaisquer serviços executados mediante cessão de mão de obra, inclusive em regime de trabalho temporário, responde solidariamente com o executor pelas obrigações decorrentes desta Lei, em relação aos serviços prestados, exceto quanto ao disposto no art. 23, não se aplicando, em qualquer hipótese, o benefício de ordem.
"(...).
"§ 2º. Exclusivamente para os fins desta Lei, entende-se como cessão de mão de obra a colocação à disposição do contratante, em suas dependências ou nas de terceiros, de segurados que realizem serviços contínuos, relacionados ou não com atividades normais da empresa, quaisquer que sejam a natureza e a forma de contratação."

dade-fim.[27] Isto é: haverá eventualmente atividades qualificáveis como atividades-fim mas destituídas da virtualidade de manifestação do império e da coerção, afigurando-se, portanto, e em princípio, delegáveis à prestação pelos privados.

Recusa-se, também, a tese de que a transferência de atividades-fim da Administração a terceiros implicaria burla ao sistema do concurso público (art. 37, II, da CF). O instituo do concurso público tem cabimento específico para hipóteses em que a Administração visa à integração de *alguém* em sua estrutura orgânica e hierarquizada. Essa solução não se confunde com o propósito de contratação de serviços terceirizados, em que se busca o desempenho de *tarefas* definidas, por prazo determinado. Num caso há o preenchimento de *cargo funcional* por pessoa habilitada. Noutro, o provimento de determinada *atividade* para atendimento de necessidade temporária e específica. Para essa hipótese aplica-se o procedimento da licitação (assegurando-se a obtenção da proposta mais vantajosa, à luz da isonomia). O pressuposto às hipóteses, portanto, é claramente distinto. À Administração caberá adotar uma ou outra técnica, conforme eleição discricionária (que se guiará por princípios de economicidade, eficiência etc.).

Como já aludiu Carlos Pinto Coelho Motta: "(...) sob o ângulo formal, considerem-se dois conjuntos de dados: primeiro, as especificações de cargos em uma estrutura orgânica; e, segundo, as especificações dos 'pacotes' de serviços contratados. A rigor, não há como

---

27. Até se poderia valer do raciocínio para classificar, no âmbito daquelas atividades envolvidas com o poder de coerção, atividades de suporte (como atividades-meio), delegáveis, e atividades decisórias e finalísticas, como atividades-fim, indelegáveis. Mas o critério peca, ainda, pela dificuldade de delimitação dos conceitos aos casos concretos. É visível a inexistência de consenso doutrinário e jurisprudencial quanto à aplicação destes conceitos: ora se relaciona a atividade-fim com a *essencialidade* do serviço, ora se a identifica como atividade diretamente relacionada com o *objeto social* da pessoa jurídica, etc. Tome-se um exemplo. A professora Maria Sylvia Zanella Di Pietro utiliza-se desta dicotomia para explicar que algumas atividades relacionadas com os serviços de saúde pública são transferíveis a privados. Inclui nesse rol (das atividades-meio) serviços técnico-especializados, como os inerentes a hemocentros, realização de exames médicos, consultas etc. Confrontados com exemplos referidos pela autora com inúmeras decisões do TCU, conclui-se que tais assumiriam, perante esse órgão, qualificação de *atividades-fim* (de ente administrativo dedicado à prestação de serviços de saúde) (Maria Sylvia Zanella Di Pietro, *Parcerias na Administração Pública: Concessão, Permissão, Franquia, Terceirização e Outras Formas*, cit., 3ª ed., p. 174).

compará-los. Tais quadros expressam realidades radicalmente diferentes, em linguagens diferentes. No primeiro, citam-se designações funcionais que terão seu lugar em uma estrutura organizacional vigente, sob a ordem hierárquica. No segundo, descrevem-se unidades de gestão – que se referem, obviamente, a serviços em si, e não à locação de trabalhadores, prática esta ilegal segundo o art. 37, II, da CF e reiterada jurisprudência (...)".[28]

Enfim, as vedações que se projetam sobre a transferência de atividades administrativas não se relacionam com o qualificador *atividade-fim* – o que conduz à rejeição da dicotomia (atividade-meio/atividade-fim).

Podem-se agregar outros argumentos que apontam a imprestabilidade do raciocínio quando se consideram peculiaridades próprias das *concessões administrativas*. Trata-se de referir que a natureza *organizacional* dos projetos de concessão administrativa conduz à imprestabilidade do raciocínio acerca do risco de ofensa ao princípio do concurso público. Os arranjos instrumentados a partir de PPPs apresentarão natureza complexa, na acepção de que envolverão a conjugação de prestações diversas inseridas num sistema que se caracterizará como um *empreendimento*. Como referido, a prestação de serviços compreendidos em projetos de PPPs consistirá, em regra, na exploração de atividades decorrentes de uma infraestrutura provida pelo parceiro privado. Há a aglutinação sistemática de escopos diversos, em vista da operacionalização financeira do projeto. A solução, por isso, não apresenta a mesma vocação que uma pura terceirização de mão de obra. Há aspectos relativos à complementaridade de prestações que eventualmente justificarão a absorção do trespasse de atividades caracterizáveis como finalísticas do órgão em projeto mais abrangente. Eventualmente, um contrato de concessão administrativa

---

28. Carlos Pinto Coelho Motta, "Terceirização e funcionalização: conflito ou complementariedade", cit., *Boletim de Direito Administrativo* 12/802. Marcos Juruena Villela Souto tem entendimento semelhante: "(...) a exigência do art. 37, II, da CF destina-se ao provimento de cargo público, busca-se uma relação individual e hierarquizada; no contrato, almeja-se a realização de uma atividade (o resultado, e não a pessoa executante). Sequer há que se falar em quebra da isonomia ou de impessoalidade, já que, para a contratação de serviços, a seleção pelo mérito, a competitividade e a igualdade entre os competidores são obtidos pela via da licitação – CF, art. 37, XXI" (*Direito Administrativo das Concessões*, cit., p. 356).

comportará a prestação de mão de obra pelo parceiro privado, mas ela se integrará num conjunto de atividades de sua incumbência. Logo, não se configurará o simples trespasse de atividades internas (ou não) da Administração, como se passa na terceirização.

Mais recentemente o TCU, aliás, vem adotando entendimento cuja significação pode ser emprestada para reforço do raciocínio formulado acima. Note-se julgado que versou acerca de terceirização pela Empresa Brasileira de Correios e Telégrafos de serviços de *call center*, em que restaram examinados aspectos relacionados com a infração ao regime de plano de carreiras da entidade: "Os serviços de *call center* aqui mencionados não se destinam à contratação de empregados, mas, ao contrário, objetivam fornecer todo um aparelhamento que envolve componentes específicos, como instalações, mobiliários especiais e equipamentos, infraestrutura de comunicação, sistemas computadorizados etc., sendo a parcela relativa a recursos humanos apenas uma 'parte do todo'. Por outro lado, os serviços desempenhados pelos empregados da contratada são acessórios, não se confundindo com a atividade finalística da empresa contratante, nem com as atividades inerentes às categorias funcionais abrangidas no plano de carreira, cargos e salários. Outrossim, no caso em tela, não restam configurados elementos que caracterizem a relação de vínculo empregatício desses empregados com a ECT, uma vez que inexistem a subordinação e a pessoalidade no trabalho prestado".[29]

Também nada impedirá que a atribuição de serviços envolvendo atividades próprias de cargos públicos inseridos em plano de carreira de órgão ou entidade se realize (acessoriamente) em projetos de PPP. E nesta hipótese não recairão sobre o trespasse de atividades de pessoal as limitações atinentes à salvaguarda do concurso público ou à proteção de plano de cargos. Aplica-se aqui o mesmo raciocínio traçado acima. Isto é: a noção de sistematização e organicidade de atividades diversas que caracteriza as parcerias (justificada pela concepção de financiamento do projeto) retira-lhes o óbice quanto à limitação que recai sobre a *execução indireta de atividades inerentes às categorias funcionais abrangidas pelo plano de cargos*.

29. 1ª Câmara, Acórdão 1.863/2003, *DOU* 28.8.2003.

Portanto, e em princípio, algumas atividades caracterizáveis como atividades-fim poderão ser transferidas à gestão privada no bojo de concessões administrativas. Cabe observar, porém, a indelegabilidade de funções típicas estatais. É o que se examinará abaixo.

## 4. Os limites da delegação de serviços relacionados com o poder de polícia e as PPPs: a possibilidade da prestação privada de atividades de suporte

Preocupação do legislador brasileiro quando da elaboração dos diplomas que cuidam do regime jurídico das PPPs foi a de preservar a atuação estatal da delegação à gestão privada relativa ao exercício de certas funções públicas, como a manifestação do poder de polícia, da função jurisdicional, entre outras exclusivas do Estado. A matéria foi referida em algumas leis estaduais[30] e na Lei 11.079/2004 (art. 4º, III). A questão é clássica. Referidas competências caracterizam-se, desde sempre, como funções típicas estatais indelegáveis à gestão privada, por traduzirem atividades que pressupõem o exercício do poder estatal destinado à realização de valores fundamentais. A orientação pressupõe o conteúdo do princípio da República, que impõe a reserva de poderes instrumentais à satisfação do interesse do povo nas mãos do Estado. Sua partilha não poderá ser admitida, ante o risco de frustração de objetivos constitucionais que deverão ser perseguidos pelo Estado.[31] As competências instrumentais a esse fim são inaliená-

---

30. Lei de Minas Gerais, n. 14.868/2003 (inciso II do art. 6º); Lei de São Paulo, n. 11.688/2004 (inciso III do parágrafo único do art. 1º); Lei da Bahia, n. 9.290/2004 (inciso V do art. 4º); Lei de Santa Catarina, n. 12.930/2004 (inciso III do art. 2º); Lei do Estado do Rio Grande do Sul, n. 12.234/2005 (inciso III do art. 2º); Lei do Ceará, n. 13.557/2004 (inciso III do parágrafo único do art. 1º); e Lei de Goiás, n. 14.910/2004 (inciso III do art. 2º).

31. Anuncia-se modernamente uma crescente "intervenção de particulares na ação administrativa" (para usar uma expressão que intitula a obra de J. P. Négrin, *L'Intervention des Personnes Morales de Droit Privé dans l'Action Administrative*). Nas palavras de Manuel Izquierdo Carrasco, "este desplazamiento hacia el sector privado es una de las manifestaciones de mayor relieve de una línea relativizadora de la propia identidad del Estado, de sus funciones y actividades genuinas, y de su tratamiento jurídico. Más aun en el ámbito de la actividad de policía que, tradicionalmente, se ha considerado excluido de esta posibilidad" ("Algunas cuestiones generales a propósito del ejercicio privado en el ámbito de la seguridad industrial", in *Os Caminhos da Privatização da Administração Pública (IV Colóquio Luso-Espanhol de Direito Administrativo)*, Coimbra, Coimbra Editora, 2001, pp. 376 e 377).

veis e intransferíveis. Essa concepção é admitida em inúmeros ordenamentos.[32]

No Brasil é tradicional o reconhecimento acerca da indelegabilidade de determinadas funções estatais. As atividades essenciais de produção/aplicação do Direito, do monopólio da força e da imposição dos tributos são atingidas pela limitação, como refere a doutrina.[33] São indelegáveis as atividades que manifestam o poder de império do Estado.

32. Na Espanha, o item 1 do art. 155 do Real Decreto Legislativo 2/2000, de 16 de junho (LCAP) – Título II –, que trata da disciplina das contratações administrativas nesse país, dispondo acerca do contratos de gestão de serviços públicos, dispôs que: "Em nenhum caso poderão prestar-se por gestão indireta os serviços que impliquem exercício de autoridade inerente aos Poderes Públicos". Também o item 4 do art. 196 do Título IV da mesma normativa, ao dispor acerca do regime de contratos de consultoria e assistência, prescreve que "não poderão ser objeto destes contratos os serviços que impliquem o exercício de autoridade inerente aos Poderes Públicos". Note-se, ainda, a observação de Gaspar Ariño Ortiz, anotando que: "Una privatización de las funciones soberanas de policía, justicia y actividades similares está totalmente excluida por ley. Las funciones de soberanía, esto es, los actos o materias en donde hay ejercicio de autoridad pública, constituyen el primero de los límites claros existentes para la operación privatizadora. Cuando, a veces, se dice que se privatizan las cárceles o los servicios de seguridad, se incurre en un equívoco, porque ambas funciones públicas son inalienables y pertenecen a la esencia del Estado" (*Economía y Estado – Crisis y Reforma del Sector Público*, Madri, Marcial Pons, 1993, p. 243). Apesar disso, mais recentemente vêm proliferando nesse país experiências com as batizadas "entidades colaboradoras", prestadores privados promotores do desempenho de atividades técnicas e operativas no campo de funções públicas como proteção ambiental, urbanismo, proteção industrial etc.

Na França há entendimento semelhante sustentado pela doutrina e pela jurisprudência do Conselho de Estado. Citem-se os seguintes julgados: CE 1.4.1994, *Comm. de Menton*; CE 17.6.1932, *Ville de Castelnaudary*; CE 8.3.1985, *Assoc. Les Amis de la Terre*. Segundo Paul Lignères: "L'État se recentre sur ses fonctions régaliennes (police, justice, défense ...). Il saurait être question, pour la plupart des États, de privatiser ces fonctions. Les jurisprudences françaises et communautaires ont trace la frontière entre les activités susceptibles d'être exercées par le secteur prive et les activités qui doivent impérativement être exercées par des autorités publiques" (*Partenariats* ..., cit., p. 29). Também René Chapus registra que: "C'est ainsi que le fait pour une commune de concéder léxploitation d'une plage ne peut avoir pou connséquence de transférer de la autorité communale de police au concessionnaire le pouvoir d'assurer l'ordre public sur la plage (CE Sect. 23 mai, 1958, cons. Amoudruz, p. 301, AJ 1958, 2, p. 309, chron. J. Fournier et M. Combarnous)" (*Droit Administratif Général*, 12ª ed., t. 1, Paris, Montchrestien, 1998, p. 644).

33. Diogo de Figueiredo Moreira Neto, "O sistema da parceria entre os setores público e privado – Execução de serviços através de concessões, permissões, terceirizações e outros regimes – Aplicação adequada destes institutos", *Boletim de Direito Admi-*

No campo das atividades administrativas essa limitação alcança as competências decisórias vocacionadas à disciplina e manutenção da ordem pública, que se servem do uso da força para impor (dentro dos parâmetros normativamente estabelecidos) condicionamentos e restrições à propriedade e liberdade dos privados. São competências que decorrem da chamada "função de polícia".

A noção de "poder de polícia" vem se aperfeiçoando nos últimos anos, a partir da contribuição da doutrina. Mesmo a expressão "poder de polícia" é mantida mais pela tradição que pela significação que carrega. Talvez fosse mais adequado referir uma "Administração ordenadora" – para usar uma expressão de procedência germânica introduzida em nosso Direito por influência do pensamento de Carlos Ari Sundfeld, que formulou interessante enquadramento da problemática das limitações impostas pelo Poder Público aos particulares.[34] Contudo, o exame do tema não é propriamente objeto deste estudo. O que importa, aqui, é adotar um conceito *operacional* de polícia que se preste a instrumentar o raciocínio acerca da viabilidade do trespasse de atividades de suporte a competências administrativas envolvidas com a *coerção*. Para tanto, prefere-se a adoção de uma noção ampla de *polícia*, relacionada com o uso de poderes imperativos e coercitivos destinados a assegurar a manutenção da ordem pública e a realização de direitos fundamentais.[35]

*nistrativo* 2/77, São Paulo, NDJ, 1997. V., sobretudo, Floriano de Azevedo Marques Neto, "A contratação de empresas para suporte da função reguladora e a 'indelegabilidade do poder de polícia'", *RTDP* 32/74, São Paulo, Malheiros Editores, 2000.

34. "Administração ordenadora" é definida pelo jurista como "a parcela da função administrativa, desenvolvida como o uso do poder de autoridade, para disciplinar, nos termos e para os fins da lei, os comportamentos dos particulares no campo da atividade que lhes é próprio". Este setor envolve a produção de atos ligados a condicionamentos de direitos que admitem a "execução administrativa", isto é: (a) a imposição coercitiva de obrigações ou (b) a atuação direta do Estado em execução das sujeições de direito, assim como poderes de repressão a infrações e aplicação de sanções; de fiscalização das atividades dos privados; e de expedição de autorizações e licenças (Carlos Ari Sundfeld, *Direito Administrativo Ordenador*, 1ª ed., 3ª tir., São Paulo, Malheiros Editores, 2003, pp. 20 e 83).

35. Englobam-se nela tanto a chamada "polícia administrativa" (encampando as ditas polícias especiais, como a polícia de costumes, a polícia da comunicação, a polícia sanitária, a polícia de viação, a polícia do comércio e da indústria, a polícia das profissões, a polícia ambiental, a polícia de estrangeiros, a polícia edilícia e a polícia de segurança pública) como a polícia judiciária, dedicada às atividades instrumentais à prevenção de ilícitos penais e à repressão criminal (cf. Diogo de Figueiredo

Os atos de polícia podem, assim, ser gerais e abstratos ou específicos e concretos, e apresentam os atributos da exigibilidade e da coercibilidade (com o uso eventual de coerção física).

É importante notar que o exercício do poder de polícia, particularmente na sua manifestação imperativa e coativa, apresenta-se como decorrência da legitimidade do poder político. Este tem origem num sistema de atribuição originária de competências que se funda no princípio da República. Seu caráter funcional – de busca ao atendimento do interesse da coletividade – justifica a atribuição de espaços discricionários ao agente estatal. À delegação da função de polícia a terceiros contrapõe-se, portanto, a impossibilidade de se transferirem poderes administrativos decisórios fundados na realização do interesse público, que se servem de função discricionária ou de autonomia pública. Isso porque não há cabimento acerca da delegação de atividade cuja extensão possa propiciar, ainda que indiretamente, o preenchimento do interesse público.[36]

Considere-se, ainda, que, como instrumento para a melhor realização desse poder à luz do atendimento a valores fundamentais, o Estado monopoliza a violência. Esta tem caráter instrumental àquele; será sempre sua consequência, nunca sua causa (quanto a isso, pode-se consultar a interessante ponderação de Marçal Justen Filho com apoio na filosofia de Hannah Arendt[37]). Uma das atribuições do Poder, portanto, está em decidir acerca do uso (instrumental) da violência. Seu monopólio justifica-se para restringir sua utilização "apenas às hipóteses em que seja absolutamente indispensável, reduzindo a capa-

Moreira Neto, *Curso de Direito Administrativo*, 12ª ed., Rio de Janeiro, Forense, 2001, pp. 393-413). Poder-se-iam incluir também sob a expressão "polícia" atividades inerentes à execução de penas que importem encarceramento e custódia de infratores pelo Estado. Note-se, contudo, que a maioria da doutrina adota a classificação supremacia geral/supremacia especial, inserindo nesta categoria a relação existente entre os presidiários e a Administração (o que importaria a conclusão de que na esfera desta relação não haveria, propriamente, exercício de poder de polícia). Como orientação aparentemente divergente (pela rejeição da tese da relação de sujeição especial), v. Marçal Justen Filho, *Curso de Direito Administrativo*, São Paulo, Saraiva, 2005, pp. 152 e 399.

36. Marçal Justen Filho, *Teoria Geral das Concessões de Serviço Público*, cit., p. 137.

37. Marçal Justen Filho, *Curso de Direito Administrativo*, cit., pp. 7-9.

cidade de os diversos grupos sociais gerarem conflitos".[38] Portanto, só o Estado poderá decidir acerca do uso da violência.

Estas considerações permeiam o instituto do poder de polícia. Diz-se que as competências que expressam a *coação administrativa* são intransferíveis aos privados pela evidência de que é o Estado o único legitimado à escolha política acerca dos interesses sociais subjacentes à manifestação coativa do Poder Público. Como a violência é monopólio do Estado, a hipótese do exercício de coação por particulares (salvo as específicas exceções legais) traduz-se, em princípio, na quebra de um equilíbrio imanente da relação entre privados, propiciando o exercício de supremacia (traduzida na imposição de restrições e condicionamentos de liberdade e de propriedade) de uns perante outros.

Além disso, usa-se agregar um argumento de natureza ética: não seria *moralmente* válido a um homem exercer sobre outro homem qualquer espécie de poder expressado pela força. Refere-se ao direito constitucional de liberdade, consagrado ao lado de tantos outros de natureza personalista nos diversos incisos do art. 5º (como direito à igualdade, à segurança, à propriedade). Como se disse: "A única coação moralmente válida é a exercida pelo Estado através da imposição e execução de penas ou outras sanções".[39]

A despeito de reconhecida a indelegabilidade de algumas competências decisórias imperativas e coercitivas da Administração Pública, hipóteses existem em que os particulares poderão desempenhar atividades instrumentais e acessórias ao exercício destas competências.[40] A doutrina tem examinado a questão.[41] Nos casos em que houver atos

---

38. Idem, ibidem.
39. João Marcello de Araújo Júnior, *Privatização das Prisões*, São Paulo, Ed. RT, 1995, p. 12.
40. Refira-se o crescente fenômeno, na Espanha, das "entidades colaboradoras", atuantes campo de proteção ao meio ambiente e urbanismo, entre outros. A atividade que desenvolvem estas entidades é, fundamentalmente, técnica e operativa. Como esclarece José Bermejo Vera: "(...) más que delegación de funciones públicas de carácter administrativo, se trata de 'encomiendas de gestión', porque, por supuesto, la acción de estas entidades encuentra desprovista, al menos jurídicamente, del *imperium* característico del Poder Público" ("Privatización y el nuevo ejercicio de función pública por particulares", in *Uma Avaliação das Tendências Contemporâneas do Direito Administrativo*, Rio de Janeiro, Renovar, 2003, p. 423).
41. Adílson Abreu Dallari, "Credenciamento", in Celso Antônio Bandeira de Mello (org.), *Estudos em Homenagem a Geraldo Ataliba-2 – Direito Administrativo*

meramente materiais e instrumentais à manifestação jurídica de competências exclusivas ou típicas estatais (preparatórios ou sucessivos) não haverá atribuição de competência decisória acerca das razões que conduzem à interferência na propriedade e liberdade dos particulares. São atividades consideradas "serviços instrumentais" à expressão jurídica do poder de polícia. Nestas condições, afirma-se a viabilidade da gestão privada. Excepcionalmente, mesmo a emissão por privado de ato jurídico (vinculado) manifestante do poder de polícia tem sido admitida.[42]

Portanto – e como afirma Floriano Marques Neto –, "bem entendido que a titularidade do poder de polícia deve sempre permanecer com a Administração Pública, nada obsta a que as providências para a efetivação deste poder sejam trespassadas ao particular. E menos óbice ainda há em que os particulares concorram com os meios necessários para o exercício desta atividade".[43]

Assim, e por exemplo, nada impedirá que a Administração, no propósito de aferição de metrologia de produtos, cometa a um particular a execução de serviços de avaliação técnico-pericial prévia para esse fim. Da mesma forma, nenhum óbice se põe à avaliação pericial ambiental por *experts* privados com vistas à deliberação administrativa acerca da adequação e correção do uso do meio ambiente. Também possível será a prestação de alguns serviços gerais de suporte ao funcionamento de estabelecimento prisional por empresa privada. Enfim, a transferência de atividades meramente instrumentais, e geralmente de conteúdo técnico, ao desempenho de competências exclusivas do Estado é admitida em nosso Direito.[44]

*e Constitucional*, São Paulo, Malheiros Editores, 1997, pp. 51-52; Floriano de Azevedo Marques Neto, "A contratação de empresas para suporte da função reguladora e a 'indelegabilidade do poder de polícia'", cit., *RTDP* 32/68-71; Marçal Justen Filho, *Teoria Geral das Concessões de Serviço Público*, cit., p. 102; Celso Antônio Bandeira de Mello, "Serviço público e poder de polícia: concessão e delegação", *RTDP* 20/25-28, São Paulo, Malheiros Editores, 1997.

42. Sustenta-se, no entanto, que, na hipótese, não há "delegação" da atividade de polícia, afirmando-se a caracterização de mera "relação de administração" (sendo o próprio Poder Público que manifesta o ato de polícia, fazendo-o por via de equipamento sob a guarda e conservação de particulares) (Celso Antônio Bandeira de Mello, "Serviço público e poder de polícia: concessão e delegação", cit., *RTDP* 20/27-28).

43. Floriano de Azevedo Marques Neto, "A contratação de empresas para suporte da função reguladora e a 'indelegabilidade do poder de polícia'", cit., *RTDP* 32/76.

44. Cite-se também a Lei 9.472/1997, que estabeleceu, em seu art. 59, a possibilidade de a Agência Nacional de Telecomunicações (ANATEL) utilizar-se, median-

Poder-se-ia supor, com fins de delimitar o tratamento jurídico das hipóteses, a existência de uma diferença qualitativa entre o *exercício decisório* que se verifica na atuação exclusiva da Administração Pública em promover a ação de polícia (não só no âmbito abstrato-normativo, mas, ainda, quanto a decisões concretas e específicas) e o *exercício de mera execução*, por particulares, acerca de tarefas (materiais) decorrentes (ou preparatórias) da manifestação decisória da Administração. Uma coisa é decidir acerca do conteúdo jurídico e político da manifestação da polícia administrativa – competência reservada indelegavelmente à Administração; outra é promover a mera execução, preparatória ou sucessiva, acerca do que foi (ou será) deliberado pela autoridade pública. Apanha-se uma distinção quanto à natureza das atividades exercidas: uma, de origem decisória (envolvendo exame de mérito); a outra, de cunho (restritamente) executivo.

Costuma-se, por isso, proceder a uma distinção classificatória entre *gestão estratégica* (função mais elevada, compreendendo a direção e orientação de um serviço), *gestão operacional* (compreendendo a gestão do *funcionamento* de um serviço em seus aspectos de regulação e otimização – logística, resolução de conflitos, racionalização etc.) e *gestão executiva* (compreendendo a execução material da prestação).[45] Usando-se deste critério de classificação, seria lícito afirmar que os particulares poderão receber, no terreno da prestação de serviços relacionados a funções típicas do Estado, transferência de função *executiva*. Nunca delegação de competências *decisórias* (presentes na *gestão estratégica* e, em alguma medida, na *gestão operacional* de serviços), próprias da manifestação exclusiva da Administração. Transfere-se não a autoridade decisória, mas os instrumentos de que esta se serve.

Note-se, contudo, que em certas situações será extremamente difícil, na prática, delimitar as hipóteses de *gestão da decisão* de *gestão da execução*. A multifariedade da realidade dificulta a recondução de hi-

---

te contrato, de técnicos ou empresas especializadas para executar atividades de sua competência, vedada a contratação para atividades de fiscalização, salvo para as correspondentes atividades de apoio.
  45. Cf. classificação de Gilles Guglielmi, *Introduction au Droit des Services Publics*, Paris, LGDJ, 1994, p. 101; Maria Sylvia Zanella Di Pietro, *Parcerias na Administração Pública: Concessão, Permissão, Franquia, Terceirização e Outras Formas*, cit., 3ª ed., pp. 170 e ss.

póteses a categorias precisas e delimitadas, impedindo uma taxonomia adequada. Evidencia-se que, na prática, mesmo no âmbito de um exercício de mera execução material será possível visualizar, em algumas hipóteses, influência da gestão privada no espaço decisório próprio da polícia. Daí a dificuldade de se afirmar uma distinção rigorosa (e prestável a possibilitar a delimitação de tratamentos jurídicos) entre uma ação de *decidir* e uma ação de *executar* materialmente o que fora decidido. O problema fica reconduzido a uma gradação da margem de interferência privada no desempenho das ações de polícia. As soluções somente poderão buscar-se nos casos concretos e a partir da modelagem dos arranjos negociais entre a Administração e os privados.

## 5. O cabimento da gestão privada de serviços de suporte ao desempenho de competências estatais em programas de PPPs aplicados a estabelecimentos prisionais

Como dito, é viável a transferência de serviços administrativos aos privados ainda que inseridos no bojo da manifestação de competências típicas de Estado. O tema ganha relevo com o surgimento das parcerias público-privadas (PPPs). Neste campo, experiências desta natureza são cada vez mais frequentes. O caso do sistema penitenciário é um exemplo marcante do problema. Inúmeros países vêm utilizando as PPPs para a construção, conservação e operação de presídios por particulares.[46] Os programas são variados, alcançando-se formata-

---

46. Os Estados Unidos são o país com a experiência mais desenvolvida em gestão privada de atividades relacionadas com estabelecimentos prisionais. Além de contratos mais comuns de *leasing* – em que o parceiro privado financia, projeta e constrói o estabelecimento, arrendando-o posteriormente ao Estado –, adotados frequentemente por Estados como Missouri, Nova York, Ohio, Alaska e Lousiana, há nos Estados Unidos experiências com a administração direta de presídios por empresas privadas, especialmente para albergar criminosos juvenis e imigrantes ilegais. Citem-se a "Unidade de Tratamento Intensivo" administrada pela *RCA Service Company*, desde 1975, em Weaversville, na Pensilvânia – em que a empresa abriga aproximadamente 20 jovens considerados de alta periculosidade –, e os centros de detenção para abrigar imigrantes ilegais de Houston (350 vagas) e Laredo (200 vagas), administrados pela empresa *Corrections Corporation of America*. A empresa provê o pessoal interno do presídio, e sua remuneração baseia-se em critérios *per diem*, *per capita*, estipulados contratualmente. Inúmeros outros estabelecimentos já são utilizados a partir da gestão privada neste país, inclusive para a custódia de adultos (Prisão de Saint Mary, localizada em Kentucky, administrada pela *Corrections Corporation*

ções que vão desde a atribuição de serviços exclusivamente acessórios – como o fornecimento de alimentação e hotelaria – até a gestão propriamente de arranjos tipo *DCFM contracts* (*design*, construção, financiamento e administração), assim como a gestão de presídios ditos "industriais" (comportando o trabalho do preso como fator de remuneração).

No Brasil a discussão acerca da "privatização" dos presídios é motivada pela visível ausência de condições dignas de manutenção de presos na grande parte dos estabelecimentos penitenciários (administrados exclusivamente pelo Estado) brasileiros. Vale referir o documento E/CN 4/20001/66/Add-2, produzido pela Organização das Nações Unidas (ONU), em que se relataram visitas a prisões brasileiras nos Estados de Minas Gerais, Pernambuco e Pará e, ainda, no Distrito Federal, considerando-se aguda a crise do setor. Problemas relacionados com edificações inadequadas, má higienização, ausência de assistência médica aceitável, carência de recursos humanos adequados, utilização de métodos de tortura, entre outros, retratam o estado de precariedade que marca o sistema penitenciário nacional.

Algumas experiências com a gestão privada na execução de serviços prisionais têm demonstrado a superação do modelo (exclusivamente) estatal.[47] Resultados satisfatórios são colhidos, anunciando-se

desde 1986) (v. Laurindo Dias Minhoto, *Privatização de Presídios e Criminalidade*, São Paulo, Max Limonad, 2000, pp. 69 e ss.).

Há estudos referindo a maior eficiência econômica acerca da construção e operação de presídios pelo setor privado. Um comparativo entre a execução pelos setores público e privado foi realizado por John Hilke (*Cost Savings from Privatizations: a Compilation of Study Findings*, 1993), anotando-se que a construção privada de prisões representa uma economia de 45% relativamente à construção pelo setor público; a operação retrata uma economia de custo da ordem de 35%. Cf. E. S. Savas, *Privatization and Public-Private Partnerships*, Nova York, Chatham House Publishers, 2000, p. 156.

47. Cite-se o estabelecimento prisional de Guarapuava, no Paraná. Por força do contrato de operacionalização do presídio (concluído em 2005), coube à empresa prestadora a realização de serviços administrativos, inclusive na área da segurança, envolvendo 115 pessoas no desempenho das tarefas. Os cargos de direção do presídio são ocupados por servidores administrativos (diretor-geral, chefe de segurança e agente penitenciário). Através de cargos com funções estratégicas, a Administração Pública responsabiliza-se pelas decisões de *direção* do presídio e da segurança, mantendo ainda a *fiscalização* sobre os serviços gestionados pelo parceiro privado. Cumpre a Administração Pública, ainda, a função de comunicação com o Juízo de Execu-

a introdução de gestão privada de serviços prisionais como instrumentário de aperfeiçoamento do sistema.

O enfrentamento acerca da viabilidade da execução de serviços administrativos prisionais tem encontrado preconceitos diversos, sobretudo pela invocação de razões metajurídicas. Mesmo no plano jurídico os argumentos parecem conduzir-se por opções ideológicas subjacentes. A despeito da respeitabilidade de inúmeras orientações negativistas da opção pela terceirização de serviços prisionais, parece que o tema não tem sido examinado com maior especificidade.

## 5.1 O mapeamento jurídico das atividades envolvidas no funcionamento do presídio

O exame do problema exige, primariamente, a identificação das atividades envolvidas no funcionamento de um presídio.

Há um amplo conjunto de atividades, jurídicas e materiais, que marcam o exercício da custódia do preso pelo Estado. Extrai-se da Lei de Execuções Penais/LEP o envolvimento de atividades *assistencial*, *disciplinar* e *judicial* na execução da pena.

A *atividade assistencial* abrange a assistência material (fornecimento de alimentação, vestuário e instalações higiênicas), à saúde (atendimento médico, farmacêutico e odontológico), jurídica, educacional (instrução escolar e formação profissional), social (atribuições de amparo ao preso com vistas a preparar seu retorno à liberdade), religiosa e ao egresso. Já, a *disciplinar* abarca o controle da disciplina, emanação de determinações para a manutenção da ordem e da disciplina, aplicação de sanções e concessão de recompensas; a *judicial*, o controle da execução da pena pelo juiz.

Há certas atribuições, inclusive, explicitamente reservadas pela LEP a autoridades determinadas, como é o caso da atividade discipli-

ção Penal. Cabe referir o relatório de visita à Penitenciária de Guarapuava, no Paraná, em março/2001, produzido pela Secretaria Nacional de Justiça do Ministério da Justiça. No documento informa-se que, no período de 16 meses, entre a contratação da empresa prestadora e a finalização do relatório, não houve registro de funga ou rebelião. Acrescenta-se, ainda, que "a concepção dos serviços prestados, a arquitetura prisional, a manutenção dos ambientes e o respeito ao ser humano são facilmente atestáveis".

nar (arts. 44, 47 e 48), da atividade judicial (arts. 65 e 66), assim como o exercício de avaliação do condenado com vistas a orientar a execução da pena (esta, realizada privativamente pela Comissão Técnica de Classificação).

Evidencia-se daí a natureza complexa da atividade de execução da pena, envolvendo o desempenho de *função jurisdicional*, de *função administrativo-disciplinar* e de *função administrativa*. Diz-se, assim, que a execução da pena criminal que importar a custódia do preso pelo Estado será controlada pelo juiz, caracterizando desempenho de atividade jurisdicional, relacionando, ainda, atividades administrativas concretizadoras de função disciplinar desempenhadas pelo servidor competente (atribuições de caráter disciplinar)[48] e atividades administrativas não jurisdicionais, como o exercício propriamente da custódia física, compreendendo o provimento de estrutura material adequada (fornecimento de alimentação, vestuário e instalações higiênicas) e a promoção assistencial à saúde, jurídica, religiosa, ao trabalho, à educação etc.[49]

Todas estas atividades, em alguma medida, estão relacionadas ao exercício e controle de aplicação da pena pelo Estado. Mas é certo que nem todas revelam vínculo imediato com a manifestação do poder coercitivo do Estado e com a individualização da pena, óbices oponíveis à delegação aos privados.

## 5.2 Atividades delegáveis e indelegáveis

Parece clara desde logo a impossibilidade de transferir a entidades privadas atribuições de natureza jurisdicional ou disciplinar, por serem, estas, funções exclusivas do Estado, que importam o manejo de autoridade pública. Assim, e como já referido, o ato que aplica sanções ou concede recompensas não poderá, em qualquer caso, ser

---

48. V. arts. 47 e 48 da Lei 7.210/1984.
49. O juiz, na esfera da execução pena, além desempenhar função jurisdicional, também tem atribuições de caráter administrativo. Exerce função administrativa quando zela pelo correto cumprimento da pena e da medida de segurança; inspeciona estabelecimentos prisionais, tomando providências para o adequado funcionamento e promovendo, quando for o caso, a apuração de responsabilidades; interdita estabelecimento penal; compõe e instala o Conselho da Comunidade; etc. (art. 66, VI-IX, da Lei 7.210/1984).

delegado ao parceiro privado. Bem assim, as determinações atinentes à manutenção da ordem e da disciplina interna do presídio são privativas de autoridade ou agente público. Essas atividades compreendem-se num conceito de "polícia" dedicada a instrumentar a execução da pena criminal.[50] Além de imbuídas de autoridade, podem, em algumas situações, envolver o emprego de força física.

Mas há parcelas de atribuições não envolvidas com o exercício da coação (e com a individualização da pena) que implicam a realização material de algumas tarefas de apoio à custódia do preso.

Partindo dessa evidência, seria possível traçar uma classificação entre duas categorias de atividades que podem conter-se no escopo da gestão privada de atividades prisionais: (1) a transferência à gestão privada de *serviços acessórios* apenas *mediatamente* relacionados à manipulação de competências estatais típicas; e (2) a transferência de *serviços instrumentais imediatamente* comprometidos com esta.

Os primeiros são serviços reflexamente acessórios, como hotelaria, fornecimento de alimentação, prestação de assistência médica,[51] limpeza, higienização, educação etc. São atividades que não servem imediatamente ao exercício de atividades comprometidas com funções típicas do Estado, porquanto não se prestam a instrumentá-las. Prover e gerir a lavanderia ou o restaurante de presídios, por exemplo, sob a fiscalização da administração geral de agentes estatais, não toca imediatamente à manifestação de competências administrativas coativas (nem toca à atividade jurisdicional que caracteriza a execução da pena). Está-se, nesta hipótese, diante de serviços inquestionavelmente transferíveis à gestão privada, como quaisquer outros atos materiais da Administração Pública.

50. Parcela majoritária da doutrina tende a enquadrar a relação entre o presidiário e o Estado como de *sujeição especial*, diferenciando-a da relação de sujeição geral, âmbito em que se enquadraria o poder de polícia (v. Rafael Munhoz de Mello, *Princípios Constitucionais de Direito Administrador Sancionador*, São Paulo, Malheiros Editores, 2007). Há quem recuse, contudo, a classificação, adotando-se a expressão "polícia" para abranger as situações referidas. Nada obstante, esta distinção não apresenta maior interesse à questão objeto deste estudo. Considerada a distinção das hipóteses, em ambos os casos o manejo da coerção importa as mesmas conseqüências quanto à restrição a sua *delegabilidade*.

51. Exceção se apresenta relativamente aos médicos-psiquiatras. São profissionais que, no âmbito da atividade cometida, atuam influentemente acerca do cumprimento da pena pelo condenado.

Noutro lado, há serviços imediatamente instrumentais à manifestação de competências dotadas de coação administrativa, como a atividade de suporte à segurança interna e vigilância, monitoramento eletrônico de pontos vulneráveis etc. Estes se traduzem em instrumentos para a realização da disciplina interna do presídio. Há gestão *diretamente* afetada a permitir o controle da segurança e manutenção da ordem do presídio. Nestas hipóteses o risco de interferência dos privados na seara das competências estatais indelegáveis é mais visível.

Quanto aos primeiros a Constituição Federal não impede sua transferência à gestão privada. Inserem-se no âmbito de projeção do princípio geral do recurso ao contrato, que permite à Administração a terceirização de atividades gerais. Quanto a isso já se fez referência atrás, no item 3.

Pelas mesmas razões, seria viável afirmar, em princípio, que mesmo a transferência de *serviços instrumentais* imediatamente comprometidos com a coação seria constitucionalmente viável, dentro de certos parâmetros. Para estes hão de ser observados os limites da invasão, pela gestão privada, de parcelas finalisticamente envolvidas com a coerção e com a individualização da pena. Ou seja: admite-se a transferência de atribuições que importem a realização apenas material e acessória daquelas atividades. Remete-se aqui ao raciocínio referido no item 4.

### 5.2.1 *O conteúdo do Plano Nacional de Política Penitenciária de 2007 e da Resolução 08/2002 do Conselho Nacional de Política Criminal e Penitenciária*

Não seria possível opor ao raciocínio a indelegabilidade plena de certas atividades explicitamente referidas como tais por normativas editadas pelo Conselho Nacional de Política Criminal e Penitenciária. Há determinação veiculada pelo Plano Nacional de Política Penitenciária editado pelo CNPCP em 25.9.2007 (através do MEMO/MJ/CNPCP-162/2007), a qual incorporou recomendação contida na Resolução 8, de 9.12.2002. A orientação consistiu em "repudiar as propostas de privatização plena dos estabelecimentos penais", esclarecendo que os serviços técnicos relacionados ao acompanhamento e à avaliação da individualização da execução penal – assim compreendidos os relativos à assistência jurídica, médica, psicológica e social –, por se inserirem em atividades administrativas destinadas a instruir decisões judiciais, sob nenhuma hipótese ou pretexto deverão ser realizados por empresas privadas, de forma direta ou delegada, uma vez que compõem requisitos da avaliação do mérito dos condenados. Além disso, a referida resolução já excepcionava as atividades de segurança, administração, gerenciamento de unidades, disciplina, assim como o efetivo acompanhamento e a avaliação da individualização da execução penal daquelas aptas a serem executadas por empresa privada.

Daí não se segue, porém, que toda e qualquer atividade que se concretize em assistência jurídica, médica, psicológica, social, ou, mesmo, na execução da segurança do presídio, seja indelegável a empresas privadas. Há manifestações de natureza diversa abrangidas na assistência médica, psicológica, social, e assim por diante. Mesmo os serviços de segurança do presídio pressupõem uma multiplicidade de atribuições. Assim, há atividades que, finalisticamente ligadas à execução destas atribuições, importam efeitos diretos no manejo de poder coativo e concorrem para a individualização da pena. Mas há diversas outras que não.

Logo, é necessário interpretar as normativas à luz de seu pressuposto finalístico. Isto é: serão intransferíveis aquelas atividades relacionadas diretamente ao acompanhamento e à avaliação da individualização da execução pena. Já, as atividades meramente instrumentais e de apoio serão, sempre, plenamente transferíveis. Todas as considerações tecidas acima a propósito da distinção entre *atividade finalística* e *atividade de apoio* poderiam ser invocadas para reforçar o raciocínio.

Bem por isso, a invocação destas normativas não obsta à transferência de diversas atribuições que, envolvidas na assistência médica, psicológica, social e, inclusive, na execução da segurança do presídio, se configurem como mera atividade de apoio.

### 5.2.2 *A delegabilidade de atividades relacionadas à segurança do presídio*

É necessário, nesse passo, aprofundar o exame a propósito das atividades de segurança, cuja amplitude abarca parcela expressiva dos serviços envolvidos no funcionamento de um presídio.

É verdade que o serviço de segurança do presídio poderá traduzir invasão da gestão privada em áreas comprometidas com o exercício imediato da coerção – o que acarretaria sua vedação. Até porque tais serviços colaboram diretamente com a manutenção da *disciplina*[52] do estabelecimento penal – o que envolve dificuldades particulares (eis que sua finalidade vai além da necessidade de convivência harmônica entre as pessoas na prisão, "devendo concorrer para melhor individualização da pena e proporcionar condições que estimulem as funções éticas e utilitárias da pena para futura reinserção social do condenado"[53]).

Mas isso não se passa com todas as atividades que se poderiam qualificar como pertinentes à segurança do presídio. Certamente há parcelas da segurança que poderão ser transferidas aos privados sem ofensa a qualquer norma constitucional ou infraconstitucional. São aquelas atividades de mero apoio (técnico) à prestação dos serviços de segurança e vigilância, que não importam usurpação do poder de coerção ou da função de tutela do cumprimento da pena. Por exemplo: a execução de monitoramento eletrônico por captação de imagens internas do presídio é atividade que pode ser gerida pela empresa privada. É serviço automatizado, de cunho técnico, mero acessório ao exercício da vigilância e segurança propriamente ditas.

É notável que a evolução tecnológica vem acarretando a automatização de atividades relacionadas com segurança e vigilância, abrindo novas frentes para a participação dos privados. O desenvolvimento tecnológico – cujos financiamento e domínio estão na iniciativa privada (principalmente) – tem produzido novas soluções na seara dos serviços de suporte às funções do Estado. Cada vez mais os sistemas de segurança utilizados em estabelecimentos prisionais vêm se socorrendo da técnica, reduzindo a interferência humana e transformando a metodologia de execução de tarefas. Já são comuns, por exemplo, programas de monitoramento eletrônico de infratores. Cite-se a prisão domiciliar eletronicamente monitorada (*electronic tagging*), utilizada em países como Estados Unidos, Inglaterra, Canadá, Nova Zelândia e Austrália. Na Inglaterra, o *Criminal Justice Act*, de 1991, dotou os juízes do poder de expedir ordens de recolher ao domicílio ou a local determinado dirigidas a detentos maiores de 16 anos em regime de

---

52. Arts. 44 e ss. da Lei 7.210/1984.
53. Júlio Fabbrini Mirabete, *Execução Penal*, 9ª ed., São Paulo, Atlas, 2000, p. 128.

monitoramento eletrônico: empresas de segurança privada encarregaram-se da supervisão do programa, que se servia de radiotransmissão por braceletes ou tornozeleiras usados pelos detentos.[54] Outro exemplo refere-se à proposição de sistema de vigilância eletrônica interna em presídios, operacionalizada por câmeras com captação sonora.[55]

Logo, no domínio de atividades de apoio tecnológico ao controle da vigilância (e segurança) em estabelecimentos penitenciários (desde que provida sua regulamentação) parece possível socorrer-se da iniciativa privada para o provimento de serviços desta natureza. A gestão e a determinação de diretrizes acerca do sistema de segurança interna caberão, indeclinavelmente, à Administração. Mas atividades conexas e de suporte poderão realizar-se por empresas especializadas.

## 5.3 A configuração da PPP prisional – Alguns aspectos relevantes

Indo avante, seria útil referir aspectos relevantes da modelação de uma concessão administrativa dedicada à instalação ou recuperação de infraestrutura prisional envolvendo a prestação de serviços associados.[56]

### 5.3.1 A composição do objeto da PPP prisional

No que se refere à complexidade estrutural do objeto da concessão administrativa prisional, há três hipóteses mais prováveis para sua configuração. Um ajuste desta natureza poderá abarcar a construção do presídio, envolvendo seu aparelhamento (mobiliário, equipamentos etc.) e o subsequente desempenho de um conjunto de serviços ineren-

---

54. V.: Laurindo Dias Minhoto, *Privatização de Presídios e Criminalidade*, cit., p. 156; Edmundo Oliveira, *O Futuro Alternativo das Prisões*, Rio de Janeiro, Forense, 2002, p. 313. No Brasil não há previsão legal acerca de monitoramento eletrônico para infratores.

55. Alternativa cogitada por Fábio Medina Osório em artigo publicado no jornal *Zero Hora*, edição de 5.4.2001 ("Câmeras nos presídios").

56. A caracterização da concessão administrativa no Direito Brasileiro pode ser aprofundada em Fernando Vernalha Guimarães, "Concessão administrativa: um novo modelo para os contratos administrativos", *Revista de Direito Público da Economia/ RDPE* 31/71-105, Ano 8, Belo Horizonte, julho-setembro/2010.

tes ao seu funcionamento. Poderá, em outra configuração, abranger apenas a recuperação de uma instalação prisional existente, com seu aparelhamento e a decorrente prestação de serviços prisionais. Ou, ainda, poderá traduzir apenas a prestação de serviços, precedida ou não da instalação dos bens necessários (hipótese em que não haverá a construção ou recuperação do presídio).

Vale lembrar que, por força do previsto no art. 7º da Lei 11.079/2004, nas hipóteses em que houver a construção ou a recuperação de presídios (as mais prováveis e interessantes à Administração), a remuneração do parceiro privado só será efetuada após a finalização da infraestrutura necessária, quando os serviços (ou, pelo menos, parcela destes) estiverem em plena condição de fruição (pela Administração).

Este dispositivo tem função bastante relevante no contexto de uma PPP. Destina-se a evitar o financiamento da execução da infraestrutura pela Administração, reservando-o ao parceiro privado. Com isso, configura-se uma técnica de financiamento de obra diversa daquela inerente aos contratos administrativos gerais regidos pela Lei 8.666/1993; aqui, o preço da obra será pago diluidamente ao longo da execução dos serviços. Permite-se, assim, à Administração adimplir o preço da construção do presídio embutido e diluído no custo (preço) da prestação dos serviços associados.

### 5.3.2 A composição da remuneração do parceiro privado

Quanto à configuração da remuneração do parceiro privado, deve-se lembrar que será provida integralmente pela Administração (podendo envolver não apenas contraprestação pecuniária, como outras formas jurídicas de contraprestação – art. 6º da Lei 11.079/2004), com a possibilidade da integração de receitas alternativas e acessórias – o que, numa PPP prisional, poderia se configurar, por exemplo, pela comercialização do produto do trabalho do preso etc.

Além disso, a remuneração poderá orientar-se por parâmetros de *performance* do prestador, como é próprio da concessão administrativa.[57] Nos termos do parágrafo único do art. 6º da Lei 11.079/2004, o

---

57. O mecanismo é usual e típico das *Private Finance Initiatives*. Ao lado das PFIs sob *risco de utilização* (em que se transfere ao operador-contratado o risco de utilização da infraestrutura), conhecem-se no Direito Inglês as PFIs sob *risco de qua-*

ajuste de PPP poderá prever o pagamento ao parceiro privado de remuneração variável vinculada a seu desempenho, conforme metas e padrões de qualidade e disponibilidade definidos no contrato. Admitiu a lei a possibilidade de atribuição dos riscos de qualidade e de disponibilidade ao concessionário das PPPs. Busca-se o estímulo a ganhos de produtividade à concessão a partir da vinculação de sua remuneração ao desempenho do parceiro privado.

Aplicada ao setor prisional, esta técnica acarreta a possibilidade de que fatores como a disponibilização de certo número de celas, o atingimento de certos parâmetros de excelência nas instalações físicas, o alcance de padrões satisfatórios de alimentação e higiene, a qualidade dos serviços médicos, a redução dos índices de rebelião e fuga, sejam considerados para o fim de quantificação do valor de remuneração a ser pago ao parceiro privado.[58] A aferição-avaliação acerca

---

lidade, que envolvem variantes de qualidade subordinativas dos resultados do contratado. Os pagamentos providos pelo Poder Público relacionam-se com o cumprimento de certos indicadores de qualidade e de disponibilidade (ou indisponibilidade – unavailability) da infraestrutura. O contratado poderá ter sua remuneração reduzida em face das "penalidades" que decorrem do não atingimento de certos parâmetros de qualidade, assim como da não disponibilidade da infraestrutura (a infraestrutura ou o serviço indisponível não serão remunerados). Esta regra, ao lado das variantes de qualidade, é aplicada com extremo rigor nestes contratos, sendo que "cada área de uma edificação que apresente unidade funcional própria se sujeita à aplicação da unavailability. Cada serviço é, ele mesmo, dividido em unidades. As sanções, quanto a elas, atingem cada elemento identificado no contrato. Assim, se uma sala de aula ou um escritório não são iluminados, sua área será excluída do total dos pagamentos. Cada lâmpada deverá ser substituída dentro de um prazo determinado, cujo transcurso acarreta a aplicação de uma sanção predeterminada. A soma dessas sanções pode representar uma importante redução dos pagamentos" (P. Cossalter, "A Private Finance Initiative", Revista de Direito Público da Economia/RDPE 6/165, Belo Horizonte, Fórum, 2004).

58. V., como exemplo, o programa de PPPs implementado pela Unidade de PPP do Estado de Minas Gerais, que envolveu a execução de projetos de concessão administrativa penitenciária. O projeto pioneiro de PPP prisional teve na composição da contraprestação da Administração ao parceiro privado uma (a) contraprestação pecuniária mensal (destinada a remunerar a construção, a disponibilização e a ocupação das celas), informada por um coeficiente de mensuração de desempenho e de qualidade de disponibilidade; (b) uma parcela anual de desempenho (destinada a remunerar aspectos qualitativos do desempenho operacional do parceiro privado); e (c) uma parcela referente ao parâmetro de excelência (destinada a remunerar a excelência da atuação do parceiro privado relativamente ao trabalho do sentenciado, especialmente também no que toca a aspectos de sua ressocialização).

do desempenho do parceiro privado para fins do controle da remuneração correspondente se pautará em critérios objetivos estipulados no edital e no contrato de PPP, tal como prescrito pelo inciso VII do art. 5º da Lei 11.079/2004. A avaliação se fará, como regra, por entidade independente e admitida como tal pelas partes.

Esta técnica produz alteração na tradição dos contratos administrativos, que sempre prestigiou o sancionamento como via repressiva a condutas de inadimplemento ou má execução contratual. O uso da sanção para esse fim produz certos efeitos práticos – econômicos e jurídicos – que não podem ser desconsiderados. Por um lado, e sob um ângulo econômico, a penalização pecuniária não atinge a receita propriamente do concessionário, mas se revela na criação de novos custos.[59] Isso permite ao concessionário valer-se de estratégias e expedientes protelatórios, pois o ônus não se produz automaticamente, operando efeitos econômicos somente após o desenvolvimento regular de processo administrativo pautado pelas garantias jurídicas inerentes ao regime sancionador. Por outro lado – e sob um ângulo jurídico –, a imposição de penalidade (alternativamente à opção pela redução automática da receita), como providência sancionadora que é, não pode estabelecer-se sem o devido respeito aos princípios e regras inerentes ao regime jurídico sancionador, que garantem ao concessionário amplo e adequado processo pautado pelas garantias do contraditório e da ampla defesa. Isso importa dissociar o momento da criação do ônus do momento de sua efetiva realização, deslocando a absorção do ônus para momento futuro.

No modelo das PPPs a técnica pressuposta pelo parágrafo único do art. 6º da Lei 11.079/2004 produz alteração de concepção. Acolhe-se a dinamização do vínculo entre a remuneração do concessionário e seu desempenho, em superação à concepção (estática) tradicionalmente vigente, que admite o surgimento dos ônus correspondentes a partir de situações de inadimplemento incorridas pelo contratado.

59. Este aspecto é argutamente percebido por Maurício Portugal Ribeiro e Lucas Navarro Prado (*Comentários à Lei de PPP – Parceria Público-Privada: Fundamentos Econômico-Jurídicos*, 1ª ed., 2ª tir., São Paulo, Malheiros Editores, 2010, p. 193).

Essa dinamização pode significar (a depender do modelo concretamente adotado pela Administração) permanente e evolutiva referibilidade da remuneração a índices de produtividade e metas de eficiência (disponibilidade e qualidade), cujo sistema serve a políticas de estímulos não só *repressivos* como *positivos* à conduta do concessionário. Ao mesmo tempo em que se lhe onera a prestação do serviço pelo mau desempenho (criando-lhe ônus ou reduzindo-lhe a remuneração correspondente), admite-se que a ampliação de sua eficiência signifique o incremento de remuneração (produzindo-lhe um bônus). Esse mecanismo, dadas sua amplitude e flexibilidade, pode servir nos casos concretos a vestir políticas regulatórias mais interessantes à eficiente e econômica prestação de serviços tomados pelo Estado.[60]

É necessário ressalvar que todas as situações atinentes à remuneração do prestador – inclusive e especialmente os procedimentos de avaliação/aferição dos níveis de *performance* – deverão estar suficientemente delineadas e delimitadas no instrumento convocatório. Não só no que tange aos critérios e fatores de aferição do desempenho do parceiro privado, mas, também, no que refere aos procedimentos de fiscalização e controle, é exigida previsão específica e minuciosa no edital e no contrato, disponibilizando-se todas as informações pertinentes ao parceiro privado.[61] Além disso, os critérios devem ser configurados de modo objetivo (evitando-se avaliações baseadas em excessiva margem de discricionariedade) e os procedimentos de aferição e análise dotados de suficiente transparência.

Esta é uma questão de não pequena importância, pois se relaciona com o dimensionamento da margem de discricionariedade da Administração – o que produz efeitos diretos nos *custos de transação*. Quanto maior o nível informacional presente no contrato de PPP, e quanto menor a (ainda que previsível) interferência discricionária do

---

60. Tal como anota Phillip J. Cooper: "(...) governments these days seek to include incentive and penalty clauses that provide benchmarks to assess performance as well as mechanisms to encourage contractors to exceed those minimum levels and to do so at a lower cost than that absolutely required under the contract. Today, these are generally referred to as performance contracts. In an early time, they were simply called incentive contracts" (*Governing by Contract: Challenges and Opportunities for Public Managers*, Washington, CQ Press, 2003, p. 98).
61. V. incisos VII e XIII do art. 23 e art. 30 da Lei 8.987/1995.

Poder Público na execução da parceria, tanto menores serão os custos transacionais relacionados à celebração do ajuste.

### 5.3.3 O trabalho do preso como elemento integrante da configuração do ajuste

Há, ainda, um último aspecto a se considerar na esfera das PPPs prisionais: trata-se da exploração do trabalho remunerado dos presos.[62] O tema é recorrente no Direito Norte-Americano, onde se conhecem os presídios ditos "industriais".

A hipótese apresenta, primariamente, uma dificuldade de operacionalização, sob a evidência de que não é constitucionalmente possível obrigar o preso ao trabalho, visto que a Constituição Federal proíbe a pena de trabalho forçado (no inciso XLVII do art. 5º). Logo, apenas os trabalhos voluntários seriam considerados para tanto.[63] Pode decorrer disso certa dificuldade de delimitar e precisar com segurança prévia os ajustes remuneratórios (ainda que isso não seja impraticável).

Mas não há, propriamente, óbice constitucional ou legal à hipótese.[64] Observe-se que a própria Lei de Execução Penal prevê, na alínea "d" do § 1º do art. 29, que o produto da remuneração pelo trabalho deverá atender, além de outras destinações, "ao ressarcimento ao Estado das despesas realizadas com a manutenção do condenado". Também o § 2º do art. 34 da mesma lei, introduzido pela Lei 10.792/2003, dispõe que: "Os Governos Federal, Estadual e Municipal poderão celebrar convênio com a iniciativa privada, para implantação de oficinas de trabalho referentes a setores de apoio dos presídios".

62. Esta possibilidade já constou da proposta de Edmundo Oliveira, em reunião ordinária do Conselho Nacional de Política Criminal e Penitenciária, realizada no Ministério da Justiça, em Brasília, no dia 27.1.1992 ("Proposta de regras básicas para o programa de privatização no sistema penitenciário brasileiro").

63. Observe-se, contudo, que a Lei de Execução Penal prevê, no inciso V do art. 39, o dever do condenado de "execução do trabalho, das tarefas e das ordens recebidas".

64. Contra a proposição manifesta-se João Marcello de Araújo Júnior, sustentando que, do ponto de vista ético, "será intolerável que um indivíduo, ademais de exercer domínio sobre outro, aufira vantagem econômica do trabalho carcerário. (...). Somente ao Estado será moralmente lícito obter receita deste trabalho" (*Privatização das Prisões*, cit., p. 13).

Parece possível, em face disso, e em princípio, admitir o uso de trabalho (remunerado) do preso como fator de composição da remuneração ao prestador-gestor de serviços gerais no sistema de cogestão de presídios. Contudo, a hipótese deverá conformar-se às demais previsões da Lei de Execução Penal-LEP (arts. 28-37), inclusive no que toca ao caráter educativo do trabalho do preso (art. 28).

## 6. Considerações finais

Como consideração final, seria oportuno acrescentar que o desenvolvimento de programas de PPPs que compreendam atividades de suporte ao exercício de funções exclusivas estatais, como os projetos que envolvam a construção de estabelecimentos prisionais associados à gestão decorrente de serviços administrativos gerais, deverá se fazer acompanhar da previsão de cláusulas específicas e regulamentares que prescrevam atribuições suficientes à garantia de um desempenho seguro e satisfatório do objeto pelo parceiro privado, delineando, ainda, um suficiente controle por parte do Poder Público.

Bem assim, deverá a questão merecer ainda a atenção do legislador quanto à instituição de regras específicas que disciplinem aspectos fundamentais inerentes ao exercício destas atividades, como restrições à negociabilidade de ações de empresas titulares dos contratos, formação de profissionais, controle de gestão etc. Enquanto se permanece sem um quadro legal específico acerca disso, caberá ao contrato conformar com precisão e suficiência todos estes aspectos.

## Bibliografia

ARAÚJO JÚNIOR, João Marcello de. *Privatização das Prisões*. São Paulo, Ed. RT, 1995.

BANDEIRA DE MELLO, Censo Antônio. "Serviço público e poder de polícia: concessão e delegação". *RTDP* 20. São Paulo, Malheiros Editores, 1997.

BRESSER PEREIRA, Luiz Carlos. *Crise Econômica e Reforma do Estado no Brasil*. São Paulo, Editora 34, 1996.

_____. *Reforma do Estado para a Cidadania: a Reforma Gerencial Brasileira na Perspectiva Internacional*. São Paulo, Editora 34, e Brasília/Escola Nacional de Administração Pública (ENAP), 1998.

CARRASCO, Manuel Izquierdo. "Algunas cuestiones generales a propósito del ejercicio privado en el ámbito de la securidad industrial". *Os Caminhos da Privatização da Administração Pública (IV Colóquio Luso-Espanhol de Direito Administrativo)*. Coimbra, Coimbra Editora, 2001.

CASTRO, Lavínia Barros de. "Privatização, abertura e desindexação: a primeira metade dos anos 90". *Economia Brasileira Contemporânea (1945-2004)*. Rio de Janeiro, Elsevier, 2005.

CHAPUS, René. *Droit Administratif General*. 12ª ed., t. 1. Paris, Montchrestien, 1998.

COOPER, Phillip J. *Governing by Contract: Challenges and Opportunities for Public Managers*. Washington, CQ Press, 2003.

COSSALTER, P. "A private finance initiative". *Revista de Direito Público da Economia* 6. Belo Horizonte, Fórum, 2004.

DALLARI, Adílson Abreu."Credenciamento". In: BANDEIRA DE MELLO, Celso Antônio (coord.).*Estudos em Homenagem a Geraldo Ataliba-2 – Direito Administrativo e Constitucional*. São Paulo, Malheiros Editores, 1997.

_____. "Inspeção de segurança veicular – Credenciamento – Desnecessidade de autorização legislativa". *Informativo de Licitações e Contratos (ILC)* 28. Curitiba, Zênite, 1996.

DI PIETRO, Maria Sylvia Zanella. *Parcerias na Administração Pública: Concessão, Permissão, Franquia, Terceirização e Outras Formas*. 3ª ed. São Paulo, Atlas, 1999.

FERREIRA, Eduardo Paz, e REBELO, Marta. "O novo regime jurídico das parcerias público-privadas em Portugal". *Revista de Direito Público da Economia* 4. Belo Horizonte, Fórum, outubro-dezembro/2003.

GALBRAITH, John Kenneth. *A Economia das Fraudes Inocentes – Verdades para o Nosso Tempo*. 2004.

GIAMBIAGI, Fábio, e ALÉM, Ana Cláudia. *Finanças Públicas*. 2ª ed. Rio de Janeiro, Elsevier, 2000.

GUGLIELMI, Gilles. *Introduction au Droit des Services Publics*. Paris, Librairie Générale de Droit et de Jurisprudence (LGDJ), 1994.

HILKE, John.*Cost Savings from Privatizations: a Compilation of Study Findings*. Los Angeles, Reason Foundation, 1993.

JUSTEN FILHO, Marçal. *Curso de Direito Administrativo*. São Paulo, Saraiva, 2005.

_____. *O Direito das Agências Reguladoras Independentes*. São Paulo, Dialética, 2003.

_____. *Teoria Geral das Concessões de Serviços Públicos*. São Paulo, Dialética, 2003.

LIGNÈRES, Paul. *Partenariats Publics-Privés*. Paris, Litec, 2000.

MARQUES NETO, Floriano de Azevedo. "A contratação de empresas para suporte da função reguladora e a 'indelegabilidade do poder de polícia'". *RTDP* 32. São Paulo, Malheiros Editores, 2000.

MINHOTO, Laurindo Dias. *Privatização de Presídios e Criminalidade*. São Paulo, Max Limonad, 2000.

MIRABETE, Júlio Fabbrini. *Execução Penal*. 9ª ed. São Paulo, Atlas, 2000.

MOREIRA NETO, Diogo de Figueiredo. "A globalização e o direito administrativo". *Uma Avaliação das Tendências Contemporâneas do Direito Administrativo*. Rio de Janeiro, Renovar, 2003.

_____. *Curso de Direito Administrativo*. 12ª ed. Rio de Janeiro, Forense, 2001.

_____. "O sistema da parceria entre os setores público e privado – Execução de serviços através de concessões, permissões, terceirizações e outros regimes – Aplicação adequada destes institutos". *Boletim de Direito Administrativo/BDA* 2. São Paulo, NDJ, 1997.

MOTTA, Carlos Pinto Coelho. "Terceirização e funcionalização: conflito ou complementariedade". *BDA* 12. São Paulo, NDJ, 1997.

MUNHOZ DE MELLO, Rafael. *Princípios Constitucionais de Direito Administrador Sancionador*. São Paulo, Malheiros Editores, 2007.

OLIVEIRA, Edmundo. *A Privatização das Prisões*. Brasília, Ministério da Justiça, 1994.

_____. *O Futuro Alternativo das Prisões*. Rio de Janeiro, Forense, 2002.

ORTIZ, Gaspar Ariño. *Economía y Estado – Crisis y Reforma del Sector Público*. Madri, Marcial Pons, 1993.

OSÓRIO, Fábio Medina. "Câmeras nos presídios". *Zero Hora* (jornal). Edição de 5.4.2001.

PORTO NETO, Benedicto. *Concessão de Serviço Público no Regime da Lei 8.987/1995 – Conceitos e Princípios*. São Paulo, Malheiros Editores, 1998.

PRADO, Lucas Navarro, e RIBEIRO, Maurício Portugal. *Comentários à Lei de PPP – Parceria Público-Privada: Fundamentos Econômico-Jurídicos*. 1ª ed., 2ª tir. São Paulo, Malheiros Editores, 2010.

REBELO, Marta, e FERREIRA, Eduardo Paz. "O novo regime jurídico das parcerias público-privadas em Portugal". *Revista de Direito Público da Economia* 4. Belo Horizonte, Fórum, outubro-dezembro/2003.

RIBEIRO, Maurício Portugal, e PRADO, Lucas Navarro. *Comentários à Lei de PPP – Parceria Público-Privada: Fundamentos Econômico-Jurídicos*. 1ª ed., 2ª tir. São Paulo, Malheiros Editores, 2010.

SAVAS, E. S. *Privatization and Public-Private Partnerships*. Nova York, Chatham House Publishers, 2000.

SOUTO, Marcos Juruena Villela. *Direito Administrativo das Concessões*. Rio de Janeiro, Lumen Juris, 2004.

SUNDFELD, Carlos Ari. *Direito Administrativo Ordenador*. 1ª ed., 3ª tir. São Paulo, Malheiros Editores, 2003.

_____. "Empresa estatal pode exercer o poder de polícia". *BDA* Fevereiro/1993. São Paulo, NDJ.

_____. "O CADE e a competição nos serviços públicos". *RTDP* 33. São Paulo, Malheiros Editores, 2001.

VERA, José Bermejo. "Privatización y el nuevo ejercicio de función pública por particulares". In: *Uma Avaliação das Tendências Contemporâneas do Direito Administrativo*. Rio de Janeiro, Renovar, 2003.

VERNALHA GUIMARÃES, Fernando. "Concessão administrativa: um novo modelo para os contratos administrativos". *Revista de Direito Público da Economia/RDPE* 31/71-105. Ano 8. Belo Horizonte, julho-setembro/2010.

VERNALHA GUIMARÃES, Luciano. "A interpretação constitucional e o fenômeno linguístico". *Revista da Academia Brasileira de Direito Constitucional* 3. Curitiba, 2003 (p. 533).

## Documentos consultados

"PPP: unindo o público e o privado". *RAE* 3. São Paulo, Fundação Getúlio Vargas, abril/2004 (pp. 26-27); *Economia Brasileira*. 2ª ed. São Paulo, Saraiva, 2003.

*The Private Finance Initiative (PFI)*. Grahame Allen. *Economic Policy and Statistics Section – House of Communs Library*. Londres, 27.10.2003.

# PARCERIAS PÚBLICO-PRIVADAS: INDELEGABILIDADE NO EXERCÍCIO DA ATIVIDADE ADMINISTRATIVA DE POLÍCIA E NA ATIVIDADE ADMINISTRATIVA PENITENCIÁRIA

José Roberto Pimenta Oliveira

*1. Introdução. 2. Atividade administrativa de ordenação ou condicionamento de direitos fundamentais. 3. A indelegabilidade do exercício da polícia administrativa. 4. A indelegabilidade do exercício do poder de polícia no âmbito da formulação, execução, contratação e implementação de PPPs. 5. A transferência de atividades estatais no exercício da administração de estabelecimentos prisionais como objeto de PPPs. 6. A experiência brasileira na realização de PPPs no setor penitenciário.*

## 1. Introdução

Em estudo desde 2002, conforme demonstra a publicação *O Desafio do Planejamento Governamental*, do Ministério do Planejamento, Orçamento e Gestão,[1] as denominadas "parcerias público-privadas" – doravante PPPs – tiveram seu regime jurídico finalmente estabelecido, no pertinente às normas gerais de licitação e contratação, na Lei 11.079, de 30.12.2004.

Dentre os inúmeros problemas que deve suscitar a nova categoria jurídico-administrativa em matéria de contratação administrativa,[2] o

---

1. Ministério do Planejamento, Orçamento e Gestão/Secretaria de Planejamento e Investimentos Estratégicos, *O Desafio do Planejamento Governamental*, Brasília, 2002, p. 51.
2. Muito embora o legislador tenha definido a PPP como *contrato administrativo de concessão, na modalidade patrocinada ou administrativa*, o art. 175 da CF e sua leitura sistemática dentro do contexto das atividades de intervenção do Estado no

presente ensaio concentra-se nas limitações impostas na definição de atividades que podem ser objeto de projetos, licitações e contratações sob o regime da Lei 11.079/2004. Em especial, a atenção estará voltada à análise dogmática da possibilidade de implementação de PPPs em *atividades administrativas de condicionamento de direitos fundamentais*, tradicionalmente nominada sob o rótulo de "poder de polícia".[3]

No diploma legislativo de alcance geral a limitação está positivada. Na contratação de PPPs será observada a *diretriz legal* consistente na *indelegabilidade das funções de regulação, jurisdicional, do exercício do poder de polícia e de outras atividades exclusivas do Estado*, nos termos do art. 4º, III, da Lei 11.079/2004.

Também não faltam referências especiais no âmbito da legislação estadual existente.

Assim, a *Lei 14.868/2003, de Minas Gerais*, impõe idêntica diretriz – qual seja, *a indisponibilidade das funções reguladora, controladora e fiscalizadora do Estado* (art. 2º, VIII) –, vedando a delegação a ente privado de *atribuições de natureza política, policial, judicial, normativa e regulatória e as que envolvam poder de polícia* (art. 6º, II). A *Lei 12.930/2004, de Santa Catarina*, faz expressa menção à *indelegabilidade do exercício do poder de polícia* (art. 2º, III). Da mesma forma, a *Lei 11.688/2004, de São Paulo*, impõe a mesma diretriz geral (art. 1º, parágrafo único, item 3), repetida na *Lei 14.910/2004, de Goiás* (art. 2º, III), na qual se acrescenta vedação explícita de de-

---

domínio econômico impedem o desiderato legislativo de equiparação. Com efeito, a Lei 11.079/2004 delineia tão somente uma nova espécie de contratação administrativa, fundada nos arts. 22, XXVII, e 37, XXI, da Magna Carta.

3. Não integra o campo de investigação a transferência de atividades do poder de polícia para entes privados integrantes da Administração, já que afastada do objeto de possível PPP, como se infere da Lei 11.079/2004. Sobre o tema, cf.: Carlos Ari Sundfeld, "Empresa estatal pode exercer o poder de polícia", *Boletim de Direito Administrativo/BDA*, fevereiro de 1993/98-103; José Afonso da Silva, "Poder de polícia", *RDA* 132/241-255, Rio de Janeiro, FGV, abril-junho/1978.

Na jurisprudência, envolvendo delegação de poder de polícia de trânsito em favor de ente governamental de direito privado, cf. TJSP, ACi 40.962-5/0 (6ª Câmara de Direito Público, rel. Des. William Marinho, j. 14.7.1998, v.u.) e ACi 32.822-5/9 (8ª Câmara de Direito Público, rel. Des. Antônio Villen, j. 19.8.1998, v.u.).

legação, no âmbito da PPP, da edição de ato jurídico com fundamento em poder de autoridade de natureza pública (art. 7º, § 2º, I), bem como na *Lei 9.290/2004, da Bahia* (art. 4º, V), e, ainda, na *Lei 13.557/2004, do Ceará*, que, enfim, consigna a *indelegabilidade do exercício do poder de polícia*, dentro do rol de *princípios e diretrizes legais* (art. 1º, parágrafo único, III). Por fim, a *Lei 12.234/2005, do Rio Grande do Sul*, contém idêntica estatuição em seu art. 2º, III.

Desse modo, a indelegabilidade do poder de polícia aparece como limitação ao exercício da competência administrativa no âmbito das PPPs. Uma limitação diretamente imposta, a ser observada na fase interna da licitação (art. 10), na delimitação do projeto objeto da PPP, a ser aprovado pelo respectivo órgão gestor (art. 14).

É, pois, fundamental verificar o exato alcance dos comandos legais acima mencionados, para que desde logo se impeçam as reiteradas tentativas administrativas de transferência de atividades que, independentemente dos figurinos ou formatos jurídicos que sejam criados, importados ou reinventados, não podem ser exercidas por meros particulares ou empresas privadas, sob pena de ofensa a diversos alicerces axiológicos da Constituição Republicana e Democrática de 1988 (arts. 1º e 5º, *caput*, e 37, *caput*).

De fato, como assinala Carvalho Filho, "por maior que seja a parceria que tenham com estes *[pessoas da iniciativa privada]*, jamais serão dotadas de potestade (*ius imperii*) necessária ao desempenho da atividade de polícia".[4]

Desde a aprovação das normas gerais sobre licitação e contratos de PPPs, tem sido imenso o debate sobre a forma como o Poder Público deve cumprir com os deveres-poderes no tocante à regular atividade de polícia administrativa e de execução penitenciária. Neste último campo, a ciência do direito administrativo tem muito a contribuir para demarcar o campo de legitimidade da contratação de concessões administrativas para gestão de unidades prisionais, tendo em vista a relevância social do tema.[5]

---

4. José dos Santos Carvalho Filho, *Manual de Direito Administrativo*, 7ª ed., Rio de Janeiro, Lumen Juris, 2001, p. 59.
5. Cf. Vinícius Boreki, "PPPs – Presídios públicos ou privados?", *Gazeta do Povo*, publicação de 14.2.2010 (disponível em www.gazetadopovo.com.br, acesso em 29.10.2010).

## 2. Atividade administrativa de ordenação ou condicionamento de direitos fundamentais

Para melhor abordagem da questão da vedação à transferências de atividades desempenhadas pelo Estado titularizando o *poder de polícia*, é fundamental delimitar exatamente o que compreende esta parcela da função administrativa. A rigor, quanto mais específica e rigorosa esta análise, maior segurança e clareza se terá no estabelecimento das bases que devem nortear a aplicação do princípio da indelegabilidade nesta seara administrativa.

Expressão adotada pela Constituição (art. 145, II), criticada intensamente pela doutrina, pela possível remissão aos poderes absolutos de que desfrutava o Estado de Polícia no estágio pré-constitucional do Estado de Direito,[6] a fórmula "poder de polícia" congrega o conjunto de normas e atos estatais (legislativos e administrativos) pelos quais se estatuem e concretizam os condicionamentos administrativos de direitos fundamentais, nos termos de lei e nas hipóteses admitidas ou previstas na teia de princípios e regras da Constituição Federal – *v.g.*, art. 5º, VI (livre exercício dos cultos religiosos), art. 5º, XIII (livre exercício de qualquer trabalho, ofício ou profissão), art. 5º, XXIII (função social da propriedade), art. 5º, XXXII (defesa do consumidor), art. 144 (segurança pública), art. 170, parágrafo único (livre exercício da atividade econômica), art. 225 (meio ambiente) etc.

Propondo sua abolição no Direito Brasileiro, Carlos Ari Sundfeld trata do tema, identificando nesse conjunto de atividades administrativas a *atividade ordenadora*, abarcando a constituição de direitos privados por ato administrativo (autorizações, licenças e atos do gênero), a regulação administrativa do exercício dos direitos titularizados pelos particulares e imposição de limites (*non facere*), encargos (*facere*) e sujeição (*pati*) de direitos enquanto situações subjetivas passivas, bem como os deveres-poderes da autoridade derivadas da relação jurídico-administrativa – quais sejam, as competências de imposição, fiscalização, repressão de infrações via sancionamento administrativo e execução dos condicionamentos.[7] Além da *atividade*

---

6. Celso Antônio Bandeira de Mello, *Curso de Direito Administrativo*, 28ª ed., São Paulo, Malheiros Editores, 2011, p. 828.

7. Carlos Ari Sundfeld, *Direito Administrativo Ordenador*, 1ª ed., 3ª tir., São Paulo, Malheiros Editores, 2003, pp. 38-85. Sundfeld inclui na atividade de ordena-

*ordenadora*, o autor brasileiro identifica a *atividade de gestão* e a *atividade de fomento* como, pelo menos, os grandes setores da ação administrativa.[8]

Em razão dos desenvolvimentos doutrinários exigidos pela compreensão do exercício da atividade administrativa no Estado de Direito, observou-se, claramente, que o designado "poder de polícia"[9] encarna uma série variada de atos de produção jurídica, desde a emissão de normas jurídicas (legislativas, regulamentares e infrarregulamentares), atos jurídico-administrativos concretos (ordens, sanções, fiscalizações, autorizações, licenças, registros etc.), até atos de execução material de normas e atos previamente estabelecidos,[10] todos reunidos sob o influxo da teologia que demarca o campo dessa atividade estatal que responde pela configuração normativa e *in concreto* dos direitos quando autorizada pela Constituição e pela lei a respectiva "atividade administrativa de intervenção", como a denomina Juan Carlos Cassagne.[11]

A postura metodológica analítica propugna pela distinção entre *poder de polícia* e *polícia administrativa*, visando a demarcar a legitimidade da atividade administrativa de condicionamento de direitos individuais, já que permite a visualização da obrigatoriedade da origem legal dos mesmos e das competências justificadoras de qualquer intervenção administrativa na matéria.

ção os sacrifícios de direito e as prestações de particulares em favor da Administração (ob. cit., p. 27).
  8. Divisando a atividade de ordenação, de prestação, de fomento e de sancionamento, cf., Juan Alfonso Santamaría Pastor, *Principios de Derecho Administrativo*, 2ª ed., vol. II, Editorial Centro de Estudios Ramón Areces, p. 261.
  9. O Código Tributário Nacional, regulamentando o art. 145, II, da CF, define *poder de polícia* como "a atividade da Administração Pública que, limitando ou disciplinando direito, interesse ou liberdade, regula a prática de ato ou abstenção de fato, em razão de interesse público concernente à segurança, à higiene, à ordem, aos costumes, à disciplina da produção e do mercado, ao exercício de atividades econômicas dependentes de concessão e autorização do Poder Público, à tranquilidade pública ou ao respeito à propriedade e aos direitos individuais e coletivos".
  10. Cf. Celso Antônio Bandeira de Mello, *Curso de Direito Administrativo*, cit., 28ª ed., p. 828; Maria Silvia Zanella Di Pietro, *Direito Administrativo*, 14ª ed., São Paulo, Atlas, 2002, p. 113.
  11. Juan Carlos Cassagne, *Derecho Administrativo – II*, 6ª ed., Buenos Aires, Abeledo-Perrot, p. 449. Em sentido similar: Clóvis Beznos, *Poder de Polícia*, São Paulo, Ed. RT, 1979, p. 79.

É corolário lógico-jurídico do Estado Democrático de Direito (art. 1º, *caput*, da CF) que a Administração Pública, no exercício de qualquer atividade, não dispõe de quaisquer "poderes inerentes", senão das prerrogativas instrumentais legalmente delimitadas, adequadas, necessárias e proporcionais ao cumprimento de seus deveres normativos, expressos por via legislativa (art. 37, *caput*, da CF).

Assim ocorre com o "poder de polícia" (referido no art. 145, II, da CF), que, no atual marco constitucional, está integralmente submetido aos princípios da legalidade, impessoalidade, moralidade, publicidade e eficiência, como qualquer outra atividade da Administração Pública (art. 37, *caput*), além de a outros princípios constitucionais, destacadamente ao princípio da proporcionalidade, como observa Juan Alfonso Santamaría Pastor.[12]

Ao se conjecturar da *intransferibilidade*, *indelegabilidade* ou *indisponibilidade* de atividades no âmbito do *poder de polícia administrativa*, não há como perder de vista a dissecação da atividade administrativa de ordenação, em seus diversos estágios de produção jurídica, bem como os diversos campos materiais passíveis de manifestação legítima, que historicamente tendem a expandir-se.

Esta última característica é corolário da evolução do progressivo intervencionismo estatal no domínio social e econômico – o qual, inconciliável com a atuação passiva do Estado idealizado pelo Liberalismo, acarretou a expansão do exercício do poder de polícia no sentido de promover o bem-estar geral, abarcando a proteção estatal de diversificados interesses públicos, não restritos ao conceito originário de *ordem pública*, que finalisticamente justificou a polícia no estágio inicial do Estado de Direito.[13]

Outro fator que dificulta a análise da atual atividade de polícia exercida pela Administração reside no nível permanente de crescente complexidade das atividades particulares e respectivo potencial de danos a interesses da coletividade, fruto da evolução tecnológica, que demanda do Estado atualização ininterrupta das formas e meios de sua atuação condicionadora dos direitos individuais, que cada vez mais é

---

12. Juan Alfonso Santamaría Pastor, *Principios de Derecho Administrativo*, cit., 2ª ed., vol. II, p. 261.

13. Caio Tácito, "O poder de polícia e seus limites", in *Temas de Direito Público. Estudos e Pareceres*, 1º vol., Rio de Janeiro, Renovar, 1997, pp. 521-534.

compelida a tecnização para cumprir adequadamente sua finalidade normativa.

Assim, frente a um objeto tão multifacetado em seus contornos fáticos e jurídicos, tratar da indelegabilidade do poder de polícia somente é possível em linhas gerais, em nível principiológico, sob pena de reduzir injustificadamente a complexidade do tema.

## 3. A indelegabilidade do exercício da polícia administrativa

Não havia, comumente, na literatura administrativista que antecede a década de 1990, no Brasil, referência ao fenômeno da terceirização de atividades no campo da polícia administrativa.[14] O exercício da atividade, por parte da Administração, sempre foi estudado sob o signo ou característica da exclusividade estatal.[15] É, pois, clássica a vinculação do exercício da polícia administrativa ao desempenho de atividade a cargo de *autoridade pública*.[16] Por outro lado, a jurisprudência tem-se marcado pela refutação da "delegação" do poder de polícia a particulares.[17]

Todavia, com o advento da Reforma Administrativa, sob a égide do Neoliberalismo, propagando a redução do aparelho do Estado tido por inoperante e ineficiente, nas mais diversas atividades, a polícia administrativa será afetada pelo ímpeto privatizante da celebração e expansão de "parcerias", em sentido amplo, com o setor privado.

14. Por todos, cf.: Hely Lopes Meirelles, *Direito Administrativo Brasileiro*, 14ª ed., São Paulo, Ed. RT, 1989, pp. 109-24; Ruy Cirne Lima, *Princípios de Direito Administrativo*, 6ª ed., São Paulo, Ed. RT, 1987, pp. 105-23; Mário Masagão, *Curso de Direito Administrativo*, 4ª ed., São Paulo, Ed. RT, 1968, pp. 152-158.

15. Cf. Diógenes Gasparini, *Direito Administrativo*, 6ª ed., São Paulo, Saraiva, 2001, p. 119.

16. Edmir Netto de Araújo, *Curso de Direito Administrativo*, São Paulo, Saraiva, 2005, p. 984.

17. Nesta linha, decidiu o STF, em matéria de polícia das profissões, que: "(...) a interpretação conjugada dos arts. 5º, XIII, 22, XVI, 21, XXIV, 70, parágrafo único, 149 e 175 da CF leva à conclusão no sentido da indelegabilidade, a uma entidade privada, de atividade típica de Estado, que abrange até poder de polícia, de tributar e de punir, no que concerne ao exercício de atividades profissionais regulamentadas (...)" (STF, Pleno, ADI 1.717-DF, rel. Min. Sydney Sanches, j. 7.11.2002, *DJU* 28.3.2003).

Na década de 1990 a *terceirização de atividades* ganhou significativo reforço como forma de parceria, como meio de propiciar maior espaço para o exercício de atividades então executadas diretamente pela Administração.[18] Neste contexto, o debate restou delineado pela busca das limitações jurídicas à terceirização no âmbito da função administrativa em geral[19] – o que levou os administrativistas a aprofundar o tema dentro da atividade condicionadora de direitos individuais. Registre-se que não se cogita de contratação de terceiros no âmbito da *polícia judiciária*. Não atenta ao uso da expressão com significado constitucional delimitado e restrito (*ex vi* art. 144-§1º-IV e § 4º), em ordenamento assentado no princípio da unidade de jurisdição, insiste a doutrina brasileira em separar *polícia judiciária* e *polícia administrativa*, seguindo tradição francesa,[20] que se justifica por nela divisar um critério divisor de competências em um sistema de dualidade de jurisdições. De qualquer modo, frise-se que as *atividades de apuração de infrações penais e de polícia judiciária* são intransferíveis, por força dos referidos dispositivos constitucionais, que incumbem sua realização ora à Polícia Federal, ora às Polícias Civis.

O aprofundamento da doutrina era indispensável, em face do regramento legislativo inexiste. De fato, sob o império da Lei Geral de Licitações e Contratos Administrativos – a Lei 8.666/1993 – não há qualquer indicativo ou solução ao problema da identificação do campo de abrangência da terceirização na atividade policial. A leitura das definições do art. 6º, mormente a de "serviços" – toda atividade destinada a obter determinada utilidade de interesse para a Administração –, é deveras abrangente.[21]

18. Cf. Carlos Pinto Coelho Motta, "Terceirização e funcionalização: conflito ou complementariedade", *Boletim de Direito Administrativo/BDA* 12/799-807, São Paulo, NDJ, dezembro/1997. Apesar de sublinhar a inexistência de qualquer exceção, quanto ao objeto, no âmbito do aplicação do art. 37, XXI, da CF, o mesmo autor afirma que "há razões para se evitar, nessa escolha *[de terceirização]*, ações de conteúdo normativo, político ou de fiscalização" (ob. cit., p. 806).
19. Cf.: Maria Sylvia Zanella Di Pietro, *Parcerias na Administração Pública: Concessão, Permissão, Franquia, Terceirização e Outras Formas*, 3ª ed., Atlas, 1999, pp. 162-176; Marcos Juruena Villela Souto, *Desestatização – Privatização, Concessão, Terceirizações e Regulação*, Lumen Juris, 2001, pp. 371-408.
20. Cf. René Chapus, *Droit Administratif Général*, 13ª ed., t. 1, Paris, Montchrestien, 1998, pp. 701-711.
21. "A Administração busca, em toda e qualquer contratação, obter determinada utilidade de seu interesse" (Marçal Justen Filho, *Comentários à Lei de Licitações e Contratos Administrativos*, 5ª ed., São Paulo, Dialética, 1998, p. 90).

Com a positivação de nova espécie contratual – a PPP – acontece similar indefinição. A definição ampla do objeto de possível PPP, na sua versão de "concessão administrativa", como *contrato de prestação de serviços de que a Administração Pública seja a usuária direta ou indireta* (art. 2º, § 2º), apesar das limitações previstas na lei (art. 2º, § 4º), também não auxilia na tarefa de conferir maior precisão às limitações impostas à referida modalidade de contrato administrativo no âmbito da atividade de polícia. A novidade está na explicitação da diretriz prevista no art. 4º, III, da Lei 11.079/2004.

A terceirização de atividades no campo da polícia administrativa não recebeu tratamento doutrinário uniforme.

Assim, Adílson Abreu Dallari diferenciou a *atividade de emissão de um ato jurídico administrativo* da *atividade técnica* necessária à verificação das condições de sua válida produção. Sublinha a transferibilidade desta última atividade, pelo seu *caráter instrumental*, enquanto a primeira permanece intransferível, porque somente é executada por órgãos dotados de prerrogativas inerentes ao Poder Público. Assim, são passíveis de atribuição a particulares *atividades técnicas, instrumentais, de mera verificação*, encartadas no exercício da atividade de polícia, mediante, basicamente, o credenciamento alinhavado pelo autor.[22]

Aprofundando a divisão proposta por Dallari, Celso Antônio Bandeira de Mello elencou as hipóteses de válida transferência de atividades no âmbito da polícia administrativa, utilizando-se, conjugadamente, de várias classificações.

Na produção de *atos jurídicos*, admite excepcionalmente a contratação de particulares na exploração das máquinas que servem de veículo de formação e transmissão da decisão administrativa, quando esta revelar *conteúdo vinculado*, sublinhado que, nesta hipótese, mesmo assim, por força da relação de administração incidente sobre a relação de propriedade do bem, as declarações (isto é, atos jurídicos expedidos) mantêm-se como atos administrativos, e não dos particulares exploradores do veículo.

22. Adílson Abreu Dallari, "Credenciamento", in Celso Antônio Bandeira de Mello (org.), *Estudos em Homenagem a Geraldo Ataliba-2 – Direito Administrativo e Constitucional*, São Paulo, Malheiros Editores, 1997, p. 50.

Ao lado da situação excepcional acima exposta, na produção de *atos materiais* Bandeira de Mello categoriza em função da oportunidade e do direito afetado pelo ato jurídico de polícia administrativa. Dessarte, somente admite transferência de *execução material sucessiva* ao ato jurídico se afetar unicamente o *direito de propriedade*, jamais o de liberdade. Por outro lado, relativamente aos *atos materiais precedentes* à emissão de determinado ato jurídico de polícia administrativa sublinha a possibilidade de transferência a entes privados da atividade de *constatação instrumental* à sua produção quando usada tecnologia que proporcione averiguação objetiva, precisa, dos fatos, independentemente de interferência de elementos volitivos em seu resultado.[23]

Floriano de Azevedo Marques Neto, ao seu turno, partindo do que denomina "distinção entre a detença do poder de polícia e a disponibilidade dos meios para o exercício deste poder", considera indelegáveis atividades que consubstanciam concretamente o poder decisório ou o poder coercitivo do Estado, ao passo que seriam delegáveis as atividades preparatórias, instrumentais, incrementais ou de suporte. De um lado, "atividades intrinsecamente estatais, portanto caracterizadoras do exercício de função pública assim prevista na Constituição ou em lei". De outro, atividades "desvestidas do caráter de imperatividade, independentes do poder de coerção estatal, e, portanto, de realização absolutamente trespassável a terceiros".[24]

Registre-se, ainda, Marçal Justen Filho que não admite a transferência, ainda que temporária, do poder de coerção jurídica ou física, no poder de polícia, para a iniciativa privada, sublinhando, no entanto, que "algumas atividades materiais acessórias ou conexas ao exercício do poder de polícia sejam transferidas ao exercício de particulares". Nesta linha, o inadmissível é que a "imposição coercitiva de deveres seja exercitada por terceiros, que não os agentes públicos".[25]

23. Celso Antônio Bandeira de Mello, "Serviço público e poder de polícia: concessão e delegação", *RTDP* 20/27-28, São Paulo, Malheiros Editores, 1997. No mesmo sentido: Heraldo Garcia Vitta, *Poder de Polícia*, São Paulo, Malheiros Editores, 2010, p. 245.

24. Floriano de Azevedo Marques Neto, "A contratação de empresas para suporte da função reguladora e a indelegabilidade do poder de polícia", *RTDP* 32/73 e 75, São Paulo, Malheiros Editores, 2000.

25. Marçal Justen Filho, *Curso de Direito Administrativo*, São Paulo, Saraiva, 2005, p. 392, e *Teoria Geral das Concessões de Serviço Público*, São Paulo, Dialética, 2003, pp. 27-28.

É preciso resgatar, para a exata compreensão da indelegabilidade, os princípios constitucionais que a balizam como princípio governante do desempenho estatal da atividade de ordenação administrativa de direitos. Em primeiro lugar, o *princípio republicano* (art. 1º da CF), que impõe o reconhecimento da existência de interesses públicos (*res publica*) inassimiláveis aos interesses particulares e dotados de *superioridade* em face destes, e, como corolário da sua *indisponibilidade*, o atrelamento de qualquer atividade estatal à *impessoalidade* na persecução dos referidos interesses normativamente configurados. A concreção de restrições a direitos individuais, numa ordem republicana, impõe-se como tarefa inexorável a quem exercita *função estatal*, porquanto, em face da resistência individual, a competência da sua fiel execução acarretará o exercício de *poderes extroversos* atribuídos a quem representa, de direito, o interesse público e tem o dever-poder de implementá-lo, inclusive, para tanto, autorizado a utilizar-se de *coerção* sobre o indivíduo.

Em segundo lugar, o *princípio da isonomia* (art. 5º, *caput*, da CF), formal e material, que inadmite qualquer tratamento jurídico dos administrados desgovernado de critérios logicamente respaldados nos valores constitucionais que visa a realizar. Atribuir o exercício de parcela do poder de autoridade a certo sujeito de direito privado não encartado na organização administrativa quebra a cena isonômica cuidadosamente desenhada, com *raízes democráticas* (art. 1º), admitindo, mesmo, que determinado indivíduo possa ser transformado em mero objeto de coação ilegítima por outro indivíduo, sem lastro normativo algum, em atentado cabal à *dignidade humana* (art. 1º, III) e à *liberdade* (art. 5º) que são atribuídas isonomicamente a todos aqueles que se sujeitam ao ordenamento jurídico do Estado Material de Direito.

Em terceiro lugar, o *princípio da legalidade* (art. 37, *caput*), que impõe a existência necessária de embasamento legal para o exercício de qualquer atividade administrativa, conferindo *competências*, habilitações jurídicas delimitadas, *deveres-poderes* de exercício obrigatório, irrenunciáveis, imodificáveis, intransferíveis, imprescritíveis, específicos e mensuráveis, eliminando qualquer vestígio de autonomia da vontade na condução da atividade administrativa. A origem legal ou estatutária dos *poderes extroversos* manuseados na polícia administrativa impede qualquer disposição contratual sobre seu exercício, que juridicamente não poderá ser desatrelado do órgão ou ente governamental habilitado a titularizá-lo.

Em quarto lugar, o *princípio da moralidade* (art. 37, *caput*), que condena o mero trespasse a entes privados de atividade estatal condicionadora de direitos – de cuja legitimidade depende a plena realização dos direitos fundamentos e da ordem democrática – sob a justificativa de reduzida capacidade de investimento estatal somada à propalada eficiência da livre iniciativa ou outra razão secundária do gênero, porquanto em aberto descompasso ao dever de *lealdade administrativa* por parte dos órgãos e entes governamentais habilitados à realização plena das finalidades normativas que presidem a ação administrativa. Donde constituíra indubitável *improbidade administrativa* (art. 37, § 4º) a transferência de parcela do exercício da atividade de ordenação que desrespeite o referido fundamento ético-jurídico do exercício da autoridade pública.[26]

A partir destas considerações é possível contextualizar os critérios que fornecem legitimidade para a decisão administrativa de submeter ao regime de execução indireta (terceirização) por entes particulares determinadas atividades integradas ao "ciclo da polícia administrativa" – na feliz designação de Moreira Neto.[27] São eles:

*(a)* A característica da atividade trespassada a particulares relativamente aos provimentos administrativos a serem editados pela Administração na matéria, considerando que, no conjunto determinado de atividades globalmente identificadas e legalmente previstas no exercício da polícia administrativa, a execução direta das atividades-fim (justificadoras da própria outorga legal das competências) devem ser desempenhadas ao nível da própria organização administrativa legalmente estabelecida, pelos agentes públicos inseridos no órgão ou ente legalmente competente.

Disso resulta a idoneidade de rotular como *atividade acessória, instrumental, de apoio, de suporte*, o núcleo de tarefas passíveis de

---

26. Dependendo da configuração do ato de improbidade que autoriza a transferência ilegítima de poder de polícia administrativa, os fatos poderão ser enquadrados nos arts. 9º, 10 ou 11 da Lei 8.429/1992. Cf. José Roberto Pimenta Oliveira, *Improbidade Administrativa e sua Autonomia Constitucional*, Belo Horizonte, Fórum, 2009.

27. Diogo de Figueiredo Moreira Neto, *Curso de Direito Administrativo*, 13ª ed., Rio de Janeiro, Forense, 2003, p. 388.

transferência sob execução indireta, na medida em que se observam as normas legais atinentes à organização administrativa e ao exercício da função pública.

(b) A natureza da atividade objeto de possível contratação, considerando sua indiscutível realização sob critérios objetivos, passíveis de plena contrastabilidade por órgão de controle externo, em âmbito administrativo, legislativo e judicial.

Disso deriva a qualificação das atividades "delegáveis" como *atividades técnicas*, para assegurar a integral submissão do desempenho da atividade instrumental, pelo particular, sob a égide de normas objetivas, definidas previamente pela Administração, de modo que a realização de atos materiais objeto da execução contratual ocorra sem qualquer possibilidade de *interferência do elemento "vontade"*. Isto porque em hipótese alguma a execução indireta da atividade instrumental poderá afrontar os princípios da *impessoalidade*, *motivação* (arts. 37, *caput*, e 93, X, da CF) e do *devido processo legal*, que assegura o pleno conhecimento das razões objetivas que sustentam toda e qualquer atuação administrativa.

A delegabilidade está restrita ao campo do exercício da "competência técnica", como a denominava Michel Stassinopoulos, fazendo referência ao controle da qualificação jurídica realizada pela Administração, no exercício de competências legais, cuja compostura somente pode ser delineada com o auxílio de conhecimentos de ordem técnica.[28-29]

Enterría e Fernández tratam da *atividade técnica da Administração* de forma autônoma, dentro das distintas manifestações da atividade administrativa. Identifica-se na atuação "com arreglo a las *regulae arts* y no a los postulados jurídicos" – mas esta separação jamais seria absoluta, porque a atividade jurídica é que lhe demarca os contornos, condiciona o exercício e torna possível seu exercício pela Administração. Observam, ainda, que a atividade se cumpre por meio das organizações administrativas, "las quales pueden o bien contratar su realización por terceros (sistema del contrato administrativo: con-

---

28. Michel Stassinopoulos, *Traité des Actes Administratifs*, Atenas, LGDJ, 1973, p. 189.

29. Do Grego *technikós*, "relativo à arte", o adjetivo "técnico" indica "peculiar a uma determinada arte, ofício, profissão ou ciência" (Aurélio Buarque de Holanda Ferreira, *Novo Dicionário da Língua Portuguesa*, 2ª ed., Rio de Janeiro, Nova Fronteira, 1986, p. 1.656).

trato de obras, de proyectos, concesiones, servicios personales etc.) con el mismo efecto de apropiación de sus frutos según la técnica contractual concreta de que se trate; o bien prestarla a través de sus propios medios". Por fim, lançam uma observação fundamental: em qualquer caso, a ordenação e a organização de tal atividade são sempre uma responsabilidade administrativa direta.[30]

(c) A qualificação jurídica do resultado da atividade objeto de terceirização, considerando que a expedição de atos jurídicos de polícia, teologicamente restritivos de direitos fundamentais, é privativa de autoridade pública.

Desde logo, por força da normatividade estatal inerente a tais atos, revela-se absolutamente indelegável a expedição de atos regulamentares de polícia administrativa em favor de particulares. Isto justifica a indicação doutrinária à intransferibilidade de *decisões políticas* ou de *identificação do interesse público* na matéria, porque qualquer inovação secundária do ordenamento jurídico-administrativo está reservada ao órgão ou ente governamental competente. Vale a regra da indelegabilidade, bem assentada no art. 84, IV, c/c o art. 84, parágrafo único, da CF, reforçada, no âmbito da própria organização administrativa federal, no art. 13, I, da Lei 9.784/1999. A aprovação de *normas* na atividade de polícia, encarnando comandos estatais reguladores de condutas intersubjetivas, no espaço normativo que lhes confere a lei, como *produção jurídica abstrata e geral*, é insuscetível de deslocamento da órbita pública ou governamental. Disso se depreende igualmente a correta referência a *atos materiais*, em face da impossibilidade de contratualização da própria edição de atos jurídicos concretos de polícia, independentemente da espécie e dos efeitos (*v.g.*, registros, normas, ordens, sanções, fiscalizações etc.), considerando seus atributos teleologicamente restritivos de esferas jurídicas individuais, sem o quê não há como assegurar plenamente o princípio isonômico (art. 5º, *caput*, da CF), um dos pilares do exercício da Cidadania e base da Democracia e da República (art. 1º da CF).

Em caráter excepcionalíssimo, a delegação de *atos jurídicos* no âmbito da polícia administrativa encontra paralelo na remissão doutrinária à hipótese excepcional dos deveres funcionais a cargo do co-

---

30. Eduardo García de Enterría e Tomás-Ramón Fernández, *Curso de Derecho Administrativo – I*, 8ª ed., Madri, Editorial Civitas, 1998, pp. 802-805.

mandante (mestre, arrais ou patrão) de embarcação. Com efeito, a *Lei 9.537/1997*, dispondo sobre a segurança do tráfego aquaviário em águas sob jurisdição nacional, preceitua que todas as pessoas a bordo estão sujeitas à *autoridade* do comandante (art. 9º). Este, no exercício de suas funções e para garantia da segurança das pessoas, da embarcação e da carga transportada, pode: I – impor *sanções disciplinares* previstas na legislação pertinente; II – *ordenar o desembarque* de qualquer pessoa; III – *ordenar a detenção de pessoa* em camarote ou alojamento, se necessário com algemas, quando imprescindível para a manutenção da integridade física de terceiros, da embarcação ou da carga; IV – *determinar o alijamento* de carga (art. 10).[31]

A preservação de direitos fundamentais (passageiros e tripulantes) nestas circunstâncias fáticas especiais sustenta a constitucionalidade da *delegação legal*, que abrange não apenas a execução das *atividades materiais coercitivas* nela descritas, como o próprio dever-poder de emissão dos *provimentos jurídicos* que servem de título jurídico à sua plena realização. Não há, por conseguinte, na hipótese legal, qualquer ofensa ao princípio da isonomia, porque o tratamento legal diferenciado encontra-se acolhido pela Constituição (art. 22, X), na proteção aos interesses públicos que justificam o trespasse legal.

Frise-se que a ventilada hipótese de emissão de declarações jurídicas por aparelhamento tecnológico gerenciado por particulares, no exercício da polícia administrativa, não pode, de fato, ser tratada como espécie de "delegação", já que, seguindo a lição de Celso Antônio Bandeira de Mello, as circunstâncias não retiram, sob o aspecto subjetivo, o caráter administrativo da declaração, em razão da afetação jurídico-formal do meio tecnológico ao exercício da função, a partir da sua utilização como base para expedição física do suporte (declaração) que a ordem jurídica qualificará como ato administrativo da própria autoridade contratante.

31. A legitimidade da delegação de atividade de polícia em favor de *comandante de embarcação* encontra paralelo na estatuição legal em favor de *comandante de aeronave*. Nos termos do art. 168 da Lei 7.565, de 19.12.1986 (Código Brasileiro de Aeronáutica), o comandante de aeronave exerce autoridade sobre as pessoas e coisas que se encontrem a bordo da aeronave, e poderá: I – desembarcar qualquer delas, desde que comprometa a boa ordem, a disciplina, ponha em risco a segurança da aeronave ou das pessoas e bens a bordo; II – tomar as medidas necessárias à proteção da aeronave e das pessoas ou bens transportados; III – alijar a carga ou parte dela, quando indispensável à segurança de voo.

(*d*) A oportunidade (fase procedimental) em que se integra a atividade transferida, relativamente ao provimento de polícia visado com o exercício da competência estatal. Em regra, *a atividade terceirizada antecede a produção da declaração jurídica*, pela Administração, atuando no processo administrativo como elemento informativo dos pressupostos objetivos do agir administrativo, que autorizam ou impõem a prática do ato de polícia pretendido.

É interessante como se propugna pela mantença da prerrogativa de produção do ato jurídico afeta aos órgãos ou entes governamentais. A imperatividade, exigibilidade e executoriedade dessa declaração jurídica impedem seu deslocamento para qualquer órbita privatística. A possibilidade da terceirização de atividade *instrumental* cinge-se, assim, à constatação dos motivos. É no terreno da apreciação da situação objetiva justificadora da atividade de ordenação que se aloja, em regra, a execução indireta a cargo de entes particulares – afirmação válida tanto para atos concretos quanto para atos normativos.

Observado este *locus* próprio à colaboração de particulares, cumpre alinhavar que a Administração, quando provocada mesmo antes da edição do ato de polícia, tem o dever de verificar qualquer impugnação dos atos materiais instrumentais encomendados, produzidos e utilizados na atividade restritiva, determinando as providências necessárias à sua correta reprodução e apuração de responsabilidades.

Por conseguinte, é ilegítima a inserção no bojo de qualquer contratação administrativa da atribuição de edição de atos jurídicos, privativos de autoridade pública, independentemente do campo de atuação de polícia administrativa em jogo ou do figurino legal conferido ao ajuste com o ente privado.

Mesmo quando a doutrina admite, excepcionalmente, atividade instrumental *a posteriori*, relativamente à declaração, faz-se referência à *mera atividade material* (*v.g.*, demolição de imóvel em situação de risco).

(*e*) E, por último, a compostura constitucional do direito afetado pela atividade de ordenação, no bojo da qual se transferiu a atividade-instrumento para o regime de execução indireta.

Como acima destacado, Celso Antônio Bandeira de Mello exclui qualquer atividade instrumental sucessiva ao ato de polícia que afete a *liberdade* do indivíduo, admitindo *atos materiais* no campo da atividade de ordenação do direito de propriedade.

Algumas observações devem ser feitas. Se a referência à liberdade diz respeito à *liberdade pessoal de locomoção* (art. 5º, XV, da CF), há vedação constitucional a que seja executada por particulares a atividade material de *polícia judiciária* que a afete a título de preservar *a segurança pública*, pois privativa de instituições estatais policiais, todas estruturadas em carreiras (art. 144 e §§). Nesta linha, somente a Constituição poderia excepcionar a regra, como o fez unicamente no art. 5º, LXI, ao admitir a *prisão em flagrante delito* – o que demanda uso de *coação* de particulares sobre particulares, mas em caráter provisório (já que o preso deverá ser apresentado à autoridade competente – art. 304 do CPP) e sob total controle jurisdicional, conforme impõe o art. 5º, LXII e LXV, da Magna Carta.

Se a atividade material estiver atrelada à execução de atos de *polícia administrativa* e for restritiva da *liberdade pessoal de locomoção* (art. 5º, XV, da CF), quando admitida pelo ordenamento a hipótese – como, por exemplo, na internação compulsória de indivíduos a fim de preservar a *saúde pública* (art. 196 CF)[32] –, não há como admitir *execução particular do ato de polícia*, cuja implementação pressupõe o uso da *coação* sobre o indivíduo, senão por atividade direta de agentes públicos investidos regularmente no exercício dessa atribuição. A razão é singela: não existe previsão constitucional expressa da possibilidade do trespasse do manejo da *coerção estatal*, nem a axiologia constitucional a recepciona validamente, em razão das circunstâncias fático-jurídicas do caso, como inversamente ocorre no manuseio de *coação* sobre o indivíduo no caso do comandante de embarcação.

No caso de *atividades instrumentais materiais* necessárias à execução de provimentos de *polícia administrativa* afetando as *demais liberdades fundamentais* (como, por exemplo, a liberdade de profissão, de exercício da atividade econômica) e restrições ao direito fun-

---

32. Hipótese verificada, por exemplo, na ação de vigilância epidemiológica, conforme estabelece o art. 13 da Lei 6.259/1975. A execução das referidas ações, integrantes do Sistema Único de Saúde/SUS, está a cargo da direção municipal do sistema, conforme art. 6º, I, "b", c/c o art. 18, IV, "a", da Lei 8.080/1990, que traz a definição de "ações epidemiológicas" no seu art. 6º, § 2º.

damental de *propriedade*, mesmo que a execução não vise diretamente a afetar a liberdade de locomoção pessoal, havendo necessidade do uso de *coação* que deva ser dirigida contra eventual resistência ao ato de autoridade, a respectiva atividade administrativa de ordenação não poderá ser executada em regime de execução indireta, mas tão somente através de agentes públicos competentes.

Portanto, mesmo no caso de *execução material sucessiva ao ato de polícia* veiculador de restrições que impactam o direito de propriedade (*v.g.*, demolição de imóveis em situação de risco, retirada de veículos estacionados em locais proibidos e prejudiciais ao trânsito, destruição de plantações contaminadas, destruição de gêneros alimentícios inservíveis ao consumo etc.), a *terceirização do apoio técnico da atividade instrumental* não autoriza em favor da empresa contratada que esta, *sponte propria*, inicie a execução e possa utilizar *coação*. Isto implica que a deflagração da atividade executiva até a gestão da fase final de mera execução técnica e objetiva de tarefas que lhe são inerentes não poderá, em sua integralidade, ser objeto de "delegação", em face de eventual necessidade do uso da *coercibilidade*, sob pena de contrariar os vetores constitucionais que justificam a indisponibilidade do poder de polícia.

Desse modo, a "colaboração" do ente privado no momento sucessivo ao ato jurídico de polícia também é *caracteristicamente pontual*, tal como se verifica ao admiti-la em fase antecedente à sua emissão, sob pena de desvirtuamento dos pressupostos que tornam legítima a contratação de particulares nesse âmbito da função administrativa.

Há decisões jurisprudenciais que, acompanhando a evolução do tema, admitem a possibilidade de transferência de determinadas atividades enquadradas no exercício da atividade administrativa em favor de particulares.[33]

---

33. Analisando a Lei 10.848, do Rio Grande do Sul que, incumbindo ao DETRAN gerenciar, fiscalizar, controlar e executar, em todo o território estadual, as atividades de trânsito, nos termos da legislação própria, autorizava a execução dos serviços como objeto de concessão e permissão, o STF deu interpretação conforme à Constituição, no sentido de que o dispositivo não deveria incluir o exercício do poder de polícia, havendo referência à atividade de fiscalização, mas admitindo o trespasse de atividades como exames de aptidão física e mental e de inspeção veicular (STF, Pleno, ADI 1.666-RS, rel. Min. Carlos Velloso, j. 16.6.1999, *DJU* 27.2.2004).

## 4. A indelegabilidade do exercício do poder de polícia no âmbito da formulação, execução, contratação e implementação de PPPs

Como sublinham autores estrangeiros, a implementação de uma *public-private partnership* em qualquer área, em função das suas singularidades frente aos demais contratos administrativos, implica um reforço do dever jurídico imposto à Administração, na sua fase interna de formulação e configuração, da adequação das suas especificações em cada projeto.[34]

No âmbito das PPPs vigoram as mesmas limitações jurídicas impostas em qualquer contratação administrativa no pertinente ao tema da indelegabilidade no bojo de atividades administrativas de condicionamento de direitos.

Assim, não afasta as limitações acima abordadas a abertura legislativa verificada quanto à definição legal do objeto da PPP nas diversas regras legislativas já positivadas, porquanto a possibilidade de transferência de atividades no exercício da polícia administrativa se resolve a partir da interpretação e concreção de princípios constitucionais.

Isto vale para a nominada "concessão administrativa", nos termos do art. 2º, § 2º, da Lei federal 11.079/2004, bem como para as definições legislativas, em âmbitos estaduais, que possibilitam PPPs no caso de *implantação, desenvolvimento, exploração e gestão de empreendimento público* (*ex vi* dos arts. 1º, parágrafo único, e 4º, IV, da Lei mineira 14.868/2003, referência similar adotada no art. 4º da Lei baiana 9.290/2004), para o *desempenho de atividade de competência da Administração Pública* (*ex vi* do art. 3º, II, da Lei catarinense 12.930/2004), para *implantação, expansão, melhoria, gestão ou exploração de atividades, estabelecimentos ou empreendimentos públicos* (*ex vi* do art. 2º da Lei paulista 11.688/2004), para *implantação ou gestão de serviços, empreendimentos e atividades de interesse público* (*ex vi* do art. 7º, § 1º, da Lei goiana 14.910/2004 – expressão constante também do art. 6º, III, da Lei cearense 13.557/2004 e do art. 2º da Lei 12.234/2005, do Rio Grande do Sul).

---

34. Concluindo pela impossibilidade de generalização das diversas formas de PPP nas diferentes áreas em que possa ser celebrada, cf. Ronald W. McQuaid, "The theory of partnership – Why have partnerships?", in Stephen P. Osborne, *Public-Private Partnerships – Theory and Practice in International Perspective*, Londres/Nova York, Routledge, 2000, p. 30.

O manuseio de prerrogativas da atividade administrativa de polícia também não se justifica na aplicabilidade, determinada pelo art. 2º, § 3º, da Lei 11.074/2004, do art. 31 da Lei 8.987/1995 – que trata das *prerrogativas públicas das concessionárias* – às denominadas *concessões administrativas*. O motivo está em que somente prerrogativas constitucionalmente trespassáveis aos *concessionários* podem ser objeto de delegação legal às prestadoras privadas de serviço público. No caso, como visto, é a própria Lei 11.079/2004 que nega às *concessionárias administrativas* – como deve ser – prerrogativas atinentes ao exercício do *poder de polícia*, na diretriz aplicável a qualquer PPP, consoante seu art. 4º, III.

No caso de celebração de PPP, a dificuldade de terceirizações na matéria torna-se, em verdade, muito maior, mas não está excluída, considerando que a lei impõe vedações inexistentes no regime geral de contratações administrativas (Lei 8.666/1993), destacadamente o limite mínimo de estimativa do contrato, fixado em 20 milhões de Reais, o prazo mínimo de cinco anos e a impossibilidade de mera contratação de "fornecimento e instalação de equipamentos", conforme estatui o art. 2º, § 4º, I, II e III. Incidentemente, caberá ao órgão gestor analisar se a atividade objeto do projeto de PPP está porventura incluída em eventual rol legal de áreas reservadas à realização de parcerias, conforme legislação estadual ou municipal supletiva.

De qualquer modo, é dever do órgão gestor de PPPs analisar a legitimidade de qualquer projeto de parceria envolvendo atribuições de ordenação administrativa de direitos fundamentais, no momento em que autoriza a instauração do competente processo licitatório (art. 10 da Lei 11.079/2004). A justificativa da "delegabilidade" pretendida neste setor deve ser objeto de motivação clara, suficiente e congruente (art. 50, I, da Lei 9.784/1999), constante do "estudo técnico" exigido pela Lei 11.079/2004 (art. 10, I), sem o qual não haverá sequer como descrever o objeto da licitação e o consequente objeto do contrato de prestação de serviços, tal como exigem os arts. 40, I, e 55, I, da Lei 8.666/1993. A correta e plena utilização das PPPs supõe a integral observância das diretrizes legalmente assinadas à Administração.[35]

35. Diógenes Gasparini, "Visão geral das parcerias público-privadas", in Sérgio Augusto Zampol Pavani (coord.), *Parcerias Público-Privadas*, São Paulo, MP Editora, 2006, pp. 33-59.

Responderão os membros do órgão gestor por eventuais ilegalidades constantes em projetos de PPPs submetidos à sua apreciação no âmbito civil, administrativo, criminal e por ato de improbidade administrativa, dependendo da situação *sub examine*.

O exercício do poder de polícia permanece indelegável, inclusive mediante celebração de PPP,[36] por razões constitucionais.[37] A vedação à terceirização abrange tanto o poder de polícia em sentido amplo quanto em sentido estrito, caracterizando sua inviabilidade pela detenção exclusiva pelo Estado do poder de coerção jurídica.[38] Para atender aos imperativos constitucionais no pertinente à implementação de PPPs, "o que se tem de fazer é a regulação desta instituição, a regulação desta participação *[do setor privado]*, e não afastá-la por definição" – bem observou o eminente Sérgio Ferraz.[39]

## 5. A transferência de atividades estatais no exercício da administração de estabelecimentos prisionais como objeto de PPPs

A Lei 11.074/2004, em seus diversos dispositivos, a título de norma geral nacional, não consigna qualquer rol de áreas de atuação estatal reservadas às PPPs. Diversamente, a legislação estadual, no exercício da competência legislativa supletiva, preconiza a celebração de PPPs em determinadas áreas. É o caso, por exemplo, da legislação mineira (art. 5º, § 1º). Neste diploma legal ganha relevância a previsão de PPPs em matéria de *sistema penitenciário* (art. 5º, IV). O mesmo ocorre na Lei baiana 9.290/2004, que cataloga como área objeto de PPP o *sistema prisional* mas pontua: "quanto ao exercício das atribuições passíveis de delegação" (art. 5º, § 2º, IV). A referência ao sistema penitenciário está explícita na legislação distrital (art. 4º, § 1º, IV, da Lei 3.418/2004) e estadual carioca (art. 4º, IX, da Lei 5.068/2007).

36. José Cretella Neto, *Comentários à Lei das Parcerias Público-Privadas – PPPs*, Rio de Janeiro, Forense, 2005, p. 44.
37. Carlos Pinto Coelho Motta, *Eficácia nas Licitações e Contratos*, 10ª ed., Belo Horizonte, Del Rey, 2005, p. 1.033.
38. Fernão Justen de Oliveira, *Parceria Público-Privada. Aspectos de Direito Público Econômico*, Belo Horizonte, Fórum, 2007, p. 121, nota de rodapé 197.
39. Sérgio Ferraz, "Projetos de PPP: aspectos constitucionais", in Eduardo Talamini e Mônica Spezia Justen (coords.), *Parcerias Público-Privadas. Um Enfoque Multidisciplinar*, São Paulo, Ed. RT, 2005, pp. 394-397.

As experiências estrangeiras – notadamente as dos sistemas prisionais inglês[40] e norte-americano – envolvem a crescente e ampla contratualização e privatização da administração de estabelecimentos penais. Anne Larason Schneider informa que a forma mais debatida de PPP na matéria é a denominada "prisão privada", de propriedade de determinada empresa privada que opera o estabelecimento prisional, através de diversas contratações com governos locais, estaduais e federal. A situação mais comum é a da contratação da construção da prisão com simultânea atividade empresarial de busca de contratos com governos, no bojo dos quais a remuneração se faz por dia ou por número de presos ou número de vagas contratadas com certo ente governamental. Há outros formatos, como o da remuneração através da exploração direta do trabalho dos detentos, exploração da venda da produção dos trabalhadores e gerenciamento de estabelecimentos prisionais, incluindo a supervisão diária dos prisioneiros.

Difundidas no século XIX, as parcerias entraram em declínio no período que antecedeu a II Grande Guerra. Somente após 1945 voltam à cena, ganhando destaque nos anos 70 e 80 do século passado, quando, então, grandes grupos privados passaram a atuar no denominado *prisioners market* ("o mercado dos prisioneiros").[41]

Nos termos da Constituição Federal Brasileira, compete à União, aos Estados e ao Distrito Federal legislar concorrentemente sobre *direito penitenciário* (art. 24, I). Neste âmbito, a competência da União está demarcada pela aprovação de normas gerais, as quais não excluem a competência suplementar dos Estados (art. 24, § 1º) e Municípios (art. 30, II). Nos direitos fundamentais, a Carta assegurou aos presos, dentre outros, que a pena será cumprida em estabelecimentos distintos, de acordo com a natureza do delito, a idade e o sexo do apenado (art. 5º, XLVIII), garantindo o respeito à integridade física e moral (art. 5º, XLIX). É irrefutável que, na prisão, tão somente o direito de liberdade do preso encontra-se sob intervenção direta do Estado. O sistema penitenciário, conquanto seja objeto da

---

40. Cf. Philippe Cossalter, "A *Private Finance Initiative*", in Eduardo Talamini e Mônica Spezia Justen (coords.), *Parcerias Público-Privadas. Um Enfoque Multidisciplinar*, São Paulo, Ed. RT, 2005, pp. 425-489.

41. Cf. Anne Larason Schneider, "Public-private partnerships in the U. S. prison system", in Pauline Vaillancourt Rosenau, *Public-Private Policy Partnerships*, Londres, MIT Press, 2002, p. 200.

função administrativa, não integra o conjunto de atividades de ordenação administrativa de direitos fundamentais. Na espécie, o aparelho administrativo cumpre atividade administrativa, como qualquer outra, imposta por lei, com a especificidade de estar diretamente vinculada à *execução penal*, ou seja, execução de provimentos editados no exercício de *poder jurisdicional na área criminal*, conforme deixa claro o art. 1º da Lei de Execução Penal/LEP – Lei 7.210/1984 –, fazendo-o através dos *estabelecimentos penais*, supervisionados pelos *Departamentos Penitenciários*, considerados órgãos da execução penal (art. 61, V, Lei 7.210/1984) e integrantes da organização administrativa.

Com a aprovação do marco das PPPs não há dúvida de que serão colocadas em debate as potencialidades do modelo no âmbito da administração penitenciária, reacendendo um debate sobre a privatização dos presídios no cenário doutrinário – tema enfrentado durante toda a década de 1990 no direito penal brasileiro.[42]

Sob o aspecto do direito administrativo a questão dos limites da terceirização da atividade prisional pressupõe a exata delimitação do

42. Bernardo Del Rosal Blasco, "As prisões privadas: um novo modelo em uma nova concepção sobre a execução penal", *RT* 665/243-257, Ano 80, São Paulo, Ed. RT, março/1991; José Eduardo Faria, "Políticas públicas e privatização: o caso do sistema prisional", *Revista de Informação Legislativa* 116-29/115-120, Brasília, outubro-dezembro/1992; Jason Soares Albergaria, "Proposta de privatização do sistema penitenciário do Brasil", in *Jus – Revista Jurídica do Ministério Público* 24-15/210-216, Belo Horizonte, 1993; Luís Fernando Camargo de Barros Vidal, "Privatização de presídios", *Revista Brasileira de Ciências Criminais* 1-2/56-63, São Paulo, abril-junho/1993; Júlio Fabbrini Mirabete, "A privatização dos estabelecimentos penais diante da Lei 7.210, de 11.7.1984 (Lei de Execução penal)", *RT* 678/285, São Paulo, Ed. RT, abril/1992; Edmundo Oliveira, *A Privatização das Prisões*, Brasília, Ministério da Justiça/Conselho Nacional de Política Criminal e Penitenciária, 1994; João Marcelo de Araújo Júnior (coord.), *Privatização das Prisões*, São Paulo, Ed. RT, 1995; Leonardo Roscoe Bessa, "Privatização dos presídios" (parecer), *Revista do Ministério Público do Rio Grande do Sul* 36/121-126, Porto Alegre, 1995; Luiz Flávio Borges D'Urso, "Uma reflexão sobre a privatização dos presídios", *Revista do Conselho Nacional de Política Criminal e Penitenciária* 1-7/53-57, janeiro-junho/1996, e "Privatização dos presídios", *Revista do TRF-1ª Região* 8-3/596-600, julho-setembro/1996; Laurindo Dias Minhoto, *Privatizações de Presídios e Criminalidade*, São Paulo, Max Limonad, 1997; Augusto F. G. Thompson, "Privatização prisional", in Sérgio Salomão, *Estudos Criminais em Homenagem a Evandro Lins e Silva: Criminalista do Século*, São Paulo, Método, 2001, pp. 81-96; Maurício Kuehne, "Privatização dos presídios", *Revista CEJ* 15/12-29, Brasília, setembro-dezembro/2001; Grecianny Carvalho Cordeiro, "Privatização dos presídios – Alguns aspectos inconstitucionais", *Boletim IBCCrim* 11-125, São Paulo, abril/2003.

conjunto de atividades estatais vinculadas à execução da pena, considerando que esta é resultado do exercício da função jurisdicional criminal. Neste contexto, tratar de *contratação administrativa* nesse âmbito pressupõe a nítida separação de *atos de jurisdição* em face dos *atos de administração*.[43] Acantonados estes atos, a análise seguinte envolve necessariamente a distinção, dentro da atividade administrativa, da *parcela da função administrativa prisional que afeta o direito de liberdade do preso*, na qual a Administração atua mediante *coerção* na produção de atos jurídicos e materiais.

A irremissível presença da *coerção sobre a liberdade*, além do fato de demonstrar caráter restritivo de direitos fundamentais, aproxima a *atividade administrativa prisional* da atividade de ordenação de *direitos*, abrangente do exercício do *poder de polícia*. Não sem razão, limitações jurídicas de similar compostura são enfrentadas por ambas no tema da *terceirização*. Mas a aproximação não acarreta assimilação ou equiparação, já que, em termos de categorização jurídica, estão apartadas.

No art. 66 da LEP encontram-se, sob o aspecto jurídico-formal, as competências *jurisdicionais (típicas)*, outorgadas pelos incisos I a V, *e administrativas (atípicas)*, previstas nos incisos VI a IX, todas atribuídas ao *juízo da execução*. Ao serem atribuídas a membro do Poder Judiciário que, ao executá-las, se utiliza do poder de autoridade, produzindo atos jurídicos elencados no dispositivo legal, referidas atividades, a toda evidência, estão excluídas de qualquer possibilidade de trespasse por parte do Estado-Administração.

O exercício da *função administrativa prisional*, atribuída a órgãos administrativos, por sua vez, abrange *atos jurídicos* e *atos materiais*. Nesta última espécie é nítida a separação entre *atividade material incidente sobre a pessoa do preso* e *atividade material de gestão*, conforme se depreende do regime da LEP.

A produção de *atos jurídico-administrativos* abarca o exercício da *função administrativa prisional disciplinar*, e formaliza-se na edi-

---

43. Mirabete distingue atividades jurisdicionais e administrativas na execução penal, consoante o regime da Lei 7.210/1984, diferenciando nestas últimas *atividades administrativas em sentido estrito* (administrativas/judiciárias) e *atividades de execução material da pena* (não judiciária) ("A privatização dos estabelecimentos penais diante da Lei 7.210, de 11.7.1984 (Lei de Execução penal)", cit., *RT* 678/285).

ção de *provimentos sancionatórios* (art. 53). Todavia, também abarca a emanação de recompensas (art. 56) e autorizações de trabalho externo (art. 37).

A *atividade material incidente sobre a liberdade* é fruto do exercício da competência administrativa à qual cumpre assegurar a fiel observância, pelos condenados, dos seus deveres legais (art. 39). Engloba, invariavelmente, todas as providências materiais de vigilância do estabelecimento, teleologicamente orientadas para assegurar a manutenção da ordem e da disciplina. Por fim, a categoria designa a atividade material executiva de sanções disciplinares, que comportam o uso de *coerção* sobre a pessoa do detento. Não há como deixar de incluir nesta seara o serviço de vigilância do estabelecimento.[44]

Na *atividade material de gestão penitenciária* podem ser incluídas: *assistência material* (art. 12), consistente no fornecimento de alimentação, vestuário e instalações higiênicas; *assistência à saúde* (art. 14), compreendendo atendimento médico, farmacêutico e odontológico; *assistência jurídica* (art. 15), consistente na disponibilização de advogados a presos e internados sem recursos financeiros; *assistência social* (art. 22), que visa a amparar o preso e o internado e prepará-los para o retorno à liberdade; *assistência ao egresso* (art. 25), consistente na atividade de orientação e apoio ao egresso bem como de disponibilização, se necessário, de alojamento. A oferta de *trabalho*, que a LEP considera um dever social e condição da dignidade humana, com finalidade educativa e produtiva (art. 28), também faz parte do agregado de *atividades materiais de gestão*.

Como apenas as *atividades materiais de gestão* não se concretizam via *atos jurídicos* e *atos materiais coercitivos* relativamente à esfera jurídica titularizada pelos presos, somente as primeiras podem ser legitimamente objeto de contratação de *prestação de serviços* com entes privados, além da *construção da obra* do próprio estabelecimento penal.

---

44. Diversamente do que ocorre nas diversas repartições administrativas, nas quais a *terceirização da vigilância* pode ser legítima se observadas as limitações legais advindas da organização administrativa e do exercício da função pública, nos estabelecimentos penais, haja vista sua finalidade, não ostenta a referida atividade o mesmo caráter instrumental. Com efeito, a operação da segurança do presídio está diretamente ligada ao monitoramento dos deveres dos presos, sendo que, no cumprimento da atividade material, não raro se faz uso da coação para lograr sua execução regular. Disso resulta a vedação de substituição de agentes públicos no exercício concreto dessa atividade material.

Não há como justificar a transferência indiscriminada de integralidade da *função administrativa prisional* partindo da remissão legal à "cooperação da comunidade" na execução da pena, de trata o art. 4º da LEP; muito menos assentando-se nos arts. 14, 17, 20, 24, 36, 78 e 80 da LEP, que também tangenciam a participação de entes privados na execução da pena. A justificativa é de hierarquia normativa: a *terceirização de atividade jurídico-administrativa e material coercitiva* encontra barreiras no ordenamento constitucional, que pressupõe o monopólio do poder de autoridade nas mãos de agentes púbicos quando se trata de restringir direitos fundamentais através do aparelho administrativo.

Em uma leitura mais restritiva, o Conselho Nacional de Política Criminal e Penitenciária aprovou a Resolução 8, de 9.12.2002, recomendando a *rejeição de quaisquer propostas tendentes à privatização do Sistema Penitenciário Brasileiro* (art. 1º), considerando "admissível que os serviços penitenciários *não relacionados* à segurança, à administração e ao gerenciamento de unidades, bem como à disciplina, ao efetivo acompanhamento e à avaliação da individualização da execução penal, possam ser executados por empresa privada". Por fim, estabelece a Resolução 8/2002 que "os serviços técnicos relacionados ao acompanhamento e à avaliação da individualização da execução penal, assim compreendidos os relativos à assistência jurídica, médica, psicológica e social, por se inserirem em atividades administrativas destinadas a instruir decisões judiciais, sob nenhuma hipótese ou pretexto deverão ser realizados por empresas privadas, de forma direta ou delegada, uma vez que compõem requisitos da avaliação do mérito dos condenados".

Em sua motivação a resolução cita as discussões a respeito da proposta de privatização do Sistema Penitenciário Brasileiro apresentada em janeiro/1992, sublinhando que as funções de ordem jurisdicional e relacionadas à segurança pública são atribuições do Estado, indelegáveis por imperativo constitucional, e enfatizando "a incompatibilidade entre, de um lado, os objetivos perseguidos pela política penitenciária, em especial os fins da pena privativa de liberdade (retribuição, prevenção e ressocialização), e, de outro lado, a lógica de mercado, ínsita à atividade negocial".

Na Resolução 16, de 17.12.2003, na qual o Conselho estabelece as atuais diretrizes básicas de política criminal e penitenciária, na forma do art. 64 da Lei 7.210/1984, não há qualquer referência à privatização de estabelecimentos prisionais nas diretrizes impostas à administração penitenciária. A resolução continua em vigor.

Assim, as PPPs no âmbito do sistema penitenciário não poderão albergar como objeto de qualquer projeto envolvendo estabelecimentos penais a totalidade das atividades afetas à *atuação administrativa prisional*. Disso decorre também que uma denominada "gestão mista" cujas normas impliquem, no plano da atividade prisional, a transgressão dos limites à terceirização, acima apontados, será tão inconstitucional quanto qualquer formato de gestão plena. Relembre-se que a própria Lei 11.079/2004 faz expressa referência, no âmbito da PPP, à observância do *respeito aos interesses e direitos dos destinatários dos serviços* (art. 4º, II), de sorte que no *sistema penitenciário* o direito público subjetivo do preso de não se submeter a qualquer tipo de *coação privada ilegítima* não pode ser desconhecido.[45]

Por fim, não se pode deixar de assinalar que, além das limitações expostas acerca do objeto, uma PPP no campo da atividade penitenciária ainda deverá passar pelo crivo da economicidade (art. 70 da CF), faceta do mandamento de eficiência (art. 37, *caput*, da CF) que deve justificar todo e qualquer contrato administrativo (art. 37, XXI, da CF).

A *economicidade* está diretamente vinculada à otimização dos custos e dos resultados da atividade administrativa. Nesta linha, é condição de aprovação do estudo técnico de PPP no âmbito do sistema prisional a demonstração cabal da *vantajosidade* da execução do projeto, mormente da forma de PPP e da remuneração da contratada e respectivos controles administrativos incidentes sobre a mesma. A Lei 11.079/2004 estabelece como diretriz de qualquer PPP a *sustentabilidade financeira* bem como a demonstração das *vantagens socioeconômicas dos projetos de parceria* (art. 4º, VII).

---

45. É de conhecimento público que o Estado do Paraná mantém, de forma pioneira, em regime de *terceirização* dois estabelecimentos penais: a Penitenciária Industrial de Guarapuava (PIG), inaugurada em 12.11.1999, e a Penitenciária Industrial de Cascavel (PIC), inaugurada em 22.2.2002. Ambas têm capacidade aproximada para 240 presos cada. Eis dois casos que, de posse de todas as informações sobre a formulação, execução e implantação dos referidos projetos, podem revelar os limites da denominada "gestão mista" no ordenamento brasileiro, de grande valia para projetos de PPPs no sistema penitenciário. Para consulta restrita a informações gerais, cf. www.pr.gov.br/depen.

Na busca dessa otimização, debate-se sobre a exploração privada do trabalho dos presos como possível forma de remuneração da empresa privada. Uma vez banida a pena de *trabalhos forçados* pela Constituição Federal (art. 5º, XLVII, "c"), qualquer previsão de uma equação financeira alavancada *exclusivamente* pela exploração do *trabalho facultativo dos presos* não se sustenta, senão sob o risco permanente de desequilíbrio em desfavor da Administração contratante, em razão da natural instabilidade da força de trabalho carcerária.

A possibilidade de *trabalho interno* (art. 31 da LEP) em favor de pessoa jurídica de direito privado somente é legalmente prevista quando se tratar de fundação ou empresa pública (art. 34) no âmbito federal. Somente no caso de autorização em legislação supletiva, por se tratar de matéria não afeta a regramento geral federal (encartada como está na disciplina da organização administrativa respectiva, em vista da autonomia administrativa dos entes federativos), a utilização *privada* do trabalho interno torna-se juridicamente viável. No tocante ao *trabalho externo* (art. 36 da LEP) encontra-se sustentação em norma geral, o art. 36 da LEP, que o admite apenas em *serviço ou obras públicas*, e mesmo assim dependendo de *consentimento expresso do preso* (art. 36, § 3º).

É importante destacar que, seja no trabalho interno, seja no trabalho externo, a empresa particular não está titularizada a se utilizar de *coação sobre a pessoa do preso*. Por conseguinte, a vigilância do preso deve continuar sob execução direta de agentes públicos. A empresa deterá apenas a situação jurídica ativa típica da celebração do contrato de trabalho, que lhe autoriza orientar e dirigir o trabalho na unidade de produção, mediante subordinação hierárquica. Em face das disposições dos princípios constitucionais regentes da atividade administrativa, bem como dos princípios e regras impostos pela LEP, a estruturação de PPPs deve ser objeto de minucioso projeto técnico, visando a alinhavar as atribuições mantidas sob o império da Administração Pública e as atribuições trespassadas ao parceiro privado. O detalhamento da atividade administrativa penitenciária e sua forma de exercício concreto na unidade penitenciária objeto de pretendida PPP são providências essenciais para impedir a quebra do bloco de constitucionalidade incidente sobre o exercício da atividade penitenciária.[46]

## 6. A experiência brasileira na realização de PPPs no setor penitenciário

Nestes quase sete anos de vigência da Lei 11.079/2004 já é possível observar casos relevantes de adoção da forma de contratação de PPPs no âmbito do sistema penitenciário brasileiro por parte de Estados-membros da Federação. Até então, além da gestão estatal direta, a operação de unidades prisionais admitia, no máximo, o sistema de cogestão, formalizada através da celebração de contratos administrativos, com as limitações inerentes à Lei 8.666/1993.

Já foram instauradas licitações públicas para construção e gestão de complexos prisionais nos Estados de Minas Gerais, Pernambuco e Rio Grande do Sul através de concessões administrativas. Em todas as situações a modelagem da prestação de serviços amparou-se na adoção da concessão administrativa. O parceiro privado, vencedor da licitação, cria o projeto arquitetônico do complexo, constrói as obras e responde pela gestão e operacionalização do complexo prisional, sendo que o pagamento pelo Poder Público ocorre mediante sistemática que permeia a avaliação da qualidade da prestação do serviço pelo parceiro privado.

Com efeito, a experiência na matéria centraliza-se a celebração de PPP sob o formato de concessão administrativa, sendo que ao concessionário são impostos os encargos do projeto, construção, operação e financiamento do projeto, sendo que o pagamento pelo parceiro público se faz abalizado por critérios quantitativos e qualitativos de desempenho ou de *performance*.

Importa, para fins deste trabalho, avaliar o conteúdo das atividades trespassadas a particulares. É possível, neste aspecto, ressaltar

---

46. "Numa leitura atenta da legislação, entende-se que para as PPPs que envolverem a operação ou a construção e operação de presídios a função do parceiro privado ficará restrita à gestão da unidade carcerária, cabendo a guarda e a manutenção da ordem às autoridades públicas" (Ariovaldo Pires, *As PPPs e o Problema dos Presídios no País*, disponível em www.azevedosette.com.br, acesso em 29.10.2010).

o enorme esforço da Administração Pública no sentido de observância das limitações constitucionais incidentes na terceirização de atividades vinculadas à atividade administrativa penitenciária.

No caso mineiro – conforme documentação disponível no sítio *www.ppp.mg.gov.br* – observa-se que foram repassados os seguintes serviços ao parceiro privado: serviços de atenção médica de baixa complexidade interna ao estabelecimento penal; serviços de educação básica e média aos internos; serviços de treinamento profissional e cursos profissionalizantes; serviços de recreação esportiva; serviços de alimentação; assistência jurídica e psicológica; serviços de vigilância interna; serviços de gestão do trabalho de preso.

No modelo mineiro, o Estado de Minas manteve a responsabilidade direta pela atividade de segurança armada nas muralhas e segurança externa da unidade e suas áreas adjacentes, mantendo-se no exercício da regulamentação e aplicação de sanções disciplinares na penitenciária, bem como pelo transporte dos sentenciados, além do necessário acompanhamento da gestão do complexo penitenciário.

Não há a menor dúvida de que a transferência dos serviços de vigilância interna das unidades prisionais e o exercício das competências disciplinares são os pomos de discórdia no modelo de concessão administrativa, de crescente utilização pelos entes federativos. Nos termos da minuta do contrato mineiro, caberá à concessionária "prover o monitoramento interno de cada unidade penal, efetuando o controle e a inspeção nos postos de vigilância e mantendo o monitoramento dos sentenciados nos termos das respectivas sentenças condenatórias".

Na modelagem mineira há previsão de nomeação de agentes públicos como diretor público de segurança do complexo penal e de subdiretores de segurança para cada unidade do complexo, sendo os mesmos encarregados da coordenação e da edição de medidas de segurança adotadas na atividade penitenciária. O Estado permanece, além disso, com a plena possibilidade de atuação em situações de crise, confronto ou rebelião, através dos agentes públicos competentes.

A solução encontra guarida na Constituição. O complexo penal e suas respectivas unidades, conforme definido em edital, são objeto de transferência para a iniciativa particular, na sua integralidade. Isto significa que não ocorreu a criação de cargos públicos (e correlatas carreiras) e estrutura administrativa no âmbito da Administração direta. A organização administrativa será instituída pelo parceiro privado, responsável pela operacionalização das unidades prisionais e do complexo penal, como um todo.

Todavia, a situação exige a observância dos princípios constitucionais e legais, com destaque para a Lei de Execução Penal, no tocante às imposições legais relativas à atividade administrativa, com caráter disciplinar (ou não), regente da conduta dos detentos, mormente as previstas nos arts. 39 e 44 a 60 da LEP.

Isto redunda no necessário exercício da competência disciplinar por agente público regularmente investido em cargo público e vinculado aos órgãos ou entidades da Administração Pública, conforme legislação de cada ente federativo. De sorte que, em matéria disciplinar, não haverá como descumprir a exigência do art. 75 da LEP, que congrega os pressupostos para a titularidade e existência necessária do cargo público de diretor de estabelecimento penitenciário, incidentes em qualquer modelagem formal de exercício da atividade penitenciária.

Com a exigência do exercício do cargo de diretor público de segurança e subdiretores de segurança por agentes públicos nomeados pela Administração no âmbito da atividade a cargo de empresas concessionárias, contratadas sob a forma de PPPs (concessão administrativa), assegura-se o juízo de apreciação e de deliberação dos fatos relacionados com a atividade disciplinar interna por parte de agente público, a quem se confere legitimidade para exercer poder extroverso estatal, consistente na imposição unilateral de sanções administrativas aos detentos, na forma da lei.

Resguardam-se, com a manutenção das competências públicas em matéria de segurança e questões disciplinares em mãos dos diretores de segurança, os imperativos de legalidade e impessoalidade no exercício da atividade administrativa penitenciária, quanto à produção jurídica que não pode ser trespassada a particulares, por força de mandamentos constitucionais.[47]

---

47. Nos termos do Caderno de Encargos da Concessionária, nomeada pelo poder concedente, "compete ao Diretor Público de Segurança do Complexo Penal, por meio dos Subdiretores Públicos de Segurança de cada Unidade Penal: • promover a execução penal dos sentenciados, em estreita observância às disposições legais e regulamentares, dando cumprimento adequado e tempestivo às determinações judiciais

No Estado de Pernambuco a concessão administrativa teve como objeto a exploração do Centro Integrado de Ressocialização de Itaquitinga, composto de cinco unidades penais. Datado de maio/2008, há previsão de que a concessão administrativa exclui os denominados serviços não delegados, identificados como serviços de competência exclusiva da Administração Pública.

pertinentes; • promover, em caráter subsidiário e não conflitante em relação às atribuições da Contratada, medidas de segurança e tratamento para a recuperação social dos sentenciados e para a manutenção e melhoria das condições de custódia, zelando pela integridade física e moral dos sentenciados; • em caso de risco iminente à segurança do Complexo Penal ou de uma ou mais Unidades Penais: (a) comunicar imediatamente o parceiro privado; (b) assumir o controle decisório, estratégico e operacional de todas as funções de direção da Unidade Penal; (c) autorizar, caso julgue necessária, a entrada de força pública externa. Para fins deste dispositivo, entende-se por 'controle estratégico' a prerrogativa de direção e orientação dos serviços e/ou atividades, e 'controle operacional' a competência de gestão do funcionamento dos serviços e/ou atividades em seus aspectos de regulação e otimização; • encaminhar ao Conselho Consultivo do Complexo Penal, com cópia à SEDS (Secretaria de Estado de Defesa Social), em até 5 (cinco) dias após a ocorrência, relatório detalhado sobre as medidas adotadas; • promover a aplicação de sanções e penalidades aos sentenciados, consoante sua competência e determinações do CONDISC (Conselho Disciplinar), em estreita observância ao REDIPRI e demais normas legais e regulamentares pertinentes; • prestar e encaminhar, por intermédio da SEDS, as informações e documentos que forem solicitados pelo Poder Judiciário, tribunais, CONPEN (Conselho Penitenciário) e por entidades e órgãos públicos, referentemente ao estabelecimento penitenciário e seus respectivos sentenciados; • autorizar a emissão de carteiras de visitas e autorizações para visitação de familiares e outros afins; • autorizar a alocação dos sentenciados nos postos de trabalho; • autorizar todo e qualquer remanejamento e movimentação de sentenciados bem como a movimentação interna e externa à Unidade Penal e/ou Complexo Penal, em qualquer hipótese ou sob qualquer condição; • promover a comunicação tempestiva à SEDS de todas as ocorrências relevantes no estabelecimento, para as providências necessárias; • fiscalizar a execução dos serviços de proteção ao patrimônio público do Estado, sejam eles móveis ou imóveis, incluindo a área contínua à edificação; • executar as atividades de inteligência penitenciária, incluindo, mas sem se limitar ao monitoramento do clima da Unidade Penal e de anormalidades ocorridas nas diversas áreas; • atuar preventivamente, de forma a garantir a segurança e estabilidade do clima organizacional da Unidade Penal; • aplicar, em conjunto com a Equipe de Segurança, ações de intervenção e técnicas de inteligência clássica e policial na identificação de situações que comprometam a segurança e a ordem da Unidade Penal e do Complexo Penal; • orientar, fiscalizar e controlar as atividades e procedimentos desenvolvidos pela Contratada para a execução do monitoramento interno, de acordo com as normas legais e regulamentares pertinentes; • intervir, através do Gerente de Monitoramento da Contratada, nas atividades e procedimentos de monitoramento por esta desempenhados; • auxiliar no planejamento dos serviços de monitoramento de responsabilidade da Contratada; • participar da elaboração e desenvolvimento de cursos para os Agentes de Monitoramento internos da Contratada".

No Estado do Rio Grande do Sul as condições de estruturação e de celebração da concessão administrativa são similares àquelas utilizadas na experiência de Minas Gerais. A experiência gaúcha é recente, sendo que o edital é datado de 17.9.2010.

## Bibliografia

ARAÚJO, Edmir Netto de. *Curso de Direito Administrativo*. São Paulo, Saraiva, 2005.

BANDEIRA DE MELLO, Celso Antônio. *Curso de Direito Administrativo*. 28ª ed. São Paulo, Malheiros Editores, 2011.

_____. "Serviço público e poder de polícia: concessão e delegação". *RTDP* 20. São Paulo, Malheiros Editores, 1997.

_____ (org.). *Estudos em Homenagem a Geraldo Ataliba-2 – Direito Administrativo e Constitucional*. São Paulo, Malheiros Editores, 1997.

BEZNOS, Clóvis. *Poder de Polícia*. São Paulo, Ed. RT, 1979.

BRASIL. Ministério do Planejamento, Orçamento e Gestão/Secretaria de Planejamento e Investimentos Estratégicos. *O Desafio do Planejamento Governamental*. Brasília, 2002.

CARVALHO FILHO, José dos Santos. *Manual de Direito Administrativo*. 7ª ed. Rio de Janeiro, Lumen Juris, 2001.

CASSAGNE, Juan Carlos. *Derecho Administrativo – II*. 6ª ed. Buenos Aires, Abeledo-Perrot.

CHAPUS, René. *Droit Administratif Général*. 13ª ed., t. 1. Paris, Montchrestien, 1998.

CIRNE LIMA, Ruy. *Princípios de Direito Administrativo*. 6ª ed. São Paulo, Ed. RT, 1987 (7ª ed. São Paulo, Malheiros Editores, 2007).

COSSALTER, Philippe. "A *Private Finance Initiative*". In: TALAMINI, Eduardo, e JUSTEN, Mônica Spezia (coords.). *Parcerias Público-Privadas. Um Enfoque Multidisciplinar*. São Paulo, Ed. RT, 2005.

DALLARI, Adílson Abreu. "Credenciamento". In: BANDEIRA DE MELLO, Celso Antônio (org.). *Estudos em Homenagem a Geraldo Ataliba-2 – Direito Administrativo e Constitucional*. São Paulo, Malheiros Editores, 1997.

DI PETRO, Maria Sylvia Zanella. *Direito Administrativo*. 14ª ed. São Paulo, Atlas, 2002.

_____. *Parcerias na Administração Pública*. 3ª ed. São Paulo, Atlas, 1999.

ENTERRÍA, Eduardo García de, e FERNÁNDEZ, Tomás-Ramón. *Curso de Derecho Administrativo – I*. 8ª ed. Madri, Editorial Civitas, 1998.

FERNÁNDEZ, Tomás-Ramón, e ENTERRÍA, Eduardo García de. *Curso de Derecho Administrativo – I*. 8ª ed. Madri, Editorial Civitas, 1998.

FERRAZ, Sérgio. "Projetos de PPP: aspectos constitucionais". In: TALAMINI, Eduardo, e JUSTEN, Mônica Spezia (coords.). *Parcerias Público-Privadas. Um Enfoque Multidisciplinar*. São Paulo, Ed. RT, 2005.

GASPARINI, Diógenes. *Direito Administrativo*. 6ª ed. São Paulo, Saraiva, 2001.

JUSTEN, Mônica Spezia, e TALAMINI, Eduardo (coords.). *Parcerias Público-Privadas. Um Enfoque Multidisciplinar*. São Paulo, Ed. RT, 2005.

JUSTEN FILHO, Marçal. *Comentários à Lei de Licitações e Contratos Administrativos*. 5ª ed. São Paulo, Dialética, 1998.

_____. *Curso de Direito Administrativo*. São Paulo, Saraiva, 2005.

_____. *Teoria Geral das Concessões de Serviço Público*. São Paulo, Dialética, 2003.

MARQUES NETO, Floriano de Azevedo. "A contratação de empresas para suporte da função reguladora e a indelegabilidade do poder de polícia". *RTDP* 32/73-75. São Paulo, Malheiros Editores, 2000.

MASAGÃO, Mário. *Curso de Direito Administrativo*. 4ª ed. São Paulo, Ed. RT, 1968.

McQUAID, Ronald W. "The theory of partnership – Why have partnerships?". In: OSBORNE, Stephen P. *Public-Private Partnerships – Theory and Practice in International Perspective*. Londres/Nova York, Routledge, 2000.

MEIRELLES, Hely Lopes. *Direito Administrativo Brasileiro*. 14ª ed. São Paulo, Ed. RT, 1989 (37ª ed. São Paulo, Malheiros Editores, 2011).

MOREIRA NETO, Diogo de Figueiredo. *Curso de Direito Administrativo*. 13ª ed. Rio de Janeiro, Forense, 2003.

MOTTA, Carlos Pinto Coelho. *Eficácia nas Licitações e Contratos*. 10ª ed. Belo Horizonte, Del Rey, 2005.

OLIVEIRA, Fernão Justen de. *Parceria Público-Privada. Aspectos de Direito Público Econômico*. Belo Horizonte, Fórum, 2007.

OLIVEIRA, José Roberto Pimenta. *Improbidade Administrativa e sua Autonomia Constitucional*. Belo Horizonte, Fórum, 2009.

OSBORNE, Stephen P. *Public-Private Partnerships – Theory and Practice in International Perspective*. Londres/Nova York, Routledge, 2000.

PIRES, Ariovaldo. *As PPPs e o Problema dos Presídios no País*. Disponível em www.azevedosette.com.br (acesso em 29.10.2010)

ROSENAU, Pauline Vaillancourt. *Public-Private Policy Partnerships*. Londres, MIT Press, 2002.

SANTAMARÍA PASTOR, Juan Alfonso. *Principios de Derecho Administrativo*. 2ª ed., vol. II. Editorial Centro de Estudios Ramón Areces.

SCHNEIDER, Anne Larason. "Public-private partnerships in the U. S. prison system". In: ROSENAU, Pauline Vaillancourt. *Public-Private Policy Partnerships*. Londres, MIT Press, 2002.

SILVA, José Afonso da. "Poder de polícia". *RDA* 132/241-255. Rio de Janeiro, FGV, abril-junho/1978.

SOUTO, Marcos Juruena Villela. *Desestatização – Privatização, Concessão, Terceirizações e Regulação*. Rio de Janeiro, Lumen Juris, 2001.

STASSINOPOULOS, Michel. *Traité des Actes Administratifs*. Atenas, LGDJ, 1973.

SUNDFELD, Carlos Ari. *Direito Administrativo Ordenador*. São Paulo, Malheiros Editores, 1997 (1ª ed., 3ª tir., 2003).

_____. "Empresa estatal pode exercer o poder de polícia". *Boletim de Direito Administrativo/BDA* fevereiro 1993/98-103.

TÁCITO, Caio. "O poder de polícia e seus limites". In: *Temas de Direito Público. Estudos e Pareceres*. 1º vol. Rio de Janeiro, Renovar, 1997.

TALAMINI, Eduardo, e JUSTEN, Mônica Spezia (coords.). *Parcerias Público-Privadas. Um Enfoque Multidisciplinar*. São Paulo, Ed. RT, 2005

VITTA, Heraldo Garcia. *Poder de Polícia*. São Paulo, Malheiros Editores, 2010.

# REFORMA DO ESTADO, FORMAS DE PRESTAÇÃO DE SERVIÇOS AO PÚBLICO E PARCERIAS PÚBLICO-PRIVADAS: DEMARCANDO AS FRONTEIRAS DOS CONCEITOS DE "SERVIÇO PÚBLICO", "SERVIÇOS DE RELEVÂNCIA PÚBLICA" E "SERVIÇOS DE EXPLORAÇÃO ECONÔMICA" PARA AS PARCERIAS PÚBLICO-PRIVADAS

PAULO MODESTO

*1. Introdução. 2. Repartição das esferas de ação do Estado e da sociedade: quebra do modelo de soma zero. 3. Noção de "serviço público": 3.1 Conceito de "serviço "público" na Constituição Federal de 1988 – 3.2 Conceito de "serviço público" na doutrina. 4. Conceito de "serviço de relevância pública". 5. Serviços de exploração econômica. 6. Reforma do Estado e transformações da atividade de prestação de serviços pelo Estado. 7. As PPPs: sentido amplo e restrito. 8. As PPPs na Lei 11.079/2004. 9. As PPPs nos serviços de relevância pública e as "concessões administrativas". 10. Conclusão.*

## 1. Introdução

Reformar o Estado pressupõe identificar com clareza as *formas de atuação do Estado*. Trata-se de tarefa técnica, mas com ampla repercussão política e prática.

Nada obstante, parece inevitável reconhecer que a doutrina brasileira de direito público não tem conseguido oferecer um quadro explicativo suficientemente abrangente e atualizado para os *distintos modos de prestação pelo Estado de serviços ao cidadão*. Em geral, nessa como em outras matérias, a doutrina dominante tem manifestado *preferência por classificações binárias*. De fato, é usual que conceitos técnicos relevantes do direito público brasileiro sejam enunciados em duplas. Dicotomias como serviço público/atividade de exploração econômica, ato vinculado/ato discricionário, cargo efetivo/cargo de confiança, entre muitas outras, são apresentadas como adequadas e suficientes para a tradução do Direito vigente. A observação da ordem jurídica positiva revela, no entanto, que algumas dicotomias tradicionais mostram-se hoje *excessivamente simplificadoras*. Mais: a adoção de dicotomias rígidas, associada à ausência de uma classificação adequada das atividades do Estado, tem contraditado normas constitucionais expressas e produzido, frequentemente, incompreensões e bloqueios a novas experiências de reforma da atividade pública, tornando *árdua e insegura a implantação de novos modelos de gestão e a própria aplicação do Direito vigente*.

Este trabalho pretende problematizar, de forma simples e direta, a mais relevante dentre as dicotomias tradicionais, a dicotomia *serviço público/atividade de exploração econômica*, a partir dos marcos da Constituição Federal do Brasil, com vistas a determinar as possibilidades de estabelecimento de parcerias público-privadas (PPPs) em atividades distintas dos serviços públicos e dos serviços de exploração econômica. Esse corte temático em favor das atividades de *prestação administrativa* afastará, num primeiro momento, o texto da análise de alguns setores da atividade do Estado, em especial a atividade de *fomento público e de polícia* (ou *limitação administrativa*), mas oferece como vantagem um detalhamento maior do setor onde a atividade do Estado tem sofrido transformações mais radicais: os *serviços públicos*, as *atividades de relevância pública* e as *atividades de exploração econômica*. Esses três conceitos denotam *atividades de prestação de serviços ao cidadão*, relevantes para qualquer programa de reforma do Estado a ser implantado no Brasil nos próximos anos.

## 2. *Repartição das esferas de ação do Estado e da sociedade: quebra do modelo de soma zero*

A dicotomia *serviço público/atividade de exploração econômica* tem base na clássica dicotomia entre *Estado/sociedade* e entre *interesse público/interesse privado*. De fato, como em outros países, é tradicional no direito administrativo brasileiro a identificação entre os órgãos do Estado e as tarefas públicas. Segundo este paradigma, a Administração Pública de todos os Poderes, nas diversas unidades da

Federação, monopoliza a prestação de serviços de natureza pública. Por outro lado, os particulares são detentores do domínio sobre a atividade econômica em sentido estrito, cumprindo ao Estado tarefas de agente normativo e regulador da atividade econômica, com funções de fiscalização, incentivo e planejamento. Ao Estado é vedado substituir os particulares na atuação direta na economia, salvo em casos excepcionais envolvendo a segurança nacional ou relevante interesse coletivo, definido em lei. Os particulares podem exercitar atividades públicas apenas como delegados do Estado.

Trata-se de *modelo de soma zero*: as atividades são qualificadas como atividades públicas ou privadas, por um lado, e de interesse público ou de interesse privado, por outro. *Tertio non datur*. É possível a modificação de fronteiras, a ampliação da esfera de atividade privada ou a assunção pelo Estado de novas esferas de ação na área econômica. Mas não há zona híbrida, zona cinzenta ou zona de convergência entre o que compete como próprio ao Estado e o que compete ordinariamente aos particulares. As *fronteiras* são consideradas nítidas, com clara repercussão sobre o *regime jurídico* da atividade em cada caso, sem maiores ressalvas.

Vital Moreira, em trabalho de mérito, explicitou didaticamente os termos desta "metáfora espacial" de cariz nitidamente liberal: "Na representação liberal o Estado detinha o monopólio do público e a Administração Pública era a administração estadual. Estabelecer a fronteira entre o Estado e a sociedade era o mesmo que estabelecer a divisória entre a Administração Pública e os particulares. A Administração Pública relevava do Estado. Os particulares eram administrados, não podiam ser administração nem compartilhar dela. A relação entre as esferas do Estado e da sociedade, do público e do privado, da Administração e dos particulares, era claramente representada mediante uma *metáfora espacial* (Birkinshaw, Harden & Lewis, 1990:281), representando duas áreas separadas por uma fronteira. O crescimento da actividade do Estado, a ampliação da Administração Pública, fizeram deslocar a fronteira; mas não levaram a alterar o paradigma. Podia variar a proporção relativa de cada área, não a ideia de dicotomia e da fronteira. Na versão liberal teríamos o Estado mínimo e a sociedade civil máxima; na versão do Estado totalitário, teríamos o Estado máximo e a sociedade civil mínima. Trata-se somente de dois extremos de um *continuum*, que no 'Estado Social' do Capitalismo avançado fez aumentar substancialmente a esfera do Estado e da Administração, sem com isso se aproximar da versão dos Estados totalitários protagonizada pelos Fascismos e pelos Socialismos de Estado. As mudanças na fronteira eram por princípio de soma zero: o que era apropriado pelo Estado deixava de pertencer à sociedade".[1]

No trabalho citado, Vital Moreira oferece um esquema gráfico da "metáfora espacial", que isola as atividades em públicas e privadas. No Estado Social, no entanto, o esquema já admite a existência de uma "zona híbrida", isto é, a ruptura com o modelo dicotômico de repartição entre atividades públicas e privadas inerente à representação liberal. O esquema gráfico do ilustre professor é reproduzido aqui por seu evidente caráter didático, com emprego da linguagem original em que foi produzido:

**MODELOS DE REPARTIÇÃO DA ESFERA DE AÇÃO DO ESTADO E DA SOCIEDADE**

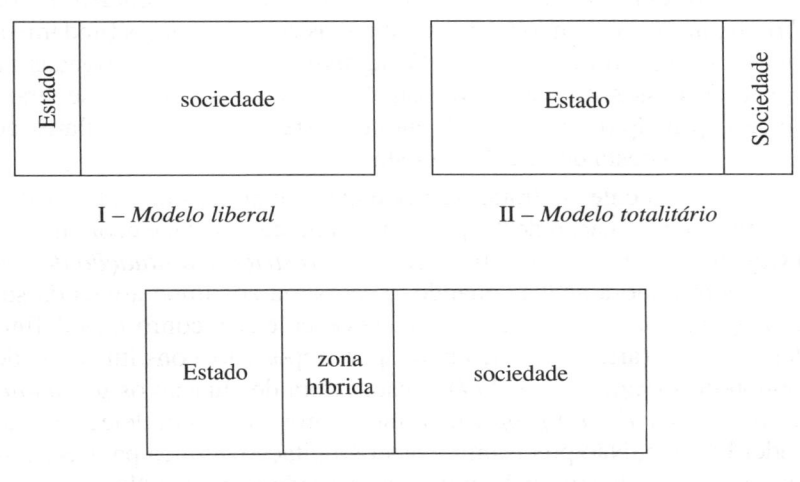

| Estado | sociedade | | Estado | Sociedade |
|---|---|---|---|---|

I – *Modelo liberal*          II – *Modelo totalitário*

| Estado | zona híbrida | sociedade |
|---|---|---|

III – *Estado social*

---

1. Vital Moreira, *Administração Autónoma e Associações Públicas*, Coimbra, Coimbra Editora, 1997, p. 24.

Sem embargo do que vem de ser dito, no Brasil, segundo o saber convencional, a Constituição da República parece reforçar o caráter explicativo do modelo clássico de separação entre atividades públicas e privadas (modelo de "soma zero") ao separar, com enunciados expressos, no interior do Título VII – dedicado à disciplina da ordem econômica e financeira –, as atividades de "serviço público" (art. 175) e de "exploração direta de atividade econômica" (art. 173).

Segundo o teor do art. 175 da CF, a prestação de serviços públicos *incumbe ao Poder Público*, na forma da lei, diretamente ou sob regime de concessão ou permissão, sempre através de licitação. As empresas privadas somente podem atuar na esfera dos serviços públicos como *delegadas do Estado*, sujeitas às cláusulas de contratos de *concessão* e *permissão de serviço*, à observância dos direitos dos usuários, à política tarifária e à obrigação de manter serviço adequado. O *Estado* atua nesta esfera em *caráter ordinário*, sem autorização especial, implementando *direito próprio* e *encargo original* do Poder Público. Os *particulares* atuam em *caráter excepcional*, como *delegados do Poder Público, sem direito próprio*, sob a tutela constante do Estado. O *regime jurídico da atividade é legal, estatutário ou de direito público*, cabendo à lei disciplinar as condicionantes fundamentais da prestação dos serviços. O ingresso de empresas privadas na prestação dessas atividades pressupõe *licitação pública*, assegurando-se o princípio da igualdade na concorrência dos particulares ao recebimento desta delegação do Estado.

Reversamente, ao tratar da atividade econômica em sentido estrito, sob a denominação de "exploração direta de atividade econômica", a Constituição Federal estabeleceu *fortes restrições à atuação do Estado*, admitindo-a apenas quando "necessária aos imperativos da segurança nacional ou a relevante interesse coletivo, conformes definidos em lei" (art. 173) ou, ainda, por imposição constitucional de monopólios (*v.g.*, CF, art. 177). Nesta esfera de atuação os *particulares atuam por direito próprio*, de modo ordinário, sem delegação do Poder Público. Não precisam recorrer à licitação pública para assegurar o exercício da atividade, pois é assegurado a todos o "livre exercício de qualquer atividade econômica, independentemente de autorização de órgãos públicos, salvo nos casos previstos em lei" (art. 170, parágrafo único, da CF). O Poder Público, entretanto, atua nesta esfera em *caráter excepcional*, por autorização especial da lei, sujeito ao "regime jurídico próprio das empresas privadas, inclusive quanto aos direitos e obrigações civis, comerciais, trabalhistas e tributários" (art. 173, § 1º, II).

Em diversas situações, é certo, a Constituição Federal expressamente incumbiu ao Poder Público o desempenho de atividades econômicas, em regime de monopólio ou de concorrência. No art. 177, por exemplo, indica diversas atividades econômicas como monopólio da União, entre elas a pesquisa e a lavra das jazidas de petróleo e gás natural e outros hidrocarbonetos fluidos e a refinação de petróleo nacional ou estrangeiro. Mas reconhece à lei – observadas as exigências de segurança nacional ou relevante interesse coletivo – a possibilidade de autorizar o Estado a atuar como protagonista em outras atividades econômicas, conquanto em concorrência com os demais particulares e sob o regime *predominante* de direito privado.[2] Em geral, entende-se que o mesmo ocorre com os serviços públicos: a Constituição Federal, em diversas normas, qualifica diversas atividades como serviços públicos de *persecução obrigatória* (arts. 21, X, XI, XII, XV e XXIII; 22, V; 25, § 2º; 30, V), mas não esgota a descrição das atividades em que o Estado pode prestar serviços em regime de *serviço público*.[3]

2. A prestação direta pelo Estado de atividade econômica em sentido estrito nunca é inteiramente regida pelo direito privado. Em verdade, embora não o explicite o art. 173 da CF, mesmo quando atua na exploração direta da atividade econômica o Poder Público permanece sujeito a normas derrogatórias do direito privado, igualmente impostas pela Constituição da República: por exemplo, a obrigação de realização de concursos públicos para ingresso dos empregados das estatais (art. 37, II); a sujeição das empresas estatais à prestação de contas perante o Tribunal de Contas (art. 70); a sujeição à exigência de licitação para compras e contratos (art. 37, XXI, c/c o art. 173); a limitação da remuneração do pessoal administrativo e dos dirigentes, que deve ser ajustada ao teto de remuneração do Poder Executivo, quando a entidade receba do Poder Público recursos para pagamento de pessoal ou custeio (art. 37, XI, c/c o art. 37, § 9º); limitação à acumulação de cargos e empregos (art. 37, XVI, c/c o art. 37, XVII) e proventos (art. 37, § 10) – entre outras exigências.

3. Fernando Herren Aguillar, em posição minoritária, defende que a lei não pode qualificar como serviços públicos atividades que a Constituição Federal não qualificou, sendo necessário aprovar emenda constitucional para restringir o campo de atuação dos particulares na esfera econômica. Segundo o autor, "se o Estado não pode o menos (exercer atividade econômica *em regime de concorrência* sem lei prévia que o autorize, ou sem que sejam supridos os demais requisitos constitucionais), não pode também o mais (exercer atividade econômica *em regime de privilégio*, sem satisfazer exigências constitucionais)" (*Controle Social dos Serviços Públicos*, São Paulo, Max Limonad, 1999, p. 133).

Esse quadro explicativo da Lei Fundamental, correto em seus termos essenciais, quando apresentado com pretensões de abarcar todas as hipóteses de prestação de serviços ao cidadão (modelo dicotômico de repartição das tarefas de prestação), *contrasta* com normas expressas da Constituição Federal de 1988 e *simplifica* em excesso a complexidade do sistema legal vigente.

Maria Sylvia Zanella Di Pietro, embora fiel também à concepção legalista, conclui de forma oposta, ao sustentar que "é o Estado, por meio da lei, que escolhe quais as atividades que, em determinado momento, são consideradas serviços públicos; (...) isto exclui a possibilidade de distinguir, mediante critérios objetivos, o serviço público da atividade privada; esta permanecerá como tal enquanto o Estado não a assumir como própria" (*Curso de Direito Administrativo*, 17ª ed., São Paulo, Atlas, 2004, p. 99).

Celso Antônio Bandeira de Mello participa também da corrente legal-convencionalista, mas com matizes peculiares, averbando, com a clareza costumeira, que:

"É realmente o Estado, por meio do Poder Legislativo, que erige ou não em serviço público tal ou qual atividade, *desde que respeite os limites constitucionais*. Afora os serviços públicos mencionados na Carta Constitucional, outros podem ser assim qualificados, contanto que não sejam ultrapassadas as fronteiras constituídas pelas normas relativas à *ordem econômica*, as quais são *garantidoras da livre iniciativa*. (...).

"(...).

"É lógico, entretanto, que, em despeito desta margem de liberdade, não há, para o legislador, liberdade absoluta. À falta de uma definição constitucional, há que se entender que o constituinte se remeteu ao *sentido comum da expressão, isto é, ao prevalente ao lume dos padrões de cultura de uma época, das convicções predominantes na sociedade*" (*Curso de Direito Administrativo*, 28ª ed., São Paulo, Malheiros Editores, 2011, pp. 699-700).

Marçal Justen Filho, de forma semelhante – mas com elementos também peculiares –, reconhece a possibilidade de o legislador infraconstitucional qualificar novas atividades como serviço público, mas condiciona a legitimidade desta decisão à referibilidade do serviço à realização da dignidade da pessoa humana e a políticas fundamentais (*Teoria Geral das Concessões de Serviço Público*, São Paulo, Dialética, 2003, p. 48).

Eros Roberto Grau, por sua vez, rompendo com a concepção convencionalista, defende um regresso à noção sociológica de Duguit, a partir da Constituição, fixando critério material para definir "atividade econômica" e "serviço público": "(...) o *interesse social* exige a prestação de *serviço público*; o *relevante interesse coletivo* e o *imperativo da segurança nacional*, o empreendimento de *atividade econômica em sentido estrito* pelo Estado" (*A Ordem Econômica na Constituição de 1988*, 14ª ed., São Paulo, Malheiros Editores, 2010, p. 132). Segundo esse autor – em posição minoritária na doutrina brasileira –, "determinada atividade fica sujeita a regime de serviço público porque *é* serviço público; não o inverso, como muitos propõem, ou seja, passa a ser tida como serviço público porque assujeitada a regime de serviço público" (p. 117).

No Brasil há previsão constitucional explícita de atividades nas quais, de forma simultânea, os particulares atuam com *liberdade de iniciativa*, sob regime de direito privado e sem delegação do Poder Público, e o Estado atua em *caráter obrigatório*, submetido a regime de direito público ou privado, sem qualquer poder de outorga. *Situações de convergência* nas quais os particulares atuam em caráter ordinário e o Estado atua também em caráter ordinário, sem qualquer exigência de prévia autorização especial da lei, decorrentes de razões de segurança nacional ou relevante interesse coletivo. São situações em que *tanto a atuação do Estado quanto a dos particulares são estimuladas, fomentadas, permitindo formação de parcerias, sem a necessidade de autorização de serviço, concessão de serviço ou permissão de serviço público*. Situações nas quais pode o particular desenvolver atividade de interesse público sem necessidade de prévia licitação pública, desde que nenhum benefício exclusivo lhe seja outorgado ou que lhe sejam outorgados apenas benefícios padronizados, acessíveis a todos. Essas atividades não podem receber, em termos objetivos e formais, o enquadramento jurídico de atividades de serviço público.

Essas atividades, por outro lado, mesmo quando desempenhadas por particulares em regime de livre iniciativa, sujeitam-se a normas detalhadas e a controle do Poder Público de forma mais intensa que a prevista para a atividade de exploração econômica. Sujeitam-se, inclusive, à atuação do *Ministério Público* na tutela de direitos fundamentais assegurados na Constituição da República (art. 129, II). Nestas hipóteses o Estado não atua de modo suplementar da iniciativa privada, mas por dever legal ou constitucional. Nestas atividades seria impróprio aplicar, consequentemente, o enquadramento jurídico de atividades econômicas em sentido estrito.

Essas atividades de regime jurídico peculiar são os *serviços de relevância pública*, referidos expressamente na Constituição Brasileira em duas passagens (art. 129, II, e art. 197), mas cujo regime pode ser extraído de um número significativo de normas. São *atividades sociais em que a atuação do Estado é obrigatória e a atuação do particular ocorre por direito próprio* (assistência à saúde, educação, produção e proteção cultural, desporto, defesa do meio ambiente, pesquisa científica e tecnológica – entre outros setores).

Em geral, a doutrina brasileira mais acatada simplesmente desconsidera o fato de a Constituição Federal nominar esses serviços sociais, em termos objetivos, como "serviços de relevância pública", continuando a enquadrar essas atividades na categoria dos *serviços públicos não privativos*, *quando desempenhados pelo Estado*, e *atividades privadas econômicas*, sujeitas à livre iniciativa e ao direito da concorrência, *quando prestadas por particulares* (Celso Antônio). Há também quem as enquadre como *serviços públicos próprios*, quando prestadas pelo Estado, e *serviços públicos impróprios*, quando prestadas por particulares, sujeitos ao poder de polícia do Estado (Maria Sylvia). Por fim, registre-se também concepção minoritária que enquadra essa espécie de atividade, em qualquer caso, quando prestada por particulares ou pelo Estado, simplesmente como *atividade de serviço público* (Eros Grau).

Entendo, entretanto – com o máximo respeito pelas posições divergentes –, que o enquadramento dos *serviços de relevância pública* no conceito de "serviço público", *vinculado a critério estritamente orgânico ou subjetivo*, introduz no tema contradições conceituais e problemas de ordem prática que não podem ser desconsiderados. Em primeiro lugar, por adotar implicitamente o modelo dicotômico de repartição de atividades, *essa compreensão remete toda a atuação privada na esfera dos serviços sociais para o domínio da exploração econômica*. Em segundo, sujeita o Poder Público a princípios e normas que *inviabilizam ou dificultam a formação de parcerias e instrumentos de cooperação úteis para ampliar a efetividade dos direitos sociais objeto de atenção nesses mesmos serviços*. Enquadrar todos os serviços de relevância pública, sem distinção subjetiva, no conceito de "serviço público", por outro lado, é solução ainda mais equivocada, pois esgarça o próprio conceito de "serviço público", tornando-o inútil em termos jurídicos ou de cariz meramente sociológico, e afasta dessas atividades sociais entidades privadas sem fins lucrativos que podem contribuir para a garantia concreta de direitos fundamentais pelas classes menos favorecidas da população brasileira. O aprofundamento dessa avaliação, que sugere a *ruptura do modelo de soma zero* e a adoção da *classificação das atividades de prestação pública em três categorias fundamentais de atividade*, reclama uma reavaliação do próprio conceito de "serviço público" no Brasil.

## 3. Noção de "serviço público"

Definir "serviço público" é demarcar os limites de uso do conceito. É estabelecer as *fronteiras de sua significação*: determinar quando é possível utilizá-lo e quando deve ser recusado seu emprego. Essa demarcação pode ser feita identificando *elementos de conotação do conceito*, estruturadores do seu sentido, bem como *identificando conceitos divergentes ou contrastantes com o conceito que se quer definir*. Como é óbvio, a primeira via permite uma *definição positiva* (o que o "serviço público" é); a segunda remete a uma *definição negativa* (o que o "serviço público" não é).

Se a definição é jurídica, deve consultar o direito positivo. Em especial o direito positivo nacional, a partir da própria Constituição da República. Formulações do Direito estrangeiro ou do Direito Internacional podem ser úteis, mas devem passar antes pela *alfândega da Constituição* – vale dizer: somente podem ingressar no país noções efetivamente em sintonia com a Constituição e sob o filtro da Lei Fundamental. Por isso, a Constituição Federal de 1988 será o nosso ponto de partida.

### 3.1 Conceito de "serviço público" na Constituição Federal de 1988

Não há uniformidade sobre o conceito de "serviço público" no direito positivo ou na doutrina brasileira.

Na Constituição Federal dois conceitos de "serviço público" são frequentemente utilizados: o *conceito orgânico* – com significado de *aparato administrativo do Estado* (*v.g.*, arts. 37, XIII; 39, § 7º; 40, III; 40, § 16; 136, § 1º, II; e 198; ADCT, arts. 11, 19 e 53) – e o *conceito objetivo* – que remete a uma modalidade de *atividade técnica de natureza pública*, uma específica atividade estatal ou tarefa administrativa (arts. 21, XIV; 30, V; 37, § 6º; 54, I, "a"; 61, § 1º, II, "b"; 139, VI; 145, II; 175; 202, § 5º; 223; e 241; ADCT, art. 66).[4]

---

4. Cf. Paulo Modesto, "Convênio entre entidades públicas executado por fundação de apoio. Serviço de saúde. Conceito de serviço público e serviço de relevância pública na Constituição de 1988. Forma da prestação de contas das entidades de cooperação após a Emenda Constitucional 19/1998", *Revista Diálogo Jurídico* 11,

O sentido orgânico, o primeiro *uso* do conceito de "serviço público", pode ser facilmente reconhecido nos arts. 37, XIII, e 39, § 7º, da CF, *litteris*: "XIII – é vedada a vinculação ou equiparação de quaisquer espécies remuneratórias para o efeito de remuneração de pessoal do *serviço público*"; "§ 7º. Lei da União, dos Estados, do Distrito Federal e dos Municípios disciplinará a aplicação de recursos orçamentários provenientes da economia com despesas correntes em cada órgão, autarquia e fundação, para aplicação no desenvolvimento de programas de qualidade e produtividade, treinamento e desenvolvimento, modernização, *reaparelhamento e racionalização do serviço público*, inclusive sob a forma de adicional ou prêmio de produtividade".

O sentido objetivo, o *segundo uso do conceito*, que apreende a expressão "serviço público" como *espécie de atividade*, pode ser identificado em normas diversas, a exemplo dos arts. 21, XIV, e 37, § 6º, da CF: "Art. 21. Compete à União: (...) XIV – organizar e manter a polícia civil, a polícia militar e o corpo de bombeiros militar do Distrito Federal, bem como prestar assistência financeira ao Distrito Federal para a *execução de serviços públicos*, por meio de fundo próprio"; "§ 6º. As pessoas jurídicas de direito público e as de direito privado *prestadoras de serviços públicos* responderão pelos danos que seus agentes, nessa qualidade, causarem a terceiros, assegurado o direito de regresso contra o responsável nos casos de dolo ou culpa".

No âmbito do *segundo uso do conceito* (sentido objetivo) pode-se divisar uma subdivisão relevante nas referências constitucionais à voz "serviço público". É que a Constituição Federal, conquanto ao referir uma específica atividade pública, ora restringe o conceito de "serviço público" a atividades de prestação que atendem a necessidades individuais (serviços *uti singuli*, isto é, divisíveis e de fruição singular) – como no art. 145, II –, ora reconhece aplicável o conceito de "serviço público" para atividades de prestação que satisfazem necessidades genéricas e não divisíveis em uma coletividade de pessoas – como

Salvador, Centro de Atualização Jurídica/CAJ, fevereiro/2002 (disponível na Internet: http://www.direitopublico.com.br, acesso em 11.2.2002. Texto publicado originalmente na *RTDP* 28/109-128, São Paulo, Malheiros Editores, 1999).

ocorre no art. 223, que trata dos serviços de radiodifusão sonora e de sons e imagens (serviços *uti universi*).⁵

5. Floriano de Azevedo Marques Neto, em trabalho de mérito, comentando o art. 145, II, da CF e, por igual, as categorias "serviço público em sentido amplo" e "serviço público em sentido restrito", emprega outro ângulo de abordagem, com resultados, consequentemente, distintos. Segundo o autor, "a Constituição se refere às duas acepções de serviço público. No art. 145, II, parece-me que o termo 'serviços públicos' passíveis de suportar a instituição de taxas trata-se de seu sentido amplo e impróprio, esvaziado dos serviços públicos estritos (*v.g.*, aqueles passíveis de exploração econômica). Já no art. 175, dentro, pois, do capítulo da ordem econômica, o constituinte lançou mão do termo no sentido restrito (ou sentido próprio), prevendo a prestação de serviços públicos passíveis de exploração pela iniciativa privada, mediante delegação específica. Só assim se justifica a previsão, no inciso III do parágrafo único deste art. 175, de que a lei estabelecerá a 'política tarifária'. Dito doutro modo, os serviços públicos referidos na ordem tributária são aqueles desprovidos de natureza econômica (porquanto sinônimos de atuação estatal, impassível de delegação), remuneráveis pela espécie tributária taxa. Já os serviços públicos referidos na ordem econômica são aqueles passíveis de exploração econômica (ou seja, espécie do gênero atividade econômica), cuja exploração pode ser trespassada à iniciativa privada e cuja remuneração não poderia ter natureza tributária, sendo remunerados por tarifa (espécie do gênero preço público)" ("A nova regulamentação dos serviços públicos", *Revista Eletrônica de Direito Administrativo Econômico* 1/7, Salvador, Instituto de Direito Público da Bahia – disponível na Internet: http://www.direitodoestado.com.br, acesso em 7.3.2005).

A distinção sugerida – permita-se o atrevimento – não convence. Se tanto as hipóteses do art. 175 quanto as do art. 145 da CF correspondem à prestação de utilidades concretas, escassas e mensuráveis – para usar a terminologia do autor –, então, ambas podem ser encartadas no *conceito amplo* de "atividades econômicas" (categoria genérica, cujo alcance abrangeria os conceitos de "serviço público" e "exploração econômica"), independentemente de sua localização no tecido constitucional. Não é o caráter econômico ou não econômico da prestação administrativa de serviço público que enseja a incidência de taxa ou a aplicação de tarifa pública: determinante é fato de a prestação ser desenvolvida pelo Poder Público enquanto unidade de *atividade obrigatória* para o usuário, *mensurável em termos individuais* – vale dizer, seu caráter de *prestação administrativa de fruição obrigatória, de utilização efetiva ou potencial, de natureza específica e divisível*. O art. 145, II, da CF, à semelhança do disposto no art. 77 do CTN, não adota um conceito "amplo e impróprio" de "serviço público": ao contrário, prestigia *conceito restritíssimo*, que denota exclusivamente a prestação direta e imediatamente vinculada a contribuinte, obrigatória, específica e divisível, prestada diretamente pelo Poder Público – domínio limitado entre as hipóteses possíveis de prestação de serviço público. Essa orientação é reiterada na jurisprudência dos Tribunais Superiores: basta conferir, por exemplo, no STF, os enunciados das *Súmulas 670* ("O serviço de iluminação pública não pode ser remunerado mediante taxa") e *274* ("É inconstitucional a taxa de serviço contra fogo, cobrada pelo Estado de Pernambuco"). Essa conclusão decorre também do caráter tributário da taxa, que pode ser exigida mesmo sem a efetiva fruição do serviço público (basta

Em resumo, a expressão "serviço público", na Constituição Federal de 1988, pode ser referida segundo as seguintes categorias conceituais:

Serviço Público
- Sentido subjetivo *(orgânico)*
- Sentido objetivo *(formal-material)*
  - estrito *(uti singuli)*
  - amplo *(uti singuli e uti universi)*

A ampla utilização da expressão "serviço público" na Constituição Brasileira (são mais de 20 as normas que empregam a expressão, ora em sentido orgânico, ora em sentido objetivo) deve servir de advertência contra a assimilação de tendências na *doutrina internacional* e *nacional* favoráveis ao abandono da noção em favor do conceito de "prestação administrativa" ou de "serviço de interesse geral" ou "serviço de interesse econômico geral".

Ramón Parada, por exemplo, considera a noção de "serviço público" em crise e pretende sua substituição pela noção de "prestação administrativa". Segundo este autor a atividade administrativa de *prestação* é aquela pela qual a Administração, *sem limitar nem incentivar a atividade privada, satisfaz diretamente uma necessidade pública mediante a prestação de um serviço aos administrados*. Para este autor o conceito de "serviço público" é equívoco, porque com a expressão "serviço público" não se designa exclusivamente uma forma de *atividade administrativa*, mas também o *conjunto dessa atividade* e os *órgãos da Administração*, com indiferença de que essa atividade seja de prestação, de limitação ou de fomento.[6]

---

a mera disponibilidade do serviço ou a denominada "utilização potencial") e reclama disciplina de estrita legalidade (somente pode ser instituída por lei, não por contrato) – o que não ocorre com as tarifas exigidas pelos concessionários de serviço público. Sobre o conceito tributário de "serviço específico e divisível", cf. art. 79 do CTN. Esse debate, porém, salvo melhor juízo, apresenta interesse especial para o direito tributário, mas escasso relevo para o direito administrativo, pois tanto para a prestação de serviço *uti universi* quanto para a prestação de serviço *uti singuli* – este último de *fruição compulsória* ou *facultativa* – o regime jurídico administrativo dos serviços públicos é aplicável, com ressalva apenas de derrogações constitucionais.

6. Ramón Parada, *Derecho Administrativo*, 10ª ed., t. I, Madri, Marcial Pons, 1998, pp. 483 e ss.

Carlos Ari Sundfeld, de outra parte, na doutrina brasileira, considera que, ultrapassada a era do Estado-empresário e iniciada a do Estado-regulador, diante da admissão pela legislação brasileira de hipóteses de exploração em regime privado de atividades antes qualificadas como "serviço público", essa noção deve ser substituída pela noção de "serviços de interesse econômico geral", à semelhança do que consta da *Carta Europeia dos Serviços de Interesse Geral*, mais consentânea com o fenômeno da globalização.[7]

Considero, todavia, que essas orientações não atendem à especificidade do sistema jurídico brasileiro, altamente complexo, que reparte a atividade de prestação do Estado e de particulares em *atividades de serviço público*, *serviços de relevância pública* e *atividades de exploração econômica*, cada qual com subdivisões relevantes. Além disso, deixam de perceber que o conceito de "serviço público", ainda que em processo de evolução e transformação acentuado, não pode ser descartado, ao menos no Brasil, tendo em conta as múltiplas consequências de sua aplicação e sua extensa remissão pelo legislador. No entanto, sem dúvida, apontam para a necessidade de generalizações menos ambiciosas e uma preocupação mais direta com o direito positivo, patenteando a urgente necessidade de definir-se o *conteúdo nuclear* desta noção e reduzir a ambiguidade que o tema tem conhecido no Direito Brasileiro.

## 3.2 Conceito de "serviço público" na doutrina

Na doutrina administrativa, em geral, o conceito de "serviço público" recebe – segundo Roberto Dromi[8] – duas interpretações básicas.

A primeira – a *interpretação negativa* – considera a noção em crise e pretende sua substituição pela noção de "prestação administrativa", ou outra designação genérica, adotada em termos convencionais.

A segunda – a *interpretação positiva* – pode ser subdividida, segundo Dromi, em três leituras: (a) *máxima* – serviço público é toda a atividade do Estado cujo cumprimento deve ser assegurado, regulado

---

7. Carlos Ari Sundfeld, *Direito Global*, São Paulo, Max Limonad, 1999, p. 161.
8. Roberto Dromi, *Derecho Administrativo*, 4ª ed., Buenos Aires, Ediciones Ciudad Argentina, 1995, p. 529.

e controlado; (b) *média* – serviço público é toda a atividade da Administração Pública; (c) *mínima* – serviço público é uma parte da atividade administrativa.

Na doutrina brasileira, no entanto, são poucos os que continuam a advogar o conceito máximo ou amplíssimo de "serviço público" para designar toda a atividade do Estado ou da Administração Pública.

O conceito de "serviço público" é apresentado na doutrina brasileira segundo diferentes critérios (serviço público em sentido amplo, restrito, objetivo, subjetivo, formal, próprio, impróprio, geral, específico, originário ou congênito e derivado ou adquirido etc.). No entanto, pode-se perceber que o conceito amplo de "serviço público", que *reunia em si toda a atividade administrativa pública, entrou em decadência*. Em geral, os autores contemporâneos não tratam da matéria em sentido amplo nem em sentido orgânico, mas em *sentido restrito e objetivo*, procurando especificar o *regime jurídico específico* da atividade de serviço público e isolá-la no interior da atividade administrativa do Estado.

Neste cenário, o conceito jurídico de "serviço público" *não pode ser um conceito naturalístico ou essencialista*. Não parece ser mais admissível, no estágio atual do direito administrativo brasileiro, admitir a existência de "serviços públicos por natureza". Não basta mais defini-los como todo "serviço existencial, relativamente à sociedade", pois saber o que em cada momento é existencial a uma coletividade é algo impreciso, inseguro, variável segundo a opinião de cada qual, sendo problemático mesmo para Ciências não jurídicas incumbidas de aferir a média das opiniões e sentimentos dos integrantes de uma coletividade.

O conceito jurídico de "serviço público" atualmente pressupõe a conjugação de diversos elementos de caracterização: *exige a determinação de um específico regime jurídico* e a *demarcação de um campo material onde este regime encontre aplicação*. Por isso, é um conceito objetivo, mas também formal e material.

*Primeiro*, exige-se que a atividade corresponda ao desempenho de uma "prestação administrativa" – vale dizer, ao oferecimento de uma utilidade concreta fruível direta ou indiretamente pelo administrado, mas *imediatamente a cargo do Estado ou de seus delegados*, realizada no exercício da função administrativa. Trata-se de uma tarefa administrativa de *caráter positivo*, realizada na forma de *atividade técnica*, que satisfaz necessidades coletivas e fundamentais dos cidadãos. Essas tarefas de prestação não se confundem com as tarefas jurídicas da Administração, relacionadas às atividades de limitar, regular, incentivar ou planejar atos e comportamentos concretos; nem se realizam por prestações em dinheiro ou se destinam a realizar os fins essenciais da organização política do Estado. O serviço público é *atividade dirigida a produzir utilidade material para terceiros*, não uma atividade jurídica ou de subvenção/estímulo – o que aparta as noções de "serviço público" e "poder de polícia", por um lado, e "serviço público" e "fomento", por outro.

*Segundo*, exige-se que a atividade de prestação atenda efetivamente a *necessidades públicas administrativas*, oferecendo *utilidades ao público em geral*, ainda que seu gozo seja individualizado. Não é necessário, é certo, que a atividade de serviço público seja prestada para um usuário determinado, sendo possível reconhecer "serviço público" em atividades em que o número de usuários é indeterminado – a exemplo dos serviços públicos de telecomunicações, de difusão (realizada em canais abertos) e os serviços de iluminação e limpeza pública. Mas a atividade deve satisfazer necessidades coletivas, relevantes para os administrados em geral, não se destinando apenas a grupos restritos dentro do corpo social, sem repercussão coletiva. Por isso é frequente a associação entre as atividades de serviço público e o atendimento de necessidades essenciais, básicas para todos e cada um dos indivíduos de uma coletividade, vinculando-se a noção de "serviço público" ao atendimento do *princípio da dignidade da pessoa humana*.

Em razão disso, *quando for ausente o caráter público da atividade* – isto é, quando a atividade não se reportar a necessidades coletivas –, *não deve ser qualificada como "serviço público", ainda quando guarde proximidade com atividades de serviço público*. Celso Antônio Bandeira de Mello, nesse passo, exemplifica em termos didáticos: "Por faltar este caráter de se destinarem à satisfação da coletividade em geral, não são públicos, *exempli gratia*, os serviços de telecomunicações *que interligam apenas as empresas que possuem seus serviços de interconexão e que a isto se destinam*. Assim, também, não são públicos os serviços de radioamador, pois estes, conquanto prestem atividade útil para inúmeras pessoas, constituem-se para comunicação restrita ao âmbito dos que, possuindo tal equipamento, propõem-se a ingressar neste círculo restrito de intercomunicadores".[9]

De outra parte, no Direito Brasileiro predomina a concepção segundo a qual o conceito de "serviço público" é aplicável apenas a atividades que satisfazem necessidades de natureza administrativa – o que afasta de seu campo de aplicação as atividades estatais de natureza legislativa ou jurisdicional.

*Terceiro*, o conceito de "serviço público" exige também a assunção pelo Estado da *titularidade exclusiva* de determinada atividade de prestação (*publicatio*), mediante determinação legal ou constitucional, com expressivas repercussões práticas.[10] Por ser titular, cabe ao Poder Público definir as condições do exercício do serviço por particulares, inclusive se a delegação terá caráter de exclusividade ou será deferida em regime de competição.[11]

O serviço público é sempre *incumbência do Estado*, como expressamente proclama o art. 175 da CF. A declaração da atividade como atividade pública é feita ordinariamente por lei, sua gestão é feita diretamente pelo Estado e seus entes instrumentais, ou por concessionários e permissionários. Segue-se, portanto, que não podem ser nomeadas como "serviço público" atividades desempenhadas por particulares, ainda quando afetem relevantes interesses coletivos, se

---

9. Celso Antônio Bandeira de Mello, *Curso de Direito Administrativo*, cit., 28ª ed., p. 683, nota de rodapé 7.

10. Marçal Justen Filho, embora reconhecendo como fato que o serviço público é de titularidade do Estado, sustenta que não é a titularidade do serviço pelo Estado que o qualifica como serviço público, mas o oposto: "o serviço é de titularidade do Estado por ser público. Portanto, atribuição da titularidade de um serviço ao Estado é decorrência de seu reconhecimento como serviço público. Sob o prisma lógico jurídico (ainda que não necessariamente sob o prisma jurídico positivo), o serviço é público antes de ser estatal" (*Teoria Geral das Concessões de Serviço Público*, cit., p. 21).

11. Em princípio a outorga de concessão ou permissão não terá caráter de exclusividade, ressalvada a inviabilidade técnica ou econômica, nos termos do art. 16 da Lei Geral de Concessões. Trata-se de um avanço em relação à concepção tradicional, que associava a prestação de serviços públicos com atividade exercida em caráter monopolista. Sobre a concorrência na prestação de serviços públicos, com ampla revisão da literatura especializada, cf. Alexandre Aragão, "Serviços públicos e concorrência", *Revista Eletrônica de Direito Administrativo Econômico* 1, Salvador, Instituto de Direito Público da Bahia – disponível na Internet: http://www.direitodoestado.com.br, acesso em 6.3.2005.

não foram *reservadas* pela Constituição da República ou por leis ordinárias à *titularidade exclusiva* do Poder Público.

Característico do serviço público, com efeito, é que o Estado assuma a atividade como própria ou de sua titularidade. Os serviços públicos são *atividades submetidas a uma reserva de titularidade pública*. Não podem ser consideradas atividades livres à iniciativa do particular. É esta a razão para a referência ao instituto da *licitação* no art. 175 da CF, e o pressuposto necessário do instituto da *concessão de serviço público*.

No serviço público a *responsabilidade* última pela prestação é do Estado. Se o particular, como delegado, abandona a prestação do serviço, o Estado deve assumi-la, respondendo por sua continuidade. O particular, na qualidade de delegado, responde diretamente pelos danos que produzir, mas o Estado não é irresponsável perante os usuários do serviço. Nos serviços públicos, em caso *delegação de prestação*, o Estado não é um terceiro indiferente, respondendo, em última instância, pela regularidade do serviço e pela atuação adequada de seus delegados, pois mantém a titularidade da atividade. Nas atividades em que o Estado não é titular, mesmo quando há interesse coletivo, não é obrigatória a assunção pelo Estado da responsabilidade de sua prestação.

A *publicatio* (a titularidade pelo Estado da atividade de serviço público, com aplicação obrigatória de regime jurídico especial) é traço característico da *concepção francesa do serviço público*, profundamente arraigada no Brasil. Em termos opostos, nos *países anglo-saxões*, do *common law*, os serviços de interesse geral estão sujeitos a uma série de obrigações, mas não há *publicatio* – razão pela qual as denominadas *public utilities* não são equivalentes à noção europeia (e brasileira) de "serviço público".[12]

12. José María Souvirón Morenilla, dissertando em profundidade sobre o tema "serviços públicos", anota: "Servicio público y *publicatio* (paso a la titularidad del Estado) aparecen así en la cultura jurídica europea de raiz francesa indisolublemente unidos. Todo lo contrario sucederá en los países anglosajones, donde la satisfacción de las necesidades colectivas, la configuración de los servicios públicos (objeto de diferentes apelativos: *public services*, o más frecuentemente *public utilities* – especialmente utilizado para los servicios de red –, *bussiness afected with a public intererest*), no se vincula a la asunción de los correspondientes servicios de interés general por el Estado, sino a una intensa regulación pública de su desarrollo por

*Quarto*, no serviço público há a submissão total ou parcial da atividade ao regime jurídico de direito público e a princípios específicos (*v.g.*, continuidade, mutabilidade, igualdade, obrigatoriedade). De fato, nas atividades de serviço público há uma *reserva de direito público*. Essa técnica permite a aplicação de diversas prerrogativas especiais da Administração para a satisfação dos interesses gerais (expropriação, constituição de servidões administrativa, sanções administrativas – entre outras).[13]

*Quinto*, nas atividades nominadas como "serviço público" há a exclusão da livre ação das pessoas privadas no âmbito dessas atividades, ressalvada a possibilidade de atuarem como delegados do Poder Público. *Serviço público* é atividade reservada ao Poder Público, com vistas a satisfazer interesses coletivos, sob disciplina jurídica peculiar, razão pela qual também é dita *res extra commercium*.[14]

prestadores privados" (*La Actividad de la Administración y el Servicio Público*, Granada, 1998, p. 154).

13. O direito positivo brasileiro, em normas especiais, refere situações de "serviço público submetido ao regime de direito privado". Em especial, registram-se as previsões da Lei das Telecomunicações e da Energia. No entanto, as atividades nas quais esse conceito heterodoxo é empregado não referem, rigorosamente, atividades de serviço público, e sim atividades privadas submetidas a *autorizações modais*, isto é, autorizações condicionadas ao atendimento de específicas obrigações de natureza pública. Neste campo, respeitando orientações divergentes, continuo a considerar que o art. 175 da CF impõe que o regime das atividades de serviço público seja necessariamente o regime de direito público, pois nestas atividades subsiste a submissão a uma política tarifária ditada pelo Poder Público e à disciplina pública inerente às concessões e permissões de serviço público.

14. Declarar que alguma atividade é serviço público (*retius*: subordina-se ao regime jurídico do serviço público) constrange, restringe, limita a órbita de ação livre dos particulares – o que exige ao menos declaração legal e determinação conceitual rigorosa. Situação semelhante ocorre com a declaração de que determinada *atividade privada é serviço público em sentido impróprio*. Como acentuou, com propriedade, Juan Carlos Cassagne, "lo curioso es que el servicio público impropio no aparece como una excepción al principio de la titularidad privada de la pertinente actividad sino como una mera extensión del régimen jurídico del servicio público propio, cuya fuerza expansiva no llega, sin embargo, a producir una verdadera *publicatio*. Por ese motivo, el servicio público impropio existe sólo por extensión, al faltarle una de sus notas centrales, situación que conduce a prescindir del sistema de la concesión o permiso como presupuesto del otorgamiento del derecho a ejercerlo, para sustituirlo por la autorización. Del carácter excepcional que particulariza a esta figura se desprende la necesidad de que exista declaración legislativa que establezca que una determinada actividad, de titularidad originaria privada, se convierta en servicio público y pase a regirse por su régimen jurídico, especialmente en lo que atañe a las reglas a

No passado a noção de "serviço público" era mais nítida. *"Serviço público" era todo serviço prestado pelo Estado (elemento subjetivo), com vistas à satisfação de necessidades coletivas (elemento material), sob o regime de direito público (elemento formal).* Mas o tempo fez quebrar dois elementos dessa definição: o elemento subjetivo e o formal – pelo menos em parte. Os particulares passaram a atuar em serviços públicos e o Estado iniciou a atuar em atividades econômicas, adotando parcialmente a disciplina do direito privado. Falou-se, então, em crise, falência, fragilidade da noção de "serviço público". Aos poucos a noção resgatou novamente seu prestígio, desvinculando-se de elementos subjetivos e assumindo a característica de conceito objetivo atinente a uma *classe de atividades públicas, indiferente a quem as exercita.*

Hoje o conceito de "serviço público" é necessariamente mais restrito, para ser operativo. Pode-se definir "serviço público", neste contexto, como *a atividade de prestação administrativa material, direta e imediatamente a cargo do Estado ou de seus delegados, posta concretamente à disposição de usuários determinados ou indeterminados, sob regime de direito público, em caráter obrigatório, igualitário e contínuo, com vistas a satisfazer necessidades coletivas, sob titularidade do Poder Público.*[15]

que deverá ceñirse la pertinente actividad, que exigen una prestación obligatoria, regular, igualitaria y continua del servicio por parte de los particulares" (*Derecho Administrativo*, 7ª ed., t. II, Buenos Aires, Abeledo-Perrot, 2003, pp. 297-298).

No Brasil o conceito de "serviços de relevância pública" (*conceito constitucional*) cumpre funções semelhantes ao conceito de "serviço público em sentido impróprio" (*conceito doutrinário*), mas com muito menor equivocidade e com melhor fundamentação positiva, como adiante será explorado.

15. Cf., entre outros trabalhos sobre o tema, no Direito Brasileiro: Celso Antônio Bandeira de Mello, *Natureza e Regime Jurídico das Autarquias*, São Paulo, Ed. RT, 1968, pp. 130-176; *Curso de Direito Administrativo*, cit., 28ª ed., 2011; "Serviço público e sua feição constitucional no Brasil", in Paulo Modesto e Oscar Mendonça (orgs.), *Direito do Estado: Novos Rumos*, t. 2, São Paulo, Max Limonad, 2001; Dinorá Adelaide Musetti Grotti, *O Serviço Público e a Constituição Brasileira de 1988*, São Paulo, Malheiros Editores, 2003; Marçal Justen Filho, *Teoria Geral das Concessões de Serviço Público*, cit., 2003; *Curso de Direito Administrativo*, 2005, pp. 478-544; Caio Tácito, "Conceito de serviço público", in *Temas de Direito Público (Estudos e Pareceres)*, 1º vol., Rio de Janeiro, Renovar, 1997, pp. 637-642; Adílson Abreu Dallari, "Conceito de serviço público", *RTDP* 15/112-117, São Paulo, Malheiros Editores, 1996; Mônica Spezia Justen, *A Noção de Serviço Público no Direito Europeu*, São Paulo, Dialética, 2003; Maria Sylvia Zanella Di Pietro, *Parcerias na Administração Pública: Concessão, Permissão, Franquia, Terceirização e Outras*

A adoção de um *conceito restrito e operativo* de "serviço público", fora de concepções essencialistas, é uma das respostas possíveis para os desafios de uma realidade em constante mutação socioeconômica. Mas *não pode significar desatenção a interesses coletivos relevantes*, presentes em *atividades privadas de interesse público*, não

*Formas*, 2ª ed., São Paulo, Atlas, 1997; Odete Medauar, "Serviço Público", *RDA* 189, 1992; Carlos Ari Sundfeld, "Introdução às agências reguladoras", in *Direito Administrativo Econômico*, 1ª ed., 3ª tir., São Paulo, Malheiros Editores, 2006; "A Administração Pública na era do Direito Global", in *Direito Global*, São Paulo, Max Limonad, 1999, pp. 157-168; Diogo de Figueiredo Moreira Neto, *Curso de Direito Administrativo*, 10ª ed., Rio de Janeiro, Forense, 1994, pp. 317-333; "Mutações nos serviços públicos", *Revista Eletrônica de Direito Administrativo Econômico* 1, Salvador, Instituto de Direito Público da Bahia (disponível na Internet: http://www.direitodoestado.com.br, acesso em 7.3.2005); "O sistema de parceria entre os setores público e privado. Execução de serviços através de concessões, permissões, terceirizações e outros regimes. Aplicação adequada desses institutos", *Boletim de Direito Administrativo/ BDA* 2/75-81, São Paulo, NDJ, fevereiro/1997; Diógenes Gasparini, *Direito Administrativo*, 4ª ed., São Paulo, Saraiva, 1995, pp. 208-220; Roberto Ribeiro Bazilli, "Serviços públicos e atividades econômicas na Constituição de 1988", *RDA* 197-1, Rio de Janeiro, Renovar, 1991; Eros Roberto Grau, "Constituição e serviço público", in *Direito Constitucional – Estudos em Homenagem a Paulo Bonavides*, 1ª ed., 2ª tir., São Paulo, Malheiros Editores, 2003, p. 250; *A Ordem Econômica na Constituição de 1988*, 14ª ed., São Paulo, Malheiros Editores, 2010; Andréas Krell, "Realização dos direitos fundamentais sociais mediante controle judicial da prestação dos serviços públicos básicos (uma visão comparativa)", *Revista de Informação Legislativa* 144/239-260, Brasília, Subsecretaria de Edições Técnicas do Senado Federal, 1999 (p. 239); Juarez Freitas, *Estudos de Direito Administrativo*, 2ª ed., São Paulo, Malheiros Editores, 1997; *O Controle dos Atos Administrativos e os Princípios Fundamentais*, 4ª ed, São Paulo, Malheiros Editores, 2009; Fernando Herren Aguillar, *Controle Social dos Serviços Públicos*, São Paulo, Max Limonad, 1999; Ruy Cirne Lima, *Princípios de Direito Administrativo*, 7ª ed., São Paulo, Malheiros Editores, 2007; Alexandre Aragão, *Agências Reguladoras*, Rio de Janeiro, Forense, 2002, pp. 144-156; Marcos Juruena Villela Souto, *Direito Administrativo da Economia*, Rio de Janeiro, Lumen Juris, 2003; *Direito Administrativo Regulatório*, 2ª ed., Rio de Janeiro, Lumen Juris, 2004, pp. 81 e ss.; Lúcia Valle Figueiredo, *Curso de Direito Administrativo*, 9ª ed., São Paulo, Malheiros Editores, 2008, pp. 76 e ss.; Carmem Lúcia Antunes Rocha, *Estudo sobre Concessão e Permissão de Serviço Público no Direito Brasileiro*, São Paulo, Saraiva, 1996; José dos Santos Carvalho Filho, *Manual de Direito Administrativo*, 12ª ed., Rio de Janeiro, Lumen Juris, 2005; Floriano de Azevedo Marques Neto, "Concessão de serviço público sem ônus para o usuário", in Luiz Guilherme Wagner Júnior (org.), *Direito Público: Estudos em Homenagem ao Professor Adílson Abreu Dallari*, Belo Horizonte/MG, Del Rey, 2004, pp. 332 e ss.; "A nova regulamentação dos serviços públicos", *Revista Eletrônica de Direito Administrativo Econômico* 1, Salvador, Instituto de Direito Público da Bahia (disponível na Internet: http://www.direitodoestado.com.br, acesso em 7.3.2005).

sujeitas à *publicatio*, isto é, à titularidade estatal. É possível reconhecer, dentro dos marcos da Constituição Brasileira, a *existência autônoma de obrigações de regularidade, continuidade, igualdade, incidentes sobre serviços de relevância pública, como deveres inerentes à essencialidade das atividades exercidas, proclamada em lei ou diretamente pela Constituição*. Esse reconhecimento, no entanto, é viável sem o artifício de estender para essa categoria de serviços o conceito de "serviço público", que recolheria, assim, no seu bojo, realidades díspares.

A CF Brasileira, em seu art. 9º, por exemplo, após reconhecer o direito de greve e a competência dos trabalhadores para decidir sobre a oportunidade de exercê-lo e sobre os interesses que devam por meio dele defender, averbou, em seu § 1º, que "a lei definirá os serviços ou atividades essenciais e disporá sobre o *atendimento das necessidades inadiáveis da comunidade*".

A Lei 7.783/1989, que regulou esse preceito constitucional, assentou:

"Art. 10. São considerados serviços ou atividades essenciais: I – tratamento e abastecimento de água; produção e distribuição de energia elétrica, gás e combustíveis; II – assistência médica e hospitalar; III – distribuição e comercialização de medicamentos e alimentos; IV – funerários; V – transporte coletivo; VI – captação e tratamento de esgoto e lixo; VII – telecomunicações; VIII – guarda, uso e controle de substâncias radioativas, equipamentos e materiais nucleares; IX – processamento de dados ligados a serviços essenciais; X – controle de tráfego aéreo; XI – compensação bancária.

"Art. 11. Nos serviços ou atividades essenciais, os sindicatos, os empregadores e os trabalhadores ficam obrigados, de comum acordo, a garantir, durante a greve, a prestação dos serviços indispensáveis ao atendimento das necessidades inadiáveis da comunidade.

"Parágrafo único. São necessidades inadiáveis da comunidade aquelas que, não atendidas, coloquem em perigo iminente a sobrevivência, a saúde ou a segurança da população.

"Art. 12. No caso da inobservância do disposto no artigo anterior, o Poder Público assegurará a prestação dos serviços indispensáveis."

A simples leitura desses dispositivos oferece três conclusões relevantes: (a) o rol de *atividades consideradas essenciais* no direito positivo brasileiro abrange tanto serviços públicos quanto serviços privados, alguns de natureza evidentemente econômica – como a compensação bancária e a distribuição e comercialização de medicamentos e alimentos; (b) a obrigação de assegurar a manutenção do atendimento – expressão tradicional do princípio da continuidade do serviço público – foi *autonomizada*, sendo irrelevante para sua aplicação o enquadramento da atividade no rol dos serviços públicos ou a *publicatio* da atividade; (c) a responsabilidade do Poder Público pela prestação dos serviços indispensáveis, em caso de violação da lei, foi prevista independentemente do fato de o serviço constituir atividade de serviço público, atividade econômica ou atividade de relevância pública.

A disciplina do direito de greve dos trabalhadores em geral demonstra que não é necessário dilatar o conceito de "serviço público" ao ponto do esgarçamento para se resguardar direitos sociais relevantes, por um lado, e, por outro, que obrigações tradicionalmente consideradas como *obrigações de serviço público* podem ser autonomizadas e aplicadas a situações variadas independentemente de a ordem jurídica considerar determinadas atividades como serviços públicos. A jurisprudência trabalhista tem aplicado a legislação da matéria sem qualquer ressalva.[16]

16. "*Ementa:* Greve – Abusividade – Atividade essencial. É abusiva a greve que se realiza em setores que a lei define como sendo essenciais à comunidade, quando não é assegurado o atendimento básico das necessidades inadiáveis dos usuários do serviço, na forma prevista na Lei n. 7.783/1989. A atividade desenvolvida pela categoria, transporte rodoviário, é considerada essencial, daí a ilegalidade do movimento, porque deflagrado em ofensa à norma legal. Recurso ordinário não provido" (TST, RODC 122, rel. Min. Mílton de Moura França, j. 12.9.2002, *DJU* 25.10.2002).

"*Ementa:* Greve – Atividade essencial – Ausência de comunicação prévia aos usuários – Consequência – Declaração de abusividade formal. Em se tratando de greve em atividade essencial, as partes em conflito devem assegurar a prestação de serviços indispensáveis às necessidades inadiáveis da população, entre as quais, indiscutivelmente, se insere o atendimento à saúde, como expressamente definido pelo parágrafo único do art. 11 da Lei n. 7.783/1989. O legislador, ao disciplinar o direito de greve nas atividades essenciais, impôs, como requisito para o seu regular exercício, a prévia comunicação dos usuários, com antecedência mínima de 72 horas, como expressamente estatuído no art. 13 do referido diploma legal. Não tendo sido atendido esse requisito formal, legalmente exigido, a consequência é a declaração de abusividade da greve, consoante expressamente dispõe o art. 14, *caput*, da Lei n. 7.783/1989. Recurso ordinário parcialmente provido" (TST, Processo 723.697, rel. Min. Mílton de Moura França, j. 8.8.2002, *DJU* 27.9.2002).

"*Ementa:* Greve – Atividades essenciais. A greve, como ato jurídico, deve sujeitar-se à regulamentação legal, sendo, portanto, abusivo o movimento deflagrado sem a observância dos requisitos formais contidos na Lei n. 7.783/1989. Por outro

Essas considerações abrem espaço para uma reflexão sobre o alcance do conceito de "serviço público" nas atividades em que, embora obrigado a atuar, o Estado não assume a responsabilidade em último plano sobre a atividade quando ela é exercida por particulares, em regime de liberdade de iniciativa, assegurada expressamente pela Lei Fundamental. Essa reflexão permite a aceitação de formas variadas de parceria entre o Poder Público e os particulares, com e sem fins de lucro, no atendimento a necessidades coletivas não assumidas como próprias e exclusivas do Estado pelo direito positivo. Não parece adequado aplicar em bloco, a essas atividades, as obrigações do serviço público. Mas também não parece razoável considerá-las atividade econômica em sentido estrito, desvinculadas completamente dos princípios da continuidade, igualdade, mutabilidade, quando desempenhadas por particulares. Se for compreendido isto, bem como reconhecida a possibilidade de aplicar a estas atividades alguns princípios tutelares estranhos à atividade econômica em sentido estrito, são criadas condições para o adequado tratamento do conceito constitucional dos "serviços de relevância pública".

## 4. Conceito de "serviço de relevância pública"

O conceito de "serviço de relevância pública" é menos exigente que o conceito de "serviço público". São de relevância pública as *atividades consideradas essenciais ou prioritárias à comunidade, não titularizadas pelo Estado, cuja regularidade, acessibilidade e disciplina transcendem necessariamente a dimensão individual, obrigando o Poder Público a controlá-las, fiscalizá-las e incentivá-las de modo particularmente intenso*. Não há, aqui, exigência de aplicação obrigatória de todas as obrigações de serviço público tradicionalmente reconhecidas na legislação. Nem titularidade exclusiva desses interesses pelo Estado, admitindo-se a livre atuação privada. Mas a lei ordinariamente impõe que a fiscalização e regulação dessas atividades pelo

lado, o direito de greve em atividades consideradas essenciais é condicionado ao atendimento das necessidades inadiáveis da comunidade, acarretando a inobservância de tal preceito a interferência do Poder Público com a finalidade de assegurar o efetivo cumprimento da lei, cabendo, para tanto, a fixação de multa por descumprimento da obrigação de fazer imposta (CPC, art. 461, § 4º)" (TST, RODC 609.069, rel. Min. Ronaldo José Lopes Leal, j. 19.10.2000, *DJU* 1.12.2000, p. 553).

Poder Público sejam minudentes e tutelares, assegurando, ainda, o respeito a princípios constitucionais, em especial o princípio da dignidade da pessoa humana.

Nesta área, por exemplo, caberia reconhecer a aplicação de princípios frequentemente associados no Direito Comparado aos denominados "serviços de interesse geral".[17] Em especial as obrigações de não discriminar usuários, a obrigação de cobrar preços razoáveis ou acessíveis e a obrigação de atuar de modo regular.[18]

17. Sobre o conceito europeu de "serviço de interesse geral" ou "serviço de interesse econômico geral", cf. Luis Martín Rebollo, "Servicios públicos y servicios de interés general: la nueva concepción y operatividad del servicio público en el derecho administrativo español", e Odete Medauar, "Serviços públicos e serviços de interesse econômico geral", publicados na coletânea *Uma Avaliação das Tendências Contemporâneas do Direito Administrativo*, organização de Diogo de Figueiredo Moreira Neto, Rio de Janeiro, Renovar, 2003. Cf., também, as valiosas observações de Mônica Spezia Justen, *A Noção de Serviço Público no Direito Europeu*, cit., especialmente pp. 196 e ss.

18. No *Glossário da Comunidade Europeia* são diferenciados os conceitos de "serviço público", "serviço universal", "serviço de interesse econômico geral" e "serviço de interesse geral", segundo os seguintes enunciados: "*Serviço público* – A noção de serviço público tem um duplo sentido, designando tanto o organismo de produção do serviço como a missão de interesse geral a este confiado. É com o objectivo de favorecer ou de permitir a realização de missões de interesse geral que a autoridade pública pode impor obrigações específicas de serviço público a um organismo de produção do serviço, por exemplo, em matéria de transportes terrestres, aéreos ou ferroviários ou em matéria de energia. Estas obrigações podem ser impostas à escala nacional ou regional. Note-se que, com frequência, se confunde erroneamente serviço público e sector público (incluindo a função pública), ou seja, a missão e o estatuto, o destinatário e o proprietário. *Serviço universal* – O conceito de serviço universal foi desenvolvido pelas instituições da Comunidade e define um conjunto de exigências de interesse geral a que devem obedecer, em toda a Comunidade, as actividades de telecomunicações ou de correio, por exemplo. As consequentes obrigações destinam-se a assegurar o acesso generalizado de todas as pessoas a determinadas prestações essenciais, de qualidade e a um preço abordável. *Serviços de interesse económico geral* – Os serviços de interesse económico geral designam as actividades de serviço comercializáveis que preenchem missões de interesse geral, estando, por conseguinte, sujeitas a obrigações específicas de serviço público (art. 86º – antigo art. 90º – do Tratado que institui a Comunidade Europeia). É o caso, em especial, dos serviços em rede de transportes, de energia e de comunicações. *Serviços de interesse geral* – Por serviços de interesse geral entendem-se as actividades de serviço, comercial ou não, consideradas de interesse geral pelas autoridades públicas, estando, por conseguinte, sujeitas a obrigações específicas de serviço público. Esta noção engloba as actividades de serviço não económico (sistema de escolaridade obrigatória, protecção social etc.), as funções intrínsecas à própria soberania (segurança, justiça etc.) e

Esses princípios de acessibilidade, igualdade e continuidade no Direito Europeu também informam o chamado "serviço universal", que Mônica Justen resume de forma precisa: "o serviço ou conjunto de serviços mínimos definidos, que visam a assegurar o acesso de todos os usuários a prestações essenciais de uma determinada qualidade e a preços justos em face das condições específicas nacionais".[19]

A babel conceitual europeia não nos interessa de forma imediata, pois aglutina em conceitos de gradação sucessiva – e, por isso, parcialmente superpostos – atividades de serviço público abertos à competição, serviços monopolistas e também serviços sociais.[20] Na Constituição Brasileira, embora a matéria não deva ser reduzida a dois únicos conceitos, como vimos, não apresenta superposições equivalentes.

Na Constituição Brasileira há explícita referência aos *serviços de relevância pública* em duas normas: art. 129, II, e art. 197.

os serviços de interesse económico geral (energia, comunicações etc.). Recorda-se que as condições do art. 86º (antigo art. 90º) do Tratado não são aplicáveis às duas primeiras categorias (actividades de serviço não económico e funções intrínsecas à própria soberania)" (*Glossário da Comunidade Europeia*, documento disponível na Internet: http://europa.eu.int/scadplus/leg/pt/cig/g4000.htm. É útil consultar, também, o denominado *Livro Verde* (COM/2003/270,de 21.5.2003) e o *Livro Branco sobre os Serviços de Interesse Geral* (COM/2004/0374), disponíveis a partir de pesquisa na página http://europa.eu.int e http://europa.eu.int/comm/secretariat_general/service_general_interest). Foi proposta a redação de uma comunicação específica sobre os serviços sociais de interesse geral, incluindo os serviços de saúde, cuja adoção está prevista para 2005.

19. Mônica Spezia Justen, *A Noção de Serviço Público no Direito Europeu*, cit., p. 195.

20. A babel conceitual dos textos normativos comunitários do Velho Continente tem surpreendido a muitos. Diogo de Figueiredo Moreira Neto, por exemplo, encontrou ocasião para ressaltar que a denominada "crise dos serviços públicos" no Continente Europeu, "antes mesmo de uma crise conceitual, é uma *indefinição semântica* provocada pelo uso de variadas e equívocas denominações, como serviço de interesse geral, serviço econômico de interesse geral, serviço público e serviço universal. A confusão dos textos se reflete na perplexidade de alguns autores e das correntes que se alinharam a respeito, sendo que alguns chegam a ponto de considerar a crise como um sinal do desaparecimento do velho e tradicional *service public à la française* e outros, mais moderados, vendo apenas indícios de uma profunda mutação em curso" ("Mutações nos serviços públicos", *Revista Eletrônica de Direito Administrativo Econômico* 1/13 – disponível na Internet: http://www.direitodoestado.com.br, acesso em 7.3.2005).

Na primeira norma o conceito é empregado em *sentido subjetivo*, para referir as entidades privadas que prestam serviço de relevância pública. Na segunda o conceito é empregado em *sentido objetivo*, para referir as ações e os serviços de saúde, seja quando prestados pelo Poder Público, seja quando prestados por pessoa física ou jurídica de direito privado. As disposições são diretas e de simples compreensão:

"Art. 129. São funções institucionais do Ministério Público: (...) II – zelar pelo efetivo respeito dos Poderes Públicos e dos serviços de relevância pública aos direitos assegurados nesta Constituição, promovendo as medidas necessárias à sua garantia; (...)";

"Art. 197. São de relevância pública as ações e serviços de saúde, cabendo ao Poder Público dispor, nos termos da lei, sobre sua regulamentação, fiscalização e controle, devendo sua execução ser feita diretamente ou através de terceiros, por pessoa física ou jurídica de direito privado".

Na verdade, a participação de entidades privadas na prestação de serviços sociais, autorizada expressamente pela Constituição (*v.g.*, arts. 199; 202; 204, I; 209; 216, § 1º; 218, § 4º; e 225), não apenas é pragmática, como pode ser percebida como uma das respostas consequentes à crise do aparelho do Estado no âmbito da prestação dos serviços sociais. O Estado não tem, efetivamente, condições de monopolizar a prestação direta, executiva, dos serviços de assistência social de interesse coletivo. Estes podem ser geridos ou executados por outros sujeitos, públicos ou privados, preferencialmente *instituições públicas não estatais* (pessoas privadas de fim público, sem fins lucrativos), consoante diferencia a própria Constituição (art. 199, § 1º), sob a fiscalização e supervisão imediata do Estado. Nestes casos, "não prover diretamente" não quer dizer tornar-se irresponsável perante essas necessidades sociais básicas, ou negar o direito fundamental à saúde, à educação, à defesa do meio ambiente, à pesquisa científica e tecnológica. *O Estado não deve nem pode demitir-se da responsabilidade de assegurar e garantir direitos sociais*: quando não executar, deve fomentar ou financiar diretamente a execução de serviços sociais necessários à coletividade. O Estado contemporâneo continua executor, regulador, fiscalizador e financiador de serviços sociais, mas pode contar também com *mecanismos de parceria ágeis* para ampliar sua capacidade de assegurar a efetiva fruição dos direitos sociais básicos.[21]

É certo também que os serviços sociais referidos, quando desempenhadas pelo Poder Público como encargo, obrigação, submetem-se ordinariamente ao *regime de direito público*, quer por ser este o *regime jurídico comum e normal da função administrativa do Estado*, quer por expressa decisão legal. Por essa razão, diversos autores tendem a considerar essas atividades, quando prestadas pelo Estado, "serviços públicos".[22] Mas, sem embargo dessa qualificação, essas atividades não seriam serviços públicos *quando desempenhadas por particulares*. Porém, como vimos antes, rotular de "serviço público" essas atividades quando exercidas pelo Estado é *subordinar a nature-*

21. O caráter liberal ou social do Estado é definido menos pela dimensão do seu aparato burocrático quanto pela destinação do seu orçamento. Os Estados atuais são sobretudo centros de transferência de recursos econômicos e sociais. A atividade de prestação de serviços pelo Estado-aparato responde apenas por uma parcela da intervenção do Estado nas sociedades contemporâneas. As transferências de recursos tributários, as isenções especiais e os subsídios – entre outras formas de estímulo e limitação da atividade privada – respondem por grande parte da interferência estatal em nossa vida cotidiana. Lamentavelmente, trata-se de setor em que reina uma quase absoluta opacidade e anomia, pois entregue completamente à lógica econômica. Por isso, se quisermos saber se um Estado é de fato "Social" ou "Neoliberal" devemos consultar o orçamento público e as efetivas transferências de recursos para o financiamento de serviços sociais, independentemente da natureza da entidade responsável pela realização desses serviços. É este o dado essencial a considerar quando se pretende determinar o compromisso do Estado com a realização do direito à saúde ou à educação, e não o campo das formas organizacionais que o Estado adota ou de que se serve para obter bens ou utilidades coletivas. Registre-se, por fim, que as normas que regem a "forma de organização" não informam necessariamente as "normas de funcionamento" das entidades públicas ou privadas de interesse público existentes no Brasil, sendo usual que entidades estatais de direito privado estejam vinculadas, em diversos aspectos do seu funcionamento, a normas de direito público, o mesmo ocorrendo com simples pessoas jurídicas privadas de interesse público.

22. Contra a conceituação dessas atividades sociais do Estado como "serviço público" escreve Juan Carlos Cassagne: "Los servicios públicos propios se distinguen también de los llamados servicios sociales que presta el Estado en áreas tales como la cultura, salud pública, previsión social, cuya gestión suele encomendarse a órganos u entes administrativos, sin perseguirse fines de lucro. Esta actuación estatal, para la realización de prestaciones que no poseen contenido económico, no implica reemplazar ni sustituir la iniciativa privada que, respecto de estas actividades, continúa regida por el principio de la libertad, sin perjuicio de lo cual – cuando la actividad la lleva a cabo el Estado – se aplican los principios y normas propios de la función administrativa" (*La Intervención Administrativa*, 2ª ed., Buenos Aires, Abeledo-Perrot, 1994, p. 40).

*za jurídica de uma atividade à qualidade do sujeito que a exercita*, é adotar um conceito subjetivo – o que é incoerente com a tese predominante na doutrina brasileira de se *buscar a identidade própria da atividade de serviço público na identificação do regime jurídico especial da atividade, não do sujeito que por ela responde*.

A consequência pragmática deste entendimento é ambígua: por um lado, a analogia permite, aparentemente, ampliar as garantias dos administrados quando aplicada a *pessoas jurídicas estatais de direito privado* (tese problemática, ante a ausência de imposição constitucional do regime de direito público a todo esse conjunto de atividades); por outro lado, restringe a compreensão dos compromissos públicos da mesma atividade quando exercida por particulares (pois, *neste caso*, seriam simples *atividades econômicas*).[23]

23. Régis Fernandes de Oliveira, adotando a concepção dominante, enuncia claramente a incompetência do Poder Público para estabelecer condicionantes à política de preços das mensalidades escolares: "O ensino é livre à iniciativa privada, atendidas as condições estabelecidas no art. 209 da CF. Não há outra restrição que possa ser imposta, nem há condicionantes fixadas em lei. O texto constitucional revela a concessão de liberdade às escolas, que podem dispor da melhor forma de organização de seu ensino, submetendo-se, apenas, aos preceitos gerais da Educação Nacional e sujeitando-se à avaliação de qualidade pelo Poder Público. Em consequência do quanto se vem dizendo, pode-se afirmar que não há possibilidade de o Estado imiscuir-se na intimidade da escola, para fixar padrões de mensalidade. Estas são livremente estipulas pelas escolas, a quem, de acordo com o poder aquisitivo dos alunos, incumbirá a dosagem dos salários de seus professores. A equação possibilidade do aluno/necessidade da escola fica a critério desta. Os limites são as possibilidades dos alunos. É correto que se deve desvincular o paternalismo estatal que vigora entre nós. A escola oferece determinado padrão de ensino. Se o aluno não está satisfeito, muda. Faz movimento entre os pais para melhoria do ensino. O pai discute com a direção da escola os aumentos das mensalidades e retira o filho, se entender que a cobrança é muito alta. Enfim, é a livre iniciativa gerindo a economia de mercado no pertinente à educação" (*Receitas Não Tributárias – Taxas e Preços Públicos*, 2ª ed., São Paulo, Malheiros Editores, 2003, p. 152).

Com a licença devida, mantenho radical divergência do ilustre autor no tocante ao alcance da interferência do Poder Público na esfera do ensino privado – como, de resto, nas demais atividades de relevância pública (*v.g.*, saúde e pesquisa científica), embora também não postule o que o autor denomina de "paternalismo estatal". Sem antecipar essa questão – vale dizer, mesmo sem qualificar desde logo a educação como atividade de relevância pública (recurso simples para atribuir-lhe, de pronto, um conjunto relevante de condicionamentos) –, cumpre ressaltar que o "livre mercado" na educação não pode desconsiderar os limites da própria atividade econômica. A matéria já foi enfrentada pelo STF na ADI 319, que admitiu a competência do Poder Público na regulação da política de preços nas atividades de ensino, conquanto

Seja como for, mesmo os autores que dilatam a aplicação do conceito de "serviço público" para atividades sem titularidade do Estado reconhecem que quando os particulares atuam, com ou sem fins lucrativos, por *direito próprio* (*iure propio*) não se sujeitam ordinariamente ao regime do *serviço público* ou do direito administrativo, mas ao regime jurídico típico ou predominante das pessoas de direito privado – o que muitas vezes lhes confere maior agilidade ou presteza no atendimento dos seus objetivos sociais.

Em face desse dado fático, tem crescido no Brasil a compreensão sobre a relevância do denominado "Terceiro Setor", entendido frequentemente em termos simplesmente *subjetivos* ou *orgânicos*.

Assim, é comum definir-se o *Terceiro Setor* como um "conjunto de *organizações sociais que não são nem estatais nem mercantis*, ou seja, organizações sociais que, por um lado, sendo privadas, não visam a fins lucrativos e, por outro lado, sendo animadas por objetivos

o Tribunal tenha revelado certa ambiguidade ao tentar compatibilizar o conceito de "livre iniciativa" e a manifesta relevância social da interferência pública na atividade de ensino desenvolvida por escolas privadas:
"*Ementa*: Ação direta de inconstitucionalidade – Lei n. 8.039, de 30 de maio de 1990, que dispõe sobre critérios de reajuste das mensalidades escolares e dá outras providências. Em face da atual Constituição, para conciliar o fundamento da livre iniciativa e do princípio da livre concorrência com os da defesa do consumidor e da redução das desigualdades sociais, em conformidade com os ditames da justiça social, pode o Estado, por via legislativa, regular a política de preços de bens e de serviços, abusivo que é o poder econômico que visa ao aumento arbitrário dos lucros.
"Não é, pois, inconstitucional a Lei n. 8.039, de 30 de maio de 1990, pelo só fato de ela dispor sobre critérios de reajuste das mensalidades das escolas particulares.
"Exame das inconstitucionalidades alegadas com relação a cada um dos artigos da mencionada lei – Ofensa ao princípio da irretroatividade com relação à expressão 'marco' contida no § 5º do art. 2º da referida lei – Interpretação conforme a Constituição aplicada ao *caput* do art. 2º, ao § 5º desse mesmo artigo e ao art. 4º, todos da lei em causa – Ação que se julga procedente em parte, para declarar a inconstitucionalidade da expressão 'marco' contida no § 5º do art. 2º da Lei n. 8.039/1990, e, parcialmente, o *caput* e o § 2º do art. 2º, bem como o art. 4º, os três em todos os sentidos que não aquele segundo o qual de sua aplicação estão ressalvadas as hipóteses em que, no caso concreto, ocorra direito adquirido, ato jurídico perfeito e coisa julgada" (TP, ADI 319-DF/QO, rel. Min. Moreira Alves, j. 3.3.1993, m.v., *DJU* 30.4.1993, p. 7.563, *Ement.* 01701-01/36. No mesmo sentido: STF, 1ª T., AI/AgR 214.756-SP, rel. Min. Moreira Alves, j. 3.11.1998, *DJU* 5.3.1999, p. 3, *Ement.* 01941-02/323; STF, TP, RE 163.231-SP, rel. Min. Maurício Corrêa, j. 26.2.1997, *DJU* 29.6.2001, p. 55, *Ement.* 02037-04/737).

sociais, públicos ou coletivos, não são estatais".[24] Segundo Boaventura de Souza Santos são instituições que tentam realizar o *compromisso prático entre a eficiência e a equidade em atividades sociais*, adotando a *flexibilidade operacional* típica das pessoas privadas sem prejuízo da *busca de equidade social* inerente a qualquer instituição pública.[25] Porém, por receberem auxílios públicos e privados em nome do desempenho de atividades socialmente relevantes, são e devem ser mais intensamente fiscalizadas pelo Poder Público e pela comunidade que as demais pessoas privadas, através de controles formais e materiais que assegurem a fidelidade de sua ação ao escopo que devem prosseguir. Sob este enfoque – isto é, sob o *ângulo subjetivo* –, resumi o conceito de "Terceiro Setor" nos seguintes termos: "Pessoas privadas de fins públicos, sem finalidade lucrativa, constituídas voluntariamente por particulares, auxiliares do Estado na persecução de atividade de conteúdo social relevante".[26]

São exemplos de entidades privadas de cooperação/colaboração/Terceiro Setor, no Direito Brasileiro, as entidades declaradas de utilidade pública, as entidades declaradas como organizações sociais, organizações da sociedade civil de interesse público e os serviços sociais autônomos. Não pretendo tratar dessas entidades, porém, porque delas cuidei em trabalhos anteriores[27] e para não

24. Cf. Boaventura de Souza Santos, *A Reinvenção Solidária e Participativa do Estado*, conferência apresentada no Seminário Internacional "A Sociedade e a Reforma do Estado", promovido pelo Ministério da Administração e Reforma do Estado do Brasil (MARE) e pelo Conselho da Reforma do Estado, São Paulo, março/1998 (texto recolhido na Internet, http://www.mare.gov.br/Historico/Reforma/conselho/ Boaventura.PDF, p. 20, acesso em março/1998).
25. Boaventura de Souza Santos, *A Reinvenção Solidária e Participativa do Estado*, cit., p. 20.
26. Paulo Modesto, "Reforma do marco legal do Terceiro Setor no Brasil", in Joaquim Falcão e Carlos Cuenca (orgs.), *Mudança Social e Reforma Legal: Estudos para uma Nova Legislação do Terceiro Setor*, Brasília, Conselho da Comunidade Solidária/UNESCO, 1999.
27. Paulo Modesto, "Reforma administrativa e marco legal das organizações sociais no Brasil: as dúvidas dos juristas sobre o modelo das organizações sociais", *RTDP* 16/178-199, São Paulo, Malheiros Editores, outubro-dezembro/1996; *Revista de Informação Legislativa* 136/315-327, Ano 34, Brasília, outubro-dezembro/1997; *Boletim de Direito Administrativo/BDA* 4/238-251, São Paulo, Ano 14, abril/1998; *RDA* 210/195-212, Rio de Janeiro, Renovar, outubro-dezembro/1997; "Reforma do marco legal do Terceiro Setor no Brasil", *RDA* 214/55-68, Rio de Janeiro, Renovar, outubro-dezembro/1998.

alongar excessivamente a avaliação que vem de ser feita, intencionalmente sintética.

Friso, entretanto, que é possível também reconhecer um *sentido objetivo* para o Terceiro Setor, associando-o à *prestação dos serviços de relevância pública*. Assim, em termos jurídicos objetivos, *enquanto conjunto de atividades*, o Terceiro Setor pode ser definido como *esfera de ação livre à iniciativa particular, voltada à administração de serviços de relevância pública, realizada por instituições privadas sem fins lucrativos, em nome próprio e sob responsabilidade própria, ou por organizações estatais, sem caráter substitutivo da atividade privada, sem excepcionalidade, mas também sem prerrogativas especiais ou dominantes de Poder Público*. Trata-se de conceito evidentemente polêmico, por incorporar no âmbito do Terceiro Setor – tradicionalmente associado com exclusividade à sociedade civil – entes estatais sem caráter autoritativo, voltados a setores sociais e culturais (exemplos: museus, creches, centros de pesquisa etc.), destituídos de prerrogativas exorbitantes do direito comum dos simples particulares, embora subordinados a deveres especiais, inerentes à condição estatal dessas entidades.

É neste sentido que é possível reconhecer na Constituição Federal uma terceira categoria, uma terceira espécie de atividade: as *atividades de relevância pública*, que *cumpre ainda explorar mais detalhadamente na legislação dos entes federativos nos próximos anos*, definindo *controles e responsabilidades*, *estímulos e condicionamentos*, *restrições e ações afirmativas* para uma parceria efetiva, fora dos marcos conceituais tradicionais do serviço público.

Os serviços de relevância pública não são serviços públicos, mas também não são atividades de exploração econômica. Consti-

Consulte-se também, sobre o tema, em especial, Diogo de Figueiredo Moreira Neto, "Organizações sociais de colaboração (descentralização social e Administração Pública não estatal")", *RDA* 210/183-194, Rio de Janeiro, Renovar, outubro-dezembro/1997; "O sistema de parceria entre os setores público e privado. Execução de serviços através de concessões, permissões, terceirizações e outros regimes. Aplicação adequada desses institutos", cit., *Boletim de Direito Administrativo* 2/75-81; "Natureza jurídica dos serviços sociais autônomos", *RDA* 207/79-94, Rio de Janeiro, Renovar, janeiro-março/1997. Cf., ainda, Sílvio Luís Ferreira Rocha, *Terceiro Setor*, 2ª ed., São Paulo, Malheiros Editores, 2006.

tuem zona jurídica intermediária, rol de atividades que dispensa título especial de autorização tanto para o Estado quanto para os particulares, mas que cumpre papel relevante no fornecimento de utilidade vitais para os cidadãos, sendo especialmente protegida na Constituição Federal (*v.g.*, art. 129, II). Trata-se de domínio em que a *atividade de execução direta de serviços* e a *atividade de fomento administrativo*, mediante outorga de títulos especiais, apoio financeiro e acordos de parceria, encontram lugar privilegiado para coexistir, rompendo-se em definitivo a dicotomia de soma zero que isolava a atuação dos particulares e do Estado em zonas distintas e mutuamente excludentes.

## 5. Serviços de exploração econômica

Os *serviços de exploração econômica* no Brasil, embora preferencialmente exercidos por agentes privados, são também intensamente disciplinados pelo direito público. São atividades cuja disciplina constitucional sofre o influxo de princípios concorrentes, devendo guardar respeito aos valores da dignidade da pessoa humana (arts. 1º, III, e 170, *caput*), da construção de uma sociedade justa e solidária (art. 3º, I), da erradicação da pobreza e redução das desigualdades sociais e regionais (arts. 3º, III, e 170, VII), da persecução do bem-estar de todos (art. 3º, IV) e da justiça social (art. 170, *caput*). Neles os valores da *livre iniciativa* (arts. 1º, IV, segunda parte, e 170, *caput*) e da *livre concorrência* (art. 170, IV) não são bastantes em si mesmos, mas o instrumento para geração de benefícios ao consumidor e vantagens ao desenvolvimento nacional.

Na exploração de serviços econômicos, é certo, as atividades são regidas predominantemente pelo direito privado, mas nunca de forma exclusiva. Os particulares atuam nesta esfera sujeitos a interferências do direito da concorrência, de restrições administrativas e ambientais, do direito urbanístico, de autorizações de polícia sanitária e de diversas outras modalidades de intervenção do Poder Público. O próprio Estado pode atuar na exploração econômica como prestador direto, sujeito às restrições referidas e também a limitações impostas pela natureza de suas entidades empresariais. Mas, neste campo, *não há lugar para delegação de atividades*, derivação de direitos, pois tanto particulares como o Estado, quando legítima sua atuação, exercitam *atividades econômicas de direito próprio*.[28]

Quando empresários celebram contratos de concessão de obra ou serviço público buscam *ampliar a própria esfera de direitos*, atuar em atividades e exercitar prerrogativas que não poderiam, como simples empresários, manejar. Se a atividade é livre à iniciativa privada, mesmo quando submetida a controles de polícia, não cabe cogitar de concessão de serviço público. A concessão somente tem lugar perante tarefas para as quais a ordem jurídica incumbiu ao Poder Público não apenas a garantia, a vigilância, o controle, mas também a execução concreta do serviço, direta ou indiretamente.

Mas, em termos econômicos – com tem observado Marçal Justen –, não é indiferente a existência ou não de delegação de serviços públicos mediante concessão. Enquanto prestados de forma direta pelo Estado, financiados por impostos, os serviços públicos são mantidos por todos. Prestados por concessionários, em regra, são mantidos apenas pelos usuários do serviço, consoante a intensidade do uso realizado da utilidade posta à disposição de cada um.[29] Em termos jurídicos, a atividade é exercida em regime de direito público mesmo quando manejada por concessionários privados. A atividade arrasta o regime do serviço público, as suas garantias, sendo o restante da atividade do empresário realizado em regime de direito privado.

Reversamente, quando o Estado, através de empresas estatais, exercita atividade de exploração econômica, no âmbito desta atividade predomina a disciplina própria do direito privado (art. 173 da CF), com derrogações expressas no próprio direito positivo. A atividade também arrasta seu regime jurídico, obrigando estruturas estatais a adequarem-se no desempenho de suas atividades finalísticas.

28. É possível identificar no âmbito dos serviços de exploração econômica *atividades econômicas autorizadas* e *atividades econômicas meramente regulamentadas*. É que a Lei Fundamental, no art. 170, parágrafo único, permite à lei identificar hipóteses em que o exercício da atividade privada, embora livre e independente de concessão ou permissão do Estado, somente é cabível mediante autorização prévia do Poder Público. Sobre o tema, com aprofundamentos pertinentes, cf. as observações percucientes de Celso Antônio Bandeira de Mello, *Curso de Direito Administrativo*, cit., 28ª ed., pp. 804-808.
29. Marçal Justen Filho, *Teoria Geral das Concessões de Serviço Público*, cit., p. 13.

No âmbito das atividades de relevância pública, no entanto, esse fenômeno não ocorre. O regime predominante não é o da atividade, mas aquele próprio do sujeito que a exerce. Se o Estado instituir autarquias para o exercício de atividades de relevância pública, o regime jurídico aplicável será o regime de direito público. Se instituir fundações governamentais, submetidas ao direito privado, destituídas de prerrogativas especiais – como museus e centros de pesquisa –, o regime aplicável na prestação dos serviços será o regime de direito privado. Por isso, enquanto exercida por entes de natureza pública, o regime de prestação das atividades de relevância pública é sempre o regime público; e enquanto prestadas por entidades privadas, estatais ou particulares, o regime predominante é sempre o regime de direito privado. Essa *dualidade no regime jurídico aplicável é uma peculiaridade desta esfera de atividades*, em confronto com as atividades enquadradas no conceito de "serviço público" e no conceito de "atividades de exploração econômica".

Em termos esquemáticos, os tópicos anteriores podem ser representados na tabela abaixo, que resume alguns dos elementos diferenciadores das principais formas de atividade de prestação de serviços ao público:

| Serviço Público | Serviço de Relevância Pública | Serviço de Exploração Econômica |
|---|---|---|
| Atividades de titularidade pública (art. 175 da CF) | Atividades sem reserva de titularidade pública ou privada | Atividade de titularidade privada (art. 170 da CF), mas passível de atuação pelo Poder Público em situações especiais, previstas na lei o na Constituição Federal |
| Pessoas privadas atuam por delegação | Pessoas privadas e Estado atuam de forma ordinária, sem delegação ou exceção | Estado atua por exceção: ressalvados os casos previstos na Constituição, apenas atuará quando necessário para atender a imperativos da segurança nacional ou a relevantes interesses coletivos, definidos em lei |
| Atividade submetida à reserva de direito público, independentemente do prestador | Atividade submetida a regime variável, parcialmente dependente do regime jurídico predominante do prestador, mas sempre vinculada a obrigações de regularidade, modicidade, acessibilidade e impessoalidade | Atividade submetida à reserva de direito privado, independentemente do regime do prestador, salvo derrogações constitucionais e legais |
| Atividade expressamente identificada na Constituição ou em normas legais (legalidade estrita) | Atividade residual, ora identificada na Constituição e em normas legais, ora identificada em termos sociais | Atividade residual, ora identificada na Constituição e em normas legais, ora identificada em termos sociais |

▶

| Serviço Público | Serviço de Relevância Pública | Serviço de Exploração Econômica |
|---|---|---|
| Atividade refratária à livre iniciativa privada | Atividade compatível com a livre iniciativa privada, mas sujeita a intenso condicionamento público | Atividade compatível com a livre iniciativa privada, salvo ressalvas constitucionais (monopólios públicos) |
| Normas constitucionais básicas: arts. 175; 145, II; 37, § 6º; 223; 21, X e ss. | Normas constitucionais básicas: arts. 197; 129, II; 209; 213; 217, II; 225 | Normas constitucionais básicas: arts. 170; 172; 173; 174; 177; 217, II |

## 6. Reforma do Estado e transformações da atividade de prestação de serviços pelo Estado

As transformações pelas quais passou a Administração Pública nos últimos 20 anos produziram alterações em setores inteiros do ordenamento jurídico. Para além da dimensão normativa, porém, modificaram a própria compreensão sobre o papel da Administração Pública no Estado contemporâneo (mudança cultural) e desafiaram a capacidade explicativa dos modelos científicos adotados pelo direito administrativo que conhecemos (mudança dogmática).

A *mudança cultural* – talvez a mais difícil de avaliar e controlar – avança com as reivindicações crescentes de novas formas de controle social sobre a atividade administrativa, a revalorização do papel das organizações não governamentais autênticas como parceiras por excelência da Administração Pública, bem como pelas tentativas de aplicação aos processos administrativos públicos de técnicas de avaliação da qualidade e de incremento da eficiência corriqueiras entre particulares. Reclama-se, com ênfase e cada vez com maior rigor, por eficiência na administração dos aparatos estatais e por economicidade na gestão dos recursos públicos. Por maior transparência, menos corrupção, mais planejamento e impessoalidade no trato com a coisa pública.

No plano científico ou acadêmico amplia-se a percepção da necessidade de romper definitivamente com a concepção autoritária e tradicional do direito administrativo brasileiro, relacionada a uma concepção ainda liberal do Estado, consubstanciada na obsessiva centralidade da noção de "Administração agressiva", mediante a qual a Administração é vista em relação ao cidadão fundamentalmente através de decisões unilaterais, impositivas, individualizadas, autoexecutórias e desfavoráveis. Se essa noção de Administração já não deveria ser dominante ou exclusiva no Estado Social, com o desenvolvimento da Administração prestadora de serviços, que colocou em evidência a figura dos atos administrativos favoráveis, reclamados pelo particular, destituídos da notas de autoexecutoriedade, o desconforto, atualmente, é ainda maior. A Administração é cada vez mais dependente da atuação do particular, sendo carente não apenas de recursos privados, mas de informação e colaboração, encontrando-se crescentemente fragilizada em face da multiplicidade e força dos interesses em conflito afetados pela própria atividade administrativa e pela dimensão e variedade das demandas que lhe são dirigidas cotidianamente. O aparato público diminui, de um modo tendencialmente geral, mas são ampliadas suas responsabilidades, dilatando-se a interferência do Estado tanto na regulação de mercados quanto no plano do fomento a atividades de interesse social. A Administração Pública internacionaliza-se, integrando-se com Administrações de outros Estados soberanos. Em todos esses movimentos corre-se sempre o risco de abusos e desvios, seja no plano da manipulação de informações, seja no plano da gestão dos recursos públicos, uma vez que o montante de recursos manejado pelo Estado, hoje, corresponde a uma parcela importante do produto interno bruto do país. Neste contexto, crescem de importância o processo administrativo, as técnicas de audiência e consulta públicas, de controle das informações privilegiadas e do manejo dos recursos públicos, de cooperação intergovernamental e integração internacional entre Administrações Públicas, bem como formas variadas de fomento e arbitragem de interesses que dificilmente podem ser reconduzidas às formas tradicionais de atuação do Estado.

Cada uma dessas dimensões, é certo, interage com e sobre as demais, produzindo avanços e recuos inevitáveis neste momento de transição.

Todas essas transformações afetam também a forma de compreendermos as *atividades de prestação de serviços ao cidadão* e indicam *tendências contemporâneas nos modos de prestação dos serviços públicos e serviços de relevância pública*.

Em primeiro lugar, ao contrário da tradicional concessão do direito ao exercício de monopólios no exercício dos serviços públicos, passa-se a estimular a *competição de prestadores*, inclusive através de mecanismos apenas possíveis pela evolução tecnológica, como o *com-*

*partilhamento de rede* (mitigação dos monopólios naturais). Nestes casos o Estado não renúncia a disciplinar a atividade pública prestada pelo particular, pois não transfere a regulação da atividade ao mercado; mas cria o que vem sendo denominado de "paramercado", isto é, um complexo *sistema de competição ordenada, limitada e definida pelo próprio Poder Público entre prestadores de serviço público*. Estimula-se também a *liberdade de escolha do fornecedor pelo usuário, inclusive em serviços gratuitos*, através de mecanismos de "transferências diretas" (exemplos: bolsa-família, cheque-ensino, remuneração de hospitais por unidades de atendimento), que entregam à decisão do usuário a escolha do melhor prestador do serviço. O Estado mantém o *monopólio da regulação e da titularidade* sobre a atividade pública quando se trata de serviço público, mas rompe com o tradicional *monopólio da prestação* (exclusividade do fornecedor de serviços, reservas de mercado, mercados cativos etc.). A prestação de serviços públicos em *paramercados públicos* nunca reproduz inteiramente as estruturas do livre mercado privado, pois a competição ordenada pelo Poder Público obriga os agentes econômicos à prestação em atividades não rentáveis, controla o número de competidores e, frequentemente, as próprias formas de prestação do serviço, para resguardar valores fundamentais. Além disso, a fixação de mecanismos de *competição ordenada e regulada* entre prestadores de serviço público produz, como consequência direta, a *ampliação do papel do Estado como árbitro de conflitos entre prestadores* – função inexistente quando o desempenho de serviço público estava associado à manutenção de monopólios de execução. Essa incorporação da competição no âmbito dos serviços públicos é tendência de reconhecimento amplo não apenas no Brasil (*v.g.*, Lei 8.987/1995, art. 16), mas em escala mundial.[30]

Percebe-se também forte tendência, na Europa e mesmo no Brasil, a *autonomizar as obrigações de serviço público*, que podem comparecer em bloco nas atividades de serviço público, mas também reger, de forma obrigatória, *em termos parciais*, outras *atividades de interesse público* (exemplo: dever de continuidade nos serviços priva-

---

30. Cf. Alexandre Aragão, "Serviços públicos e concorrência", cit., *Revista Eletrônica de Direito Administrativo Econômico* 1 (disponível na Internet: http://www.direitodoestado.com.br, acesso em 7.3.2005).

dos essenciais, inclusive durante greves, com garantia de prestações mínimas, essenciais, sob tarifa acessível).[31] Neste contexto, passa a ser desnecessário rotular uma dada atividade como "serviço público" para reconhecer a aplicação de princípios e garantias de regularidade, acessibilidade e continuidade a atividades de compostura jurídica distinta.[32]

É outra tendência clara desta quadra história a tentativa de consolidar, de forma mais ou menos bem-ordenada, uma *neutralização política da função regulatória* (também denominada de "desgovernamentalização da regulação"), através de criação de *agências reguladoras*, conformadas com *autonomia financeira, administrativa e corpo técnico estável*. Com a medida procura-se oferecer a investidores nacionais e internacionais a segurança jurídica necessária à atração de investimentos de longo prazo, mas ainda sem pleno sucesso, pois a experiência das agências reguladoras mostra-se frágil, sujeita a fortes interferências políticas, especialmente através de contingenciamento de recursos orçamentários. É óbvio que estruturas administrativas autônomas mas subordinadas a restrições financeiras arbitrárias são autônomas apenas formalmente, pois o desempenho de suas atividades exclusivas é diretamente afetado por essas limitações de natureza material.

31. Tomás-Ramón Fernández (*Panorama del Derecho Administrativo al Comienzo de su Tercera Centuria*, Buenos Aires, La Ley, 2002, pp. 54 e ss.) explora o tema sob a rubrica sugestiva "del servicio público a las obligaciones de servicio público". Cf., também, José María Souvirón Morenilla, *La Actividad de la Administración y el Servicio Público*, cit., 1998.

32. Pedro Gonçalves, em termos didáticos, esclarece que a imposição de obrigações de serviço público é "uma técnica que permite ao Estado obrigar os titulares de autorizações para o exercício de determinadas actividades privadas (exercidas num quadro de liberdade de acesso ou de iniciativa) a efectuar prestações suplementares ou a exercer a actividade para que estão autorizados no cumprimento de objectivos e de *standards* que excluem a actuação segundo o *objectivo do maior lucro*" (*A Concessão de Serviço Público*, Coimbra, Livraria Almedina, 1999, p. 17).

Seria ingenuidade não perceber que a consagração legal dessa modalidade de intervenção administrativa, especialmente nos países integrantes da Comunidade Europeia, retrata o aumento da influência da doutrina norte-americana das *public utilities* e o declínio da doutrina francesa do denominado "serviço público virtual", cuja aplicação vem sendo substituída pelo conceito de "serviço universal" (cf Souvirón Morenilla, *La Actividad de la Administración y el Servicio Público*, cit., pp. 604 e ss.).

A transformação que se mostra decisiva, porém, nas atividades de prestação de serviços ao cidadão, enfatizada à exaustão neste trabalho, é o reconhecimento que se começa a fazer do *caráter específico das atividades de relevância pública*, diferenciadas no ordenamento jurídico tanto das atividades de serviço público quanto das atividades econômicas em sentido estrito. É este um campo de atividades que cumpre desenvolver nos próximos anos, por ser ainda fértil para novas iniciativas de *parceria* e *cooperação*, especialmente relevantes em um país desigual como o Brasil, carente de recursos e de ação coordenada. Trata-se de esfera de atividades dirigida ao cidadão, porém, cujo desenvolvimento somente será viável nos marcos de uma compreensão renovada do conceito de "serviço público", sempre à luz da experiência histórica e institucional do país, aberta a mudanças e, no entanto, apoiada diretamente na Constituição da República.

## 7. As PPPs: sentido amplo e restrito

O Direito Brasileiro conhece, em sentido amplo, formas variadas de parceria entre o Estado e pessoas privadas de caráter empresarial e entre o Estado e entidades privadas sem fins lucrativos. Naturalmente, as parcerias do primeiro grupo cuidam de estabelecer preferencialmente formas de cooperação na prestação de serviços públicos e na exploração de atividades econômicas. Reversamente, as parcerias do segundo grupo vinculam-se tradicionalmente à prestação de serviços de relevância pública, tendo em conta que a atuação das entidades sem fins de lucro neste campo de atividades é explicitamente fomentada pela Constituição (*v.g.*, arts. 199, § 1º, *in fine* – saúde; 214, I – assistência social; 205, *caput*, e 213 – educação).[33] Mas essa divisão

---

33. Em trabalho anterior, após referir os dispositivos constitucionais citados, resumi:
"Outras *disposições constitucionais* referem de forma *reflexa* esta mesma forma de colaboração de entidades particulares com a Administração Pública, a saber: (1) *igrejas* (arts. 19, I – colaboração, de interesse público, com a União, Estados, Distrito Federal e Municípios; art. 226, § 2º – celebração do casamento religioso com efeito civil; art. 213 – escolas confessionais); (2) *instituições privadas de educação* (art. 150, VI, 'c' – imunidade tributária, desde que sem fins lucrativos); (3) *instituições de assistência social beneficentes ou filantrópicas* (art. 150, VI, 'c' – imunidade tributária, desde que sem fins lucrativos; art. 195, § 7º – isenção de contribuição para a seguridade social); (4) *terceiros e pessoas físicas e jurídicas de direito privado na*

não é absoluta: as entidades privadas empresariais também colaboram em serviços sociais do Estado, sem fins de lucro, cumprindo funções de fomento, especialmente em atividades culturais (*v.g.*, amostras de arte, exposições, espetáculos públicos) e sociais (*v.g.*, projetos de urbanização, auxílio a creches e escolas públicas). São *características gerais* das diversas modalidades de parceria, presentes em maior ou menor intensidade nas diferentes modalidades de ajuste: (a) a voluntariedade da adesão ao ajuste; (b) a convergência de interesses; (c) a complementariedade de encargos; (d) a atenuação no emprego de prerrogativas exorbitantes por parte da Administração, com vistas a não inibir o interesse do parceiro privado; (e) a flexibilidade dos arranjos institucionais viabilizadores do ajuste de interesses. As parcerias, em sentido amplo, caracterizam-se como acordos entre duas ou mais partes, para atuarem juntas em direção a um objetivo comum.

As parcerias entre o Estado e o empresariado frequentemente envolvem a celebração de contratos de concessão de serviço público ou de obra pública, mas também podem ocorrer com a mobilização conjunta de capitais para criação de entes empresariais (sociedades de economia mista).[34] Formas de parceria também usuais são os acordos

*área da saúde* (arts. 197 – declaração de relevância pública das ações e serviços de saúde pelos mesmos executados); (5) *organizações representativas da população* (art. 30, X – cooperação no planejamento municipal; art. 58, II – participação em audiências públicas de comissões do Poder Legislativo); (6) *serviços notariais e de registros* (art. 236 e §§ – serviços privados mas por delegação do Poder Público); (7) *entidades privadas em geral* – art. 74, II (cabe ao sistema de controle interno integrado dos Poderes Legislativo, Executivo e Judiciário a comprovação da *legalidade* e avaliação dos resultados, também quanto à *eficácia* e *eficiência*, da *aplicação de recursos públicos por entidades de direito privado*).
"Essas disposições revelam a extensão que tomou a cidadania participativa, e a *parceria público-privada*, na Constituição de 1988, assinalando ainda algumas das diversas modalidades de estímulo utilizadas pelo Estado para atrair e premiar a colaboração de entidades privadas em atividades de acentuada relevância social: (a) *imunidade tributária* (art. 150, VI, 'c', art. 195, § 7º, e art. 240); (b) *trespasse de recursos públicos* (art. 204, I; art. 213; art. 216, § 3º; art. 61 do ADCT); (c) *preferência na contratação e recebimento de recursos* (art. 199, § 1º, *in fine*)" (Paulo Modesto, "Reforma administrativa e marco legal das organizações sociais no Brasil: as dúvidas dos juristas sobre o modelo das organizações sociais", cit., *RTDP* 16/187-188).
34. Não afasto do conceito amplo de "parceria" a criação de entidades específicas, integradas pelos parceiros, com vistas à realização de propósitos comuns (parceria institucional). A entidade criada pode ser temporária – a exemplo de sociedades de propósitos específicos (SPEs), ou assumir formas jurídicas estáveis, como as so-

econômicos, que envolvem redução de preços em setores específicos da Economia e a redução concomitante da tributação sobre produtos industrializados ou sobre o consumo de certos produtos (exemplo: redução de tributação para carros populares).

Não é este sentido amplo da voz "parceria", porém, que cumpre, aqui, desenvolver. Interessa analisar – considerando o exposto nos itens anteriores – o alcance específico da expressão "parceria público-privada" (PPP), isto é, da voz "parceria" consoante vem empregada na Lei 11.079, de 30.12.2004 (publicada no *DOU* 31.12.2004), e em especial sua aplicação não apenas no campo tradicional dos *serviços públicos* e das *atividades de exploração econômica* – esfera em que terá, provavelmente, a mais intensa aplicação –, mas no âmbito sempre esquecido das *atividades de relevância pública*, dos *serviços sociais e culturais* prestados ao público pelo Estado e por particulares, igualmente carente de recursos e de iniciativas que lhe ampliem a eficácia. É o que se fará a seguir.

## 8. As PPPs na Lei 11.079/2004

A Lei 11.079/2004 denomina como "parceria público-privada" (PPP) o *contrato especial de concessão* que estabeleça *contraprestação pecuniária* do parceiro público ao parceiro privado, sob duas modalidades: *concessão patrocinada* e *concessão administrativa*.

Trata-se de *contrato de direito público*, de *longo prazo* e *caráter extraordinário*, somente aplicável a ajustes de *grande vulto*, cujo valor seja equivalente ou exceda a 20 milhões de Reais, possua *prazo de*

ciedades de economia mista. Em sentido contrário, Maria Sylvia Zanella Di Pietro exclui do conceito de "parceria" a hipótese de formação de nova pessoa jurídica: "Neste livro, o vocábulo 'parceria' é utilizado para designar todas as formas de sociedade que, sem formar uma nova pessoa jurídica, são organizadas entre os setores público e privado, para a consecução de fins de interesse público. Nela existe a colaboração entre o Poder Público e a iniciativa privada nos âmbitos social e econômico, para satisfação de interesses públicos, ainda que, do lado do particular, se objetive o lucro. Todavia, a natureza econômica da atividade não é essencial para caracterizar a parceria, como também não o é a ideia de lucro, já que a parceria pode dar-se com entidades privadas sem fins lucrativos que atuam essencialmente na área social e não econômica" (*Parcerias na Administração Pública: Concessão, Permissão, Franquia, Terceirização e Outras Formas*, 3ª ed., São Paulo, Atlas, 1999, pp. 31-32).

*vigência* igual ou superior a 5 anos (mas não excedente a 35 anos) e envolva *compartilhamento de riscos entre o parceiro público e o parceiro privado*, inclusive no tocante à *cobertura de riscos contra caso fortuito, força maior, fato do príncipe e álea econômica extraordinária*.

A Lei 11.079/2004 estipula que quando não houver contraprestação pecuniária do Poder Público a concessão administrativa deve ser rotulada como "concessão comum", sendo inaplicáveis as normas especiais que institui. Também não são aplicáveis as normas da nova lei aos contratos que tenham como objeto único o fornecimento de mão de obra, o fornecimento e instalação de equipamentos ou a execução de obra pública (art. 2º, § 4º, III). Saliente-se, ainda, que a contraprestação pecuniária da Administração Pública, necessária para caracterização da nova modalidade contratual, somente será cabível *após a efetiva disponibilização do serviço objeto do contrato de PPP ou, ao menos, de parcela fruível do serviço contratado* (art. 7º).

A Lei 11.079/2004 *inova o léxico jurídico-administrativo em termos nacionais* (art. 1º), razão pela qual define, expressamente, os conceitos de "concessão patrocinada" e "concessão administrativa". Com o primeiro rótulo designa a concessão de serviços públicos ou de obras públicas de que trata a Lei 8.987, de 13.2.1995, quando envolver, *adicionalmente à tarifa cobrada dos usuários, contraprestação pecuniária do parceiro público ao parceiro privado*. O segundo rótulo denota não propriamente um contrato de concessão de serviço público – ao menos como este é reconhecido no direito administrativo brasileiro –, mas uma espécie de *contrato de risco* de que a Administração Pública seja a "usuária direta ou indireta", cumulado ou não com contrato de *concessão de uso de bem público ou de obra pública*. As denominadas "concessões administrativas", segundo o art. 3º da nova Lei 11.079/2004, regem-se pela Lei 11.079/2004 e também pelo disposto nos arts. 21, 23, 25 e 27 a 39 da Lei 8.987, de 13.2.1995, e no art. 31 da Lei 9.074, de 7.7.1995. Nas *concessões administrativas*, em princípio, não há delegação de serviço público – o que torna realmente ambígua e problemática a terminologia empregada.

Embora tenha isolado em duas modalidades de contrato as suas hipóteses de aplicação, é nítida a preocupação da lei em disciplinar sobretudo a modalidade de concessão denominada "patrocinada", pois é esta aquela que melhor serve à atração de capitais privados para investimentos em infraestrutura, particularmente nas atividades de maior risco econômico ou regulatório.

Como é evidente, segundo a concepção adotada pela nova lei, parcela significativa dos investimentos em infraestrutura de que o país necessita exigem longo prazo de maturação e grande volume de recursos – isto é, embutem *grande risco econômico, regulatório e político*, cuja cobertura somente pode ser realizada integralmente por empresas privadas em situações especiais, nas quais seja evidente ou muito provável a estabilidade das receitas a serem auferidas ao longo do tempo ou manifesta a sustentabilidade do negócio pelo elevado número de usuários a serem atendidos. Em projetos de interesse público que envolvam construção de obras, mas de *fluxo de caixa incerto ou insuficiente*, de duas, uma: (a) o Poder Público integraliza todo o investimento, contratando do setor privado a obra em regime de empreitada (regime tradicional: risco integral do Estado), ou (b) o Poder Público compartilha riscos com o investidor privado, assegurando subsídios ou a estabilidade no tempo de receitas necessárias à amortização do investimento (regime das PPPs). É esta a concepção ideológica que permeia todas as normas da Lei 11.079/2004.

Por isso, as duas modalidades de contratação de PPPs (conhecidas no Continente Europeu também pela sigla "PPP" – *public-private-partnerships*) apresentam *caráter subsidiário em relação às denominadas "concessões comuns"*. Somente parece legítima a adoção das novas modalidades quando inviável, por manifesto desinteresse dos capitais privados e insuficientes recursos de investimento do Poder Público, a adoção da modalidade comum de concessões de serviço, de obra ou de uso de bem público, bem como a contratação direta em regime de empreitada.[35]

35. O caráter subsidiário ou excepcional de contratações pela modalidade PPP é ressaltado também em alguns relatórios internacionais. A Comissão incumbida de estudar os diversos contratos de PPPs celebrados nos países da União Europeia, com vistas à elaboração do guia *Diretrizes para Parcerias Público-Privadas Bem-Sucedidas*, disponível na Internet (http://europa.eu.int/comm/regional_policy/sources/doc gener/guides/PPPguide.htm), acentuou: "Entretanto, embora as PPPs possam apresentar diversas vantagens, deve ser também lembrado que esses esquemas são complexos para projetar, implementar e administrar. Em nenhuma hipótese elas constituem a única opção ou a opção preferencial, e devem ser consideradas apenas se puder ser demonstrado que elas poderão gerar valor adicional em comparação a outras aborda-

O caráter subsidiário e extraordinário dos referidos contratos de parceria é evidenciado também pelas exigências a serem observadas pela Administração antes de decisão sobre a celebração dos contratos, em especial a verificação da "sustentabilidade financeira e vantagens socioeconômicas dos projetos de parceria" (art. 4º, VII), ao lado da observância da "responsabilidade fiscal na celebração e execução das parcerias" (art. 4º, IV) e "repartição objetiva de riscos entre as partes" (art. 4º, VI). Por igual, a abertura do processo de licitação – que será sempre na modalidade de *concorrência* – está condicionada a "autorização da autoridade competente, fundamentada em estudo técnico que demonstre a *conveniência e a oportunidade da contratação, mediante identificação das razões que justifiquem a opção pela forma de PPP* (art. 10, I, "a"). É necessário também que a minuta do edital e do respectivo contrato seja submetida a *consulta pública*, que deverá necessariamente "informar a justificativa para a contratação" (art. 10, VI). Por fim, as concessões patrocinadas em que mais de 70% da remuneração do parceiro privado forem pagos pela Administração Pública *dependerão de autorização legislativa específica* (art. 10, § 3º). A lei exige também a avaliação da solvência financeira do ente público, considerando o comprometimento financeiro com projetos de PPP em curso, antes da celebração de novos contratos de parceria.[36] Sem

---

gens, se existir uma estrutura de implementação efetiva e se os objetivos de todas as partes puderem ser atingidos com a parceria" (p. 4).

36. Para a União: "Art. 22. A União somente poderá contratar parceria público-privada quando a soma das despesas de caráter continuado derivadas do conjunto das parcerias já contratadas não tiver excedido, no ano anterior, a 1% (um por cento) da receita corrente líquida do exercício, e as despesas anuais dos contratos vigentes, nos 10 (dez) anos subsequentes, não excedam a 1% (um por cento) da receita corrente líquida projetada para os respectivos exercícios". Por via oblíqua, para os Estados e Municípios:

"Art. 28. A União não poderá conceder garantia e realizar transferência voluntária aos Estados, Distrito Federal e Municípios se a soma das despesas de caráter continuado derivadas do conjunto das parcerias já contratadas por esses entes tiver excedido, no ano anterior, a 3% (três por cento) da receita corrente líquida do exercício ou se as despesas anuais dos contratos vigentes nos 10 (dez) anos subsequentes excederem a 3% (três por cento) da receita corrente líquida projetada para os respectivos exercícios.

"(...).

"§ 2º. Na aplicação do limite previsto no *caput* deste artigo, serão computadas as despesas derivadas de contratos de parceria celebrados pela Administração Pública direta, autarquias, fundações públicas, empresas públicas, sociedades de economia

essas cautelas o contrato de PPP será ilegal e, em princípio, contrário ao interesse público.

A opção pelo modelo das PPPs deverá exigir ao menos dois fundamentos concretos: a ausência de recursos suficientes para investimentos de interesse público e, cumulativamente, a inviabilidade da transferência para a iniciativa privada do risco econômico integral da prestação do serviço, precedido ou não de obra pública.[37] Essa é a

mista e demais entidades controladas, direta ou indiretamente, pelo respectivo ente, excluídas as empresas estatais não dependentes" (redação dada pelo art. 10 da Lei 12.024, de 27.8.2009, que alterou os limites previstos no art. 28 da Lei 11.079/2004, originalmente estabelecidos em 1% da receita corrente líquida).

37. As concessões de obra ou serviço público são caracterizadas no Brasil como contratos administrativos em que *o risco é exclusivamente do concessionário*. Essa concepção, no entanto, é antes um *mito* (ou um "mantra dogmático", um fraseado repetido sistematicamente, sem reflexão ou crítica) que um dado da ordem jurídica positiva: o Direito Brasileiro reduz o conceito de "álea ordinária" – conjunto de riscos que o concessionário deve suportar – e amplia ao máximo a proteção do concessionário em face da álea extraordinária (nas duas modalidades, álea administrativa e álea econômica), obrigando o Estado a assumir diversos riscos durante o contrato de concessão de serviço ou de obra pública. A teoria do fato do príncipe nos contratos de concessão, por exemplo, tem entre nós um alcance muito mais amplo que no Direito Francês: no Direito Brasileiro, de ordinário, o Estado cobre com exclusividade os desequilíbrios contratuais decorrentes de medidas gerais por ele impostas que afetem indistintamente toda a coletividade (como os tributos) – o que não ocorre, como regra, no Direito Francês. Por igual, entre nós a noção de "equilíbrio econômico-financeiro" do contrato de concessão tem sido extremamente generosa para o concessionário, pois diante de fatos imprevistos, excepcionais, que afetem a economia do contrato, tem-se invocado a responsabilidade integral do Estado pela cobertura destes riscos, enquanto no Direito Francês os prejuízos decorrentes de fatos imprevisíveis e anômalos (álea econômica) são partilhados entre o concedente e o concessionário. Essa dupla redução de riscos para o concessionário é extraída, pela doutrina majoritária, do disposto no art. 37, XXI, da CF, na parte que estatui que as obras e serviços serão contratados "com cláusulas que estabeleçam obrigações de pagamento, mantidas as condições efetivas da proposta". Sem embargo dessas garantias do concessionário – que nada mais são que assunção pelo Estado de parte dos riscos da concessão –, a Lei 8.987, de 13.2.1995, define a "concessão de obra ou serviço público" como contrato em que o concessionário deve fazer prova de possuir capacidade para executar a obra ou serviço "por sua conta e risco" (art. 2º, II, III e IV). A Lei 11.079/2004 (Lei das PPPs) foi mais austera: impôs a "repartição objetiva de riscos entre as partes" (art. 4º, VI), inclusive os "referentes a caso fortuito, força maior, fato do príncipe e álea econômica extraordinária" (art. 5º, III). Não tenho dúvida de que muitos autores inquinarão o novo dispositivo de inconstitucional, por afronta ao precitado art. 37, XXI, da CF. Mas considero que esta será uma leitura apressada (ou interessada): o dispositivo constitucional obriga a que sejam mantidas as condições efetivas da proposta, mas não impede que o legislador determine aos particulares que, na proposta, con-

razão para a identificação crescente das PPPs, no plano internacional, a projetos de iniciativa financeira privada (*private finance initiative* – PFI). Nestes tipos de ajuste o empreendedor privado assume a responsabilidade da concepção dos projetos, da obtenção do financiamento, da construção e da operação de obras e serviços de interesse público (contratos tipo *design-build-finance-operate*), cabendo ao Estado fiscalizar a obra e os serviços, prestar garantias que diminuam o risco do investimento e, por vezes, o papel de cliente direto ou indireto responsável pelo pagamento dos serviços prestados. No entanto, nestes ajustes é possível prever também "o compartilhamento com a Administração Pública de ganhos econômicos efetivos do parceiro privado decorrentes da redução do risco de crédito dos financiamentos utilizados pelo parceiro privado" (art. 5º, IX, da Lei 11.079/2004).

Os contratos de concessão tradicionais, denominados, agora, também de "concessões comuns", quando envolviam a prévia construção de obra pública, em geral seguiam o modelo BOT (contratos tipo *build, operate, transfer*: construir, operar, transferir). Não oneravam, em princípio, os cofres públicos, mas o Estado era responsável pela concepção do contrato e cobria todos os riscos de manutenção da equação econômico-financeira. É ainda hoje uma opção excelente, uma vez que não importa aumento do endividamento público, mas traduz modalidade que somente produz resultados quando a taxa de retorno do investimento privado é motivadora. Quando a taxa de retorno privado é baixa e a vantagem social obtida com o ingresso de investimentos privados é relevante, a parceria somente é possível fora dos marcos tradicionais da concessão precedida de obra pública.

Nesses casos, como o Poder Público praticamente esgotou suas possibilidades de endividamento, ganhou relevo o *papel dos investidores* como terceiros diretamente interessados no contrato de PPP, prevendo a lei diversos mecanismos de *garantia do investimento*, com

templem objetiva catalogação dos riscos que estão dispostos a assumir em relação a situações típicas de caso fortuito, força maior, fato do príncipe e álea econômica extraordinária. O conceito de "condições efetivas da proposta" não deve atinar apenas ao preço e às tarefas assumidas: deve encerrar, ao menos nos contratos de PPP, um objetivo catálogo de situações que indique quais riscos serão partilhados entre os parceiros e quais riscos serão de responsabilidade exclusiva de cada parte. É o início do fim dos contratos administrativos elípticos e mal-ajustados, de poucas páginas, que asseguram todas as garantias possíveis ao concessionário e deixam o Estado sem clareza sobre a extensão do risco efetivo assumido pelo concessionário.

vistas a diminuir ao máximo os riscos econômicos envolvidos no projeto e baratear ao máximo o crédito necessário para o desenvolvimento da obra ou serviço.

Na Lei 11.079/2004 os investidores assumem papel de destaque na relação jurídico-administrativa, autorizando a lei que os contratos de PPP poderão prever o *direito de ingresso dos financiadores no projeto*, isto é, a "transferência do controle da sociedade de propósito específico", responsável pela execução da concessão, para seus financiadores, com o manifesto "objetivo de promover a sua reestruturação financeira e assegurar a continuidade da prestação dos serviços, não se aplicando para este efeito o previsto no inciso I do parágrafo único do art. 27 da Lei n. 8.987, de 13 de fevereiro de 1995" (art. 5º, § 2º, I).

Autoriza também a "possibilidade de *emissão de empenho em nome dos financiadores* do projeto em relação às obrigações pecuniárias da Administração Pública" e "a legitimidade dos financiadores do projeto para *receber indenizações* por extinção antecipada do contrato, bem como pagamentos efetuados pelos fundos e empresas estatais garantidores de parcerias público-privadas" (art. 5º, § 2º, II e III). Por essas medidas, é óbvio, procura-se proteger os financiadores ou credores finais do empreendimento da atuação irregular ou ruinosa de empreendedores privados.

No entanto, como é baixa a credibilidade do Poder Público no Brasil, a Lei 11.079/2004 trata de prever garantias objetivas dos financiadores também em relação ao parceiro estatal, especialmente quanto a atrasos deste no desembolso das contrapartidas públicas do contrato. Por um lado, admite que a contraprestação da Administração Pública seja feita de maneira variada, especialmente, por "ordem bancária; cessão de créditos não tributários; outorga de direitos em face da Administração Pública; ou outorga de direitos sobre bens públicos dominicais" (art. 6º, I-IV). Por outro lado, assegura que esses desembolsos sejam garantidos mediante "vinculação de receitas, observado o disposto no inciso IV do art. 167 da Constituição Federal; instituição ou utilização de fundos especiais previstos em lei; contratação de seguro-garantia com as companhias seguradoras que não sejam controladas pelo Poder Público; garantia prestada por organismos internacionais ou instituições financeiras que não sejam controladas pelo Poder Público; garantias prestadas por fundo garantidor ou empresa estatal cria da para essa finalidade;[38] outros mecanismos admitidos em lei" (art. 8º). É lógico que essas garantias devem ser compatíveis com a divisão de riscos estabelecida no contrato de PPP, não podendo abranger os riscos que devem ser cobertos pelos parceiros privados, sob pena de desvirtuamento do contrato e violação direta das normas previstas na própria Lei 11.079/2004.[39]

Os elementos expostos permitem a formulação de um conceito operacional das PPPs em sentido estrito: *contrato administrativo de longo prazo, celebrado em regime de compartilhamento de riscos, remunerado após a efetiva oferta de obra ou serviço pelo parceiro privado, responsável pelo investimento, construção, operação ou manutenção da obra ou do serviço, em contrapartida a garantias de rentabilidade e exploração econômica asseguradas pelo Poder Público.*

## 9. As PPPs nos serviços de relevância pública e as "concessões administrativas"

Nos serviços prestados pelo Estado não é possível, frequentemente, reclamar contrapartidas dos usuários. Em algumas hipóteses

---

38. A Lei 11.079/2004 cuida de constituir, desde logo, no plano da União, um Fundo Garantidor de Parcerias Público-Privadas (FGP), com patrimônio inicial autorizado de 6 bilhões de Reais, com vistas a "prestar garantia de pagamento de obrigações pecuniárias assumidas pelos parceiros públicos federais em virtude das parcerias de que trata esta Lei" (art. 16).

39. Nesta direção, a disciplina do Fundo Garantidor de Parcerias Público-Privadas (FGP) estabelece:

"Art. 18. As garantias do FGP serão prestadas proporcionalmente ao valor da participação de cada cotista, sendo vedada a concessão de garantia cujo valor presente líquido, somado ao das garantias anteriormente prestadas e demais obrigações, supere o ativo total do FGP.

"(...).

"§ 3º. A quitação pelo parceiro público de cada parcela de débito garantido pelo FGP importará exoneração proporcional da garantia.

"§ 4º. No caso de crédito líquido e certo, constante de título exigível aceito e não pago pelo parceiro público, a garantia poderá ser acionada pelo parceiro privado a partir do 45º (quadragésimo quinto) dia do seu vencimento.

"§ 5º. O parceiro privado poderá acionar a garantia relativa a débitos constantes de faturas emitidas e ainda não aceitas pelo parceiro público, desde que, transcorridos mais de 90 (noventa) dias de seu vencimento, não tenha havido sua rejeição expressa por ato motivado.

"§ 6º. A quitação de débito pelo FGP importará sua sub-rogação nos direitos do parceiro privado."

há previsão constitucional de gratuidade na prestação dos serviços, como ocorre na prestação de serviços de saúde (art. 198, § 1º, da CF) e de ensino (art. 206, IV, da CF). Em outras situações há decisão política de não onerar os usuários do serviço ou da obra pública (por exemplo, as concessões de rodovias com "pedágio-sombra", mecanismo pelo qual o Poder Público remunera o concessionário segundo uma estimativa de utilização, não havendo pagamento de pedágio pelo usuário direto do serviço).

Dessome-se da Lei 11.079/2004 que *concessão administrativa é a PPP sem participação do usuário na remuneração do parceiro privado*. Nos termos da dicção legal, "concessão administrativa é o contrato de prestação de serviços de que a Administração Pública seja a usuária direta ou indireta, ainda que envolva execução de obra ou fornecimento e instalação e bens" (art. 2º, § 2º).

O novo instituto pode ser empregado tanto para a prestação de serviços públicos quanto para a prestação de serviços de relevância pública, desde que o "concessionário" não seja remunerado por usuários privados.

Figure-se a hipótese de a União Federal pretender a instalação de um hospital para atendimento gratuito e especializado a portadores de cardiopatias em um Município carente. Não dispondo a União de recursos orçamentários para a construção e operação de um novo hospital no referido Município, nem havendo autossustentabilidade econômica do projeto, pela incerteza da demanda e pelo caráter gratuito do atendimento, nem sendo possível a aquisição direta do serviço através de hospitais privados, por ausência de prestadores locais, pode-se cogitar da utilização do modelo da *concessão administrativa*, remunerando-se o concessionário que assuma a construção e operação do novo hospital mediante a previsão contratual de um *percentual de acréscimo* aplicável sobre a tabela geral de procedimentos do Sistema Único de Saúde (SUS) ou de uma *estimativa de utilização mínima* de procedimentos médicos. Em contrapartida aos investimentos e obras exigidos para a construção do hospital, para aquisição das instalações e manutenção dos serviços, além da remuneração paga a todo empreendedor proprietário de hospital credenciado junto ao SUS, o Poder Público asseguraria ao concessionário uma *remuneração estimada* (*de forma semelhante ao pedágio-sombra*) ou aplicaria sobre a *efetiva utilização* de usuários um percentual adicional sobre a tabela de procedimentos-padrão do SUS, com vistas à formação da PPP. O usuário não seria onerado com o custo de procedimentos médicos, o Estado não precisaria arcar imediatamente com o investimento de implantação do serviço, e a amortização do capital privado investido ocorreria ao longo do tempo, assumindo o parceiro privado os riscos econômicos de demanda (maior ou menor quantidade de usuários) e outros que lhe sejam assinalados no vínculo que firmar com a Administração.[40]

A hipótese indica que a denominada "concessão administrativa" não será, nos serviços de relevância pública, uma concessão de obra pública, nem um contrato de prestação de serviços tradicional. Não será uma concessão de obra comum pois os usuários não serão onerados, e o que se objetiva é a prestação adequada de serviços gratuitos, *livres à iniciativa privada* mas desinteressantes para empreendedores privados sem garantias especiais do Poder Público. Não será um contrato de prestação de serviços tradicional pois a obtenção dos recursos necessários à própria prestação dos serviços será atribuída ao parceiro privado, além de a remuneração possuir um *caráter aleatório*, dependente do fluxo futuro de clientes ou usuários dos serviços oferecidos, e estar vinculada à efetiva prestação dos serviços.[41] Além disso, como antes dito, será um contrato extraordinário, de elevado valor, prazo determinado e expresso compartilhamento de riscos entre os parceiros

40. Segundo o art. 6º, parágrafo único, da Lei 11.079/2004, "o contrato poderá prever o pagamento ao parceiro privado de remuneração variável vinculada ao seu desempenho, conforme metas e padrões de qualidade e disponibilidade definidos no contrato". Embora disciplinada como mera faculdade para os contratos de PPPs em geral, a previsão de remuneração variável deve ser considerada a forma preferencial de remuneração dos parceiros privados nas concessões administrativas, tendo em vista distanciar a nova forma de parceria dos contratos de fornecimento de mão de obra, fornecimento e instalação de equipamentos ou da mera execução de obra pública.
41. Recorde-se que a Lei 8.666/1993 veda expressamente, nos contratos para realização de obras ou a prestação de serviços, incluir no objeto da licitação a obtenção de recursos financeiros pra a execução do contrato, ressalvados apenas os empreendimentos executados e explorados sob o regime de concessão (art. 7º, § 3º), bem como a inclusão, no objeto da licitação, de fornecimento de materiais e serviços sem previsão de quantidade ou cujos quantitativos não correspondam às previsões reais do projeto básico ou executivo (art. 7º, § 4º). Estas vedações guardam coerência com a exigência de programação integral dos custos atuais e finais das obras e serviços contratados (art. 8º), mas são inviáveis de serem cumpridas em PPPs, cuja matriz conceitual é exatamente a viabilização de obras e serviços com financiamento privado, compartilhamento de riscos e com remuneração vinculada a obrigações de resultado.

público e privado, este último sendo remunerado apenas após a efetiva disponibilização do serviço.

A concessão administrativa pode figurar como um *contrato de prestação de serviços peculiar*, *de risco* ou de *quantitativos variáveis*, quando não exigir a prévia execução de obra ou o fornecimento e instalação de bens e a remuneração do empresário privado *decorrer da eficiência de seu desempenho na execução das atividades contratadas*. A hipótese é remota, dada a proibição de celebração de contrato de PPP cujo valor seja inferior a 20 milhões de Reais (art. 2º, § 4º, I, da Lei 11.079/2004). No entanto, não é impossível, desde que o procedimento contratado seja de valor individual elevado, realizado em grande número, e o prazo de prestação do serviço permita uma estimativa de despesa pública dentro dos marcos exigidos pela lei.

De ordinário, no entanto, salvo melhor juízo, a concessão administrativa deve ser qualificada como um *contrato administrativo misto*, híbrido, envolvendo um *contrato de prestação de serviços* e uma *concessão de uso* ou *de obra pública*, nomeadamente quando envolver a utilização de instalações privativas do Poder Público ou a execução de obra ou o fornecimento de bens.

A celebração de contratos de *concessão administrativa somente será justificada quando oferecer vantagens socioeconômicas*, sustentabilidade financeira, respeito aos interesses e direitos dos destinatários dos serviços, repartição objetiva de riscos entre as partes, ganhos de eficiência e transparência nos procedimentos e decisões, como exige expressamente o art. 4º da Lei 11.079/2004. A concessão administrativa exigirá, além disso, *aperfeiçoamento dos processos de fiscalização* e monitoramento do desempenho do parceiro privado, para diminuir o risco de desvirtuamento da nova figura contratual, e aproveitamento adequado da atividade desenvolvida pelos parceiros, especialmente em atividades de relevância pública, nas quais a *qualidade do atendimento ao público* é muito mais importante que o número dos procedimentos realizados.

## *10. Conclusão*

O modelo das PPPs não pode ser um *modismo*, que afaste a aplicação dos contratos de concessão comuns quando estes ainda são cabíveis. Não pode também se voltar apenas para as atividades econômicas ou para o financiamento da prestação de serviços públicos, frequentemente sustentáveis ao longo do tempo, desde que garantias de procedimento leal e honesto da Administração Pública sejam asseguradas. Este modelo pode ser empregado, com sucesso e talvez com maior urgência, também para financiar a ampliação de *serviços sociais do Estado*, em atividades livres à iniciativa privada, de expressiva relevância pública, mas desinteressantes para as empresas sem *garantias de rentabilidade mínimas* adredemente pactuadas e firmemente reconhecidas.

Estas conclusões não são expressões singelas de qualquer ideologia: decorrem do sistema constitucional brasileiro e, por igual, das *normas de cautela* previstas na Lei 11.079/2004. Essas normas evidenciam o *caráter subsidiário* da nova modalidade de parceria, voltada apenas para qualificar o *contrato de direito público*, de caráter extraordinário, de *longo prazo* e *grande vulto*, cujo valor seja equivalente ou exceda a 20 milhões de Reais, possua *prazo de vigência* igual ou superior a 5 anos (mas não excedente a 35 anos) e envolva *compartilhamento de riscos entre o parceiro público e o parceiro privado*, inclusive no tocante à *cobertura de riscos contra caso fortuito, força maior, fato do príncipe e álea econômica extraordinária*. Para a celebração desses contratos são exigidas cautelas especiais, como a comprovação da "sustentabilidade financeira e vantagens socioeconômicas dos projetos de parceria" (art. 4º, VII), ao lado da observância da "responsabilidade fiscal na celebração e execução das parcerias" (art. 4º, IV) e "repartição objetiva de riscos entre as partes" (art. 4º, VI). Por igual, a abertura do processo de licitação está condicionada a "autorização da autoridade competente, fundamentada em estudo técnico que demonstre a *conveniência e a oportunidade da contratação, mediante identificação das razões que justifiquem a opção pela forma de parceria público-privada*" (art. 10, I, "a"). É necessário que a minuta do edital e do respectivo contrato seja submetida a *consulta pública*, que deverá necessariamente "informar a justificativa para a contratação" (art. 10, VI). Por fim, as concessões patrocinadas em que mais de 70% da remuneração do parceiro privado forem pagos pela Administração Pública *dependerão de autorização legislativa específica* (art. 10, § 3º). A lei exige também a avaliação da *solvência financeira do ente público*, considerando o comprometimento financeiro com projetos de PPP em curso, antes da celebração de novos contratos de parceria.

A aplicação das PPPs deve ser a última opção do Poder Público, quando inexistentes os recursos necessários para implantação de serviços e obras fundamentais para o país e for inviável a transferência para o parceiro privado do risco econômico de empreendimentos de interesse público. Se não for assim, serviços autossustentáveis serão contratados pelo modelo das PPPs, para melhor conforto dos capitais privados, enquanto demandas sociais sem autossustentação continuarão esquecidas no quadro das prioridades públicas.

As PPPs desoneram o Poder Público do desembolso imediato de recursos necessários à implementação de serviços e obras, mas obrigam *o acompanhamento e a fiscalização detalhadas* de todo o processo de prestação do serviço e da execução da obra. Em especial nas concessões administrativas, o risco de demanda do parceiro privado deve ser acompanhado para que não se converta em fraude real, ainda que no futuro, para o Poder Público.

Celebradas com as cautelas devidas, as PPPs podem oferecer nova dinâmica a serviços prestados com patrocínio do Estado ao público e servir para superar limitações orçamentárias na implementação de serviços públicos e serviços de relevância pública, sem ampliar ainda mais o endividamento público, assegurando, hoje, utilidades que talvez, sem essas iniciativas, continuassem, também, simples promessas no futuro.

# A EXPERIÊNCIA DOS TERMOS DE PARCERIA ENTRE O PODER PÚBLICO E AS ORGANIZAÇÕES DA SOCIEDADE CIVIL DE INTERESSE PÚBLICO (OSCIPS)

Maria Nazaré Lins Barbosa

*1. Introdução. 2. Antecedentes da qualificação de OSCIP: 2.1 O contexto da emergência do Terceiro Setor – 2.2 Configuração jurídica das entidades do Terceiro Setor – 2.3 Uma primeira distinção – 2.4 Antecedentes da Lei 9.790/1999 – 2.5 As OSCIPs – 2.6 Requisitos para concessão do título – 2.7 Vantagens e restrições do título – 2.8 Adesão das entidades. 3. Os termos de parceria com as OSCIPs: 3.1 Contratos e convênios: distinção – 3.2 Os termos de parceria: natureza jurídica – 3.3 A dispensa da licitação nos contratos com entidades sem fins lucrativos – 3.4 A exigência, ou não, de licitação nos convênios: 3.4.1 A licitação e os convênios – 3.4.2 A licitação e os termos de parceria com OSCIPs – 3.5 Formalização dos termos de parceria: 3.5.1 Passos prévios à celebração – 3.5.2 A formalização e a alteração do termo de parceria – 3.5.3 Liberação dos recursos e execução – 3.5.4 Vigência – 3.5.5 Prestação de contas – 3.6 Alguns aspectos comparativos entre "convênio" e "termo de parceria": 3.6.1 Escolha da entidade parceria – 3.6.2 Acesso a recursos públicos – 3.6.3 Avaliação dos resultados e responsabilização pelo uso dos recursos – 3.6.4 Agentes e meios de controle – 3.6.5 Aplicação de recursos – 3.6.6 Mecanismos de responsabilização. 4. Aplicação dos termos de parceria com OSCIPs: dúvidas jurídicas suscitadas: 4.1 Consulta ao Conselho de Políticas Públicas – 4.2 Objeto do termo de parceria – 4.3 A questão da "licitação" – 4.4 Caráter facultativo do concurso de projetos – 4.5 Operacionalização do instrumento – 4.6 Eficiência do instrumento – 4.7 Foco no resultado, Comissão de Avaliação e prestação de contas – 4.8 Publicidade – 4.9 Flexibilidade. 5. Conclusão.*

## 1. Introdução

As parcerias entre o setor público e o setor privado sem fins lucrativos tiveram um incentivo importante com a edição da Lei 9.790/1999 – que instituiu o *termo de parceria* como um instrumento de cooperação entre órgãos públicos e organizações privadas qualificadas como "organizações da sociedade civil de interesse público" (OSCIPs).

Apresentamos neste estudo alguns elementos para avaliar a utilização do instrumento. Inicialmente, trazemos uma breve síntese dos antecedentes da lei instituidora da qualificação como OSCIP. Na sequência, descrevemos os requisitos para concessão, as vantagens e restrições da qualificação, e registramos a crescente adesão das entidades ao novo título. Em outro item analisamos o instrumento "termo de parceria" trazido pela mesma lei, sua natureza e disciplina jurídica, os passos prévios à celebração do instrumento, objeto, cláusulas obrigatórias, forma de execução, liberação dos recursos e de prestação de contas. Comparamos alguns aspectos dessa disciplina com a dos convênios, que constituem instrumentos análogos. No penúltimo item discutimos a aplicação do instrumento, trazendo análises dos Tribunais de Contas e dúvidas jurídicas suscitadas. Na "Conclusão" apontamos as potencialidades e fragilidades do instrumento.

Destacamos que o presente estudo não irá analisar outras formas de ajuste entre o Estado e o Terceiro Setor – como os "contratos de gestão" com "organizações sociais" –, que mereceriam abordagem específica, não alcançável nos limites do presente estudo.

## 2. Antecedentes da qualificação de OSCIP

### 2.1 O contexto da emergência do Terceiro Setor

A expressão "Terceiro Setor" vem sendo utilizada para caracterizar o setor constituído por agentes privados que exercem atividades de caráter público ou social, sem fins lucrativos. O *Terceiro Setor* tem crescido notavelmente nas três últimas décadas. O fenômeno não se restringe ao Brasil e à América Latina. Em todo o mundo multiplicam-se agentes privados, sem fins lucrativos, voltados para finalidades públicas: assistência social, saúde, defesa do meio ambiente, proteção de direitos humanos etc. Distingue-se, deste modo, de um

*Primeiro Setor*, caracterizado por agentes públicos com fins públicos (Estado), e de um *Segundo Setor*, referido à iniciativa privada com fins de lucro (mercado).[1]

Em caráter genérico e preliminar, pode-se afirmar que o *Terceiro Setor* corresponde ao espaço institucional das organizações privadas, sem fins lucrativos, voltadas para finalidades públicas ou sociais. Engloba entidades de formas e de fins muito diversos. O Banco Mundial, por exemplo, refere-se às "organizações não governamentais" (ONGs) para designar variadas organizações privadas, caracterizadas primordialmente por terem objetivos humanitários ou de cooperação, buscando geralmente aliviar o sofrimento, oferecer serviços sociais básicos, proteger o meio ambiente ou defender direitos (*advocacy*).[2]

## 2.2 Configuração jurídica das entidades do Terceiro Setor

No Brasil as entidades privadas sem fins lucrativos com finalidades sociais revestem-se juridicamente da forma de associações ou fundações de direito privado, sem fins lucrativos.

As associações de caráter beneficente estão relacionadas com o apelo à caridade para socorrer aos desvalidos: asilos, creches, instituições de educação ou de saúde etc. No Brasil, mediante a obtenção de uma série de títulos – utilidade pública, certificado de entidade beneficente –, podem obter privilégios fiscais – isenções diversas – e receber até mesmo subvenções oficiais.

As fundações privadas caracterizam-se por serem um patrimônio afetado a um fim social ou altruístico, não lucrativo, estando sujeitas a aprovação e fiscalização do Ministério Público, também podendo se habilitar à obtenção de títulos e benefícios fiscais.

---

1. As causas do fenômeno de crescimento e de diversificação do Terceiro Setor estão associadas à crise do *Welfare State*, nos países desenvolvidos, e à crise do Estado desenvolvimentista e à redemocratização, em países em desenvolvimento, bem como à sensibilidade em relação a novos valores.

2. Banco Mundial, *Manual de Prácticas Constructivas en Materia del Régimen Legal Aplicable a las Organizaciones No-Gubernamentales*, Borrador para Discusión, 1997.

## 2.3 Uma primeira distinção

No universo formal das entidades sem fins lucrativos, no Brasil, não se distinguiam entidades de *fim público* de organizações de *benefício mútuo*.

Organizações privadas de *benefício mútuo* são instituições que não perseguem fins de *lucro*, mas têm como objetivo a defesa ou promoção de interesse de seus membros ou instituidores. Anna Cynthia Oliveira as exemplifica entre aquelas cuja atuação se confunde com o interesse de um partido político ou de movimentos religiosos, as sociedades e associações de produtores, fornecedores, segmentos da agricultura, indústria ou de serviços, variados grupos de autoajuda, associação de moradores, de mutuários do SFH, inquilinos, grêmios literários ou culturais, clubes esportivos ou recreativos, federações e associações diversas, de caráter representativo de qualquer segmento da sociedade civil – inclusive de fundações ou de ONGs –, pois as entidades representativas atuam, em princípio, na defesa de seus interesses.[3]

Organizações privadas de *fim público* também não perseguem lucro, mas se distinguem porque beneficiam largo espectro da população, dedicam recursos e energias ao atendimento direto de necessidades ou à defesa de direitos de segmentos politicamente débeis ou marginalizados. Beneficiam populações-meta que estão além da própria instituição, perseguindo fins públicos ou interesses sociais difusos. Como anota a autora mencionada, não basta que os estatutos da associação ou da fundação estabeleçam fim público como missão para que se alcance este caráter. As atividades efetivamente desempenhadas devem tornar possível sua comprovação.

Essa distinção – *fim público* e *benefício mútuo* – vinha sendo proposta por estudiosos do Terceiro Setor e constava do *Manual de Práticas Construtivas em Matéria de Regime Legal Aplicável às ONGs*, elaborado pelo Banco Mundial (1997). Com efeito, a distinção é importante para melhor delimitar a relação financeira entre as ONGs e o Poder Público.

---

3. Anna Cynthia Oliveira, *Construindo um Marco Regulatório para a Consolidação do Setor Privado Não Lucrativo e de Fins Públicos no Brasil*, Estudo para o Conselho Comunidade Solidária, novembro/1996 (*mimeo*).

## 2.4 Antecedentes da Lei 9.790/1999

Em face do crescimento do Terceiro Setor, as formas jurídicas de cooperação entre o Estado e as ONGs vêm sendo objeto de estudo e de debate, já há alguns anos, em diversos países, notadamente na Europa e nos Estados Unidos, com repercussões na América Latina.

Nesse sentido, é digno de menção o *Plano de Ação* construído na Cúpula das Américas, realizada em novembro/1994 em Miami, com a participação de todos os chefes de governo do Continente Americano (com exceção de Cuba). Neste *Plano* incluíram-se importantes declarações sobre as estruturas jurídicas que passariam a orientar as relações entre o Estado e a sociedade civil no Continente. Além de dar início a um diálogo regional sobre a regulação da sociedade civil, reconhecia-se a necessidade de estudar reformas constitucionais, legislativas e regulatórias para estimular mecanismos institucionais que favorecessem a participação de organizações do Terceiro Setor na provisão e prestação de bens ou serviços públicos.[4]

Nesse contexto, o Governo Brasileiro, a partir de 1996, envidou esforços no sentido de incluir na "Agenda Social Brasileira" a revisão do "Marco Legal do Terceiro Setor". Em 1997, a pedido do Governo Brasileiro, o Instituto de Estudos Econômicos, Sociais e Políticos de São Paulo (IDESP) realizou uma pesquisa de avaliação da legislação do Terceiro Setor. A pesquisa realizou-se mediante um questionário, dirigido a um número expressivo de entidades privadas sem fins lucrativos, com indagações sobre dificuldades relacionadas a questões jurídicas, como a burocracia para o cumprimento das obrigações legais; carência de incentivos fiscais; empecilhos à celebração de convênios e outros aspectos específicos; bem como possíveis propostas de aperfeiçoamento.

Como resultado da pesquisa, identificaram-se, entre outras, as seguintes propostas:

(a) A conveniência de distinguir no universo privado sem fins lucrativos as entidades de *fim público* (que beneficiam principalmente um público-alvo distinto dos próprios associados – como, por exemplo, as entidades dedicadas à assistência social, ao ambientalismo, à

---

4. International Center for Not-For-Profit Law (ICNL), *Marco Regulador de las Organizaciones de la Sociedad Civil en Sudamérica*, 1ª ed., Washington, 1997.

cultura, entre outros) das entidades de *benefício mútuo* (entidades privadas sem fins lucrativos que beneficiam principalmente os próprios membros ou associados – tais como clubes, associações profissionais etc.).

b) Transparência na escolha das entidades privadas sem fins lucrativos que recebem recursos governamentais diretamente, mediante convênios.

(c) Responsabilização de dirigentes de entidades privadas sem fins lucrativos por desvio na aplicação de recursos públicos.

(d) Superação da prevalência de aspectos meramente formais na avaliação da prestação de contas.

(e) Incremento dos recursos repassados pelo Poder Público em financiamentos diretos, que não cobrem usualmente todos os custos administrativos e de pessoal de entidades sem fins lucrativos conveniadas com o Poder Público.[5]

Constatou-se um empenho por parte do Governo no atendimento de algumas dessas e de outras proposições, após "rodadas de interlocução política", realizadas sob a coordenação do Conselho da Comunidade Solidária. A "Lei das OSCIPs" – de n. 9.790 –, que instituiu a qualificação de "organizações da sociedade civil de interesse público" –, resulta desse empenho.[6]

Cumpre observar que esta qualificação, concedida pelo Ministério da Justiça a entidades privadas sem fins lucrativos, é análoga ao tradicional título concedido pelo mesmo órgão a entidades privadas sem fins lucrativos declaradas de *utilidade pública*. Este título, existente em nosso Direito desde 1935, sofre, porém, algumas restrições: é concedido a entidades beneméritas em geral, porém sem distinguir se se trata de entidade de *fim público* ou de *benefício mútuo*, no sentido antes mencionado; exige o cumprimento de excessivos requisitos de índole burocrática; e sua concessão é discricionária.

Nesse contexto, a qualificação de *OSCIPs* respondeu a uma demanda não só de distinção entre *entidades de fim público* e de *benefí-*

---

5. Maria Teresa Sadek, *Relatório-Pesquisa: Terceiro Setor – Uma Avaliação da Legislação*, 1998 (*mimeo*).
6. A Lei 9.608/1998, que dispõe sobre o trabalho voluntário no país, também resultou das rodadas de interlocução política.

*cio mútuo*, para efeito de acesso a fundos públicos, como também de simplificação de procedimentos para obtenção de um título oficial que conferisse credibilidade às entidades. Além disso, tal título seria de concessão vinculada.

A Lei 9.790/1999 estabelece, pois, um divisor de águas: admite a qualificação como de interesse público apenas a entidades com finalidades que beneficiem um público-alvo que está fora do círculo de associados – como, por exemplo, entidades de assistência, de promoção da cultura, de voluntariado, de direitos humanos, ambientalistas etc. E exclui do acesso à qualificação entidades sem fins lucrativos de fins relevantes porém circunscritos ao interesse primordial dos próprios associados. A partir dessa distinção, estabelece que o "termo de parceria" será o instrumento de cooperação entre o Poder Público e as entidades qualificadas como OSCIPs.

## 2.5 As OSCIPs

A Lei 9.790/1999 estabelece uma relação dos fins considerados de interesse público para efeito de qualificação de uma entidade sem fins lucrativos como OSCIP: considera-se que o interesse público – como apontado na justificativa do anteprojeto – é o resultado da soma de dois fatores: (a) a finalidade e o regime de funcionamento, compreendendo a transparência e a responsabilidade no trato dos recursos e patrimônio social, bem como o cumprimento de determinadas obrigações para com o Estado; e (b) existência de mecanismos de autorregulação e de dispositivos institucionais de responsabilização.

Para qualificar-se como OSCIP, a lei dispõe que a entidade deve ter uma das seguintes finalidades: "I – promoção da assistência social; II – promoção da cultura, defesa e conservação do patrimônio histórico e artístico; III – promoção gratuita da educação, observando-se a forma complementar de participação de que trata esta "lei; IV – promoção gratuita da saúde, observando-se a forma complementar de participação das organizações de que trata esta Lei; V – promoção da segurança alimentar e nutricional; VI – defesa, preservação e conservação do meio ambiente e promoção do desenvolvimento sustentável; VII – promoção do voluntariado; VIII – promoção do desenvolvimento econômico e social e combate à pobreza; IX – experimentação, não lucrativa, de novos modelos socioprodutivos e de sistemas alternativos de produção, comércio, emprego e crédito; X – promoção de direitos estabelecidos, construção de novos direitos e assessoria jurídica gratuita de interesse suplementar; XI – promoção da ética, da paz, da cidadania, dos direitos humanos, da democracia e de outros valores universais; XII – estudos e pesquisas, desenvolvimento de tecnologias alternativas, produção e divulgação de informações e conhecimentos técnicos e científicos que digam respeito às atividades mencionadas neste artigo" (art. 3º da Lei).

A lista é exaustiva. No entanto, os enunciados são suficientemente amplos para abrigar, ao lado das categorias tradicionais – assistência, saúde, educação –, espaço para categorias emergentes. Permite, por exemplo, que possam ser qualificadas como de interesse público entidades de defesa de direitos humanos, de promoção do voluntariado, de defesa do consumidor ou de combate à fome.

A dedicação a alguma das finalidades acima elencadas é condição necessária mas não suficiente para a qualificação da entidade como de interesse público. A lei exige que os estatutos disponham *expressamente* sobre a observância dos princípios legais, a adoção de práticas de gestão transparentes, a constituição de Conselho Fiscal, a destinação do patrimônio a entidade congênere, a submissão à prestação de contas, na forma indicada na lei.

A inovação mais surpreendente é, certamente, a possibilidade de se instituir *remuneração para os dirigentes da entidade* que atuem efetivamente na gestão executiva e para aqueles que lhe prestam serviços específicos – respeitados, em ambos os casos, os valores praticados pelo mercado na região correspondente à sua área de atuação.

Além das entidades de caráter mercantil ou lucrativas, a lei exclui expressamente do novo regime as corporativas, representativas de interesses profissionais ou econômicos (como é o caso dos sindicatos e das associações de classe ou de categoria profissional por base territorial ou ramo de atividade e suas articulações, federações, confederações e centrais). Note-se que, no país, uma parcela significativa de entidades sem fins lucrativos pertence a este gênero.

Também se excluem da qualificação de *interesse público* as organizações religiosas e assemelhadas (ou seja, aquelas instituições precipuamente voltadas para a disseminação de credos, cultos, práticas e visões devocionais e confessionais); as organizações partidárias e assemelhadas, inclusive suas fundações.[7] Excluem-se, igualmente, entidades de benefício mútuo, destinadas a proporcionar bens e serviços a um círculo restrito de associados (como é o caso dos clubes, das instituições de previdência privada e dos fundos de pensão e assemelhados); planos de saúde e assemelhados. Também não se habilitam à qualificação hospitais, escolas e universidades – e respectivas mantenedoras – que não prestem serviços gratuitos; assim como cooperativas de qualquer tipo ou gênero; fundações públicas ou associações de direito privado criadas por órgão público ou por fundação pública.

A nova qualificação proposta representa, assim, uma tentativa de classificação das entidades que compõem o setor privado com finalidades de interesse público. Trata-se de aspecto fundamental para conferir maior transparência ao setor.

Note-se que o elenco apresentado corresponde, de modo geral, ao que a literatura especializada classifica como entidades de *fim público*. Apenas as entidades que se qualifiquem como de "interesse público" poderão ter acesso a "termos de parceria".

### 2.6 Requisitos para concessão do título

Para a obtenção do título é necessário instruir o pedido com requerimento dirigido ao Ministro de Estado de Justiça; acompanhado do estatuto registrado em cartório; ata de eleição de sua atual Diretoria; balanço patrimonial e demonstração do resultado do exercício; declaração de isenção do imposto de renda; e inscrição no Cadastro Nacional de Pessoas Jurídicas (CNPJ).

O Ministério da Justiça terá 30 dias para deferir, ou não, o pedido de qualificação, ato que será publicado no *Diário Oficial da União* no prazo máximo de 15 dias da decisão. Se o pedido for deferido, será emitido o certificado de qualificação como OSCIP.

---

7. Há aqui também um aperfeiçoamento importante. Atualmente, as fundações vinculadas a partido políticos gozam não apenas da imunidade fiscal como, também, da permissão legal para empregar em finalidades eminentemente partidárias outros recursos públicos a que têm acesso.

## 2.7 Vantagens e restrições do título

Quando instituído, em 1999, a única vantagem expressamente assinalada para as entidades que obtivessem o título de OSCIP era a possibilidade de futura celebração de termos de parceria com o Governo Federal. Os termos de parceria são instrumentos análogos aos convênios, porém, nos termos da Lei 9.790/1999 e do Decreto 3.100/1999, regulam-se por critérios presumivelmente mais eficazes, como se verá no item 3 deste trabalho.

Como qualquer título oficial, tende a oferecer credibilidade à entidade que o obtém. Porém, o título traz como vantagem específica a possibilidade de a entidade remunerar dirigentes – vedada para outros títulos. O estatuto deve indicar se há, ou não, remuneração de dirigentes, permitida àqueles que atuem efetivamente na gestão executiva e para aqueles que a ela prestam serviços específicos – respeitados, em ambos os casos, os valores praticados pelo mercado na região correspondente à sua área de atuação.

Em contrapartida, a Lei 9.790/1999 exige que a entidade que pleiteie o título faça constar expressamente em seus estatutos, além de finalidades compatíveis com aquelas enumeradas na lei: (a) a observância dos princípios da legalidade, impessoalidade, moralidade, publicidade, economicidade e de eficiência; (b) a adoção de práticas de gestão administrativa necessárias e suficientes a coibir a obtenção, de forma individual ou coletiva, de benefícios ou vantagens pessoais em decorrência da participação no respectivo processo decisório; (c) a constituição de Conselho Fiscal ou órgão equivalente, dotado de competência para opinar sobre os relatórios de desempenho financeiro e contábil e sobre as operações patrimoniais realizadas, emitindo pareceres para os organismos superiores da entidade; (d) a previsão de que, em caso de dissolução da entidade, o respectivo patrimônio líquido será transferido a outra pessoa jurídica qualificada nos termos da lei, preferencialmente que tenha o mesmo objeto social da extinta; (e) a previsão de que, na hipótese de a pessoa jurídica perder a qualificação instituída pela lei, o respectivo acervo patrimonial disponível adquirido com recursos públicos durante o período em que perdurou aquela qualificação será transferido a outra pessoa jurídica qualificada nos termos mesmos termos, preferencialmente que tenha o mesmo objeto social; (f) as normas de prestação de contas a serem observadas pela entidade, que determinarão, no mínimo, a observância dos princípios fundamentais de Contabilidade e das Normas Brasileiras de Contabilidade; a publicidade, por qualquer meio eficaz, no encerramento do exercício fiscal, do relatório de atividades e das demonstrações financeiras da entidade, incluindo-se as certidões negativas de débitos junto ao INSS e ao FGTS, colocando-as à disposição para exame de qualquer cidadão; a realização de auditoria, inclusive por auditores externos independentes, se for o caso, da aplicação dos eventuais recursos objeto do termo de parceria, conforme previsto em regulamento; e disposição de que a prestação de contas de todos os recursos e bens de origem pública recebidos pelas OSCIPs será feita conforme determina o parágrafo único do art. 70 da CF.

*2.8 Adesão das entidades*

Desde sua instituição houve uma crescente adesão de entidades ao título de OSCIPs. Atualmente, cerca de 5500 entidades estão qualificadas.

O número pode parecer pouco expressivo, especialmente se temos em conta os dados do IBGE no sentido de que há no Brasil cerca de 340 mil entidades típicas do Terceiro Setor em funcionamento. No entanto, deve-se ponderar que a Lei de Utilidade Pública Federal existe desde 1935, e, passados mais de 70 anos, cerca de 10 mil entidades detêm este título. O Certificado de Entidade Beneficente de Assistência Social – antigo Certificado de Fins Filantrópicos, que existe desde 1959 – é privilégio de um universo ainda mais restrito: cerca de 5 mil entidades o possuem. Tendo em conta que o título de utilidade pública federal é requisito para a obtenção do Certificado de Entidade Beneficente de Assistência Social, há uma superposição de títulos para as mesmas entidades. Assim, não se afigura pouco relevante o número de entidades qualificadas como OSCIPs.

A crescente adesão à qualificação como OSCIP pode ser interpretada sob muitos aspectos. Cabe destacar, desde logo, que os critérios de concessão deste título são mais simples, ágeis e objetivos que os existentes para a concessão dos outros títulos citados. E, no entanto, com os documentos apresentados – o principal é o estatuto – é possível ter clareza em relação ao fim de interesse público perseguido pela entidade. Além disso, a legislação exige que o estatuto das entidades que pretendam a qualificação como OSCIPs contemple normas que induzem uma "boa governança" – por exemplo, a exigência de um Conselho Fiscal – e admite a possibilidade de remuneração de dirigentes – uma novidade absoluta: os estatutos das entidades que pretendessem qualquer outro título deveriam vedar expressamente essa possibilidade.

Estas breves anotações já permitem intuir que, ao menos para algumas áreas emergentes e de interesse público, o título de OSCIP oferece um reconhecimento mais acessível – e adequado para sua identidade – que aquele oferecido pelos títulos anteriores.

Não quer isto dizer que todas ou a maior parte das ONGs se identifiquem com o título de OSCIP. Com efeito, uma parcela não desprezível do setor sem fins lucrativos não atua em áreas particularmente propícias à celebração de termos de parceria com o Governo, embora sejam áreas de interesse público. Entidades desses segmentos de atuação – por exemplo, dedicadas à construção de novos direitos – possivelmente não se disporiam a obter, desde logo, o título de OSCIPs.

Outra parcela do setor sem fins lucrativos que, embora de interesse público, poderia também não se identificar com a qualificação de OSCIPs são as entidades das áreas de saúde e de educação – especialmente aquelas que já detivessem outros títulos. De fato, desde a sua edição, a Lei 9.790/1999 estabeleceu que outros títulos e qualificações de âmbito federal – o de utilidade pública e o antes denominado "Certificado de Fins Filantrópicos" – só seriam acumuláveis com o título de OSCIP durante o prazo de dois anos a contar da edição da lei, devendo a entidade, a partir de então, "optar" pelo título que preferisse. Tendo em conta as vantagens fiscais (no caso das entidades detentoras do antigo Certificado de Fins Filantrópicos, a imunidade ou isenção à contribuição ao INSS e à CPMF) e até mesmo a "credibilidade" que os títulos tradicionais já oferecem, seria de se esperar pouca adesão dessas entidades ao novo título. Além disso, essas entidades já celebram convênios com o Poder Público – sistema que, em princípio, não seria substituído pelo sistema de termos de parceria. Portanto, essas entidades nada teriam a ganhar com a qualificação como OSCIPs. A ampliação do prazo de convivência entre outros títulos e o título de OSCIP (que se estendeu até 2004, por força da Medida Provisória 2.123, de 23.2.2001), mais que um incentivo para novas "adesões" de entidades já detentoras de outros títulos, terá sido uma concessão para aquelas que eventualmente já o tivessem feito.

A lei, desde sua edição, alcançou alguns desdobramentos normativos que ajudam a explicar a crescente adesão de entidades ao novo título. Benefícios até então existentes apenas para as entidades de utilidade pública federal foram estendidos às OSCIPs: a Portaria MF-245/2002 autorizou a doação de mercadorias apreendidas pela Receita Federal; o Decreto 4.507/2002 permitiu também que as OSCIPs recebam bem móveis da União considerados antieconômicos ou irrecuperáveis. Ainda mais significativa foi a edição da Medida Provisória 66, de 29.8.2002, que, em seu art. 37, dispôs que a remuneração de dirigente, em decorrência de vínculo empregatício, não afasta a isenção de imposto de renda da entidade qualificada como OSCIP.

As normas editadas em 2002 reforçaram a tendência, já observada em 2001, no sentido de estender às OSCIPs aquelas vantagens já admitidas para as entidades de utilidade pública federal. Penso que a mais importante foi a Medida Provisória 2.158-35/2001, que permitiu às OSCIPs o acesso a doações dedutíveis do imposto de renda de pessoas jurídicas – embora esse importante incentivo fiscal seja ainda subaproveitado pelas entidades de utilidade pública e pelas empresas.

No entanto, a implementação dos termos de parceria – que, em princípio, seria a principal vantagem para as OSCIPs – dá-se de forma lenta e suscita dúvidas jurídicas. É o tópico que passamos a enfrentar.

### 3. Os termos de parceria com as OSCIPs

Os *contratos* e os *convênios* são os instrumentos tradicionais que podem pautar as relações entre entidades do Terceiro Setor e o Poder Público. A Lei 9.790/1999 instituiu os *termos de parceria*, com algumas características específicas.

Neste tópico apresentamos, sinteticamente, a distinção entre *contratos*, *convênios* e *termos de parceria*.

## 3.1 Contratos e convênios: distinção

O Poder Público pode celebrar *contratos* com entidades sem fins lucrativos, geralmente precedidos de licitação.[8]

O *convênio* – disciplinado pelo art. 116 da Lei federal 8.666/1993 – foi concebido originariamente como um instrumento para formalizar acordos internos ao setor público, isto é, entre entidades governamentais. No entanto, também pode ser empregado para designar acordo entre entidades sem fins lucrativos e o Poder Público (Federal, Estadual ou Municipal).

A doutrina destaca, entre outras, as seguintes características do convênio, em contraste com as características dos contratos: (a) no contrato os interesses são opostos e contraditórios, enquanto no convênio são recíprocos; (b) os entes conveniados têm objetivos institucionais comuns e se reúnem, por meio do convênio, para alcançá-los. Por exemplo, uma universidade pública – cujo objetivo é o ensino, a pesquisa e a prestação de serviços à comunidade – celebra convênio com outra entidade, pública ou privada, para realizar um estudo, um projeto, de interesse de ambas;[9] (c) por almejarem o mesmo objetivo, os signatários não são, a rigor terminológico, *partes*, e não cobram taxa ou remuneração entre si;[10] (d) no contrato o valor pago a título de remuneração passa a integrar o patrimônio da entidade que o recebeu, sendo irrelevante para o repassador a utilização que será feita do mesmo; no convênio esse valor só pode ser utilizado para os fins previstos no instrumento.[11]

A nosso ver, a distinção mais relevante entre *contratos* e *convênios* está na vinculação dos recursos repassados à utilização prevista no instrumento e a consequente prestação de contas não só ao órgão repassador como, também, ao Tribunal de Contas. Ou seja: o valor repassado não perde a natureza de dinheiro público.

---

8. As hipóteses de dispensa de licitação com entidades sem fins lucrativos, constantes do art. 24 da Lei 8.666/1993, serão comentadas no item 3.3.
9. Maria Sylvia Zanella Di Pietro, *Direito Administrativo*, 12ª ed., São Paulo, Atlas, 2000, p. 284.
10. Jorge Jacoby Ulisses Fernandes, "Convênios administrativos", in *Súmula Trabalhista* 91/114 e ss., janeiro/1997.
11. Maria Sylvia Zanella Di Pietro, *Direito Administrativo*, cit., 12ª ed., p. 285.

## 3.2 Os termos de parceria: natureza jurídica

Os termos de parceria, instituídos pela Lei 9.790/1999 como instrumentos de cooperação entre o setor público e as organizações da sociedade civil de interesse público qualificadas como OSCIPs, têm todas as características assinaladas pela doutrina para caracterização dos convênios. Trata-se, de fato, de instrumento concebido para o *fomento* e realização de projetos de interesse público. Disciplinados pelo Decreto 3.100/1999, têm, como veremos, procedimentos específicos e, de modo geral, mais flexíveis que os vigentes para celebração, execução e prestação de contas de convênios.

## 3.3 A dispensa da licitação
## nos contratos com entidades sem fins lucrativos

A Constituição Brasileira estabelece que, em regra, o Poder Público deve observar o procedimento de licitação para a celebração de contratos.[12] Também nos termos da Constituição, compete privativamente à União legislar sobre normas gerais de licitação e contratação.[13]

A lei federal que estabelece normas gerais sobre licitações – Lei 8.666/1993 – admite apenas três hipóteses de dispensa de licitação tratando-se de *contratação* de *entidades sem fins lucrativos*, a saber: (a) na contratação de instituição brasileira incumbida regimental ou estatutariamente da pesquisa, do ensino ou do desenvolvimento institucional, ou de instituição dedicada à recuperação social do preso, desde que a contratada detenha inquestionável reputação ético-profissional e não tenha fins lucrativos;[14] (b) na contratação de associações de portadores de deficiência física, sem fins lucrativos e de comprovada idoneidade, por órgãos da Administração Pública, para a presta-

---

12. É o que dispõe o art. 37 da CF, no seu inciso XXI, a saber: "XXI – Ressalvados os casos especificados na legislação, as obras, serviços, compras e alienações serão contratados mediante processo de licitação pública que assegure igualdade de condições a todos os concorrentes, com cláusulas que estabeleçam obrigações de pagamento, mantidas as condições efetivas da proposta, nos termos da lei, o qual somente permitirá as exigências de qualificação técnica e econômica indispensáveis à garantia do cumprimento das obrigações".
13. CF, art. 22, XXVII.
14. Lei 8.666/1993, art. 24, XIII.

ção de serviços ou fornecimento de mão de obra, desde que o preço contratado seja compatível com o praticado no mercado;[15] (c) para a celebração de contratos de prestação de serviços com as organizações sociais, qualificadas no âmbito das respectivas esferas de governo, para atividades contempladas no contrato de gestão.[16]

Outra situação que afasta a licitação é a de inexigibilidade. Trata-se de situações em que o Governo escolhe o contratado – e, portanto, não há licitação –, porque ele é o único em condições de prestar determinado serviço; isto é, trata-se de situações em que a competição é inviável. Algumas situações deste gênero formalizam-se impropriamente sob a denominação de "convênio".

Dada a limitação do presente estudo, não iremos nos deter sobre cada uma das hipóteses de dispensa de licitação com entidades sem fins lucrativos.[17] No entanto, para acentuar o contraste entre as OSCIPs e as OSs (organizações sociais), parece-nos oportuno alinhar brevíssimos comentários sobre estas.

Em sua concepção original, o *contrato de gestão* foi um instrumento de compromisso administrativo *interno* ao Estado, firmado entre o Poder Executivo e órgãos da própria Administração Pública (autarquias, fundações de direito público, empresas estatais). O contrato de gestão seria o veículo de implantação de uma gestão pública por objetivos, mediante racionalização de controles burocráticos e sistemas eficientes de planejamento, controle e avaliação de desempenho.[18]

Agora, pretende-se estender a experiência de aplicação dos contratos de gestão às associações de direito privado, sem fins lucrativos, que o Poder Executivo vier a considerar como organizações de interesse público não estatal e a credenciar como *organização social* (OS), tal como disposto na Lei 9.637, de maio/1998.

15. Lei 8.666/1993, art. 24, XX.
16. Lei 8.666/1993, art. 24, XXIV (acrescido pela Lei 9.648, de 27.5.1998).
17. Para um comentário a este respeito, remetemos o leitor ao nosso *Manual de ONGs: Guia Prático de Orientação Jurídica*, 5ª ed., Rio de Janeiro, FGV, 2004, Capítulo VIII.
18. Maristela Afonso de André, "A efetividade dos contratos de gestão na reforma do Estado", *Revista de Administração de Empresas da Fundação Getúlio Vargas* 39-3/42-52, São Paulo, julho-setembro/1999.

A concepção das OSs decorreu de uma proposta do Ministério da Administração e Reforma do Estado (MARE). Trata-se de entidades de direito privado, sem fins lucrativos, assim qualificadas pelo Poder Público. Esta qualificação habilita a entidade a receber recursos orçamentários e a realizar *contratos de gestão* com o Poder Público.

Cabe ressaltar que as OSs têm uma gênese distinta da qualificação instituída pela Lei 9.790/1999 referente às OSCIPs. Inobstante – e tendo em conta aspectos formais –, os poucos estudos jurídicos existentes situam as OSs como entidades do *Terceiro Setor*, assimiláveis às tradicionais entidades privadas qualificadas como de *utilidade pública*, ou às mais recentes organizações privadas de *interesse público* qualificadas nos termos da Lei 9.790/1999.

Parece-nos, contudo, que, embora formalmente constituídas como pessoas jurídicas de direito privado sem fins lucrativos, as OSs, tal como disciplinadas pela Lei 9.637/1998, atuam em uma lógica – por assim dizer – "quase governamental". Com efeito, a qualificação das OSs está em função do contrato de gestão – o que caracteriza a dependência dos recursos públicos. Em sua estrutura diretiva há necessariamente membros do Poder Público. Coerentemente, no âmbito federal as OSs existentes até o presente momento resultaram da extinção de entidades públicas. Faltam às OSs aquelas características de *autogoverno* e de *participação voluntária* que são típicas das organizações do Terceiro Setor genuinamente de origem privada.[19]

---

19. A tentativa de uma caracterização do "Terceiro Setor" – universo privado sem fins lucrativos – que permitisse a adoção de uma perspectiva comparativa internacional foi empreendida pela Universidade John Hopkins em estudo coordenado pelo professor Lester Salomon. Em uma aproximação conceitual, amplamente aceita em âmbito internacional mas sem a pretensão de uma definição técnico-jurídica, entende-se que, embora a terminologia utilizada e os propósitos específicos a serem perseguidos variem de lugar para lugar, a realidade social subjacente é bem singular: uma virtual revolução associativa estaria em curso no mundo, fazendo emergir um expressivo "Terceiro Setor" global, composto de (a) organizações estruturadas; (b) localizadas fora do aparato formal do Estado; (c) que não são destinadas a distribuir lucros auferidos com suas atividades entre os seus diretores ou entre um conjunto de acionistas; (d) autogovernadas; (e) envolvendo indivíduos num significativo esforço voluntário (Lester M. Salamon e Helmut K. Anheier, *The Emerging Nonprofit Sector: an Overview*, 2ª ed., Baltimore, The Johns Hopkins University Institute for Policy Studies, 1994).

As OSs refletem uma tendência – não especificamente nacional – da transferência de determinados serviços de interesse coletivo ou mesmo de natureza pública a entidades sem fins lucrativos de direito privado, porém decorrentes de um processo de *reforma do Estado*. *Diversamente*, vislumbro na qualificação como OSCIPs uma resposta institucional a outra tendência, também internacional, caracterizada pela emergência de um novo associativismo – um movimento, por assim dizer, *de base*, de mobilização da sociedade civil. Ao lado da tradicional atuação das associações e fundações privadas sem fins lucrativos em áreas como educação, saúde, cultura ou assistência – contempladas, no Brasil, nos títulos tradicionais –, percebe-se a atuação de associações em áreas emergentes – ambientalismo, voluntariado, direitos humanos, também de interesse público – reconhecidas no país com o novo título.[20] Notamos que *as duas tendências – reforma do Estado e emergência de um novo associativismo de fim público – concorrem para uma mesma demanda: a necessidade de se estabelecerem fórmulas jurídicas adequadas para pautar a relação entre o setor público e o setor privado sem fins lucrativos*.

O modelo das OSs – e a dispensa de licitação para a celebração de contratos de prestação de serviços para atividades contempladas no contrato de gestão – tem recebido algumas ressalvas dos estudiosos do direito administrativo pátrio.[21] No entanto, como ressaltado na "Introdução", não será abordado no presente estudo.

### 3.4 A exigência, ou não, de licitação nos convênios

Entendemos, como assinalado, que os termos de parceria têm natureza de convênio. Questão importante é a relativa à *necessidade, ou não, de licitação para a realização de convênios*. Após enfrentarmos este tópico, analisaremos especificamente a questão da licitação no tocante aos termos de parceria com OSCIPs.

---

20. Note-se que as OSCIPs são qualificadas independentemente da concretização de termos de parceria com o Poder Público.
21. Maria Sylvia Zanella Di Pietro, *Direito Administrativo*, cit., 12ª ed., 2000; Marçal Justen Filho, *Comentários à Lei de Licitações e Contratos Administrativos*, 9ª ed., São Paulo, Dialética, 2002.

### 3.4.1 A licitação e os convênios

A licitação poderá ser dispensada ou declarada inexigível nas mesmas hipóteses previstas para os contratos ou outros ajustes. Mas – ensinam alguns doutrinadores –, supondo a realização de convênio entre um órgão ou uma entidade estatal e um ente privado, se várias forem as entidades que se prestem à consecução dessas atividades, inquestionavelmente, deverá realizar-se a licitação. Esta é a opinião de Odete Medauar.[22]

Em sentido diverso, Maria Sylvia Zanella Di Pietro opina no sentido que a exigência de licitação não se aplica aos convênios, pois neles não há viabilidade de competição: "Esta não pode existir quando se trata de mútua colaboração, sob variadas formas, como repasse de verbas, uso de equipamentos, recursos humanos ou imóveis. Não se cogita de preços ou de remuneração que admita a competição".[23]

Em que pese a tais divergências doutrinárias, na prática celebram-se convênios de natureza financeira sem prévia licitação.

A meu ver, deve haver critérios objetivos para escolha da entidade conveniada. No caso de situação de inexigibilidade de licitação – sendo inviável a competição, como em muitos casos é, tratando-se de convênios – o processo deveria estar instruído com a razão da escolha do executante e a justificativa do preço, tal como previsto no art. 26 da Lei 8.666/1993. Com efeito, o art. 116 da Lei 8.666/1993 dispõe que se aplicam as disposições da lei, no que couber, aos convênios.

Em situações em que há mais de um possível prestador de serviços entendo que deva haver um critério de seleção da entidade conveniada pautado na isonomia. Não significa dizer que deva haver a licitação tal como prevista na Lei 8.666/1993, que se aplica apenas "no que couber" aos convênios.

Permito-me observar que no Município de São Paulo a Lei 13.153/2001 – que dispôs sobre a política pública de atenções da assistência social, sem fins lucrativos, operada através de convênios – trouxe uma inovação positiva, que merece ser destacada. A lei remete-se ao disposto no art. 116 da Lei 8.666/1993 e destaca que a política de

---

22. *Apud* Leon Frejda Szklarowsky, "Convênios – Consórcios – Ajustes – Outros instrumentos congêneres", *RT* 751/169, São Paulo, Ed. RT, maio/1998.
23. Maria Sylvia Zanella Di Pietro, *Direito Administrativo*, cit., 12ª ed., p. 287.

convênios deve observar, entre outros princípios, "a defesa da igualdade de oportunidades e da democratização da relação através de processo público desde a proposição, chamamento até a homologação dos convênios de assistência social" (art. 3º, VII).

Em face de tal objetivo, o art. 7º da mesma lei dispõe que "o Poder Público Municipal editará no *Diário Oficial do Município* e na grande imprensa a necessidade de implantação de atenções de assistência social através de convênio indicando a modalidade do serviço, a região em que se localizará, a forma e os prazos de apresentação da proposta pelos interessados".

Finalmente, o art. 8º da mesma lei estabelece que a análise do órgão competente sobre as propostas apresentadas deverá ser submetida a audiência pública, convocada através do *Diário Oficial do Município*. Dispõe, outrossim, que, "caso se apresentem duas associações sem fins lucrativos habilitadas para celebrar o mesmo convênio, caberá à Prefeitura Municipal de São Paulo definir critérios de qualidade para proferir a decisão".

A norma tem caráter inovador, de vez que procura estabelecer *critério isonômico em relação à escolha da entidade conveniada*.

Feita esta observação, ressalte-se que o uso do convênio quando cabível o contrato não pode ser considerado mero *erro de forma*, uma vez que o regramento de ambos é bastante diverso.

### 3.4.2 *A licitação e os termos de parceria com OSCIPs*

A questão da exigência, ou não, de licitação também é pertinente em relação à escolha da OSCIP que realizará um termo de parceria. Discute-se, neste tópico, a conveniência de *fixar critérios pautados na impessoalidade para a seleção de OSCIPs na celebração de termo de parceria*.

O Decreto 3.100/1999 estabelece em caráter *facultativo* a realização de *concurso de projetos* como critério de escolha da OSCIP parceira. Ora, a não obrigatoriedade de um processo seletivo para a escolha da OSCIP seria contrária ao princípio da isonomia.

Para evitar tal objeção, é ponderável a sugestão de incluir na Lei de Licitações uma hipótese de dispensa para celebração de *termos de parceria* com OSCIPs, tal como existe para a celebração de *contratos de gestão* com as OSs. Esta previsão evitaria polêmicas jurídicas em relação ao caráter facultativo ou obrigatório do concurso de projetos. Tratando-se de dispensa, o concurso seria sempre facultativo.

No entanto, parece-me impróprio incluir na Lei federal de Licitações uma hipótese de dispensa para a celebração de *termos de parceria* com as OSCIPs porque a "racionalidade" dos *termos de parceria* não é racionalidade contratual – não é a lógica da licitação. Admitir a *dispensa* seria o mesmo que admitir que, em tese, a licitação seria compatível com o modelo de *termos de parceria*. No entanto, a meu ver, os *termos de parceria* têm a natureza de convênios, e não de contratos.

Podem ser aplicadas aos termos de parceria as seguintes considerações expendidas por Maria Sylvia Zanella Di Pietro em relação aos convênios: "O convênio não é abrangido pelas normas do art. 2º da Lei 8.666; no *caput* é exigida licitação para as obras, serviços, compras, alienações, concessões, permissões e locações quando *contratadas* com terceiros; e no parágrafo único define-se o contrato por forma que não alcança os convênios e outros ajustes similares, já que nestes não existe a 'estipulação de obrigações recíprocas' a que se refere o dispositivo".[24]

Porém, quer-me parecer necessário o estabelecimento de critério objetivo e isonômico para a escolha da entidade parceira. Pode haver o caso de competição inviável – a ser devidamente justificada. Havendo mais de um possível prestador do serviço, parece adequado o critério de "concurso de projetos", estabelecido em caráter facultativo pelo Decreto 3.100/1999.

Como assinalado, o caráter *facultativo* do concurso não assegura o princípio da isonomia. No entanto, se o concurso tivesse caráter obrigatório o procedimento poderia ser "burocratizado". Além disso, deve-se observar que a Lei 9.790/1999 exige das OSCIPs a publicização de seus estatutos, e qualquer cidadão pode ter acesso às informações cadastrais das OSCIPs no Ministério da Justiça (art. 17). Por outro lado, os termos de parceria são celebrados após consulta aos Conselhos de Políticas Públicas, havendo, assim, maiores exigências de publicidade dos dados das OSCIPs e dos termos de parceria.

---

24. Maria Sylvia Zanella Di Pietro, *Direito Administrativo*, cit., 12ª ed., p. 287 (os grifos constam do original).

Parece-me adequada uma proposta intermediária, recomendada pelo TCU na Decisão 931/1999, no sentido de tornar o concurso de projetos obrigatório – no caso de celebração de termos de parceria com OSCIPs – *apenas quando os valores repassados superarem determinado limite*, a ser estabelecido com base na relação custo/benefício para as entidades participarem do concurso. Trata-se de uma sugestão que visa a assegurar o princípio da isonomia e a melhor eficiência. Restaria a dificuldade de encontrar um critério adequado para o estabelecimento do limite, dada a variedade de circunstâncias.

### 3.5 Formalização dos termos de parceria

De forma análoga ao tratamento dado aos convênios, o *termo de parceria* foi introduzido pela Lei 9.790/1999 *como instrumento passível de ser firmado entre o Poder Público e as entidades qualificadas como OSCIPs, para o fomento e execução de atividades de interesse público.*

Na sequência traremos aspectos relativos aos passos prévios à celebração, formalização e alteração do instrumento, vigência, liberação de recursos e prestação de contas.

#### 3.5.1 Passos prévios à celebração

O órgão estatal responsável pela celebração do termo de parceria verificará previamente o regular funcionamento da organização (art. 9º do Decreto 3.100/1999).

De acordo com o art. 10, § 1º, da Lei 9.790/1999, a celebração do termo de parceria será precedida de consulta aos Conselhos de Políticas Públicas das áreas correspondentes de atuação existentes nos respectivos níveis de governo.[25] Caso não exista o Conselho de Política Pública da área de atuação correspondente, o órgão estatal parceiro fica dispensado de realizar a consulta, não podendo haver substituição por outro Conselho.

---

25. Os Conselhos de Políticas Públicas, criados por lei, contam com representantes da sociedade civil e do Governo para deliberar e realizar o controle sobre determinadas áreas de políticas públicas (saúde, criança e adolescente, assistência social, educação, meio ambiente etc.).

O Conselho terá o prazo de 30 dias, contado a partir da data do recebimento da consulta, para se manifestar sobre o termo de parceria, cabendo ao órgão estatal responsável, em última instância, a decisão final sobre a celebração do respectivo termo de parceria.

O órgão estatal firmará o termo de parceria mediante modelo-padrão próprio, do qual constarão os direitos, as responsabilidades e as cláusulas essenciais (art. 8º da Lei 9.790/1999). Esse modelo deverá ser preenchido e remetido ao Conselho de Política Pública competente.

### 3.5.2 *A formalização e a alteração do termo de parceria*

A Lei 9.790/1999 indica, no art. 10, as cláusulas obrigatórias do termo de parceria, entre as quais: (a) a do objeto, que conterá a especificação do programa de trabalho proposto pela OSCIP; (b) a da estipulação das metas e resultados a serem atingidos e os respectivos prazos de execução ou cronograma; (c) a de previsão expressa dos critérios objetivos de avaliação de desempenho a serem utilizados, mediante indicadores de resultado; (d) a de previsão de receitas e despesas a serem realizadas em seu cumprimento, estipulando item por item as categorias contábeis usadas pela organização e detalhamento das remunerações e benefícios de pessoal a serem pagos, com recursos oriundos ou vinculados ao termo de parceria, a seus diretores, empregados ou consultores; (e) a que estabelece as obrigações da OSCIP, entre as quais a de apresentar ao Poder Público, ao término de cada exercício, relatório sobre a execução do termo de parceria, contendo comparativo específico das metas propostas com os resultados alcançados, acompanhado de prestação de contas dos gastos e receitas efetivamente realizados, independentemente das previsões do item anterior; (f) a de publicação de extrato do termo de parceria, em modelo simplificado estabelecido no regulamento da Lei 9.790/1999. O extrato deve ser publicado no prazo máximo de 15 dias após sua assinatura.

### 3.5.3 *Liberação dos recursos e execução*

A execução do objeto dos termos de parceria será acompanhada e fiscalizada por órgão do Poder Público da área de atuação correspondente à atividade fomentada e pelos Conselhos de Políticas Públicas das áreas correspondentes de atuação existentes em cada nível de governo (art. 11 da Lei 9.790/1999). Porém, o acompanhamento e a fiscalização por parte do Conselho de Políticas Públicas não podem introduzir ou induzir modificação nas obrigações estabelecidas pelo termo de parceria celebrado (art. 17 do Decreto 3.100/1999).

Eventuais recomendações ou sugestões do Conselho sobre o acompanhamento dos termos de parceria deverão ser encaminhadas ao órgão estatal parceiro, para adoção das providências que entender cabíveis (art. 17, § 1º, do Decreto 3.100/1999). O órgão estatal parceiro informará ao Conselho sobre suas atividades de acompanhamento.

Os resultados atingidos com a execução do termo de parceria devem ser analisados por Comissão de Avaliação, composta de comum acordo entre o órgão parceiro e a OSCIP (art. 11, § 1º, da Lei 9.790/1999). Essa Comissão deverá ser composta por dois membros do respectivo Poder Executivo, um da OSCIP e um membro indicado pelo Conselho de Política Pública da área de atuação correspondente, quando houver (art. 20 do Decreto 3.100/1999).

Compete à Comissão de Avaliação monitorar a execução do termo de parceria (art. 20, parágrafo único, da Lei 9.790/1999). A Comissão encaminhará à autoridade competente relatório conclusivo sobre a avaliação procedida (art. 11, § 2º, da Lei 9.790/1999).

Os termos de parceria estarão também sujeitos aos mecanismos de controle social.

A organização parceira fará publicar, no prazo máximo de 30 dias, contado da assinatura do termo de parceria, regulamento próprio contendo os procedimentos que adotará para a contratação de obras e serviços, bem como para compras com emprego de recursos provenientes do Poder Público, observados os princípios da legalidade, impessoalidade, moralidade, publicidade, economicidade e eficiência, remetendo cópia para conhecimento do órgão estatal parceiro (art. 14 da Lei 9.790/1999 e art. 21 do Decreto 3.100/1999).

A liberação de recursos financeiros necessários à execução do termo de parceria far-se-á em conta bancária específica, a ser aberta em Banco a ser indicado pelo órgão estatal parceiro (art. 14 do Decreto 3.100/1999).

A liberação de recursos para a implementação do termo de parceria obedecerá ao respectivo cronograma, salvo se autorizada sua liberação em parcela única.

### 3.5.4 *Vigência*

O termo de parceria poderá ser celebrado por período superior ao do exercício fiscal (art. 13 do Decreto 3.100/1999).

Caso expire a vigência do termo de parceria sem o adimplemento total do seu objeto pelo órgão parceiro, ou havendo excedentes financeiros disponíveis com a OSCIP, o referido termo poderá ser prorrogado (art. 13, § 1º, do Decreto 3.100/1999).

As despesas previstas no termo de parceria e realizadas no período compreendido entre a data original de encerramento e a formalização de nova data de término serão consideradas como legítimas desde que cobertas pelo respectivo empenho (art. 13, § 2º, do Decreto 3.100/1999).

É possível a vigência simultânea mais de um termo de parceria, ainda que com o mesmo órgão estatal, de acordo com a capacidade operacional da OSCIP (art. 16 do Decreto 3.100/1999).

### 3.5.5 *Prestação de contas*

A prestação de contas relativa à execução do termo de parceria refere-se à comprovação, perante o órgão estatal parceiro, da correta aplicação dos recursos recebidos e do adimplemento do objeto do termo de parceria, mediante a apresentação dos seguintes documentos: (a) relatório sobre a execução do objeto do termo de parceria, contendo comparativo entre as metas propostas e os resultados alcançados; (b) demonstrativo integral da receita e despesa realizadas na execução; (c) parecer e relatório de auditoria, nos casos em que o montante de recursos for maior ou igual a 600 mil Reais; (d) entrega do extrato da execução física e financeira, a ser preenchido pela OSCIP e publicado na Imprensa Oficial da área de abrangência do projeto, no prazo máximo de 60 dias após o término de cada exercício financeiro.

Deve ser destacado que a entidade, para qualificar-se como OSCIP, já deve fazer constar em seu estatuto as normas de prestação de contas a serem por ela observadas, entre as quais cabe mencionar: (a) a realização de auditoria, inclusive por auditores externos independentes, se for o caso, da aplicação de eventuais recursos objeto do termo de parceria, conforme previsto em regulamento; (b) a prestação de contas de todos os recursos e bens de origem pública recebidos pela OSCIP.

Nos termos do art. 10, § 2º, V, da Lei 9.790/1999, é cláusula essencial dos termos de parceria a que estabelece a obrigação da OSCIP de apresentar, ao término de cada exercício, relatório sobre a execução do termo de parceria, contendo comparativo específico das metas propostas com os resultados alcançados, acompanhado de prestação de contas dos gastos e receitas efetivamente realizados.

### 3.6 Alguns aspectos comparativos entre "convênio" e "termo de parceria"

Os termos de parceria surgem como uma alternativa aos convênios para a realização de atividades de interesse comum entre a Administração e entidades qualificadas como OSCIPs.

Trata-se – como assinala Maria Sylvia Zanella Di Pietro – "de real atividade de fomento, ou seja, de incentivo à iniciativa privada de caráter público. O Estado não está abrindo mão de serviço público (tal como ocorre na organização social) para transferi-lo à iniciativa privada, mas fazendo parceria, ajudando, cooperando com entidades privadas que, observados os requisitos legais, se disponham a exercer as atividades indicadas no art. 3º, por se tratar de atividades que, mesmo sem a natureza de serviços públicos, atendem a necessidades coletivas".[26]

É possível identificar *contrastes* entre a legislação anterior – com a sistemática de convênios – e a sistemática introduzida pela Lei 9.790/1999 e os termos de parceria. Destacamos, em breve síntese, alguns tópicos.

### 3.6.1 Escolha da entidade parceria

Em regra, a escolha da entidade a ser beneficiada com o convênio não se submete a um critério objetivo. Nos termos de parceria a escolha poderá ser feita mediante concurso de projetos.

---

26. Maria Sylvia Zanella Di Pietro, *Direito Administrativo*, cit., 12ª ed., p. 409.

### 3.6.2 *Acesso a recursos públicos*

O acesso a recursos públicos sob a forma de convênios requer a apresentação de uma série de documentos, conforme a regulamentação estabelecida pela Instrução Normativa 1/1997 da Secretaria do Tesouro Nacional. Nos termos de parceria os objetivos e metas são negociados entre as partes, envolvendo a consulta prévia ao Conselho de Políticas Públicas. Os passos prévios à celebração são potencialmente menos burocráticos.

### 3.6.3 *Avaliação dos resultados e responsabilização pelo uso dos recursos*

O controle sobre os convênios concentra-se na forma de aplicação dos recursos, não priorizando a avaliação dos resultados. Nos termos de parceria há a previsão expressa de avaliação de desempenho, mediante indicadores de resultado (art. 10, § 2º, III, da Lei 9.790/1999).

### 3.6.4 *Agentes e meios de controle*

Nos convênios os agentes de controle são o órgão repassador, Controle Interno, TCU e sociedade (diretamente pela comunidade local ou via Internet, na *home page* da Secretaria Federal de Controle/MF). Nos termos de parceria os agentes de controle são o Conselho de Políticas Públicas, a Comissão de Avaliação e o órgão repassador de recursos, além de auditorias e controle social (arts. 4º, VII, "c", 10, § 2º, V e VI, 11 e 12 da Lei 9.790/1999).

### 3.6.5 *Aplicação de recursos*

A aplicação de recursos públicos para a aquisição de bens ou serviços tratando-se de convênios observa critérios análogos aos estabelecidos pela Lei 8.666/1993. Em relação aos ternos de parceria exige-se a publicação de regulamento seguindo os princípios gerais aplicáveis.

Por outro lado, os recursos dos convênios não se destinam a custeio nem a remuneração de dirigentes. Nos termos de parceria a aplicação de recursos é flexibilizada, admitindo a remuneração de dirigentes (arts. 4º, VI, 10, § 2º, V e VI, 11 e 12).

### 3.6.6 Mecanismos de responsabilização

Nos convênios os mecanismos de responsabilização pelo uso indevido são restritos (devolução de recursos, inadimplência, multa pelo TCU etc.). Nos termos de parceria há a previsão expressa de punições mais severas em caso de uso indevido de recursos (art. 13 da Lei 9.790/1999).

## 4. Aplicação dos termos de parceria com OSCIPs: dúvidas jurídicas suscitadas

Como destaca a bem-elaborada "cartilha" editada pelo Conselho da Comunidade Solidária, "o termo de parceria consolida um acordo de cooperação entre as partes e constitui uma alternativa ao convênio para a realização de projetos entre OSCIPs e órgãos das três esferas de governo, dispondo de procedimentos mais simples do que aqueles utilizados para a celebração de um convênio".[27]

Apesar de suas vantagens comparativas – algumas das quais brevemente apontadas neste trabalho –, os termos de parceria celebrados pelo Poder Público Federal são ainda pouco significativos em termos numéricos. Até o ano de 2002 o *site* do Conselho da Comunidade Solidária divulgava a existência de apenas 12 termos de parceria firmados no âmbito federal. Atualmente a celebração do termos de parceria tornou-se mais usual nas três esferas de governo, embora predomine largamente a utilização do tradicional instrumento de convênio.

Entre os fatores inibidores da celebração dos termos de parceria podem ser mencionados: (a) dúvidas jurídicas que geram insegurança; (b) resistências culturais dos órgãos públicos; e (c) em um primeiro momento, poucas OSCIPs para os órgãos públicos firmarem parcerias.[28] A partir dos dados divulgados pelo Conselho da Comunidade

---

27. Conselho da Comunidade Solidária, *OSCIP – Organização da Sociedade Civil de Interesse Público, a Lei 9.790/1999 como Alternativa para o Terceiro Setor*, 2ª ed., Brasília, 2002.

28. Maria Nazaré Lins Barbosa, "OSCIPs: avanços e perspectivas", *Revista Eletrônica Integração*, janeiro/2003 (disponível em www.fgvsp.publicações).

Solidária, pesquisa realizada em 2003 junto a dirigentes de OSCIPs que firmaram termos de parceria destacou, ainda, como fator inibidor, as diferenças de cultura organizacional e a discrepância de tempos de aprendizagem para adaptação das organizações públicas e privadas ao novo modelo.[29]

No início da década os termos de parceria firmados decorreram, em sua maior parte, da iniciativa de OSCIPs. Na aplicação do instrumento, contudo, os agentes públicos e privados depararam-se com dúvidas jurídicas, algumas previsíveis e outras menos. Destacamos, a seguir, alguns desses impasses, já tratados no âmbito da consultoria jurídica de órgãos públicos ou na análise de Tribunais de Contas.

*4.1 Consulta ao Conselho de Políticas Públicas*

O Decreto 3.100/1999 dispõe sobre a consulta ao Conselho de Política Pública previamente à celebração do termo de parceria. No entanto, caso não exista Conselho de Política Pública na área de atuação correspondente, o órgão estatal parceiro fica dispensado de realizar a consulta (art. 10, § 2º). O trâmite de consulta está a cargo do ente público. Em um caso detectado em 2002 a dificuldade em identificar se havia, ou não, Conselho de Política Pública na área de atuação retardou a negociação entre o Ministério do Trabalho e uma OSCIP por vários meses. Ao final, firmaram um convênio.

Hoje se firmou o entendimento no sentido de que, havendo o Conselho de Política Pública, a consulta é obrigatória. O TCU julgou parcialmente procedente uma representação em face de termo de parceria firmado pela Prefeitura de Londrina/PR em razão da falta de pronunciamento prévio do Conselho de Políticas Públicas – no caso, o Conselho Municipal de Saúde (TC-021.03500/2005-9).

*4.2 Objeto do termo de parceria*

O art. 23 do Decreto 3.100/1999 admite que se contemple como objeto do termo de parceria o fornecimento de bens ou serviços de

---

29. Natália Koga, *Termos de Parceria e Organizações da Sociedade Civil de Interesse Público (OSCIPs): um Estudo Exploratório sobre o Novo Tipo de Contrato entre Estado e Organizações Sem Fins Lucrativos*, trabalho apresentado no Encontro Nacional da ANPAD, 2004.

assessoria, consultoria, promoção de eventos e cooperação técnica. Tais finalidades podem confrontar, conforme o caso, com as finalidades principais das OSCIPs (fomento e execução de atividades de interesse público, conforme o art. 8º do mesmo decreto). O TCU, na Decisão 931/1999, apontava a conveniência de incluir algumas vedações aos termos de parceria, como terceirização de atividades-meio do setor público; utilização de instalações públicas para realização dos serviços contratados; e aquisição de bens e serviços para uso pela Administração Pública.

A experiência de utilização dos termos de parceria confirmou a pertinência dessas recomendações. A inadequação do objeto tem sido aspecto recorrente em termos de parceria apreciados em tribunais administrativos e judiciais.

Nesse sentido, a terceirização indevida de serviços públicos, notadamente na área de saúde, suscitou decisão do TJSP que considerou *ilegal* termo de parceria firmado entre a Associação Civil Cidadania Brasil e a Fundação Municipal de Saúde de Rio Claro. Com efeito, as cláusulas do ajuste impugnado denotavam que a OSCIP "não assumiu o papel de coadjuvante colaborador da Administração, mas de protagonista. Houve pura e simples transferência do serviço" (ACi com revisão 902.067-5/0-00).

No âmbito do TCU tem prevalecido o entendimento no sentido de que a terceirização é legítima desde que não implique a execução de atividades inerentes aos próprios quadros das entidades públicas (TC-004.371/2004-0).

Também a celebração de termo de parceria para realização de eventos encontrou ressalvas em análise do TCU (TC-019.133/2008-7).

No estado de São Paulo a Consultoria Jurídica já se manifestara acerca do descabimento da realização de termo de parceria com a OSCIP Via Pública – Instituto para o Desenvolvimento da Gestão Pública e das Organizações de Interesse Público, nos seguintes termos: "*Termo de Parceria* – Proposta de celebração de termo de parceria (...), objetivando a execução do 'Programa de Capacitação do Corpo Técnico e Gerencial da SEADS' – Prestação de serviços – Objeto do ajuste que não se coaduna com a natureza jurídica do termo de parceria, destinado a atividades de interesse comum, como se depreende do art. 9º da Lei federal n. 9.790/1999, assemelhando-se aos convênios administrativos – Possibilidade, em tese, de contratação da referida instituição com dispensa de licitação, com fulcro no art. 24, XIII, da Lei federal n. 8.666/1993". E, justificando a ementa, mencionava-se: "a referida instituição irá prestar serviços de capacitação de diretores e técnicos (...), através de equipe técnica que será remunerada. (...). Portanto, o objeto do ajuste pretendido apresenta a natureza jurídica de contrato, em que uma das partes pretende o objeto do ajuste (obra, serviço etc.) e a outra a contraprestação correspondente (o preço ou qualquer outra vantagem), que inviabiliza a celebração de termo de parceria, que assemelha-se mais ao convênio administrativo, em que os partícipes têm interesses convergentes, e ambos irão usufruir do resultado a ser alcançado".[30]

## 4.3 A questão da "licitação"

A Prefeitura do Município de São Romão, Estado de Minas Gerais, elevou consulta ao Tribunal de Contas do Estado de Minas Gerais acerca do cabimento, ou não, de licitação na realização de termos de parceria com OSCIPs. A dúvida inquieta os órgãos públicos, cientes das graves penas associadas ao crime de dispensar ou inexigir licitação fora das hipóteses previstas em lei.[31]

O Tribunal de Contas do Estado de Minas Gerais assim se manifestou quanto à matéria: "(...). O termo de parceria formalizado sob a égide da Lei n. 9.790/1999 e do Decreto n. 3.100 não desafia a licitação porque foi criado para servir de instrumento de fomento e execução de atividades de interesse público, como ocorre, e.g., com os convênios, mas desses se difere já que seu uso é exclusivo entre a esfera pública e as organizações da sociedade civil sem fins lucrativos. E mais, os requisitos e procedimentos dessa nova figura jurídica são mais simples que os exigidos para os convênios. (...). Depreende-se (...) que o critério de escolha dessa espécie de organização se encontra disciplinado inteiramente por legislação extravagante, não se aplicando aos termos de parceria, como já afirmado, as regras da Lei n. 8.666/1993, exceto as do art. 116".[32]

30. Secretaria de Assistência e Desenvolvimento Social, Processo SEAD-663/04, Parecer 192/2004, *DOE*, Seção I, Poder Executivo, 22.10.2004, p. 42.
31. Lei 8.666/1993, art. 89.
32. Processo de Consulta 00683832.

No Município de São Paulo, com fundamento na Lei 9.790/1999, celebrou-se em julho/2003 um termo de parceria entre a Prefeitura e a OSCIP Rede de Informações do Terceiro Setor (RITS), tendo por objeto oferecer apoio ao Plano de Inclusão Digital da Coordenadoria-Geral do Governo Eletrônico da Secretaria Municipal de Comunicação e Informação Social para manutenção e ampliação da rede pública de telecentros. O valor do mesmo foi 6 milhões e 100 mil Reais.[33] Tratou-se de importante precedente, pelo valor e pelo objeto, no qual o Tribunal de Contas do Município de São Paulo não considerou exigível a licitação.

Em sede judicial, o TJSP tem reconhecido, igualmente, a não incidência das disposições contidas na Lei 8.666/1993 relativamente à necessidade de licitação, como se depreende de acórdão assim ementado: "Constatando-se que, ao menos em princípio, não há irregularidades na celebração do termo de parceria entre a Municipalidade e a Organização da Sociedade Civil de Interesse Público/OSCIP para a consecução de serviços de saúde, sendo desnecessária, em tese, a licitação, nos moldes da Lei n. 8.666/1993, substituída, que foi, pelo concurso de projetos previstos na Lei n. 9.790/1999, é de rigor o indeferimento de liminar, em ação popular, visando a sustar a eficácia de tais atos" (TJSP, AI 602.328-5/4-00). Outros julgados do mesmo Tribunal orientam-se no mesmo sentido (AI 916.022-5/2-00; AI 627.715-5/3-00).

*4.4 Caráter facultativo do concurso de projetos*

Os termos de parceria firmados pelo Governo Federal até 2004 não haviam sido precedidos de concurso de projetos. Apenas as parcerias realizadas pelo Ministério do Meio Ambiente eram geralmente precedidas de um processo seletivo denominado "demanda induzida", já de praxe neste órgão, em decorrência de exigência de financiadores internacionais. Cabia dizer, portanto, naquela altura, que o concurso de projetos – inovação que representava avanço em relação aos convênios – ainda não fora implementado.

Embora o Decreto 3.100/1999 fosse claro quanto ao caráter facultativo do concurso de projetos, havia resistência nas instâncias de

33. *DOM/SP* 26.7.2003, p. 3.

decisão dos órgãos públicos em firmar termos de parceria prescindindo do mesmo. O Instituto de Desenvolvimento Científico e Tecnológico do Xingó celebrou um termo de parceria com a Cia. Hidroelétrica do São Francisco (CHESF) visando à execução de ações estruturadas do ambiente econômico da comunidade atingida pelo Projeto Xingó. Porém, a CHESF aguardou a resposta de consulta formulada ao Conselho da Comunidade Solidária quanto a essa possibilidade. A resposta, em caráter de colaboração, limitou-se a reproduzir os termos do decreto, que indicam o caráter facultativo do concurso.

Acrescentavam-se dificuldades práticas – não se sabia como operacionalizar concurso de projetos. As referências a concurso de projetos então praticados em alguns órgãos – como o Ministério da Saúde, no âmbito da Coordenação Nacional de DST/AIDS e o concurso de projetos do Conselho da Comunidade Solidária – não diziam respeito a concurso entre OSCIPs, de modo que não havia referência clara para o mesmo.

Comentando o caráter facultativo do concurso de projetos, o TCU, na Decisão 931/1999, assim se manifestara: "A utilização da palavra 'poderá' torna o texto original meramente recomendatório, deixando à discricionariedade do administrador a decisão de optar ou não pelo concurso. Considerando que o concurso exige trâmites burocráticos que podem onerar a eficiência do processo de seleção para os termos de parceria, infere-se que a sua mera sugestão, no corpo do decreto, será pouco efetiva. Cabe lembrar que a realização do concurso busca isonomia do tratamento das OSCIPs e a melhor eficiência na realização do objeto pactuado. A título de racionalização, poderia ser estabelecido um limite de valor a partir do qual seria obrigatório o concurso".

Ficava a sugestão, *de lege ferenda*.

Em 2003 o TCU prolatou decisão em que determinava ao Ministério de Planejamento, Orçamento e Gestão e à Casa Civil da Presidência da República que "avaliem a inclusão em normativo próprio de dispositivo que obrigue a aplicação do critério de seleção previsto no art. 23 do Decreto n. 3.100/1999 em toda e qualquer situação" (TC-008.011.2003-5). Esta orientação tem sido reforçada em decisões posteriores (TC-002.244/2006-4).

As dificuldades práticas na realização de concurso de projetos têm sido realçadas em análises recentes do TCU, que apontam falhas em editais de chamamento: a falta de segregação clara entre requisitos de habilitação e critérios de classificação, ausência de definições precisas do conteúdo e da extensão de certos requisitos, como os relativos à exigência de estrutura física no local de execução dos projetos, gerando interpretações discrepantes em situações similares, ainda que sem evidência de direcionamento no processo de escolha (TC-029.820/2009-9).

Mais recentemente, tem chamado a atenção um outro aspecto relacionado ao concurso de projetos: a vinculação ao cumprimento das metas apresentadas no projeto vencedor. Nesse sentido, decisão do TJSP assinala: "Se a apelante encontrou dificuldades para executar o projeto de sua própria autoria é porque, por motivos óbvios, não dimensionou adequadamente o projeto vencedor do concurso (...) impondo-se-lhe o cumprimento dos objetivos e das metas consubstanciadas no termo de parceria" (ACi 990.10.147584-7).

*4.5 Operacionalização do instrumento*

Um aspecto controvertido relacionado à operacionalização do instrumento diz respeito à sujeição das OSCIPs às normas gerais de licitação e de administração financeira do Poder Público, em consonância com o Decreto federal 5.504/2005, segundo o qual as OSCIPs estariam obrigadas à utilização do pregão, preferencialmente na forma eletrônica, para aquisição de bens e serviços comuns com recursos federais transferidos voluntariamente.

O Decreto 5.504/2005 desafia claramente os termos legais, pois as entidades privadas não se subordinam ao regime da Lei 8.666/1993, tal como expresso no parágrafo único do art. 1º desta lei. Além disso, a Lei 9.790/1999 prevê, em seu art. 14, que a organização parceira fará publicar regulamento próprio contendo os procedimentos que adotará para a contratação de obras e serviços, bem como para compras com emprego de recursos provenientes do Poder Público, observados os princípios legais. Logo, a sujeição de entidades privadas sem fins lucrativos ao procedimento licitatório para aquisição de bens e serviços com recursos federais não é exigível em nível de lei. Há recomendação do TCU no sentido de que passe a sê-lo, *de lege ferenda*. Ouso divergir dessa recomendação, que tende a burocratizar os procedimentos das entidades privadas – sem prejuízo, evidentemente, do adequado controle, previsto na legislação atual.

Outro aspecto relativo à operacionalização do instrumento diz respeito ao risco de possível destinação de recursos para finalidades que não se coadunam com objetivos institucionais do parceiro público. Um exemplo: o Serviço de Apoio às Pequenas e Micro Empresas/ SEBRAE sofreu representação em face de termo de parceria firmado com o Instituto Cidadania, no âmbito do Projeto de Política de Apoio ao Desenvolvimento Local, porque as ações propostas no Projeto eram bem mais amplas que os objetivos de atendimento ao pequeno e micro empresário, que é a clientela do SEBRAE (TC-001.477/2006-1).

A inexistência de um detalhamento normativo para operacionalização dos termos de parceria – como a Instrução Normativa STN-1/1997, aplicável aos convênios – também implica dificuldades de ordem prática, pois os agentes públicos percebem como "proibido" o que não está expressamente permitido. Além disso, como os departamentos internos que avaliam e acompanham a execução dos termos de parceria são os mesmos que avaliam os convênios, tendem a pautar-se pelos mesmos critérios, seguindo a instrução normativa aplicável aos convênios. "Na prática, ainda há pouca diferença entre os dois instrumentos" – refere Natália Koga na pesquisa realizada em 2003 com dirigentes de OSCIPs. Os grandes diferenciais mencionados na pesquisa foram a possibilidade de aquisição de bens permanentes e o pagamento de pessoal com os recursos do termo de parceria, os quais não são possíveis por meio de convênio. Aspectos, estes, relacionados com a eficiência, como destacado a seguir.

*4.6 Eficiência do instrumento*

Um aspecto recorrente em algumas das decisões do TCU refere-se à celebração de termos de parceria sem a prévia comprovação da capacidade operacional da OSCIP – o que tem comprometido, em alguns casos, a eficiência do instrumento (TC-017.883/2007-0).

Já, os resultados alcançados em termos de parceria que não padecem de tais vícios de modo geral são positivos. Exemplo paradigmático é o do termo de parceria estabelecido entre o Instituto de Desenvolvimento Sustentável do Sul da Bahia (IDES) e o Centro de Recursos Ambientais do Estado da Bahia para a gestão da Área de Proteção Ambiental (APA) do Pratigi. Existem atualmente 28 APAs no Estado da Bahia, e apenas a APA do Pratigi era gerida por uma organização não estatal. A população estabeleceu uma relação de confiança com a equipe do IDES (que não tem competência para ações de fiscalização, que não existia com os agentes governamentais. Alcançou-se uma articulação com o IBAMA local, e os resultados ensejaram a adoção de novo modelo de gestão de APAs. Hoje, o Decreto 4.340/2002, que regulamenta a lei federal que trata do Sistema Nacional de Unidades de Conservação da Natureza – Lei 9.985/2000 –, tem um capítulo próprio que trata da "Gestão Compartilhada com OSCIP".

O Fundo Nacional do Meio Ambiente realizou, por sua vez, um termo de parceria com a Fundação Movimento Ondazul para a consolidação do modelo de gestão ambiental descentralizado, anteriormente implementado em um projeto-piloto na Vila de Guarapuá, no sul do Estado Baiano. O modelo tornou-se referência nacional para intervenção junto a comunidades litorâneas.

Em alguns casos desenvolveram-se novas formas de articulação entre as organizações e outros entes governamentais, como o Ministério Público, ou com a iniciativa privada.

*4.7 Foco no resultado, Comissão de Avaliação e prestação de contas*

O modelo do termo de parceria introduz uma concepção de avaliação focada no alcance dos resultados das ações, e não na forma de aplicação de recursos. No entanto, não se alcançaram, inicialmente, mudanças significativas nesse sentido, seja pela dificuldade de estabelecer critérios, seja em função da praxe de controle nos órgãos públicos.

Todavia, o *foco em resultados* parece estar orientando análises mais recentes do TCU, que não se limitam à glosa de aspectos formais. Um exemplo: o TCU realizou auditoria de natureza operacional na ação de construção de cisternas para abastecimento de água no semiárido, realizada por meio da OSCIP *Associação Programa Um*

*Milhão de Cisternas/APIMC*, que atuou em conjunto com OSCIPs. Entre as recomendações à Secretaria de Segurança Alimentar e Nutricional constam sugestões específicas de aprimoramento no conjunto de indicadores de desempenho "com o objetivo de mensurar os aspectos relevantes de implementação da Ação". Ou ainda a recomendação de que a Secretaria "diligencie para que a APIMC dissemine entre as diversas entidades que participam da implementação da Ação *[determinadas]* informações" (TC-012.486/2005-0).

Nessa mesma linha, o TCU, em relatório de auditoria referente a termo de parceria firmado entre a OSCIP *Investe Brasil* e o Ministério do Planejamento, Orçamento e Gestão, detectou impropriedades, porém sem motivos para punição. O relatório aduz que a atuação do Tribunal seria mais no sentido de corrigir rumos e procedimentos que imputar penalidades pelo descumprimento de alguns dispositivos que não caracterizaram dano aos cofres públicos. O TCU, no caso, com menção ao princípio constitucional da eficiência, recomendou estudos sobre se a aplicação do recurso público pela OSCIP seria mais eficaz do que se realizada diretamente pelo parceiro público (TC-020-36/2006-0).

A falha mais significativa apontada na fase de execução dos *convênios* diz respeito à falta de acompanhamento e fiscalização por parte dos concedentes. Essa deficiência decorre, muitas vezes, da falta de estrutura dos órgãos repassadores, que acabam não realizando qualquer ação de acompanhamento ou executando ações superficiais e intempestivas, muitas vezes limitadas apenas à verificação de documentos encaminhados nas prestações de contas parciais. Em *termos de parceria* também se constatou essa dificuldade.

Em que pese à previsão da Comissão de Avaliação, o TCU verificou prestações de contas incompletas ou inexistentes em alguns termos de parceria, sem que o órgão repassador tenha adotado medidas corretivas ou instaurado tomada de contas especial. Também detectou a existência de entidade reconhecida como OSCIP mas que, de fato, consistia em uma empresa (Instituto Treinar de Educação e Tecnologia) (TC-020.852/2007-5).

De modo geral, nos termos de parceria firmados tem-se entendido como positiva a atuação da Comissão de Avaliação, que permite a interação de agentes da OSCIP e do órgão público. Em que pese à imprecisão da legislação, a Comissão de Avaliação atua desde o momento da implementação do projeto, e não apenas na conclusão do mesmo. A avaliação, por outro lado, recai principalmente sobre as atividades, e não meramente sobre as contas – que exigiria, se fosse o caso, habilitação profissional específica. A prestação de contas, em todo caso, vê-se facilitada pela atuação da Comissão.

O TCU atualizou a Instrução Normativa 12/1996, para incluir a análise da prestação de contas de termos de parceria entre suas competências. Em princípio, poderia ser feita por amostragem.

## 4.8 Publicidade

O Decreto 3.100/1999 exige a publicação na Imprensa Oficial (da área de abrangência do projeto) do extrato do termo de parceria e de sua execução física e financeira, bem como do regulamento de compras e de contratação de obras e serviços adotado pela OSCIP.

Esta última publicação, nos termos legais, fica às expensas da OSCIP. Para minimizar o custo, adotou-se em alguns casos a publicação de um extrato do regulamento com a informação de que o inteiro teor estaria disponível no *site* da organização.

Com efeito, a publicidade por este ou outros meios, além de menos dispendiosa, é mais eficaz que a mera publicação na Imprensa Oficial, de acesso muito mais restrito.

Exemplifique-se: o Programa Providência de Elevação da Renda Familiar – OSCIP que realizou um termo de parceria com o Banco de Brasília S/A, visando a capacitar empreendedores de baixa renda – desenvolveu uma cartilha explicativa sobre microcrédito com uma tiragem de 5.000 exemplares. O *Jornal Sintonia*, que trata das últimas realizações do Programa, é distribuído ao público interessado e aos principais financiadores. No termo de parceria firmado entre o IDES e o Centro de Recursos Ambientais do Estado da Bahia inseriram-se entre as atividades a serem executadas a criação do Jornal *APA do Pratigi*, com uma tiragem de 2.000 exemplares, e o Programa de Rádio "APA do Pratigi", que trazem notícias sobre as ações do IDES na região. Para a divulgação da Agenda 21 de Natal, a Associação das Comunidades do Campo – OSCIP que realizou um termo de parceria com o Fundo Nacional do Meio Ambiente – contou com o apoio de jornais e TVs locais, os quais começaram a fazer a divulgação como matéria paga e, no transcorrer do projeto, passaram a solicitar à organização a transmissão regular das notícias sobre as ações da parceria.

## 4.9 Flexibilidade

Os modelos dos termos de parceria introduzem alguns mecanismos de flexibilidade, como a previsão de despesas com o pagamento de pessoal (inciso IV do art. 10 da Lei 9.790/1999); a legitimação de despesas realizadas entre a data de término do termo de parceria e a data de sua renovação (§ 2º do art. 13 do Decreto 3.100/1999); ou a prorrogação do termo de parceria caso expire sua vigência sem o adimplemento total do objeto ou havendo excedentes financeiros disponíveis com a OSCIP (§ 1º do art. 13 do Decreto 3.100/1999).

Algumas dessas novidades trouxeram certa flexibilização para as OSCIPs parceiras; outras ainda não produziram resultados concretos. A possibilidade de se prorrogar o termo de parceria caso haja excedentes financeiros disponíveis permitiu que o IDES mantivesse as atividades da APA do Pratigi por mais seis meses além do tempo previsto pelo ajuste.

## 5. Conclusão

A Lei 9.790/1999, que instituiu a qualificação das OSCIPs, foi um importante marco na legislação do Terceiro Setor em nosso país. A crescente adesão das entidades sem fins lucrativos de interesse público ao novo título potencializou a celebração de termos de parceria com as OSCIPs nas três esferas de governo.

As principais vantagens dos termos de parceria em relação ao tradicional instrumento de convênios podem ser assim sintetizadas: (a) maior transparência, mediante a escolha da entidade parceira mediante concurso de projetos; (b) maior controle social, desde a consulta ao Conselho de Políticas Públicas, previamente à realização do termo; (c) maior transparência, mediante a previsão de uma Comissão de Avaliação composta de membros do Conselho de Políticas Públicas, do órgão parceiro e da OSCIP, durante a execução do projeto; (d) adoção de avaliação com ênfase nos resultados, ao invés de controles meramente formais; (e) exigência de uma auditoria externa para ajustes acima de 600 mil Reais; (f) obrigatoriedade de publicação dos procedimentos e resultados da parceria; (g) responsabilização rigorosa no caso de desvio de recursos públicos.

Em geral, os termos de parceria firmados não vinham traduzindo mudanças significativas em vários desses aspectos: não se realizaram concursos de projetos; nem sempre houve a participação do Conselho de Políticas Públicas da área de atuação; os controles formais continuaram a ser feitos; a flexibilidade na aplicação de recursos ocorreu em poucos casos – exceção feita à possibilidade de pagamento de pessoal, inclusive dirigentes, percebida como relevante, ainda que se destacasse, como inovação prática e positiva, a atuação da Comissão de Avaliação. Contudo, nos últimos cinco anos a orientação dos tribunais tem apontado para a adoção de processo seletivo da OSCIP como regra para a celebração de termo de parceria; para a exigência de consulta ao Conselho de Políticas Públicas previamente à celebração do termo, sob pena de ilegalidade; e para recomendações dos órgãos de controle que enfatizam a orientação para resultados.

Algumas das novidades dos termos de parceria ainda não foram suficientemente testadas – como a flexibilidade na alteração de planos de trabalhos, a prioridade à continuidade dos serviços, ainda que haja um lapso entre a conclusão de um termo e o início de outro, e a importância da auditoria externa em termos de valor superior a 600 mil Reais.

É certo que a atividade controladora dos tribunais, e de modo especial do TCU, volta-se preferencialmente para a apuração de erros e fraudes apontados em suas fiscalizações ou advindos do controle social a que se amolda o sistema (TC-013.323/2006-8). Nesse sentido, a jurisprudência constatou a realização de termos de parceria com OSCIPs que, na verdade, tratavam exclusivamente de intermediação de mão de obra (TC-017.883/2007-7); ajustes de natureza contratual celebrados ilegalmente sob a forma de termos de parceria; ou, ainda, ajustes firmados sem prévia demonstração da capacidade técnica e operacional da OSCIP.

No entanto, a experiência revela que a celebração de termos de parceria com OSCIPs competentes trouxe resultados positivos. Em alguns dos casos relatados o instrumento permitiu maior eficiência na aplicação dos recursos e trouxe formas de gestão inovadoras. Os beneficiários encontram nas ONGs maior proximidade e competência específica. As organizações de interesse público estabeleceram vínculos com os outros atores sociais e atuações mais duradouras nas comunidades assistidas sem que fosse comprometida sua legítima autonomia em relação ao setor público.

Além disso, é possível inferir que a aplicação da Lei 9.790/1999 tenha suscitado novo olhar em relação aos convênios tradicionais. Assim, o TCU passou a recomendar também para os convênios a realização de chamamento e seleção públicos previamente à sua celebração e critérios mais rigorosos na análise de prestação de contas. No Relatório Consolidado das Auditorias realizadas com o objetivo de verificar a regularidade da aplicação de recursos federais repassados pela União ou entidades da Administração indireta a Organizações Não Governamentais/ONGs por meio de convênios, contratos de repasse e instrumentos similares (TC-015.568/2005-1) afirmou-se, de modo expressivo: "Tudo leva a crer que a maioria esmagadora das ONGs evita qualificar-se como OSCIP para continuar a beneficiar-se do inaceitável mecanismo, que hoje prevalece, pelo qual o Poder Público distribui recursos a essas organizações por meio de convênios, sem recorrer a edital público para selecionar os melhores projetos".

Ainda são poucos, relativamente, os termos de parceria firmados nos âmbitos federal, estadual e municipal. Isto não representa, a meu ver, um sintoma de fragilidade do instrumento. Na verdade, a própria adesão das entidades à qualificação como OSCIPs dá-se de forma paulatina – mas consistente. Por outro lado, são tantas as novidades do instrumento, que é natural uma primeira resistência dos agentes públicos à sua implementação. Além das dúvidas sob o aspecto jurídico – que a doutrina e as decisões dos Tribunais de Contas vêm crescentemente esclarecendo –, há as resistências culturais inerentes a qualquer procedimento inovador, em especial no âmbito do direito administrativo. No entanto, em face das potencialidades do instrumento e da adesão das entidades de fim público à qualificação como OSCIPs, pensamos que poderá ser adotado, com êxito, pelas esferas de governo, uma vez detectados e corrigidos os desvios em sua utilização.

# AS PARCERIAS PÚBLICO-PRIVADAS E SUA APLICAÇÃO PELO ESTADO DE SÃO PAULO

FERNANDO DIAS MENEZES DE ALMEIDA

*1. Objeto deste estudo. 2. PPP como categoria no Direito. 3. Competências legislativas em matéria de PPP. 4. Objeto das PPPs na lei paulista. 5. Outros elementos do regime da lei paulista.*

## 1. Objeto deste estudo

O presente estudo tem por objeto o modo pelo qual os mecanismos contemporaneamente ditos "parcerias público-privadas" (PPPs) vêm sendo tratados pelo Estado de São Paulo, em especial em face do regime estabelecido pela Lei estadual 11.688, de 19.5.2004, destacando-se suas especificidades mais relevantes e as principais questões dele decorrentes.

Nesse sentido, não se pretende produzir um trabalho de comentários à referida lei. Nem mesmo um estudo mais amplo sobre as PPPs, seja conceitual, seja relativo a outros âmbitos de aplicação, nacionais ou estrangeiros, vez que tais aspectos já estão tratados em outros capítulos desta obra coletiva.

Igualmente excluídas do escopo deste estudo estão análises quanto a outras possíveis aplicações de "parcerias" – tomado, aqui, o termo em seu sentido mais amplo[1] –, concentrando-se a atenção sobre as PPPs, assim definidas pela Lei estadual 11.688/2004.

---

1. Como o faz, por exemplo, Maria Sylvia Zanella Di Pietro, ao dar o título de sua obra, *Parcerias na Administração Pública* (4ª ed., São Paulo, Atlas, 2002), e tratar de figuras como franquias, terceirizações, convênios, além das espécies tradicionais de concessão.

## 2. PPP como categoria no Direito

Para iniciar a abordagem do tema – adotando-se, aqui, um ponto de vista doutrinário abstrato, que leva em consideração um conceito de PPP independente da especificidade de determinado regramento jurídico[2] –, impõe-se ponderar que, nesse enforque, "PPP" não significa uma espécie, ou nem mesmo um gênero, de contrato administrativo.

Diferentemente disso, a ideia que ora se quer sustentar é a de que as PPPs são "mecanismos jurídicos" (regras caracterizando um regime peculiar) que podem estar presentes em diversas espécies, ou gêneros, de contratos administrativos – e não parece impensável cogitar-se também, em tese, da aplicação de mecanismos PPP via atos administrativos unilaterais.

Sendo assim, um contrato de concessão de serviço público, por exemplo, naturalmente conteria mecanismos PPP; do mesmo modo, o gênero contratual "concessão", via de regra, comportaria mecanismos PPP.

Nesses casos não haveria que se cogitar de um "contrato PPP", como algo diverso do "contrato de concessão de serviço público" ou dos "contratos de concessão" em geral. Muito menos supor que a figura do contrato de concessão de serviço público viesse a ser substituída, em nosso Direito, pela de um suposto contrato PPP.

Eventual expressão "contrato PPP" implicaria, assim, o uso de metonímia, importando dizer "contrato 'tal' que aplique mecanismo PPP".

A ideia ora defendida encontra lastro na Lei paulista das PPPs. Verifique-se seu art. 5º: "Art. 5º. Parcerias público-privadas são mecanismos de colaboração entre o Estado e agentes do setor privado, remunerados segundo critérios de desempenho, em prazo compatível com a amortização dos investimentos realizados, podendo ter por objeto: I – a implantação, ampliação, melhoramento, reforma, manutenção ou gestão de infraestrutura pública; II – a prestação de serviço público; III – a exploração de bem público; IV – a exploração de direitos de natureza imaterial de titularidade do Estado, tais como mar-

---

2. Verifique-se, ao final deste tópico, como a matéria foi tratada no Direito Brasileiro pela Lei federal 11.079, de 30.12.2004.

cas, patentes, bancos de dados, métodos e técnicas de gerenciamento e gestão, resguardada a privacidade de informações sigilosas disponíveis para o Estado".

É certo que a mesma lei, em outras passagens – *v.g.*, no § 2º desse art. 5º, ou no art. 8º –, refere-se a "contrato de parceria público-privada". Mas a leitura conjunta desses dispositivos com o citado *caput* do art. 5º permite a conclusão de cuidar-se de mera figura de linguagem, como acima proposto.

Já, o legislador federal no Brasil, por meio da Lei 11.079/2004, optou por uma definição mais restrita de PPP, para fins de incidência do regime jurídico estabelecido pelo referido diploma. Definiu, assim, em seu art. 2º, PPP como "o contrato administrativo de concessão, na modalidade patrocinada ou administrativa", explicitando, ainda, não constituir PPP "a concessão comum, assim entendida a concessão de serviços públicos ou de obras públicas de que trata a Lei n. 8.987, de 1995".[3]

Nesse passo merece elogios o legislador pelo engenho com que encontrou solução para a difícil conciliação entre o regime jurídico que se pretendia estabelecer, no Brasil, para as PPPs e o regime existente para as concessões de serviços públicos. Solução, aliás, que prestigia o conceito tradicional de "concessão", estruturante para o direito administrativo, sistematizando com clareza e originalidade espécies do gênero contratual "concessão".[4]

---

3. Lei federal 11.079/2004:
"Art. 2º. Parceria público-privada é o contrato administrativo de concessão, na modalidade patrocinada ou administrativa.

"§ 1º. Concessão patrocinada é a concessão de serviços públicos ou de obras públicas de que trata a Lei n. 8.987, de 13 de fevereiro de 1995, quando envolver, adicionalmente à tarifa cobrada dos usuários, contraprestação pecuniária do parceiro público ao parceiro privado.

"§ 2º. Concessão administrativa é o contrato de prestação de serviços de que a Administração Pública seja a usuária direta ou indireta, ainda que envolva execução de obra ou fornecimento e instalação de bens.

"§ 3º. Não constitui parceria público-privada a concessão comum, assim entendida a concessão de serviços públicos ou de obras públicas de que trata a Lei n. 8.987, de 13 de fevereiro de 1995, quando não envolver contraprestação pecuniária do parceiro público ao parceiro privado."

4. O que – registre-se de passagem – a lei estadual não poderia fazer, em face da competência privativa da União prevista no art. 22, XVII, da CF.

De todo modo, a solução encontrada pela lei federal não há que ser entendida incompatível com o que mais acima se afirmou neste tópico. Em primeiro lugar porque se está considerando, de um lado, um tratamento normativo dado por um texto legal específico para determinada conjuntura nacional e, de outro, uma ponderação doutrinária de caráter mais abstrato. E em segundo lugar porque mesmo sob o plano do tratamento legislativo específico do citado art. 2º da Lei 11.079/2004 decorre que: (a) o gênero contratual em questão é "concessão"; (b) são espécies desse gênero "concessão comum", "concessão patrocinada" e "concessão administrativa"; (c) "PPP" é expressão que se aplica a essas duas últimas espécies, não para substituí-las como espécies do gênero "concessão", mas para figurativamente destacar determinadas características de um regime jurídico que lhes é comum.

## 3. Competências legislativas em matéria de PPP

As conclusões do tópico anterior têm repercussão prática na discussão sobre competências para legislar sobre PPP na Federação Brasileira.

Com efeito, a Constituição Federal de 1988 optou por tratar apartadamente do direito administrativo em geral a matéria de normas gerais de licitação e contratação, a qual foi arrolada como de competência privativa da União (art. 22, XXVII).[5] Restaria, assim, aos Estados competência para tratar das normas específicas sobre o tema, suplementando as normas gerais da União.[6]

Todavia, aspecto dos mais tormentosos na interpretação e na aplicação do Direito é o da definição de critérios para distinguir normas gerais de normas específicas.

5. A propósito, cf. as críticas de Fernanda Dias Menezes de Almeida (*Competências na Constituição de 1988*, São Paulo, Atlas, 2000, p. 103) à sistematização da Constituição, por incluir tal dispositivo no rol do art. 22, que trata de competências privativas da União. Como se sabe, reservar à União competência para estabelecer "normas gerais" sobre determinada matéria é justamente a técnica adotada para as competências concorrentes de União e Estados (art. 24). Por outras palavras, dizer "competência privativa para estabelecer normas gerais" é, em essência, dizer "competência concorrente".

6. Há que se aplicar, aqui, a previsão dos §§ do art. 24 da CF, em face do que foi observado na nota anterior.

A Lei 8.666/1993, por exemplo, que é a Lei Geral de Licitações e Contratos Administrativos, contém inúmeros dispositivos que perante o senso comum dos doutrinadores seriam considerados normas específicas.[7] Entretanto, em seu art. 1º se autodefine como uma lei que "estabelece normas gerais sobre licitações e contratos administrativos", aplicáveis em todos os níveis da Federação.

Desde a edição da referida lei a jurisprudência e a prática das Administrações dos diversos entes federativos já pacificaram a adoção de suas normas como normas gerais.[8] Nesse sentido, Estados e Municípios têm sido bastante tímidos ao legislar sobre normas específicas suplementares das normas federais.

No caso das PPPs, o Estado de São Paulo,[9] no entanto, aprovou sua lei antes da aprovação da lei federal sobre o mesmo tema. E não há inconstitucionalidade alguma nisso.[10]

É certo que – polêmica à parte[11] – parece relativamente mais pacífico considerar que a definição de tipos contratuais e de modalidades de licitação seja assunto próprio de normas gerais.

7. Fenômeno não muito diverso ocorre com outras leis federais que tratam de licitações e contratos especiais, como é o caso da Lei 8.987/1995, em matéria de concessão de serviços públicos. Note-se que não haveria problema em que tais leis estabelecessem normas específicas; porém, tais normas seriam aplicáveis apenas à União.
8. Não obstante, registrem-se posicionamentos doutrinários em sentido contrário, entre outros, de Celso Antônio Bandeira de Mello, *Curso de Direito Administrativo*, 28ª ed., São Paulo, Malheiros Editores, 2011, p. 535; Maria Sylvia Zanella Di Pietro, *Direito Administrativo*, São Paulo, Atlas, 2002, p. 301.
9. Assim como já fizera Minas Gerais.
10. Há que se ponderar que vários aspectos disciplinados pela lei paulista já poderiam ocorrer na prática, por força do Direito vigente (por exemplo, concessão de serviços públicos, exploração de patentes). Mas, mesmo nesses casos, a lei tem a virtude de os tratar de modo sistemático, submetendo-os a rito especial de tratamento perante os órgãos estatais a que se refere.
11. Como o autor deste estudo tem sustentado em outros trabalhos, a expressão constitucional "contratação" (art. 22, XXVII) não deveria ser lida como significando "contrato". Ora, *contratação* é a ação da qual contrato é o *objeto*. Em uma interpretação mais coerente com o sentido da autonomia dos entes federativos – que é o sentido próprio da opção constituinte pelo modelo federativo para o Brasil –, a expressão "contratação", a definir a competência legislativa da União para estabelecer normas gerais, não deveria abranger os tipos contratuais, nem o regime jurídico dos contratos propriamente ditos, mas tão somente as formalidades e procedimentos inerentes à ação de celebrar os contratos. Todavia, não é esta a posição que, na prática, prevaleceu.

Porém, como mais acima sustentado, PPP não é um tipo contratual, senão "mecanismos jurídicos" (regras caracterizando um regime peculiar) que podem ser associados a diversos contratos.

Portanto, não seria esse o obstáculo à edição de leis das PPPs pelos demais entes federativos antes que a União o fizesse.

No caso específico da lei paulista, seu modo de definir PPP é plenamente compatível com o regime da Lei federal 11.079/2004, que, como visto acima, efetivamente cuida de estabelecer novas espécies contratuais de concessão, mas dá ao conceito de "PPP" um sentido de conjunto de regras jurídicas aplicáveis a determinadas dessas espécies.

E a lei paulista, por sua vez, não pretendeu (e nem poderia fazê-lo) criar novos tipos contratuais, estabelecendo apenas algumas regras aplicáveis a contratos que envolvam PPP[12] – regras, essas, já concebidas para serem compatíveis com as leis federais.[13]

De todo modo, importa observar que a Lei federal das PPPs, se, de um lado, andou bem ao distinguir com precisão normas gerais aplicáveis a todos os entes da Federação e normas aplicáveis apenas à União (reunidas no Capítulo VI – "Disposições Aplicáveis à União" –, além de alguns artigos do Capítulo VII – "Disposições Finais"), de outro, perdeu a oportunidade de dar um significado a "normas gerais" mais compatível com o que parece devesse ser a prática de um legítimo Estado Federal.

Com efeito, a conduta dos últimos Governos Federais no Brasil, particularmente o Governo atual, tem sido marcada cada vez mais pela centralização de poderes na União, tanto em termos de poderes de direito (competências) como em termos do poder de fato que decorre da concentração de receitas tributárias.[14]

---

12. Cf., *infra*, item 5.

13. Nesse sentido, o art. 8º da Lei estadual 11.688/2004 assim dispõe: "Os contratos de parceria público-privada reger-se-ão pelo disposto nesta Lei, na lei federal correspondente, pelas normas gerais do regime de concessão e permissão de serviços públicos, de licitações e contratos administrativos e deverão estabelecer: (...)".

14. Foge ao objeto deste estudo, mas vale registrar que é notória a tendência verificada nos últimos anos de aumento de carga tributária a partir de contribuições, que não geram partilha de receitas com Estados e Municípios, reduzindo-se repasses decorrentes de receitas de impostos.

É verdade que, em matéria de competências legislativas dos entes da Federação, a nota centralizadora já decorre da Constituição Federal, que concentra na União a competência privativa para legislar sobre os ramos fundamentais do Direito (cf. art. 22, I).

Todavia, mesmo em matéria de competências concorrentes, em que os demais entes devem seguir a legislação federal apenas no tocante a normas gerais, o sentido demasiado abrangente que se dá a "normas gerais" acaba por reduzir drasticamente a relevância da legislação dos Estados e Municípios – sendo mais grave o caso daqueles que o caso destes, vez que aos Municípios compete, ao menos, legislar sobre assuntos de interesse local.

A matéria de PPPs seria, em particular, sensível à aplicação de um regime que fizesse jus à ideia expressa pelo conceito de Estado Federal. Isso porque sua prática envolve essencialmente o potencial e a vocação econômica de cada membro da Federação.

Contudo, ao invés de definir apenas as notas características fundamentais das PPPs, deixando margem razoável para que os entes da Federação as adaptassem às suas realidades regionais e locais, a lei federal deu tratamento unificado a certos pontos que impedem, na prática, o uso de PPPs pelas entidades com menos recursos, assim como reduzem a patamares muito aquém do seu potencial a celebração de parcerias por Estados mais desenvolvidos.

No tocante ao primeiro aspecto (entidades com menos recursos) confira-se o disposto no § 4º do art. 2º: "§ 4º. É vedada a celebração de contrato de parceria público-privada: I – cujo valor do contrato seja inferior a R$ 20.000.000,00 (vinte milhões de Reais); (...)".

Tal medida exclui da possibilidade de celebrar PPP, por exemplo, um pequeno Município que, todavia, possua boas condições financeiras e cumpra as normas de responsabilidade fiscal. Ora, respeitadas todas as normas de probidade e boa gestão pública, não haveria por que eliminar do conceito de PPPs parcerias de pequena monta, mas que signifiquem projetos de grande relevância no âmbito local.

E quanto ao segundo aspecto acima mencionado (desrespeito à peculiaridade das entidades federativas mais desenvolvidas), em que pese à louvável preocupação com a responsabilidade fiscal, mostra-se bastante inadequado em face da autonomia dos entes da Federação, além de discutível em termos de juridicidade, o art. 28 da lei federal:

"Art. 28. A União não poderá conceder garantia e realizar transferência voluntária aos Estados, Distrito Federal e Municípios se a soma das despesas de caráter continuado derivadas do conjunto das parcerias já contratadas por esses entes tiver excedido, no ano anterior, a 3% (três por cento) da receita corrente líquida do exercício ou se as despesas anuais dos contratos vigentes nos 10 (dez) anos subsequentes excederem a 3% (três por cento) da receita corrente líquida projetada para os respectivos exercícios.

"§ 1º. Os Estados, o Distrito Federal e os Municípios que contratarem empreendimentos por intermédio de parcerias público-privadas deverão encaminhar ao Senado Federal e à Secretaria do Tesouro Nacional, previamente à contratação, as informações necessárias para cumprimento do previsto no *caput* deste artigo.

"§ 2º. Na aplicação do limite previsto no *caput* deste artigo, serão computadas as despesas derivadas de contratos de parceria celebrados pela Administração Pública direta, autarquias, fundações públicas, empresas públicas, sociedades de economia mista e demais entidades controladas, direta ou indiretamente, pelo respectivo ente, excluídas as empresas estatais não dependentes.

"§ 3º. (*Vetado*)."

O texto do *caput* deste art. 28 foi alterado em 2009, pela Lei 12.024, de modo a se fixar o citado índice em 3%, em lugar de 1%, como constava da versão original da Lei 11.079/2004.

Na edição anterior deste livro observou-se que o limite de 1% da receita corrente líquida implicava teto significativamente baixo se comparado com o montante de investimentos necessários, também por parte de Estados e Municípios, para que o país cresça em padrões mundialmente competitivos. Os atuais 3% podem ter melhorado um pouco o panorama. Mas não resolvem o problema.

Trata-se, antes de mais nada, de questão que envolve a compreensão do princípio federativo. Sim, porque não cabe à Lei 11.079/2004, enquanto lei ordinária federal, fixar esse tipo de limite para a ação administrativa e econômica dos demais entes da Federação, levando à conclusão de que seu art. 28 colide com regras constitucionais.[15]

---

15. Também descabida era a inclusão (cf. redação original do § 2º do art. 28) no cálculo deste limite das parcerias celebradas por empresas estatais consideradas não dependentes no conceito da Lei de Responsabilidade Fiscal (Lei Complementar

Com efeito, se a preocupação é estabelecer normas de responsabilidade em matéria de finanças públicas, isso seria objeto de lei complementar federal, como é a Lei de Responsabilidade Fiscal, por força do disposto no art. 163, I, da CF.

A Lei federal das PPPs, contudo, é lei ordinária. E, sendo assim, não proibiu os Estados e Municípios de ultrapassar esse limite fixado em seu art. 28. Apenas previu como consequência, caso se o ultrapasse, a vedação à União de conceder-lhes garantia ou realizar a eles transferência voluntária de recursos.

Ora, ainda que se queira considerar que conceder garantia ou realizar transferência voluntária de recursos seja ato discricionário da União, prever que a União não possa praticar tais atos, a fim de sancionar Estados e Municípios por conduta que não lhes é proibida, caracteriza claramente hipótese de desvio de finalidade.

Isso porque a competência que a União tem para, mesmo que discricionariamente, conceder a garantia ou realizar a transferência voluntária em questão não lhe permite subjetivamente (e, portanto, arbitrariamente) discriminar entes da Federação que tenham agido de modo lícito (*lícito* na medida em que a Lei federal ordinária das PPPs não lhes impôs – nem poderia tê-lo feito – proibição quanto a limites de endividamento, exceto os já decorrentes das leis complementares em matéria de finanças públicas).

101/2000, art. 2º, III), visto que têm receitas próprias a lhes garantir a independência financeira.

Ora, se a Lei de Responsabilidade Fiscal trata as empresas não dependentes de modo a seus indicadores não causarem impacto nos índices de endividamento do Estado, não há sentido em a Lei federal 11.079/2004 computar as despesas assumidas por essas empresas em suas parcerias no limite de assunção de despesas em PPPs que pretendeu impor aos Estados.

Este problema da Lei 11.079/2004 foi corrigido com a redação dada ao § 2º do art. 28 pela Lei 12.024/2009, que acrescentou ao seu final a frase: "excluídas as empresas estatais não dependentes".

Note-se que a redação original da Lei 11.079/2004 era intencionalmente (e não casualmente) restritiva, como se nota pelo texto das razões do veto ao § 3º do art. 28: "Esse dispositivo reduz a capacidade do art. 28 inibir a contratação de parcerias que comprometam a solvência financeira do ente público, na medida em que as receitas de vendas e serviços das estatais não dependentes são, em muitos casos, de magnitude elevada na comparação com a receita corrente líquida do ente".

## 4. Objeto das PPPs na lei paulista

Como acima já transcrito, a Lei paulista 11.688/2004, por seu art. 5º, define o que entende por "PPP": "mecanismos de colaboração entre o Estado e agentes do setor privado, remunerados segundo critérios de desempenho, em prazo compatível com a amortização dos investimentos realizados".

Ressaltam-se dessa definição quatro aspectos essenciais (além do conceito de "mecanismos", acima já explorado[16]):

(a) A parceria se dá entre um ente estatal e outro que não integre a Administração Pública.

(b) PPP implica atuação concertada entre Estado e setor privado, com vistas a um resultado final que seja do interesse de ambos, ainda que um esteja visando ao atendimento ao interesse público e outro esteja visando ao lucro – dois fins esses dependentes do sucesso do empreendimento. Isso está implícito na ideia de "colaboração", sugerindo que Estado e particular atuem como se associados fossem (não necessariamente no estrito sentido jurídico do termo – o que, todavia, também é possível[17]).

(c) Como corolário dessa associação de interesses, a remuneração do parceiro privado deve seguir critérios de desempenho, assegurando-se-lhe, por outro lado, prazo compatível para que amortize seus investimentos. Complementando esse aspecto, o art. 7º da lei impõe ao parceiro privado: "I – a assunção de obrigações de resultado definidas pelo Poder Público, com liberdade para a escolha dos meios para sua implementação, nos limites previstos no instrumento; II – a submissão a controle estatal permanente dos resultados; III – o dever de submeter-se à fiscalização do Poder Público, permitindo o acesso de seus agentes às instalações, informações e documentos inerentes ao contrato, inclusive seus registros contábeis".

(d) Nas PPPs há investimentos envolvidos, investimentos que podem ser amortizados pela exploração da atividade ou do bem ao qual se refiram.

Esse último aspecto merece ser frisado, pois está relacionado a uma das principais – se não a principal – causas da tendência atual de

---

16. V. item 2, *supra*.
17. V., a propósito, o disposto no art. 9º, § 4º, da Lei federal 11.079/2004.

buscar mecanismos de PPPs. Com efeito, como é notório, a capacidade orçamentária do Estado de realizar investimentos está drasticamente reduzida – seja investimentos em infraestrutura, seja investimentos para o adequado desempenho dos serviços públicos.

Um dado que bem quantifica essa constatação é o do perfil da formação bruta do capital fixo no país (o que permite identificar a disponibilidade de capital para investimento). Numa análise de curto prazo, considerando-se números do IBGE, a participação do setor público (somados os três níveis da Federação) na formação bruta do capital fixo era em 1996 de 22% (contra 78% do setor privado), caindo em 2000 para 13,5% (contra 86,5% do setor privado). A diferença é ainda mais notável se verificados dados de fins da década de 60 do século passado, quando a participação do setor público era de aproximadamente 2/3, contra 1/3 do setor privado.

Não cabe, aqui, investigar as causas dessa modificação, nem as tendências ideológicas que a acompanham. Mas sua consequência evidente foi o abandono de um modelo de organização administrativa com base em mecanismos que permitissem a exploração de atividades econômicas e a realização de investimentos diretamente pelo Estado ou por entidades a ele vinculadas, adotando-se, em seu lugar, um modelo que contempla instrumentos pelos quais o Estado fixa as diretrizes,[18] estimula e controla a atuação dos agentes privados.

Desse modo, sobretudo na última década, é cada vez mais frequente falar-se em "instrumentos de parcerias com o setor privado" e em "agências reguladoras", e cada vez menos frequente falar-se em "empresas públicas" e "sociedades de economia mista" (salvo para cuidar de sua privatização).

E não apenas no capítulo da organização administrativa sentem-se os reflexos dessa nova realidade econômica sobre o direito administrativo. Isso também ocorre na dicotomia *serviços públicos/atividades econômicas*, acolhida na Constituição Federal (arts. 175 e 173). De fato, a reforçar a posição dos autores que sustentam o caráter histórico da definição dos "serviços públicos", verifica-se no Brasil de hoje uma tendência de se transferir para o campo das atividades econômicas (próprias dos agentes privados) ações que antes se enquadravam como serviços públicos.

---

18. Observados, no caso brasileiro, os limites do art. 174 da CF.

Mas – retornando à ideia de que PPPs importam investimentos – a lógica de PPPs não se aplica para quaisquer investimentos. É preciso que se trate de investimento que possa ser amortizado pela exploração da atividade ou do bem ao qual tal investimento está associado.

Por outras palavras, um empreendimento que envolva PPP deve "pagar-se", deve ser "autossustentável", seja por gerar receitas próprias, seja por gerar diretamente economia para o Estado (no sentido de o Estado poder desonerar orçamentos futuros).[19]

Com essa ideia não se nega que o parceiro privado possa ser remunerado total ou parcialmente com recursos provenientes do Estado. Mas apenas se afirma que mesmo nessa hipótese o resultado final importa economia orçamentária para o Estado.

Assim sendo, não poderia o Estado valer-se de PPP como modo de simplesmente realizar despesa para a qual não dispõe, presentemente, de recursos orçamentários, projetando para o futuro o pagamento.

Não apenas isso não reflete o sentido de parceria, como importaria potencial violação às normas de responsabilidade fiscal ou, ainda, mero expediente para se contornar as regras da Lei federal 8.666/1993, em especial no tocante ao contrato de obra pública e seu prazo de remuneração.

Com esses pressupostos, o mesmo art. 5º da Lei estadual paulista 11.688/2004 já indica possíveis objetos das PPPs: (a) "implantação, ampliação, melhoramento, reforma, manutenção ou gestão de infraestrutura pública"; (b) "prestação de serviço público"; (c) "exploração de bem público"; (d) "exploração de direitos de natureza imaterial de titularidade do Estado, tais como marcas, patentes, bancos de dados, métodos e técnicas de gerenciamento e gestão, resguardada a privacidade de informações sigilosas disponíveis para o Estado".

Rapidamente verifiquem-se esses casos, apenas para se reafirmar a tese.

---

19. "Art. 10. A contratação de parceria público-privada será precedida de licitação na modalidade de concorrência, estando a abertura do processo licitatório condicionada a: I – autorização da autoridade competente, fundamentada em estudo técnico que demonstre: (...) b) que as despesas criadas ou aumentadas não afetarão as metas de resultados fiscais previstas no Anexo referido no § 1º do art. 4º da Lei Complementar n. 101, de 4 de maio de 2000, devendo seus efeitos financeiros, nos períodos seguintes, ser compensados pelo aumento permanente de receita ou pela redução permanente de despesa; (...)".

(a) Para ser objeto de PPP, toda obra (em sentido amplo, desde a implantação total até reforma ou manutenção) ou atividade de gestão de bens públicos, com características que as insiram no conceito de "infraestrutura", deve estar associada à ideia de autossustentação do empreendimento; não cabe PPP para mera execução de obra pública – esta entendida no sentido dado pela Lei 8.666/1993.[20]

(b) Tal ideia de autossustentação já é natural quanto à prestação de serviços públicos por pessoa privada – concessionário ou permissionário (cf. Lei 8.987/1995, art. 2º, II-IV); como visto acima, com o advento da Lei federal 11.079/2004 a concessão de serviços públicos dita "comum" foi excluída do regime específico das PPPs, restando incluída a concessão de serviços públicos dita "patrocinada", que se caracteriza pela contraprestação pecuniária do parceiro público ao privado, adicionalmente à tarifa cobrada dos usuários.

(c) Igualmente a autossustentação estaria presente na exploração, pelo parceiro privado, de bem público, ainda que voltado para uso pelo próprio Estado, na hipótese dita "concessão administrativa" pela Lei federal 11.079/2004.[21]

(d) Por fim, esse último item vem cuidar de hipótese pouco explorada pelo Estado e, no entanto, muito propensa a reais parcerias, pela qual o Estado se associe com o setor privado para a exploração de seus bens imateriais.[22]

---

20. Lei federal 11.079/2004, art. 2º, § 4º: "É vedada a celebração de contrato de parceria público-privada: (...) III – que tenha como objeto único o fornecimento de mão de obra, o fornecimento e instalação de equipamentos ou a execução de obra pública".
21. Tem-se aventado o exemplo da edificação de presídios em sistema semelhante ao *leasing*, de modo que o Estado pague aluguel à pessoa estatal encarregada de celebrar o contrato PPP (a CPP no caso do Estado de São Paulo – cf. *infra*, item 5) e esse aluguel assegure o fluxo financeiro para o pagamento ao parceiro privado que os tenha edificado, considerando-se, ainda, que o parceiro privado, enquanto durar o contrato, explore serviços assessórios (como lavanderia e alimentação), com economia para o Estado.
22. Ainda que desenvolvido fora da sistemática da Lei estadual 11.688/2004, caso interessante de se relatar e que, em essência, corresponde a essa hipótese vem da experiência da Universidade Estadual de Campinas (UNICAMP). A UNICAMP, por meio de sua agência de inovação, denominada "Inova", trabalha com sucesso no licenciamento de patentes a empresas, tendo atingido recentemente o número de 22 licenciamentos. Para tanto, vale-se de convênios de transferência de tecnologia, associados a contratos de licenciamento, que preveem a exploração comercial da tecnolo-

Além disso, o § 1º desse art. 5º traz a seguinte vedação expressa: "Não serão objeto de parcerias público-privadas a mera terceirização de mão de obra e as prestações singelas ou isoladas" – com isso afastando da incidência da lei contratos em que não estejam presentes os aspectos essenciais das PPPs, acima analisados.[23]

## 5. Outros elementos do regime da lei paulista

Como já ressalvado de início, este estudo não se propõe a analisar exaustivamente a Lei estadual paulista 11.688/2004, senão a destacar suas especificidades mais relevantes.

Um primeiro ponto a ser notado é a opção do legislador pela criação de uma pessoa jurídica, sob a forma de sociedade por ações – denominada Cia. Paulista de Parcerias (CPP) –, para "colaborar, apoiar e viabilizar a implementação do Programa de Parcerias Público-Privadas" (art. 12).

Competem à CPP (art. 15), entre outras atribuições: ser parte em contratos que envolvam PPPs; celebrar contratos com a Administração Pública como decorrência de projetos desenvolvidos pelo mecanismo de PPPs; e oferecer garantias que assegurem ao parceiro privado o respeito aos seus direitos decorrentes do respectivo contrato – elemento fundamental para tornar viáveis parcerias de longo prazo, envolvendo investimentos de vulto.

A análise da CPP (arts. 12-18 da lei paulista) já é objeto de outro estudo integrante desta obra. De todo modo, vale frisar que a opção paulista pela criação de uma empresa, integrante da Administração indireta do Estado, para operar as PPPs distingue-se da opção feita por Minas Gerais, assim como da solução dada pela lei federal.[24]

Nesses outros casos é a própria Administração direta que é parte nas PPPs, oferecendo as garantias necessárias, por meio de fundos

---

gia por um período entre 10 e 15 anos. A remuneração da UNICAMP pela cessão da propriedade intelectual da invenção deriva de *royalties* que variam de 2% a 7% sobre o faturamento bruto ou líquido, conforme o caso. Ao final de cinco anos a UNICAMP quer chegar a uma carteira com 100 licenciamentos – número compatível com grandes Universidades no mundo.

23. Cf., no mesmo sentido, o art. 2º, § 4º, III, da Lei 11.079/2004 (citado na nota 20).

24. Cf. arts. 16 a 21, sobre o Fundo Garantidor das PPPs.

específicos ou outros instrumentos. Esse mecanismo, todavia, traz à tona a questão bastante debatida da interface entre a legislação PPP e a Lei de Responsabilidade Fiscal (Lei Complementar federal 101/ 2000), em especial no aspecto do cômputo das obrigações decorrentes de contratos que envolvam PPP como dívida.

A opção paulista oferece solução adequada para essa questão. Ao criar a empresa e possibilitar que atue como empresa não dependente,[25] as obrigações por ela assumidas não causam impactos nos limites de endividamento do Estado.

Note-se que essa opção é perfeitamente lícita e não implica burla à Lei de Responsabilidade Fiscal. Na verdade, a CPP, se, por um lado, é mais livre para atuar, por não interferir com os limites fiscais do Estado, por outro lado, não se beneficia, para efeito de atrair parceiros em seus negócios, de todos os volumes de recursos próprios do Estado. Ou seja, a CPP irá contratar e oferecer garantias nos limites do que o mercado entenda razoável, dados os seus indicadores contábeis enquanto uma simples empresa.

De resto, a discussão quanto a haver conflito entre leis das PPPs e a Lei de Responsabilidade Fiscal – daí decorrendo posições no sentido de as leis das PPPs deverem mencionar expressamente a submissão dos contratos que disciplinam às normas daquela lei – parece inócua. Com efeito, a Lei de Responsabilidade Fiscal será aplicada sempre que uma situação envolvendo PPP configurar sua hipótese de incidência, queiram ou não queiram as leis das PPPs, visto que estas não poderiam, pela competência legislativa da qual decorrem, revogar aquela lei.

A lei paulista, ainda que não mencione expressamente a Lei de Responsabilidade Fiscal, fixa, dentre as diretrizes para o Programa de PPPs, a "responsabilidade fiscal na celebração e execução dos contratos" (art. 1º, parágrafo único, item 6). E, seguindo a mesma linha, estabelece (art. 4º, parágrafo único) como condições para aprovação de um projeto no âmbito do Programa de PPPs: "1 – Elaboração

---

25. A Lei de Responsabilidade Fiscal, no art. 2º, III, define como "empresa estatal dependente" a "empresa controlada que receba do ente controlador recursos financeiros para pagamento de despesas com pessoal ou de custeio em geral ou de capital, excluídos, no último caso, aqueles provenientes de aumento de participação acionária". A noção de empresa não dependente – que é o caso da CPP – extrai-se *a contrario sensu* dessa definição.

de estimativa do impacto orçamentário-financeiro; 2 – Demonstração da origem dos recursos para seu custeio; 3 – Comprovação de compatibilidade com a Lei Orçamentária Anual, a Lei de Diretrizes Orçamentárias e o Plano Plurianual".[26]

A lei paulista, no entanto, não limita à CPP a competência para ser parte em um contrato que envolva PPP. Nesse sentido, seu art. 6º dispõe: "Art. 6º. Poderão figurar como contratantes nas parcerias público-privadas os entes estatais a quem a lei, o regulamento ou o estatuto confiram a titularidade dos bens ou serviços objeto da contratação, incluindo autarquias, fundações instituídas ou mantidas pelo Estado, empresas públicas e sociedades de economia mista".

Ou seja, mesmo a Administração direta ou, ainda, outras pessoas da Administração indireta, no modelo paulista, podem ser partes em um contrato que envolva PPP, com ou sem a participação da CPP (como garantidora, ou até como parte[27]).

Nessa hipótese, todavia, há que se ponderar os naturais reflexos sobre o Estado, decorrentes da Lei de Responsabilidade Fiscal, salvo se a parte contratante for outra empresa estatal não dependente (como a CPP).

A Lei estadual 11.688/2004 também traz, nos arts. 8º a 11, regras específicas sobre os contratos ditos de PPPs.

26. V. também lei federal, art. 10, II-V.
27. V. os incisos do art. 15 da Lei paulista, em especial o inciso I, "b". Eis o texto completo do artigo: "Art. 15. Para a consecução de seus objetivos, a CPP poderá: I – celebrar, de forma isolada ou em conjunto com a Administração direta e indireta do Estado, os contratos que tenham por objeto: a) a elaboração dos estudos técnicos a que se refere o art. 4º, inciso II, desta Lei; b) a instituição de parcerias público-privadas; c) a locação ou promessa de locação, arrendamento, cessão de uso ou outra modalidade onerosa, de instalações e equipamentos ou outros bens, vinculados a projetos de PPP; II – assumir, total ou parcialmente, direitos e obrigações decorrentes dos contratos de que trata o inciso I deste artigo; III – contratar a aquisição de instalações e equipamentos, bem como a sua construção ou reforma, pelo regime de empreitada, para pagamento a prazo, que poderá ter início após a conclusão das obras, observada a legislação pertinente; IV – contratar com a Administração direta e indireta do Estado locação ou promessa de locação, arrendamento, cessão de uso ou outra modalidade onerosa, de instalações e equipamentos ou outros bens integrantes de seu patrimônio; V – contrair empréstimos e emitir títulos, nos termos da legislação em vigor; VI – prestar garantias reais, fidejussórias e contratar seguros; VII – explorar, gravar e alienar onerosamente os bens integrantes de seu patrimônio; VIII – participar do capital de outras empresas controladas por ente público ou privado".

Como já se ressaltou, não se trata da criação de tipo contratual novo, mas sim de sistematizar a incidência de regras sobre uma série de contratos que têm em comum envolver parceria com um ente privado – parceria, esta, com os delineamentos apontados no item 4, *supra*.

Nesse sentido, nos termos do art. 8º da lei paulista (e nem poderia ser diferente), os contratos que impliquem PPPs também se regem pelas normas gerais da Lei federal sobre PPPs (Lei federal 11.079/2004), do regime de licitações e contratos administrativos (Lei federal 8.666/1993) e de concessão e permissão de serviços públicos (Lei federal 8.987/1995, além de outras leis que tratem de normas gerais, tais como leis que disponham sobre licitações e contratos de concessão de serviços públicos específicos).[28]

Quanto à licitação, a Lei estadual paulista 11.688/2004 não estabelece qualquer regra especial, senão o disposto no seu art. 21 quanto à obrigatoriedade de submissão dos projetos de PPPs a consulta pública, com antecedência mínima de 30 dias da publicação do edital da respectiva licitação.[29] O processo de licitação deve seguir as normas gerais estabelecidas pela Lei federal 11.079/2004, arts. 10 a 13.

Já, quanto ao contrato, o art. 8º da lei paulista[30] estabelece algumas cláusulas que devem nele estar previstas – determinação, essa,

---

28. Do mesmo modo, cf. o art. 5º, § 2º, da lei paulista: "§ 2º. Os contratos de parceria público-privada deverão prever que, no caso de seu objeto reportar-se a setores regulados, as regras de desempenho das atividades e serviços deverão ficar submetidas àquelas determinadas pela agência reguladora correspondente".
29. "Art. 21. Os projetos de parceria público-privada serão objeto de consulta pública, com antecedência mínima de 30 (trinta) dias da publicação do edital da respectiva licitação, mediante publicação de aviso na Imprensa Oficial, em jornais de grande circulação e por meio eletrônico, no qual serão informadas as justificativas para a contratação, a identificação do objeto, o prazo de duração do contrato e seu valor estimado, fixando-se prazo para fornecimento de sugestões, cujo termo dar-se-á pelo menos com 7 (sete) dias de antecedência da data prevista para a publicação do edital."
30. "Art. 8º. Os contratos de parceria público-privada reger-se-ão pelo disposto nesta Lei, na lei federal correspondente, pelas normas gerais do regime de concessão e permissão de serviços públicos, de licitações e contratos administrativos e deverão estabelecer: I – as metas e os resultados a serem atingidos, cronograma de execução e prazos estimados para seu alcance, bem como os critérios objetivos de avaliação de desempenho a serem utilizados, mediante adoção de indicadores capazes de aferir o resultado; II – a remuneração pelos bens ou serviços disponibilizados e, observada a natureza do instituto escolhido para viabilizar a parceria, o prazo necessário à amor-

compatível com o disposto no art. 5º da lei federal e condizente com o sentido de normas específicas próprias da competência do Estado.

Igualmente compatível com as normas da Lei federal sobre PPPs (arts. 5º, IV, e 6º) é o disposto no art. 9º da lei estadual no tocante à remuneração do parceiro privado.[31]

A propósito (no tocante aos incisos II-VI desse art. 9º), reitere-se o que mais acima se afirmou (item 4): a lógica de os projetos PPP serem autossustentáveis não é incompatível com haver remuneração total ou parcial do parceiro privado mediante recursos públicos, desde que o resultado final importe economia orçamentária para o Estado.

E, ainda quanto aos contratos que envolvem PPPs, vale registrar que a lei paulista, no art. 11, busca estimular o uso de "mecanismos amigáveis de solução das divergências contratuais, inclusive por meio de arbitragem".[32]

Por fim, cabe registrar que a lei paulista também disciplina o chamado "Programa de Parceiras Público-Privadas" (arts. 1º-4º), fixando suas diretrizes;[33] vinculando-o a planejamento de prioridades e

tização dos investimentos; III – cláusulas que, dependendo da modalidade escolhida, prevejam: a) a obrigação do contratado de obter recursos financeiros necessários à execução do objeto e de sujeitar-se aos riscos do negócio, bem como as hipóteses de exclusão de sua responsabilidade; b) possibilidade de término do contrato não só pelo tempo decorrido ou pelo prazo estabelecido, mas também pelo montante financeiro retornado ao contratado em função do investimento realizado; IV – identificação dos gestores responsáveis pela execução e fiscalização."

31. "Art. 9º. A remuneração do contratado, observada a natureza jurídica do instituto escolhido para viabilizar a parceria, poderá ser feita mediante a utilização isolada ou combinada das seguintes alternativas: I – tarifas cobradas dos usuários; II – pagamento com recursos orçamentários; III – cessão de créditos do Estado, excetuados os relativos a impostos, e das entidades da Administração Estadual; IV – cessão de direitos relativos à exploração comercial de bens públicos materiais ou imateriais; V – transferência de bens móveis e imóveis; VI – títulos da dívida pública, emitidos com observância da legislação aplicável; e VII – outras receitas alternativas, complementares, acessórias, ou de projetos associados."

32. Nesse sentido, também, a Lei federal 11.079/2004, art. 11, III.

33. "1 – Eficiência no cumprimento das finalidades do Programa, com estímulo à competitividade na prestação de serviços e à sustentabilidade econômica de cada empreendimento; 2 – Respeito aos interesses e direitos dos destinatários dos serviços e dos agentes privados incumbidos de sua execução; 3 – Indisponibilidade das funções política, normativa, policial, reguladora, controladora e fiscalizadora do Estado; 4 – Universalização do acesso a bens e serviços essenciais; 5 – Transparência dos procedimentos e decisões; 6 – Responsabilidade fiscal na celebração e execução dos contratos; 7 – Responsabilidade social; 8 – Responsabilidade ambiental."

avaliação de eficiência; submetendo-o a um Conselho Gestor integrado por secretários de Estados e outros membros designados pelo governador;[34] e criando condicionantes para a inclusão e aprovação de projetos no âmbito de tal Programa.[35]

Em conclusão, pode-se considerar que a Lei estadual paulista 11.688/2004, em que pese a não ter inovado em face das normas gerais contidas nas leis federais (nas vigentes na época de sua edição, e hoje também na Lei federal 11.079/2004), reveste-se de grande utilidade por haver, no limite de normas específicas próprias da competência estadual, disciplinado de modo sistemático esse importante mecanismo do direito administrativo e por haver criado instrumentos institucionais de sua aplicação, propiciando a segurança jurídica necessária para a atração dos parceiros privados.

---

34. Conselho, esse, com competência para: "1 – Aprovar projetos de parcerias público-privadas, observadas as condições estabelecidas no art. 4º; 2 – Recomendar ao governador do Estado a inclusão no PPP de projeto aprovado na forma do item 1; 3 – Fiscalizar a execução das parcerias público-privadas; 4 – Opinar sobre alteração, revisão, rescisão, prorrogação ou renovação dos contratos de parcerias público-privadas; 5 – Fixar diretrizes para a atuação dos representantes do Estado nos órgãos de administração da Cia. Paulista de Parcerias – CPP; 6 – Fazer publicar no *Diário Oficial de Estado de São Paulo* as atas de suas reuniões".
35. "Art. 4º. São condições para a inclusão de projetos no PPP: I – efetivo interesse público, considerando a natureza, relevância e valor de seu objeto, bem como o caráter prioritário da respectiva execução, observadas as diretrizes governamentais; II – estudo técnico de sua viabilidade, mediante demonstração das metas e resultados a serem atingidos, prazos de execução e de amortização do capital investido, bem como a indicação dos critérios de avaliação ou desempenho a serem utilizados; III – a viabilidade dos indicadores de resultado a serem adotados, em função de sua capacidade de aferir, de modo permanente e objetivo, o desempenho do ente privado em termos qualitativos e quantitativos, bem como de parâmetros que vinculem o montante da remuneração aos resultados atingidos; IV – a forma e os prazos de amortização do capital investido pelo contratado; V – a necessidade, a importância e o valor do serviço ou da obra em relação ao objeto a ser executado.
"Parágrafo único. A aprovação do projeto fica condicionada ainda ao seguinte: 1 – Elaboração de estimativa do impacto orçamentário-financeiro; 2 – Demonstração da origem dos recursos para seu custeio; 3 – Comprovação de compatibilidade com a Lei Orçamentária Anual, a Lei de Diretrizes Orçamentárias e o Plano Plurianual."

## EXPERIÊNCIAS EM PARCERIAS NO ESTADO DE SÃO PAULO

MÁRIO ENGLER PINTO JÚNIOR

*1. Parcerias na Administração Pública e novas modalidades contratuais. 2. Contratação em regime de concessão: ampliação das possibilidades. 3. Da concessão comum ao contrato de PPP. 4. Concessão patrocinada. 5. Concessão administrativa. 6. Prestação de garantias para viabilizar o financiamento do projeto. 7. Preocupação com a gestão fiscal responsável. 8. Considerações finais.*

## 1. Parcerias na Administração Pública e novas modalidades contratuais

O conceito de "parceria" na Administração Pública tem conotação bastante ampla. Na essência, pressupõe a cooperação entre parceiros para consecução de um objetivo comum, ainda que as motivações de cada lado sejam distintas. O relacionamento baseado nessa premissa difere substancialmente da contratação regida pela Lei 8.666, de 21.6.1993, em que os interesses das partes situam-se em posição contraposta e, portanto, o dever de colaboração recíproca fica mitigado. As parcerias podem ter caráter estrutural quando assumem a forma societária para exercício de determinada atividade econômica, combinando capitais públicos e privados. As parcerias também podem revestir-se de natureza contratual, tendo como contraparte da Administração Pública uma empresa privada ou entidade sem fins lucrativos.

As parcerias sempre foram praticadas no âmbito da Administração com objetivo de fomento a atividades de interesse público. Normalmente o relacionamento cooperativo é formalizado por meio da celebração de convênio com fundamento no art. 116 da Lei 8.666/1993.

Ocorre que o convênio é incompatível com o auferimento explícito de lucro pelos partícipes, razão pela qual sua aplicação fica restrita às articulações entre entidades e órgãos da Administração Pública, ou então entes estatais e as chamadas *organizações do Terceiro Setor*.

Mais recentemente surgiram novos modelos contratuais para viabilizar a implementação de projetos de interesse público em regime de parceria, porém com estipulação de remuneração formal ao agente privado. A Lei 11.079, de 30.12.2004 (Lei das PPPs), introduziu no ordenamento jurídico o contrato de parceria público-privada/ PPP, nas modalidades de concessão patrocinada e concessão administrativa. Os instrumentos assim criados passaram a conviver com a já conhecida concessão de obras ou serviços públicos de que trata a Lei 8.987, de 13.2.1995 (Lei de Concessões), que agora se denomina *concessão comum*.

O conceito de *concessão patrocinada* é derivado da concessão comum, tendo como nota distintiva o pagamento de contraprestação pecuniária pelo parceiro público (poder concedente) ao parceiro privado, adicionalmente à tarifa cobrada dos usuários. Já, a *concessão administrativa* equivale ao contrato de prestação de serviços em que a Administração figura como usuária direta ou indireta, ainda que envolva execução de obra ou fornecimento de equipamentos. A Administração será considerada usuária direta quando a utilidade fornecida se destinar ao seu próprio uso ou consumo. Haverá uso indireto sempre que o serviço concedido for oferecido à população em caráter universal (*uti universi*), não sendo viável a tarifação por motivos de ordem técnica ou jurídica. Nesse caso, toda a remuneração do concessionário passa a ser encargo exclusivo da Administração.

O Estado de São Paulo foi pioneiro no estabelecimento de novos marcos legais para disciplinar as relações de parceria, tanto aquelas com possibilidade de ganho financeiro ao parceiro privado quanto as sem essa previsão. Vale registrar a edição da Lei estadual 7.835, de 8.5.1992, que dispôs sobre as concessões de obras e serviços públicos e serviu de inspiração para a posterior Lei federal 8.987, de 13.2.1995, sobre o mesmo tema. A partir de meados da década de 80 do século passado o Estado colocou em marcha um agressivo programa de desestatização previsto na Lei 9.361, de 5.7.1996, compreendendo a alienação de participações societárias e a concessão de obras e serviços públicos. As operações daí resultantes inauguraram nova fase no relacionamento do Estado com a iniciativa privada.

Aproveitando a experiência assim acumulada, o Estado de São Paulo aprovou a Lei 11.688, de 19.5.2004, que instituiu o Programa de Parcerias Público-Privadas/PPPs e autorizou a criação da Cia. Paulista de Parcerias/CPP. A nova medida procurou dinamizar os investimentos em obras de infraestrutura e ampliar a oferta de serviços públicos, com o apoio da iniciativa privada. A Companhia Paulista de Parcerias/CPP foi idealizada para apoiar o programa de PPP, mediante a prestação de garantias nas obrigações de pagamento assumidas pelo Estado em face de parceiros privados. No entanto, a CPP também poderá atuar em outras operações alheias ao programa de PPP, tendo em vista a amplitude de seu objeto social, que engloba a gestão de ativos em geral.

Para que a CPP tenha condições de funcionar como garantidora perante o setor privado, o Governo do Estado resolveu capitalizá-la com ativos líquidos de boa qualidade. O grande desafio para os gestores da CPP será estruturar garantias que produzam a melhor percepção possível de segurança jurídica, de modo a reduzir o volume de ativos comprometidos e manter espaço para novas operações. Pode haver competição entre as áreas setoriais do Estado pela obtenção de garantias através da CPP. Daí a preocupação estampada no Decreto 48.867/2004 no sentido de estabelecer procedimentos que permitam a seleção dos melhores projetos, com base em estudos de viabilidade econômico-financeira e na definição formal das prioridades de governo.

O arcabouço legal em matéria de parcerias entre os setores público e privado foi reforçado pelo advento da Lei federal 11.070, de 30.12.2004, que instituiu normas gerais para licitação e contratação de PPP no âmbito da Administração Pública das três esferas de governo, além de criar o Órgão Gestor de PPPs federais e o chamado Fundo Garantidor. A nova legislação não se mostra conflitante com a Lei paulista 11.688/2004, na medida em que esta última foi elaborada propositalmente com perfil flexível e genérico, para se adaptar aos comandos de abrangência federal.

No que se refere ao Terceiro Setor, o Governo Paulista promulgou a Lei Complementar 846, de 4.6.1998, que autorizou a celebração do chamado Contrato de Gestão com Organizações Sociais previamente qualificadas, para fomento e execução de atividades nas áreas de saúde e cultura. O modelo de organização social foi posteriormente estendido pela Lei Complementar 1.095, de 18.9.2009, às áreas da cultura, esporte e atendimento das pessoas com deficiência. Na mesma esteira, a Lei 11.598, de 15.12.2003, institui o termo de parceria entre órgãos e entidades da Administração Estadual e Organizações da Sociedade Civil de Interesse Público/OSCIPs.

A modalidade de parceria consistente na concessão ou permissão de uso de bem público pode servir ao mesmo propósito de viabilizar a execução de atividades de interesse público por particulares, com ou sem intuito econômico. Paralelamente ao compromisso de zelar pela conservação do imóvel concedido e dar-lhe destino adequado, o agente privado assume a obrigação de sua recuperação e ampliação. Nesse caso, a atuação do parceiro privado está voltada à exploração do potencial econômico associado ao imóvel, e não ao oferecimento à população de serviço de caráter essencial. O Estado de São Paulo tem algum histórico na realização desse tipo de parceria, embora de forma eventual e desvinculada de um programa específico de governo.

## 2. Contratação em regime de concessão: ampliação das possibilidades

O advento da Lei de Concessões quebrou o paradigma clássico consagrado na Lei 8.666/1993, segundo o qual a parte privada nada planeja ou define sobre o objeto contratual, cabendo-lhe apenas executar a prestação conforme as especificações impostas unilateralmente pela parte pública. A parte privada que contrata com a Administração nesse ambiente não tem motivos para se preocupar com a eficiência metodológica ou a utilidade do produto final, pois sua responsabilidade exaure-se com a entrega da obra, prestação do serviço ou fornecimento do bem, independentemente do benefício efetivamente proporcionado à coletividade. A parte privada também está protegida contra riscos que impliquem aumento dos encargos inicialmente previstos para a execução do contrato, na medida em que existe ampla margem para recomposição do equilíbrio econômico-financeiro contratual.

Na contratação tradicional regida pela Lei 8.666/1993 o pagamento da parte privada se faz devido *pari passu* à execução do objeto contratual (unidades de serviço prestado, parcelas medidas da obra ou número de bens entregues). A parte privada pode dispensar o financiamento de médio e longo prazos, pois o ciclo entre a produção e o recebimento do preço é pequeno (normalmente, 30 dias).

A lógica contratual e econômica da concessão comum baseia-se em premissas bastante diferentes. O concessionário deixa de ser tratado como mero executor de tarefas previamente encomendadas pelo poder concedente, para se transformar em verdadeiro empresário, sujeito aos riscos do negócio – se não a todos eles, pelo menos àqueles razoavelmente previsíveis, controláveis ou passíveis de proteção adequada.

Diversamente do que ocorre com o contrato administrativo tradicional, a concessão comum precedida da execução de obra pública dispensa a existência de projeto básico completo e abrangente, bastando que o edital contenha apenas alguns dados relativos à obra (cf. 18, XV, da Lei 8.987/1995). O edital deve dar mais ênfase à especificação do produto ou serviço a ser fornecido pela parte privada, com base na infraestrutura que ela irá construir e passará a operar. Na medida em que a Administração decide flexibilizar as soluções construtivas para execução da obra vinculada à concessão, é natural que os riscos daí decorrentes sejam imputados à parte privada. A maior autonomia para escolha das variáveis técnicas e empresariais relativamente à forma como deve ser organizado e prestado o serviço torna o concessionário responsável pelo resultado a final obtido.

O concessionário terá os incentivos econômicos necessários para agir de forma eficiente, porquanto será beneficiado pela redução do orçamento da obra ou fornecimento de equipamentos que deve realizar às suas expensas, ao mesmo tempo em que arcará com o respectivo custo de manutenção durante a vigência da concessão. Se o trabalho de construção não for bem feito, o ônus daí decorrente será suportado exclusivamente pelo concessionário, sem direito à recomposição do equilíbrio econômico-financeiro.

A essência da concessão comum reside na exploração econômica do serviço público de titularidade originária da Administração (precedido ou não da execução de obra) por conta e risco do concessionário. A remuneração do concessionário para amortização dos investimentos e custeio da operação provém normalmente da cobrança de tarifa dos usuários, mas também pode ser reforçada por receitas alternativas, complementares, acessórias ou de projetos associados (cf. art. 11 da Lei 8.987/1995). Não cabe ao poder concedente assegurar rentabilidade mínima, sob pena de esvaziar o componente aleatório inerente ao contrato de concessão e reduzir o papel do concessionário ao de simples prestador de serviços típicos do contrato administrativo.

## 3. Da concessão comum ao contrato de PPP

Na concessão comum não é necessário que o concessionário tenha investido recursos próprios, ou de terceiros captados mediante financiamento, na construção, reforma, ampliação, conservação ou melhoria do ativo público considerado indispensável à prestação do serviço concedido. A concessão comum pode ter por objeto apenas a operação privada de determinada infraestrutura preexistente, sem prejuízo de ser atribuída ao concessionário a responsabilidade pela manutenção durante a vigência do contrato. Já, no contrato de PPP (concessão patrocinada ou administrativa) é essencial que a parte privada invista o montante mínimo de 20 milhões de Reais, não bastando ficar responsável pela operação e manutenção da infraestrutura construída pelo Poder Público (cf. art. 4º, § 1º, I, da Lei 11.079/2004).

Além da exigência de realização de investimentos pela parte privada, a Lei das PPPs limita o prazo de vigência do contrato de PPP ao mínimo de 5 e ao máximo de 35 anos. A diferenciação de tratamento nesse particular justifica-se não só pela preocupação com a responsabilidade fiscal decorrente da assunção de compromissos financeiros de longo prazo pelo Poder Público, mas também para não permitir a banalização da nova modalidade contratual, reservando-se sua utilização para projetos de maior porte, que demandam financiamento privado e proporcionam investimentos em infraestrutura pública.

A nota característica da concessão patrocinada reside no pagamento de contraprestação pecuniária pelo parceiro público ao parceiro privado, adicionalmente à tarifa cobrada dos usuários. A contrapartida nesse caso resume-se ao pagamento em dinheiro, não abrangendo outras prestações de conteúdo econômico. Conquanto o art. 2º, § 1º, da Lei das PPPs utilize a expressão "contraprestação pecuniária" para definir a concessão patrocinada, o art. 6º do mesmo diploma legal relaciona outras formas de contrapartida a cargo do parceiro público, tais como cessão de créditos tributários, outorga de direitos em face da Administração, outorga de direitos sobre bens dominicais e outros meios admitidos em lei.

O principal problema que a Lei das PPPs procura equacionar diz respeito justamente ao subsídio financeiro devido ao parceiro privado. Além da preocupação com a gestão fiscal responsável, a ênfase da disciplina legal nesse particular recai sobre o oferecimento de garantias específicas de pagamento das obrigações pecuniárias assumidas pela Administração em face do parceiro privado, na esteira do permissivo contido no art. 8º da Lei das PPPs. Igualmente relevante é a disposição do art. 7º, que somente permite remunerar o parceiro privado após a efetiva disponibilização do serviço concedido. Enquanto o objeto do contrato não tiver sido totalmente executado, o pagamento da contraprestação pecuniária deve guardar correlação com a parcela fruível do serviço. Vale dizer: a importância em dinheiro não pode ser entregue antecipadamente ao parceiro privado, mas pressupõe a instalação, ao menos parcial, dos equipamentos públicos e o efetivo início das operações.

## 4. Concessão patrocinada

O subsídio público que caracteriza a concessão patrocinada deve estar previsto no contrato, porém não precisa necessariamente ser pago durante todo o período de vigência da concessão. O complemento tarifário, não obstante já regulamentado contratualmente, pode ter caráter contingente (isto é, ficar sujeito a condição suspensiva) e somente se tornar devido nas hipóteses previamente estabelecidas. Isso ocorre quando o poder concedente quer manter a discricionariedade da política tarifária em face do usuário e, ao mesmo tempo, assegurar ao concessionário uma remuneração reajustável periodicamente por determinando índice de preço ou de custo. No momento inicial a tarifa cobrada do usuário pode coincidir com a tarifa devida ao concessionário, surgindo o descasamento em momento posterior, quando, então, se desencadeia a obrigação de pagamento pelo poder concedente.

A estipulação de contrapartida contingente não deve ser confundida com a obrigação de recomposição do equilíbrio econômico-financeiro do contrato. Enquanto o valor e as demais condições para eventual pagamento do subsídio público já estão previamente contratualizados, o desequilíbrio decorre de evento superveniente cujo impacto na remuneração do concessionário necessita ser apurado *a posteriori*, assim como a forma de compensação que será adotada. Nesse caso, a equação econômico-financeira do contrato poderá ser recomposta pela adoção de outros mecanismos compensatórios que não apenas o ressarcimento em dinheiro.

A Lei das PPPs pretendeu limitar a liberdade do Poder Executivo para calibrar o subvencionamento do concessionário, conforme se depreende do disposto no § 3º do art. 10. O dispositivo faz depender de autorização legal específica a instituição de concessão patrocinada em que mais de 70% da remuneração do parceiro privado forem pagos pela Administração. A *ratio essendi* da restrição consiste em desestimular políticas de subsídio tarifário fiscalmente irresponsáveis, exigindo que tal decisão seja compartilhada com o Poder Legislativo.

A regra somente se aplica quando for possível, em tese, a cobrança de tarifas dos usuários em função da natureza divisível e específica do serviço concedido. Daí por que a mesma limitação não existe em relação à concessão administrativa, não obstante toda a remuneração do parceiro privado tenha origem orçamentária. Não sendo viável a tarifação, também não faz sentido restringir politicamente o poder discricionário da Administração para contratar e comprometer recursos públicos futuros, sendo suficiente a observância dos procedimentos orçamentários e financeiros previstos na Lei das PPPs.

## 5. Concessão administrativa

A concessão administrativa é uma evolução do contrato tradicional regido pela Lei 8.666/1993. Todavia, a concessão administrativa não está sujeita os mesmos princípios aplicáveis à realização de obras, fornecimento de bens e prestação de serviços no âmbito da Administração, em que há garantia de manutenção das condições da proposta original, nos termos do art. 37, XXI, da CF. Por ser considerada nova modalidade contratual equiparável à figura da concessão prevista no art. 175 da CF, a concessão administrativa permite imputar ao concessionário diversos riscos (inclusive os decorrentes de caso fortuito e força maior), além de tornar mais efetiva a fiscalização pela parte pública. Além de aplicar sanções administrativas no caso de inadimplência, o poder concedente tem a prerrogativa de intervir diretamente nas atividades do concessionário sempre que houver risco de descontinuidade da prestação dos serviços concedidos, assim como de decretar a caducidade da concessão, com a consequente reversão ao domínio público dos bens vinculados à operação concedida.

A concessão administrativa admite, ainda, que a parte privada antecipe os investimentos necessários em obras, instalações e equipamentos para viabilizar a oferta de determinado serviço de interesse da Administração ou da população em geral. A remuneração do parceiro privado seguirá a mesma lógica do concessionário – vale dizer: não ficará atrelada à simples execução de parcelas de obra, mas dependerá de sua *performance* na satisfação das necessidades da Administração como usuária direta ou indireta do serviço prestado. A concessão administrativa também é compatível com outras alternativas de remuneração do parceiro público que não apenas o pagamento em dinheiro. É possível, ainda, remunerar o parceiro privado através da outorga de direitos em face da Administração ou sobre bens dominicais (cf. art. 6º da Lei 11.709/2004).

Nesse ambiente, há largo espaço para a introdução do conceito de *pagamento variável vinculado a desempenho*, a partir do cumprimento de metas de resultado, padrões de qualidade e índices de disponibilidade do serviço definidos no contrato (art. 5º, VII, da Lei 11.079/2004). A parte pública pode adotar mecanismos de incentivo para premiar a boa prestação do serviço contratado, que costumam ser mais eficientes para alinhar interesses que a clássica imposição de multas pecuniárias. O prestador de serviço é transformado em autêntico parceiro da Administração, mantendo-se corresponsável pelo resultado decorrente da utilização da infraestrutura por ele construída.

Os serviços públicos passíveis de prestação em regime de concessão administrativa são preferencialmente aqueles de caráter social e com demanda universal. Nesses casos afigura-se inviável a exploração econômica mediante cobrança de tarifas dos usuários. Incluem-se nessa categoria os serviços de limpeza urbana, iluminação pública, oferecimento de vagas prisionais, construção e manutenção de escolas ou hospitais e projetos de habitação popular.

Também pode ser enquadrado como concessão administrativa o fornecimento de utilidades à própria Administração, a exemplo da construção e manutenção de centros administrativos e da implementação de projetos na área da tecnologia da informação. O essencial é que tenha havido investimento mínimo de 20 milhões de Reais e a operação fique a cargo do parceiro privado. De outra parte, a concessão administrativa não deve ter como objeto exclusivo o fornecimento de mão de obra (isto é, a mera terceirização de serviços), o fornecimento e instalação de equipamentos ou a execução pura de obra pública. Tampouco pode envolver a delegação das funções de regulação, jurisdicional, do exercício do poder de polícia e de outras atividades exclusivas do Estado (cf. arts. 2º, § 4º, e 4º da Lei 11.079/2004).

## 6. Prestação de garantias para viabilizar o financiamento do projeto

A Lei das PPPs procurou viabilizar a prestação de garantias em relação às obrigações pecuniárias assumidas pelo parceiro público em face do parceiro privado. A certeza quanto ao recebimento dos recursos prometidos pelo Poder Público é fundamental para obtenção do financiamento necessário ao custeio dos investimentos a cargo do parceiro privado. As receitas futuras da concessão, qualquer que seja sua origem (tarifária, acessória ou subsídio público), devem ser suficientes para (a) suportar os custos de operação, b) servir a dívida contraída para realizar os investimentos e (c) remunerar o capital aportado pelos acionistas da empresa concessionária.

Como os projetos de infraestrutura costumam ser altamente intensivos de capital, é muito difícil o concessionário executá-los apenas com recursos próprios. Fatalmente haverá necessidade de captação de numerário por meio da operação estruturada de *project finance*, em que as receitas futuras da concessão servirão de garantia e meio de pagamento do empréstimo bancário contraído pelo concessionário. O financiador somente terá conforto para conceder o financiamento se forem atendidas duas condições básicas: (a) se o fluxo da receita tarifária da concessão (comum ou patrocinada) for estável e minimamente previsível e (b) estiver razoavelmente afastado o risco de inadimplência do Poder Público em relação ao pagamento da contraprestação pecuniária na concessão patrocinada ou administrativa.

Para acomodar a situação, a Lei das PPPs autoriza, por exemplo, que o contrato estipule penalidades no caso de inadimplência do poder concedente (cf. art. 5º, II, da Lei 11.079/2004) e determina a aplicação automática dos reajustes contratuais, sem necessidade de prévia homologação da Administração (cf. art. 5º, § 1º, da Lei 11.079/2004). Além disso, contempla várias modalidades de garantias que podem ser concedidas pela parte pública ao parceiro privado com vistas a facilitar a obtenção do financiamento: (a) vinculação de receitas públicas; (b) instituição de fundos especiais; (c) contratação de seguro-garantia; (d) prestação de garantias por organismos internacionais ou instituições financeiras privadas; (e) criação do Fundo Garantidor de Parcerias Público-Privadas/FGP; (f) fiança de empresa estatal garantidora (cf. art. 8º da Lei 11.079/2004).

A Lei das PPPs disciplina em detalhes a estrutura e o funcionamento do FGP, definindo-o como pessoa jurídica de natureza privada, com patrimônio separado do de seus quotistas, capaz de assumir direitos e obrigações em seu próprio nome. O FGP já foi estruturado pela União e se encontra capitalizado com ativos líquidos (participações minoritárias em empresas privadas e ações excedentes ao controle acionário de sociedades de economia mista) que lhe permitem prestar garantias fidejussórias ou reais (cf. arts. 16-21 da Lei 11.079/2004 e Decreto 5.411/2005). No caso do Estado de São Paulo, a Lei estadual 11.688, de 19.5.2004, autorizou a constituição da Cia. Paulista de Parcerias/CPP, com o propósito de prestar garantias nas obrigações de pagamento assumidas pelo Estado no âmbito do programa de PPPs.

Além da garantia concedida pela parte pública em relação às obrigações pecuniárias assumidas perante a parte privada, a viabilidade do financiamento para custear os investimentos exigidos pela concessão depende da outorga de garantias pela parte privada diretamente ao financiador. Em outras palavras: a instituição financeira somente estará disposta a emprestar recursos ao concessionário se acreditar que o projeto financiado terá condições de gerar receitas futuras suficientes para cobrir os custos de operação e servir à dívida assim contraída. Mas não basta a percepção favorável sob o ponto de vista financeiro; é necessário, também, que haja instrumentos jurídicos para assegurar que o concessionário devedor (a) realize as obras civis e adquira os equipamentos vinculados à concessão da forma mais econômica possível; (b) atue como gestor eficiente da operação; (c) aporte a parcela de capital próprio prometida; (d) contrate seguro para cobertura de riscos com forte impacto negativo no desempenho do projeto; (e) não desvie recursos da empresa concessionária por qualquer meio ilícito.

Sabendo da importância da relação entre concessionário e financiador para o sucesso do modelo de concessão (comum, patrocinada e administrativa), tanto a Lei de Concessões quanto a Lei das PPPs contêm uma série de disposições que facilitam o financiamento com o propósito de reduzir seu custo. Tudo isso acaba beneficiando indiretamente a parte pública, que despenderá menos recursos de contraprestação pecuniária; e os usuários dos serviços concedidos, que pagarão tarifas mais módicas. O financiador do concessionário pode ficar garantido com: (a) cessão fiduciária dos créditos operacionais futuros (cf. art. 26-A da Lei 8.987/1995, alterada pela Lei 11.196/2005); (b) penhor dos direitos emergentes da concessão, notadamente das indenizações devidas pelo poder concedente no caso de encerramento prematuro da concessão (cf. art. 28 da Lei 8.987/1995, c/c o art. 5º, § 2º, III, da Lei 11.079/2004); (c) assunção do controle acionário da empresa concessionária para prover sua reestruturação financeira (cf. art. 27 da Lei 8.987/1995, c/c o art. art. 5º, § 2º, III, da Lei 11.079/2004 e art. 9º da Lei 11.027/2004); (d) empenho orçamentário diretamente em nome do financiador da contraprestação pecuniária devida ao concessionário (cf. art. 5º, § 2º, II, da Lei 11.079/2004).

Outra inovação importante trazida pela Lei das PPPs (e posteriormente acolhida pela Lei das Concessões) foi a possibilidade de adoção de mecanismos privados de resolução de disputas, inclusive a arbitragem objeto da Lei 9.307, de 23.9.1996, para dirimir conflitos oriundos do contrato de concessão (cf. arts. 11, III, da Lei 11.079/2004 e 23-A da Lei 8.987/1995, alterada pela Lei 11.196/2005).

### 7. Preocupação com a gestão fiscal responsável

O potencial de endividamento inerente aos contratos de PPP justifica a preocupação demonstrada pela Lei das PPPs com a gestão fiscal responsável – o que motivou a imposição de requisitos especiais para sua celebração (cf. art. 10 da Lei 11.079/2004). Entre as condições assim estabelecidas constam a demonstração: (a) da conveniência e oportunidade da contratação na modalidade de PPP, pelo fato de não existirem alternativas mais econômicas de execução de obra pública e prestação do serviço pela própria Administração (*value for money*); (b) de que as despesas criadas ou aumentadas não afetarão as metas de resultados fiscais; (c) da observância das normas editadas pela Secretaria do Tesouro Nacional para controlar o endividamento dos entes da Federação; (d) da estimativa de impacto orçamentário-financeiro nos exercícios subsequentes; (e) da compatibilidade com a Lei Orçamentária Anual e a Lei de Diretrizes Orçamentárias; (f) da estimativa do fluxo de recursos públicos suficientes para fazer face à obrigação de pagamento contraída durante a sua vigência; (g) da previsão no Plano Plurianual.

Além disso, as despesas de caráter continuado derivadas do conjunto das parcerias já contratadas no ano anterior não devem ultrapassar 3% da receita corrente líquida do mesmo exercício. Semelhante limitação deve ser observada em relação aos gastos dessa natureza já contratados para os 10 exercícios subsequentes, *vis-à-vis* a receita corrente líquida projetada para o mesmo período futuro. Se o teto for ultrapassado o ente da Federação ficará impedido de obter garantia e receber transferências voluntárias de recursos da União (cf. art. 28 da Lei 11.079/2004, com a redação dada pela Lei 12.024/2009).

Como regra geral, o gasto decorrente da contratação de concessão patrocinada ou administrativa, com previsão de pagamento de contraprestação pecuniária do Poder Público, terá o tratamento de despesa de custeio, sujeitando-se aos mesmos requisitos orçamentários e financeiros previstos no art. 17 da Lei de Responsabilidade Fiscal/LRF para a assunção de despesas obrigatórias de caráter continuado. A Lei das PPPs permite, ainda, à Secretaria do Tesouro Nacional editar normas gerais sobre consolidação das contas públicas aplicáveis aos contratos de PPP (cf. art. 10, I, "c", c/c o art. 25, da Lei 11.079/2004). Tais disposições podem, em situações específicas, tratar os compromissos de pagamento assumidos pelo parceiro público como obrigação decorrente de operação de crédito, caso em que será observado o disposto nos artis. 29, 30 e 32 da LRF (*v.g.*, limite máximo de endividamento do ente de Federação e tramitação prévia pelo Ministério da Fazenda).

Foi editada pela Secretaria do Tesouro Nacional a Portaria 614, de 26.8.2006, que, entre outras coisas, obriga a incorporar na contabilidade do ente público os ativos e passivos da empresa concessionária sempre que assumir parcela relevante (40% ou mais) dos riscos de demanda, disponibilidade ou construção, e na proporção assim assumida.

## 8. Considerações finais

A PPP é contrato típico disciplinado na Lei 11.079/2004, em que uma das partes é necessariamente entidade pertencente à Administração Pública. Trata-se de modalidade contratual mais evoluída que o contrato administrativo tradicional regido pela Lei 8.666/1993, na medida em que permite a adoção de mecanismos de inventivos para alinhar os interesses das partes e minimizar o risco de comportamentos oportunistas.

A PPP abrange a concessão patrocinada e a concessão administrativa, que pertencem ao gênero de contrato de concessão referido no art. 175 da CF. A diferença específica da PPP, quando comparada com a concessão comum disciplinada na Lei 8.987/1995, reside na utilização de recursos públicos para compor a remuneração ordinária do concessionário ou parceiro privado. Tal peculiaridade, por sua vez, demanda tratamento legislativo próprio, em que se destaca a preocupação com a garantia de pagamento da contraprestação pecuniária a cargo do poder concedente ou parceiro público.

A correta alocação de riscos no contrato de PPP, combinada com a instituição de sanções premiais, fortalece o espírito de colaboração mútua e aumenta a probabilidade de cumprimento espontâneo das prestações, tornando menos relevante a ameaça implícita de penalização. A modelagem do contrato de PPP deve compreender realisticamente os interesses em jogo e buscar conciliar o ideal de modicidade tarifária em prol dos usuários e do Erário, com a necessidade de o parceiro privado recorrer ao mercado financeiro para captar os recursos destinados a financiar no longo prazo os investimentos relativos ao projeto.

O convívio mais próximo com o setor privado, seja ele empresarial ou sem finalidade lucrativa, significa uma mudança de paradigma com o modelo anterior de relacionamento adotado pelo Estado nos contratos de fornecimento de bens e serviços regidos pela Lei 8.666/

1993. Embora o ambiente de parceria exija aprendizado lento e esteja sujeito a toda sorte de vicissitudes, é certo que o Estado de São Paulo já acumulou valiosa experiência nessa área.

As parcerias com o Terceiro Setor são normalmente instrumentalizadas por meio de convênio, apesar de o uso das denominações "contrato de gestão" ou "termo de parceria" sugerir o contrário. Nesses casos, o relacionamento com o Estado tem um potencial muito menor de conflito, em razão da presumível ausência de interesses contrapostos. Consequentemente, afigura-se menos problemática a alteração posterior das condições iniciais da avença, com o objetivo de viabilizar sua continuidade para ambos os partícipes e permitir que seja alcançada a finalidade que justificou sua celebração. No limite, o Estado preserva sempre a faculdade de denúncia unilateral do convênio sem necessidade de pagamento de indenização por dano emergente ou lucro cessante, tendo em vista seu caráter não oneroso.

O assunto coloca-se de forma diferente no campo das parcerias de natureza contratual, em que é explícita e legítima a finalidade lucrativa perseguida pelo parceiro privado. Nesse cenário adquire importância fundamental o respeito à lei e aos contratos firmados. Isso não impede, porém, que o Estado proponha eventualmente a aplicação mitigada de algumas regras quando ficar evidente seu impacto negativo para o interesse público. Todavia, tal medida pressupõe que o parceiro privado também saiba atuar de forma madura e inteligente na busca de saídas negociais.

A necessidade da introdução de ajustes de percurso é perfeitamente compreensível nas relações contratuais de longo prazo, em razão da inevitável mudança dos cenários que se sucedem após a celebração do contrato com a Administração. Quando a atuação estatal nesse particular ocorre por intermédio de agência reguladora o nível de conforto do gestor público é bem maior. O distanciamento em relação ao poder político faz presumir que a decisão adotada nessas circunstâncias, mesmo quando pareça favorável ao concessionário privado e detrimentosa aos interesses dos usuários ou do Erário, seja aceita como correta sob a ótica da probidade administrativa.

Isso é importante para que os responsáveis pela adoção da medida, decorrente de ato vinculado ou baseada no exercício da discricionariedade técnica, não sejam automaticamente colocados sob suspeita e sofram a reação dos órgãos encarregados institucionalmente de zelar pelo respeito aos direitos coletivos e difusos. Como se sabe, a atitude contestatória costuma provocar enormes dissabores pessoais aos administradores mesmo quando provadas, a final, sua inocência e sua boa-fé.

O risco é muito maior para o agente público se a figura do poder concedente não estiver estruturada sob a forma de agência reguladora. Nesse caso podem existir motivos adicionais para se considerar ilegítimo o acolhimento de determinado pleito de recomposição do equilíbrio econômico-financeiro em benefício do parceiro privado. Semelhante suposição desestimula a busca da solução na própria esfera administrativa e acaba inexoravelmente empurrando as partes ao Poder Judiciário.

# A ARBITRAGEM
# E AS PARCERIAS PÚBLICO-PRIVADAS

GUSTAVO HENRIQUE JUSTINO DE OLIVEIRA[1]

*1. Contextualização. 2. Uma nova contratualização administrativa: rumo à paridade nas relações contratuais?. 3. A arbitragem no Direito Brasileiro. 4. Conciliando a arbitragem com as PPPs. 5. Considerações finais.*

## 1. Contextualização

Propõe-se no presente trabalho defender a possibilidade de utilização do juízo arbitral para a solução de litígios e controvérsias originados de relações jurídicas de natureza contratual estabelecidas entre a Administração Pública e os particulares, com ênfase nos contratos de parceria público-privada (PPP).

O tema é instigante, e mereceu a atenção de inúmeros autores pátrios.[2] No entanto, não seria correto afirmar que o entendimento

---

1. Às acadêmicas Ana Carolina Hohmann (UFPR), Manuella Lúcia Zanini Fadel (UTP) e Marcela Roza Leonardo Zen (UNIBRASIL) o agradecimento do autor pela diligente e prestimosa colaboração para a realização do artigo em sua versão original. Ao acadêmico Carlos A. de Cicco Ferreira Filho (Mackenzie), pelo auxílio na atualização doutrinária e jurisprudencial desta nova versão.

2. Até 2005, cf.: Joaquim Simões Barbosa e Carlos Affonso Pereira de Souza, "Arbitragem nos contratos administrativos: panorama de uma discussão a ser resolvida", in Ricardo Ramalho Almeida, *Arbitragem Interna e Internacional*: Questões de Doutrina e Prática, Rio de Janeiro, Renovar, 2003, pp. 267-291; Adílson Abreu Dallari, "Arbitragem na concessão de serviço público", *Revista de Informação Legislativa* 128/63-67, Ano 32. Brasília, outubro-dezembro/1995; Eros Roberto Grau, "Arbitragem e contrato administrativo", *RTDP* 32/14-20, São Paulo, Malheiros Editores, 2000; Ada Pellegrini Grinover, "Arbitragem e prestação de serviços públicos", *RDA* 233/377-385, Rio de Janeiro, julho-setembro/2003; José Alexandre Tavares Guerreiro, "Arbitragem nos contratos com o Estado: Direito Brasileiro e Direito Comparado",

favorável ao emprego da via arbitral para o deslinde das questões assinaladas é generalizado.

Em decisões do TCU[3] e na jurisprudência de nossas Cortes Judiciárias comprova-se o grau de divergência que a matéria vem suscitan-

*Seminário Internacional sobre Direito Arbitral* 1, Trabalhos Apresentados. Belo Horizonte, Câmara de Arbitragem de Minas Gerais, 2003, pp. 294-304; Cláudio Vianna de Lima, "A Lei de Arbitragem e o art. 23, XV, da Lei de Concessões", *RDA* 209/91-104, Rio de Janeiro, julho-setembro/1997; Mauro Roberto Gomes Mattos, "Contrato administrativo e a Lei de Arbitragem", *RDA* 223/115-131, Rio de Janeiro, janeiro-março/ 2001; Suzana Domingues Medeiros, "Arbitragem envolvendo o Estado no Direito Brasileiro", *RDA* 233/71-101, Rio de Janeiro, julho-setembro/2003; Diogo de Figueiredo Moreira Neto, "Arbitragem nos contratos administrativos", *RDA* 209/81-90, Rio de Janeiro, julho-setembro/1997; Carlos Pinto Coelho Motta, "Arbitragem nos contratos administrativos", *Boletim de Direito Administrativo/BDA* 13-10/672-676, São Paulo, outubro/1997; Leon Frejda Szklarowsky, "Arbitragem e os contratos administrativos", *RDA* 209/105-107, Rio de Janeiro, julho-setembro/1997; Caio Tácito, "Arbitragem nos litígios administrativos", *RDA* 210/111-115, Rio de Janeiro, outubro-dezembro/1997; Cármen Tibúrcio, "A Lei de Arbitragem e a pretensa inconstitucionalidade de seu art. 7º", *RDA* 218/175-196, Rio de Janeiro, outubro-dezembro/1999. Após 2005, cf.: Onofre Alves Batista Júnior, *Transações Administrativas*, São Paulo, Quartier Latin, 2007; Cristiane Dias Carneiro, "Adoção de cláusulas de arbitragem nos contratos de administração pública e, em especial, pelas estatais", in Marcos Juruena Villela Souto (coord.), *Direito Administrativo Empresarial*, Rio de Janeiro, Lumen Juris, 2006, pp. 207-228; Cássio Telles Ferreira Netto, *Contratos Administrativos e Arbitragem*, Rio de Janeiro, Elsevier, 2008; Jefferson Carús Guedes, "Transigibilidade de interesses públicos: prevenção e abreviação de demandas da Fazenda Pública", in Jefferson Carús Guedes e Luciane Moessa Souza (coords.), *Advocacia de Estado: Questões Institucionais para a Construção de um Estado de Justiça – Estudos em Homenagem a Diogo de Figueiredo Moreira Neto e José Antônio Dias Toffoli*, Belo Horizonte, Fórum, 2009, pp. 243-272; Selma Lemes, *Arbitragem na Administração Pública: Fundamentos Jurídicos e Eficiência Econômica*, São Paulo, Quartier Latin, 2007; Eduardo Talamini e César Augusto Guimarães Pereira (coords.), *Arbitragem e Poder Público*, São Paulo, Saraiva, 2010; Jonathan Barros Vita, "O desenvolvimento continuado de uma nova visão da interação entre a arbitragem e o Poder Público", in Eduardo Jobim e Rafael Bicca Machado (coords.), *Arbitragem no Brasil: Aspectos Jurídicos Relevantes*, São Paulo, Quartier Latin, 2008, pp. 199-220.

3. Até início de 2005 não havia entendimento uniforme firmado no âmbito do TCU com relação ao tema, embora a tendência revelada à época fosse desfavorável à arbitragem nos contratos firmados pela Administração. Nesse sentido, cf. 2ª Câmara, Acórdão 584/2003, j. 10.4 2003, *DOU* 28.4.2003. A partir de 2005 a Corte de Contas Federal confirmou tal posicionamento no sentido da ilegalidade, com afronta a princípios de direito público, da previsão, em contrato administrativo, da adoção de juízo arbitral para a solução de conflitos (cf.: Plenário, Acórdão 1.271/2005, j. 24.8.2005, *DOU* 2.9.2005; 2ª Câmara, Acórdão 537/2006, j. 14.3.2006, *DOU* 17.3.2006; e Plenário, Acórdão 1.099/2006, j. 5.7.2006, *DOU* 10.7.2006).

do, embora seja possível destacar uma certa evolução do seu tratamento, a exemplo do acórdão lavrado pelo TAPR na Ap. cível 247.646-0.[4]

Até 2004 na legislação brasileira visualizava-se uma tendência para a autorização da arbitragem apenas em situações peculiares, sobretudo envolvendo determinados setores regulados por leis específicas (v.g.: serviços de telecomunicação – inciso XV do art. 93 da Lei federal 9.472/1997; exploração e produção de petróleo e gás natural – inciso X do art. 43 da Lei federal 9.478/1997). Este quadro mudou com o advento da Lei federal 11.196, de 21.11.2005, a qual acrescentou o art. 23-A à Lei federal 8.987/1995, nos seguintes termos: "O contrato de concessão poderá prever o emprego de mecanismos privados para resolução de disputas decorrentes ou relacionadas ao contrato, inclusive a arbitragem, a ser realizada no Brasil e em Língua Portuguesa, nos termos da Lei n. 9.307, de 23 de setembro de 1996".

Entretanto, ainda que argumentos favoráveis e desfavoráveis arrolados na doutrina e nas jurisprudências administrativa e judiciária sejam aqui e ali reprisados, pretende-se na presente oportunidade entabular uma discussão sobre a viabilidade do juízo arbitral em contratos que retratam uma perspectiva evolucionista da Administração Pública: a *Administração Pública paritária*.[5]

Conforme aduzem Eduardo García de Enterría e Tomás-Ramón Fernández, não é possível ignorar que hodiernamente "a Administração negocia e que a negociação converteu-se em um instrumento imprescindível para a tarefa de administrar".[6]

4. Acórdão 18.014, j. 11.2.2004, *DJE* 20.2.2004. A partir de 2006 o STJ vem firmando entendimento no sentido de considerar legal a cláusula arbitral em contratos administrativos, embora em casos restritos a ajustes firmados por empresas estatais. Nesse sentido: STJ, 1ª Seção, AgR no MS 11.308-DF, j. 28.6.2006, *DJU* 14.8.2006; 2ª Turma, REsp 612.439-RS, j. 25.10.2005, *DJU* 14.9.2006; 2ª Turma, REsp 606.345-RS, j. 17.5.2007, *DJU* 8.6.2007; e 1ª Seção, MS 11.308-DF, j. 9.4.2008, *DJU* 19.5.2008. Um tema atual e incandescente diz respeito à revisibilidade das decisões interlocutórias proferidas em sede de juízo arbitral envolvendo litígios em que a Administração Pública é parte. A propósito, cf. TJSP, 5ª Câmara de Direito Público, AI 990.10.284191-0, j. 22.6.2010, *DJE* 30.7.2010.
5. Na doutrina italiana há estudos acerca de um *direito administrativo paritário* (cf. Alfonso Masucci, *Trasformazione dell'Amministrazione e Moduli Convenzionali: il Contratto di Diritto Pubblico*, Nápoles, Jovene, 1988, pp. 65-67).
6. Eduardo García de Enterría e Tomás-Ramón Fernández, *Curso de Derecho Administrativo*, 9ª ed., vol. 1, Madri, Civitas, 1999, p. 663. Sobre os temas da nego-

Sob a ótica dessa *nova forma de administrar*, Sabino Cassese prega a necessidade da *reciprocidade de concessões* entre a Administração Pública e particulares, situações geradoras de *acordos administrativos*. Segundo o autor, o *enfoque da negociação* significa que Administração Pública, empresas, organizações não governamentais (ONGs) e cidadãos natural e mutuamente *cedem* sobre pontos relativos ao objeto em discussão, favorecendo a obtenção de um *equilíbrio de interesses originalmente contrapostos*, os quais permaneceriam contrapostos se não fosse pela ocorrência de trocas e concessões entre as partes.[7]

Eis uma das principais consequências da intensificação das relações e do estreitamento dos laços entre Estado, empresas e organizações da sociedade civil no mundo contemporâneo. O *caminho da negociação* – e não o *percurso da imposição* –, para a composição de eventuais dissensos entre as partes, pressupõe o reconhecimento (ainda que relativizado pelo regime jurídico-administrativo) da autonomia das partes envolvidas.

Com isso, a *verticalização* entre a Administração Pública e o particular nas relações contratualizadas é – em algumas hipóteses – fortemente atenuada ou, mesmo, afastada. É que, em um cenário em que vigora a necessidade da realização de *parcerias*,[8] não há como sustentar uma relação de total subordinação entre a Administração e as entidades parceiras.

A partir desse contexto Gaspar Ariño Ortiz alude à existência de um *Estado contratual*, em que a crescente utilização de instrumentos negociais firmados entre o Estado e as organizações privadas (providas ou destituídas de finalidades lucrativas), como modo de atingir os

ciação no setor público e da teoria geral dos acordos administrativos, cf. nosso *Contrato de Gestão*, São Paulo, Ed. RT, 2008.
7. Sabino Cassese, "La arena pública: nuevos paradigmas para el Estado", in *La Crisis del Estado*, Buenos Aires, Abeledo-Perrot, 2003, pp. 101-160.
8. Importa destacar que o caráter polissêmico do termo "parceria" é manifesto. Sem embargo, concorda-se com Jean-Pierre Gaudin, autor que alude à ideia de "parceria" para genericamente representar as "convenções múltiplas que ligam os Poderes Públicos, o setor privado e, outras vezes, o que denomina-se associações da 'sociedade civil'" (Jean-Pierre Gaudin, *Gouverner par Contrat: l'Action Publique en Question*, Paris, Presses de Sciences Politiques, 1999, p. 14). Cf. também Maria Sylvia Zanella Di Pietro, *Parcerias na Administração Pública: Concessão, Permissão, Franquia, Terceirização e Outras Formas*, 4ª ed., São Paulo, Atlas, 2002, pp. 33-34.

fins públicos, passa a prevalecer sobre antigas práticas que privilegiavam a noção de autoridade e da imposição unilateral das decisões tomadas pelo Estado.[9]

Por via reflexa, vem surgindo um *novo direito administrativo*, mais participativo, fruto da gradual compatibilização da *lógica da imposição e da unilateralidade* com a *lógica da negociação e da multilateralidade*.

Conforme atesta José Casalta Nabais, "a ideia de que o direito público, nas relações entre o indivíduo e o Estado, tem como campo de aplicação os actos de autoridade (actos em que o Estado manifesta o seu *imperium* e impõe a sua autoridade ao administrado) está, desde há muito tempo, ultrapassada".[10] Alude-se à expressão "Administração concertada", "em que a Administração renunciaria ao emprego de seus poderes com base na imperatividade e unilateralidade, aceitando realizar acordos com os particulares destinatários da aplicação concreta desses poderes, ganhando assim uma colaboração ativa dos administrados (...)".[11]

Certamente que esses fenômenos devem ser interpretados sob a égide do regime jurídico-normativo a que se encontra vinculada a Administração Pública de um dado país. No entanto, o que vem recebendo constantes influxos dessa nova realidade é justamente a disciplina normativa a que são submetidas as relações negociais em que a Administração é parte, implicando, além de intensos câmbios na legislação preexistente, a criação de aparatos legislativos mais adequados ao desenvolvimento dessas relações preferencialmente paritárias.

No Brasil os *contratos de parceria público-privada* (PPP)[12] são um reflexo dos câmbios assinalados, e atualmente configuram objeto de intensos e acalorados debates. Sem desconsiderar que em algumas uni-

9. Gaspar Ariño Ortiz, "El retorno a lo privado: ante una nueva encrucijada histórica. Tiempo", in Gaspar Ariño Ortiz (org.), *Privatización y Liberalización de Servicios*, Madri, Universidad Autónoma de Madrid, 1999, p. 26.
10. José Casalta Nabais, *Contratos Fiscais: Reflexões acerca da sua Admissibilidade*, Coimbra, Coimbra Editora, 1994, p. 24.
11. Tomás-Ramón Fernández e Eduardo García de Enterría, *Curso de Derecho Administrativo*, cit., 9ª ed., vol. 1, p. 661.
12. Nesse trabalho utilizar-se-á a sigla "PPP", amplamente difundida para caracterizar os contratos de parceria público-privada.

dades federativas tenham sido aprovadas leis sobre a matéria,[13] atualmente a PPP é disciplinada pela Lei federal 11.079, de 30.12.2004.[14]

Assiste-se atualmente a uma acentuada divergência quanto a diversos aspectos desse novo contrato da Administração Pública Brasileira. Com efeito, está-se diante de uma nova figura a ser empregada pelo setor público no campo negocial, a qual visa a instituir e formalizar uma relação jurídica entre a Administração Pública e os particulares em bases normativas diversas daquelas representadas pelas disposições inseridas nas Leis federais 8.666/1993 e 8.987/1995.

As PPPs podem ser entendidas como "parcerias entre autoridades públicas e empresas e investidores do setor privado, com o objetivo de conceber, planificar, financiar, construir e operar projetos de infraestrutura habitualmente prestados através de mecanismos tradicionais como os contratos públicos".[15]

Inserem-se em um cenário de escassez de recursos orçamentários para a execução de projetos de altos custos, em que existe um grave déficit de projetos estruturantes em áreas como transportes, saneamento básico e saúde.[16]

Ademais disso, a experiência estrangeira para a realização e gestão de grandes infraestruturas e de serviços coletivos vem fazendo uso da PPP, pois há um entendimento corrente no sentido de que tais con-

13. Lei do Estado de Minas Gerais, n. 14.862, de 16.12.2003; Lei do Estado de Santa Catarina, n. 12.930, de 4.2.2004; Lei do Estado de São Paulo, n. 11.688, de 19.5.2004; e Lei do Estado de Goiás, de 11.8.2004.

14. O diploma legislativo assinalado visa a instituir normas gerais para licitação e contratação de PPPs no âmbito dos Poderes da União, dos Estados, do Distrito Federal e dos Municípios. O projeto de lei foi encaminhado pelo Poder Executivo ao Congresso Nacional em 19.11.2003, tendo tramitado na Câmara dos Deputados sob o n. 2.546/2003, enviado ao Senado Federal em 24.3.2004, onde tramitou sob o n. 10/2004.

15. Corinne Namblard, "Para um enfoque pragmático da parceria público-privado", in Gautier Chatelus e Jean-Yves Perrot (dirs.), *Financiamento das Infraestruturas e dos Serviços Coletivos: o Recurso à Parceria Público-Privado. Os Exemplos da Experiência Francesa no Mundo*, Paris, DAEI, 1994, p. 15. Sobre novas formas de contratualização, cf. Marçal Justen Filho, "As diversas configurações da concessão de serviço público", *Revista de Direito Público da Economia* 1/95-136, Ano 1, Belo Horizonte, janeiro-março/2003.

16. Dados extraídos da palestra *Parcerias Público-Privadas: Aspectos Jurídicos*, proferida por Carlos Ari Sundfeld no Congresso Ibero-Americano de Direito Administrativo, Curitiba, 2003.

tratos traduzem uma forma mais contemporânea de assegurar serviços públicos de melhor qualidade, com menores custos para a sociedade.

Subjacentes a essa nova modalidade contratual estão noções como (a) alta complexidade do objeto, execução e acompanhamento do ajuste; (b) elevado nível de riscos a serem enfrentados pelos parceiros, em função do montante dos recursos financeiros envolvidos, das incertezas sobre os custos de construção e de operação e das dúvidas atinentes aos rendimentos a serem alcançados; (c) estabelecimento de garantias especiais conferidas pelo parceiro público ao parceiro privado, destinadas a assegurar o cumprimento das obrigações assumidas pela Administração;[17] e (d) dificuldade em atingir-se – em sede contratual – a ótima regulamentação dos interesses em jogo, quais sejam, os do parceiro público, do parceiro privado e da coletividade em geral.

Nessa última característica jaz um aspecto que há de ser devidamente salientado, pois manifesta uma (r)evolução em matéria de contratualização no setor público.

Diversamente dos contratos disciplinados pelas Leis federais 8.666/1993 e 8.987/1995, as comumente denominadas "cláusulas exorbitantes" não estariam, a princípio, presentes de modo tão abundante nas PPPs. Com efeito, a tônica é justamente a ampliação das bases da negociação das cláusulas contratuais que irão estabelecer a regulamentação dos interesses dos parceiros, sem o enfraquecimento da (imanente) bilateralidade desse negócio jurídico.

Como todo e qualquer contrato (privado ou público), o parceiro público e o parceiro privado da PPP desejam obter benefícios da relação. Todavia, tais objetivos naturalmente possuem pontos de convergência (*v.g.*, sucesso do empreendimento) e pontos de eventual divergência (*v.g.*, assunção dos riscos e divisão dos lucros). As negociações ocorrem para possibilitar um equilíbrio de todos esses interesses, "com vistas a alcançar os compromissos mais justos e eficazes possíveis dentre as perspectivas de ganhos, custos a serem arcados e dos riscos a serem corridos".[18]

17. O parágrafo único do art. 11 da Lei federal 11.079/2004 estabelece que "o edital deverá especificar, quando houver, as garantias da contraprestação do parceiro público a serem concedidas ao parceiro privado".
18. Corinne Namblard, "Para um enfoque pragmático da parceria público-privado", cit., in Gautier Chatelus e Jean-Yves Perrot (dirs.), *Financiamento das Infra-*

Esse equilíbrio será expressado na pactuação das cláusulas do contrato de PPP, cujo conjunto desencadeará efeitos típicos dos *contratos sinalagmáticos*. E, no caso de entender-se que os contratos administrativos regidos pelas Lei federais 8.666/1993 e 8.987/1995 também geram efeitos decorrentes do sinalagma (em verdade, é isso o que ocorre), a carga de efeitos caracteristicamente sinalagmáticos na PPP é muito maior (ou, ao menos, não é condicionada, debilitada ou neutralizada) se comparada aos efeitos produzidos pelos contratos administrativos tradicionais.[19]

Assim, na PPP, parceiro público e parceiro privado simultaneamente ocuparão a posição de credor e de devedor, cujos direitos e obrigações submetem-se (tendencialmente) a um regime de dependência recíproca, em que a obrigação de um corresponde ao direito do outro, e vice-versa. Portanto, na PPP é possível defender que haverá uma forte correlação entre os direitos e as obrigações do parceiro público e do parceiro privado, diferentemente do que acontece nos contratos administrativos tradicionais, em que a relação jurídica instaurada é de caráter verticalizado, em função da disciplina normativa que os rege.

Situações como essa levam autores da estirpe de Sabino Cassese a defender *novos paradigmas do Estado*, os quais "colocam em discussão todas as noções, temas e problemas clássicos do direito público, da natureza do Poder Público e de sua atuação legal-racional orientada pela superioridade da lei, do lugar reservado à lei e de suas implicações (legalidade e tipicidade) para as relações público-privadas".[20] Um desses novos paradigmas seria o *fortalecimento da negociação, na esfera da Administração Pública, expressada por via de acordos*, em que "passam ao primeiro plano a negociação em lugar do procedimento, a

estruturas e dos Serviços Coletivos: o Recurso à Parceria Público-Privado. Os Exemplos da Experiência Francesa no Mundo, cit., p. 27.

19. Com relação à bilateralidade, Caio Tácito sustenta que "a discriminação entre as hipóteses, tendo como fundamento a natureza própria das obrigações contratuais, está a merecer tratamento no plano normativo que faculte, nos contratos administrativos, equivalência entre partes desiguais, de tal modo que as prerrogativas da Administração não onerem excessivamente a outra parte ou eliminem a fruição de direito do contratante privado" ("Arbitragem nos litígios administrativos", cit., *RDA* 210/114-115).

20. Sabino Cassese, "La arena pública: nuevos paradigmas para el Estado", cit., in *La Crisis del Estado*, p. 159.

liberdade das formas em lugar da tipicidade, a permuta em lugar da ponderação".[21]

Para o autor o *paradigma bipolar Estado/cidadão* daria lugar ao *paradigma multipolar*, em que "interesses privados coincidentes com interesses públicos comunitários estão em conflito com outros interesses públicos, de natureza nacional. Não há distinção ou oposição público/privado, assim como não há uma superioridade do momento público sobre o privado".[22] E inerente ao paradigma multipolar é a presença de múltiplos agentes e interessados na discussão de assuntos públicos, fato que eventualmente redunda em acordos, exigindo, para tanto, "permutas recíprocas, fundadas sobre a negociação".[23]

É inegável que se assiste, hodiernamente, a uma aproximação entre o regime de direito público e o regime de direito privado – que, aliás, constituiu-se em uma das prospecções para a Administração Pública contemporânea, apontada por Massimo Severo Giannini em 1980.

À época o autor registrou que "o direito administrativo, como normativa pública de caráter autoritário, tende a reduzir-se, e as zonas que abandona são ocupadas novamente pelo direito privado".[24] Prosseguindo, asseverou que "o Direito que regula a atividade das Administrações Públicas tende, portanto, a compor-se de uma parte fortemente autoritária – direito administrativo em sentido estrito – e de outra em que tem-se como válida, ainda que com certas adaptações, a normativa privada".[25]

Nesse sentido, defende-se atualmente ser possível à Administração optar por formas de organização e de atuação oriundas do regime privado[26] sempre que o ordenamento não veicular uma vedação (explícita ou implícita) que afaste tal opção.

21. Idem, p. 157. Sobre *associações mistas*, envolvendo diferentes partícipes públicos e privados, cf. Maria Aparecida de Almeida Pinto S. Fagundes, "Parcerias em projetos de infraestrutura", *RDA* 233/419-429, Rio de Janeiro, julho-setembro/2003.
22. Sabino Cassese, "La arena pública: nuevos paradigmas para el Estado", cit., in *La Crisis del Estado*, p. 159.
23. Idem, p. 106.
24. Massimo Severo Giannini, *Premisas Sociológicas e Históricas del Derecho Administrativo*, Madri, Instituto Nacional de Administración Pública, 1987, p. 83.
25. Idem, pp. 83-84.
26. Cf. Vital Moreira, *Organização Administrativa*, Coimbra, Coimbra Editora, 2001.

No entanto, não é o caso de posicionar-se favoravelmente à submissão (integral) das relações negociais administrativas aos ditames do regime jurídico privado. Visando à contenção da fuga da Administração Pública para o direito privado, escreveu-se ser possível a circunscrição da atividade administrativa a um regime privatístico, desde que se exija da Administração, "a par das normas jurídico-privadas, ter em consideração certas normas e princípios gerais do direito público".[27]

Sob o enfoque eminentemente contratual, essas transformações não passam desapercebidas por Romeu Felipe Bacellar Filho: "Todavia, se, na vigência do antigo Código Civil Brasileiro, os contratos de direito privado estavam alicerçados em princípios opostos aos contratos administrativos, as recentes alterações do novo Código Civil caminham num sentido de aproximação dos institutos. O *pacta sunt servanda*, que constituía mola-mestra dos contratos regidos pelo direito privado, foi substituído pelo princípio da função social dos contratos, como se depreende do art. 421 do novo CC: 'A liberdade de contratar será exercida em razão e nos limites da função social do contrato'. A concepção social do contrato apresenta-se, modernamente, como um dos pilares da teoria contratual. Defronta-se com o vetusto princípio *pacta sunt servanda*, exaltado, expressamente, pelos Códigos Civil Francês (art. 1.134) e Italiano (art. 1.372) para, atenuando a autonomia da vontade, promover a realização de uma justiça comutativa. A moldura limitante do contrato tem o escopo de acautelar as desigualdades substanciais entre os contraentes, como adverte José Lourenço, valendo como exemplo os contratos de adesão. O negócio jurídico haverá de ser fixado em seu conteúdo, segundo a vontade das partes. Esta, todavia, apresenta-se autorregrada em razão e nos limites da função social, princípio determinante e fundamental que, tendo origem na valoração da dignidade humana (art. 1º da CF), deve prescrever a ordem econômica e jurídica".[28]

---

27. Maria João Estorninho, *A Fuga para o Direito Privado*, Coimbra, Livraria Almedina, 1996, pp. 160-161. Cf., ainda, Ricardo Rivero Ortega, *Administraciones Públicas y Derecho Privado*, Madri, Marcial Pons, 1998.
28. Romeu Felipe Bacellar Filho, "Contrato administrativo", in Romeu Felipe Bacellar Filho e outros (coords.), *Direito Administrativo Contemporâneo: Estudos em Memória do Professor Manoel de Oliveira Franco Sobrinho*, Belo Horizonte, Fórum, 2004, p. 317. Sobre o tema, cf. Eduardo Soto Kloss, "La contratación admi-

É nesse ambiente de transição que se insere a discussão da conformação jurídica de um contrato administrativo com as características da PPP. É nesse cenário em mutação que se defende – se não a equiparação entre Administração Pública e particular nas atividades de índole negocial – uma acentuada (e juridicamente protegida) interdependência entre as prestações a cargo de ambas as partes. Finalmente, é nesse âmbito de interseção dos interesses públicos e dos interesses privados – uma realidade constatada, e não uma tendência a ser assimilada – que há de ser desenvolvida a possibilidade da utilização da via arbitral para o deslinde de controvérsias ocorridas em sede de contratualização administrativa.

No entanto, é a *nova contratualização administrativa* (ainda em formação), desenvolvida em amplas bases negociais, que parece sinalizar para uma maior paridade entre Administração e particular.

É o que será discutido no item a seguir.

## 2. Uma nova contratualização administrativa: rumo à paridade nas relações contratuais?

A negociação não constitui uma novidade do Estado contemporâneo.

Há tempos o Estado reconhece e utiliza métodos consensuais, consagrando os *contratos* como formas adequadas à instrumentalização de compromissos no território das *relações patrimoniais*. Isso acontece sobretudo quando o objetivo visado é (a) adquirir bens e serviços junto à iniciativa privada ou (b) a ela transferir a execução de atividades estatais qualificadas como serviços públicos. É o campo denominado por Eduardo García de Enterría e Tomás-Ramón Fernández de "colaboração" ou "intercâmbio patrimonial", em que a Administração Pública "paga dinheiro ou transfere possibilidades de atuações a ela reservadas em troca de bens ou de serviços que busca e que recebe".[29]

---
nistrativa: un retorno a las fuentes clásicas del contrato", *Revista de Administración Publica* 2/569-585, Madri, 1978.

29. Eduardo García de Enterría e Tomás-Ramón Fernández, *Curso de Derecho Administrativo*, cit., 9ª ed., v. 1, p. 660.

Embora tenha havido forte resistência à aceitação do contrato como um modo normal de atuação da Administração Pública,[30] consolidou-se ao final a compatibilização da lógica da autoridade com a lógica do consenso,[31] redundando na figura do *contrato administrativo* como uma categoria jurídica do direito administrativo.

Indubitavelmente, é a *vinculação direta e imediata ao interesse público* o elemento que qualifica um contrato como sendo um contrato administrativo.

Héctor Jorge Escola afirma que "os contratos administrativos (...) têm uma finalidade específica e própria (...) qual seja, a satisfação e o atingimento do interesse público, das necessidades coletivas, sendo precisamente essa finalidade a que lhes confere e define a natureza jurídica, efeitos e consequências específicas".[32] Continuando, o autor explicita que, em virtude disso, os contratos administrativos "estão sujeitos a formalidades especiais, previstas pelo direito administrativo, podendo conter cláusulas que são exorbitantes do direito privado, mas admissíveis no direito público".[33]

30. Tal *negação* do contrato no âmbito do direito público originou soluções na Itália e Alemanha como a *teoria dos dois degraus* ou *teoria dos dois níveis* (*doppio grado* e *Zweistufentheorie*), em que se emite um *ato administrativo* seguido de um *contrato de direito privado* especificamente para aquelas situações que necessariamente demandem *regulação consensual mínima* (cf. Maria João Estorninho, *Réquiem pelo Contrato Administrativo*, Coimbra, Livraria Almedina, 1990, pp. 169 e ss.).
31. É o que Celso Antônio Bandeira de Mello denomina "lógica do contrato administrativo", em que, "de um lado, o Poder Público usufrui de todos os poderes indispensáveis à proteção do interesse público substanciado no contrato. (...). De outro lado, cabe ao particular integral garantia aos interesses privados que ditaram sua participação no vínculo, consoante os termos ali constituídos" (*Curso de Direito Administrativo*, 28ª ed., São Paulo, Malheiros Editores, 2011, pp. 629-630). Para o autor, "há duas ordens de interesses que se devem compor na relação em apreço. O interesse público, curado pela Administração, reclama dele flexibilidade suficiente para atendimento das vicissitudes administrativas e variações a que está sujeito. O interesse particular postula suprimento de uma legítima pretensão ao lucro, segundo os termos convencionados" (idem, p. 630). Em síntese, trata-se da "conjugação da consensualidade (própria de todo contrato) com a autoridade (própria do contrato administrativo)" (Pedro Gonçalves, *O Contrato Administrativo*, Coimbra, Livraria Almedina, 2003, p. 32).
32. Héctor Jorge Escola, *El Interés Público como Fundamento del Derecho Administrativo*, Buenos Aires, Depalma, 1989, p. 160.
33. Idem, ibidem.

Um contrato administrativo é um *negócio jurídico bilateral*, pois para sua formação demanda-se o obrigatório concurso de ao menos duas declarações de vontade, sendo que uma delas há de provir necessariamente de uma Administração Pública. Nesse ponto reside a exigência do prévio *consenso* das partes – fator que acarretará a formação do vínculo gerador dos efeitos jurídicos típicos de uma relação administrativa de índole contratual.

Entretanto, insta acentuar que uma das consequências da imprescindível bilateralidade do contrato administrativo não é a equiparação ou igualdade de posições entre as partes, e sim o nivelamento das vontades declaradas – ou, na expressão de José Manuel Sérvulo Correia, a "igual valia das vontades".[34]

Salienta José Casalta Nabais: "(...) para que se possa falar de contrato exige-se uma igualdade das partes, uma igualdade que passa aqui pelo facto de ser justamente o acordo de ambas as partes necessário e indispensável à formação (constituição) e à manutenção (subsistência) do contrato, o qual assim deve a sua existência e o seu poder vinculativo em igualdade (...) a cada uma das partes contratantes".[35]

Em razão da magnitude dos interesses perseguidos e geridos pela Administração Pública (interesse público), não seria incorreto afirmar que, perante a atual conformação jurídico-normativa dos contratos administrativos, se os efeitos da bilateralidade encontram-se fortes na *formação dos contratos administrativos*, os mesmos vão sendo relativamente diluídos ou enfraquecidos no transcurso da relação instaurada pelo ajuste.

Na *execução dos contratos administrativos* isso se torna evidente, pois o ordenamento confere à Administração-contratante prerrogativas de atuação unilateral sobre o particular-contratado, independentemente de sua prévia aquiescência. Nas formas de *extinção dos contratos administrativos* esses poderes unilaterais igualmente são previstos no ordenamento, pois há hipóteses de extinção do vínculo contratual por vontade exclusiva da contratante, sem que para isso o contratado concorra com sua culposa inexecução.

34. José Manuel Sérvulo Correia, *Legalidade e Autonomia Contratual nos Contratos Administrativos*, Coimbra, Livraria Almedina, 1987, p. 347.
35. José Casalta Nabais, *Contratos Fiscais: Reflexões acerca da sua Admissibilidade*, cit., p. 23.

E mesmo na *formação dos contratos administrativos* visualiza-se um abrandamento dos efeitos oriundos dessa bilateralidade, pois uma das características de tais ajustes encontra-se no fato de representarem autênticos *contratos de adesão*, com a imposição pela Administração Pública da quase totalidade das cláusulas que comporão o quadro regulatório da relação. Por isso André de Laubadère sustenta que "o contrato administrativo é um contrato desigualitário, mas um contrato desigualitário não é um ato unilateral".[36]

Atualmente discute-se na doutrina acerca da extensão e da intensidade com que técnicas negociais ou consensuais vêm sendo empregadas como soluções preferenciais – e não unicamente alternativas – à utilização de métodos estatais que veiculem unilateral e impositivamente comandos para os cidadãos, empresas e organizações da sociedade civil. Por isso, *uma das linhas de transformação do direito administrativo consiste em evidenciar que, no âmbito estatal, em campos habitualmente ocupados pela imperatividade há a abertura de consideráveis espaços para a consensualidade*.

Certamente essa nova orientação tem impacto na atividade negocial da Administração Pública.

Em 1967 André de Laubadère ressaltou que na esfera administrativa o contrato sempre ocupou um lugar relativamente limitado, desempenhando papéis bem definidos, consistindo a intervenção unilateral de via autoritária a forma usual de obter do administrado os comportamentos visados pela Administração. Não obstante tal constatação, o autor colocava em relevo a emergência de um novo modo de administrar: a *administração por meio do contrato*.

Apresentou o autor *dois fatores* para o impulso dessa *nova forma de administrar*.

O *primeiro fator* estaria relacionado com "o considerável aumento quantitativo dos objetivos considerados como sendo de interesse geral",[37] tornando necessário recorrer à "ação paralela dos administrados, por meio da natural realização de acordos".[38] Para conferir res-

---

36. André de Laubadère e outros, *Traité des Contrats Administratifs*, vol. 1, Paris, LGDJ, 1983, p. 71.
37. André de Laubadère, "Administration et contrat", in André de Laubadère e outros, *Pages de Doctrine*, vol. 2, Paris, LGDJ, 1980, p. 240.
38. Idem, ibidem.

posta a essa demanda o autor propôs a utilização dos *contratos de colaboração*, "levando-se em conta o sentido mais abrangente e variado da expressão".[39]

O *segundo fator* corresponderia ao fato de que seria mais fácil à Administração "administrar com a adesão do administrado do que contra a sua vontade, tratando-o como participante e não como subordinado".[40] E para atender a essa finalidade, sugeriu a adoção da expressão "contratos de administração", em que é "a própria ação administrativa que constitui-se em conteúdo do contrato".[41] E, a partir dessa espécie de contratos – inicialmente aplicadas pelo Estado no campo econômico –, "a Administração pode ser levada a preferir a via do contrato àquela da ação unilateral, porque os complexos mecanismos da atividade econômica nem sempre permitem que intervenções imperativas e impositivas tenham eficácia".[42]

Com efeito, da conjugação dos fatores acima apresentados solidificam-se as bases da *Administração Pública consensual*.

Diante do incremento quantitativo e qualitativo da atividade negocial *Administração Pública/particular*, abrandou-se sensivelmente o *primado da autoridade* como eixo principal para o desenvolvimento das relações travadas entre a Administração e os destinatários de sua atividade. Essa atividade negocial transbordou o campo das relações econômicas, imprimindo novos formatos às *colaborações público-privadas*, em áreas afetas aos serviços públicos (revalorização dos contratos de concessões de serviços públicos) e especialmente aos serviços de infraestrutura (contratos de parceria público-privada – PPP). Estendeu-se ao segmento dos serviços sociais não lucrativos e, principalmente, passou a incidir sobre conteúdos cuja determinação e veiculação tradicionalmente operavam-se pela via unilateral do ato administrativo.[43]

---

39. Idem, ibidem.
40. André de Laubadère, "Administration et contrat", cit., in André de Laubadère e outros, *Pages de Doctrine*, vol. 2, p. 240.
41. Idem, ibidem.
42. Idem, p. 247.
43. Cumpre ressaltar que outra faceta da *Administração Pública consensual* revela-se no terreno das relações *Administração Pública/Administração Pública* – ou seja, no campo organizacional. Nesse campo vem ocorrendo uma profunda transformação, tendente a dotar a ação administrativa de maior eficácia e eficiência, com a simplificação de seus procedimentos e, sobretudo, conferindo maior efetividade aos

Assim, não há como negar a retração da Administração de cunho autoritário, movimento acompanhado do sensível avanço da *Administração baseada em acordos* – ou, simplesmente, *Administração Pública consensual*.

No entanto, a afirmação há de ser assimilada com algum temperamento.

A Lei Alemã de Procedimento Administrativo, editada em 1976, estabelece a noção de "contrato de direito público", cujo significado traduz precisamente o impulso conferido à Administração consensual na atualidade. No § 54 do diploma aludido consta que "uma relação jurídica de direito público pode ser criada, modificada ou extinta por contrato (contrato de direito público), desde que isso não seja vedado por lei. Especialmente, pode a Administração, em lugar de editar ato administrativo, celebrar contrato de direito público com quem seria o destinatário do ato administrativo".

A disciplina normativa germânica[44] expressa a consagração do fenômeno da *Administração por acordos*, o qual espraiou-se para diversos outros países europeus.

A Lei Italiana 241, de 7.8.1990, prescreve em seu art. 11 que "(...) a Administração competente pode concluir, sem prejuízo dos direitos de terceiros, e sempre em atendimento ao interesse público, acordos com os interessados, com o fim de determinar o conteúdo discricioná-

---

resultados alcançados. Nova conotação e objetivos ganhou a atividade de *coordenação administrativa*, agora aplicada a uma complexa organização policêntrica, em que deve ser respeitada a autonomia dos órgãos e entidades envolvidos. Forte impulso recebeu a tarefa de *cooperação administrativa*, mormente em campos objeto de competências partilhadas que demandam maior agilidade e articulação para o mútuo desenvolvimento de atividades afins. Prestigia-se a atividade do *planejamento no setor público*, caracterizado como "método coerente e compreensivo de formação e implementação de diretrizes, através de um controle central de vastas redes de órgãos e instituições interdependentes, viabilizado por conhecimentos científicos e tecnológicos" (Carlos Thomas G. Lopes, *Planejamento, Estado e Crescimento*, São Paulo, Pioneira, 1989, p. 24). Nesta oportunidade essa vertente não será explorada.

44. Informações extraídas de Almiro Couto e Silva, "Os indivíduos e o Estado na realização de tarefas públicas", *RDA* 209/65, Rio de Janeiro, julho-setembro/1997; Alfonso Masucci, *Trasformazione dell'Amministrazione e Moduli Convenzionali: il Contratto di Diritto Pubblico* cit., pp. 62 e ss.; e José Maria Rodríguez de Santiago, *Los Convenios entre Administraciones Públicas*, Madri, Marcial Pons, 1997, pp. 51-66.

rio da decisão final ou, nos casos previstos em lei, a substituição da mesma".[45]

Na Espanha, o art. 88.1 da Lei 30/1992 (Regime Jurídico das Administrações Públicas e do Procedimento Administrativo Comum – LRJ-PAC) estipula que "as Administrações Públicas poderão celebrar acordos, pactos, convênios ou contratos com pessoas de direito público ou de direito privado, sempre que não sejam contrários ao ordenamento jurídico, nem versem sobre matérias não suscetíveis de transação e tenham por objeto satisfazer o interesse público a elas confiado, com o alcance, efeitos e regime jurídico específico que em cada caso preveja a disposição que o regule, podendo tais atos representar o término dos procedimentos administrativos, ou inserir-se nos mesmos em caráter prévio, vinculante ou não, à decisão que os finalize".[46]

O Código do Procedimento Administrativo de Portugal reconhece a existência, no art. 185º, 3, (a), dos "contratos administrativos com objecto passível de acto administrativo".

Em face de todos os dispositivos acima aludidos, resta claro que tanto o *ato administrativo* quanto o *contrato administrativo* são atualmente entendidos como *formas jurídicas adotadas pela Administração Pública para a consecução de suas tarefas*. Ato e contrato configuram, pois, instrumentos de ação administrativa.

Por isso, adota-se nesse trabalho a conceituação elaborada por José Manuel Sérvulo Correia, para quem *contrato administrativo* é "um processo próprio de agir da Administração Pública e que cria, modifica ou extingue relações jurídicas, disciplinadas em termos específicos do sujeito administrativo, entre pessoas colectivas da Admi-

---

45. Cf.: Nicola Aicardi, "La disciplina generale e i principi degli accordi amministrativi: fondamento e caratteri", *Rivista Trimestrale di Diritto Pubblico* 1/1-59, Ano 47. Roma, 1997; Piergiorgio Alberti e outros (orgs.), *Lezioni sul Procedimento Amministrativo*, 2ª ed., Turim, G. Giappichelli, 1995; Giuseppe Barbagallo e outros (orgs.), *Gli Accordi fra Privati e Pubblica Amministrazione e la Disciplina Generale del Contrato*, Nápoles, Edizioni Scientifiche Italiane, 1995.
46. Cf. Ángeles de Palma Del Teso, *Los Acuerdos Procedimentales en el Derecho Administrativo*, Valência, Tirant lo Blanch, 2000; Tomás-Ramón Fernández e Eduardo García de Enterría, *Curso de Derecho Administrativo*, 6ª ed., vol. 2, Madri, Civitas, 1999, pp. 498-500.

nistração ou entre a Administração e os particulares".[47] O autor aduz que "encarar o contrato administrativo como processo próprio de agir da Administração Pública não equivale a reivindicar a total autonomia da figura relativamente à do contrato em geral".[48] Prossegue, ponderando que tanto o ato administrativo como o "contrato regido pelo direito estatutário da Administração"[49] têm o condão de criar, modificar ou extinguir relações jurídicas de direito administrativo.

Assim, insta esclarecer que a emergência da *Administração consensual* não resulta – e nem poderia resultar – no aniquilamento da *Administração por atos*. A *Administração consensual* não supera a *Administração imperativa*, mas seguramente diminui seu campo de incidência.

As transformações assinaladas – circunscrição da atividade administrativa impositiva a certos campos, com a expansão do consensualismo para considerável parcela das atividades perpetradas pela Administração – provocam uma mudança de eixo do direito administrativo, que passa a ser orientado pela *lógica da autoridade* continuamente permeada e temperada pela *lógica do consenso*.

Tais câmbios acabam reverberando na atividade contratual da Administração Pública, suscitando uma reformulação da tradicional abordagem dos procedimentos pré-negociais e negociais, com maior favorecimento à discussão acerca das cláusulas que irão reger a relação jurídica a ser instaurada pela via do ajuste.

As PPPs encaixam-se nessa nova fase da contratualização administrativa, ou simplesmente *nova contratualização administrativa* (ainda em evolução), em que (a) privilegia-se sobremaneira a cultura do diálogo entre o parceiro público e o privado, (b) confere-se maior atenção às negociações preliminares ao ajuste (que devem ser transparentes),[50] (c) abrem-se espaços para trocas e concessões mútuas

---

47. José Manuel Sérvulo Correia, *Legalidade e Autonomia Contratual* ..., cit., p. 396.
48. José Manuel Sérvulo Correia, *Legalidade e Autonomia Contratual nos Contratos Administrativos*, cit., p. 396.
49. Idem, ibidem.
50. A Lei 11.079/2004, relativa às PPPs, estipula que: "Art. 10. A contratação de parceria público-privada será precedida de licitação na modalidade de concorrência, estando a abertura do processo licitatório condicionada a: (...) VI – submissão da minuta de edital e de contrato à consulta pública, mediante publicação na imprensa oficial, em jornais de grande circulação e por meio eletrônico, que deverá informar a

entre os parceiros, visando a um balanceamento dos interesses envolvidos, (d) diminui-se a imposição unilateral de cláusulas por parte da Administração, com o proporcional aumento da interação entre os parceiros para o delineamento e fixação das cláusulas que integração o contrato, e (e) institui-se uma maior interdependência entre as prestações correspondentes ao parceiro público e ao parceiro privado, inclusive com a atribuição de garantias a esse último, tidas como não usuais nos contratos tradicionais firmados pela Administração.

Todas essas diferentes perspectivas da atuação negocial levada a cabo em sede administrativa abalam o dogma da verticalização das relações contratuais entre Administração e particular, sinalizando um maior equilíbrio nas posições assumidas por ambas as partes.

Ademais disso, constatada uma evolução no desenvolvimento das relações administrativas em geral (admite-se o contrato, ao lado do ato administrativo, como um "processo próprio do agir da Administração Pública"[51]), parece claro que essa nova forma do agir administrativo resulta na ampliação das bases consensuais naquele campo em que consenso e bilateralidade são elementos indispensáveis: a *atividade administrativa negocial*.

É demasiadamente prematuro firmar posições sobre os câmbios que essas novas perspectivas podem desencadear na teoria geral dos contratos administrativos. No entanto, parece que uma forte linha de transformação reside na (relativa) superação da premissa do desnivelamento do particular-contratado em face da Administração-contratante como elemento de caracterização de todo e qualquer contrato administrativo.

A *nova contratualização administrativa* afina-se com uma construção de grande repercussão mundial na atualidade: a formulação do *Estado do Investimento Social*, de autoria de Anthony Giddens, um dos idealizadores da versão contemporânea da *terceira via*.[52]

justificativa para a contratação, a identificação do objeto, o prazo de duração do contrato, seu valor estimado, fixando-se prazo mínimo de 30 (trinta) dias para recebimento de sugestões, cujo termo dar-se-á pelo menos 7 (sete) dias antes da data prevista para a publicação do edital (...)".

51. José Manuel Sérvulo Correia, *Legalidade e Autonomia Contratual nos Contratos Administrativos*, cit., p. 396.

52. Norberto Bobbio explica que o termo procura indicar a "ideologia segundo a qual uma meta, que é o Socialismo, pode e deve ser alcançada através de um méto-

Partindo da crise do Estado do Bem-Estar Social, o autor propõe uma nova forma de organização da economia, denominada "economia mista". Por meio dela buscar-se-ia uma sinergia entre os setores público e privado, com a utilização do dinamismo dos mercados sem perder de vista o interesse público. Afirma que esse modelo econômico "envolve um equilíbrio entre regulação e desregulação, num nível transnacional bem como em níveis nacional e local; e um equilíbrio entre o econômico e o não econômico na vida da sociedade".[53]

Assim, ajustes que pretendam formalizar parcerias entre os setores público e privado, visando a promover o *desenvolvimento* dos indivíduos, da sociedade e do país, notadamente por meio da melhoria dos serviços públicos de infraestrutura, devem ser permeados por novos parâmetros e instrumentalizados por meio de novas formas jurídicas.

Há um itinerário obrigatório a ser percorrido pelo ente estatal, mormente em respeito aos valores fundamentais do Estado Brasileiro, dispostos no art. 1º da Lei Maior. Isso significa que mesmo diante da escassez de recursos públicos – fato que eventualmente pode ser tido como obstáculo para a efetivação de direitos sociais pela via direta da prestação de serviços públicos – o Estado não pode isentar-se de suas responsabilidades nesse campo.

A ele cumpre levar a cabo uma série de outras ações (*v.g.*, fomento, regulação, incentivo, parcerias), as quais visam a promover esse valores fundamentais. Basicamente, tais medidas ou providências tendem a perseguir o desenvolvimento, o qual tem em seu cerne a *valorização da pessoa humana*.[54]

do, que é a Democracia" ("A via democrática", in *As Ideologias e o Poder em Crise*, 4ª ed., Brasília, UnB, 1999, p. 160). Giddens define a *terceira via* como uma estrutura de pensamento e de prática política que visa a adaptar a Social-Democracia a um mundo que se transformou fundamentalmente ao longo das duas últimas décadas. É uma terceira via no sentido de que "é uma tentativa de transcender tanto a Social-Democracia do velho estilo quanto o Neoliberalismo" (Anthony Giddens, *A Terceira Via*, Rio de Janeiro, Record, 2000, p. 36).

53. Anthony Giddens, *A Terceira Via*, cit., p. 110.

54. Romeu Felipe Bacellar Filho ressalta que "os princípios constitucionais possuem marca distintiva, embora atuem conjugadamente, complementando-se, condicionando-se e modificando-se em termos recíprocos. Tudo porque assentam-se em base antropológica comum: a dignidade da pessoa humana" (*Princípios Constitucionais do Processo Administrativo Disciplinar*, 2ª ed. São Paulo, Max Limonad, 2003, p. 149).

Estado, Governo e Administração Pública constituem-se, portanto, em intermediadores e promotores constitucionalmente vocacionados do desenvolvimento nacional. Optando pela parceria com a iniciativa privada para atingir esse fim, resta claro que o parceiro privado estará em uma posição distinta das situações ocupadas pelo particular enquanto mero fornecedor de bens e serviços, ou mesmo delegatário para a execução de serviços públicos nos termos e na forma em que a Administração determinar.

Nesse sentido, o *vetor da paridade das relações contratuais* em ajustes que visem a atingir tais desideratos parece ser a tônica da nova contratualização administrativa. Essa paridade é manifestada notadamente na fase pré-negocial (negociações preliminares) e na fase de formação dos contratos que correspondam a esse novo perfil, como é o caso da PPP. Também nas fases de execução e extinção desses contratos a tendência – em razão da própria noção de "parceria" – caminha para novas bases consensuais e paritárias, com a possibilidade de redução do feixe de poderes unilaterais pela Administração, até hoje largamente utilizados no transcurso das relações contratuais.

Entretanto, mister é enfatizar que tais considerações não transmudam a PPP em um contrato de direito privado. Longe disso, por ser uma espécie de contrato administrativo, dele farão parte cláusulas que assegurem à Administração exercer sua potestade na proporção necessária ao resguardo dos interesses públicos envolvidos.[55] Mas é justamente a medida, a intensidade e a extensão do exercício dos poderes unilaterais da Administração, no curso da relação contratual, que podem e devem passar por uma filtragem, a partir dos ressaltados aspectos e fundamentos da nova contratualização administrativa.

Trata-se de temática recém-inaugurada no direito administrativo brasileiro, sobre a qual a doutrina certamente ainda irá debruçar-se, produzindo estudos mais aprofundados.

---

55. Marçal Justen Filho pondera que "o núcleo do direito administrativo não é o poder (e suas conveniências), mas a realização do interesse público – entendido como afirmação da supremacia da dignidade da pessoa humana" ("Conceito de interesse público e a 'personalização' do direito administrativo", *RTDP* 26/129, São Paulo, Malheiros Editores, 1999). Sobre a evolução do conceito de "interesse público", cf. Odete Medauar, *O Direito Administrativo em Evolução*, 2ª ed., São Paulo, Ed. RT, 2003, pp. 185-194.

Nesta oportunidade será apreciada a utilização do juízo arbitral para a solução de litígios e controvérsias originados de relações jurídicas cujo perfil amolda-se à nova contratualização administrativa. Contudo, impõe-se, preliminarmente, realizar uma síntese da atual disciplina geral da arbitragem no Direito Brasileiro, com destaque para a problemática envolvendo a matéria administrativa.

## 3. A arbitragem no Direito Brasileiro

Carlos Alberto Carmona conceitua *arbitragem* como "meio alternativo de solução de controvérsias através da intervenção de uma ou mais pessoas que recebem seus poderes de uma convenção privada, decidindo com base nela, sem intervenção estatal, sendo a decisão destinada a assumir a mesma eficácia da sentença judicial".[56]

A Lei federal 9.307/1996 – Lei da Arbitragem (LA) – veicula a disciplina jurídica da matéria no Direito Brasileiro, estabelecendo que por intermédio da *convenção de arbitragem* as partes interessadas poderão submeter a solução de litígios ao *juízo arbitral* (árbitro ou tribunal arbitral).

Tal convenção poderá ser acordada por meio da *cláusula compromissória*, compreendida como a convenção pactuada em cláusula contratual em que as partes "comprometem-se a submeter à arbitragem os litígios que possam vir a surgir, relativamente a tal contrato" (art. 4º da LA). O art. 853 do CC de 2002 admite que seja ajustada contratualmente a cláusula compromissória, com o intuito de resolver divergências mediante juízo arbitral, na forma da lei especial – ou seja, na forma da LA.

A outra forma de os interessados determinarem a submissão de um litígio à arbitragem é o *compromisso arbitral*, o qual, nos termos do art. 9º da LA, poderá ser judicial ou extrajudicial. O CC estatui, em seu art. 851, que "é admitido compromisso, judicial ou extrajudicial, para resolver litígios entre pessoas que podem contratar".

Em face do art. 1º da LA, a doutrina alude a uma *arbitrabilidade subjetiva* e a uma *arbitrabilidade objetiva*. Assim, somente podem

---

56. Carlos Alberto Carmona, *Arbitragem e Processo: um Comentário à Lei 9.307/1996*, 2ª ed., São Paulo, Atlas, 2004, p. 51.

pactuar e sujeitar-se a arbitragem as *pessoas capazes de contratar* (arbitrabilidade subjetiva); e somente podem ser submetidas ao juízo arbitral controvérsias atinentes a *direitos patrimoniais disponíveis* (arbitrabilidade objetiva).

No que tange à *arbitrabilidade objetiva*, o art. 852 do CC veicula regra similar à do art. 1º da LA, dispondo ser "vedado compromisso para solução de questões de estado, de direito pessoal e de outras que não tenham caráter estritamente patrimonial". Reforça a lei civil o caráter de disponibilidade dos direitos como *conditio sine qua non* para que possa ser validamente empregado o método arbitral de solução de litígios, estipulando no art. 841 que "só quanto a direitos patrimoniais de caráter privado se permite a transação".

A LA afastou totalmente a possibilidade da via arbitral para a solução de controvérsias envolvendo direitos indisponíveis, pois em seu art. 25 determina a obrigatoriedade da suspensão do procedimento arbitral para que o Poder Judiciário possa apreciar e decidir acerca de controvérsia sobre direitos indisponíveis, desde que (a) a mesma tenha surgido em seu curso e (b) constitua questão prejudicial à solução do litígio no juízo arbitral.

Constatando que encontra-se superada a discussão sobre a constitucionalidade do procedimento arbitral no Direito Brasileiro,[57] impõe-se examinar as razões que afastariam os litígios envolvendo contratos firmados pela Administração Pública do campo de abrangência do juízo arbitral.

Com relação à *arbitrabilidade subjetiva*, parece não haver dúvidas de que o ordenamento genericamente confere ao Estado capacidade para comprometer-se e contratar – aptidão que é inferida de sua personalidade jurídica de direito público. As entidades administrativas que integram a organização administrativa em sua feição indireta (*v.g.*, autarquias, empresas públicas etc.) também gozam de capacidade de contratar, como decorrência da personalidade jurídica de que são dotadas.

No âmbito das *relações e dos contratos internacionais* há exemplos da submissão do Estado ao juízo arbitral. Com relação ao Merca-

---

57. STF, Sentença Estrangeira (SE) 5.206-7, rel. Min. Sepúlveda Pertence, j. 12.12.2001.

do Comum do Sul (Mercosul), em 1991 o *Protocolo de Brasília* estabeleceu o procedimento arbitral como uma das formas de solução das controvérsias que surgirem entre os Estados-Partes sobre a interpretação, aplicação ou descumprimento das disposições contidas no Tratado de Assunção, dos acordos celebrados no âmbito do mesmo, bem como das decisões que emanem do Conselho do Mercado Comum (Decreto 922/1993). De outro lado, o Decreto-lei 1.960/1982 preceitua que "fica o Poder Executivo autorizado a contratar ou garantir, em nome da União, sob a forma de fiança, o pagamento das prestações devidas por autarquias, empresas públicas, sociedades de economia mista ou outras entidades controladas, direta ou indiretamente, pela União ou Estado Federado, em decorrência de operações de arrendamento mercantil, com opção de compra, ajustadas com entidades ou empresas sediadas no Exterior" (art. 1º). O art. 2º desse diploma normativo admite, em seu inciso V, a inclusão nesses contratos de cláusula que estipule que os litígios deles decorrentes poderão ser resolvidos "perante o foro brasileiro ou submetidos à arbitragem".

Ora, se isso ocorre no campo das relações internacionais, parece correto afirmar que, aparentemente, não haveria qualquer entrave a que, sob o ponto de vista subjetivo, o Estado pudesse firmar convenção de arbitragem e sujeitar-se ao juízo arbitral para que controvérsias de cunho contratual fossem nessa via solucionadas.

Apreciando o desenvolvimento da arbitragem na França, Apostolos Patrikios destaca a aceitação da arbitragem em matéria administrativa internacional. Todavia, enfatiza que, no que diz respeito à sua aplicação nos litígios internos, "seria legítimo defender uma extensão do campo da arbitragem, mas não a sua generalização. É a natureza do próprio direito administrativo que se opõe à evolução desse instituto".[58]

Portanto, é na seara da *arbitrabilidade objetiva* que reside o argumento ainda encarado como sendo o mais desfavorável à admissão do meio arbitral como forma de resolução de conflitos envolvendo contratos firmados pela Administração Pública. Trata-se da *indisponibilidade do interesse público*, entendida como a viga-mestra do regime jurídico-administrativo.

58. Apostolos Patrikios, *L'Arbitrage en Matière Administrative*, Paris, LGDJ, 1997, p. 156.

Em virtude dessa impossibilidade de dispor do interesse público, há quem afirme que todos os interesses e direitos integrantes do conteúdo das relações contratuais firmadas no setor público seriam *indisponíveis*, tornando impossível a eleição da via arbitral para a solução dos litígios envolvendo questões contratuais.

Carlos Alberto Carmona afirma que são arbitráveis "as causas que tratem de matérias a respeito das quais o Estado não crie reserva específica por conta do resguardo dos interesses fundamentais da coletividade, e desde que as partes possam livremente dispor acerca do bem sobre que controvertem".[59]

A sinalização apontada pelo autor merece ser observada.

Como bem aponta Eros Roberto Grau, *"não há qualquer correlação entre disponibilidade ou indisponibilidade de direitos patrimoniais e disponibilidade ou indisponibilidade do interesse público"*[60] (sem grifos no original). Diante da clareza e do acerto das afirmações, cumpre transcrever os ensinamentos do Ministro do STF: "Dispor de direitos patrimoniais é transferi-los a terceiros. Disponíveis são os direitos patrimoniais que podem ser alienados. A Administração, para a realização do interesse público, pratica atos, da mais variada ordem, dispondo de determinados direitos patrimoniais, ainda que não possa fazê-lo em relação a outros deles. Por exemplo, não pode dispor dos direitos patrimoniais que detém sobre os bens públicos de uso comum. Mas é certo que inúmeras vezes deve dispor de direitos patrimoniais, sem que com isso esteja a dispor do interesse público, porque a realização deste último é alcançada mediante a disposição daqueles. (...). *Daí por que, sempre que puder contratar, o que importa disponibilidade de direitos patrimoniais, poderá a Administração, sem que isso importe disposição do interesse público, convencionar cláusula de arbitragem*"[61] (sem grifo no original).

No mesmo sentido Caio Tácito: "Na medida em que é permitido à Administração Pública, em seus diversos órgãos e organizações, pactuar relações com terceiros, especialmente mediante a estipulação

---

59. Carlos Alberto Carmona, *Arbitragem e Processo: um Comentário à Lei 9.307/1996*, cit., 2ª ed., p. 56.
60. Eros Roberto Grau, "Arbitragem e contrato administrativo", cit., *RTDP* 32/20.
61. Idem, ibidem.

de cláusulas financeiras, a solução amigável é fórmula substitutiva do dever primário de cumprimento da obrigação assumida. Assim como é lícita, nos termos do contrato, a execução espontânea da obrigação, a negociação – e, por via de consequência, a convenção de arbitragem – será meio adequado de tornar efetivo o cumprimento obrigacional quando compatível com a disponibilidade de bens. *Em suma, nem todos os contratos administrativos envolvem, necessariamente, direitos indisponíveis da Administração*"[62] (sem grifo no original).

Diogo de Figueiredo Moreira Neto afirma que "são disponíveis (...) todos os interesses e os direitos deles derivados que tenham expressão patrimonial, ou seja, que possam ser quantificados monetariamente, e estejam no comércio, e que são, por esse motivo e normalmente, objeto de contratação (...)".[63]

Ora, sendo o contrato administrativo um processo próprio do agir administrativo, parece claro que a admissão, no ordenamento pátrio, da possibilidade de a Administração contratar implica conferir-lhe o direito de certa margem de negociação e disposição sobre determinados interesses, bens e direitos. É óbvio que tanto essa negociação quanto essa disposição encontram-se regidas, condicionadas, pelo regime jurídico-administrativo brasileiro.

No entanto, havendo uma previsão legal (genérica que seja) acerca da afetação de bens ou inalienabilidade de bens e direitos por parte da Administração, tais bens e direitos não poderão constituir-se em objeto de acordos ou contratos administrativos que visem à sua total disposição.[64]

E aqui está o ponto crucial da problemática que envolve o tema da arbitragem nos contratos firmados pela Administração Pública. Cumpre, acima de tudo, indagar sobre quais interesses, bens e direitos são passíveis de ser objeto de uma negociação, de um contrato firmado pela Administração. Havendo vedação legal para a negociação ou para a contratação, acordos ou contratos eventualmente firmados a despeito dessa proibição serão nulos de pleno direito.

62. Caio Tácito, "Arbitragem nos litígios administrativos", cit., *RDA* 210/114.
63. Diogo de Figueiredo Moreira Neto, "Arbitragem nos contratos administrativos", cit., *RDA* 209/85.
64. Mas há hipóteses legais que autorizam cessões e permissões de uso de bens públicos, que constituem atos administrativos negociais, e não contratos administrativos, regulados pelo Decreto-lei 9.760/1946 e pela Lei federal 9.636/1998.

Por isso não há que cogitar-se de *transação*, e muito menos de *arbitragem* (a qual não prescinde de uma prévia relação jurídica contratual) nos casos em que o ordenamento prive a Administração de dispor sobre interesses, bens e direitos.

Apreciando a transação e sua admissibilidade no direito público, Allan R. Brewer-Carías aduz que por meio dela são realizados sacrifícios, renúncias e disposições (ainda que parciais) sobre as pretensões das partes – ou seja, *recíprocas concessões*.[65]

Segundo o autor, haveria hipóteses em que não seria permitido à Administração Pública transigir. Aduz que, "nas transações celebradas, um ente público não pode renunciar nem afastar as normas de ordem pública",[66] como é o caso daquelas que fixam ou atribuem competências de caráter fiscal, ou seja, referentes à gestão econômico-financeira ou econômico-fiscal do Estado. Também as competências vinculadas dos órgãos e entidades administrativas – as quais traduzem uma competência obrigatória para a ação administrativa – não podem ser objeto de transação.[67] Conclui Allan R. Brewer-Carías que, embora a possibilidade de transação seja mais reduzida em matéria de direito público, ela somente poderá ter lugar "em relação ao exercício de faculdades discricionais da Administração – as quais dependem de sua livre apreciação da oportunidade e conveniência –, e nunca em relação ao exercício de faculdades vinculadas, regradas ou obrigatórias".[68]

Assim, concorda-se com Caio Tácito, para quem não devem ser afastados os benefícios da transação "quando a natureza da obrigação de conteúdo mercantil, a ser cumprida pelo órgão público, possibilita que ao acordo de vontade, fruto do vínculo bilateral, possa igualmente suceder o procedimento amigável como dirimente de eventual discrepância no entendimento da latitude da obrigação do administrador".[69]

Carlos E. Delpiazzo defende que a admissão da arbitragem não implica comprometer o interesse público, nem sua superioridade frente aos interesses particulares, nem em relação à sua indisponibilidade.

---

65. Allan R. Brewer-Carías, *Contratos Administrativos*, Caracas, Editorial Jurídica Venezolana, 1992, p. 266.
66. Idem, p. 268.
67. Idem, ibidem.
68. Idem, p. 269.
69. Caio Tácito, "Arbitragem nos litígios administrativos", cit., *RDA* 210/115.

Para o autor, "pactuar a cláusula compromissória não significa contrariar o interesse público quando o ordenamento, implícita ou explicitamente, atribui competência a uma entidade pública para firmar tal compromisso".[70]

Assim, a indisponibilidade do interesse público há de ser assimilada nos termos acima apresentados – o que permite firmar entendimento favorável à arbitragem (e à transação) em matéria administrativa.

Aliás, insta fazer menção a dois importantes precedentes do STF. O primeiro é conhecido como "caso Lage", em que o Excelso Pretório firmou entendimento segundo o qual seria possível à União firmar compromisso arbitral.[71] Outro julgado, bem mais recente que o anterior, refere-se a litígio envolvendo sentença homologatória de transação celebrada entre um Município e servidores municipais, em que o Excelso Pretório decidiu que "há casos em que o princípio da indisponibilidade do interesse público deve ser atenuado, mormente quando se tem em vista que a solução adotada pela Administração é a que melhor atenderá à ultimação deste interesse".[72]

Inclusive, não podem ser desprezados os casos em que a legislação reconhece a possibilidade de serem realizados acordos ou transações para a resolução de litígios judiciais envolvendo interesses dos entes políticos e administrativos. A Lei federal 9.469/1997, à guisa de exemplo, faculta ao Advogado-Geral da União e aos dirigentes máximos das autarquias, das fundações e das empresas pública federais autorizar tais acordos e transações nas causas de valor até 50 mil Reais, abrindo espaço (embora com condições específicas) para estender tal possibilidade a causas que versem sobre valores superiores ao assinalado.

Firmado entendimento favorável à arbitragem em matéria administrativa, passa-se à conciliação do instituto com os contratos firmados pela Administração, com especial enfoque nas legislações estaduais específicas sobre as PPPs, apresentando de que modo o tema

---

70. Carlos E. Delpiazzo, "El arbitraje en la contratación administrativa en el ámbito del Mercosur", *Revista de Direito Administrativo & Constitucional* 4/38, Curitiba, 2000.
71. AI 52.181, rel. Min. Bilac Pinto, j. 14.11.1973 (*RTJ* 68/382).
72. RE 253.885-0, rela. Min. Ellen Gracie, j. 4.6.2002 (*DJU* 21.6.2002).

da arbitragem foi recepcionado e desenvolvido por tais diplomas normativos.

## 4. Conciliando a arbitragem com as PPPs

No campo das relações do Mercosul, do art. 18 do *Protocolo de Las Leñas* (no qual os Estados comprometem-se a prestar assistência mútua e ampla cooperação jurisdicional em matéria civil, comercial, trabalhista e administrativa) depreende-se o reconhecimento (ou ao menos a possibilidade) de que sentenças e laudos arbitrais pronunciados nas jurisdições dos Estados-Partes podem ter por objeto matéria administrativa.[73]

Com efeito, a partir das âncoras lançadas nos itens precedentes, parece não existir dúvida sobre a possibilidade do recurso à arbitragem para a solução de litígios envolvendo relações contratuais das quais a Administração seja parte. E a legislação parece sinalizar nesse sentido.

A Lei federal 10.433/2002 explicitamente estipula que os agentes integrantes do Mercado Atacadista de Energia Elétrica (MAE) – entidade privada, sem fins lucrativos, constituída com a finalidade de viabilizar as transações de compra e venda de energia elétrica nos sistemas interligados – poderão socorrer-se do juízo arbitral para a solução de divergências acerca de direitos relativos a créditos e débitos decorrentes das operações realizadas nesse âmbito (qualificados como direitos disponíveis – § 5º do art. 2º). O § 4º do art. 2º dessa lei autoriza as empresas públicas e sociedades de economia mista, suas subsidiárias ou controladas, titulares de concessão, permissão e autorização a aderir ao MAE e utilizar-se da convenção de arbitragem referida no parágrafo antecedente do mesmo artigo da lei.

Embora admitindo o emprego do juízo arbitral em matéria de contratos administrativos, maciço número de doutrinadores entende ser absolutamente necessário haver uma expressa autorização legislativa para a submissão das controvérsias de cunho contratual a essa

---

73. Sobre Mersocul e Direito Comunitário, cf. Romeu Felipe Bacellar Filho, "O Mercosul e a importância do Direito Comunitário emergente", *RDA* 210/117-122, Rio de Janeiro, outubro-dezembro/1997.

espécie alternativa de solução de conflitos. Tal entendimento é assumido em vista da exigência legal, como cláusula necessária dos contratos administrativos (mesmo aqueles de feição privada), da previsão de que o foro competente para dirimir qualquer questão contratual será – salvo o disposto no § 6º do art. 32 da Lei federal 8.666/1993 – o foro da sede da Administração (§ 2º do art. 55, c/c o § 3º do art. 62, todos da Lei federal 8.666/1993).

Por outro lado, há entendimento jurisprudencial favorável à arbitragem – não exigindo, portanto, previsão expressão de autorização nesse sentido – baseado em interpretação do art. 54 da Lei federal 8.666/1993, que determina a aplicação supletiva dos princípios da teoria geral dos contratos e as disposições de direito privado aos contratos administrativos.[74] E, no caso dos contratos submetidos ao regramento especial da Lei federal 8.987/1995, o inciso XV do art. 23 ("modo amigável de solução das divergências contratuais" como cláusula necessária) abriria campo para a utilização da arbitragem. Obviamente, com a promulgação da Lei federal 11.196, de 21.11.2005, a qual acrescentou o art. 23-A à Lei federal 8.987/1995 ("O contrato de concessão poderá prever o emprego de mecanismos privados para resolução de disputas decorrentes ou relacionadas ao contrato, inclusive a arbitragem, a ser realizada no Brasil e em Língua Portuguesa, nos termos da Lei n. 9.307, de 23 de setembro de 1996"), passa a existir uma regra geral autorizadora da arbitragem para os contratos de concessão de serviços públicos.

No entanto, sustenta-se nesse trabalho não haver obrigatoriedade de expressa autorização legal para a utilização do juízo arbitral pela Administração.

Em *primeiro lugar*, a Lei de Arbitragem (LA) é uma lei geral, e não diz respeito a contratos privados ou a contratos públicos, pois dispõe em seu art. 1º que "as pessoas capazes de contratar poderão valer-se da arbitragem para dirimir litígios relativos a direitos patrimoniais disponíveis". Assim, comprovadas a capacidade de contratar e a disponibilidade dos direitos patrimoniais, aberta estará a porta para a utilização da via arbitral. Isso afastaria argumentos que procuram atrair para o campo da arbitragem tão somente os contratos fir-

---

74. TJDF, MS 1998 00 2 003066-9, rela. Desa. Nancy Andrighi, j. 18.5.1999.

mados pelas empresas estatais, sob o fundamento de que o inciso III do § 1º do art. 173 da Lei Maior determina "a sujeição ao regime jurídico próprio das empresas privadas (...)". Tais argumentos partem de premissa equivocada – pois consideram a arbitragem um mecanismo típico de solução de controvérsias que envolvem interesses eminentemente privados –, e por isso devem ser afastados.

Em *segundo lugar*, o que realmente deve ser apreciado nessa temática é a natureza dos interesses, bens e direitos relativos ao contrato firmado pela Administração. Permitida sua configuração como objeto de contrato a ser firmado pela Administração – objeto lícito e possível, reitere-se –, haverá espaço para a eleição do juízo arbitral. Questões envolvendo a Administração como locatária, adquirente de bens e serviços em geral – ou seja, contratos de nítida feição privatística –, podem prever em seus instrumentos a convenção arbitral. O que deve ser apreciado é a ocorrência, ou não, de vedação legal, como acontece no art. 59 do Decreto-lei 960/1938, o qual estipula que "a cobrança judicial da dívida ativa da Fazenda não poderá ser submetida a juízo arbitral". Ou a referente ao § 2º do art. 1º da Lei federal 9.469/1997, que afasta a possibilidade de transação judicial nas causas relativas ao patrimônio imobiliário da União.

Em *terceiro lugar*, prever-se legislativamente a competência do foro da sede da Administração como aquele que irá dirimir as controvérsias relativas ao contrato não significa a obrigatoriedade de submissão desses litígios unicamente ao Poder Judiciário, pois em verdade trata-se de uma questão de foro de eleição ou foro contratual. Concorda-se com Carlos Alberto Carmona, para quem "elegendo as partes foro no contrato (...) estarão apenas determinando que o eventual concurso do juiz togado para a realização de atos para os quais o árbitro não tenha competência (atos que impliquem a utilização de coerção, execução da sentença arbitral, execução de medidas cautelares) sejam realizados na comarca escolhida".[75]

Em *quarto lugar*, a arbitragem não é um método amigável de solução de litígios, e sim – notadamente diante do art. 31 da LA[76] –

---

75. Carlos Alberto Carmona, *Arbitragem e Processo: um Comentário à Lei 9.307/1996*, cit., 2ª ed., pp. 64-65. No mesmo sentido: Arnoldo Wald e outros, *O Direito de Parceria e a Lei de Concessões*, 2ª ed., São Paulo, Saraiva, 2004, p. 374.

76. "A sentença arbitral produz entre as partes e seus sucessores os mesmos efeitos da sentença proferida pelos órgãos do Poder Judiciário e, sendo condenatória,

uma solução criada pelo legislador como alternativa à solução jurisdicional, e por ele equiparada a esta. Por isso, a rigor, o inciso XV do art. 23 da Lei federal 8.987/1995 não se refere à arbitragem quando alude a "modo amigável de solução das divergências contratuais". Isso reforça a tese aqui defendida no sentido de que não há necessidade de expressa (ainda que genérica) autorização legislativa para a arbitragem ser uma possibilidade nos contratos administrativos. Essa autorização é geral e, conforme foi ressaltado, encontra-se no art. 1º da LA.

No entanto, cabem ainda algumas considerações voltadas à necessidade de compatibilização do procedimento arbitral previsto na LA às peculiaridades dos contratos firmados pela Administração.

Em *primeiro lugar*, a possibilidade de as partes optarem pela via arbitral há de estar prevista explicitamente no edital de licitação e obedecer rigorosamente ao previsto no § 2º do art. 4º da LA, pois os contratos administrativos são autênticos contratos de adesão.

Em *segundo lugar*, jamais um pacto de arbitragem firmado pela Administração poderá expressar preferência ou opção por critérios alternativos ao critério de direito. Os contratos administrativos regem-se pela legislação especial que os disciplina, não podendo haver decisões tomadas com base na equidade, por exemplo, ou quaisquer outros critérios previstos no art. 2º da LA (além do critério do direito) – o que afrontaria o art. 37 da Constituição da República.

Em *terceiro lugar* (embora tal princípio ou atributo não conste expressamente na LA), do § 6º do art. 13 da LA pode-se inferir que o procedimento arbitral deverá desenvolver-se em caráter de sigilo ou confidencialidade entre as partes. Ora, em face do princípio da publicidade, previsto em sede constitucional, não é admitida qualquer forma de segredo no trato dos assuntos públicos. A exceção residiria nos contratos denominados "sigilosos", nos termos da Lei federal 8.159/1991 e dos arts. 59 e 60 do Decreto 4.553/2002. Aliás, aqui poderia ser incentivada a possibilidade da utilização do juízo arbitral para a solução de litígios que envolvam esses contratos, pois em jogo estariam informações e dados cujo conhecimento irrestrito ou divulgação poderiam acarretar risco à segurança da sociedade e do Estado.

constitui título executivo" (cf. Carlos Alberto Carmona, *Arbitragem e Processo: ...*, cit., 2ª ed., p. 45).

Em face do exposto, inclina-se para a necessidade de serem realizados ajustes na LA com relação às controvérsias que digam respeito a contratos administrativos. Na própria LA poderia ser previsto um *procedimento especial de arbitragem* quando os litígios a serem submetidos ao juízo arbitral envolvessem objetos típicos de contratos firmados pela Administração.

Finalmente, em relação à *nova contratualização administrativa*, diante das peculiaridades apontadas no itens 1, 2 e 3, *supra* – mormente a ampliação das bases de negociação e um maior equilíbrio entre as posições ocupadas pelo parceiro público e pelo parceiro privado –, a legislação federal e a estadual ora existentes sobre as PPPs preveem o recurso ao juízo arbitral para a solução de controvérsias.

Nos termos do art. 2º da Lei federal 11.079/2004, "parceria público-privada é o contrato administrativo de concessão, na modalidade patrocinada ou administrativa". A *concessão patrocinada* é a concessão de serviços públicos ou de obras públicas de que trata a Lei 8.987, de 13.2.1995, quando envolver, adicionalmente à tarifa cobrada dos usuários, contraprestação pecuniária do parceiro público ao parceiro privado (§ 1º do art. 2º). De outro lado, *concessão administrativa* é o contrato de prestação de serviços de que a Administração Pública seja a usuária direta ou indireta, ainda que envolva execução de obra ou fornecimento e instalação de bens (§ 2º do art. 2º).

Segundo o art. 4º da Lei federal 11.079/2004, "na contratação de parceria público-privada serão observadas as seguintes diretrizes: I – eficiência no cumprimento das missões de Estado e no emprego dos recursos da sociedade; II – respeito aos interesses e direitos dos destinatários dos serviços e dos entes privados incumbidos da sua execução; III – indelegabilidade das funções de regulação, jurisdicional, do exercício do poder de polícia e de outras atividades exclusivas do Estado; IV – responsabilidade fiscal na celebração e execução das parcerias; V – transparência dos procedimentos e das decisões; VI – repartição objetiva de riscos entre as partes; VII – sustentabilidade financeira e vantagens socioeconômicas dos projetos de parceria".

Por seu turno, o art. 5º da Lei federal 11.079/2004 dispõe que "as cláusulas dos contratos de parceria público-privada atenderão ao disposto no art. 23 da Lei n. 8.987, de 13 de fevereiro de 1995, no que couber, devendo também prever: I – o prazo de vigência do contrato, compatível com a amortização dos investimentos realizados, não inferior a 5 (cinco), nem superior a 35 (trinta e cinco) anos, incluindo eventual prorrogação; II – as penalidades aplicáveis à Administração Pública e ao parceiro privado em caso de inadimplemento contratual, fixadas sempre de forma proporcional à gravidade da falta cometida e às obrigações assumidas; III – a repartição de riscos entre as partes, inclusive os referentes a caso fortuito, força maior, fato do príncipe e álea econômica extraordinária; IV – as formas de remuneração e de atualização dos valores contratuais; V – os mecanismos para a preservação da atualidade da prestação dos serviços; VI – os fatos que caracterizem a inadimplência pecuniária do parceiro público, os modos e o prazo de regularização e, quando houver, a forma de acionamento da garantia; VII – os critérios objetivos de avaliação do desempenho do parceiro privado; VIII – a prestação, pelo parceiro privado, de garantias de execução suficientes e compatíveis com os ônus e riscos envolvidos, observados os limites dos §§ 3º e 5º do art. 56 da Lei n. 8.666, de 21 de junho de 1993, e, no que se refere às concessões patrocinadas, o disposto no inciso XV do art. 18 da Lei n. 8.987, de 13 de fevereiro de 1995; IX – o compartilhamento com a Administração Pública de ganhos econômicos efetivos do parceiro privado decorrentes da redução do risco de crédito dos financiamentos utilizados pelo parceiro privado; X – a realização de vistoria dos bens reversíveis, podendo o parceiro público reter os pagamentos ao parceiro privado, no valor necessário para reparar as irregularidades eventualmente detectadas".

Especialmente no que diz respeito à arbitragem, a Lei federal 11.079/2004 estipula, em seu art. 11: "Art. 11. O instrumento convocatório conterá minuta do contrato, indicará expressamente a submissão da licitação às normas desta Lei e observará, no que couber, os §§ 3º e 4º do art. 15, os arts. 18, 19 e 21 da Lei n. 8.987, de 13 de fevereiro de 1995, podendo ainda prever: I – exigência de garantia de proposta do licitante, observado o limite do inciso III do art. 31 da Lei n. 8.666, de 21 de junho de 1993; II – (*vetado*); *III – o emprego dos mecanismos privados de resolução de disputas, inclusive a arbitragem, a ser realizada no Brasil e em Língua Portuguesa, nos termos da Lei n. 9.307, de 23 de setembro de 1996, para dirimir conflitos decorrentes ou relacionados ao contrato*" (sem grifo no original).

A *lei mineira das PPPs* estabelece:

"Art. 13. Os instrumentos de parceria público-privada previstos no art. 11 desta Lei poderão estabelecer mecanismos amigáveis de solução de divergências contratuais, inclusive por meio de arbitragem.

"§ 1º. Na hipótese de arbitragem, os árbitros serão escolhidos dentre pessoas naturais de reconhecida idoneidade e conhecimento da matéria, devendo o procedimento ser realizado de conformidade com regras de arbitragem de órgão arbitral institucional ou entidade especializada.

"§ 2º. A arbitragem terá lugar na Capital do Estado, em cujo foro serão ajuizadas, se for o caso, as ações necessárias para assegurar a sua realização e a execução da sentença arbitral."

Por sua vez, a *lei catarinense* estipula, na alínea "e" do inciso IIII do art. 10, que "a contratação de parceria público-privada deve ser precedida de licitação na modalidade de concorrência, observado o seguinte: (...) III – no edital de licitação, poderá se exigir: (...) e) facultar a adoção da arbitragem para solução dos conflitos decorrentes da execução do contrato".

Na *lei paulista* consta que "os instrumentos de parcerias público-privadas poderão prever mecanismos amigáveis de solução das divergências contratuais, inclusive por meio de arbitragem, nos termos da legislação em vigor" (art. 11).

Por seu turno, o art. 15 da *lei goiana* determina que "os instrumentos de parcerias público-privadas poderão prever, nos termos da legislação em vigor, mecanismos amigáveis de solução das divergências contratuais, inclusive por meio de arbitragem, na qual os árbitros deverão ser escolhidos dentre os vinculados às instituições especializadas na matéria e de reconhecida idoneidade". O parágrafo único desse artigo estipula que "a arbitragem terá lugar na Capital do Estado, em cujo foro serão ajuizadas, se for o caso, as ações necessárias para assegurar a sua realização e execução da sentença arbitral".

## 5. *Considerações finais*

A expansão do consensualismo na Administração Pública vem acarretando a restrição de medidas de cunho unilateral e impositivo a determinadas áreas da ação administrativa. Isso provoca o florescimento da denominada "Administração consensual" e a mudança de eixo do direito administrativo, que passa a ser orientado pela *lógica da autoridade*, permanentemente flexionada pela *lógica do consenso*.

Ato administrativo e contrato administrativo, portanto, são encarados como *formas jurídicas adotadas pela Administração Pública para a consecução de suas tarefas*, e passam a ser regidos por uma lógica similar, mais voltada à busca do consenso.

De outro lado, a aproximação do regime de direito público e do regime de direito privado, apontada como uma linha de transformação do direito administrativo contemporâneo, surte efeitos na tratativa principiológica, dogmática e legislativa correspondente aos contratos firmados pela Administração Pública, suscitando a reavaliação dos institutos e procedimentos existentes.

Tais mudanças levam à reformulação da tradicional abordagem dos procedimentos pré-negociais e negociais observados pela Administração, com maior abertura para o diálogo acerca das cláusulas que irão reger a relação jurídica a ser instaurada pela via do ajuste.

Em franco desenvolvimento encontra-se a *nova contratualização administrativa*, a qual desenvolve-se em bases negociais mais amplas se comparada aos modelos contratuais tradicionais, parecendo sinalizar (a) para uma maior paridade entre Administração e particular e (b) para uma reforçada interdependência entre as prestações a cargo de ambas as partes. Daí aludir-se à expressão "Administração Pública paritária" para caracterizar uma forma de administrar fundada no consenso, em módulos negociais, originando relações jurídicas que tendem a considerar Administração e particulares em uma situação mais próxima à horizontalidade, em que o ordenamento confere a ambos um tratamento mais isonômico.

Mesmo nos contratos qualificados como tradicionais essas transformações podem ser visualizadas. Exemplificando, a inoponibilidade da exceção do contrato não cumprido em sede de contratos administrativos vem sofrendo abrandamentos em seu significado e extensão, levando autores como Romeu Felipe Bacellar Filho a afirmar que "mesmo a continuidade do serviço público não poderia justificar a ruína do particular; valendo a aplicação da *exceptio non adimpleti contractus* sempre que se caracterize, no caso concreto, situação de (razoável) impedimento da execução contratual pelo particular, detectado com base num juízo de razoabilidade radicado no valor justiça".[77]

No que tange à arbitragem, aliada à superação dos argumentos desfavoráveis comumente arrolados, encontra-se o fato de que o aparecimento de novas formas de contratualização administrativa vem produzindo câmbios acentuados nos entendimentos até então arraigados na doutrina e na jurisprudência, que procuravam afastar a utilização do juízo arbitral para o deslinde de controvérsias envolvendo contratos administrativos.

As PPPs encaixam-se nessa nova fase da contratualização administrativa, e o novel arsenal legislativo a elas correspondente deve refletir o desenvolvimento da atividade negocial administrativa, com a admissão do juízo arbitral para a solução dos litígios relacionados à relação jurídica instaurada entre o parceiro público e o parceiro privado.

Entretanto, diante das especificidades inerentes ao objeto público das PPPs, há a necessidade de serem realizados ajustes na atual legislação brasileira da arbitragem, com a criação de um procedimento arbitral especial, necessário para conferir maior proteção aos interesses da coletividade presentes nessa especial relação de natureza contratual.

*Bibliografia*

AICARDI, Nicola. "La disciplina generale e i principi degli accordi amministrativi: fondamento e caratteri". *Rivista Trimestrale di Diritto Pubblico* 1/1-59. Ano 47. Roma, 1997.

ALBERTI, Piergiorgio, e outros (orgs.). *Lezioni sul Procedimento Amministrativo*. 2ª ed. Turim, G. Giappichelli, 1995.

ALMEIDA, Ricardo Ramalho. *Arbitragem Interna e Internacional: Questões de Doutrina e Prática*. Rio de Janeiro, Renovar, 2003.

ÁNGEL BERÇAITZ, Miguel. *Teoría General de los Contratos Administrativos*. 2ª ed. Buenos Aires, Depalma, 1980.

---

77. Romeu Felipe Bacellar Filho, "Contrato administrativo", cit., in Romeu Felipe Bacellar Filho e outros (coords.), *Direito Administrativo Contemporâneo: Estudos em Memória do Professor Manoel de Oliveira Franco Sobrinho*, p. 320. No mesmo sentido: Odete Medauar, *O Direito Administrativo em Evolução*, cit., 2ª ed., p. 209.

ARIÑO ORTIZ, Gaspar. "El retorno a lo privado: ante una nueva encrucijada histórica. Tiempo". In: ARIÑO ORTIZ, Gaspar (org.). *Privatización y Liberalización de Servicios*. Madri, Universidad Autónoma de Madrid, 1999 (pp. 19-35).

_____ (org.). *Privatización y Liberalización de Servicios*. Madri, Universidad Autónoma de Madrid, 1999.

BACELLAR FILHO, Romeu Felipe. "Contrato administrativo". In: BACELLAR FILHO, Romeu Felipe, e outros (coords.). *Direito Administrativo Contemporâneo: Estudos em Memória do Professor Manoel de Oliveira Franco Sobrinho*. Belo Horizonte, Fórum, 2004 (pp. 307-326).

_____. "O Mercosul e a importância do Direito Comunitário emergente". RDA 210/117-122. Rio de Janeiro, outubro-dezembro/1997.

_____. *Princípios Constitucionais do Processo Administrativo Disciplinar*. 2ª ed. São Paulo, Max Limonad, 2003.

_____, e outros (coords.). *Direito Administrativo Contemporâneo: Estudos em Memória do Professor Manoel de Oliveira Franco Sobrinho*. Belo Horizonte, Fórum, 2004.

BANDEIRA DE MELLO, Celso Antônio. *Curso de Direito Administrativo*. 28ª ed. São Paulo, Malheiros Editores, 2011.

BARBAGALLO, Giuseppe, e outros (orgs.). *Gli Accordi fra Privati e Pubblica Amministrazione e la Disciplina Generale del Contrato*. Nápoles, Edizioni Scientifiche Italiane, 1995.

BARBOSA, Joaquim Simões, e SOUZA, Carlos Affonso Pereira de. "Arbitragem nos contratos administrativos: panorama de uma discussão a ser resolvida". In: ALMEIDA, Ricardo Ramalho. *Arbitragem Interna e Internacional: Questões de Doutrina e Prática*. Rio de Janeiro, Renovar, 2003 (pp. 267-291).

BATISTA JÚNIOR, Onofre Alves. *Transações Administrativas*. São Paulo, Quartier Latin, 2007.

BOBBIO, Norberto. "A via democrática". *As Ideologias e o Poder em Crise*. 4ª ed. Brasília, UnB, 1999 (pp. 160-164).

BREWER-CARÍAS, Allan R. *Contratos Administrativos*. Caracas, Editorial Jurídica Venezolana, 1992.

CARMONA, Carlos Alberto. *Arbitragem e Processo: um Comentário à Lei 9.307/1996*. 2ª ed. São Paulo, Atlas, 2004.

CARNEIRO, Cristiane Dias. "Adoção de cláusulas de arbitragem nos contratos de administração pública e, em especial, pelas estatais". In: SOUTO, Marcos

Juruena Villela (coord.). *Direito Administrativo Empresarial*. Rio de Janeiro, Lumen Juris, 2006.

CASALTA NABAIS, José. *Contratos Fiscais: Reflexões acerca da sua Admissibilidade*. Coimbra, Coimbra Editora, 1994.

CASSESE, Sabino. "La arena pública: nuevos paradigmas para el Estado". *La Crisis del Estado*. Buenos Aires, Abeledo-Perrot, 2003 (pp. 101-160).

_____. *Las Bases del Derecho Administrativo*. Madri, Instituto Nacional de Administración Pública, 1994.

CHATELUS, Gautier, e PERROT, Jean-Yves (dirs.). *Financiamento das Infraestruturas e dos Serviços Coletivos: o Recurso à Parceria Público-Privado: os Exemplos da Experiência Francesa no Mundo*. Paris, DAEI, 1994.

CORREIA, José Manuel Sérvulo. *Legalidade e Autonomia Contratual nos Contratos Administrativos*. Coimbra, Livraria Almedina, 1987.

COUTO E SILVA, Almiro. "Os indivíduos e o Estado na realização de tarefas públicas". *RDA* 209/43-70. Rio de Janeiro, julho-setembro/1997.

DALLARI, Adílson Abreu. "Arbitragem na concessão de serviço público". *Revista de Informação Legislativa* 128/63-67. Ano 32. Brasília, outubro-dezembro/1995.

DAMIANI, Ernesto Sticchi. *Attività Amministrativa Consensuale e Accordi di Programma*. Milão, Giuffrè Editore, 1992.

DELPIAZZO, Carlos E. "El arbitraje en la contratación administrativa en el ámbito del Mercosur". *Revista de Direito Administrativo & Constitucional* 4/33-44. Curitiba, 2000.

DI PIETRO, Maria Sylvia Zanella. *Parcerias na Administração Pública: Concessão, Permissão, Franquia, Terceirização e Outras Formas*. 4ª ed. São Paulo, Atlas, 2002.

ESCOLA, Héctor Jorge. *El Interés Público como Fundamento del Derecho Administrativo*. Buenos Aires, Depalma, 1989.

ESTORNINHO, Maria João. *A Fuga para o Direito Privado*. Coimbra, Livraria Almedina, 1996.

_____. *Réquiem pelo Contrato Administrativo*. Coimbra, Livraria Almedina, 1990.

FAGUNDES, Maria Aparecida de Almeida Pinto S. "Parcerias em projetos de infraestrutura". *RDA* 233/419-429. Rio de Janeiro, julho-setembro/2003.

FERNÁNDEZ, Tomás-Ramón, e GARCÍA DE ENTERRÍA, Eduardo. *Curso de Derecho Administrativo*. 9ª ed., vol. 1. Madri, Civitas, 1999; 6ª ed., vol. 2. Madri, Civitas, 1999.

FERREIRA NETTO, Cássio Telles. *Contratos Administrativos e Arbitragem.* Rio de Janeiro, Elsevier, 2008.

GARCIA, Ailton Stropa. "A arbitragem no direito econômico nacional e internacional". *Revista de Direito Constitucional e Internacional* 33/28-45. Ano 8. São Paulo, outubro-dezembro/2000.

GARCÍA DE ENTERRÍA, Eduardo, e FERNÁNDEZ, Tomás-Ramón. *Curso de Derecho Administrativo.* 9ª ed., vol. 1. Madri, Civitas, 1999; 6ª ed., vol. 2. Madri, Civitas, 1999.

GAUDIN, Jean-Pierre. *Gouverner par Contrat: l'Action Publique en Question.* Paris, Presses de Sciences Politiques, 1999.

GIANNINI, Massimo Severo. *Premisas Sociológicas e Históricas del Derecho Administrativo.* Madri, Instituto Nacional de Administración Pública, 1987.

GIDDENS, Anthony. *A Terceira Via.* Rio de Janeiro, Record, 2000.

GONÇALVES, Pedro. *O Contrato Administrativo.* Coimbra, Livraria Almedina, 2003.

GRAU, Eros Roberto. "Arbitragem e contrato administrativo". *RTDP* 32/14-20. São Paulo, Malheiros Editores, 2000.

GRINOVER, Ada Pellegrini. "Arbitragem e prestação de serviços públicos". *RDA* 233/377-385. Rio de Janeiro, julho-setembro/2003.

GUEDES, Jefferson Carús. "Transigibilidade de interesses públicos: prevenção e abreviação de demandas da Fazenda Pública". In: GUEDES, Jefferson Carús, e SOUZA, Luciane Moessa (coords.). *Advocacia de Estado: Questões Institucionais para a Construção de um Estado de Justiça – Estudos em Homenagem a Diogo de Figueiredo Moreira Neto e José Antônio Dias Toffoli.* Belo Horizonte, Fórum, 2009.

_____, e SOUZA, Luciane Moessa (coords.). *Advocacia de Estado: Questões Institucionais para a Construção de um Estado de Justiça – Estudos em Homenagem a Diogo de Figueiredo Moreira Neto e José Antônio Dias Toffoli.* Belo Horizonte, Fórum, 2009.

GUERREIRO, José Alexandre Tavares. "Arbitragem nos contratos com o Estado: Direito Brasileiro e Direito Comparado". *Seminário Internacional sobre Direito Arbitral* 1. Trabalhos Apresentados. Belo Horizonte, Câmara de Arbitragem de Minas Gerais, 2003 (pp. 294-304).

GUILHERME, Luiz Fernando do Vale de Almeida (coord.). *Novos Rumos da Arbitragem no Brasil.* São Paulo, Fiuza, 2004.

JOBIM, Eduardo, e MACHADO, Rafael Bicca (coords.). *Arbitragem no Brasil: Aspectos Jurídicos Relevantes.* São Paulo, Quartier Latin, 2008.

JUSTEN FILHO, Marçal. "As diversas configurações da concessão de serviço público". *Revista de Direito Público da Economia* 1/95-136. Ano 1. Belo Horizonte, janeiro-março/2003.

_____. "Conceito de interesse público e a 'personalização' do direito administrativo". *RTDP* 26/115-136. São Paulo, Malheiros Editores, 1999.

_____. *Teoria Geral das Concessões de Serviço Público*. São Paulo, Dialética, 2003.

LAUBADÈRE, André, e outros. *Pages de Doctrine*. vol. 2. Paris, Librairie Génerale de Droit et de Jurisprudence (LGDJ), 1980.

_____. *Traité des Contrats Administratifs*. vol. 1. Paris, LGDJ, 1983.

_____. "Administration et contrat". In: LAUBADÈRE, André, e outros. *Pages de Doctrine*. vol. 2. Paris, LGDJ, 1980 (pp. 239-252).

LEMES, Selma. *Arbitragem na Administração Pública: Fundamentos Jurídicos e Eficiência Econômica*. São Paulo, Quartier Latin, 2007.

LIMA, Cláudio Vianna de. "A Lei de Arbitragem e o art. 23, XV, da Lei de Concessões". *RDA* 209/91-104. Rio de Janeiro, julho-setembro/1997.

LOPES, Carlos Thomas G. *Planejamento, Estado e Crescimento*. São Paulo, Pioneira, 1989.

MACHADO, Rafael Bicca, e JOBIM, Eduardo (coords.). *Arbitragem no Brasil: Aspectos Jurídicos Relevantes*. São Paulo, Quartier Latin, 2008.

MASUCCI, Alfonso. *Trasformazione dell'Amministrazione e Moduli Convenzionali: il Contratto di Diritto Pubblico*. Nápoles, Jovene, 1988.

MATTOS, Mauro Roberto Gomes. "Contrato administrativo e a Lei de Arbitragem". *RDA* 223/115-131. Rio de Janeiro, janeiro-março/2001.

MEDAUAR, Odete. *O Direito Administrativo em Evolução*. 2ª ed. São Paulo, Ed. RT, 2003.

MEDEIROS, Suzana Domingues. "Arbitragem envolvendo o Estado no Direito Brasileiro". *RDA* 233/71-101. Rio de Janeiro, julho-setembro/2003.

MOREIRA, Vital. *Organização Administrativa*. Coimbra, Coimbra Editora, 2001.

MOREIRA NETO, Diogo de Figueiredo. "Arbitragem nos contratos administrativos". *RDA* 209/81-90. Rio de Janeiro, julho-setembro/1997.

_____. "Novos institutos consensuais da ação administrativa". *RDA* 231/129-156. Rio de Janeiro, janeiro-março/2003.

MOTTA, Carlos Pinto Coelho. "Arbitragem nos contratos administrativos". *Boletim de Direito Administrativo* 13-10/672-676. São Paulo, outubro/1997.

NAMBLARD, Corinne. "Para um enfoque pragmático da parceria público-privado". In: CHATELUS, Gautier, e PERROT, Jean-Yves (dirs.). *Financiamento das Infraestruturas e dos Serviços Coletivos: o Recurso à Parceria Público-Privado: os Exemplos da Experiência Francesa no Mundo*. Paris, DAEI, 1994.

OLIVEIRA, Gustavo Justino de. *Contrato de Gestão*. São Paulo, Ed. RT, 2008.

PALMA DEL TESO, Ángeles de. *Los Acuerdos Procedimentales en el Derecho Administrativo*. Valência, Tirant lo Blanch, 2000.

PATRIKIOS, Apostolos. *L'Arbitrage en Matière Administrative*. Paris, LGDJ, 1997.

PEREIRA, César Augusto Guimarães, e TALAMINI, Eduardo (coords.). *Arbitragem e Poder Público*. São Paulo, Saraiva, 2010.

PERROT, Jean-Yves, e CHATELUS, Gautier (dirs.). *Financiamento das Infraestruturas e dos Serviços Coletivos: o Recurso à Parceria Público-Privado: os Exemplos da Experiência Francesa no Mundo*. Paris, DAEI, 1994.

RIVERO ORTEGA, Ricardo. *Administraciones Públicas y Derecho Privado*. Madri, Marcial Pons, 1998.

_____. "Repensando el Estado de Derecho: el arbitraje administrativo como alternativa al colapso jurisdiccional en el control de la Administración". In: SOSA WAGNER, Francisco (coord.). *El Derecho Administrativo en el Umbral del Siglo XXI: Homenage al Profesor Dr. D. Ramón Martín Mateo*. t. 1. Valência, Tirant lo Blanch, 2000 (pp. 2.487-2.497).

RODRÍGUEZ DE SANTIAGO, José María. *Los Convenios entre Administraciones Públicas*. Madri, Marcial Pons, 1997.

ROPPO, Enzo. *O Contrato*. Coimbra, Livraria Almedina, 1988.

SOTO KLOSS, Eduardo. "La contratación administrativa: un retorno a las fuentes clásicas del contrato". *Revista de Administración Pública* 2/569-585. Madri, 1978.

SOUZA, Carlos Affonso Pereira de, e BARBOSA, Joaquim Simões. "Arbitragem nos contratos administrativos: panorama de uma discussão a ser resolvida". In: ALMEIDA, Ricardo Ramalho. *Arbitragem Interna e Internacional: Questões de Doutrina e Prática*. Rio de Janeiro, Renovar, 2003 (pp. 267-291).

SOUZA, Luciane Moessa, e GUEDES, Jefferson Carús (coords.). *Advocacia de Estado: Questões Institucionais para a Construção de um Estado de Justiça*

– *Estudos em Homenagem a Diogo de Figueiredo Moreira Neto e José Antônio Dias Toffoli*. Belo Horizonte, Fórum, 2009.

SUNDFELD, Carlos Ari. *Parcerias Público-Privadas: Aspectos Jurídicos*. Palestra proferida no Congresso Ibero-Americano de Direito Administrativo. Curitiba, 2003.

SZKLAROWSKY, Leon Frejda. "Arbitragem e os contratos administrativos". *RDA* 209/105-107. Rio de Janeiro, julho-setembro/1997.

TÁCITO, Caio. "Arbitragem nos litígios administrativos". *RDA* 210/111-115. Rio de Janeiro, outubro-dezembro/1997.

TALAMINI, Eduardo, e PEREIRA, César Augusto Guimarães (coords.). *Arbitragem e Poder Público*. São Paulo, Saraiva, 2010.

TIBÚRCIO, Cármen. "A Lei de Arbitragem e a pretensa inconstitucionalidade de seu art. 7º". *RDA* 218/175-196. Rio de Janeiro, outubro-dezembro/1999.

VITA, Jonathan Barros. "O desenvolvimento continuado de uma nova visão da interação entre a arbitragem e o Poder Público". In: JOBIM, Eduardo, e MACHADO, Rafael Bicca (coords.). *Arbitragem no Brasil: Aspectos Jurídicos Relevantes*. São Paulo, Quartier Latin, 2008.

WALD, Arnoldo, e outros. *O Direito de Parceria e a Lei de Concessões*. 2ª ed. São Paulo, Saraiva, 2004.

\*\*\*